Thesis & Dissertation Statistical Analysis using SPSS 29

석박사학위와 학술논문 작성 중심의

SPSS 29 논문통계분석

신건권

도서출판 청람

모든 영광을 하나님께 드립니다.

All glory to God.

The royalties from this book are used
for missions around the world.

머리말

기업이나 조직의 현장에는 숨겨진 비밀과 보물이 있다. 연구자들은 사회와 현장의 삶 속에서 당면한 문제들을 해결하기 위해서 끊임없이 탐구해야 한다.

처음에는 간단한 연구 주제와 모형 그리고 적절한 통계기법의 적용으로부터 출발해야 한다. 연구자는 선행연구의 결과를 토대로 단순한 연구모형으로부터 시작하여 복잡한 연구모형을 만들고 분석해야 한다. 이때 중요한 것이 올바른 통계기법들을 선택하여 적용하는 것이다.

통계학은 연구변수 간의 상관관계는 물론 변수 간의 인과관계를 규명하고자 하는 학문 분야이며, 연구자들이 학술논문이나 학위논문을 이해하고 작성하는 데 필요한 필수적인 언어이다. 연구자들은 문제해결에 필요한 데이터를 수집하고 코딩한 후에 최적의 통계기법을 적용해야 한다. 그러나 연구자들은 문제해결에 필요한 통계학의 지식 습득이 매우 어렵다고 푸념하기도 한다. 일부의 연구자들은 통계기법을 적용하여 출간된 논문들을 아예 이해하지 못하거나 논문의 작성 과정에서 통계기법의 적용을 포기하는 사례가 늘어나고 있다. 과연 통계기법을 배우고 배운 지식을 문제해결에 적용하는 것이 그렇게 어렵기만 한 것일까? 저자는 연구자들이 통계학을 학습하고 논문을 작성하는 과정에서 느끼는 여러 가지 어려움을 해소하는 데 조금이라도 조력하기 위해서 이 책을 저술하게 되었다.

이 책의 몇 가지 특징은 다음과 같다.

첫째, 논문통계분석에 필수적으로 요구되는 기초 이론과 개념을 쉽게 기술하고 있다.

둘째, 각 장에서 실습할 수 있는 데이터 파일을 제공하고 있으며, 논문의 작성 과정에서 요구되는 각 통계기법들의 사용목적과 적용상황을 제시하고 있다.

셋째, SPSS를 처음 접하는 연구자들도 쉽게 논문 작성이 가능하도록 전체 내용을 실습 중심과 따라하기 방식으로 설명하고 있다.

이 책이 출간되기까지 저자는 선배와 동료 교수님들이 저술한 논문과 통계학 서적들의 도움을 받았다. 또한 연구방법론 수업을 수강하면서 교정작업을 도와준 호서대 기술경영전문대학원 원우님들과 신건권 데이터랩 식구들에게도 감사드린다. 이 책은 아직 완성되었다기보다는 지속적인 수정이 필요한 부분이 많을 것으로 사료된다. 독자 여러분들의 조언과 도움을 기대한다. 마지막으로 이 책의 출간을 쾌히 허락해주신 도서출판 청람의 이수영 사장님과 저자를 아는 모든 성도와 지인들 그리고 사랑하는 가족들에게도 감사드린다.

호서대학교 아산캠퍼스 연구실에서 저자 씀

이 책의 데이터 파일은 도서출판 청람의 사이트(http://www.crbooks.co.kr)의 [일반자료실]에서 제공한다. 파일을 다운로드받은 후 반드시 데스크탑이나 노트북의 [바탕화면]에 압축을 푼 후에 실습하기 바란다.

차례

제1부 논문통계분석의 기초

제1장 논문통계분석의 기초 이론과 개념

제2부 기술통계분석: 표본의 일반적 특성

제2장 빈도분석과 기술통계분석

제3부 신뢰도와 타당도분석: 크론바흐 알파검증과 요인분석

제6장 신뢰도분석: 크론바흐 알파검증

제7장 타당도분석: 탐색적 요인분석

제4부 연관성검증: 교차분석과 상관분석

제8장 교차분석과 카이제곱검증, 피셔의 정확검증, 코크란-맨텔-헨젤검증, 맥니머검증

제9장 상관분석: 피어슨 상관분석, 스피어만 순위상관분석, 켄달 순위상관분석

제10장 편상관분석

제 5 부 평균비교검증(1): t-검증

제11장 일표본 t-검증과 윌콕슨 부호순위검증

제12장 독립표본 t-검증과 맨-휘트니검증

제13장 대응표본 t-검증과 윌콕슨 부호순위검증

제 6 부 평균비교검증(2): 분산분석

제14장 일원분산분석과 크루스칼-왈리스검증

제15장 이원분산분석

제16장 다변량분산분석

제17장 공분산분석

제18장 다변량공분산분석

제19장 반복측정분산분석

제 7 부 영향관계와 예측검증: 회귀분석

제20장 단순회귀분석

제21장 다중회귀분석

제 8 부 분류분석

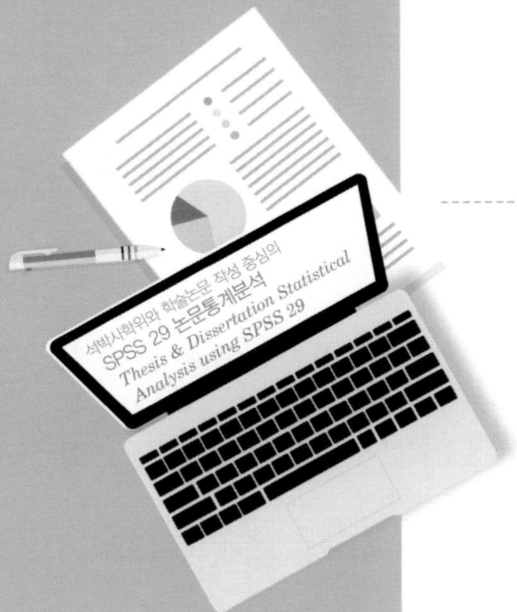

제 1 부

논문통계분석의 기초

제 1 장

논문통계분석의 기초 이론과 개념

Basic Theory and Concept of Dissertation & Thesis Statistical Analysis

1 연구 프로세스

통계분석을 수행하기 이전에 연구자가 가장 먼저 해야 할 일은 연구 프로세스를 확정하는 것이다. 논문통계분석은 연구 프로세스의 일부분을 차지하고 있으며 연구자마다 그리고 학문 분야마다 다양하게 결정해 시행할 수 있다. [그림 1-1]은 일반적인 연구 프로세스, [그림 1-2]는 연구논문의 구성을 예시한 것이다.

- 데이터 수집의 원천: 출판물, 실험, 관찰, 서베이(설문조사), 검사(능력검사, 흥미검사 등)
- 가설: 귀무가설과 연구가설(대립가설)
- 서베이법의 종류: 면접조사, 우편조사, 전화조사, 집단조사, 온라인조사(구글 Docs 설문지 이용 등의 인터넷 설문)
- 표집(Sampling): 모집단에 대한 관찰과 통계적 추론을 위해 관심 모집단의 부분 집합인 표본(Sample)을 선택하는 통계학적인 과정(표본추출 과정)
- 표집방법: 표집방법에는 확률적 표본추출과 비확률적 표본추출이 있음. 전자에는 단순무작위표본추출, 체계적 표본추출, 비례층화 표본추출, 다단계층화 표본추출, 군집표본추출이 포함되며, 후자에는 편의표본추출, 판단표본추출, 할당표본추출, 자발적 표본추출이 있음
- 데이터 수집과 코딩: 개별 변수 단위로 수행
- 데이터분석을 위한 통계분석방법: 모수통계방법과 비모수통계방법

그림 1-1 ▌ 일반적인 연구 프로세스

1. 연구문제(주제) 선정
2. 선행연구와 이론 고찰(문헌연구)
3. 가설 설정
4. 연구설계
(연구모형, 변수의 정의, 표본선정, 측정도구 선정과 제작, 자료수집과 통계처리방법)
5. 표집 방법 선택과 표집
(모집단, 표본 등 결정)
6. 데이터 수집과 코딩
7. 데이터분석(수집 데이터에 대한 통계처리)
8. 결과 해석과 보고

그림 1-2 ▌ 연구 논문의 구성

서론	연구의 필요성, 목적, 용어의 정의
이론적 배경	이론 정리, 선행연구, 선행연구에 기초해 변수 간의 관계 기술
연구설계와 방법	연구모형, 연구가설, 변수의 조작적 정의와 측정, 자료 수집과 분석방법(통계처리방법)
분석 결과	통계분석과 결과 해석 (표본 특성, 신뢰도와 타당도분석, 통계분석(가설검증)과 결과 해석)
결론과 논의	결론 요약, 논의와 시사점, 논문의 한계와 제언

2 변수의 개념과 분류, 변수 간의 관계 및 측정척도

2.1 변수의 개념

변수(Variable)란 연구자가 관심을 갖고 연구를 통해 밝히려는 속성(Attributes)으로, 하나 이상의 속성(혹은 수준)이나 값(Values)을 가진 측정가능한 실체를 말한다. 일반적으로 개념(Concept)에 대한 조작적 정의가 내려지면 변수라 부른다. 이는 다양한 측정척도를 이용해서 측정할 수 있다. 변수는 연구자들의 관심의 대상이 되는 개념으로 보통은 연구변수라고도 불린다.

[그림 1-3]은 변수, 속성 및 값 간의 관계를 보여준다. 예컨대 '지역'이라는 변수는 하위에 세 가지 수준의 속성('서울', '충남', '경북')을 가지고 있으며, 이러한 속성만을 가지고 통계분석을 시행할 수 없으므로 속성값을 입력(코딩, Coding)할 때 숫자 값(서울 1, 충남 2, 경북 3)을 부여한다. 또 다른 예로 '성별'이라는 변수는 '남자'와 '여자'라는 두 가지 속성을 가지고 있으며 남자는 1, 여자는 2 등의 값을 부여할 수 있다.

그림 1-3 ▌ 변수, 속성(측정척도, 측정수준) 및 값

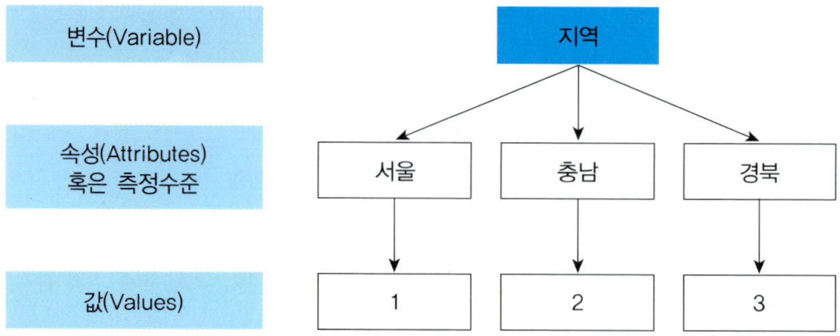

2.2 변수의 분류

변수는 인과관계 연구에서 독립변수(Independent variable)와 종속변수(Dependent variable)로 분류할 수 있다. 전자는 종속변수에 영향을 주는 변수로 원인변수(예측변수, 설명변수)이며, 후자는 독립변수에 의해 영향을 받는 변수로 결과변수이다.

그림 1-4 ▎독립변수와 종속변수

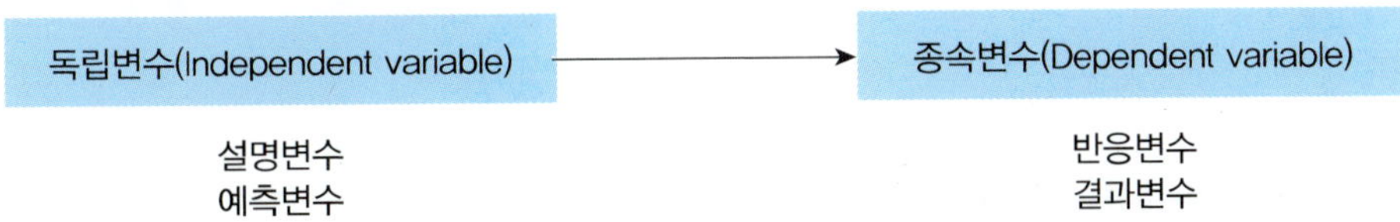

변수는 독립변수와 종속변수로 구분하는 것 외에도 연구목적에 따라 다양하게 분류할 수 있다. [그림 1-5]는 하나의 연구모형을 통해 보다 다양한 변수의 분류를 제시한 것이다. 연구모형에는 독립변수, 종속변수, 매개변수 및 조절변수가 포함되어 있음을 알 수 있다. X_1(독립변수)과 X_3(종속변수) 사이에서 X_2는 매개변수의 역할을 하고 있으며, X_4(조절변수)는 X_2(매개변수)와 X_3(종속변수) 사이에서 조절변수로서의 역할을 수행하고 있다.

그림 1-5 ▎연구모형을 통한 변수의 분류

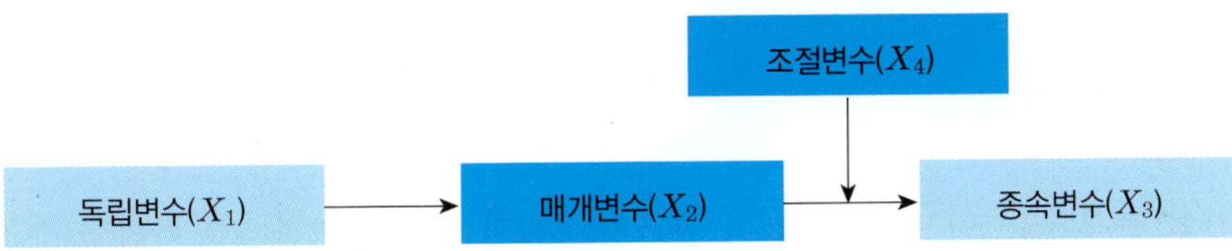

- 매개변수(Mediator, Mediating variable): 독립변수와 종속변수 간에 매개 혹은 중재 역할을 하는 변수로서, 독립변수와 종속변수 간의 인과관계를 조금 더 자세히 설명하는 데 필요한 변수로 독립변수와 종속변수 간의 연결 역할
- 조절변수(Moderator, Moderating variable): 변수 간의 관계의 크기와 방향을 조절하는 변수

변수는 [그림 1-6]과 같이 범주형 변수(Categorical variable)와 연속형 변수(Continuous variable)로 분류하기도 한다. 전자는 비계량적 변수, 비메트릭 변수(Non-metric variable), 질적 변수로 명목척도와 서열척도로 변수를 측정한 경우이며, 후자는 계량적 변수, 메트릭 변수(Metric variable), 양적 변수로 등간척도와 비율척도로 측정한 변수를 말한다. 범주형 변

수는 사칙연산이 불가능하며 연속형 변수는 가감승제(혹은 사칙연산)가 가능하다. 또한 연속형 변수는 질적 변수로의 변환이 가능하나 범주형 변수는 연속형 변수로의 변환이 불가능하다. 연구에서 표본의 일반적 특성을 파악할 때 범주형 변수는 빈도분석을 시행하며, 연속형 변수는 기술통계분석을 수행한다.

그림 1-6 ▌ 변수의 분류: 범주형 변수와 연속형 변수

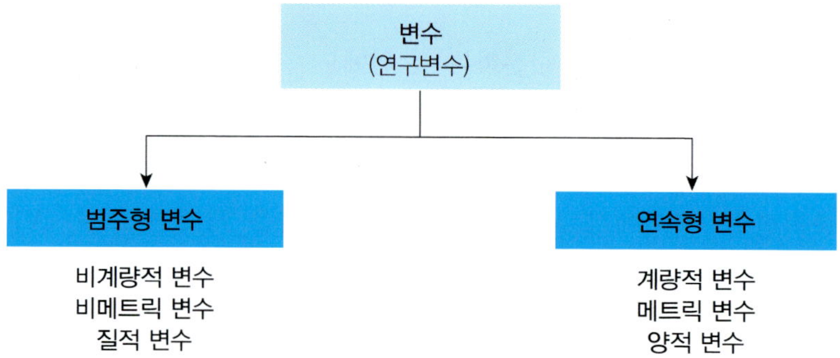

2.3 변수 간의 관계

두 변수 간의 관계는 [그림 1-7]과 같이 연관성(상관관계)과 인과관계로 나타낼 수 있다. 연관성 혹은 상관관계(Association or Correlation)는 두 변수 간에 주고받는 관계가 있을 때 존재하며, 시간의 흐름상 동시에 발생한다. 이에 반해 인과관계(Causality)는 어떤 독립변수가 다른 종속변수에 영향을 주는 관계가 있을 때 존재하며 시간흐름상 독립변수가 먼저 발생하고 후에 종속변수가 발생한다. 이러한 이유로 독립변수를 선행변수라 하고 종속변수를 후행변수 혹은 결과변수라 한다.

- 연관성(Association): 두 변수 간의 일반적인 관계(교차분석)
- 상관관계(Correlation): 연관성의 한 종류로 두 변수 간의 선형적인 관계(상관관계분석)
- 인과관계(Causality) 혹은 관계(Relationship): 방향성이 포함된 두 변수 간의 원인-결과 관계(회귀분석)

그림 1-7 ▎ 변수 간의 연관성과 인과관계

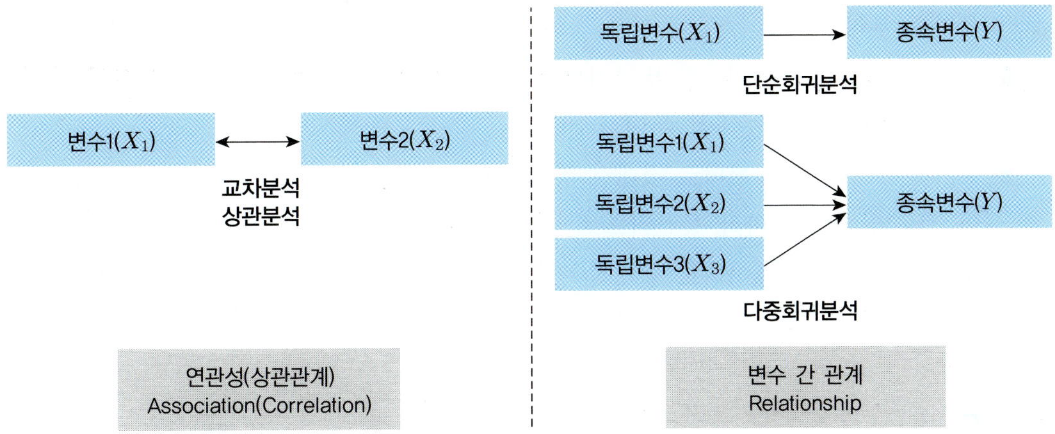

상관관계는 인과관계를 포함할 수 있지만 상관관계가 존재한다고 하여 언제나 인과관계가 있는 것은 아니다. 변수 간의 상관관계(Correlation)는 변수 간의 연관성을 나타내는 것이므로 인과관계로 파악해서는 안 된다. 상관관계는 두 변수 간 선형관계의 정도와 방향을 나타내는 것이며, 변수 간 관계(Relationship) 혹은 인과관계(Causality)는 독립변수가 종속변수에 미치는 영향을 파악하는 것과 관련되어 있다.

2.4 변수의 측정척도와 척도화

측정대상인 변수의 속성을 측정하기 위해서는 측정척도(Measurement scale)를 이용한다. 측정척도는 측정수준(Level of measurement)이라고도 하며 이것은 하나의 변수에 내재된 가치를 의미한다. 어떤 측정척도를 사용해 변수를 측정하느냐에 따라 적용할 수 있는 통계분석방법이 정해진다. 변수 유형의 구분은 측정척도의 형태에 따라 결정되므로 다음에 제시하는 네 가지 측정척도를 이해하는 것은 중요하다.

앞에서 설명한 것처럼 변수는 범주형 변수와 연속형 변수로 구분할 수 있으며, 이들은 측정척도에 의해서 속성에 대한 값을 부여할 수 있다. 측정척도(Measurement scales)는 명목척도(Nominal scale), 서열척도(Ordinal scale), 등간척도(Interval scale), 비율척도(Ratio scale)로 나눌 수 있다.

- **명목척도**: 범주형 데이터로 측정된 측정대상을 단순히 범주로 분류하기 위한 목적으로 숫자를 부여한 척도
- **서열척도**: 범주형 데이터로 명목척도의 기능뿐 아니라 각 범주 간의 대소 관계, 순위(서열성)에 관하여 숫자를 부여한 척도
- **등간척도**: 연속형 데이터로 절대적 영점(Absolute zero)이 없으며, 대상이 갖는 양적인 정도의 차이에 따라 등간격으로 숫자를 부여한 척도
- **비율척도**: 연속형 데이터로 절대적 영점이 존재하며, 비율계산이 가능한 숫자를 부여한 척도

그림 1-8 **변수의 측정척도 유형**

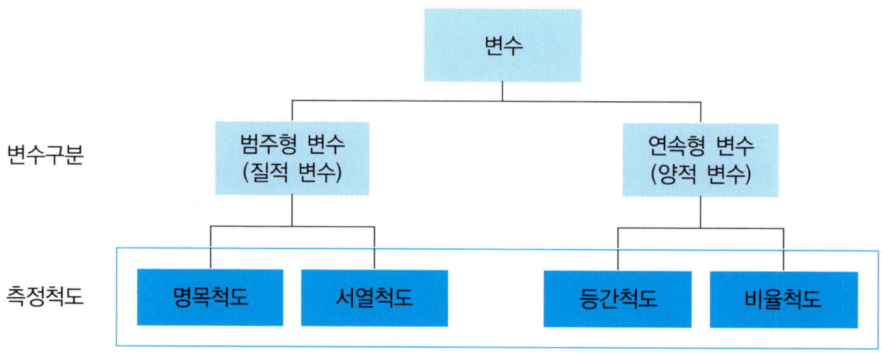

표 1-1 측정척도의 유형과 내용

유형	척도로 측정된 변수	척도화 방법	예시	통계분석방법
명목척도	범주형 변수 (범주형 데이터)	확인, 분류	성별, 종교, 직업, 혈액형, 만족 여부(예/아니오) 등	비모수통계방법 빈도분석
서열척도		순위 비교	학력, 건강상태, 선호도, 소득수준, 자격등급 등	
등간척도	연속형 변수 (연속형 데이터)	상대적 크기 비교	온도, 만족도(리커트척도), IQ, 물가지수, 생산지수 등	모수통계방법 기술통계분석
비율척도		절대적 크기 비교	나이, 신장, 시간, 가족 수, 이혼율, 매출액, 무게, 가격, 소득, 길이, 부피 등	

측정척도는 명목척도에서 비율척도로 척도의 수준이 높아질수록 변수가 내포하고 있는 정보량이 많아지며, 데이터 수집과정에서도 많은 노력이 비용이 소요된다. 한편 설문지 조사에서 많이 이용되는 리커트척도(Likert scale)는 기본적으로 서열척도라고 볼 수 있지만 등간을 인정하여 등간척도로 보고 통계분석을 실시하는 경우가 많다. 리커트척도는 보통 5점척도, 7점척도가 사용되고 있다.

척도화(Scaling)는 거리, 무게를 재거나 브랜드만족도, 브랜드충성도를 측정하는 것과 같이 대상의 속성에 숫자나 기호를 특정 변수의 다양한 수준에 부여하는 과정을 말한다. 만약 명목척도의 경우 해당 범주에 숫자값을 부여하면 쉽게 통계분석을 실시할 수 있다. 예컨대 '성별'의 경우 '1. 남자, 2. 여자'로 측정할 수 있다. 현재 사용하고 있는 '스마트폰에 대한 만족도'를 '1. 매우 불만족, 2. 불만족, 3. 보통, 4. 만족, 5. 매우 만족'으로 측정했다면 이것은 리커트척도를 사용해 척도화한 것을 의미한다.

연구자는 측정척도를 선택하고 척도화해야 한다. 방법으로는 명목척도화, 서열척도화, 등간과 비율척도화 등이 사용된다. 다만 연속형 변수는 연구목적에 따라 범주형 변수로 변환가능하다. [그림 1-9]는 변수 간 변환을 예시한 것이다.

그림 1-9 | 변수(측정척도) 간 변환 예시

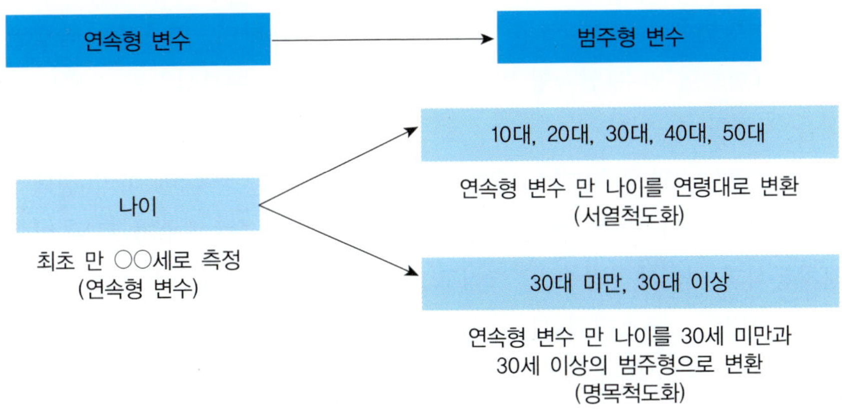

앞에서 예시한 것처럼 연속형 변수는 범주형 변수로 변환할 수 있다. 다만 범주형 변수를 연속형 변수로 변환하는 것은 불가능하다. 만약 응답자의 나이를 1. 귀하의 나이는 몇 세입니까? (____세)를 통해 설문했다면 나이변수는 연속형 변수가 된다. 2. 귀하의 현재 나이는 다음

중 어느 것에 해당합니까? ① 40대 미만, ② 40대 이상으로 척도화한다면 나이변수는 범주형 변수가 된다.

3 측정척도와 통계분석방법

변수의 측정척도는 통계분석방법을 결정하는 바로미터이다. 변수의 측정을 어떤 척도로 조사했느냐에 따라서 적용할 수 있는 통계분석방법이 달라진다. 특히 독립변수와 종속변수가 가질 수 있는 변수의 유형(범주형 변수/연속형 변수)의 네 가지 조합(범주형–범주형, 범주형–연속형, 연속형–범주형, 연속형–연속형)에 따라 적용할 수 있는 통계분석방법이 달라진다는 점을 이해할 필요가 있다. 예외적으로 몇몇의 통계분석방법들은 독립변수와 종속변수를 구분하지 않고 적용되는 경우도 있다.

3.1 독립변수와 종속변수의 구분이 있는 경우

대다수의 통계분석방법은 독립변수와 종속변수의 구분이 필요하며, 연구자는 독립변수와 종속변수의 변수 유형(범주형 변수/연속형 변수)에 따라 다양한 통계분석방법 중에서 하나를 선택해 통계분석을 시행할 수 있다.

[표 1-2]는 독립변수와 종속변수의 유형(범주형 변수/연속형 변수)에 따라 선택가능한 통계분석방법을 제시한 것이다. 예를 들면 연구자는 독립변수와 종속변수가 모두 범주형 변수인 경우에는 교차분석과 카이제곱검증을, 그리고 독립변수가 연속형 변수이고 종속변수가 범주형 변수이면 판별분석, 로지스틱회귀분석 등을 시행할 수 있다. 또한 독립변수는 범주형 변수이고 종속변수는 연속형 변수인 경우에는 t-검증, 일원분산분석(One-way ANOVA), 다변량분산분석(Multivariate ANOVA: MANOVA) 등을, 그리고 독립변수와 종속변수가 모두 연속형 변수인 경우에는 상관분석, 회귀분석(Regression analysis) 등을 적용할 수 있다. 물론 회귀분석의 경우에는 독립변수가 범주형 변수인 경우에도 범주형 변수를 더미변수로 만들면 독립변수로 투입할 수 있다.

표 1-2 변수의 유형(측정척도)과 통계분석방법의 선택

척도와 통계분석방법의 선택		종속변수	
		범주형 변수	연속형 변수
독립변수	범주형 변수 (명목척도, 서열척도)	• 교차분석과 카이제곱검증 • 코크란-맨텔-헨젤검증 • 맥니머검증	• 독립표본 t-검증 • 대응표본 t-검증 • 맨-휘트니검증 • 윌콕슨의 부호순위검증 • 콜모고로프-스미르노프검증 (2-독립표본) • 일원분산분석 • 크루스칼-왈리스검증 • 이원분산분석 • 공분산분석 • 다변량분산분석 • 반복측정분산분석
	연속형 변수 (등간척도, 비율척도)	• 판별분석 • 로지스틱회귀분석 • 다항 로지스틱회귀분석 • 순서형 로지스틱회귀분석	• 상관분석 • 회귀분석(단순회귀분석, 다중회귀분석, 통제회귀분석, 매개회귀분석, 조절회귀분석, 더미회귀분석)

독립변수와 종속변수가 있는 통계분석방법들에 대한 효과적인 선택 방법을 제시하기 위해서 변수의 유형(측정척도)에 따라 이 책에서 다루는 모든 통계분석방법을 [그림 1-10]과 같이 도식화하였다. 그림을 이용해 연구자가 통계분석방법을 선택하는 절차를 간략히 설명하면 다음과 같다. 그림의 중간 상단에 있는 [시작]에서 출발하면 된다. 마름모(◇)는 연구자가 선택해야 하는 판단 사항임(예/아니오)을 의미한다.

(독립)변수: 범주형 변수, **(종속)변수**: 범주형 변수 → 교차분석
독립변수: 범주형 변수(수준 2), **종속변수**: 연속형 변수 → 독립표본 t-검증
독립변수: 범주형 변수(수준 3), **종속변수**: 연속형 변수 → 일원분산분석

예를 들면 교차분석은 엄격하게는 변수를 독립변수와 종속변수로 구분할 필요는 없으며 교차분석을 하고 싶다면 ① [시작]에서 종속변수가 연속형 변수인지, 범주형 변수인지를 결정한다. 종속변수가 범주형 변수이면 오른쪽으로 이동한다. ② 독립변수가 범주형이면 교차분석을 선택하면 된다. 독립표본 t-검증을 하고 싶다면 ① 종속변수가 연속형 변수인지, 아니면

▶ 그림 1-10 ▌ 변수의 유형(측정척도)과 통계분석방법의 선택

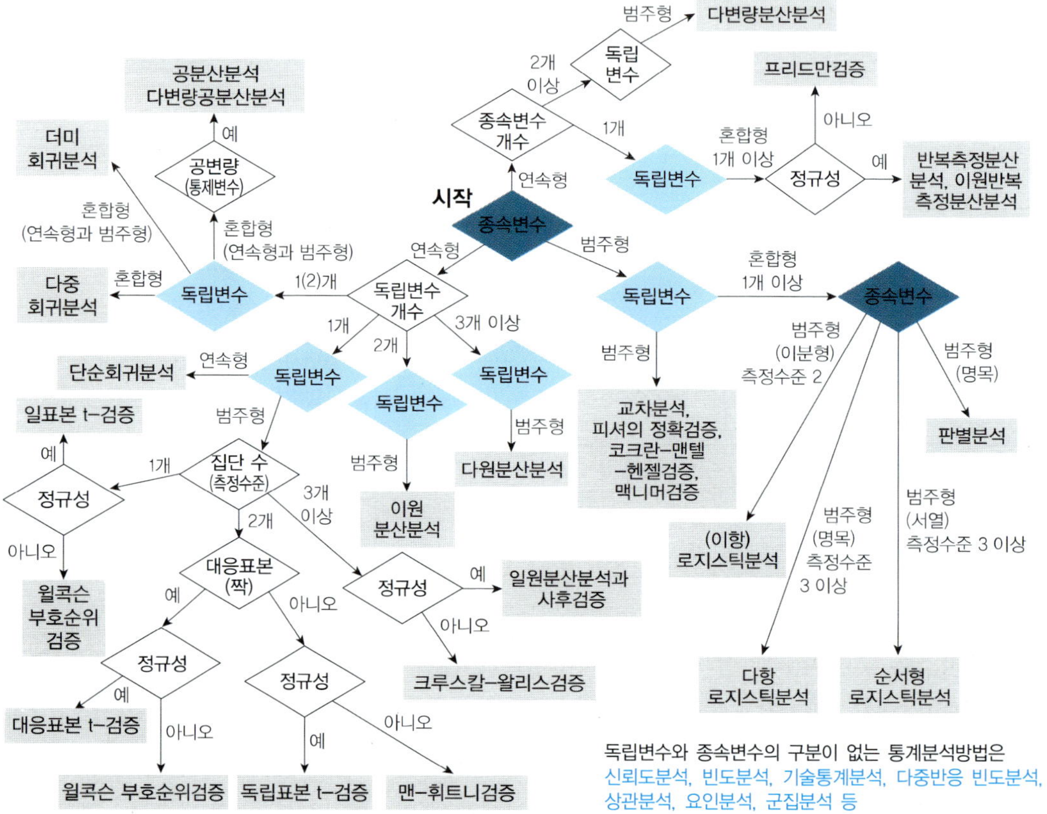

주: 변수 유형은 범주형, 연속형, 혼합형(범주형+연속형)으로 구분함

범주형 변수인지를 결정한다. 종속변수가 연속형 변수이면 왼쪽으로 이동한다. ② 독립변수인 집단변수의 개수가 1개이므로 좌하로 이동한다. ③ 독립변수가 범주형이므로 좌하의 측정수준으로 이동한다. ④ 측정수준이 2이므로 좌하의 정규성으로 이동한다. ⑤ 정규분포를 해야 하므로 좌하의 독립표본 t-검증을 선택하면 된다. 일원분산분석을 하고 싶다면 ① 종속변수가 연속형 변수인지, 아니면 범주형 변수인지를 결정한다. 종속변수가 연속형 변수이면 왼쪽으로 이동한다. ② 독립변수의 개수가 1개이므로 좌하로 이동한다. ③ 독립변수가 범주형이므로 좌하의 집단 수(측정수준)로 이동한다. ④ 측정수준이 3이므로 우하로 이동한다. ⑤ 정규분포를 해야 하므로 오른쪽의 일원분산분석을 선택하면 된다.

3.2 독립변수와 종속변수의 구분이 없는 경우

독립변수와 종속변수의 구분이 필요 없는 통계분석방법으로는 신뢰도분석, 빈도분석, 기술통계분석, 다중반응 빈도분석, 요인분석, 군집분석 등이 있다. 이 책에서 다루는 통계분석방법 중에서 독립변수와 종속변수의 구분이 필요 없는 것들을 요약하면 [그림 1-11]과 같다.

그림 1-11 ▌독립변수와 종속변수의 구분이 필요 없는 통계분석방법

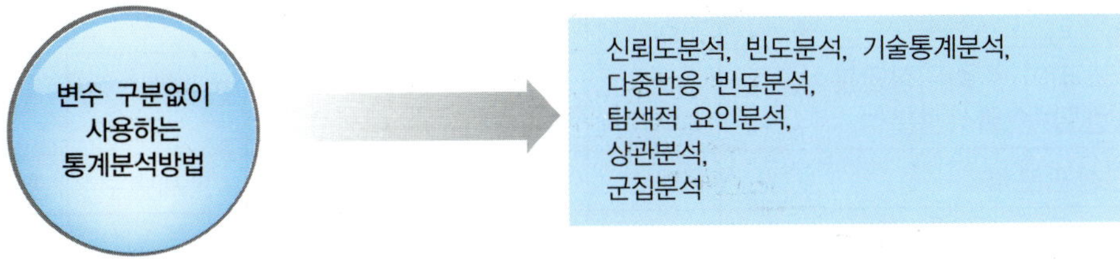

[표 1-3]은 통계분석방법과 변수 유형 간의 관계에 대한 상세 내역을 제시한 것이다. 여기에서는 이 책을 이용하는 독자들이 통계분석방법을 독립변수와 종속변수 그리고 변수 구분이 없는 경우로 요약하여 쉽게 선택할 수 있게 도와주고, 해당 통계분석방법의 장으로 쉽게 찾아갈 수 있게 하였다.

▌표 1-3 ▌통계분석방법과 변수 유형 간 관계

번호	분석방법	변수 유형			변수 추가	이 책의 포함 장
		독립 변수	종속 변수	구분 없음		
1	빈도분석	–	–	○		제2장
2	기술통계분석	–	–	○		제2장
3	다중반응 빈도분석	–	–	○		제3장
4	콜모고로프-스미르노프검증 (1표본)	–	–	○		제4장
5	샤피로-윌크검증	–	–	○		제4장
6	중요도-성과분석	–	–	○		제5장
7	신뢰도분석	–	–	○		제6장

8	탐색적 요인분석	–	–	○		제7장
9	교차분석과 카이제곱검증	–	–	○ (범주형- 범주형)		제8장
10	• 피셔의 정확검증 • 코크란-맨텔-헨젤검증 • 맥니머검증	–	–	○ (범주형- 범주형)		제8장
11	피어슨 상관분석	–	–	○ (연속형)		제9장
12	• 스피어만 순위상관분석 • 켄달 순위상관분석	–	–	○ (서열)		제9장
13	편상관분석	–	–	○	통제변수	제10장
14	• 일표본 t-검증 • 일표본 윌콕슨 부호순위검증	범주형	연속형	–		제11장
15	독립표본 t-검증	범주형	연속형	–		제12장
16	맨-휘트니검증	범주형	연속형	–		제12장
17	대응표본 t-검증	범주형	연속형	짝		제13장
18	윌콕슨 부호순위검증	범주형	연속형	짝		제13장
19	일원분산분석과 사후검증	범주형	연속형	–		제14장
20	크루스칼-왈리스검증	범주형	연속형	–		제14장
21	이원분산분석	범주형	연속형	–		제15장
22	다변량분산분석	범주형	연속형	–		제16장
23	공분산분석	혼합형	연속형	–	통제변수	제17장
24	다변량공분산분석	혼합형	연속형	–	통제변수	제18장
25	반복측정분산분석	혼합형	연속형	–		제19장
26	단순회귀분석	연속형	연속형	–		제20장
27	다중회귀분석	혼합형	연속형	–	통제변수	제21장
28	군집분석	–	–	○		제22장

4 모집단과 표본

통계학(Statistics)이란 불확실한 상황에서 효과적인 의사결정을 할 수 있도록 자연현상이나 사회현상에 대한 데이터를 수집 · 정리 · 요약하는 이론과 방법을 연구하는 학문을 말한다. 이는 크게 기술통계학(Descriptive statistics)과 추론통계학(Inferential statistics)으로 구분된다. 전자는 수집된 표본의 데이터의 특성을 쉽게 파악할 수 있도록 표나 그림, 대푯값(평균, 중앙값 등), 변동성의 크기(표준편차, 분산 등) 등을 통해 데이터를 수집 · 정리 · 요약하는 방법을 다루는 분야이며, 후자는 모집단의 일부에서 추출된 표본의 정보를 이용하여 모집단의 여러 가지 특성을 과학적으로 추론하는 방법을 다루는 분야를 말한다.

[그림 1-12]는 모집단과 표본의 관계를 제시한 것이다. 우리가 궁극적으로 알고 싶은 것은 전체 집단인 모집단의 모수(Parameter)이며 이를 통해 결론을 도출하고자 한다. 하지만 전체 집단을 모두 조사하는 것은 시간과 비용 등의 측면에서 볼 때 가능한 것이 아니다. 이러한 이유 때문에 통계학에서는 모집단으로부터 표본(Sample)을 추출하여 표본의 평균(Mean), 표준편차(Standard deviation), 분산(Variance) 등과 같은 통계량(Statistic)을 구한 뒤 이를 통해 모집단의 모평균, 모표준편차, 모분산 등을 추정하는 것이다.

그림 1-12 | 모집단과 표본의 관계

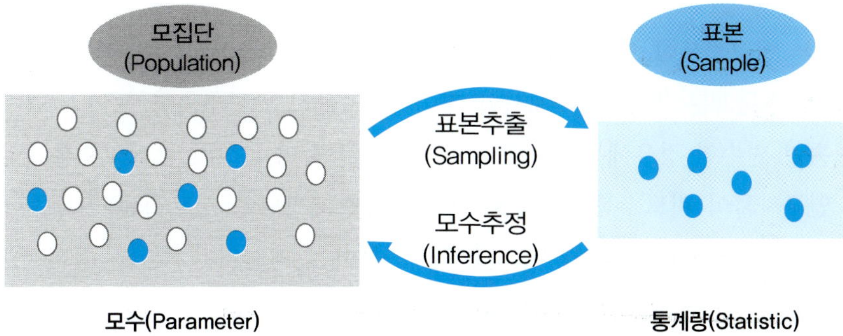

- 모집단(Population): 연구자의 관심의 대상이 되는 사람, 물체, 항목 등의 전체집단
- 모수(Parameter): 모집단의 특성을 숫자로 나타낸 값(모평균, 모표준편차, 모분산 등)
- 표본(Sample): 모집단에서 추출한 모집단을 대표하는 일부분(부분집합)으로 관찰이나

통계적 추론을 위해서 선택된 실제단위

- 통계량(Statistic): 표본의 특성을 숫자로 나타낸 값(표본평균, 표본표준편차, 표본분산 등)

추론통계학의 통계분석방법은 크게 모수통계방법(Parametric statistics method)과 비모수통계방법(Non-parametric statistics method)으로 구분된다. 전자는 모집단의 특성에 대한 정보(정규분포 가정 등)가 충분하고 변수가 연속형(등간척도, 비율척도)으로 측정된 경우에, 후자는 연구자가 모집단의 분포 형태나 특성에 대한 정보가 충분하지 않거나 변수가 범주형(명목척도, 서열척도)으로 측정된 경우에 적용할 수 있는 방법이다.

표 1-4 모수통계방법과 비모수통계방법의 적용상황과 조건

구분	모수통계방법	비모수통계방법
조건과 적용상황	• 데이터가 정규분포(Normal distribution) 일 때 • 등분산(Equal variance)가정(집단 내 분산이 동일) • 데이터가 연속형인 경우(등간척도, 비율척도)	• 데이터가 정규분포가 아닐 때 • 등분산가정이 필요 없음 • 표본의 수가 적을 때(통상 30개 미만인 경우) • 모집단에 대한 아무런 정보가 없는 경우 • 데이터가 범주형인 경우(명목척도, 서열척도)
적용가능한 통계방법 예시	• 분산분석, 회귀분석, t-검증, 로지스틱회귀분석, 피어슨 상관관계분석, 요인분석 등	• 카이제곱검증, 맨-휘트니검증, 크루스칼-왈리스검증, 스피어만 순위상관분석, 윌콕슨 부호순위검증 등

[표 1-4]는 연구자들이 적용할 수 있는 모수통계방법과 비모수통계방법의 적용상황과 조건 그리고 적용가능한 통계분석방법들을 예시한 것이다. 일반적으로 추출한 표본의 데이터가 정규분포이며 연속형 변수인 경우에는 모수통계방법을 적용하며, 그 외는 비모수통계방법을 사용한다. 또한 연구자들이 비모수통계방법에 비해 모수통계방법을 선호하는 이유는 모수통계방법이 검증력(Statistical power)이 다소 높기 때문이다. 데이터가 정규분포를 하는지, 그렇지 않은지에 대한 검증방법은 제4장을 참조하면 된다.

[그림 1-13]은 변수(데이터) 구분에 따라 모수통계방법과 비모수통계방법을 어떻게 선택하는가를 요약한 것이다. 먼저, 변수(데이터)가 범주형(명목척도, 서열척도)인가 연속형인가(등간척도, 비율척도)를 파악한다. 범주형이면 바로 비모수통계방법을 선택한다. 다음으로, 데이터가 연속형이면 정규분포를 하는지 아니면 그렇지 않은지를 파악한다. 정규분포를 하지

않으면 바로 비모수통계방법을 선택한다.

그림 1-13 ▌변수(데이터) 구분에 따른 통계방법의 선택

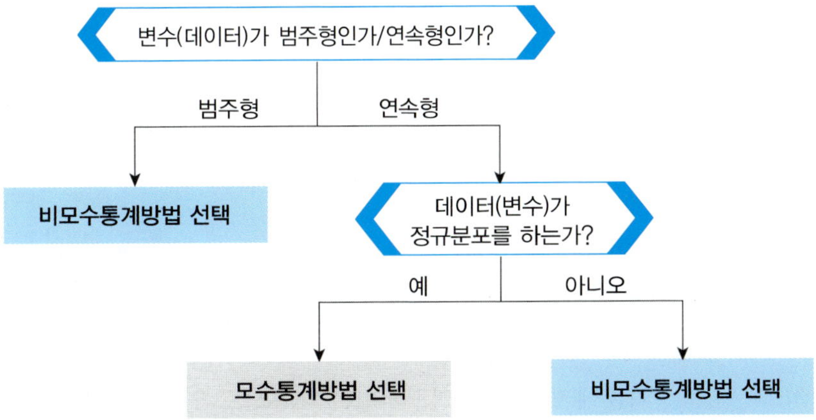

[참고사항] 중심극한정리(Central Limit Theorem)

모집단이 어떠한 분포를 가지고 있든 관계없이 모집단으로부터 추출한 표본크기(n)가 충분히 클 때 표본평균의 확률분포는 정규분포에 수렴(근사)하게 된다. 즉 모집단에서 한번 표본을 뽑을 때의 표본 수가 커지면 표본평균의 분포는 폭이 좁은 정규분포(분산이 작은 분포)의 모양을 가지게 된다.

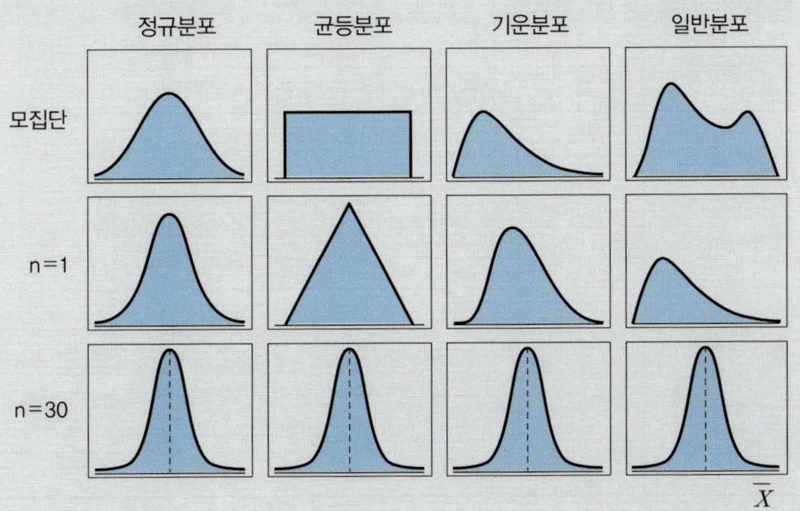

5 가설과 가설검증

5.1 가설

가설(Hypothesis)이란 과학적인 조사에 의해 검증이 가능한 사실로서 두 개 이상의 변수 혹은 현상 간의 관계를 검증가능한 형태로 서술한 문장으로 보통 독립변수와 종속변수의 관계로 기술된다.

가설은 귀무가설(Null hypothesis)과 대립가설(Alternative hypothesis)로 구분된다. 전자는 영가설, 후자는 연구가설(Research hypothesis)이라고도 불린다. 일반적으로 연구논문을 작성할 때는 대립가설인 연구가설만을 제시하는 경우가 많다.

- 귀무가설(영가설): 기존에 알려지고 인정되어온 내용으로 연구자가 반박하고자 하는 대상이 되는 사실(H_0로 표시)
- 대립가설(연구가설): 연구자가 입증하고자 하는 새로운 가설로 기존에 인정되고 있는 귀무가설의 논리적 대안으로 연구자가 믿는 그리고 지지하기를 원하는 가설(H_1으로 표시)

표 1-5 가설의 진술 예시

구분	통계분석 방법	가설 구분	가설의 진술 예시
연관성(상관관계) 가설	교차분석	H_0	A변수와 B변수 간에 연관관계(혹은 차이)가 없다.
		H_1	A변수와 B변수 간에 연관관계(혹은 차이)가 있다.
	상관분석	H_0	A변수와 B변수는 상관이 없다.
		H_1	A변수와 B변수는 상관이 있다.
평균차이 검증 가설	t-검증	H_0	두 집단(A집단과 B집단) 간의 평균은 같다.
		H_1	두 집단(A집단과 B집단) 간에 평균은 차이가 있다.
	일원분산분석	H_0	세 집단(A집단, B집단, C집단) 간에 평균은 같다.
		H_1	세 집단(A집단, B집단, C집단) 간에 평균은 적어도 한 개 이상의 집단 간에는 차이가 있다.
영향 관계 가설	회귀분석	H_0	A변수는 B변수에 영향을 미치지 않는다.
		H_1	A변수는 B변수에 영향을 미친다.

5.2 가설검증

1) 가설검증의 의의와 주요 용어

가설검증(Hypothesis test)이란 모집단을 대표할 수 있는 표본을 추출하여 얻은 검증통계량(표본통계량)을 이용하여 모집단의 모수에 대한 새로운 대립가설(혹은 연구가설)의 채택 여부(기각/채택)를 판단하는 과정을 말한다.

가설검증에서 사용되는 주요 용어들을 요약하면 [표 1-6]과 같다.

표 1-6 가설검증에서 사용되는 주요 용어

용어	설명
단측검증 (One-sided test) 양측검증 (Two-sided test)	• 단측검증은 귀무가설의 기각영역이 검증통계량 확률분포에서 한쪽 끝에만 나타나는 가설검증(기각역이 왼쪽 끝 혹은 오른쪽 끝에 있을 수 있음) • 양측검증은 귀무가설의 기각영역이 검증통계량 확률분포에서 양쪽 끝에 나타나는 가설검증
점추정 (Point estimation) 신뢰구간추정 (Confidence interval estimation)	• 점추정은 모집단의 모수를 가장 잘 추정하는 하나의 값(보통은 표본통계량을 t값, F값, 카이제곱값 등으로 변환한 것을 이용[1]) • 신뢰구간추정(혹은 구간추정)은 특정한 신뢰구간 내에 모수가 존재할 확률을 가지고 모수를 추정하는 방법(하한값, 상한값)
유의수준(α) (Significance level)	• 귀무가설이 참인데도 귀무가설을 잘못 기각할 제1종오류의 최대 허용 한계(기각역의 확률은 유의수준 α임)로 귀무가설을 기각시키고 연구가설을 채택할 확률을 말함 • 보통 5%(0.05), 1%(0.01), 0.1%(0.001) 등의 유의수준이 많이 사용되며 학문 분야에 따라서 다소 차이가 있을 수 있으며, 사회과학연구는 5%를 많이 사용하고 있음
신뢰수준($1-\alpha$)	• 신뢰수준은 귀무가설을 여전히 채택하게 되는 구간(신뢰구간에 모수가 위치할 것이라 믿는 확률). 유의수준 5%라고 하면 신뢰수준($1-\alpha$)은 95%로 계산됨
채택역 (Acceptance region) 기각역 (Rejection region)	• 채택역은 임계치를 중심으로 귀무가설을 수용하는 영역이며, 기각역은 귀무가설을 기각시킬 수 있는 영역 (기각역=유의수준 크기)
임계치 (Critical value)	• 검증의 종류(단측검증과 양측검증)와 유의수준(α)을 고려해서 산출한 값으로 가설의 채택 여부를 결정짓는 경계값(t-분포, F-분포 등의 분포표를 통해 확인할 수 있음)

1) 표본통계량을 그대로 사용하게 되면 통계량의 크기가 측정단위에 따라 달라질 수 있기 때문에 통계량만으

검증통계량 (Test statistic)	• 검증통계량은 귀무가설과 대립가설(연구가설) 중 어느 하나를 선택하는 데 사용되는 통계량으로 t값, F값, 카이제곱값 등이 사용됨(검증통계량의 확률은 유의확률임)
유의확률 (Significant probability, or p-value)	• 유의확률은 귀무가설하에서 검증통계량의 값이 나타날 가능성을 측정하는 확률값을 의미. 0~1의 값을 가짐 (연구자들은 귀무가설을 기각하고 연구가설을 채택할 수 있도록 가설검증 결과 p값이 작아지길 바라게 됨)

표 1-7 통계분석방법의 이용 확률분포와 검증통계량 및 유의확률

통계분석 기법	이용 확률분포	검증통계량	유의확률
교차분석	χ^2분포	χ^2값	p값
상관분석	t분포	t값	
t-검증	t분포	t값	
분산분석	F분포	F값	
회귀분석	F분포, t분포	F값, t값	

데이터 분포(Data distribution)는 정규분포, t분포, F분포, χ^2분포 등으로 구분된다. [표 1-7]에 제시된 것처럼 통계분석방법의 종류에 따라서 이용하는 확률분포와 검증통계량이 다름을 알 수 있다. 그런데 검증통계량을 사용하여 가설검증을 하는 경우에는 개별 검증통계량의 분포표를 참조해야 하므로 다소 번거로움이 있을 수 있다. 이러한 어려움을 해결하기 위해서 최근에 개발된 통계소프트웨어들은 모든 통계방법에 적용할 수 있는 유의확률(p-value)을 제공하고 있다.

학문 분야에 따라 약간 다르기는 하나, 일반적으로 유의수준은 0.1%(0.001), 1%(0.01), 5%(0.05)로 구분할 수 있다. 의학, 자연과학 분야 등은 보다 엄격한 기준인 0.1%, 1% 기준이 그리고 사회과학 분야에서는 보통 5% 기준이 사용되고 있다.

• 유의확률(p-value) ≥ 유의수준(α = 0.05): 귀무가설을 기각할 수 없음
• 유의확률(p-value) < 유의수준(α = 0.05): 귀무가설을 기각하고 연구가설을 채택

로는 그 값이 어느 정도 극단적인 값인지를 판단하기 어렵기 때문에 표본통계량을 그대로 사용하지 않고 t값이나 F값 등을 사용하게 된다.

[표 1-8]은 임계치 t값을 이용해 가설검증할 수 있는 기준을 제시하고 있다. 예컨대 양측검증(Two-sided test)에서 t의 절대값>1.96(임계치)이면 유의수준 5%(α=0.05)에서 대립가설(연구가설)이 유의적이라고 해석한다. 만약 회귀분석에서 어떤 계수의 t값이 [2.11]이라면 이 값은 임계치인 t값 [1.96]보다 크므로 유의수준 5%에서 유의적이라고 말할 수 있다. 한편 양측검증이라면 t의 절대값>1.645(임계치)이면 유의수준 10%(α=0.10)에서 대립가설(연구가설)이 유의적이라고 해석한다.

표 1-8 임계치 t값과 유의수준의 관계

임계치 t값	양측검증	단측검증
$\|t\|>3.30$	유의수준 0.1%(α=0.001)	유의수준 0.05%(α=0.0005)
$\|t\|>2.58$	유의수준 1%(α=0.01)	유의수준 0.5%(α=0.005)
$\|t\|>2.33$	유의수준 2%(α=0.02)	유의수준 1%(α=0.01)
$\|t\|>1.96$	**유의수준 5%(α=0.05)**	유의수준 2.5%(α=0.025)
$\|t\|>1.645$	유의수준 10%(α=0.10)	**유의수준 5%(α=0.05)**

유의수준과 신뢰수준(Confidence level)은 어떤 관계가 있을까?

유의수준은 α라고 하며, $(1-\alpha)$는 신뢰수준이라 한다. 유의수준과 신뢰수준을 합하면 1이 된다. 신뢰수준은 유의수준에 따라서 결정된다. 유의수준 5%(α=0.05)라는 것은 신뢰수준이 95%라는 것을 의미한다.

그림 1-14 t통계량의 분포, 신뢰수준 및 유의수준(양측검증)

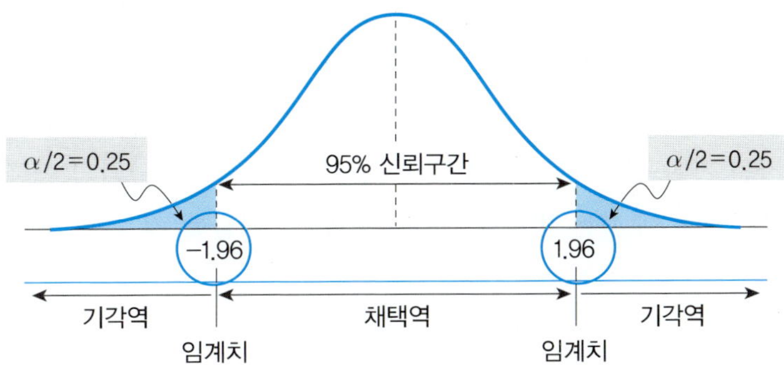

[그림 1-14]는 양측검증에서 유의수준 5%(α =0.05)를 가정하는 경우 유의수준 크기에 해당하는 양쪽 꼬리 부분의 색이 있는 영역(면적)은 대립가설(연구가설)을 채택하는 기각역(Rejection region)이며, 임계치 t값(−1.96, +1.96) 안의 구간은 귀무가설을 채택하는 채택역(Acceptance region)이라고 한다.

2) 가설검증의 단계

가설검증의 단계는 [그림 1-15]와 같이 요약할 수 있다.

그림 1-15 ▌가설검증의 단계

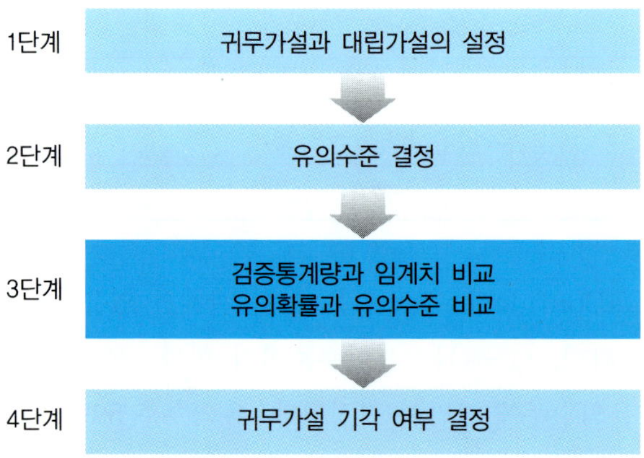

(1) 귀무가설과 연구가설의 설정

1단계는 귀무가설과 대립가설(혹은 연구가설)을 설정한다. 일반적으로 가설설정은 선행연구의 검토과정을 통해서 이루어지며, 귀무가설은 기술하지 않고 대립가설을 중심으로 설정한다. 연구가설은 방향적 가설(Directional hypothesis)과 비방향적 가설(Non-directional hypothesis)로 구분된다. 전자는 가설 설정 시 방향이 있는 것으로 가설에 정(+)의 방향 혹은 부(−)의 방향인지를 기술해야 한다. 후자는 방향을 설정하지 않고 기술한 것을 말한다.

(2) 유의수준 결정

2단계에서는 연구자가 유의수준을 결정한다. 연구자는 유의수준을 0.1%(0.001), 1%(0.01),

5%(0.05) 등에서 하나를 선택하여 결정할 수 있다.

(3) 검증통계량과 임계치 비교, 유의확률과 유의수준 비교

3단계에서는 가설의 채택 여부를 결정하기 위해서 다음의 두 가지 방법(① 검증통계량과 임계치를 비교하는 방법, ② 유의확률과 유의수준을 비교하는 방법) 중에서 하나를 선택해야 한다. 이 책에서 이용하는 SPSS 통계프로그램은 표본의 검증통계량을 모두 유의확률로 치환한 값을 제공하므로 제2방법을 주로 이용하는 것이 좋다. 이외에도 신뢰구간추정법이 사용될 수 있으나 여기에서는 설명을 생략하기로 한다. 다만 신뢰구간추정법에서는 신뢰구간 하한값과 상한값 사이에 0을 포함하고 있지 않으면 귀무가설을 기각하고 연구가설을 채택할 수 있음을 이해하고 있으면 된다.

■ 제1방법: 검증통계량과 임계치를 비교하는 방법

표본 데이터에 의한 검증통계량은 통계분석을 통해 자동으로 산출된다. 임계치(Critical value)는 표준정규분포표, t-분포표, F-분포표, 카이제곱분포표 등의 분포표(보통 통계학 책의 부록으로 제시됨)를 이용해 산출한다. 검증통계량과 임계치를 비교하여 가설검증을 한다. 예를 들면, 양측검증인 경우 t값은 t-분포표에서 유의수준 5%에서의 t값 임계치는 ±1.960이며, 유의수준 10%에서의 t값 임계치는 ±1.645임을 확인할 수 있다.

- 검증통계량 t값(절대값)≤임계치 t값(절대값): 귀무가설을 기각할 수 없음
- 검증통계량 t값(절대값)>임계치 t값(절대값): 귀무가설을 기각하고 연구가설을 채택

■ 제2방법: 유의확률과 유의수준을 비교하는 방법

표본자료에 의한 유의확률은 통계분석을 통해 자동으로 산출된다. 유의수준을 연구자가 정한다. 유의확률과 유의수준을 비교해서 가설검증을 한다.

- 유의확률(p-value)≥유의수준(α=0.05): 귀무가설을 기각할 수 없음
- 유의확률(p-value)<유의수준(α=0.05): 귀무가설을 기각하고 연구가설을 채택

(4) 귀무가설 기각 여부 결정

4단계에서는 앞에서 설명한 제1방법과 제2방법을 이용해 귀무가설 기각 여부를 결정한다. 먼저, 검증통계량과 임계치를 비교하는 방법으로 귀무가설의 기각 여부를 결정해보자. 통계분석을 통해 t-검증을 시행한 결과 t값이 2.25가 산출되었고, 연구자가 유의수준을 5%(α=0.05)로 결정해 임계치 t값(절대값)은 t-분포표를 이용해 ±1.96이다. 따라서 검증통계량 t값 2.25 > 임계치 t값 1.96이므로 귀무가설이 기각되고 연구가설(대립가설)이 채택됨을 알 수 있다.

다음으로, 유의확률과 유의수준을 비교하는 방법으로 귀무가설의 기각 여부를 결정해보자. 통계분석을 통해 t-검증을 시행한 결과 유의확률(p-value)이 0.003이 산출되었고, 연구자가 유의수준을 5%(α=0.05)로 결정하였다면 유의확률 0.003 < 유의수준 0.05(혹은 0.01)이므로 귀무가설이 기각되고 연구가설(대립가설)이 채택됨을 알 수 있다.

6 이 책의 구성

이 책은 저자가 석박사학위와 학술논문을 작성하고자 하는 연구자들을 대상으로 출간하는 SPSS 29 논문통계분석이다. 자매 도서는 SPSS 29와 PROCESS macro 4.0을 이용한 회귀분석 따라하기이다.

제1부 논문통계분석의 기초에서는 논문통계분석을 이해하는 데 반드시 학습해야 하는 필수적 내용을 담았다. 연구 프로세스, 변수의 개념과 분류, 변수 간의 관계와 측정척도, 측정척도와 통계분석방법의 선택, 모집단과 표본, 가설과 가설검증의 개념과 단계가 포함되었다.

제2부 기술통계분석: 표본의 일반적 특성에서는 빈도분석과 기술통계분석, 다중반응 빈도분석, 데이터의 정규성검증, 기술통계분석의 응용으로서 중요도-성과분석(Importance-Performance Analysis: IPA)을 설명하였다.

그림 1-16 ▌ 이 책의 구성 체계

제1부 논문통계분석의 기초	제1장 논문통계분석의 기초 이론과 개념
제2부 기술통계분석: 표본의 일반적 특성	제2장 빈도분석과 기술통계분석 ǀ 제3장 다중반응 빈도분석 제4장 데이터의 정규성검증: 콜모고로프-스미르노프검증과 샤피로-윌크검증 제5장 기술통계분석의 응용: 중요도-성과분석
제3부 신뢰도와 타당도분석: 크론바흐 알파검증과 요인분석	제6장 신뢰도분석: 크론바흐 알파검증 제7장 타당도분석: 탐색적 요인분석
제4부 연관성검증: 교차분석과 상관분석	제8장 교차분석과 카이제곱검증, 피셔의 정확검증, 코크란-맨텔-헨젤검증, 맥니머검증 제9장 상관분석: 피어슨 상관분석, 스피어만 순위상관분석, 켄달 순위상관분석 제10장 편상관분석
제5부 평균비교검증(1): t-검증	제11장 일표본 t-검증과 일표본 윌콕슨 부호순위검증 제12장 독립표본 t-검증과 맨-휘트니검증 제13장 대응표본 t-검증과 윌콕슨 부호순위검증
제6부 평균비교검증(2): 분산분석	제14장 일원분산분석과 크루스칼-왈리스검증 제15장 이원분산분석 ǀ 제16장 다변량분산분석 제17장 공분산분석 ǀ 제18장 다변량공분산분석 제19장 반복측정분산분석
제7부 영향관계와 예측검증: 회귀분석	제20장 단순회귀분석 제21장 다중회귀분석
제8부 분류분석	제22장 군집분석

제3부 신뢰도와 타당도분석: 크론바흐 알파검증과 요인분석에서는 논문통계분석에서 척도의 신뢰도와 타당도를 분석하는 방법인 크론바흐 알파검증과 탐색적 요인분석의 사용목적과 통계 실습과정을 제시하였다.

제4부 연관성분석: 교차분석과 상관분석에서는 교차분석과 카이제곱검증, 피셔의 정확검증, 코크란-맨텔-헨젤검증, 맥니머검증, 상관분석으로서 피어슨 상관분석과 스피어만 순위상관분석, 켄달 순위상관분석 및 편상관분석을 제시하고 각각의 방법들에 대한 실습 과정을 기술하였다.

제5부 평균비교검증(1): t-검증에서는 t-검증을 세 가지 방법인 일표본 t-검증(일표본 윌콕슨 부호순위검증), 독립표본 t-검증(맨-휘트니검증), 대응표본 t-검증(윌콕슨 부호순위검

증)을 소개하고 실습하였다.

제6부 평균비교검증(2): 분산분석에서는 분산분석에 대한 종합적인 설명을 위해서 일원분산분석과 사후검증, 크루스칼-왈리스검증, 이원분산분석, 다변량분산분석(MANOVA), 공분산분석(ANCOVA), 다변량공분산분석(MANCOVA), 반복측정분산분석(RM ANOVA)을 소개하고 실습하였다.

제7부 영향관계와 예측검증: 회귀분석에서는 단순회귀분석과 다중회귀분석을 소개하고 실습하였다.

제8부 분류분석에서는 군집분석을 소개하고 실습하였다.

[이 책의 자매 도서]

SPSS 29와 PROCESS macro 4.0을 이용한 회귀분석 따라하기

(도서출판 청람, 2023)

〈목차〉

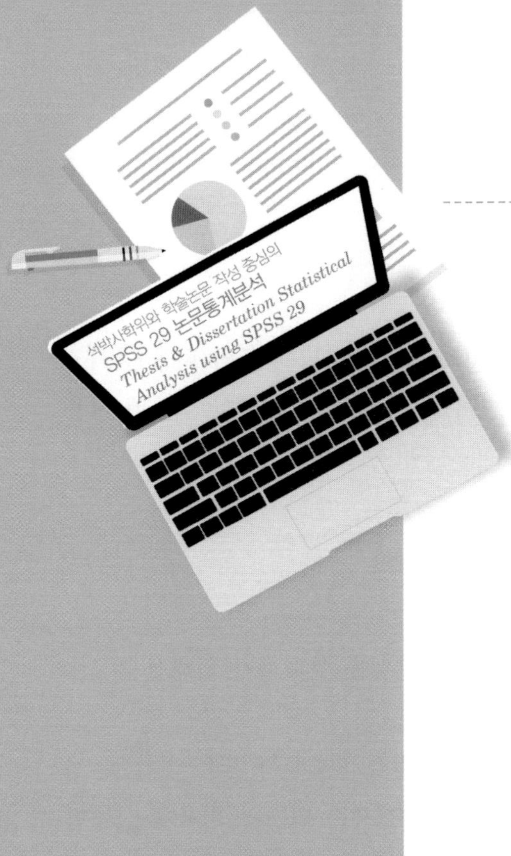

제 2 부

기술통계분석: 표본의 일반적 특성

제2장 빈도분석과 기술통계분석

제3장 다중반응 빈도분석

제4장 데이터의 정규성검증: 콜모고로프-스미르노프검증과 샤피로-윌크검증

제5장 기술통계분석의 응용: 중요도-성과분석

제 2 장

빈도분석과 기술통계분석

Frequency Analysis and Descriptive Analysis

1 빈도분석

빈도분석(Frequency analysis)이란 범주형 변수의 범주(Categories)별 빈도와 비율 그리고 빈도분포표[1](Frequency table)를 산출하여 분석 대상변수의 분포 특성을 알아보는 데 사용되는 통계분석방법을 말한다.

1.1 사용목적과 적용상황

논문을 작성할 때 연구자들은 가설검증에 앞서 표본의 일반적 특성을 살펴보기 위해서 빈도분석과 뒤에서 살펴볼 기술통계분석을 시행한다.

[그림 2-1]에 제시된 것처럼 빈도분석은 분석하고자 하는 변수가 범주형 변수인 경우에 사용하며, 기술통계분석은 연속형 변수인 경우에 적용할 수 있다. 전자는 빈도와 비율을 산출할 때 주로 이용하고, 후자는 기술통계량(평균, 표준편차, 분산, 왜도, 첨도 등)을 산출할 때 사용한다. 빈도는 그래프 형태(막대도표, 원도표, 히스토그램)로도 출력할 수 있으며, 명목척도로 측정된 범주형 변수(예 성별 등)에 대한 평균, 표준편차 등의 기술통계량의 출력은 필요하지도 않고 의미도 없다.

1) 빈도분석표는 도수분포표라고도 하며, 빈도와 도수는 동일한 용어로 사용된다.

그림 2-1 | 빈도분석의 적용상황

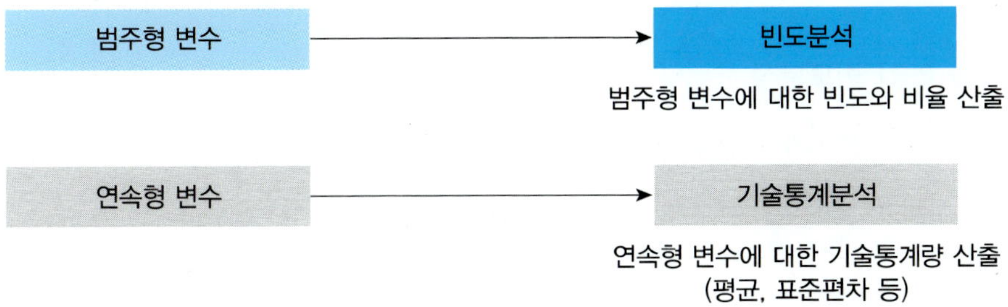

빈도분석은 1개의 범주형 변수(명목척도, 서열척도)를 대상으로 하며 해당 변수의 빈도와 비율(퍼센트)을 산출하여 어떠한 분포적 특성을 가지고 있는지를 파악하기 위해서 필요하다. 이 외에도 데이터 입력과정에서 오류, 코딩 오류(Coding error), 결측치(Missing values) 등을 점검하는 데도 유용하게 사용된다.

1.2 변수의 설문문항과 통계방법의 선택

통계분석방법의 선택은 연구자가 조사한 설문문항이나 데이터가 범주형 변수인지, 연속형 변수인지에 따라 달라진다. 범주형 변수는 빈도분석을, 연속형 변수는 기술통계분석을 시행한다. 설문문항에 대한 응답자들의 응답 내용은 보통 숫자로 코딩하는 것이 통계분석에 용이하지만 문자형으로 입력해도 통계분석은 가능하다.

빈도분석을 위한 설문지이다. 설문 1(성별)과 2(연령)는 범주형 변수로 측정하는 경우이며, 설문 3(소비생활만족도)은 연속형 변수로 측정하는 경우이다.

설문 1: 귀하의 성별은 무엇입니까?
1. 남자 2. 여자

설문 2: 귀하의 연령은 다음 중 어디에 해당합니까?
1. 20대 2. 30대 3. 40대 4. 50대

설문 3: 귀하의 소비생활만족도는 어느 정도입니까? 100점 만점으로 응답하시오.
( )점

1.3 빈도분석의 SPSS 통계 실습

[통계 실습 2-1] 빈도분석

다음의 [제2장 빈도분석과 기술통계분석 실습 데이터]를 이용해서 빈도분석을 시행하고 분석 결과를 해석하시오.

■ **실습 데이터**

ID	성별	연령	소비생활만족도
1	1	3	78
2	2	1	60
…	…	…	…
30	2	4	70

총 사례 수는 30개이며 연령 변수는 1개의 결측치가 있음

- 성별(1. 남자, 2. 여자) → 범주형 변수
- 연령(1. 20대, 2. 30대, 3. 40대, 4. 50대) → 범주형 변수
- 소비생활만족도(100점 만점) → 연속형 변수

실습 데이터	제2장 빈도분석과 기술통계분석 데이터
분석방법 메뉴 선택	분석–기술통계량–빈도분석

1) 실습 과정

❶ [파일–열기–데이터]로 들어가 실습 데이터 파일이 있는 위치로 찾아가서 [제2장 빈도분석과 기술통계분석 데이터]를 선택한 후 [열기] 버튼을 클릭해 연다.

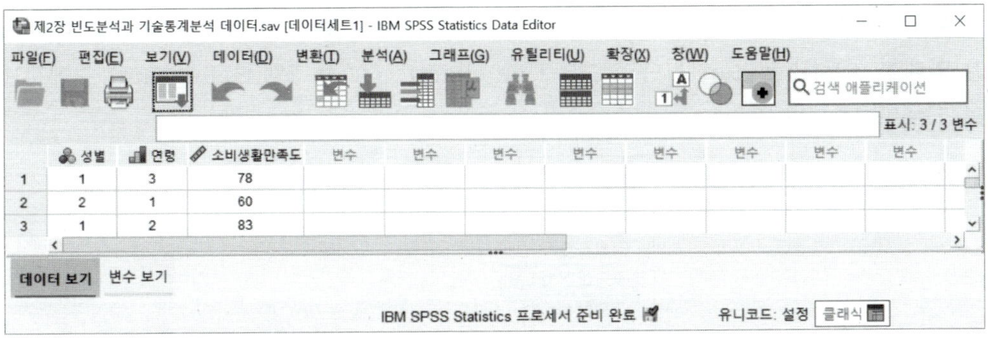

❷ [분석-기술통계량-빈도분석]을 차례대로 클릭하여 [빈도분석] 창을 연다.

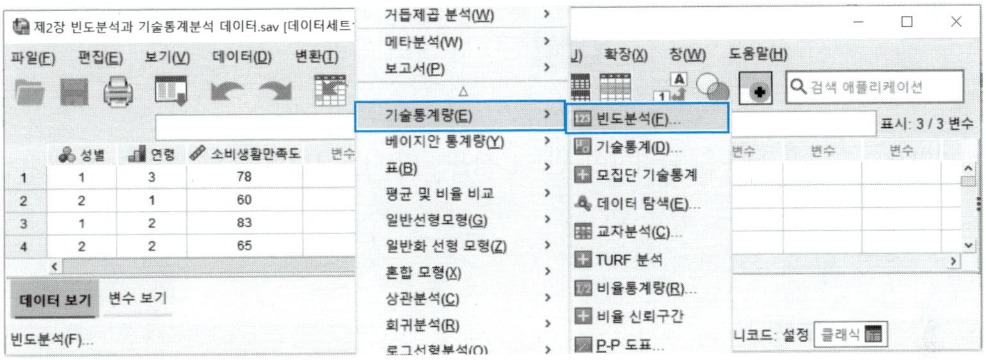

❸ [빈도분석] 창에서 범주형 변수인 [성별]과 [연령]을 오른쪽으로 옮긴다. 빈도표 표시에는 체크가 되어 있어야 한다.

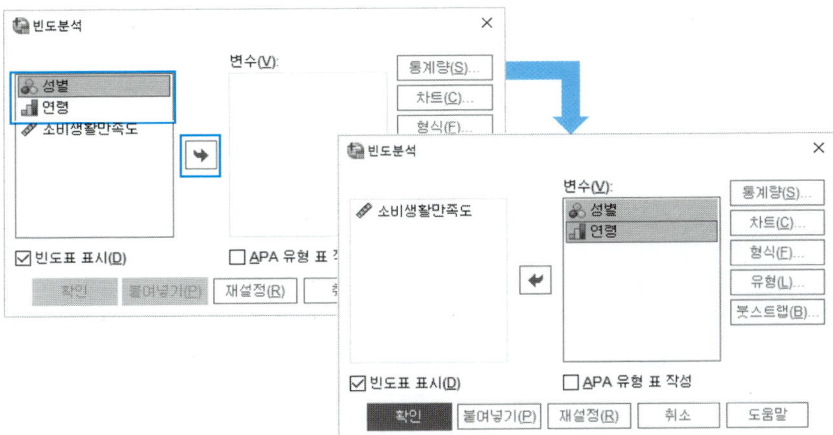

❹ 도표의 [빈도분석: 차트] 창에서 막대형 차트를 선택하고 [계속] 버튼을 클릭한다. 도표 유형은 막대형 차트(Bar chart), 원형 차트(Pie chart), 히스토그램(Histogram) 중에서 하나를 선택한다.

❺ 마지막으로 [확인] 버튼을 클릭하여 빈도분석을 마친다. 그러면 분석 결과가 출력된다.

2) 주요 분석 결과

빈도표

성별

		빈도	퍼센트	유효 퍼센트	누적 퍼센트
유효	남자	14	46.7	46.7	46.7
	여자	16	53.3	53.3	100.0
	전체	30	100.0	100.0	

연령

		빈도	퍼센트	유효 퍼센트	누적 퍼센트
유효	20대	11	36.7	36.7	36.7
	30대	10	33.3	33.3	70.0
	40대	4	13.3	13.3	83.3
	50대	5	16.7	16.7	100.0
	전체	30	100.0	100.0	

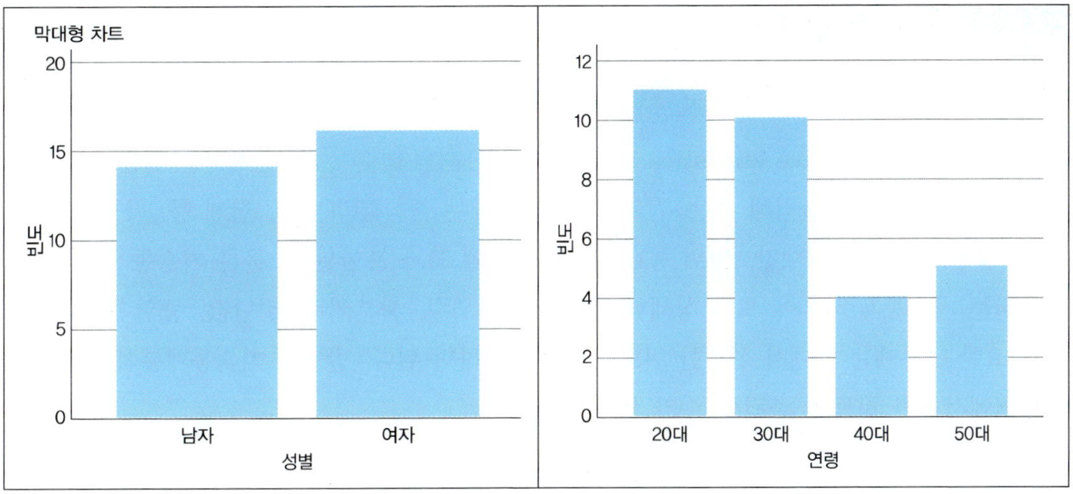

1.4 빈도분석 결과표의 제시와 해석

빈도분석 결과는 SPSS의 출력 결과를 모두 제시할 필요는 없으며, 빈도와 비율(%)을 중심으로 제시하면 된다.

표 2-1 표본의 일반적 특성 (N=30)

변수		빈도	비율
성별	남자	14	46.7
	여자	16	53.3
연령	20대	11	36.7
	30대	10	33.3
	40대	4	13.3
	50대	5	16.7
전체		30	100

빈도분석 결과 전체 조사대상자 중 성별로는 남자가 14명(46.7%)이고 여자가 16명(53.3%)으로 성별 차이는 없었다. 연령별로는 20대 11명(36.7%)과 30대 10명(33.3%)으로 40대와 50대보다 많은 것으로 나타났다.

2 기술통계분석

기술통계분석(Descriptive statistics analysis)은 연속형 변수의 기술통계량을 산출하는 통계 방법이다. 이 방법이 출력해 주는 주요 기술통계량에는 중심경향(평균, 합계 등), 산포도(표준편차, 분산, 최소값, 최대값, 범위 등), 분포(첨도, 왜도)가 포함된다. 물론 기술통계분석에서 제공하는 기술통계량 외에 보다 상세한 통계량(백분위수, 사분위수, 절단값, 중위수, 최빈값)이 필요한 경우에는 앞에서 설명한 빈도분석을 시행하면 된다. 반면에 기술통계분석에서는 빈도분석에서처럼 차트를 출력할 수가 없다.

2.1 사용목적과 적용상황

기술통계분석은 [그림 2-2]와 같이 연구자들이 기술통계량의 산출을 통해서 분포의 일반적 특성을 알아보기 위해서 사용된다. 이는 빈도분석과 비슷하지만 연속형 변수에 대해 사용하기 적합한 통계방법이다. 빈도분석은 많은 양의 불필요한 분석 결과를 제시하기도 하나, 기술통계분석은 요약된 형태의 통계량을 제공한다.

그림 2-2 ▌기술통계분석의 적용상황

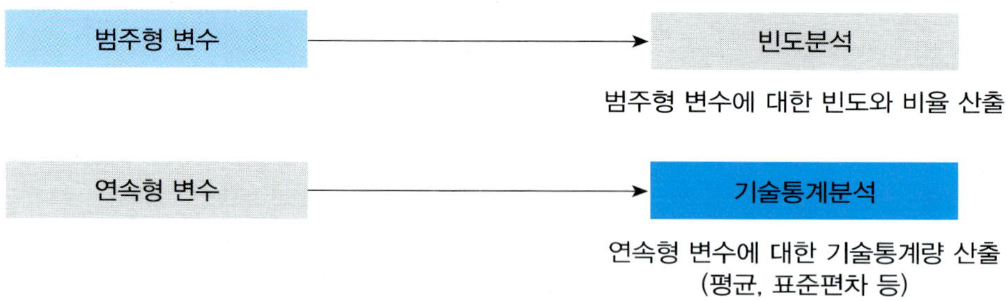

[표 2-2]에 제시된 것처럼 기술통계량에는 평균(Mean), 분산(Variance), 표준편차(Standard Deviation), 표준오차(Standard Error) 등이 있다. 분산과 표준편차는 표본에 해당하는 표본분산과 표본표준편차와 모집단의 모분산과 모표준편차로 구분된다. 모집단분산

▌표 2-2▐ 기술통계분석이 제공하는 기술통계량 옵션

옵션		내용
백분위수값 (Percentile)	사분위수(Quartiles)	데이터의 25번째, 50번째, 75번째 값
	절단점	전체 자료에서 지정한 수(10)만큼 동일집단으로 나누는 기준값들을 출력
	백분위수	크기 순서에 따라 나열한 데이터를 100등분한 경우의 수
중심경향 (Central tendency)	평균(Mean)	산술평균(총합계/표본 수)
	중위수(Median)	데이터를 순서대로 배열시 가장 중앙에 해당하는 값
	최빈값(Mode)	가장 빈도가 많이 나오는 값
	합계	변수별 데이터값의 총합계
산포도 (Dispersion)	표준편차 (Standard Deviation)	데이터가 평균값을 중심으로 관측값들(데이터)이 얼마나 퍼져 있는가를 측정한 통계량[분산에 루트를 씌운 값: $\sqrt{분산}$]. 모집단의 표준편차는 σ(시그마)로, 표본의 표준편차는 s로 표기
	분산 (Variance)	평균값으로부터 관측치가 얼마나 떨어져 있는가를 측정하는 통계량으로 편차제곱합의 평균[각 편차제곱의 합$(관측치-평균)^2$을 표본 수에서 1을 차감한 N−1로 나눈 값]
	범위	관측치의 최대값에서 최소값을 뺀 값
	최대값	데이터의 가장 큰 값
	최소값	데이터의 가장 작은 값
	표준오차 (표본평균들의 표준편차, SE평균)	모평균을 중심으로 표본평균들이 얼마나 떨어져 있는지를 나타냄 [표본평균들 간의 변동성(산포도 혹은 퍼짐)에 대한 추정치] [표본표준편차/$\sqrt{표본\ 수}$]
분포 (Distribution)	왜도 (Skewness)	데이터 분포의 좌우로 치우침 정도
	첨도 (Kurtosis)	데이터 분포의 뾰족한 정도

과 모집단표준편차는 표본 수(데이터 수)가 방대하므로 직접 계산하는 경우는 거의 없으며, 대부분의 경우는 표본분산과 표본표준편차를 계산해 사용한다. SPSS에서도 추출된 표본을 대상으로 통계분석을 시행하기 때문에 표본분산과 표본표준편차를 계산해서 분석에 활용한다. 따라서 SPSS에서 사용되는 분산이나 표준편차라는 용어는 보통 표본분산과 표본표준편차를 말한다.

표본분산과 표본표준편차를 계산할 때는 공식에서 N(표본 수)을 사용하지 않고 N−1을 사용한다. 표본크기가 커지면 공식에서 N을 사용하든 N−1을 사용하든 추정치는 큰 차이를 나타내지 않는다. 그러나 표본크기가 작은 경우에 계산 공식에서 표본 수로 N을 사용하면 모집단의 분산이나 표준편차를 작게 추정하는 경향을 보인다. 결국 표본분산과 표본표준편차를 계산할 때 표본 수로 N을 사용하면 모분산과 표본분산 간 그리고 모표준편차와 표본표준편차 간의 추정치는 차이(Biased estimates)를 나타낸다. 이러한 차이를 없애기 위한 방법으로, 즉 불편추정치(Unbiased estimates)를 얻기 위한 목적으로 N−1을 사용한다.

주요 표본 기술통계량인 표본평균, 표본분산, 표본표준편차 및 표준오차의 기호와 계산 공식은 [표 2−3]과 같다.

▌표 2−3▐ 주요 표본 기술통계량의 계산 공식

기술통계량	기호	계산 공식
표본평균 (Mean: M)	$\bar{x}$	$\bar{x}=\dfrac{\sum_{i}^{n} x_i}{N}$
표본분산 (Variance)	S^2	$S^2=\dfrac{\sum_{i=1}^{n}(x_i-\bar{x})^2}{N-1}$
표본표준편차 (Standard Deviation: SD)	S	$S=\sqrt{\dfrac{\sum_{i=1}^{n}(x_i-\bar{x})^2}{N-1}}$ 또는 $S=\sqrt{S^2}$
표준오차 (Standard Error: SE)	SE	$SE=\dfrac{S}{\sqrt{N}}$

■ 다음은 10명 학생들(표본 수는 10명)의 수학성적이다. 수학성적 변수의 표본평균, 표본분산, 표본표준편차 및 표준오차를 구하시오. 수작업으로 계산하는 과정을 제시하시오(도서출판 청람의 홈페이지 자료실에서는 이 도서의 Excel을 사용해 계산한 결과를 제시함). 동일한 데이터를 가지고 SPSS로 기술통계분석을 하면 수작업 결과와 동일한 결과를 얻을 수 있다.

표본 기술통계량 계산 데이터

N	수학성적
1	8
2	9
3	7
4	8
5	10

N	수학성적
6	8
7	7
8	6
9	9
10	8

수작업에 의한 계산 결과

① 수학점수 전체 합계를 구한다.

수학점수 합계 SUM=8+9+7+8+10+8+7+6+9+8=80

② 표본평균($\bar{x}$)을 구한다. $\bar{x}$ =SUM/10(표본 수)=8

③ 수학점수 개별 [관측치]에서 [표본평균]을 차감해 [편차]를 구하고 [편차제곱]을 해서 [편차제곱합]을 구한다.

편차제곱합$=(8-8)^2+(9-8)^2+(7-8)^2+(8-8)^2+(10-8)^2+(8-8)^2+(7-8)^2+(6-8)^2+(9-8)^2+(8-8)^2=12$

④ 표본분산을 구한다. 편차제곱 합을 N−1로 나눈다.

표본분산(S^2)$=12/(10-1)=1.333$

⑤ 표본표준편차를 구한다. 표본분산의 제곱근($\sqrt{표본분산}$)을 구한다.

표본표준편차(S)$=\sqrt{1.333}=1.155$

⑥ 표준오차를 구한다. 표본표준편차를 N의 제곱근($\frac{S}{\sqrt{N}}$)으로 나눈다.

표준오차(SE)$=1.155/\sqrt{10}=0.365$

Excel Sheet에 의한 계산 결과

표본평균, 표본분산, 표본표준편차 및 표준오차의 계산

n	수학점수	편차	편차제곱
1	8	0	0
2	9	1	1
3	7	-1	1
4	8	0	0
5	10	2	4
6	8	0	0
7	7	-1	1
8	6	-2	4
9	9	1	1
10	8	0	0
SUM	**80**	**0**	**12**
표본평균	8	수학점수 전체합계/n	SUM(C5:C14)/10
표본분산	1.333333333	편차제곱 합/n-1	E15/(10-1)
표본표준편차	1.154700538	표본분산의 제곱근	SQRT(C19)
표준오차	0.365148372	표본표준편차/n의 제곱근	C20/SQRT(10)

2.2 기술통계분석의 SPSS 통계 실습

[통계 실습 2-2] 기술통계분석

다음의 [제2장 빈도분석과 기술통계분석 실습 데이터]를 이용해서 기술통계분석을 시행하고 분석 결과를 해석하시오.

■ **실습 데이터**

ID	성별	연령	소비생활만족도
1	1	3	78
2	2	1	60
…	…	…	…
30	2	4	70

총 사례 수는 30개임
• 소비생활만족도(100점 만점) → 연속형 변수

실습 데이터	제2장 빈도분석과 기술통계분석 데이터
분석방법 메뉴 선택	분석-기술통계량-기술통계

1) 실습 과정

❶ [파일-열기-데이터]를 선택한 후 실습 데이터 파일이 있는 위치로 찾아가서 [제2장 빈도분석과 기술통계분석 데이터]를 연다. 앞의 실습에서 이미 데이터 파일이 열려져 있으므로 바로 분석에 들어간다.

❷ [분석-기술통계량-기술통계]를 차례대로 클릭하여 [기술통계] 창을 연다. [기술통계] 창에서 연속형 변수인 [소비생활만족도]를 오른쪽으로 옮긴다. 창 왼쪽 하단의 [표준화 값을 변수로 저장]하려면 체크한다. 여기에서는 생략한다.

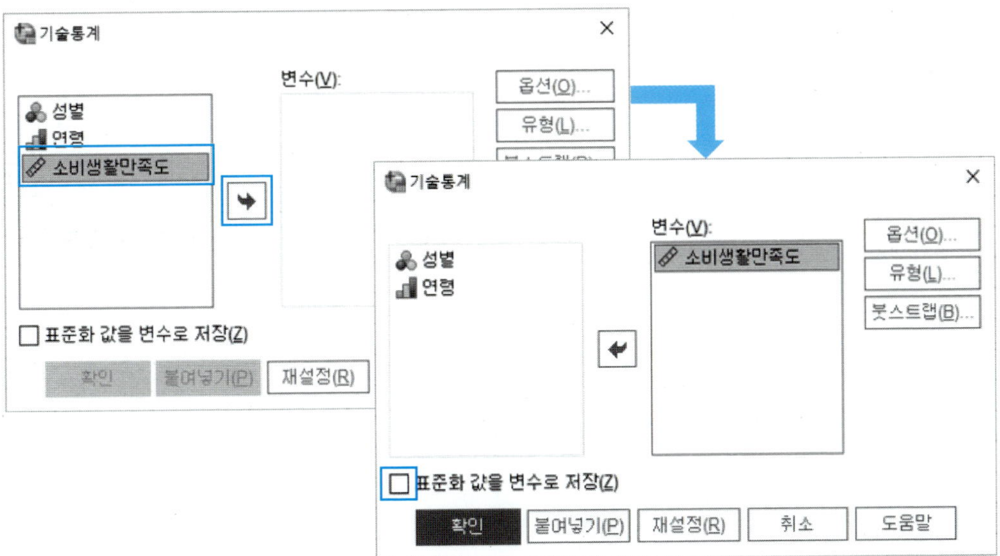

❸ 옵션의 [기술통계: 옵션] 창에서 출력하기를 원하는 기술통계량을 선택하고 [계속] 버튼을 클릭한다.

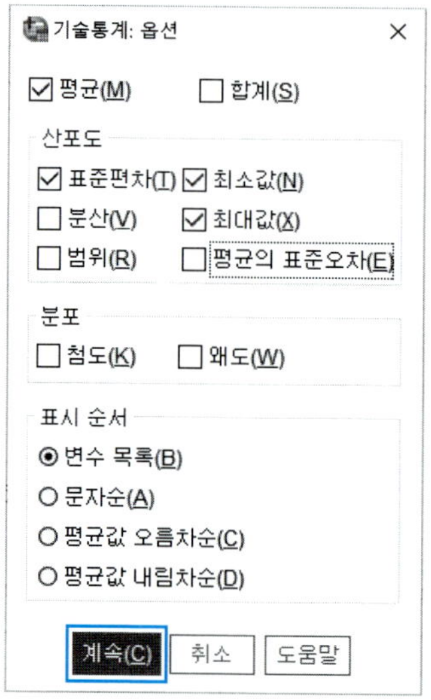

❹ 마지막으로 [확인] 버튼을 클릭하여 기술통계분석을 마친다. 그러면 분석 결과가 출력된다.

2) 주요 분석 결과

➡ **기술통계**

기술통계량

	N	최소값	최대값	평균	표준편차
소비자생활만족도	30	23	99	64.27	19.858
유효 N(목록별)	30				

2.3 기술통계분석 결과표의 제시와 해석

기술통계분석 결과는 SPSS의 출력 결과를 모두 제시할 필요는 없으며 사례 수(표본 수), 최소값, 최대값, 평균, 표준편차 등을 중심으로 제시하면 된다.

표 2-4 변수의 기술통계량 (N=30)

변수	최소값	최대값	평균	표준편차
소비생활만족도	23	99	64.27	19.858

분석 대상인 30명을 대상으로 소비생활만족도 변수에 대한 기술통계분석을 실시한 결과 조사대상자들의 소비생활만족도 평균은 64.27점(표준편차 19.858)이며, 최소값은 23이며, 최대값은 99인 것으로 나타났다.

제 3 장

다중반응 빈도분석

Multiple Response Frequency Analysis

1 다중반응 빈도분석

다중반응 빈도분석(Multiple response frequency analysis)이란 하나의 설문에 2개 이상 응답할 수 있는 다중반응 범주형 변수의 범주(Categories)별 빈도와 비율을 산출하여 다중반응 변수의 특성을 알아보는 데 사용되는 통계분석방법을 말한다.

1.1 사용목적과 적용상황

논문을 작성할 때 연구자들은 표본의 일반적 특성을 살펴보기 위해서 다중반응 빈도분석을 시행할 수 있다. 다중반응 설문문항의 응답값을 이분형이나 범주형으로 코딩한 경우에는 다중반응 빈도분석을 수행하며, 순서형으로 코딩한 경우에는 앞 장에서 학습한 빈도분석을 사용한다.

[그림 3-1]에 제시된 것처럼 변수 코딩방식에 따라 다중반응 빈도분석은 분석하고자 하는 변수가 다중반응 범주형 변수인 경우(범주형 코딩과 이분형 코딩)에 사용할 수 있다. 다중반응 빈도분석은 범주별 빈도와 비율을 산출할 때 주로 이용한다.

▶ 그림 3-1 ▌다중반응 빈도분석의 적용상황

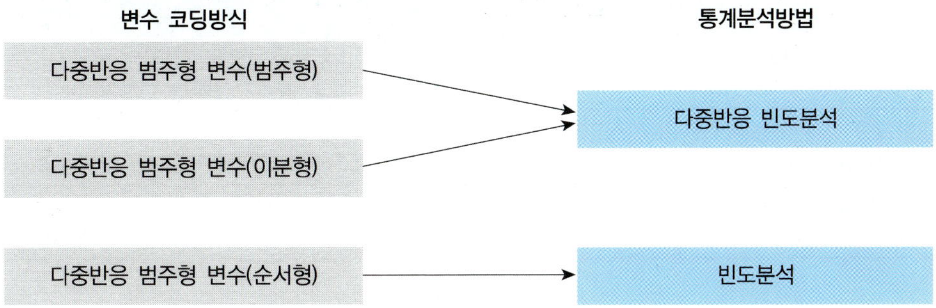

1.2 다중반응 설문문항과 코딩 및 다중반응 빈도분석의 절차

1) 다중반응 설문문항과 코딩

다중반응 설문문항을 예시하면 다음과 같다.

> 설문: 다음 중에서 귀하가 좋아하는 운동경기는 무엇입니까? (2가지만 선택)
> 1. 축구 2. 배구 3. 농구 4. 배드민턴 5. 탁구
>
> 설문: 다음 중에서 귀하가 좋아하는 운동경기는 무엇입니까? (복수응답 가능)
> 1. 축구 2. 배구 3. 농구 4. 배드민턴 5. 탁구
>
> 설문: 다음 중에서 귀하가 좋아하는 운동경기는 무엇입니까? 3가지만 선택해 적어주세요.
> (1순위: 2순위: 3순위:)
> 1. 축구 2. 배구 3. 농구 4. 배드민턴 5. 탁구

다중반응 설문문항에 따른 코딩방식은 [표 3-1]과 같이 범주형, 이분형 및 순서형으로 구분할 수 있다. 앞에서 첫 번째 설문문항은 정해진 수만큼 선택해야 하는 경우이며, 두 번째는 주어진 문항에서 모두 선택할 수 있는 복수응답이 가능한 경우이다. 마지막의 설문문항은 몇 개의 우선순위를 정해놓고 선택해야 하는 경우이다.

표 3-1 다중반응 설문문항의 코딩방법

다중반응 설문문항 형태	코딩방법
정해진 수만큼 선택해야 하는 다중반응 설문의 경우 (예 2가지만 선택)	범주 수만큼 범주형으로 코딩 (예 2칸에 응답자가 선택한 번호로 입력)
모든 문항의 선택이 가능한 다중반응 설문의 경우 (복수응답 가능)	범주 수만큼 이분형으로 코딩 (모든 범주에 대해 미선택은 0, 선택은 1 입력)
몇 개의 우선순위를 정해놓고 선택하는 다중반응 설문의 경우(예 1순위, 2순위, 3순위)	범주 수만큼 순서형으로 코딩 (예 3칸에 응답자가 선택한 번호로 입력)

2) 다중반응 빈도분석의 절차

다중반응 빈도분석의 절차는 [그림 3-2]와 같다. 이는 변수를 범주형이나 이분형으로 코딩한 경우에만 해당된다. 순서형으로 코딩한 경우에는 변수군 정의가 필요하지 않으며 다중반응 빈도분석이 아니라 일반적인 빈도분석을 수행한다.

그림 3-2 다중반응 빈도분석의 절차

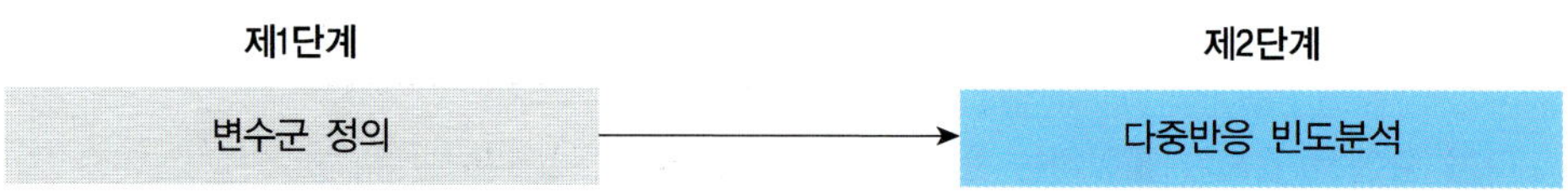

먼저 다중반응 변수군에 대한 정의가 필요하다. 다음으로 다중반응 빈도분석을 시행해야 한다.

2 다중반응 빈도분석의 SPSS 통계 실습

2.1 범주형으로 코딩된 다중반응 빈도분석의 SPSS 통계 실습

[통계 실습 3-1] 범주형으로 코딩된 다중반응변수의 다중반응 빈도분석

다음의 [제3장 범주형 코딩의 다중반응 빈도분석 데이터]를 이용해서 다중반응 빈도분석을 시행하고 분석 결과를 해석하시오.

■ 실습 데이터

ID	운동경기1	운동경기2
1	1	3
2	2	5
…	…	…
40	1	2

총 사례 수는 40개임

- 운동경기(1. 축구, 2. 배구, 3. 농구, 4. 배드민턴, 5. 탁구 → 범주형 변수)

실습 데이터	제3장 범주형 코딩의 다중반응 빈도분석 데이터
분석방법 메뉴 선택	분석–다중반응–다중반응 변수군 정의 분석–다중반응–빈도분석

1) 실습 과정

❶ [파일–열기–데이터]를 선택한 후 실습 데이터 파일이 있는 위치로 찾아가서 [제3장 범주형 코딩의 다중반응 빈도분석 데이터]를 연다.

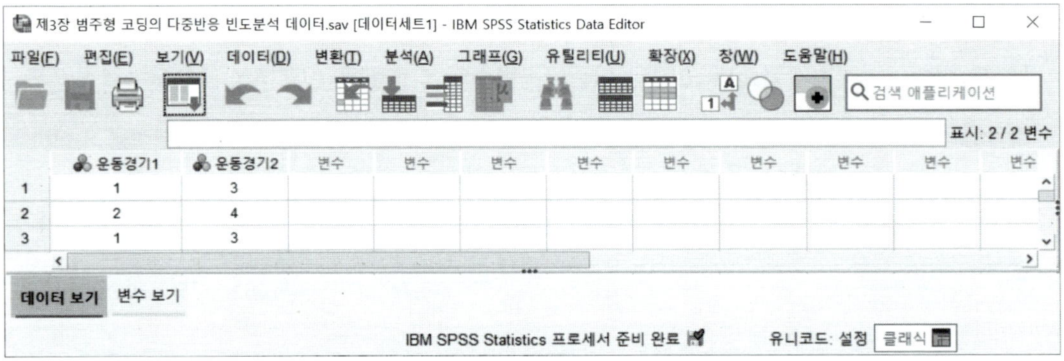

❷ [분석–다중반응–다중반응 변수군 정의]를 클릭해 들어간다. [다중반응 변수군 정의] 창에서 [변수군 정의]에 있는 두 개의 변수들인 [운동경기1]과 [운동경기2]를 [변수군에 포함된 변수]로 이동시킨다. [변수들의 코딩형식]에서 [범주형]을 선택하고 운동경기 변수의 범주가 5개이므로 [범위]를 '1'에서 '5'로 입력한다. [이름] 란에는 '운동경기'로 적고 [레이블]에는 '좋아하는 운동경기 종류'를 입력한다. [추가] 버튼을 클릭하면 [다중반응 변수군]에 '$운동경기'라는 변수가 생성된다. [닫기] 버튼을 클릭하면 변수군 정의가 완료된다.

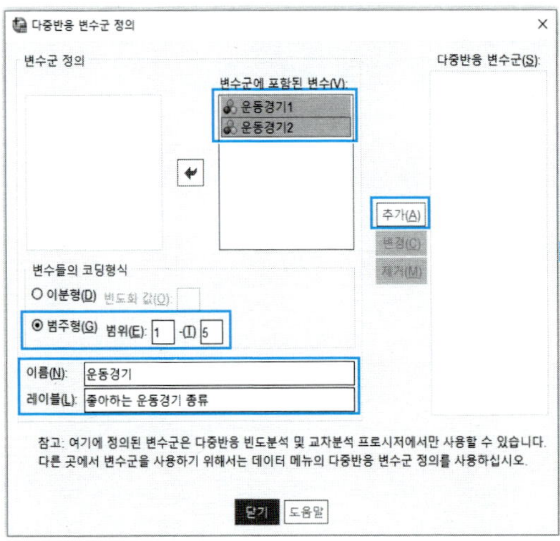

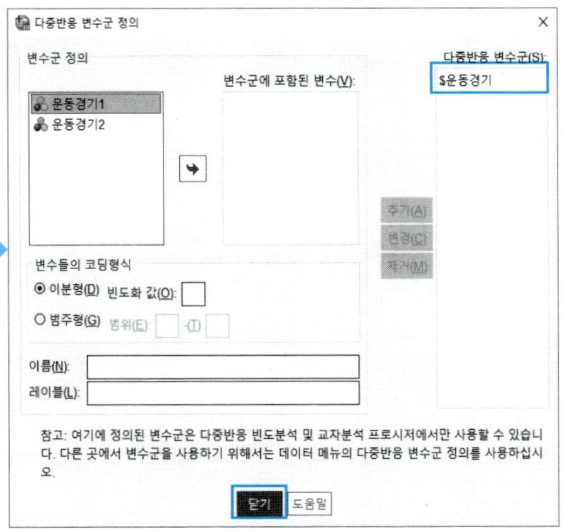

❸ [분석–다중반응–빈도분석]을 클릭하여 [다중반응 빈도분석] 창을 연다. [다중반응 변수군]에 있는 '$운동경기'를 오른쪽으로 이동시킨 후 [확인] 버튼을 클릭해 다중반응 빈도분석을 수행한다. 그러면 분석 결과가 출력된다.

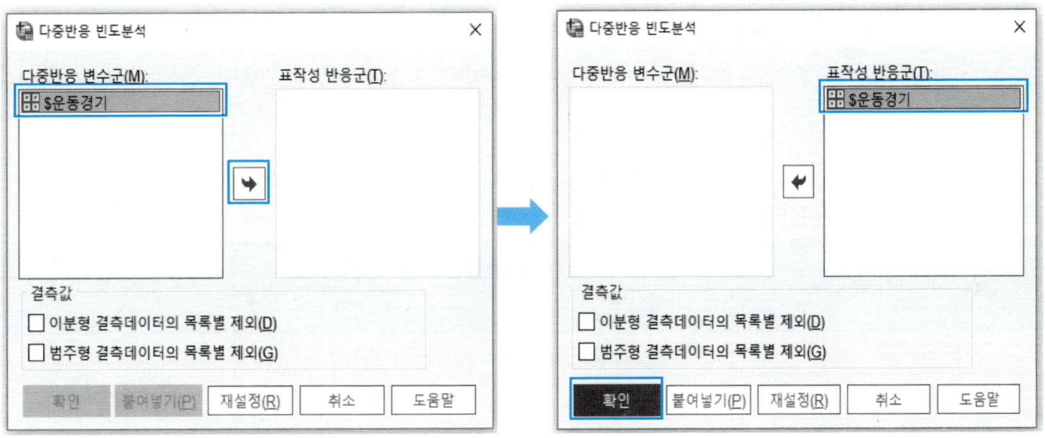

2) 주요 분석 결과

케이스 요약

	케이스					
	유효		결측		전체	
	N	퍼센트	N	퍼센트	N	퍼센트
$운동경기[a]	40	100.0%	0	0.0%	40	100.0%

a. 범주형 변수 집단

$운동경기 빈도

		반응		케이스 중 %
		N	퍼센트	
좋아하는 운동경기 종류[a]	축구	25	31.3%	62.5%
	배구	24	30.0%	60.0%
	농구	15	18.8%	37.5%
	배드민턴	8	10.0%	20.0%
	탁구	8	10.0%	20.0%
전체		80	100.0%	200.0%

a. 범주형 변수 집단

3) 다중반응 빈도분석 결과표의 제시와 해석

다중반응 빈도분석 결과를 제시하면 [표 3-2]와 같다.

- 결과표에는 [응답 비율]과 [케이스 비율]을 모두 제시하고 해석해도 되며 연구자가 적절하다고 생각되는 것을 하나만 선택해 제시해도 좋다.
- 5개 운동경기 중에서 2개만 선택하는 설문이므로 표 제목에 2개만 응답이라는 표시를 해준다.

표 3-2 좋아하는 운동경기(2개만 응답) (N=40)

운동경기 종류	응답		케이스 중 비율
	빈도	비율	
축구	25	31.2	62.5
배구	24	30.0	60.0
농구	15	18.8	37.5
배드민턴	8	10.0	20.0
탁구	8	10.0	20.0
전체	80	100	200

운동경기 5개 중에서 2개를 중복응답하게 한 다중반응 빈도분석 결과 80명 중 축구를 25명(62.5%), 배구를 24명(60%)이 응답하여 가장 좋아하는 운동경기임을 알 수 있다. 반면에 배드민턴과 탁구는 각각 8명(20%)이 응답하여 상대적으로 덜 좋아하는 운동경기인 것으로 나타났다.

2.2 이분형으로 코딩된 다중반응 빈도분석의 SPSS 통계 실습

[통계 실습 3-2] 이분형으로 코딩된 다중반응변수의 다중반응 빈도분석

다음의 [제3장 이분형 코딩의 다중반응 빈도분석 데이터]를 이용해서 다중반응 빈도분석을 시행하고 분석 결과를 해석하시오.

■ **실습 데이터**

ID	운동경기1	운동경기2	운동경기3	운동경기4	운동경기5
1	1	0	1	0	0
2	0	1	1	0	0
…	…	…	…	…	…
40	1	0	1	0	1

총 사례 수는 40개임

• 운동경기(1. 축구, 2. 배구, 3. 농구, 4. 배드민턴, 5. 탁구 → 범주형 변수)

실습 데이터	제3장 이분형 코딩의 다중반응 빈도분석 데이터
분석방법 메뉴 선택	분석–다중반응–다중반응 변수군 정의 분석–다중반응–빈도분석

1) 실습 과정

❶ [파일–열기–데이터]를 선택한 후 실습 데이터 파일이 있는 위치로 찾아가서 [제3장 이분형 코딩의 다중반응 빈도분석 데이터]를 연다.

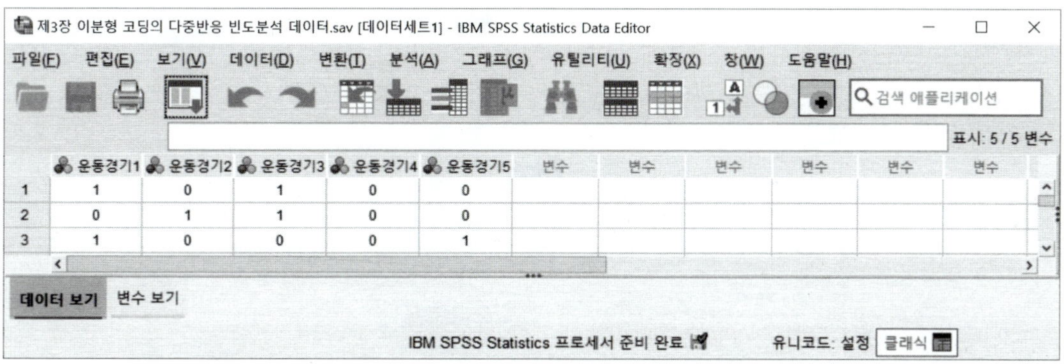

❷ [분석–다중반응–다중반응 변수군 정의]를 클릭해 들어간다. [다중반응 변수군 정의] 창에서 [변수군 정의]에 있는 다섯 개의 변수들을 [변수군에 포함된 변수]로 이동시킨다. 응답자들은 모든 설문문항에 대한 선택을 한 경우이며, 선택했으면 '1', 하지 않았으면 '0'으로 입력되어 있다. 따라서 [변수들의 코딩형식]에서 [이분형]을 선택하고 [빈도화 값]에는 선택된 경우가 1이므로 '1'을 입력한다. [이름] 란에는 '운동경기'로 적고 [레이블]에는 '좋아하는 운동경기 종류'를 입력한다. [추가] 버튼을 클릭하면 [다중반응 변수군]에 '$운동경기'라는 변수가 생성된다. [닫기] 버튼을 클릭하면 변수군 정의가 완료된다.

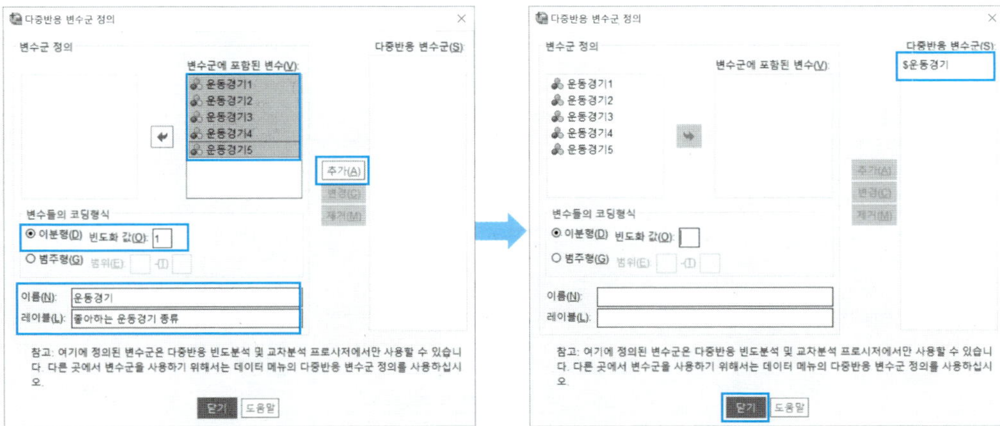

❸ [분석–다중반응–빈도분석]을 클릭하여 [다중반응 빈도분석] 창을 연다. [다중반응 변수군]에 있는 '$운동경기'를 오른쪽으로 이동시킨 후 [확인] 버튼을 클릭해 다중반응 빈도분석을 수행한다. 그러면 분석 결과가 출력된다.

2) 주요 분석 결과

케이스 요약

	케이스					
	유효		결측		전체	
	N	퍼센트	N	퍼센트	N	퍼센트
$운동경기[a]	40	100.0%	0	0.0%	40	100.0%

a. 값 1을(를) 가지는 이분형 변수 집단입니다.

$운동경기 빈도

		반응		케이스 중 %
		N	퍼센트	
좋아하는 운동경기 종류[a]	운동경기1	36	38.3%	90.0%
	운동경기2	28	29.8%	70.0%
	운동경기3	14	14.9%	35.0%
	운동경기4	10	10.6%	25.0%
	운동경기5	6	6.4%	15.0%
전체		94	100.0%	235.0%

a. 값 1을(를) 가지는 이분형 변수 집단입니다.

3) 다중반응 빈도분석 결과표의 제시와 해석

다중반응 빈도분석 결과를 제시하면 [표 3-3]과 같다.

표 3-3 좋아하는 운동경기(복수응답) (N=40)

운동경기 종류	응답		케이스 중 비율
	빈도	비율	
축구	36	38.3	90.0
배구	28	29.8	70.0
농구	14	14.9	35.0
배드민턴	10	10.6	25.0
탁구	6	6.4	15.0
전체	94	100	235

운동경기 5개 중에서 복수응답하게 한 다중반응 빈도분석 결과 94명 중 축구를 36명(90%), 배구를 28명(70%)이 응답하여 축구와 배구가 가장 좋아하는 운동경기임을 알 수 있다. 반면에 탁구는 6명(15%)이 응답하여 가장 좋아하지 않는 운동경기인 것으로 나타났다.

2.3 순서형으로 코딩된 다중반응 빈도분석의 SPSS 통계 실습

[통계 실습 3-3] 순서형으로 코딩된 다중반응변수의 다중반응 빈도분석

다음의 [제3장 순서형 코딩의 다중반응 빈도분석 데이터]를 이용해서 빈도분석을 시행하고 분석 결과를 해석하시오(이 실습 문제는 일반적인 빈도분석을 수행하므로 다중반응 빈도분석에서 필요한 다중반응 변수군 정의는 필요가 없음).

■ **실습 데이터**

ID	1순위	2순위	3순위
1	1	2	4
2	2	3	5
…	…	…	…
40	1	2	4

총 사례 수는 40개임

- 운동경기(1. 축구, 2. 배구, 3. 농구, 4. 배드민턴, 5. 탁구 → 범주형 변수)

실습 데이터	제3장 순서형 코딩의 다중반응 빈도분석 데이터
분석방법 메뉴 선택	분석-기술통계량-빈도분석

1) 실습 과정

❶ [파일–열기–데이터]를 선택한 후 실습 데이터 파일이 있는 위치로 찾아가서 [제3장 순서형 코딩의 다중반응 빈도분석 데이터]를 연다.

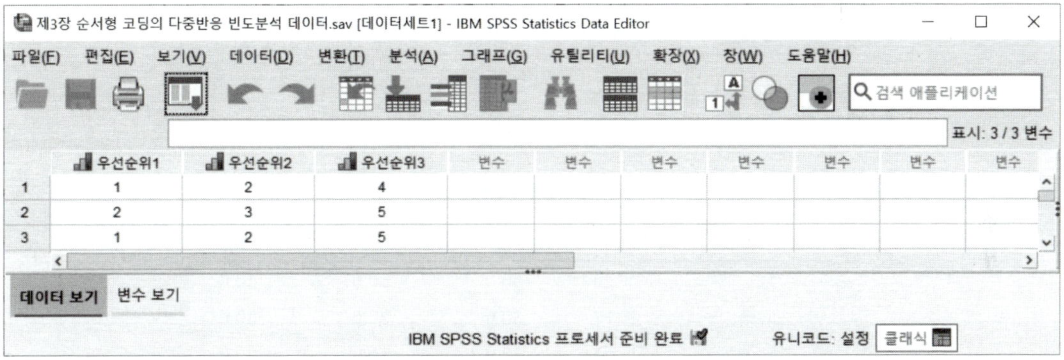

❷ [분석–기술통계량–빈도분석]을 차례대로 클릭하여 [빈도분석] 창을 연다. [빈도분석] 창에서 다중반응 범주형 변수인 우선순위1, 우선순위2, 우선순위3을 오른쪽으로 옮긴다. 빈도표 출력에는 체크가 되어 있어야 한다. [확인] 버튼을 클릭해 빈도분석을 수행한다. 그러면 분석 결과가 출력된다.

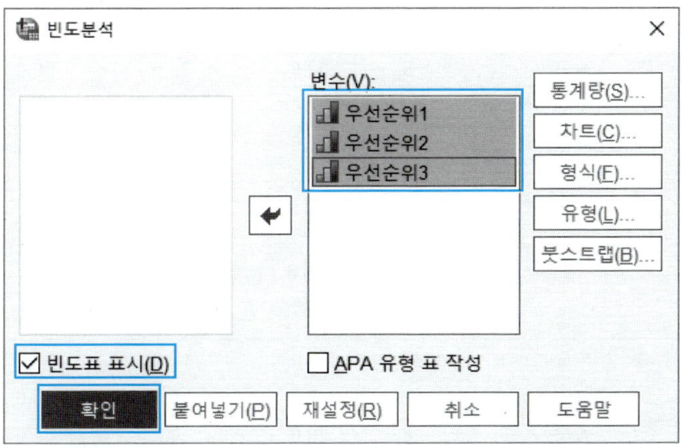

2) 주요 분석 결과

통계량

		우선순위1	우선순위2	우선순위3
N	유효	40	40	40
	결측	0	0	0

빈도표

우선순위1

		빈도	퍼센트	유효 퍼센트	누적 퍼센트
유효	축구	20	50.0	50.0	50.0
	배구	12	30.0	30.0	80.0
	농구	4	10.0	10.0	90.0
	배드민턴	2	5.0	5.0	95.0
	탁구	2	5.0	5.0	100.0
	전체	40	100.0	100.0	

우선순위2

		빈도	퍼센트	유효 퍼센트	누적 퍼센트
유효	축구	9	22.5	22.5	22.5
	배구	18	45.0	45.0	67.5
	농구	9	22.5	22.5	90.0
	배드민턴	3	7.5	7.5	97.5
	탁구	1	2.5	2.5	100.0
	전체	40	100.0	100.0	

우선순위3

		빈도	퍼센트	유효 퍼센트	누적 퍼센트
유효	축구	4	10.0	10.0	10.0
	배구	2	5.0	5.0	15.0
	농구	8	20.0	20.0	35.0
	배드민턴	14	35.0	35.0	70.0
	탁구	12	30.0	30.0	100.0
	전체	40	100.0	100.0	

3) 빈도분석 결과표의 제시와 해석

빈도분석 결과는 SPSS의 출력 결과를 모두 제시할 필요는 없으며, 빈도와 비율(%)을 중심으로 제시하면 된다. 1순위 기준을 중심으로 결과를 해석하되, 구체적인 빈도와 비율을 중심으로 '크다'와 '작다', 혹은 '많다'와 '적다' 등으로 해석하는 것이 좋다. 물론 각 순위별로 모두 제시하고 해석해 주어도 된다.

표 3-4 좋아하는 운동경기(순서형) (N=40)

운동경기	1순위	2순위	3순위
축구	20(50.0)	9(22.5)	4(10.0)
배구	12(30.0)	18(45.0)	2(5.0)
농구	4(10.0)	9(22.5)	8(20.0)
배드민턴	2(5.0)	3(7.5)	14(35.0)
탁구	2(5.0)	1(2.5)	12(30.0)
전체	40(100)	40(100)	40(100)

다중반응 빈도분석 결과 전체 조사대상자 40명 중에서 1순위 기준으로 볼 때 축구가 20명(50%)으로 가장 좋아하는 운동경기이며, 가장 인기가 적은 운동경기는 배드민턴과 탁구로 각각 2명(5%)으로 나타났다.

제 4 장

데이터의 정규성검증: 콜모고로프–스미르노프검증과 샤피로–윌크검증

Kolmogorov–Smirnov Test and Shapiro–Wilk Test

1 데이터의 정규성검증

데이터의 정규성검증(Normality test)이란 데이터가 정규분포를 하는지 여부를 검증하는 것을 말한다. 통계학에서 이용하는 많은 통계방법들(t–검증, 분산분석, 회귀분석 등)은 데이터의 정규성(Normality)을 가정하고 있다. 이는 데이터가 평균에 몰려 있는지를 살펴보는 것이다. 따라서 데이터가 정규분포를 따르지 않으면 평균 개념을 이용하는 통계기법들은 정확한 모수 추정이 어려워질 수 있다. 그러나 데이터가 정규분포에서 크게 벗어나지 않는다면 문제가 되지 않는다.

1.1 사용목적과 적용상황

연구자가 통계분석을 수행하기 전에 중요하게 고려해야 하는 것 중의 하나는 바로 데이터의 정규성 충족 여부를 파악하는 것이다. 일부의 연구자들은 표본의 크기가 30개 이상인 경우에는 정규분포를 따른다고 보고 정규성 검토를 생략하는 경우가 있으나 이는 잘못된 것이며[1]

1) 표본크기가 30개 이상인 경우에도 정규분포를 따르지 않을 수도 있다. 이는 연구자들이 중심극한정리를 오해한 것에서 나온 생각이다.

표본 수가 적은 경우에도 정규분포의 가정을 충족시킬 수도 있다. 그러므로 데이터의 정규성 검증은 표본크기에 관계없이 수행하는 것이 필요하다.

그림 4-1 | 통계적 정규성검증방법의 적용상황

정규성검증의 대상변수는 연속형 변수(데이터)이며, 정규성검증에 필요한 통계량은 SPSS의 데이터탐색 메뉴에서 제공된다. 일반적으로 데이터가 정규분포를 충족하면 모수통계방법을 사용하며, 충족하지 못하면 비모수통계방법을 적용한다.

1.2 정규성검증의 방법

SPSS에서는 데이터의 정규성검증방법으로 ① 그래프 이용방법(정규Q-Q도표, 상자그림 등),

표 4-1 | 데이터의 정규성검증방법

검증방법	내용
그래프 이용방법	히스토그램(Histogram), 줄기와 잎 그림(Stem-and-leaf plot), 상자그림(Box plot), 정규Q-Q도표 등 (분포의 모양을 보고 정규분포인지를 시각적으로 판단)
왜도와 첨도 통계량의 이용방법	기술통계에서 왜도와 첨도 출력 (왜도와 첨도에 의한 정규성 판단기준은 학자에 따라 다소 차이가 있음) ▷ Curran, West & Finch(1996)의 기준[2]: 왜도 절대값 2, 첨도 절대값 7 미만이면 정규분포 ▷ Kline(2011)의 기준[3]: 왜도 절대값 3, 첨도 절대값 10 미만이면 정규분포
왜도와 첨도의 Z통계량 이용방법	왜도와 첨도의 Z통계량(왜도, 첨도/표준오차)을 계산해 판단 (왜도와 첨도의 Z통계량이 −1.96부터 +1.96까지 사이에 있으면 크게 치우침이 없는 정규분포로 판단)
통계적 가설검증방법	[분석-기술통계량-데이터탐색: 도표]에서 검증과 함께 정규성 도표 체크(엄격한 방법이며 이상치와 데이터의 좌우대칭이 완전해야 하나 이 기준에 맞는 데이터는 별로 없음) ▷ 콜모고로프-스미르노프검증(표본 수가 2,000개 이상일 때) ▷ 샤피로-윌크검증(표본 수가 2,000개 미만의 소표본일 때) ($p>0.05$이면 정규분포로 판단)

② 왜도와 첨도 통계량 이용방법, ③ 왜도와 첨도의 Z통계량 이용방법, ④ 통계적 가설검증방법을 제공한다. 보통 정규성검증을 위해서는 ①, ②, ③ 방법의 사용이 추천되며 이 중에서 가장 엄격한 방법은 ③의 방법이다. ④의 방법은 표본 수에 의해 크게 영향을 받기 쉬워서 연구자들이 잘 사용하지 않는 방법으로 알려져 있다.

1.3 정규성검증의 가설

정규성에 대한 통계적 가설검증에서 귀무가설은 '정규성을 만족한다'고 설정한다. 따라서 통계적 정규성검증 결과 유의확률(p-value)이 유의수준인 0.05보다 크면 귀무가설이 유지되어 데이터의 분포가 정규분포를 따른다고 보며, 유의확률이 유의수준인 0.05보다 작으면 대립가설이 채택되며 데이터의 분포는 정규분포를 하지 않는다고 해석하면 된다.

- p값≥0.05: 귀무가설을 기각할 수 없음(정규분포를 한다)
- p값<0.05: 대립가설 채택(정규분포를 하지 않는다)

정규성검증을 위한 가설은 다음과 같다.

- **귀무가설**(H_0): 데이터의 분포는 정규분포를 따른다.
- **대립가설**(H_1): 데이터의 분포는 정규분포를 따르지 않는다.

2) Curran, P. J., West, S. G., & Finch, J. F. (1996). The robustness of test statistics to nonnormality and specification error in confirmatory factor analysis. *Psychological Methods*, 1(1), 16.

3) Kline, R. B. (2011). *Principles and practice of structural equation modeling (3rd)*. New York: Guilford publications.

2 데이터의 정규성검증의 SPSS 통계 실습

2.1 정규성검증 SPSS 통계 실습

[통계 실습 4-1] 일표본 Kolmogorov-Smirnov검증과 Shapiro-Wilk검증

다음의 고객만족도에 대한 [제4장 정규성검증 데이터]를 이용해 1표본 정규성검증을 수행하고 분석 결과를 해석하시오.

■ 실습 데이터

ID	성별	고객만족도
1	1	78
2	2	60
…	…	…
28	1	98

총 사례 수는 28개이며 검증변수는 1개(고객만족도)
- 고객만족도(100점 만점) → 연속형 변수

실습 데이터	제4장 정규성검증 데이터
분석방법 메뉴 선택	분석-기술통계량-데이터 탐색

1) 실습 과정

❶ [파일-열기-데이터]를 선택한 후 실습 데이터 파일이 있는 위치로 찾아가서 [제4장 정규성검증 데이터]를 연다.

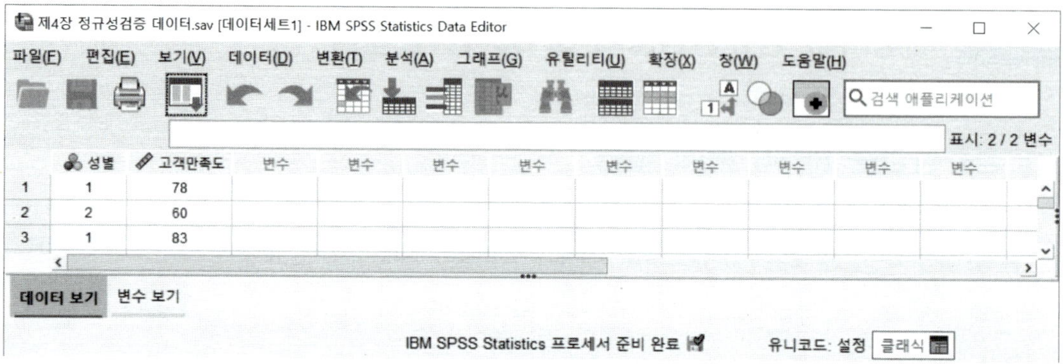

❷ [분석–기술통계량–데이터 탐색]을 차례대로 클릭해 [데이터 탐색] 창을 연다.

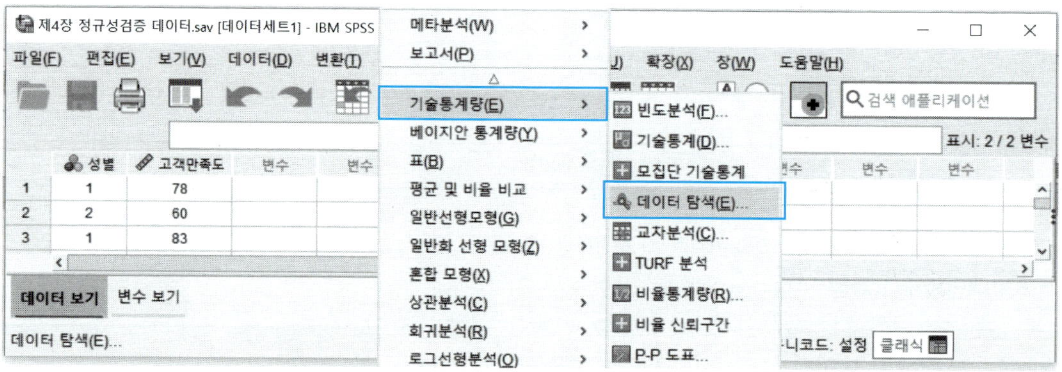

❸ [데이터 탐색] 창에서 연속형 변수인 고객만족도를 오른쪽 종속변수로 옮긴다.

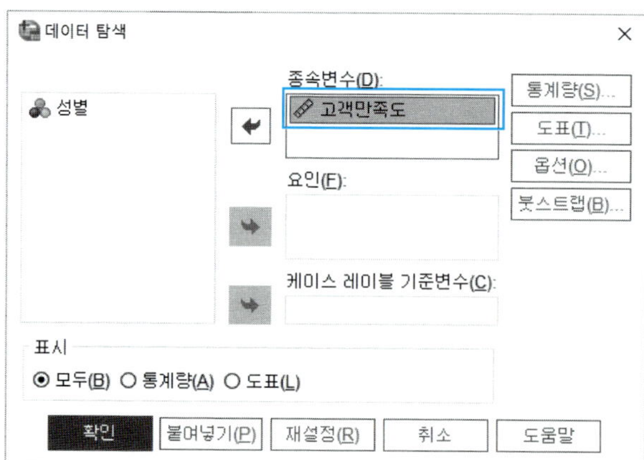

❹ [통계량]의 [데이터 탐색: 통계량] 창에서 '기술통계'에 체크되어 있는지 확인하고 [계속] 버튼을 클릭한다.

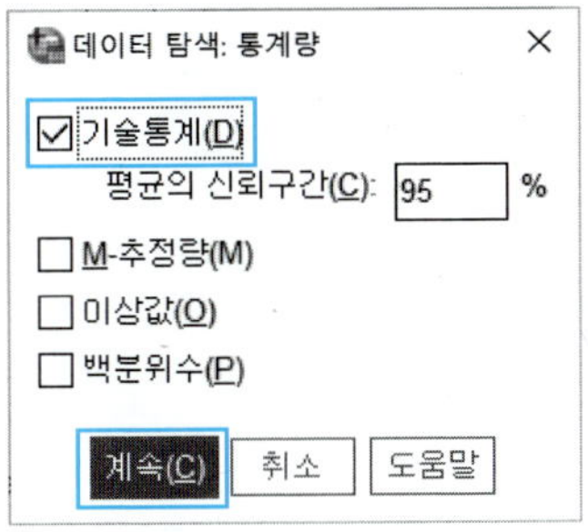

❺ [도표]의 [데이터 탐색: 도표] 창에서 '히스토그램' 그리고 '검증과 함께 정규성 도표'에 체크하고 [계속] 버튼을 클릭한다.

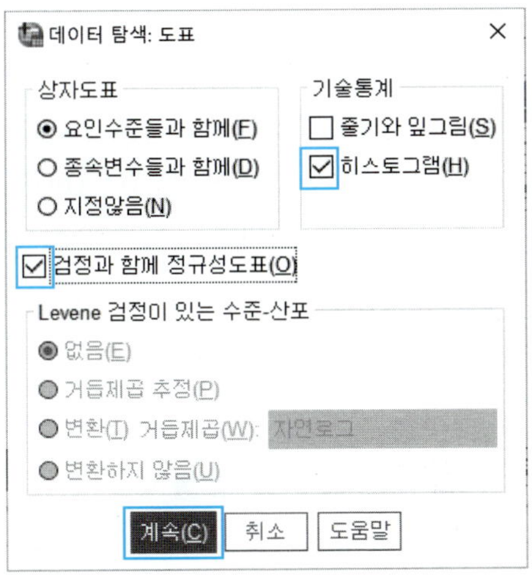

❻ 마지막으로 [확인] 버튼을 클릭하여 데이터 탐색을 마친다. 그러면 분석 결과가 출력된다.

2) 주요 분석 결과

데이터 탐색의 정규성검증 결과에는 기술통계(왜도, 첨도 등), 정규성검증, 히스토그램, 정규Q–Q 도표 등이 출력되어 있음을 알 수 있다.

기술통계

			통계	표준화 오차
고객만족도	평균 순위		64.04	3.883
	평균의 95% 신뢰구간	하한	56.07	
		상한	72.00	
	5% 절사평균		64.15	
	중위수(D)		62.50	
	분산(V)		422.258	
	표준화 편차		20.549	
	최소값(U)		23	
	최대값(X)		99	
	범위(R)		76	
	사분위수 범위		39	
	왜도(W)		.053	.441
	첨도(K)		-.854	.858

기술통계량에서는 왜도와 첨도 통계량을 제공하고 있다. 왜도와 첨도의 이용방법의 Curran, West & Finch(1996)의 기준에 의하면 왜도는 0.053이고 첨도는 −0.854이므로 왜도가 2, 첨도가 7 미만이므로 데이터는 정규분포라고 볼 수 있다. 또한 왜도와 첨도의 Z통계량은 각각 0.120(0.053/0.441), −0.995(−0.854/0.858)이므로 절대값 1.96보다 작으므로 데이터의 분포는 정규분포를 따른다고 볼 수 있다.

정규성 검정

	Kolmogorov-Smirnov[a]			Shapiro-Wilk		
	통계	자유도	유의확률	통계	자유도	유의확률
고객만족도	.109	28	.200*	.959	28	.333

*. 이것은 참 유의성의 하한입니다.

a. Lilliefors 유의확률 수정

Kolmogorov-Smirnov검증과 Shapiro-Wilk검증 결과이다. 이에 대해서 뒤에서 상세히 결과를 제시하고 해석할 것이다.

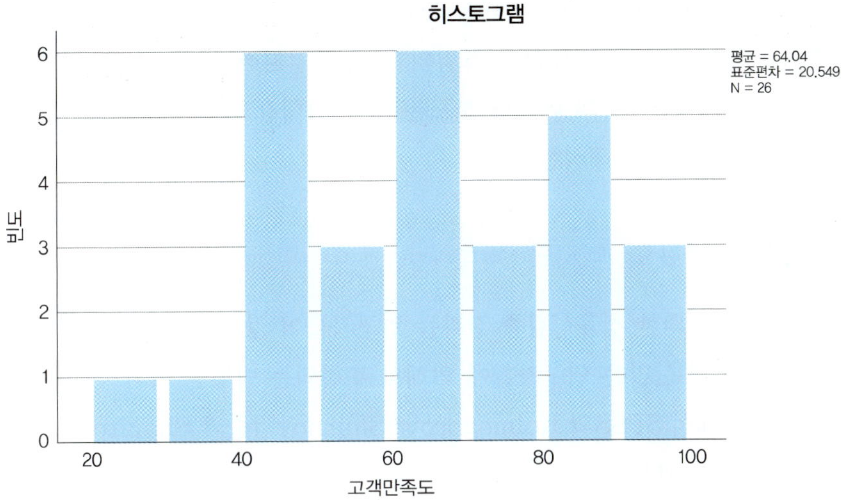

고객만족도 데이터에 대한 히스토그램으로 그래프 이용방법으로 정규성을 검증하는 것이다. 히스토그램에 의하면 대략적으로 정규분포에서 약간 벗어난 것처럼 보이지만 크게 벗어나지는 않았음을 알 수 있다.

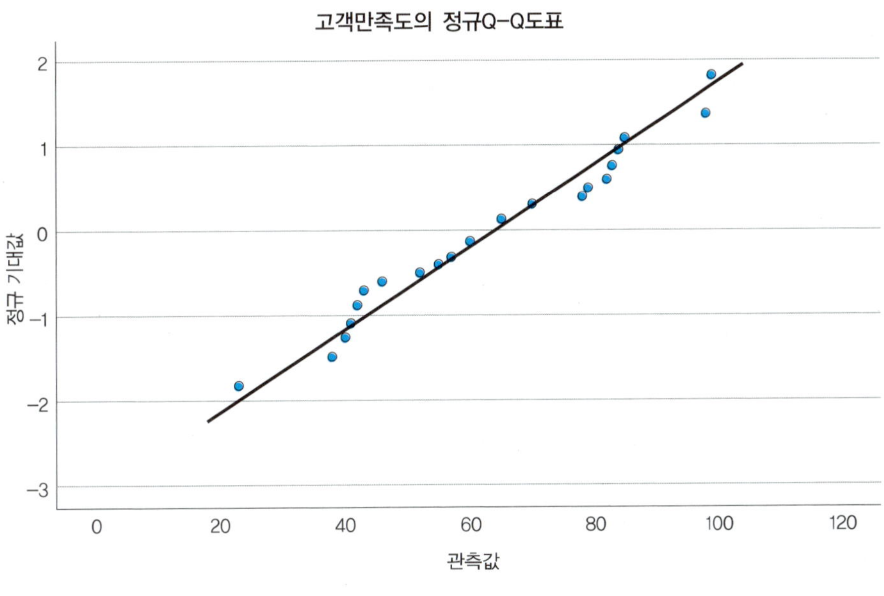

고객만족도의 정규Q-Q도표에 의해서 그래프 이용방법으로 정규성을 검증하는 것이다. 도표에서 관측값에 대한 정규 기대값이 그림의 직선에 일치하거나 가까우면 정규분포로 판단한다. 그림을 보면 고객만족도의 데이터 분포는 정규 기대값 직선에서 크게 벗어나지 않아 정규분포를 하고 있는 것으로 해석한다.

3) 정규성검증 결과표의 제시와 해석

앞에서 데이터 탐색에 의한 정규성검증 결과는 연구자들이 많이 이용하는 방법에 의해서 제시하였다. 여기에서는 비록 많은 연구자들에 의해서 추천되는 방법은 아니지만 통계적 가설검증 방법을 설명하기 위해서 SPSS의 Kolmogorov-Smirnov검증과 Shapiro-Wilk검증 결과를 제시하고 해석하기로 한다.

표 4-2 일표본 정규성검증 결과: Kolmogorov-Smirnov검증과 Shapiro-Wilk검증 (N=28)

변수	Kolmogorov-Smirnov검증			Shapiro-Wilk검증		
	통계량	자유도	p값	통계량	자유도	p값
고객만족도	0.109	28	0.200	0.959	28	0.333

응답자 28명을 가지고 고객만족도에 대한 정규성검증을 수행한 결과는 [표 4-2]와 같다. 표본 수가 2,000개 미만의 소표본이므로 Kolmogorov-Smirnov검증보다는 Shapiro-Wilk검증 결과를 보고 해석하는 것이 바람직하다. Shapiro-Wilk검증 결과 p값은 0.333이며 이는 유의수준 0.05보다 크므로 귀무가설을 기각할 수 없다. 따라서 고객만족도의 데이터는 정규분포를 따른다고 가정할 수 있다.

[통계 실습 4-2] 2표본 Kolmogorov-Smirnov검증과 Shapiro-Wilk검증

다음의 [제4장 정규성검증 데이터]를 이용해 2표본 정규성검증을 시행하고 분석 결과를 해석하시오.

■ 실습 데이터

ID	성별	고객만족도
1	1	78
2	2	60
…	…	…
28	1	98

총 사례 수는 28개이며 검증변수는 독립변수 1개(성별), 종속변수 1개(고객만족도)
- 성별 1개(2표본-남자, 여자) → 범주형 변수
- 고객만족도(100점 만점) → 연속형 변수

실습 데이터	제4장 정규성검증 데이터
분석방법 메뉴 선택	분석-기술통계량-데이터 탐색

1) 실습 과정

❶ [파일-열기-데이터]를 선택한 후 실습 데이터 파일이 있는 위치로 찾아가서 [제4장 정규성검증 데이터]를 연다. 데이터 파일이 열려져 있으면 이 과정은 생략한다.

❷ [분석-기술통계량-데이터 탐색]을 차례대로 클릭해 [데이터 탐색] 창을 연다.

❸ [데이터 탐색] 창에서 연속형 변수인 [고객만족도]를 오른쪽 [종속변수]로, [성별]을 [요인]으로 옮긴다.

❹ [통계량]의 [데이터 탐색: 통계량] 창에서 '기술통계'에 체크하고 [계속] 버튼을 클릭한다.

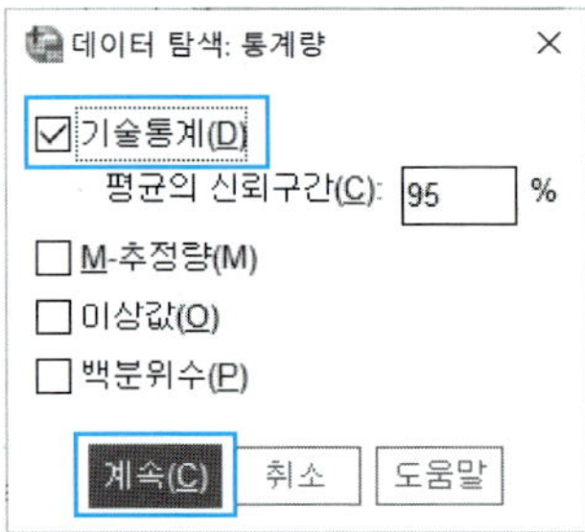

❺ [도표]의 [데이터 탐색: 도표] 창에서 '히스토그램' 그리고 '검증과 함께 정규성 도표'에 체크하고 [계속] 버튼을 클릭한다.

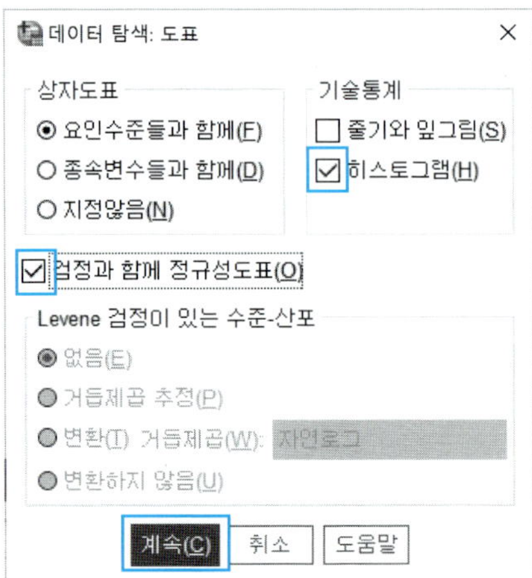

❻ 마지막으로 [확인] 버튼을 클릭하여 데이터 탐색을 마친다. 그러면 분석 결과가 출력된다.

2) 주요 분석 결과

정규성검증 결과에는 기술통계(왜도, 첨도 등), 정규성검증, 히스토그램, 정규Q-Q도표 등이 출력되어 있음을 알 수 있다.

기술통계

	성별			통계	표준화 오차
고객만족도	남자	평균 순위		73.50	5.762
		평균의 95% 신뢰구간	하한	61.05	
			상한	85.95	
		5% 절사평균		74.06	
		중위수(D)		81.00	
		분산(V)		464.885	
		표준화 편차		21.561	
		최소값(U)		38	
		최대값(X)		99	
		범위(R)		61	
		사분위수 범위		35	
		왜도(W)		-.609	.597
		첨도(K)		-.952	1.154
	여자	평균 순위		54.57	3.957
		평균의 95% 신뢰구간	하한	46.02	
			상한	63.12	
		5% 절사평균		54.80	
		중위수(D)		57.50	
		분산(V)		219.187	
		표준화 편차		14.805	
		최소값(U)		23	
		최대값(X)		82	
		범위(R)		59	
		사분위수 범위		22	
		왜도(W)		-.307	.597
		첨도(K)		.552	1.154

기술통계량에서는 왜도와 첨도 통계량을 제공하고 있다. 왜도와 첨도의 이용방법의 Curran, West & Finch(1995)의 기준에 의하면 먼저, 남자의 왜도는 −0.609이고 첨도는 −0.952이므로 왜도 절대값이 2, 첨도 절대값이 7 미만이므로 데이터는 정규분포이다. 또한

왜도와 첨도의 Z통계량은 각각 −1.020(−0.609/0.597), −0.825(−0.952/1.154)이므로 절대값 1.96보다 작으므로 데이터의 분포는 정규분포를 따른다고 볼 수 있다.

다음으로, 여자의 왜도는 −0.307이고 첨도는 0.552이므로 왜도 절대값이 2, 첨도 절대값이 7 미만이므로 데이터는 정규분포라고 볼 수 있다. 또한 왜도와 첨도의 Z통계량은 각각 −0.514(−0.307/0.597), 0.478(0.552/1.154)이므로 절대값 1.96보다 작으므로 데이터의 분포는 정규분포를 따른다고 볼 수 있다.

정규성 검정

		Kolmogorov-Smirnov[a]			Shapiro-Wilk		
	성별	통계	자유도	유의확률	통계	자유도	유의확률
고객만족도	남자	.226	14	.052	.879	14	.057
	여자	.143	14	.200*	.973	14	.917

*. 이것은 참 유의성의 하한입니다.

a. Lilliefors 유의확률 수정

남자와 여자집단의 Kolmogorov−Smirnov검증과 Shapiro−Wilk검증 결과이다. 이에 대해서 뒤에서 상세히 결과를 제시하고 해석할 것이다.

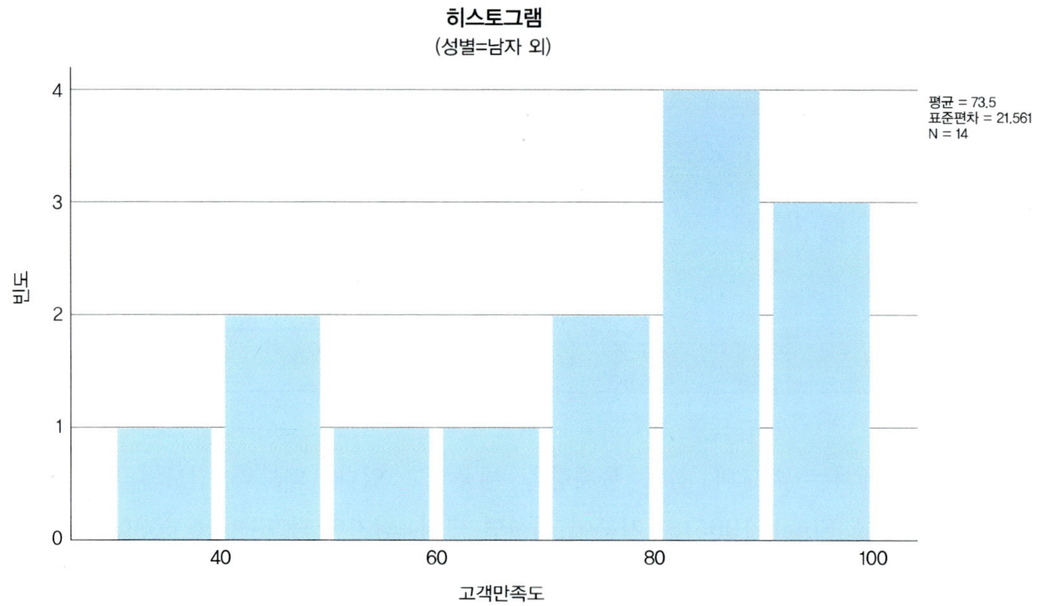

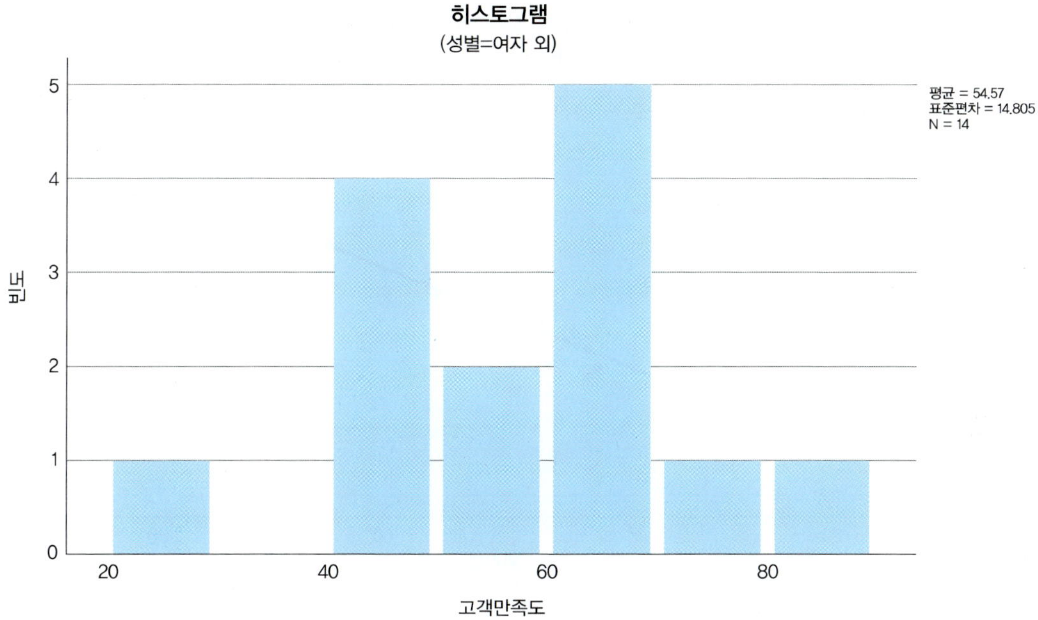

고객만족도 데이터에 대한 히스토그램에 의해서 그래프 이용방법으로 정규성을 검증하는 것이다. 남자와 여자집단의 히스토그램에 의하면 대략적으로 정규분포에서 약간 벗어난 것처럼 보이지만 크게 벗어나지는 않았음을 알 수 있다.

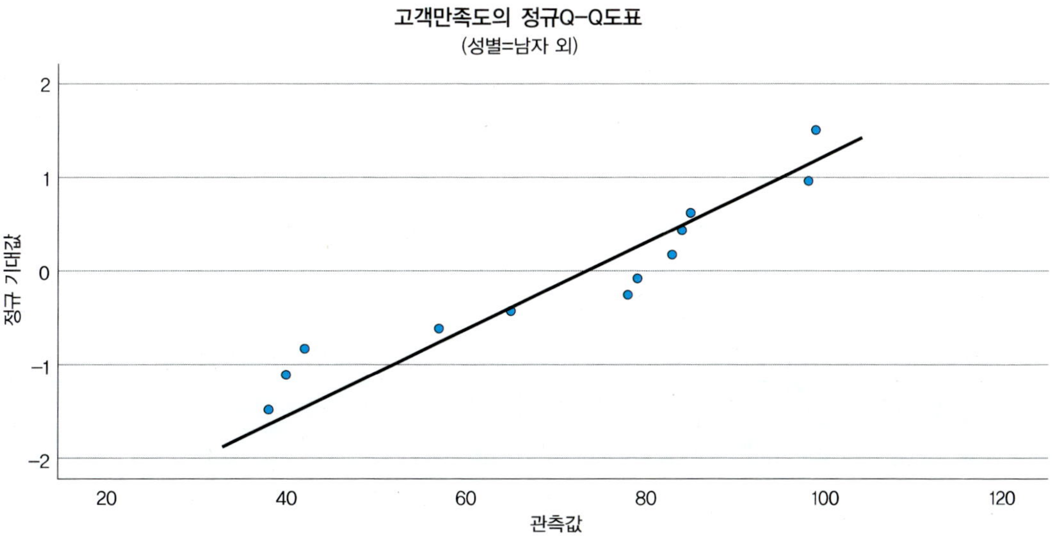

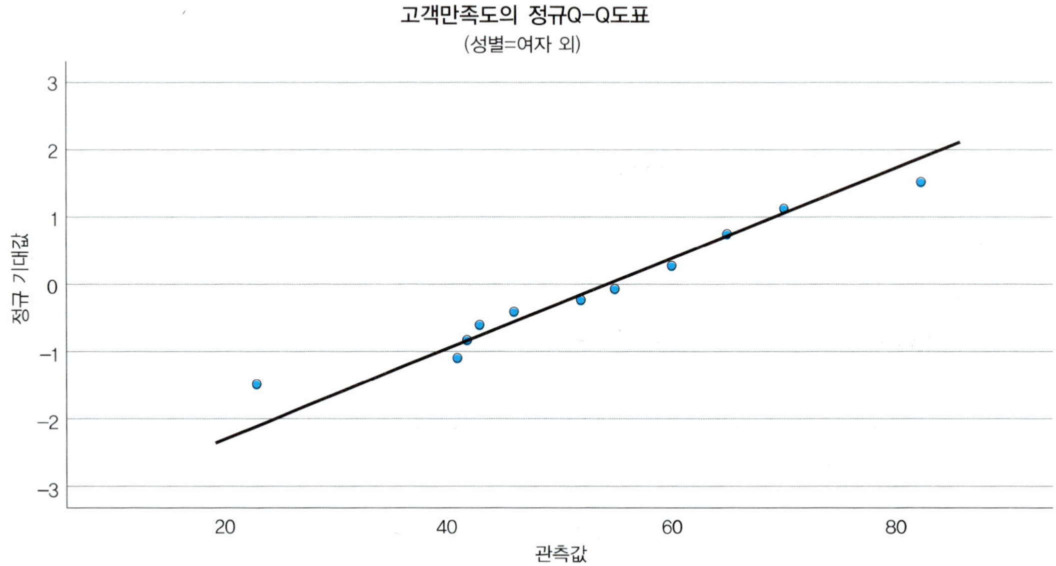

고객만족도의 정규Q-Q도표에 의해서 그래프 이용방법으로 정규성을 검증하는 것이다. 도표에서 관측값에 대한 정규 기대값이 그림의 직선에 일치하거나 가까우면 정규분포로 판단한다. 남자와 여자집단의 그림을 보면 고객만족도의 데이터 분포는 정규 기대값 직선에서 크게 벗어나지 않아 정규분포를 하고 있는 것으로 해석한다.

3) 정규성검증 결과표의 제시와 해석

앞에서 데이터 탐색에 의한 정규성검증 결과는 연구자들이 많이 이용하는 방법에 의해서 제시하였다. 여기에서는 비록 많은 연구자들에 의해서 추천되는 방법은 아니지만 통계적 가설검증 방법을 설명하기 위해서 SPSS의 Kolmogorov-Smirnov검증과 Shapiro-Wilk검증 결과를 제시하고 해석하기로 한다.

표 4-3 2표본 정규성검증 결과: Kolmogorov-Smirnov검증과 Shapiro-Wilk검증 (N=28)

변수		Kolmogorov-Smirnov검증			Shapiro-Wilk검증		
		통계량	자유도	p값	통계량	자유도	p값
성별	남자	0.226	14	0.052	0.879	14	0.057
	여자	0.143	14	0.200	0.973	14	0.917

분석 대상인 28명을 가지고 성별에 따른 고객만족도의 정규성검증 결과를 제시하면 다음과 같다. 이 실습 문제는 소표본이므로 Kolmogorov-Smirnov검증 결과보다는 Shapiro-Wilk검증 결과를 제시하고 해석하는 것이 바람직하다. Shapiro-Wilk검증 결과 남자는 p값=0.057, 여자는 p값=0.917이며 남자와 여자 모두 유의수준 0.05보다 크므로 귀무가설을 기각할 수 없었다. 따라서 성별에 따른 고객만족도 데이터는 정규분포를 따른다고 가정할 수 있다.

제 5 장

기술통계분석의 응용: 중요도-성과분석

Importance-Performance Analysis(IPA)

1 중요도-성과분석

중요도-성과분석(Importance-performance analysis: IPA)은 중요도-만족도분석, 중요도-수행도분석 등으로도 불리는 것으로, 연구자가 중요하게 생각하는 변수(혹은 속성)에 대한 만족도나 수행도의 상대적 관계를 사분면의 매트릭스로 나타내어 의사결정자들의 효율적인 의사결정을 지원할 수 있는 하나의 툴이다. 예컨대 고객이 서비스의 특정 속성들에 대해 생각하는 중요도를 조사하고, 서비스를 경험하고 난 후의 만족도를 고객이 자기평가를 하게 함으로써 각각의 속성에 대한 상대적인 중요도와 만족도를 동시에 비교할 수 있다.

중요도-성과분석에서는 [그림 5-1]과 같이 고객들의 상품이나 서비스에 대한 속성에 대한 중요도와 수행도(만족도)에 대해 각각 X축과 Y축으로 하고, 중요도와 만족도의 평균값을 기준으로 4분면의 영역 매트릭스를 만들 수 있다. 이는 ① 우위유지(중요도 고, 만족도 고), ② 중점개선(중요도 고, 만족도 저), ③ 낮은 우선순위(중요도 저, 만족도 저), ④ 현상유지(중요도 저, 만족도 고)의 네 가지 영역으로 구분된다.

그림 5-1 ▌ 중요도-성과분석의 체계

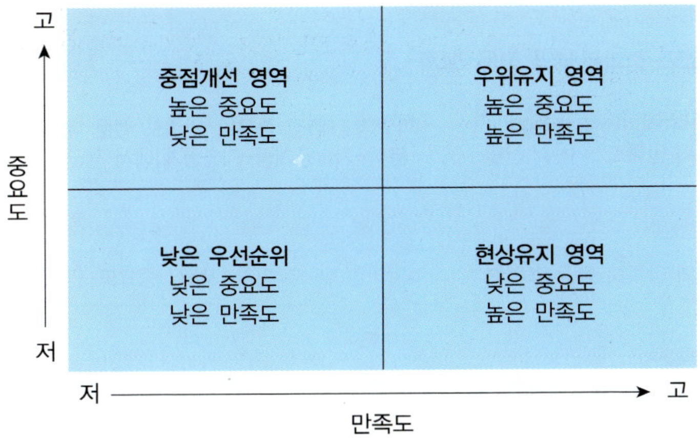

1사분면(중요도 고, 만족도 고)은 유지강화 영역(Keep up the good work)으로 중요도와 만족도가 모두 높은 것으로 성과가 나빠지지 않도록 현재 상태를 지속적으로 유지관리하는 것이 요구된다.

2사분면(중요도 고, 만족도 저)은 중점투자 영역(Concentrate here)으로 중요도는 높으나 만족도가 낮은 상태로 성과 향상을 위해 최우선적 개선이 필요한 부분이다.

3사분면(중요도 저, 만족도 저)은 낮은 우선순위 영역(Low priority)로서 중요도와 만족도 모두 낮은 상태로 현재 시점에서는 고려가 필요하지 않은 영역이다.

4사분면(중요도 저, 만족도 고)은 현상유지 영역(Possible overkill)으로 중요도는 낮으나 만족도는 높은 상태로 현재는 노력이 필요하지 않은 영역으로 해석할 수 있다.

1.1 사용목적과 적용상황

중요도-성과분석은 특정 속성에 대한 중요도와 만족도를 이용하여 고객의 인식을 파악하기 위해 개발되었다. 이 기법은 복잡하지 않은 통계분석을 통해 다양한 시사점을 제공해준다. 또한 제한된 자원을 기준으로 우선적으로 해결해야 할 개선사항들을 결정하는 데 있어서 다양한 학문 분야에서 활용할 수 있는 효과적인 분석도구이다.

중요도-성과분석의 적용 절차는 [그림 5-2]와 같다. 독자들은 이미 입력되어 있는 데이터 파일을 자세하게 살펴보고 이해하기 바란다.

그림 5-2 | 중요도-성과분석의 적용 절차

절차	방법
최초 설문지 입력 데이터를 이용한 각 항목의 중요도와 만족도 평균값 산출	파일명 [제5장 중요도-만족도 설문 데이터] 입력 [분석-기술통계량-기술통계]에서 평균값 산출
각 항목의 중요도와 만족도 평균값 입력	새 파일명으로 입력 [제5장 중요도-만족도 평균 데이터]
산점도(Scatter plot) 그리기	[그래프-산점도/점도표]
도표편집기를 이용해 중요도-성과분석 최종 그림 완성	SPSS 출력 결과에 수평/수직의 참조선(Reference line) 넣기

1.2 중요도-성과분석의 설문문항 설계

중요도-성과분석의 설문문항 설계를 예시하고자 한다. 중요도와 만족도를 각각 10개 설문문항으로 구성한다.

표 5-1 | 중요도-만족도 설문지의 구성 예시

구분	문항 수	설문문항
중요도	10	간결성 중요도, 시간단축 중요도, 재사용성 중요도, 가독성 중요도, 개방성 중요도, 사용성 중요도, 유지보수성 중요도, 표준화 중요도, 협업 필요성 중요도, 협업공간 필요성 중요도
만족도	10	간결성 만족도, 시간단축 만족도, 재사용성 만족도, 가독성 만족도, 개방성 만족도, 사용성 만족도, 유지보수성 만족도, 표준화 만족도, 협업 필요성 만족도, 협업공간 필요성 만족도
계	20	

다음 설문은 ① 협업기반 정보시스템을 구축하기 전에 귀하가 중요하다고 생각하는 정도(아래에서 왼쪽 중요도)와 ② 정보시스템의 구축을 완료한 이후에 귀하가 생각하는 만족도(아래에서 오른쪽 만족도)에 대해서 해당 사항에 "✔" 표시를 해주시면 됩니다. 응답 시 반드시 양쪽(왼편과 오른편)에 모두 체크 표시해주시기 바랍니다.

표 5-2 중요도-만족도 설문지의 작성 예시

요구사항 중요도 (Importance)					정보시스템 구축 시 요구사항	요구사항 만족도 (Satisfaction)				
전혀 중요안함		보통		매우 중요함		전혀 중요안함		보통		매우 중요함
①	②	③	④	⑤	1. 개발 소스 양을 줄여 간결하게 하는 정도(간결성)	①	②	③	④	⑤
①	②	③	④	⑤	2. 개발시간의 단축정도(시간단축정도)	①	②	③	④	⑤
①	②	③	④	⑤	3. 개발 소스의 재사용성 정도(재사용성)	①	②	③	④	⑤
①	②	③	④	⑤	4. 개발 소스의 가독성(가독성)	①	②	③	④	⑤
①	②	③	④	⑤	5. 쉬운 개발을 위한 소스 개방 정도(개방성)	①	②	③	④	⑤
①	②	③	④	⑤	6. 학습과 사용방법 숙지의 용이성(사용성)	①	②	③	④	⑤
①	②	③	④	⑤	7. 낮은 복잡도의 소스코드 제공으로 유지보수성 제고(유지보수성)	①	②	③	④	⑤
①	②	③	④	⑤	8. 설계 표준과 코딩의 기본 골격 제공으로 코드 표준화(표준화)	①	②	③	④	⑤
①	②	③	④	⑤	9. 중소기업 개발사 간 협업 개발 필요성(협업 필요성)	①	②	③	④	⑤
①	②	③	④	⑤	10. 중소기업 간 협업 허브 공간 필요성(협업공간 필요성)	①	②	③	④	⑤

주: ① 간결성(Conciseness) ② 시간단축정도(Time Reduction) ③ 재사용성(Reusability) ④ 가독성(Readability) ⑤ 개방성(Openness) ⑥ 사용성(Usability) ⑦ 유지보수성(Maintenance) ⑧ 표준화(Standardization) ⑨ 협업 필요성(Collaboration Need) ⑩ 협업공간 필요성(Collabospace Need)

2 중요도-성과분석의 SPSS 통계 실습

2.1 중요도-성과분석의 SPSS 통계 실습

[통계 실습 5-1] SPSS를 이용한 중요도-성과분석

다음의 [제5장 중요도와 만족도 설문 데이터]와 [제5장 중요도와 만족도 평균 데이터]를 이용해서 중요도-성과분석을 시행하고 분석 결과를 해석하시오.

■ 실습 데이터

ID	중요도1	중요도2	…	중요도10	만족도1	만족도2	…	만족도10
1	4	4	…	3	4	4	…	3
2	4	5	…	4	3	3	…	3
…	…	…	…	…	…	…	…	…
75	3	3	…	3	3	3	…	3

총 사례 수는 75개임

• 중요도 항목 10개, 만족도 항목 10개(5점 리커트척도) → 연속형 변수

실습 데이터	제5장 중요도-만족도 설문 데이터 제5장 중요도-만족도 평균 데이터
분석방법 메뉴 선택	분석-기술통계량-데이터 탐색

1) 실습 과정

❶ [파일-열기-데이터]를 선택한 후 실습 데이터 파일이 있는 위치로 찾아가서 [제5장 중요도-만족도 설문 데이터]를 연다.

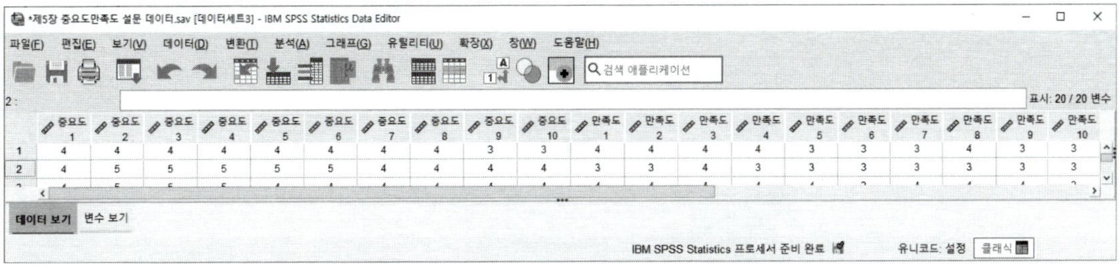

❷ [분석-기술통계량-기술통계]를 클릭해 [기술통계] 창을 연다. [기술통계] 창에서 중요도 10개 문항, 만족도 10개 문항을 모두 오른쪽 [변수]로 옮긴다.

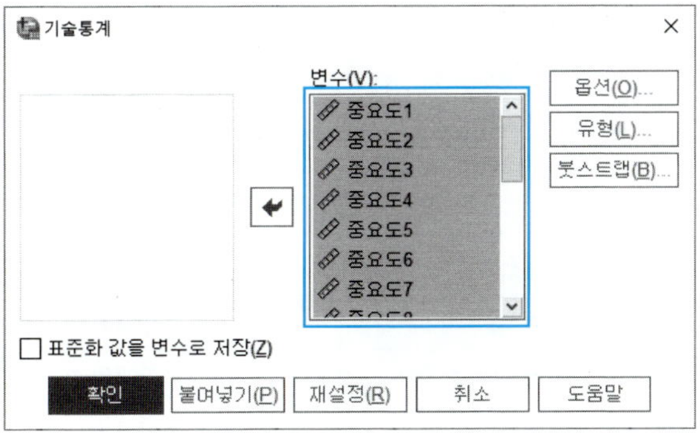

❸ [옵션]의 [기술통계: 옵션] 창에서 [평균]에 체크하고 [계속] 버튼을 클릭한다.

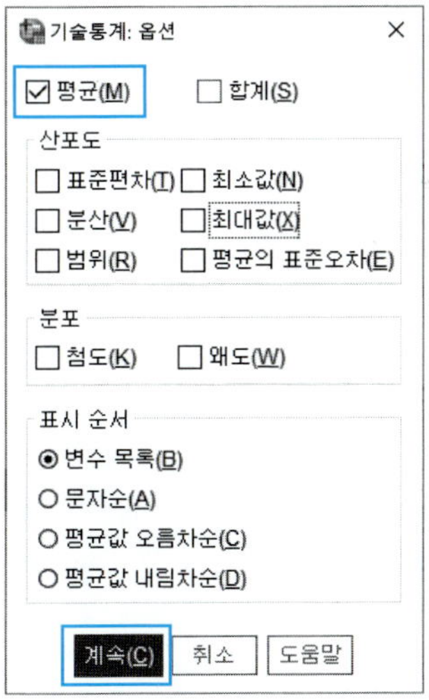

❹ [확인] 버튼을 클릭하여 기술통계분석을 마친다. 그러면 기술통계량 [평균]에 대한 분석 결과가 출력된다.

기술통계량

	N	평균
중요도1	75	3.76
중요도2	75	3.89
중요도3	75	3.93
중요도4	75	3.91
중요도5	75	3.68
중요도6	75	3.97
중요도7	75	3.89
중요도8	75	3.95
중요도9	75	3.79
중요도10	75	3.56
만족도1	75	3.41
만족도2	75	3.44
만족도3	75	3.48
만족도4	75	3.48
만족도5	75	3.45
만족도6	75	3.39
만족도7	75	3.41
만족도8	75	3.55
만족도9	75	3.43
만족도10	75	3.32
유효 N(목록별)	75	

⑤ 중요도와 만족도에 대한 평균 데이터를 SPSS 데이터입력 에디터(Data Editor)에 다음과 같이 입력한다. 이미 이 책에서는 저자가 [제5장 중요도와 만족도 평균 데이터]라는 파일명으로 중요도-만족 평균 데이터를 입력해 놓았다. [파일-열기-데이터]를 선택한 후 실습 데이터 파일이 있는 위치로 찾아가서 파일(제5장 중요도-만족도 평균 데이터)을 연다. 데이터 파일 하단에 있는 [변수 보기]를 클릭해 [평가항목]의 [값]에 변수값이 입력되어 있어야 한다. 데이터 파일을 열어서 각자가 [변수 보기]의 [평가항목]의 [값]의 내용을 확인해보기 바란다.

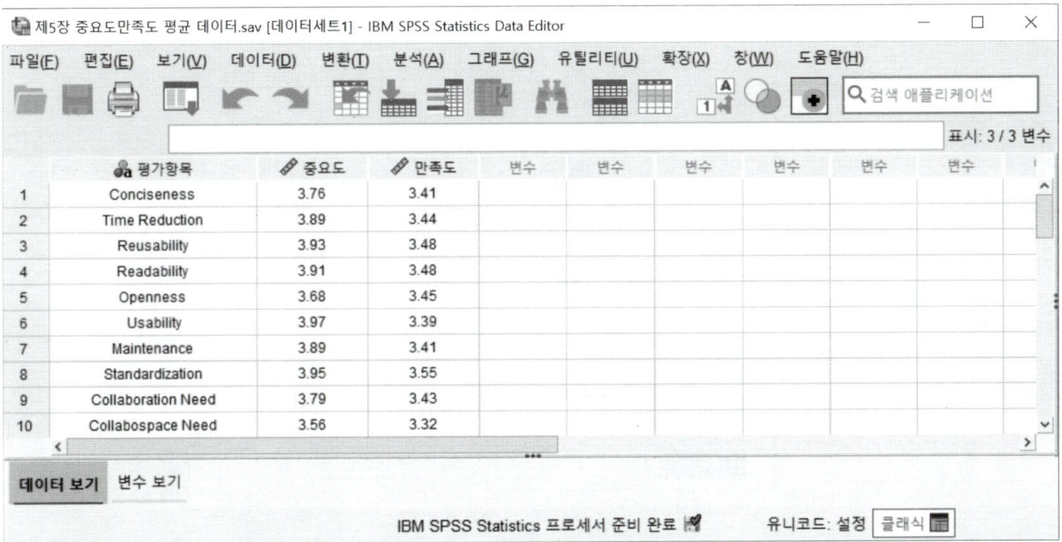

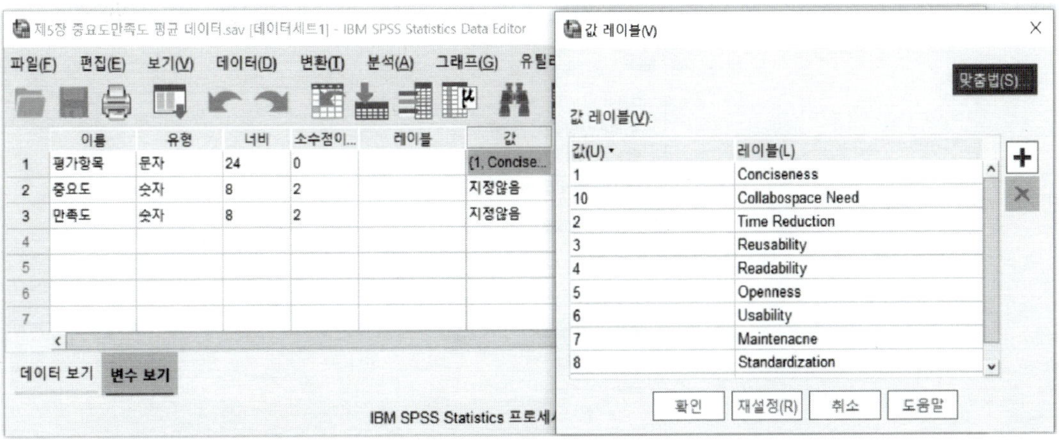

❻ [그래프–산점도/점도표]를 클릭해 [산점도/점도표] 창으로 들어간 후 [단순 산점도]를 클릭하고 [정의]를 클릭한다. 그러면 [단순 산점도] 창이 나타나며 Y축에 [중요도], X축에 [만족도], [케이스 레이블 기준]에 [평가항목]을 오른쪽으로 이동시킨다.

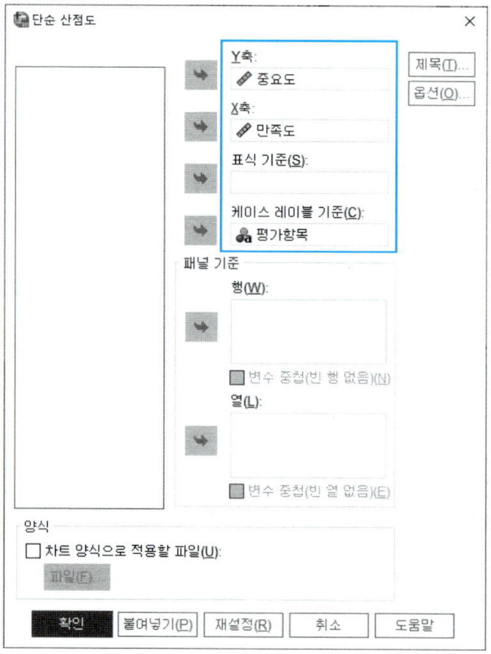

❼ [옵션] 창에서 [케이스 레이블과 함께 차트 표시]를 체크하고 [계속] 버튼을 클릭한다.

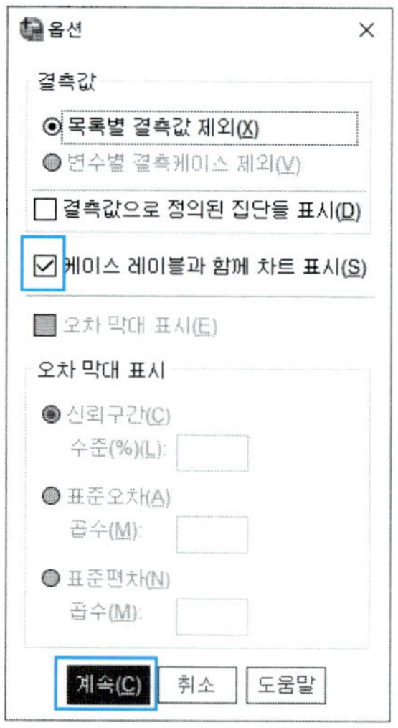

8 [확인] 버튼을 클릭하여 중요도-만족도 분석을 마친다. 그러면 중요도-만족도 그래프가 출력된다.

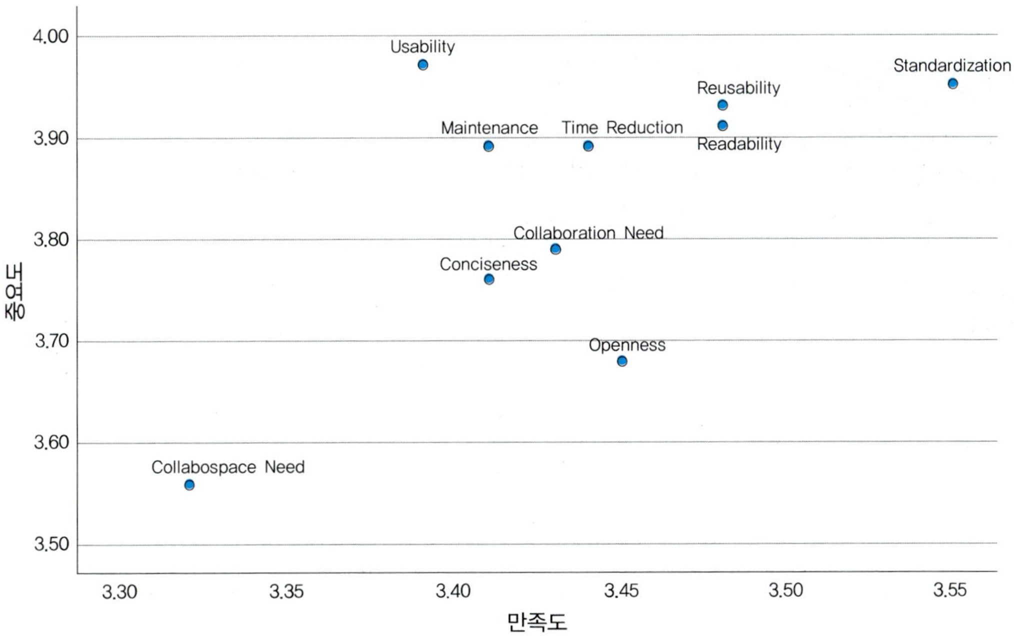

2) 주요 분석 결과

출력된 중요도-만족도 성과분석 결과는 위의 그림과 같다. 그러나 이 분석 결과는 4분면 표시가 없어서 해석하는 데 어려움이 있다. 이러한 문제를 해결하려면 최초의 분석 결과는 약간의 조정이 필요하다.

SPSS 출력 결과인 [그래프]의 그림 부분을 마우스로 여러 번 클릭하면 도표 편집기가 나타난다. 화면 상단(중앙 부분)의 아이콘에서 먼저, [X축에 참조선 추가] 를 클릭한다. 그러면 [특성] 창이 나타나며 [참조선]에서 [평균]을 선택한 후 [적용] 버튼을 누른 후 [닫기] 버튼을 클릭하여 참조선을 넣는다. 다음으로, [Y축에 참조선 추가] 를 클릭한다. 그러면 [특성] 창이 나타나며 [참조선]에서 [평균]을 선택한 후 [적용] 버튼을 누른 후 [닫기] 버튼을 클릭하여 참조선(Reference line)을 넣는다. 마지막으로, [격자선 숨김/표시] 를 클릭해 격자선 숨기기를 한다. 원하는 결과를 얻었으면 이제 [도표 편집기] 창을 닫아서 완료한다.

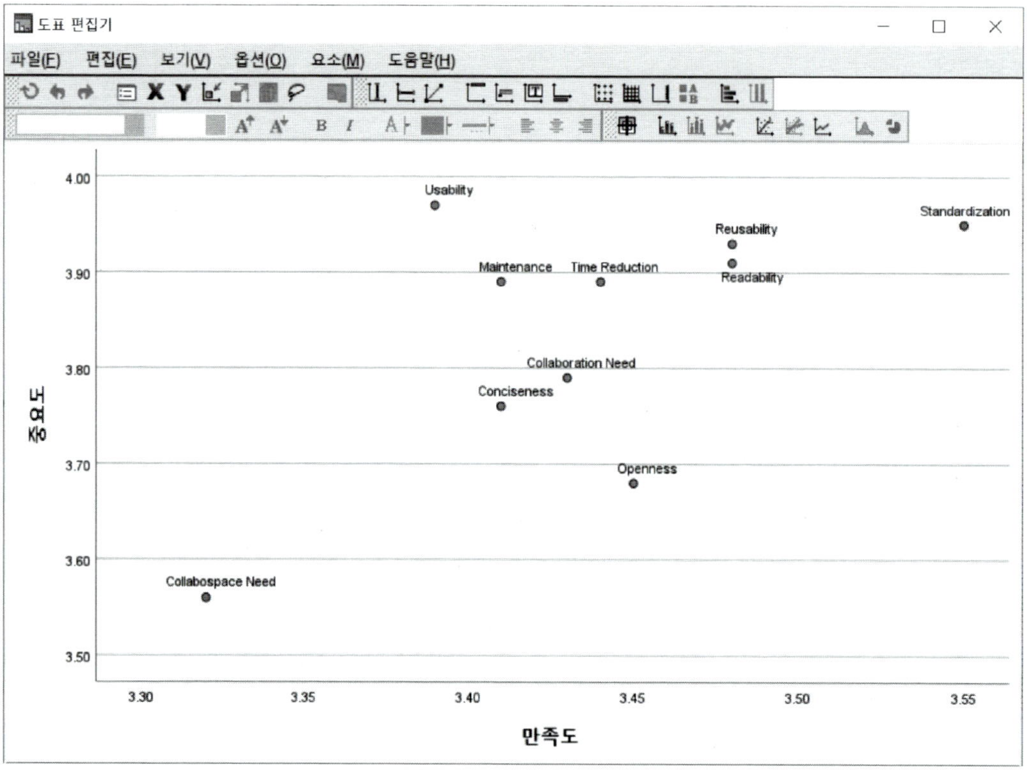
도표 편집기
파일(F) 편집(E) 보기(V) 옵션(O) 요소(M) 도움말(H)
4.00
3.90
3.80
3.70
3.60
3.50
중요도
Usability
Standardization
Reusability
Maintenance
Time Reduction
Readability
Collaboration Need
Conciseness
Openness
Collabospace Need
3.30
3.35
3.40
3.45
3.50
3.55
만족도

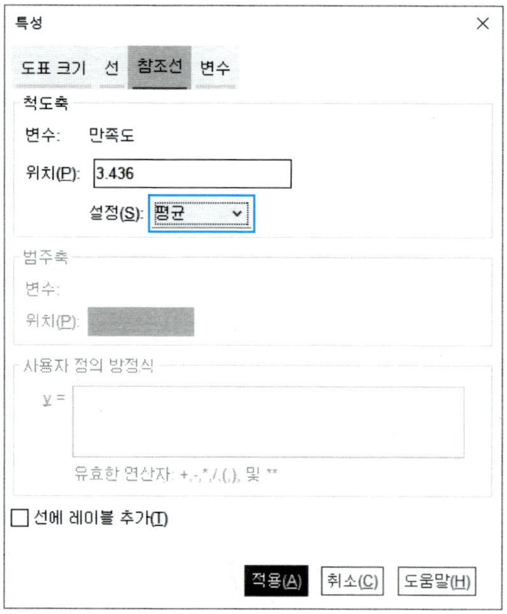
특성
도표 크기
선
참조선
변수
척도축
변수: 만족도
위치(P): 3.436
설정(S): 평균
범주축
변수:
위치(P):
사용자 정의 방정식
y =
유효한 연산자: +,-,*,/,(,), 및 **
선에 레이블 추가(T)
적용(A)
취소(C)
도움말(H)

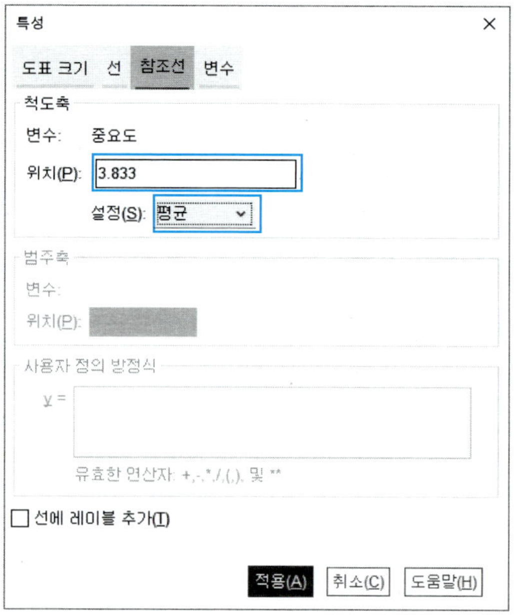
특성
도표 크기
선
참조선
변수
척도축
변수: 중요도
위치(P): 3.833
설정(S): 평균
범주축
변수:
위치(P):
사용자 정의 방정식
y =
유효한 연산자: +,-,*,/,(,), 및 **
선에 레이블 추가(T)
적용(A)
취소(C)
도움말(H)

3) 중요도-만족도 분석 결과의 제시와 해석

최종적으로 완성된 중요도-성과분석 결과 그래프는 [그림 5-3]과 같다.

그림 5-3 ▍정보시스템 개발 시 고려해야 할 요소들의 중요도-만족도 분석 결과

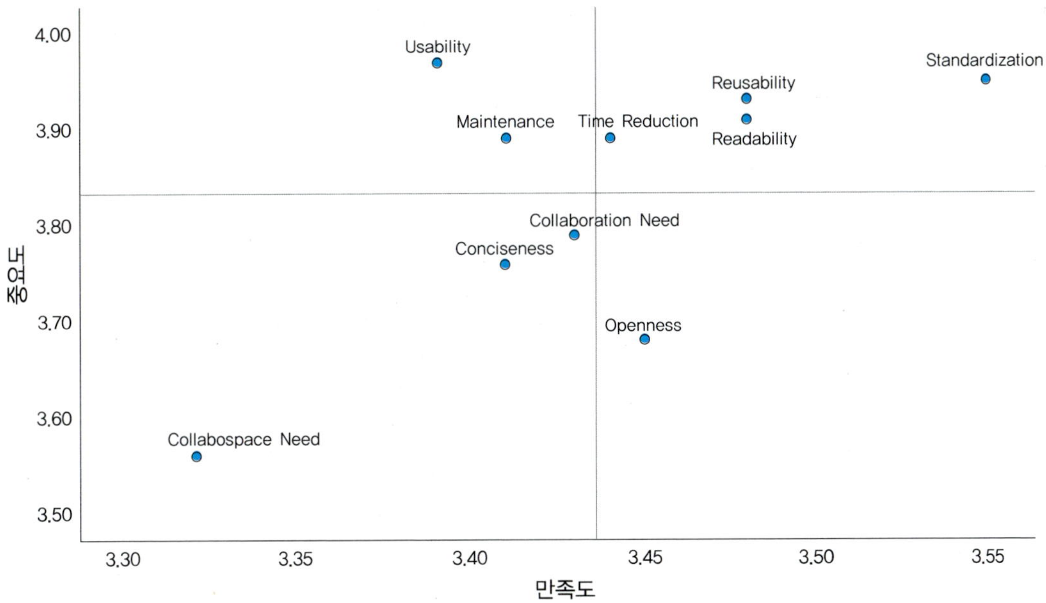

표 5-3 ▍중요도-만족도 분석(IPA) 결과 요약

구분	정보시스템 구축 시 요구사항
Ⅰ 사분면 우위유지 영역 (Keep up the good work)	시간단축, 재사용성, 가독성, 표준화
Ⅱ 사분면 중점개선 영역 (Concentrate here)	사용성, 유지보수성
Ⅲ 사분면 낮은 우선순위 (Low priority)	협업공간 필요성, 간결성, 협업 필요성
Ⅳ 사분면 현상유지 영역 (Possible overkill)	개방성

Ⅰ 사분면(우위유지 영역)에는 시간단축, 재사용성, 가독성 및 표준화가 포함되었으며, 이러한 요구사항들은 중요도와 만족도가 모두 높은 상태이며 이들 항목에 대해서는 성과가 나빠지지 않도록 지속적으로 우위를 유지할 수 있도록 관리하는 것이 필요하다.

Ⅱ 사분면(중점개선 영역)에는 사용성과 유지보수성이 포함되었다. 이러한 요구사항들은 중요도는 높으나 만족도는 낮은 상태로 이들 속성에 대해서는 최우선적으로 개선이 필요하다.

Ⅲ 사분면(낮은 우선순위)에는 협업공간 필요성, 간결성 및 협업 필요성이 포함되었다. 이러한 요구사항은 중요도와 만족도가 모두 낮은 상태로 이 항목에 대해서는 특별한 조치가 필요 없다.

Ⅳ 사분면(현상유지 영역)에는 개방성이 포함되었다. 이러한 요구사항들은 중요도는 낮으나 만족도는 높은 상태로 이 항목에 대해서는 현재로서는 노력이 필요하지 않다.

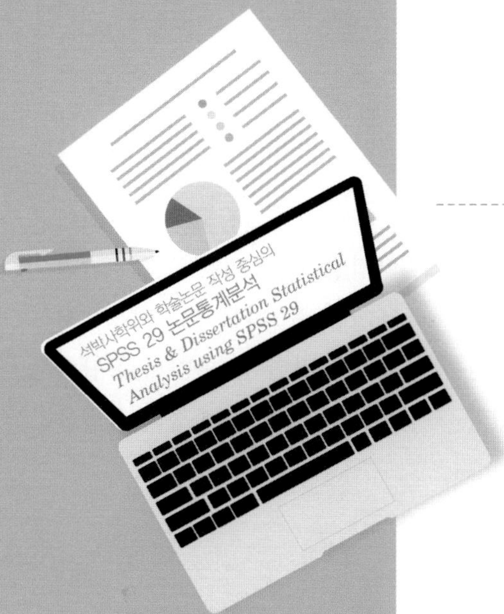

제 3 부

신뢰도와 타당도분석: 크론바흐 알파검증과 요인분석

제 6 장

신뢰도분석: 크론바흐 알파검증

Cronbach's Alpha Test

신뢰도와 타당도는 측정도구의 적합성을 평가하는 서로 다른 방법이지만 밀접하게 관련되어 있다. 신뢰도(Reliability)는 측정된 결과치의 일관성, 정확성, 안정성, 예측가능성 등과 관련된 개념이다. 신뢰도란 응답의 일관성이나 정확성과 관련된 것으로, 응답자들에게 반복해서 동일한 설문문항을 가지고 질문해도 동일한 측정치를 얻을 가능성을 말한다. 따라서 응답의 일관성 정도가 높을수록 신뢰도는 높아진다고 볼 수 있다. 타당도(Validity)란 측정의 품질을 나타내며 측정하려는 것을 정확히 측정했는가를 의미한다.

1 신뢰도분석

연구자들은 본격적인 가설검증 등의 통계분석을 수행하기 전에 여러 설문문항들로 구성된 어떤 요인들이 신뢰도가 있는지를 알아보기 위해서 신뢰도분석을 한다. 신뢰도분석(Reliability analysis)이란 척도의 신뢰도를 분석하는 것을 말하며, 이는 보통 크론바흐 알파계수(Cronbach's coefficient α)를 사용한다.

- 신뢰도분석을 위해서는 설문지의 측정문항들이 연속형 척도(등간척도, 비율척도)로 작성되어 있어야 한다. 설문지법에서 가장 많이 사용되는 척도는 리커트척도(Likert scale)이며, 신뢰도분석에서는 일반적으로 리커트척도를 연속형 척도로 간주하고 통계분석을 실시하는 것이 인정되고 있다.

- 설문문항의 측정척도에 연속형 척도와 범주형 척도(명목척도)가 혼합되어 있으면 신뢰도분석을 수행할 수 없다.
- 신뢰도분석의 대상은 요인(Factor) 혹은 개념(Concept)이다. 요인은 보통 연구에서 연구변수라고 불리며, 하나의 요인은 여러 개의 측정변수들을 가지고 있다. 따라서 요인이 1개의 설문문항으로 구성되어 있는 경우에는 신뢰도분석을 할 필요가 없다.
- 신뢰도분석은 특정 요인에 해당하는 설문문항만을 가지고 분석한다. 따라서 신뢰도분석은 보통 요인별로 수행하게 된다.
- 요인을 측정하는 설문문항 수가 많아질수록 신뢰도는 높아진다.
- 어떤 요인에 대한 신뢰도가 있는 것으로 판단되면 설문문항들을 제거하지 않는다. 그러나 신뢰도가 일정 기준에 미치지 못하면 특정한 설문문항을 제거한 후에 다시 신뢰도분석을 해야 한다.

1.1 사용목적과 적용상황

신뢰도분석은 연속형 척도의 설문문항들이 측정하고자 하는 요인(혹은 개념)을 일관성 있게 측정하는지를 확인할 때 사용한다. 또한 설문문항 중 신뢰도가 낮은 일부 문항을 삭제하고자 할 때 사용한다.

그림 6-1 **신뢰도와 타당도분석의 적용상황**

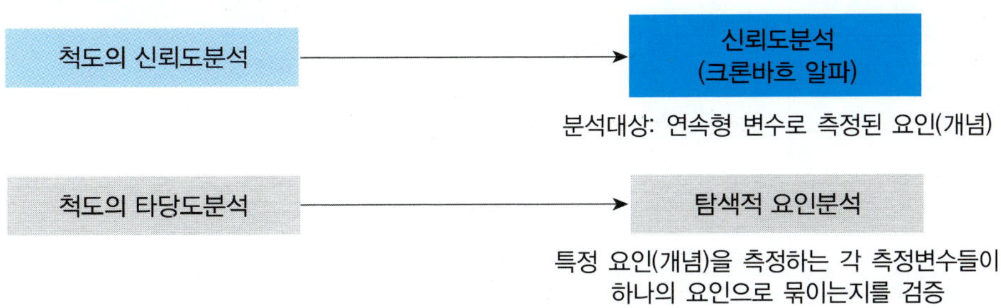

신뢰도분석을 수행했음에도 불구하고 신뢰도가 수용기준 이하로 나타난 경우에는 어떻게 해야 할까? 특히, 설문지법을 사용한 연구에서 신뢰도의 개선방법은 [그림 6-2]와 같이 요약

할 수 있다.

그림 6-2 ▌측정도구의 신뢰도 개선방법

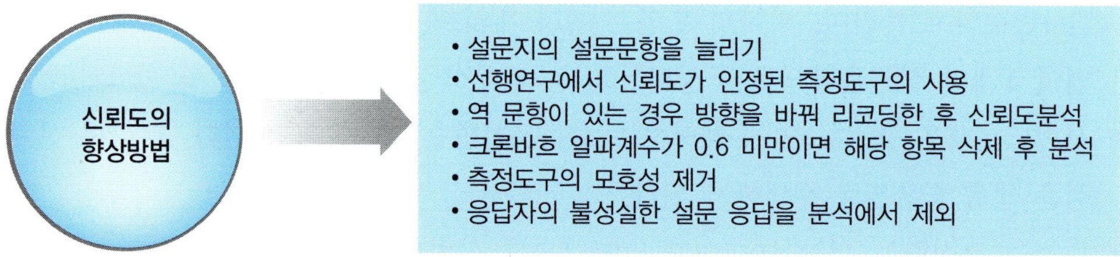

연구자가 어떤 요인(개념, 연구변수)을 측정할 때 1개 설문문항으로 구성하기보다는 여러 개의 설문문항을 사용해서 요인(개념)을 측정하는 것이 좋다. 또한 설문지의 설문문항은 문항의 동질성이 높게, 요인(개념) 간에는 이질성이 높게 설계해야 한다. 각 요인에 명확하게 적재될 수 있도록 설계하고 다른 요인과 교차되지 않도록 분명한 문항으로 설계하는 것이 필요하다. 요인당 설문문항 수는 탈락에 대비해 5개 이상 포함시키는 것이 좋다.

신뢰도분석을 위한 설문문항의 설계 예시는 [표 6-1]과 같다. 모바일러닝시스템을 대상으로 수행한 연구에서 '지각된 유용성'과 '사용용이성'의 두 개의 요인(연구변수, 구성개념)을 제시하였다. 신뢰도분석은 이 두 가지 요인들을 가지고 각각 수행하면 된다.

▌표 6-1 ▌지각된 유용성과 사용용이성에 대한 설문지 구성 예시

요인(연구변수)	문항 수	설문문항
지각된 유용성	4	유용성1 전반적인 학습에의 유용성 유용성2 학습효율 증가 유용성3 업무효율 증가 유용성4 신속한 업무처리
지각된 사용용이성	4	사용용이성1 전반적인 사용용이성 사용용이성2 사용방법의 용이한 습득가능성 사용용이성3 정신적 노력 없이도 사용가능 사용용이성4 이해하기 쉽고 분명함
전체	8	

지각된 유용성은 모바일러닝시스템의 사용이 얼마나 업무에 유용한지에 대한 정도로, 이

를 측정하기 위해서 4개 설문문항으로 구성하였다. 이에는 전반적인 학습에의 유용성, 학습효율 증가, 업무효율 증가, 신속한 업무처리가 포함되었다. 5점 리커트척도를 사용해 설문하였다. 1. 전혀 아니다, 2. 아니다, 3. 보통이다, 4. 그렇다, 5. 매우 그렇다.

지각된 사용용이성은 모바일러닝시스템의 사용이 얼마나 쉬운 가에 대한 정도로, 이를 측정하기 위해서 4개 설문문항으로 구성하였다. 이에는 전반적인 학습에의 사용용이성, 사용방법의 용이한 습득가능성, 정신적 노력 없이도 사용가능, 이해하기 쉽고 분명함이 포함되었다. 5점 리커트척도를 사용해 설문하였다. 1. 전혀 아니다, 2. 아니다, 3. 보통이다, 4. 그렇다, 5. 매우 그렇다.

설문문항 1. 지각된 유용성(Perceived Usefulness: PU)

설문문항	전혀 아니다	아니다	보통 이다	그렇다	매우 그렇다
1. 나는 전반적으로 m-러닝시스템이 나의 학습에 유용하다고 생각한다.	1	2	3	4	5
2. 나는 m-러닝시스템을 사용하면 학습 효율이 증가한다고 생각한다.	1	2	3	4	5
3. 나는 m-러닝시스템을 사용하면 평상시 업무 효율을 증가시킬 수 있다고 생각한다.	1	2	3	4	5
4. 나는 m-러닝시스템을 사용하면 보다 신속하게 나에게 요구된 일들을 마칠 수 있다고 생각한다.	1	2	3	4	5

설문문항 2. 지각된 사용용이성(Perceived Easy of Use: PEU)

설문문항	전혀 아니다	아니다	보통 이다	그렇다	매우 그렇다
1. 나는 전반적으로 m-러닝시스템을 사용하는 것이 쉽다고 생각한다.	1	2	3	4	5
2. 나는 m-러닝시스템을 사용방법을 쉽게 터득할 수 있다고 생각한다.	1	2	3	4	5
3. 나는 쉽게 m-러닝시스템을 많은 정신적 노력이 없이도 사용할 수 있다고 생각한다.	1	2	3	4	5
4. 나는 m-러닝시스템이 이해하기 쉽고 분명하다고 생각한다.	1	2	3	4	5

1.2 크론바흐 알파계수의 평가기준과 해석

척도의 신뢰도분석을 위한 지표로 가장 많이 사용되는 것이 바로 크론바흐 알파계수이다. 이는 통계학자인 크론바흐가 1951년도에 제안한 것[1]으로, 하나의 요인(개념)을 여러 측정변수(설문문항)로 측정할 경우에 나타나는 설문문항들의 일관성과 동질성의 정도인 내적 일관성(Internal consistency)[2]을 평가하는 지표이다. 설문문항 간에 상관관계가 높을수록 내적 일관성은 높게 나타난다.

크론바흐 알파의 계산식은 다음과 같다.

$$\alpha = \frac{K}{K-1}\left(1 - \frac{\sum_{i}^{k}\sigma_{Yi}^{2}}{\sigma_{X}^{2}}\right)$$

$$\text{여기서, } \alpha = \frac{\text{문항 수}}{\text{문항 수} - 1}\left(1 - \frac{\text{각 문항의 분산}}{\text{전체 문항합의 분산}}\right)$$

크론바흐 알파계수는 앞의 계산식에서 보는 것처럼 문항 수와 각 문항의 분산 그리고 전체 문항의 합의 분산을 알면 쉽게 계산할 수 있다. [그림 6-3]에 제시된 [항목 통계량]을 보면 [표준편차]값이 제시되었으며, 각 문항에 제시된 표준편차를 제곱하면 바로 각 문항의 분산이 계산된다. 문항 수는 4개이며, [척도 통계량]에 제시된 [분산]은 사용용이성에 대한 4개 설문문항의 전체 문항합의 분산임을 알 수 있다.

1) Cronbach, L. J. (1951). Coefficient alpha and the internal structure of tests. *Psychometrika*, 16(3), 297-334.

2) 일관성이 있다는 것은 다양한 문항들이 같은 요인(개념)을 측정한다는 것을 의미한다.

그림 6-3 ▌ 크론바흐 알파계수의 계산

항목 통계량

	평균	표준화 편차	N
유용성1	3.42	.717	120
유용성2	3.23	.727	120
유용성3	3.18	.673	120
유용성4	3.11	.765	120

표준편차 제곱은 각 문항의 분산

예 유용성1의 분산=$(0.717)^2$

척도 통계량

평균	분산	표준화 편차	항목 수
12.93	5.928	2.435	4

전체 문항합의 분산

$$\alpha = \frac{4}{3}\left(1 - \frac{(0.717)^2 + (0.727)^2 + (0.673)^2 + (0.765)^2}{5.928}\right)$$

$$\alpha = 1.33\left(1 - \frac{2.081}{5.928}\right)$$

$$\alpha = 0.863$$

신뢰도는 크론바흐 알파계수를 사용하며, 이는 0부터 1까지의 값을 가진다. 1에 가까울수록 신뢰도가 높다고 평가한다. 크론바흐 알파계수의 평가기준과 해석방법을 요약하면 [표 6-2]와 같다.

▌표 6-2 ▌ 크론바흐 알파계수에 의한 신뢰도 평가기준과 해석방법

크론바흐 알파계수	영어 표현	한국어 표현
$0.9 \leq \alpha$	Excellent	신뢰도가 매우 높다
$0.7 \leq \alpha < 0.9$	Good	신뢰도가 높다
$0.6 \leq \alpha < 0.7$	Acceptable	어느 정도 신뢰도가 있다
$0.5 \leq \alpha < 0.6$	Poor	신뢰도가 나쁘다
$\alpha < 0.5$	Unacceptable	수용 불가

학문 분야마다 약간의 차이는 있지만 크론바흐 알파계수가 0.6 미만이면 '신뢰도가 나쁘다'고 해석하며, 0.6 이상이면 '어느 정도 신뢰도가 있다'고 판단한다. 0.7 이상~0.9 미만이면 '신뢰도가 높다'고 해석하며, 0.9 이상이면 '매우 신뢰도가 높다'고 볼 수 있다. 신뢰도가 0.5 미만이면 수용 불가이므로 해당 문항을 삭제한 후 다시 신뢰도분석을 수행해야 한다.

연구자가 어떤 요인을 측정할 때 설정한 신뢰도 기준(예 0.6)을 넘으면 요인을 구성하는 어떤 설문문항도 제거하지 않아도 된다. 그러나 어떤 요인의 크론바흐 알파계수가 0.5 미만으로 나타나 내적 일관성을 저해하는 문항이 있다면 해당 문항을 제거[3]한 후 신뢰도분석을 하면 신뢰도계수값을 높일 수 있다.

2 신뢰도분석의 SPSS 통계 실습

[통계 실습 6-1] 크론바흐 알파계수에 의한 신뢰도분석

다음의 [제6장 신뢰도분석 데이터]를 이용해서 크론바흐 알파계수를 산출하여 신뢰도분석을 수행하고 분석 결과를 해석하시오. 분석 대상은 지각된 유용성과 사용용이성의 두 가지 요인(변수)이다. 요인들은 각각 4개 문항으로 구성되어 있다.

■ 실습 데이터

ID	유용성1	유용성2	유용성3	유용성4	사용용이성1	사용용이성2	사용용이성3	사용용이성4
1	3	3	3	3	4	3	4	4
2	3	4	4	3	4	3	4	3
…	…	…	…	…	…	…	…	…
120	4	4	4	3	4	4	4	4

총 사례 수는 120개임

- 지각된 유용성(1. 매우 아니다, 2. 아니다, 3. 보통이다, 4. 그렇다, 5. 매우 그렇다) → 연속형 변수
- 지각된 사용용이성(1. 매우 아니다, 2. 아니다, 3. 보통이다, 4. 그렇다, 5. 매우 그렇다) → 연속형 변수

실습 데이터	제6장 신뢰도분석 데이터
분석방법 메뉴 선택	분석–척도분석–신뢰도분석

3) 어떤 문항을 제거하였을 때 크론바흐 알파계수가 증가하면 해당 변수를 제거하며, 감소하면 해당 변수를 보존해야 한다.

1) 실습 과정

❶ [파일–열기–데이터]를 선택한 후 실습 데이터 파일이 있는 위치로 찾아가서 [제6장 신뢰도분석 데이터]를 연다.

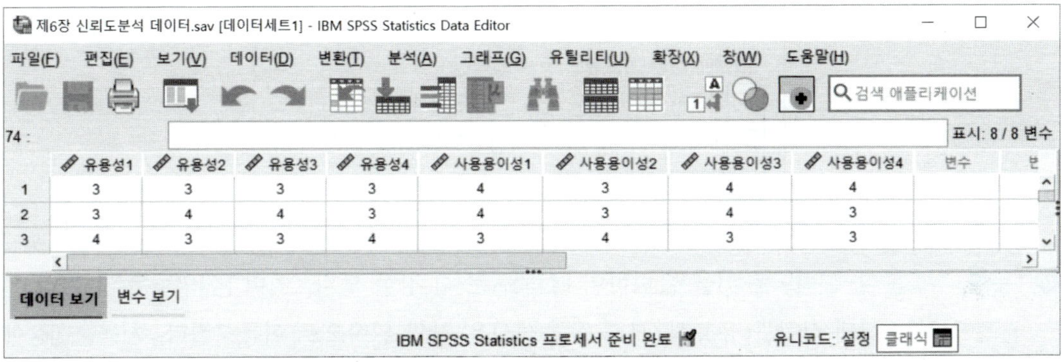

❷ [분석–척도분석–신뢰도분석]을 클릭하여 [신뢰도분석] 창을 연다. 유용성과 사용용이성 변수 중에서 먼저 유용성의 크론바흐 알파계수를 산출하기 위해서 [유용성1]부터 [유용성4]까지를 선택하여 오른쪽 [항목]으로 이동시킨다.

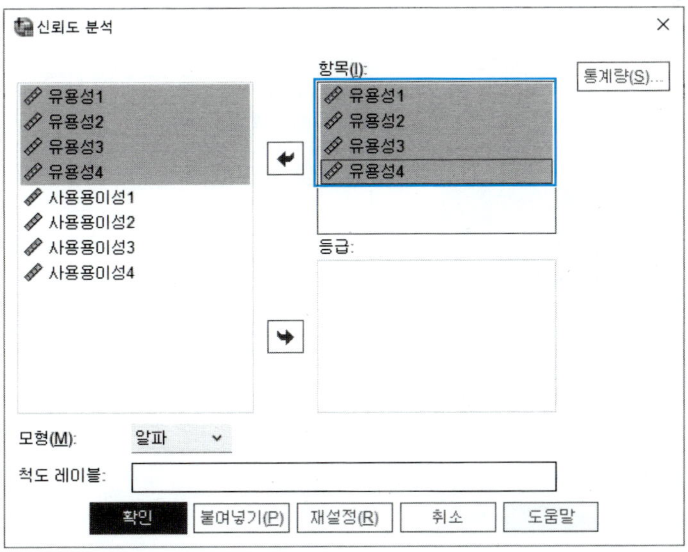

❸ [신뢰도분석] 창의 오른쪽에 있는 [신뢰도분석: 통계량]에서 [항목], [척도], [항목제거시 척도]를 체크하여 선택하고 [계속] 버튼을 클릭한 후 [확인] 버튼을 클릭해 유용성에 대한 신뢰도 분석을 수행한다. 그러면 분석 결과가 출력된다.

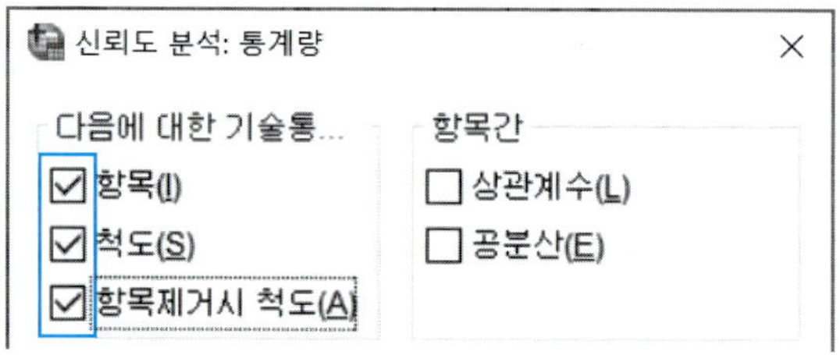

❹ [분석–척도분석–신뢰도분석]을 클릭하여 [신뢰도분석] 창을 연다. 이미 [신뢰도분석] 창의 오른쪽에 있는 선택 사항들(유용성1부터 유용성4)은 창의 왼쪽으로 이동시킨다. 사용용이성에 대한 크론바흐 알파계수를 산출하기 위해서 [사용용이성1]부터 [사용용이성4]까지를 선택하여 오른쪽 [항목]으로 이동시킨다. [신뢰도분석: 통계량]의 부분은 바로 앞의 유용성 실습에서 이미 선택되어 있으므로 여기에서는 그대로 둔다. [확인] 버튼을 클릭해 사용용이성에 대한 신뢰도분석을 수행한다. 그러면 분석 결과가 출력된다.

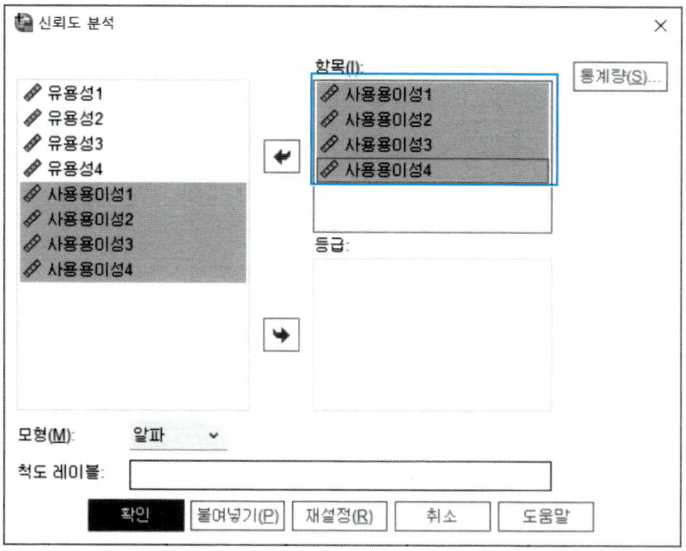

2) 주요 분석 결과

신뢰도분석에 대한 출력물에서 모두 다 보고할 필요는 없으므로 중요한 출력 결과만 제시하면 다음과 같다.

지각된 유용성에 대한 신뢰도분석 결과

신뢰도 통계량

Cronbach의 알파	항목 수
.865	4

항목 총계 통계량

	항목이 삭제된 경우 척도 평균	항목이 삭제된 경우 척도 분산	수정된 항목-전체 상관계수	항목이 삭제된 경우 Cronbach 알파
유용성1	9.52	3.596	.669	.846
유용성2	9.71	3.435	.729	.822
유용성3	9.75	3.550	.758	.812
유용성4	9.82	3.356	.709	.831

지각된 사용용이성에 대한 신뢰도분석 결과

신뢰도 통계량

Cronbach의 알파	항목 수
.886	4

항목 총계 통계량

	항목이 삭제된 경우 척도 평균	항목이 삭제된 경우 척도 분산	수정된 항목-전체 상관계수	항목이 삭제된 경우 Cronbach 알파
사용용이성1	10.73	4.315	.703	.873
사용용이성2	10.65	4.213	.791	.838
사용용이성3	10.70	4.111	.773	.845
사용용이성4	10.87	4.554	.745	.857

3) 신뢰도분석 결과의 제시와 해석

신뢰도분석에 대한 SPSS의 출력 결과를 제시하면 [표 6-3]과 같다.

표 6-3 신뢰도분석 결과 (N=120)

요인	크론바흐 알파계수	항목 수
지각된 유용성	0.865	4
지각된 사용용이성	0.886	4

신뢰도분석 결과 지각된 유용성과 사용용이성의 크론바흐 알파계수는 각각 0.865와 0.886으로 신뢰도가 높은 것으로 나타났다.

[참고사항] 설문문항의 삭제 여부 결정

지각된 유용성에 대한 [항목 총계 통계량]을 보면 항목이 삭제된 경우 크론바흐 알파가 현재의 신뢰도 수준인 0.865보다 작으므로 삭제할 필요가 없다. 한편 지각된 사용용이성에 대한 [항목 총계 통계량]을 보면 항목이 삭제될 경우 크론바흐 알파가 사용용이성1의 경우 알파계수는 0.873으로 현재의 신뢰도 수준인 0.886보다 작아서 삭제할 필요가 없다. 그러나 만약 요인의 신뢰도 수준이 낮고 현재의 신뢰도 수준보다 어떤 한 항목을 삭제하는 경우 현재의 신뢰도수준을 큰 폭으로 개선할 수 있는 가능성이 있다면 삭제 여부를 고려해야 할 것이다.

제 7 장

타당도분석: 탐색적 요인분석

Exploratory Factor Analysis(EFA)

타당도(Validity)란 어떤 측정도구나 검사가 원래 측정하려 했던 것을 실제로 얼마나 정확히 측정하는가를 의미한다. 탐색적 요인분석(Exploratory Factor Analysis: EFA)은 측정도구의 타당도를 검증하는 방법으로 널리 사용되고 있다.[1] 측정도구의 타당도는 동일 요인(개념)을 측정한 변수들 간에는 당연히 상관관계가 높아야 하고 동일 개념을 측정한 변수들이 동일한 요인으로 묶이는지를 확인함으로써 검증할 수 있다.

1 탐색적 요인분석

탐색적 요인분석(EFA)[2]은 연구자들이 논문 작성 시 측정도구의 타당도를 분석하기 위한 것으로 [그림 7-1]과 같이 여러 변수들 간의 상관관계(Correlation)를 이용하여 서로 유사한 변수들끼리 묶어 몇 개의 요인으로 축약시키는 통계분석기법이다. 기본 원리는 상관관계가 높은 변수들끼리는 하나의 요인으로 묶고, 개별 요인들 간에는 서로 독립성을 유지하도록 하는 것이다.

1) 요인분석에서 주성분분석과 요인분석은 구분되어야 한다. 후자는 보통 사회과학 분야에서 탐색적 요인분석이라는 명칭을 사용하고 있다.

2) 탐색적 요인분석은 여러 개의 변수들을 몇 개의 요인으로 축약시키는 방법이며, 군집분석(Cluster analysis)은 대상(Respondents, Subjects) 혹은 응답자의 케이스들을 동질적 집단으로 묶는 방법이다. 즉, 요인분석은 변수를 요인으로 묶는 것이고, 군집분석은 케이스를 이용해 군집으로 묶는 방법이다.

그림 7-1 ▌탐색적 요인분석의 개념도

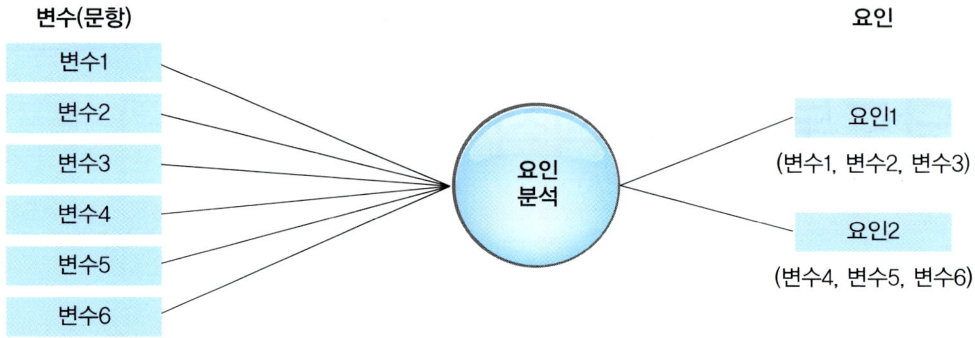

▌표 7-1 ▌탐색적 요인분석의 요인추출과 회전방법의 선택

구분	방법		요인적재량 부호	적용 연구 분야
요인추출 방법	주성분분석 (Principal Component Analysis: PCA)	주성분	양수(+)	자연과학 (많은 변수들을 소수의 주성분으로 축약)
	공통요인분석 (Common Factor Analysis: CFA)	최대우도법 주축요인추출 가중되지 않은 최소제곱법 일반화 최소제곱법 알파요인추출 이미지요인추출	양수(+) 음수(−)	사회과학 (데이터 축약 +잠재요인이나 차원 발견)
요인회전 방법	직각회전 (Orthogonal rotation)	베리멕스 쿼티멕스 이쿼멕스	−	요인추출방법으로 주성분분석 시 요인회전은 직각회전방법 중에서 Varimax 추천. 공통요인분석방법 선택 시는 Direct oblimin 방식이 많이 사용됨
	사각회전 (Oblique rotation)	직접오블리민 프로멕스	−	

- 타당한 측정도구는 모든 연구의 필수적 구성요소이며, 연구 결과의 해석은 측정도구의 타당도에 의존하므로 연구자는 측정도구의 타당도를 검증해야 한다.
- 요인분석(Factor analysis)의 종류는 주성분분석(Principal Component Analysis), 탐색적 요인분석(혹은 요인분석),[3] 확인적 요인분석(Confirmatory Factor Analysis: CFA)

등으로 구분된다. ① 주성분분석은 서로 연관되어 있는 변수들을 서로 독립적인 소수의 주성분으로 차원 축소하는 것이며 측정변수에 측정오차가 없다는 비현실적인 가정에 기반하고 있다. ② 탐색적 요인분석은 사전지식이나 결정된 사항이 없는 상태에서 변수 간의 내재된 상관관계를 탐색적으로 찾아내는 방법으로, 축약할 요인 수가 확정되어 있지 않다는 특징을 가지고 있다. ③ 확인적 요인분석은 이론적으로 이론 구조가 명확히 확립되어 있는 경우에 사용하며 구조방정식모델링에서 주로 사용하는 것이므로 이 책에서는 다루지 않는다.

- 하나의 요인으로 묶이는 변수들은 공통된 개념을 측정하는 것으로 간주한다.
- 요인분석의 대상은 연속형 변수(등간척도, 비율척도), 즉 양적 변수이다.
- 요인분석은 독립변수와 종속변수가 없으며 모든 변수들을 이용해 변수들 간의 관계를 분석한다.
- 분석에 사용할 최소 표본 수는 50개이며 100개 이상이 권장된다. 또한 표본 수는 측정변수 개수의 최소 4~5배가 필요하다.
- 요인 수의 결정 등에서 고유치(Eigen value)가 1을 넘어야 한다는 통계적 기준을 기계적으로 따르지 말아야 한다.
- 연구모형이 간명한 경우에는 요인분석을 수행할 때 모든 구성개념(연구변수), 즉 전체 측정변수(설문문항)를 대상으로 한 번에 분석한다. 그러나 연구모형이 복잡한 경우(다수의 독립변수, 매개변수 및 종속변수)에는 변수별로 요인분석을 수행할 수도 있다. 혹은 외생변수, 매개변수(조절변수), 종속변수 등으로 나누어 분석하기도 한다. 한편 하나의 상위개념에 몇 개의 하위개념이 있는 2차요인모형의 경우에는 반드시 하위요인별로 묶이는지를 검증하여야 한다(최창호와 유연우, 2017).[4]
- 분석에 사용되는 변수들 간에는 어느 정도 수준의 상관관계가 존재해야 한다. 이는 Bartlett의 구형성검증(Sphericity test)을 통해 분석한다.

3) 주성분분석과 요인분석은 동일한 요인분석의 종류가 아니며 서로 상이한 이론적 배경과 목적을 지닌 근본적으로 다른 분석방법이다.

4) 최창호, 유연우. (2017). 탐색적 요인분석과 확인적 요인분석의 비교에 관한 연구. *디지털융복합연구*, 15(10), 103-111.

- 분석 실행 후 추출된 요인의 명칭은 연구자가 공통된 특성을 파악하거나 선행연구 결과들을 토대로 적절한 명칭을 부여하면 된다.
- 요인분석에서 요인의 추출방법으로 최대우도법을 적용할 경우에 적합도검증을 위해 카이제곱검증을 사용하는 것은 무의미하며 사용하지 않는 것이 좋다. 왜냐하면 카이제곱검증은 표본 수에 의해 큰 영향을 받기 때문이다. 일반적으로 표본 수가 많아지면 '현재 추출된 요인이 측정변수 간의 관계를 정확히 설명한다'는 귀무가설을 기각하고 대립가설을 채택하게 된다. 통계적으로는 검증통계량인 카이제곱의 유의확률(p-value)이 0.05보다 작으면 '현재 추출된 요인보다 많은 요인이 필요하다'는 대립가설을 채택하게 된다.
- 요인분석 결과 저장된 요인점수를 가지고 회귀분석, 구조방정식모델분석 등의 추가분석에 이용할 수 있다. 또한 묶여진 요인들을 구성하는 측정변수들의 관측치에 대한 평균으로 항목합산(Item parceling)을 통해 총합된 하나의 연구변수로 만들어 추가분석에 사용해도 된다.
- 탐색적 요인분석은 집중타당도와 판별타당도를 동시에 확인할 수 있는 방법이며, 구성타당도(Construct validity)[5] 분석을 위해 가장 널리 사용되는 통계방법이다. [그림 7-2]와 같이 각 요인(여기에서 두 개의 요인)에 ±0.6(혹은 0.7) 이상으로 적재된 요인적재량(Factor loading)은 각 요인에 포함된 변수들이 높은 상관관계가 있음을 보여주며 이는 집중타당도가 확보되었음을 의미한다. 반면에 각 요인에 ±0.3(혹은 0.4) 이하로 낮게 적재된 교차적재량(Cross loading)은 판별타당도가 확보되었음을 의미한다. 교차적재량이 ±0.4 이상이면 판별타당도가 저해된다고 볼 수 있다. 우리는 집중타당도와 판별타당도가 확보되면 구성타당도가 있다고 판단할 수 있다.

5) 구성타당도(개념타당도, 구인타당도 등)는 연구자가 만든 측정도구가 집중(수렴)타당도, 판별타당도 및 이해타당도를 가지고 있는지와 관련된 포괄적인 개념이다. 이는 설문이나 검사 등을 통해 측정한 결과가 원래 측정하고자 한 속성과 목적에 비추어 얼마나 적절하게 측정했는가를 말한다.

그림 7-2 ▌ 구성타당도에서 집중타당도와 판별타당도의 구분[6]

	성분	
	요인1	요인2
변수1	0.88	0.13
변수2	0.93	0.11
변수3	0.87	0.03
변수4	0.17	0.93
변수5	−0.03	0.85
변수6	0.07	0.78

집중타당도(Convergent validity)
(요인적재량: 높은 동일성)

판별타당도(Discriminant validity)
(교차적재량: 낮은 교차)

1.1 사용목적과 적용상황

탐색적 요인분석(혹은 요인분석)은 [그림 7-3]과 같이 측정도구의 타당도검증, 변수들이 공통적으로 포함하고 있는 요인으로 축약(여러 개의 연구변수들을 몇 개의 요인으로 요약), 상호독립적인 요인의 특성 발견, 불필요한 변수 제거, 회귀분석, 판별분석 등의 추가분석에 요인점수가 사용된다.

그림 7-3 ▌ 타당도분석의 적용상황

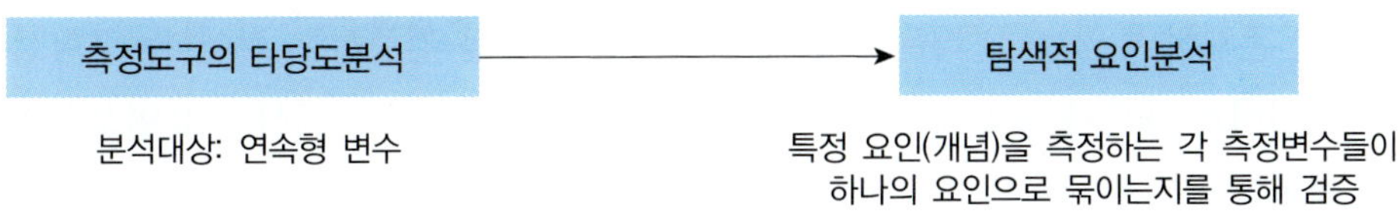

1.2 요인분석 데이터의 적절성 판단: KMO와 Bartlett의 구형성검증

KMO(Kaiser-Meyer-Olkin) 측도와 Bartlett의 구형성검증은 요인분석을 수행하기 전에 데이터가 최소한의 조건을 가지고 있는지를 검토하는 것이다.

KMO의 표본적합성 측도는 요인분석에 사용된 변수와 케이스 수가 요인분석하기에 충분한

6) Bhattacherjee, A. (2012). *Social science research: Principles, methods, and practices*, 61.

가를 확인하기 위한 지표로, 변수 간 편상관이 작은지 여부를 검증하는 데 사용한다. 이 값이 클수록 변수들 저변에 공통적인 요인이 존재하게 되므로 변수들이 요인분석을 실시하기에 적절함을 의미한다. 보통은 KMO 측도가 1에 가까울수록 표본의 상관행렬이 요인분석을 수행하기에 적절함을 나타낸다. 반면에 이 측도의 값이 적으면 요인분석을 위한 변수들의 선정이 좋지 못함을 나타낸다. 보통은 KMO의 측도값이 0.7 이상이면 요인분석을 수행하기에 적절한 데이터임을 확인할 수 있다. 자세한 KMO 측도의 평가기준과 해석방법은 [표 7-2]를 참조하기 바란다.

표 7-2 KMO 측도값의 평가기준과 해석방법

KMO 측도	영어 표현	한국어 표현
0.90 이상	Marvelous	매우 높다
0.80~0.89	Meritorious	다소 높다
0.70~0.79	Middling	보통이다
0.60~0.69	Mediocre	다소 낮다
0.50~0.59	Miserable	매우 낮다
0.50 미만	Unacceptable	수용 불가이다

Bartlett의 구형성검증(Sphericity test)은 '상관계수 행렬이 단위행렬[7]이 아니다(측정변수 간에 상관이 존재하지 않는다)'라는 귀무가설의 기각 여부를 검증하는 것이다. 구형성검증 결과 $p<0.05$이어서 대립가설이 채택되면 측정변수들 간에 상관이 존재하며 요인분석을 수행하는 것이 적합하다고 볼 수 있다.

1.3 요인분석의 절차

요인분석의 수행 과정은 [그림 7-4]와 같이 요약할 수 있다.

7) 단위행렬은 대각행렬이라고도 하며 변수 간의 상관계수가 모두 0임을 의미한다.

그림 7-4 | 요인분석의 절차

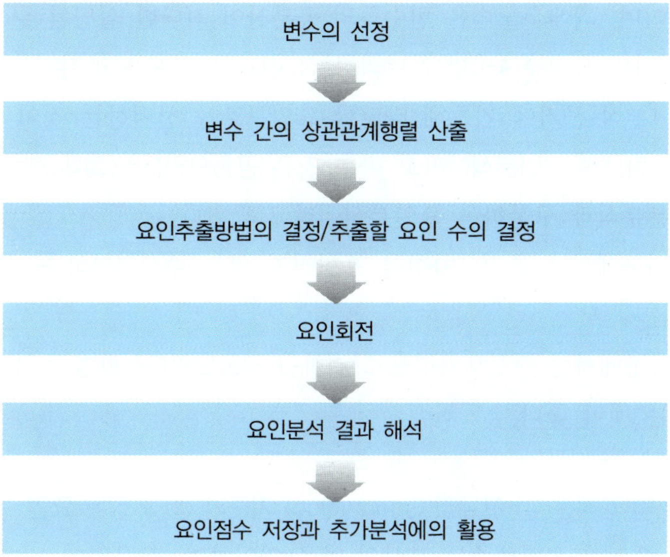

1) 변수의 선정

요인분석에 사용할 변수를 선정한다. 연속형 변수로 측정된 것을 사용하며, 입력된 변수의 데이터가 측정단위가 다른 경우에는 표준화해야 한다. 변수 수가 30개라면 최소한 120~150개의 케이스가 필요하다.

2) 변수 간의 상관관계행렬 산출

변수들 간의 상관관계행렬을 산출한다.

3) 요인추출방법의 결정과 추출할 요인 수의 결정

요인추출방법에는 주성분분석법(Principal components analysis method), 가중되지 않은 최소제곱법, 일반화 최소제곱법, 최대우도법(Maximum likelihood method), 주축요인추출, 알파요인추출 및 이미지요인추출 등의 방법이 있다. 보통 문헌에서 언급되는 방법으로는 주성분분석법, 최대우도법, 주축요인법이다.

주성분분석법은 서로 연관되어 있는 변수들을 서로 독립적인 소수의 주성분으로 차원을 축소하는 하는 것이며, 최대우도법은 변수들의 공분산이 최대한 설명될 수 있도록 요인을 추출한다. 경험에 의하면 요인추출방법에 따라 분석 결과가 크게 달라지지는 않는다. 연구자들은 해당 분야의 이론적 근거에 기초해 타당한 요인구조를 선택하는 것이 좋다.

- 일반적으로 탐색적 요인분석이라고 하는 것은 공통요인분석(최대우도법 등)을 의미하며, 보통 주성분분석과 구분하여 요인분석이라고도 한다.
- 사회과학 연구에서는 측정오차항을 포함하지 않는 주성분분석을 사용하지 않는 것이 바람직하다.
- 사회과학 연구에서는 측정오차항을 고려하는 공통요인분석방법 중의 하나인 최대우도법을 사용하는 것이 좋다.

추출할 요인 수의 결정은 ① 고유값(Eigen value) 기준과 ② 고정된 요인 수로 지정하는 방법이다. 고유값이란 요인이 설명해주는 분산의 양을 의미하며, 고유값이 1 이상이라는 것은 한 개 이상의 변수를 축약하고 있음을 의미한다. 일반적으로 사회과학 분야에서는 추출된 요인들이 전체요인들의 총분산(Total variance)을 60% 이상 설명해줄 수 있도록 요인 수가 결정되어야 한다(이는 요인분석 결과에서 설명된 총분산의 회전 제곱합 적재값을 보면 된다). 만약 회전 제곱합 적재값이 60%에 미달한다면 측정변수들이 전체 요인을 충분히 설명할 수 없다는 것을 의미한다.

요인 수의 결정에는 스크리 도표(Scree test)를 사용하기도 하는데, 이는 고유값의 분포를 시각적으로 나타낸 것(X축에 요인, Y축에 고유값 표시)이다. 도표를 이용해서 결정할 때는 그림에서 급경사가 나타나는 곳 주변에서 요인의 개수를 결정하면 된다. 스크리 도표에서 고유값이 1 이상이면 강한 요인(Strong factor)이며, 1 미만이면 약한 요인(Weak factor)이다.

- 요인 수의 결정 시 기계적으로 고유값(아이겐값)이 1 이상이어야 한다는 기준(고유값>1)을 무조건 따르는 것은 바람직하지 않으며 선행연구를 고려한 연구자의 판단이 중요하다.

4) 요인회전

요인회전(Factor rotation)은 각 변수와 요인 간의 상관관계 정도를 나타내주는 요인적재값

(Factor loading)을 통해 차원을 축소하는 것으로, 요인적재값이 큰 경우에는 더 확대해 1에 가깝게 하고, 작은 경우에는 0에 가깝게 하여 요인구조를 단순화시키기 위한 방법이다.

요인회전방법에는 변수들이 요인들과 높은 상관관계를 갖도록 요인 축을 직각으로 회전시키는 직각회전(Orthogonal rotation)과 직각이 아닌 사각을 유지한 채로 요인구조가 가장 뚜렷할 때까지 회전시키는 사각회전(Oblique rotation)이 있다.

- 직각회전방법에는 베리멕스방법, 쿼티멕스방법, 이쿼멕스가 있으며 자연과학 분야 등의 연구에서 많이 사용하고 있다.
- 사각회전방법에는 직접오블리민방법, 프로멕스가 있으며 요인 간의 상관관계를 인정하므로 다소 설득력이 떨어질 수 있지만 경험적인 근거를 가지고 요인구조를 만들어 낼 수 있으므로 사회과학 분야의 연구에 사용할 수 있다. 사회과학 분야의 연구자가 단순히 이론적으로 더 의미 있는 구조나 차원을 얻는데 관심이 있다면 사각회전방법을 사용하는 것이 필요하다.
- 사회과학 분야에서 아직도 많은 논문에서 요인회전방법으로 직각회전을 사용하고 있으나, 특별한 이유가 없는 한 아무런 근거 없이 직각회전방법을 사용하는 것은 바람직하지 않다.
- 요인추출방법으로 연구자들은 주성분분석(Principal components method) 선택 시 요인회전은 직각회전방법 중에서 베리멕스(Varimax)가 추천되며 공통요인분석방법 중에서 최대우도법(Maximum likelihood method)을 선택하는 경우에는 직접오블리민(Direct oblimin)방법을 많이 선택한다.
- 요인추출방법으로 주성분분석(PCA)[8]을 사용하는 경우에는 최소한 고유값이 1을 넘어야 한다. 그러나 주성분분석이 아니라 공통요인분석(CFA)[9]의 하나인 최대우도법을 선택할 경우에는 고유치 기준이 1보다 약간 하향 조정되어야 한다.

---

8) 주성분분석은 총분산(공통분산+고유분산+오차항)을 이용하며 주어진 변수들을 보다 축소된 주성분으로 축약하는 방법이다. 이 방법은 변수들의 총분산을 가장 많이 설명하는 주성분(혹은 요인)을 순차적으로 추출하는 방법이다.

9) 공통요인분석은 총분산 중에서 공통분산만을 이용하며 여러 측정변수에 존재하는 공통요인을 추출하는 방법으로 각 변수의 고유분산과 오차항을 제외한 공통요인만을 설명하는 요인을 추출해 내고자 하는 것이 목적이다. 이는 변수 간의 공통요인을 추출하여 이를 사용해 변수 간의 상관관계를 찾고 각 변수의 성질을 축소하여 설명한다.

5) 요인분석 결과 해석

분석 결과를 보고 변수들이 요인으로 잘 묶였는지를 확인한다. 만약 연구자가 의도한 요인으로 묶이지 않은 변수들이 있다면 제거한 후 다시 분석해야 한다. 분석 결과에서 공통성(Communality)은 추출된 요인에 의해 설명되는 비율로 0~1 사이의 값을 가진다. 공통성이 1이라는 것은 공통요인이 변수의 분산을 100% 완전히 설명한다는 뜻이다. 공통성이 0.4 이하가 되면 낮다고 본다.

요인분석의 결과인 회전된 성분행렬(Rotated components matrix)에서 요인적재량(요인부하량)이 ±0.4 이상, 공통성은 0.5 이상이면 유의한 변수로 본다. 보통 요인적재량이 ±0.6 이상이면 변수(문항)와 요인 간에 상관이 높다고 보며, ±0.4 미만이면 상관성이 낮다고 판단한다. 만약 요인분석에서 요인적재량이 ±0.4 미만이거나 공통성이 0.4 미만이면 해당 변수를 제거해야 한다. 한편 교차적재량이 0.4 이상이면 판별타당도를 저해하므로 제거되어야 한다.

추출된 요인들에 적절한 요인명칭도 부여해야 한다. 성분행렬은 어떤 변수가 어떤 요인에 묶였는가를 보여준다. 결과표에서 꼭 검토하고 넘어가야 할 것들은 KMO와 Bartlett 검증 결과, 설명된 총분산, 회전된 성분행렬(혹은 공통요인분석에서는 패턴행렬)이다.

6) 요인점수 저장과 추가분석에의 활용

요인분석에서는 추출된 요인별 점수로 저장할 수 있으며 새롭게 저장된 변수를 이용해 회귀분석이나 판별분석 등을 수행할 수 있다.

1.4 설문지의 구성

요인분석을 위한 설문지는 제6장 신뢰도분석에서 사용했던 설문지와 동일하므로 여기에서 생략한다. 자세한 내용은 제6장의 설문지 구성 부분을 참조하기 바란다.

▌표 7-3 ▌지각된 유용성과 사용용이성에 대한 설문지 구성 예시

요인(연구변수)	문항 수	설문문항
지각된 유용성	4	유용성1 전반적인 학습에의 유용성 유용성2 학습효율 증가 유용성3 업무효율 증가 유용성4 신속한 업무처리
지각된 사용용이성	4	사용용이성1 전반적인 사용용이성 사용용이성2 사용방법의 용이한 습득가능성 사용용이성3 정신적 노력 없이도 사용가능 사용용이성4 이해하기 쉽고 분명함
전체	8	

2 탐색적 요인분석의 SPSS 통계 실습

[통계 실습 7-1] 탐색적 요인분석 (1): 주성분분석법

다음의 [제7장 탐색적 요인분석 데이터]를 이용해서 탐색적 요인분석을 수행하고 분석 결과를 해석하시오. 분석 대상은 지각된 유용성과 사용용이성의 두 가지 요인(변수)이다. 연구자가 구성한 요인들은 각각 4개 문항으로 구성되어 있다. 요인추출방법으로는 자연과학 분야 등에서 많이 사용되는 주성분분석법(Principal components method), 요인 수는 고정된 요인 수인 2개, 요인회전방법으로는 베리멕스(Varimax)를 적용하시오.

■ **실습 데이터**

ID	유용성 1	유용성 2	유용성 3	유용성 4	사용용이성 1	사용용이성 2	사용용이성 3	사용용이성 4
1	3	3	3	3	4	3	4	4
2	3	4	4	3	4	3	4	3
…	…	…	…	…	…	…	…	…
120	4	4	4	3	4	4	4	4

총 사례 수는 120개임

• 지각된 유용성(1. 매우 아니다, 2. 아니다, 3. 보통이다, 4. 그렇다, 5. 매우 그렇다) → 연속형 변수

• 지각된 사용용이성(1. 매우 아니다, 2. 아니다, 3. 보통이다, 4. 그렇다, 5. 매우 그렇다) → 연속형 변수

실습 데이터	제7장 탐색적 요인분석 데이터
분석방법 메뉴 선택	분석–차원축소–요인분석

1) 실습 과정

❶ [파일–열기–데이터]를 선택한 후 실습 데이터 파일이 있는 위치로 찾아가서 [제7장 탐색적 요인분석 데이터]를 연다.

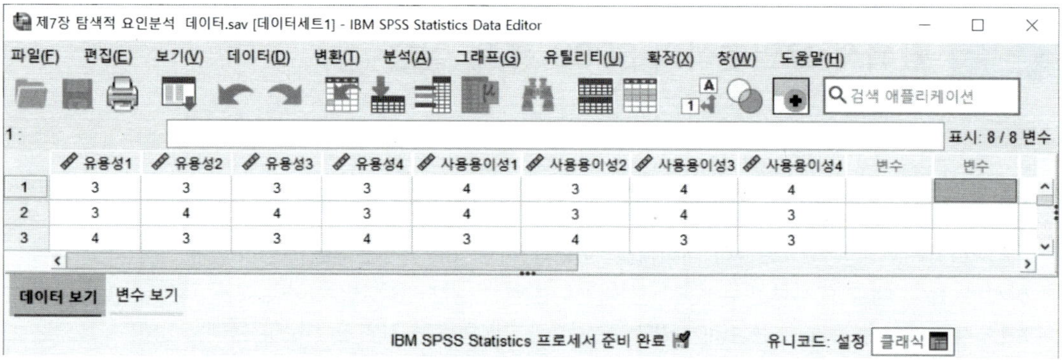

❷ [분석–차원축소–요인분석]을 클릭하여 [요인분석] 창을 연다. 창의 왼쪽에 있는 모든 변수들을 선택하여 [변수]로 이동시킨다.

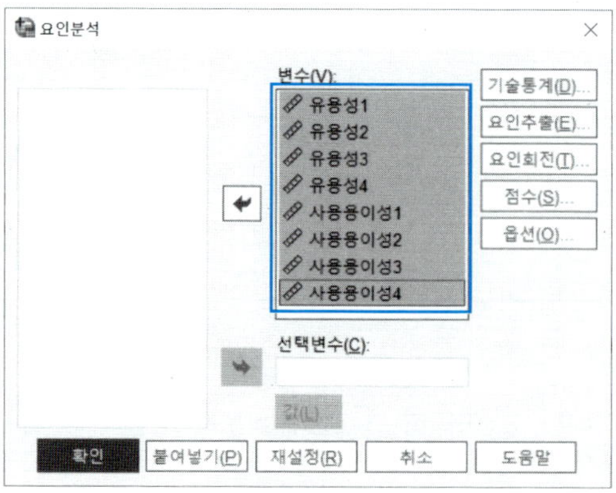

❸ [요인분석: 기술통계] 창에서 [초기해법]과 [KMO와 Bartlett의 구형성검증]을 체크하여 선택하고 [계속] 버튼을 클릭한다.

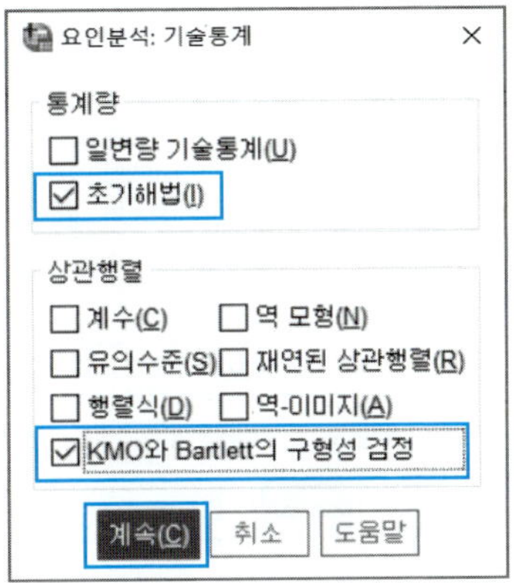

❹ [요인분석: 요인추출] 창에서 [주성분], [스크리 도표]와 [고정된 요인 수]를 체크하여 선택한 후 '2'를 입력하고 [계속] 버튼을 클릭한다. 이와 같이 연구자가 추출될 요인 수를 선행연구를 통하여 알고 있는 경우에는 [고정된 요인 수]를 선택하는 것이 좋다.

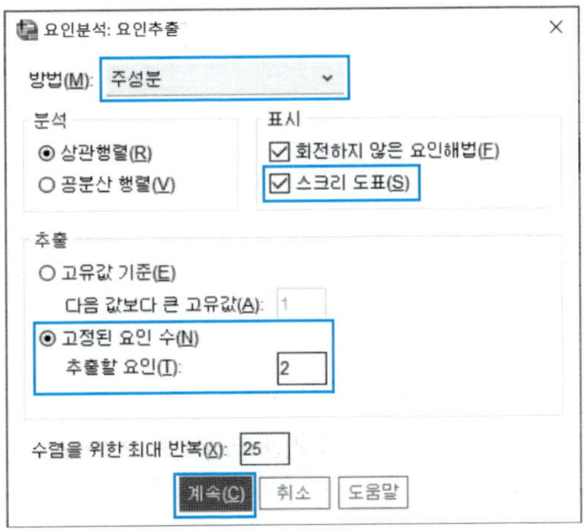

❺ [요인분석: 요인회전] 창에서 [베리멕스], [회전 해법] 그리고 [적재량 도표]를 체크하여 선택하고 [계속] 버튼을 클릭한다.

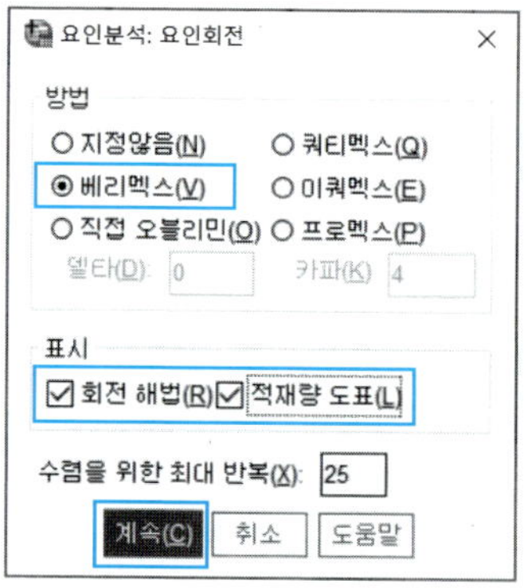

❻ [요인분석: 점수] 창에서 [변수로 저장]을 체크하여 선택하고 [계속] 버튼을 클릭한다.

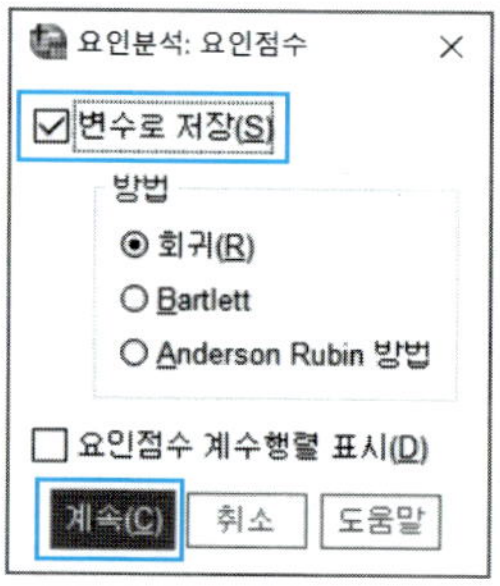

❼ [요인분석: 옵션] 창에서 [크기순 정렬]을 체크해 선택하고 [계속] 버튼을 클릭한다. 그러면 탐색적 요인분석이 완료된다. 만약 [작은 계수 표시 안함]에서 [절대값] 0.40으로 입력하면 요인적재량이 일정 값 미만(예 0.4)인 경우는 표시되지 않게 된다.

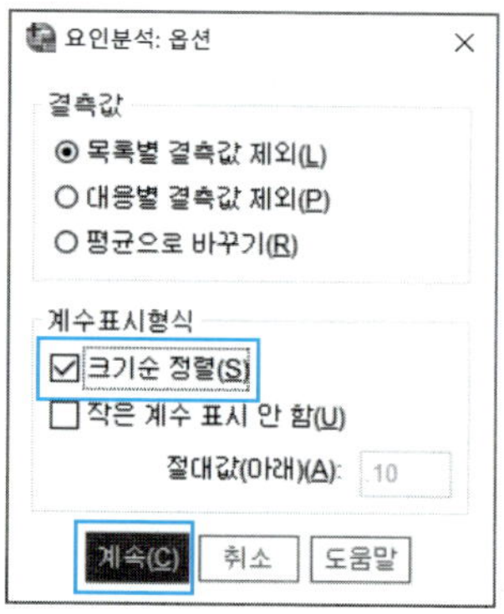

2) 주요 분석 결과

탐색적 요인분석에 대한 출력물에서 모두 다 보고할 필요는 없으므로 중요한 출력 결과만 제시하면 다음과 같다.

(1) 1차 탐색적 요인분석 결과

KMO와 Bartlett의 검정

표본 적절성의 Kaiser-Meyer-Olkin 측도.		.863
Bartlett의 구형성 검정	근사 카이제곱	560.384
	자유도	28
	유의확률	<.001

설명된 총분산

	초기 고유값			추출 제곱합 적재량			회전 제곱합 적재량		
성분	전체	% 분산	누적 %	전체	% 분산	누적 %	전체	% 분산	누적 %
1	4.612	57.653	57.653	4.612	57.653	57.653	3.148	39.351	39.351
2	1.329	16.608	74.261	1.329	16.608	74.261	2.793	34.910	74.261
3	.484	6.051	80.312						
4	.433	5.414	85.726						
5	.364	4.549	90.275						
6	.319	3.984	94.259						
7	.247	3.088	97.347						
8	.212	2.653	100.000						

추출 방법: 주성분 분석.

회전된 성분행렬[a]

	성분	
	1	2
사용용이성3	.876	.150
사용용이성2	.866	.210
사용용이성4	.806	.263
사용용이성1	.764	.328
유용성3	.179	.875
유용성2	.190	.844
유용성4	.254	.806
유용성1	.514	.649

추출 방법: 주성분 분석.
회전 방법: 카이저 정규화가 있는 베리멕스.

a. 3 반복계산에서 요인회전이 수렴되었습니다.

회전된 성분행렬을 보면 성분1과 2에 모든 설문문항들(측정변수들)은 요인적재량이 0.6 이상으로 잘 적재되어 있음을 확인할 수 있다. 그러나 [유용성1]의 경우에는 성분2에 요인적재량이 0.649로 잘 적재되었으나 [유용성1]의 교차적재량은 0.514로 0.4 이상으로 나타나 판별타당도가 저해된다. 따라서 유용성1을 제거한 후 탐색적 요인분석을 다시 실시해야 한다.

(2) 2차 탐색적 요인분석 결과

2차 탐색적 요인분석 절차는 1차 탐색적 요인분석과 동일하지만 다음의 요인분석 창에서 [유용성1]을 왼쪽으로 이동시킨 것(제거)만 차이가 있다. 이동시킨 후 나머지 선택사항들을 그대로 두고 분석을 수행하였다.

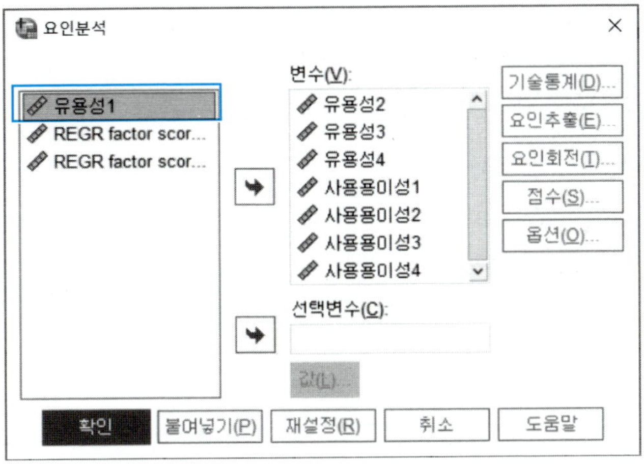

KMO와 Bartlett의 검정

표본 적절성의 Kaiser-Meyer-Olkin 측도.		.841
Bartlett의 구형성 검정	근사 카이제곱	456.214
	자유도	21
	유의확률	<.001

설명된 총분산

성분	초기 고유값			추출 제곱합 적재량			회전 제곱합 적재량		
	전체	% 분산	누적 %	전체	% 분산	누적 %	전체	% 분산	누적 %
1	4.004	57.202	57.202	4.004	57.202	57.202	2.938	41.967	41.967
2	1.312	18.738	75.940	1.312	18.738	75.940	2.378	33.973	75.940
3	.439	6.271	82.211						
4	.409	5.839	88.050						
5	.344	4.913	92.963						
6	.270	3.857	96.820						
7	.223	3.180	100.000						

추출 방법: 주성분 분석.

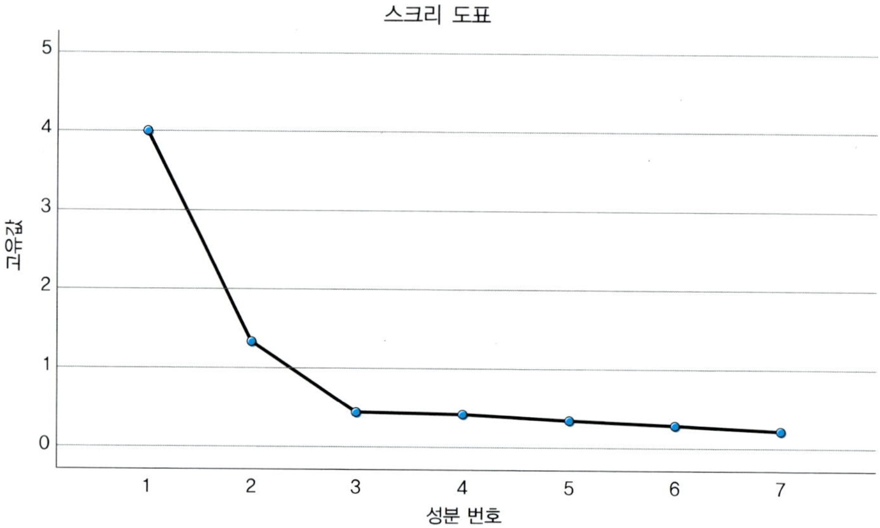

회전된 성분행렬[a]

	성분 1	성분 2
사용용이성3	.880	.141
사용용이성2	.871	.199
사용용이성4	.814	.269
사용용이성1	.767	.306
유용성3	.198	.890
유용성2	.204	.836
유용성4	.270	.813

추출 방법: 주성분 분석.
회전 방법: 카이저 정규화가 있는 베리멕스.

a. 3 반복계산에서 요인회전이 수렴되었습니다.

3) 탐색적 요인분석 결과의 제시와 해석

최초의 데이터를 가지고 1차 탐색적 요인분석을 수행한 결과 유용성1의 교차적재량이 0.514로 0.4 이상이어서 판별타당도가 저해되는 것으로 나타났다. 따라서 유용성1을 제거한 후에 다시 탐색적 요인분석을 수행하였으며 그 결과를 요약하면 [표 7-4]와 같다.

표 7-4 탐색적 요인분석 결과 (N=120)

측정변수(설문문항)	성분	
	1	2
사용용이성3(정신적 노력 없이도 사용가능)	0.880	0.141
사용용이성2(사용방법의 용이한 습득가능성)	0.871	0.199
사용용이성4(이해하기 쉽고 분명함)	0.814	0.269
사용용이성1(전반적인 사용용이성)	0.767	0.306
유용성3(업무효율 증가)	0.198	0.890
유용성2(학습효율 증가)	0.204	0.836
유용성4(신속한 업무처리)	0.270	0.813
고유값(Eigen value) 공통변량(%) 누적변량(%)	4.004 57.202 57.202	1.312 18.738 75.940
KMO 측도=0.841, Bartlett의 χ^2=456.214(df=21), $p<0.001$		

주: 1) 요인추출방법: 주성분분석, 2) 요인회전: 베리멕스, 3) 요인추출 기준: 고정된 요인 수 2

요인분석 결과 회전 공간의 성분도표와 스크리 도표를 볼 때 2개의 요인으로 확실하게 문항들이 묶일 수 있음을 알 수 있다. 성분1에는 사용용이성1, 2, 3, 4가 묶여졌고 성분2에는 유용성2, 3, 4가 묶여졌다. 따라서 이 실습에서는 성분1은 '지각된 사용용이성'으로, 성분2는 '지각된 유용성'으로 요인명을 명명하였다.

참고로 본 연구에서는 요인점수를 저장했는데 저장된 값은 새로운 성분명으로 저장되어 있음을 확인할 수 있다. 이에 대해서는 모든 분석을 마친 후에 제7장의 데이터 파일(제7장 탐색적 요인분석 데이터)을 열어서 확인해보면 된다. 이렇게 축약되어 저장된 새로운 변수들을 이용하여 회귀분석 등의 추가분석을 수행할 수 있다.

[통계 실습 7-2] 탐색적 요인분석 (2): 최대우도법

다음의 [제7장 탐색적 요인분석 데이터]를 이용해서 탐색적 요인분석을 수행하고 분석 결과를 해석하시오. 분석 대상은 지각된 유용성과 사용용이성의 두 가지 요인(변수)이다. 연구자가 구성한 요인들은 각각 4개 문항으로 구성되어 있다. 요인추출방법으로는 사회과학 분야 등에서 많이 사용되는 최대우도법(Maximum likelihood method), 요인 수는 고정된 요인 수인 2개, 요인회전방법으로는 직접오블리민(Direct oblimin)을 적용하시오. 데이터는 앞의 [통계 실습 7-1]과 동일하다.

실습 데이터	제7장 탐색적 요인분석 데이터
분석방법 메뉴 선택	분석–차원축소–요인분석

1) 실습 과정

❶ [파일–열기–데이터]를 선택한 후 실습 데이터 파일이 있는 위치로 찾아가서 [제7장 탐색적 요인분석 데이터]를 연다.

❷ [분석–차원축소–요인분석]을 클릭하여 [요인분석] 창을 연다. 창의 왼쪽에 있는 모든 변수들을 선택하여 [변수]로 이동시킨다.

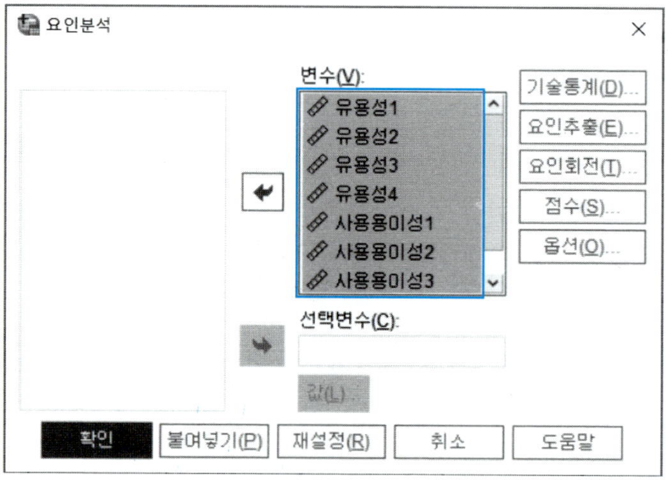

❸ [요인분석: 기술통계] 창에서 [초기해법]과 [KMO와 Bartlett의 구형성검증]을 체크하여 선택하고 [계속] 버튼을 클릭한다.

❹ [요인분석: 요인추출] 창에서 [최대우도], [스크리 도표]와 [고정된 요인 수]를 체크하여 선택한 후 '2'를 입력하고 [계속] 버튼을 클릭한다. 이와 같이 연구자가 추출될 요인 수를 선행연구를 통하여 알고 있는 경우에는 [고정된 요인 수]를 선택하는 것이 좋다.

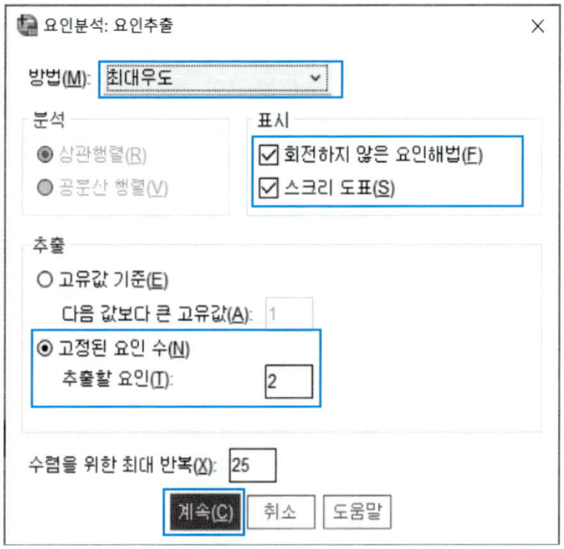

❺ [요인분석: 요인회전] 창에서 [직접오블리민], [회전 해법], [적재량 도표]를 체크하여 선택하고 [계속] 버튼을 클릭한다.

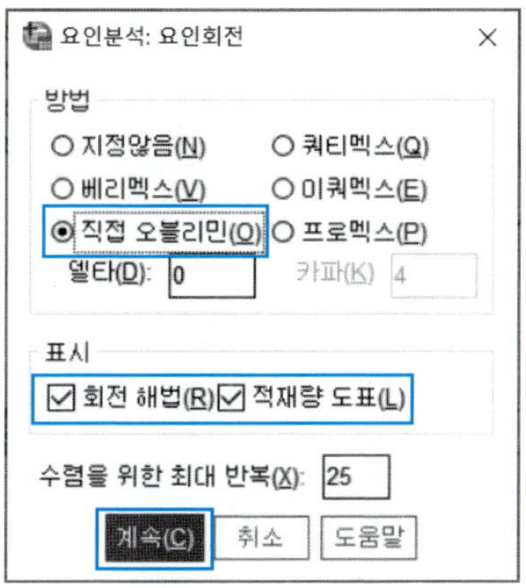

❻ [요인분석: 점수] 창에서 [변수로 저장]을 체크하여 선택하고 [계속] 버튼을 클릭한다.

❼ [요인분석: 옵션] 창에서 [크기순 정렬]을 체크해 선택하고 [계속] 버튼을 클릭한다. 그러면 탐색적 요인분석이 완료된다. 만약 [작은 계수 표시 안함]에서 [절대값 0.40]으로 입력하면 요인적재량이 일정 값 미만(예 0.4)인 경우는 표시되지 않게 된다.

2) 주요 분석 결과

탐색적 요인분석에 대한 출력물에서 모두 다 보고할 필요는 없으므로 중요한 출력 결과만 제시하면 다음과 같다.

KMO와 Bartlett의 검정

표본 적절성의 Kaiser-Meyer-Olkin 측도.		.863
Bartlett의 구형성 검정	근사 카이제곱	560.384
	자유도	28
	유의확률	<.001

설명된 총분산

	초기 고유값			추출 제곱합 적재량			회전 제곱합 적재량[a]
요인	전체	% 분산	누적 %	전체	% 분산	누적 %	전체
1	4.612	57.653	57.653	4.268	53.352	53.352	3.711
2	1.329	16.608	74.261	1.015	12.692	66.044	3.398
3	.484	6.051	80.312				
4	.433	5.414	85.726				
5	.364	4.549	90.275				
6	.319	3.984	94.259				
7	.247	3.088	97.347				
8	.212	2.653	100.000				

추출 방법: 최대우도.

a. 요인이 상관된 경우 전체 분산을 구할 때 제곱합 적재량이 추가될 수 없습니다.

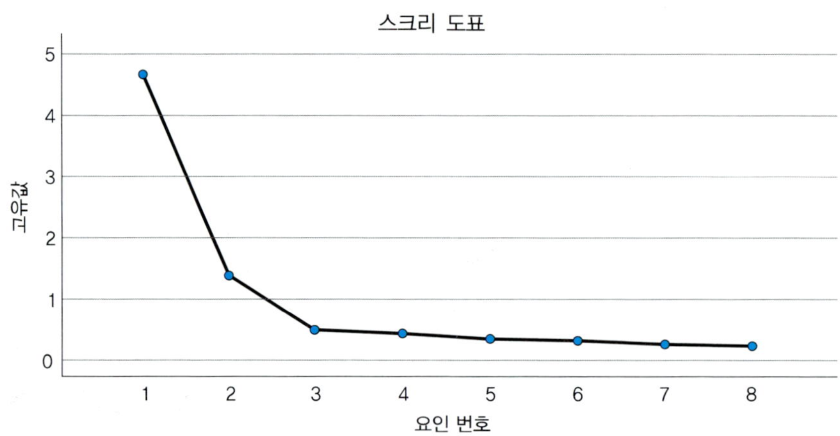

적합도 검정

카이제곱	자유도	유의확률
21.120	13	.071

패턴 행렬[a]

	요인	
	1	2
사용용이성3	.903	-.096
사용용이성2	.885	-.039
사용용이성4	.750	.068
사용용이성1	.678	.149
유용성3	-.068	.895
유용성2	-.021	.808
유용성4	.063	.745
유용성1	.368	.510

추출 방법: 최대우도.
회전 방법: 카이저 정규화가 있는 오블리민.

a. 5 반복계산에서 요인회전이 수렴되었습니다.

최대우도법을 적용하면 요인 수의 결정이 적합한지에 대한 적합도검증 결과가 출력된다. 그러나 카이제곱검증은 표본 수에 의해서 영향을 받기 때문에 이 출력 결과는 채택되든 기각되든지 간에 의미를 두지 않기로 한다. 패턴행렬은 주성분분석에서의 분석 결과 중 회전된 성분행렬과 동일하게 사용된다.

3) 탐색적 요인분석 결과의 제시와 해석

탐색적 요인분석 결과를 요약하면 [표 7-5]와 같다.

KMO 표본적합도는 0.863으로 0.7 이상으로 나타나 변수와 케이스의 수가 적절하며, Bartlett 구형성검증 결과 $\chi^2=560.834$, df=28, p=<0.001이므로 변수들 간의 상관관계가 존재하는 것으로 확인되어 전반적으로 요인분석의 수행이 가능한 것으로 나타났다. 한편 추출 제곱합 적재량에서 전체 누적변량은 66.044로 60% 이상으로 나타나 적합한 수준인 것으로 나타났다. 패턴행렬의 요인적재량이 0.5 이상으로 나타나 문항들의 집중타당도는 확보

되었다. 한편 각 문항들이 요인1과 2에 모두 잘 묶여서 판별타당도도 확보되었다. 따라서 문항들의 구성타당도는 확보된 것으로 판단할 수 있다. 만약 요인분석을 시행한 후에 요인에 잘 묶이지 않는 문항들이 있다면 제거하고 다시 분석해야 할 것이다.

표 7-5 탐색적 요인분석 결과 (N=120)

측정변수(설문문항)	요인	
	1	2
사용용이성3(정신적 노력 없이도 사용가능)	0.903	−0.096
사용용이성2(사용방법의 용이한 습득가능성)	0.885	−0.039
사용용이성4(이해하기 쉽고 분명함)	0.750	0.068
사용용이성1(전반적인 사용용이성)	0.678	0.149
유용성3(업무효율 증가)	−0.068	0.895
유용성2(학습효율 증가)	−0.021	0.808
유용성4(신속한 업무처리)	0.063	0.745
유용성1(전반적인 학습에의 유용성)	0.368	0.510
고유값(Eigen value) 공통변량(%) 누적변량(%)	4.268 53.352 53.352	1.015 12.692 66.044
KMO 측도=0.863, Bartlett의 χ^2=560.384(df=28), p<0.001		

주: 1) 요인추출방법: 최대우도, 2) 요인회전: 직접오블리민, 3) 요인추출 기준: 고정된 요인 수 2

요인분석 결과 각 측정문항들은 요인1과 2로 잘 묶여졌다. 요인1에는 사용용이성1, 2, 3, 4가 묶여졌고 요인2에는 유용성1, 2, 3, 4가 묶여졌다. 따라서 이 실습에서는 요인1은 '지각된 사용용이성'으로, 요인2는 '지각된 유용성'으로 요인명을 명명하였다.

이 장에서는 요인추출과 회전방법으로 [통계 실습 7-1]에서는 각각 주성분분석법과 베리멕스, [통계 실습 7-2]에서는 최대우도법과 직접오블리민을 적용하여 요인분석을 수행하였다. 주성분분석법과 베리멕스를 적용한 경우에는 [유용성1]이 제거되었지만 최대우도법과 직접오블리민을 적용한 경우에는 [유용성1]은 제거되지 않았다. 이와 같이 양 방법의 분석 결과는 크게 다르지 않을 수도 있지만, 경우에 따라서는 큰 차이를 보일 수도 있다. 이 책에서는 자연과학 계열 등의 연구 분야에서는 주성분분석법과 베리멕스를, 사회과학 계열 등의 연구 분야에서는 최대우도법과 직접오블리민을 적용할 것을 추천한다.

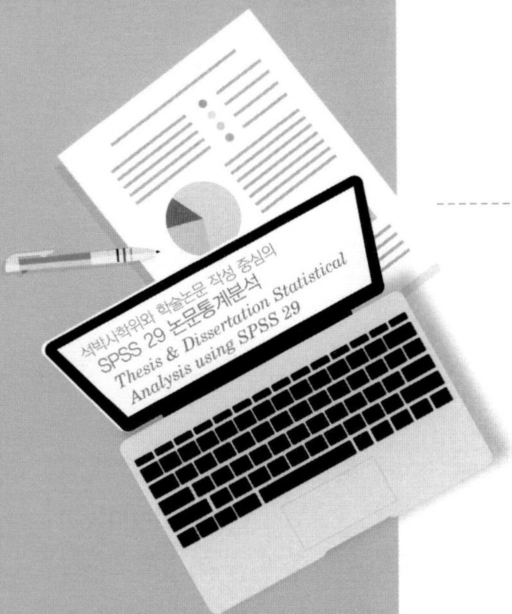

제 4 부

연관성검증: 교차분석과 상관분석

제 8 장

교차분석과 카이제곱검증, 피셔의 정확검증, 코크란-맨텔-헨젤검증, 맥니머검증

Cross Tabulation Analysis, Chi-Square Test, Fisher's Exact Test, Cochran-Mantel-Haenszel Test, McNemar Test

1 교차분석과 카이제곱검증

교차분석(Cross tabulation analysis)이란 범주형 변수 간에 상호 연관성(Association)이 있는지를 알아보기 위해서 변수들 간의 범주를 교차시킨 교차표 혹은 분할표(Cross tabulation table, or Contingency table)[1]를 통해 파악하는 것을 말한다. 연관성의 검증 방법으로는 **카이제곱검증**(Chi-square test, or χ^2 test)과 **피셔의 정확검증**(Fisher's exact test)이 사용된다. 일반적으로 기대빈도가 5보다 작은 셀이 전체의 20% 이상인 경우에는 카이제곱검증을 사용할 수 없으며 피셔의 정확검증을 적용해야 한다.

- ▶ 카이제곱검증: 전체 사례 수가 30개 이상이며 기대빈도가 5보다 작은 셀이 전체의 20% 이하인 경우
- ▶ 피셔의 정확검증: 기대빈도가 5보다 작은 셀이 전체의 20% 이상인 경우[2]

1) 교차표는 행과 열에 들어가는 독립변수의 범주 수에 따라 2×2, 2×3, N×K 교차표 등 다양한 형식을 가질 수 있다. 2×2 교차표의 경우는 모두 4개의 셀이 있으므로 1개의 셀만 기대빈도가 5 미만이어도 카이제곱검증을 사용할 수 없다.

2) 기대빈도 5 이하 셀이 전체 20% 이상인 경우의 해결방법으로는 ① 피셔의 정확검증을 적용하거나 ② 다른 변수로의 코딩변경을 통해서 셀의 전체 수를 줄이는 방법이 있다.

1.1 사용목적과 적용상황

교차분석은 범주형 변수들(명목척도) 간의 상호 연관성을 파악하기 위해서 사용된다. 보통은 명목척도나 서열척도로 측정된 두 개의 범주형 변수 간의 연관성을 파악하는 목적으로 사용할 수 있다. 이 방법은 인구통계학적 변수들과 주요 연구변수와의 연관성을 파악하는 데 주로 사용된다.

[그림 8-1]은 교차분석의 적용상황을 제시한 것이다. 등간척도나 비율척도로 측정된 연속형 변수 간의 선형적인 관계는 상관분석(혹은 상관관계분석)을 적용해야 한다. 반면에 명목척도나 서열척도로 측정된 범주형 변수 간의 연관성은 상관분석을 사용할 수 없으며 교차분석을 적용한다. 물론 연속형 변수인 경우에도 교차분석을 적용할 수 있으나 이 경우에는 연속형 변수를 범주형 변수로 변환시킨 후에 사용한다.

그림 8-1 | 교차분석의 적용상황

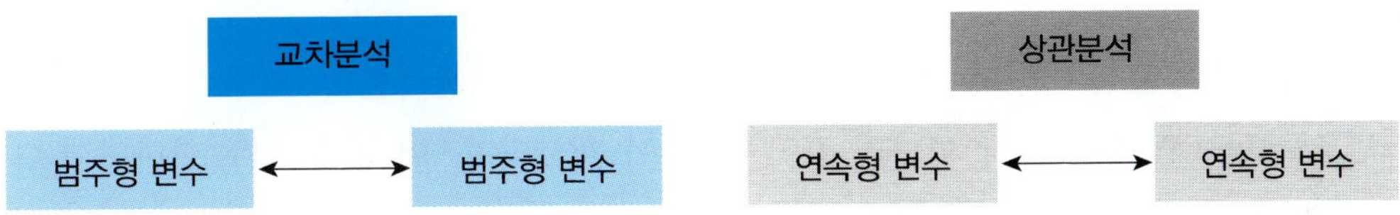

교차분석을 위한 설문지 문항은 다음과 같다.

설문 1: 귀하는 결혼을 하였습니까?
　1. 결혼　2. 미혼

설문 2: 귀하가 이용한 음식은 다음 중 어디에 해당합니까?
　1. 한식　2. 양식

1.2 관측빈도와 기대빈도를 이용한 카이제곱의 계산

교차분석을 통해 연관성을 통계적으로 검증하려면 검증통계량인 카이제곱(χ^2) 통계량을 산출해야 한다. 이는 관측빈도(Observed frequency)[3]와 기대빈도(Expected frequency)[4]의 차이에 의해 계산된다. 여기에서 카이제곱 통계량(χ^2)은 관측빈도와 기대빈도 간에 얼마나 다른가, 그 차이 정도를 종합적으로 산출한 값을 말한다. 교차분석 결과 관측빈도와 기대빈도 간의 차이가 클수록 카이제곱 통계량이 커지며 두 변수 간의 연관성이 높다는 것을 의미한다.[5] 카이제곱검증에서 기대빈도는 [(행의 빈도 합계)×(열의 빈도 합계)]/전체 빈도 합계로 구할 수 있다. 자유도(Degree of freedom)는 (n−1)×(m−1)이며, 여기에서 n과 m은 각각 두 변수의 범주 수를 의미한다.

$$\chi^2 = \sum_i^r \sum_j^c \frac{(\text{관측빈도} - \text{기대빈도})^2}{\text{기대빈도}}$$

카이제곱값은 앞의 공식에 의해 계산할 수 있다. 이는 (관측빈도−기대빈도)를 제곱하여 기대빈도로 나누면 교차표 각 범주의 카이제곱값이 계산되며, 이 값을 모두 합하면 된다. 계산식에서 r(Row)[6]은 교차표의 행의 개수, c는 열(Column)의 개수이다. 물론 독자들이 이 카이제곱값을 직접 계산할 필요는 없으며 SPSS 프로그램이 자동으로 교차분석 수행 시 계산해주며, 이를 유의확률로 변환시켜 출력해준다.

- 다음의 결혼 여부와 이용음식의 연관성을 파악하기 위해서 제공된 관측빈도 데이터를 가지고 카이제곱값(χ^2)을 계산하시오.

3) 관측빈도(실제빈도)란 조사에 의해 실제로 관찰된 빈도를 말한다.
4) 기대빈도는 두 변수가 독립적일 경우에 이론적으로 기대할 수 있는 빈도이다.
5) 카이제곱값이 커질수록 유의확률은 적어지게 된다.
6) 행(Row)은 왼쪽에서 오른쪽으로 배열(가로)되며, 열(Column)은 위에서 아래(세로)로 배열된다.

χ^2의 계산을 위한 관측빈도 데이터

구분	한식	양식	전체
결혼	13	5	18(36%)
미혼	11	21	32(64%)
전체	24	26	50(100%)

수작업에 의한 계산 결과

카이제곱값(χ^2)을 계산하려면 관측빈도에 의해서 기대빈도를 계산해야 한다.

구분	관측빈도		
	한식	양식	전체
결혼	13	5	18(**36%**)
미혼	11	21	32(**64%**)
전체	**24**	**26**	50(100%)

⇨

구분	기대빈도		
	한식	양식	전체
결혼	8.64[1] (24×0.36)	9.36[2] (26×0.36)	18
미혼	15.36[3] (24×0.64)	16.64[4] (26×0.64)	32
전체	24	26	50(100%)

주: 기대빈도 계산 1) (18×24)/50, 2) (18×26)/50, 3) (32×24)/50, 4) (32×26)/50

카이제곱값(χ^2)에 대한 계산 결과 카이제곱값은 6.611이며, 이는 SPSS를 이용해도 같은 결과를 얻을 수 있다. [통계 실습 8-1] 주요 분석 결과에 제시된 카이제곱검증의 출력 결과를 참고하기 바란다(Pearson카이제곱=6.611).

$$\begin{aligned}\chi^2 &= \frac{(13-8.64)^2}{8.64} + \frac{(5-9.36)^2}{9.36} + \frac{(11-15.36)^2}{15.36} + \frac{(21-16.64)^2}{16.64} \\ &= \frac{19.0096}{8.64} + \frac{19.0096}{9.36} + \frac{19.0096}{15.36} + \frac{19.0096}{16.64} \\ &= 2.200 + 2.031 + 1.238 + 1.142 \\ &= 6.61\end{aligned}$$

1.3 교차분석방법의 선택과 교차표분석 결과의 해석방법

교차분석의 선택방법을 제시하면 [그림 8-2]와 같다.

그림 8-2 교차분석방법의 선택

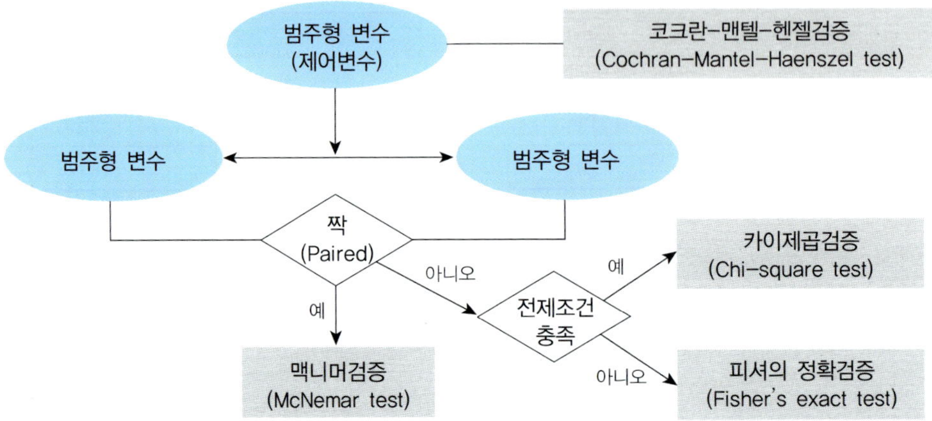

교차분석은 기본적으로 두 개의 범주형 변수 간의 연관성을 검증하는 방법이다. 만약 두 개의 범주형 변수의 데이터가 이전과 이후(Before-After) 등과 같이 짝(Pair)을 이루면 맥니머검증을 수행한다.[7] 이는 두 개의 범주형 변수가 2개의 범주로 나누어진 경우(2×2 교차표를 작성할 수 있는 경우) 대응된 두 개의 변수 간의 연관성을 분석하는 비모수 교차분석방법이다. 반면에 두 개의 범주형 변수의 데이터가 짝을 이루지 않으면서 교차분석의 기본적인 전제조건인 기대빈도가 5보다 작은 셀이 전체의 20% 미만인 경우에는 카이제곱검증을 사용하며, 20%를 넘는 경우에는 카이제곱검증 대신에 피셔의 정확검증을 적용해야 한다.[8] 두 개의 범주형 변수 간에 범주형 제어변수가 작용하는 경우에는 코크란-맨텔-헨젤검증(CMH검증)을 수행한다.

교차분석 결과를 통해 얻은 교차표를 해석하는 방법은 크게 두 개로 구분된다. 먼저, 2×2 교차표의 경우에는 비율(%)을 보면서 해석한다. 다음으로, N×K 교차표에서 서열척도로 측정된 범주형 변수가 포함되어 있을 때는 추세(Trend)를 보면서 해석하고, 명목척도로 측정된 범주형 변수가 포함되어 있을 때는 비율(%) 차이가 가장 큰 것을 보고 해석한다.

7) 맥니머검증의 확장으로 McNemar-Bowker test가 있는데, 이는 2×2 교차표 이상, 즉 3×3 교차표 등을 이용한 교차분석에서 이용할 수 있다. 분석은 맥니머검증과 동일하게 [분석-기술통계량-교차분석]에서 수행하며 출력 결과를 보면 McNemar-Bowker 통계량이 산출된다.

8) 각 셀의 기대빈도가 5보다 커야 이론적으로 정규성가정을 만족하게 된다.

1.4 교차분석의 가설과 검증

교차분석의 귀무가설은 '두 변수는 연관성이 없다'는 것이며, 이는 두 변수가 독립적임을 의미한다. 반면에 대립가설은 '두 개의 변수 간에 연관성이 있다'는 것이며, 이는 두 개의 변수가 종속적임을 의미한다. 즉, 귀무가설이 기각되고 대립가설이 채택되면 두 개의 변수는 독립적이지 않고 연관성이 있음을 의미한다.

교차분석 결과 검증통계량인 카이제곱값의 유의확률(p-value)이 유의수준인 0.05보다 작으면 귀무가설이 기각되고 대립가설이 채택된다.

- ▶ p값≥0.05: 귀무가설을 기각할 수 없음(두 변수는 독립적이며 연관성이 없다).
- ▶ p값<0.05: 대립가설 채택(두 변수는 종속적이며 연관성이 있다).

교차분석의 검증을 위한 가설은 다음과 같다.

- **귀무가설**(H_0): 두 개의 변수 간에 연관성이 없다(두 변수는 차이가 없다).
- **대립가설**(H_1): 두 개의 변수 간에 연관성이 있다(두 변수는 차이가 있다).

2 교차분석의 SPSS 통계 실습(1): 카이제곱검증

[통계 실습 8-1] 교차분석: 카이제곱검증(χ^2 test)

다음의 [제8장 교차분석(카이제곱검증) 데이터]를 이용해서 교차분석(카이제곱검증)을 수행하고 분석 결과를 해석하시오.

■ 실습 데이터

ID	결혼	이용음식
1	1	2
2	2	1
…	…	…
50	2	1

총 사례 수는 50개임
- 결혼(1. 결혼, 2. 미혼) → 범주형 변수
- 이용음식(1. 한식, 2. 양식) → 범주형 변수

실습 데이터	제8장 교차분석(카이제곱검증) 데이터
분석방법 메뉴 선택	분석–기술통계량–교차분석

1) 실습 과정

❶ [파일–열기–데이터]를 선택한 후 실습 데이터 파일이 있는 위치로 찾아가서 [제8장 교차분석(카이제곱검증) 데이터]를 연다.

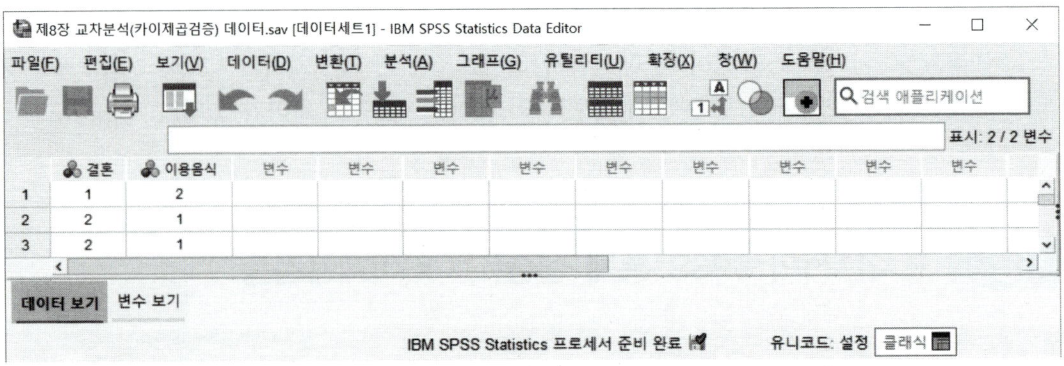

❷ [분석–기술통계량–교차분석]을 차례대로 클릭하여 [교차분석] 창을 연다.

❸ [교차분석] 창에서 범주형 변수인 [결혼]을 오른쪽 행으로, [이용음식]을 열로 옮긴다. 좌 하단에 있는 [수평배열 막대형 차트 표시]는 [체크]하여 [막대도표]를 출력한다.

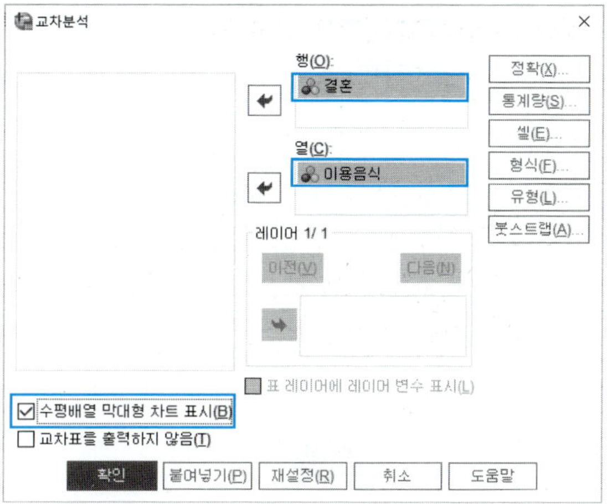

❹ [교차분석: 통계량] 창에서 [카이제곱]을 체크하고 [계속] 버튼을 클릭한다.

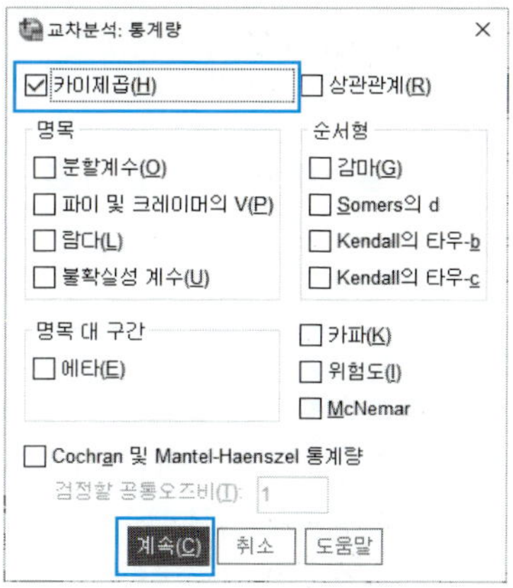

❺ [교차분석: 셀] 창에서 빈도의 [관측빈도]와 퍼센트의 [행]을 체크하고 [계속] 버튼을 클릭한다.

❻ 마지막으로 [확인] 버튼을 클릭하여 빈도분석을 마친다. 그러면 교차분석 결과가 출력된다.

2) 주요 분석 결과

결혼 * 이용음식 교차표

			이용음식		
			한식	양식	전체
결혼	결혼	빈도	13	5	18
		결혼 중 %	72.2%	27.8%	100.0%
	미혼	빈도	11	21	32
		결혼 중 %	34.4%	65.6%	100.0%
전체		빈도	24	26	50
		결혼 중 %	48.0%	52.0%	100.0%

카이제곱 검정

	값	자유도	근사 유의확률 (양측검정)	정확 유의확률 (양측검정)	정확 유의확률 (단측검정)
Pearson 카이제곱	6.611[a]	1	.010		
연속성 수정[b]	5.182	1	.023		
우도비	6.781	1	.009		
Fisher의 정확검정				.018	.011
선형 대 선형결합	6.479	1	.011		
유효 케이스 수	50				

a. 0 셀 (0.0%)은(는) 5보다 작은 기대 빈도를 가지는 셀입니다. 최소 기대빈도는 8.64입니다.

b. 2x2 표에 대해서만 계산됨

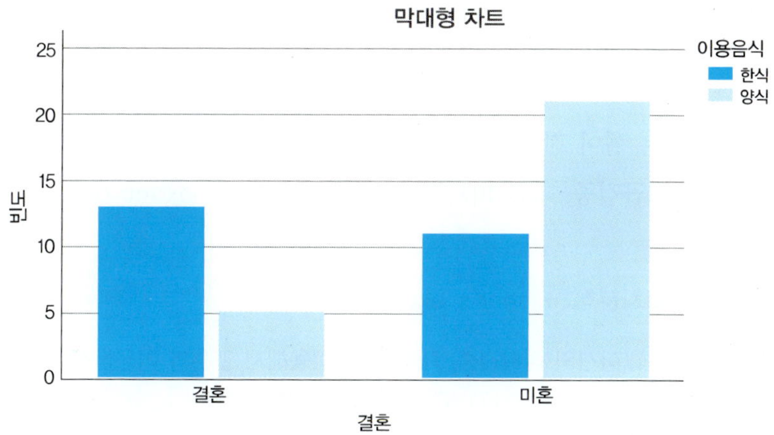

3) 교차분석 결과표의 제시와 해석

표 8-1 결혼과 이용음식 간의 연관성에 대한 교차분석 결과 (N=50)

구분		이용음식		전체
		한식	양식	
결혼	결혼	13(72.2%)	5(27.8%)	18(100%)
	미혼	11(34.4%)	21(65.6%)	32(100%)
전체		24(48.0%)	26(52.0%)	50(100%)

주: χ^2=6.611, 자유도=1, p=0.010(p<0.01) 유의적임

교차분석 결과 결혼자의 이용음식은 한식이 13명(72.2%)이며 양식은 5명(27.8%)이었다. 미혼자의 이용음식은 한식이 11명(34.4%)이며 양식이 21명(65.6%)으로 나타났다.

결혼 여부에 따라서 이용음식이 차이가 있는지를 알아보기 위하여 카이제곱검증을 실시한 결과 χ^2=6.611(df=1, p=0.010)로 통계적으로 유의한 차이가 있는 것으로 나타났다($p<0.01$). 따라서 결혼 여부에 따라서 이용음식은 차이(혹은 연관성)가 있다고 할 수 있다. 즉, 결혼자는 양식보다 한식을 많이 이용하였으며, 미혼자는 양식을 한식보다 많이 이용한 것으로 나타났다.

3 교차분석의 SPSS 통계 실습(2): 피셔의 정확검증

기대빈도가 5보다 작은 셀이 전체의 20% 이상인 경우에는 카이제곱검증을 사용할 수 없으며, 앞에서 살펴본 카이제곱검증 대신 피셔의 정확검증(Fisher's exact test)을 사용한다.

[통계 실습 8-2] 교차분석: Fisher's exact test

다음의 [제8장 교차분석(피셔의 정확검증) 데이터]를 이용해서 결혼과 이용음식 간의 연관성에 대한 교차분석(피셔의 정확검증)을 수행하고 분석 결과를 해석하시오.

■ **실습 데이터**

ID	결혼	이용음식
1	1	1
2	1	2
…	…	…
20	1	2

총 사례 수는 20개임

- 결혼(1. 결혼, 2. 미혼) → 범주형 변수
- 이용음식(1. 한식, 2. 양식) → 범주형 변수

실습 데이터	제8장 교차분석(피셔의 정확검증) 데이터
분석방법 메뉴 선택	분석-기술통계량-교차분석

1) 실습 과정

❶ [파일-열기-데이터]를 선택한 후 실습 데이터 파일이 있는 위치로 찾아가서 [제8장 교차분석(피셔의 정확검증) 데이터]를 연다.

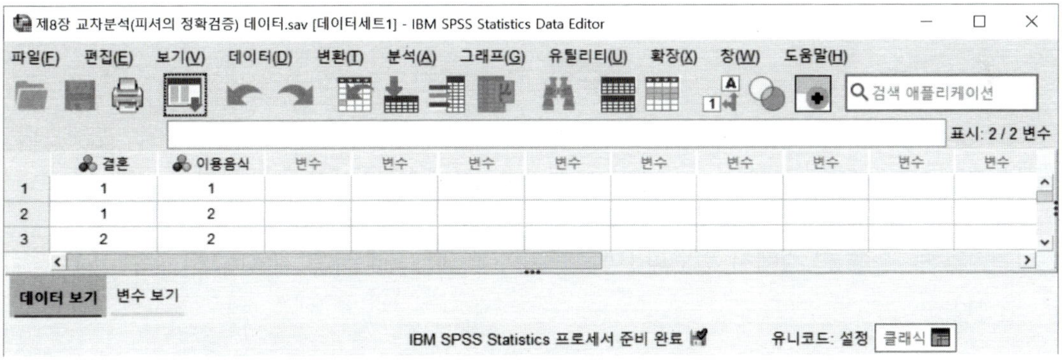

❷ [분석-기술통계량-교차분석]을 차례대로 클릭하여 [교차분석] 창을 연다.

❸ [교차분석] 창에서 범주형 변수인 [결혼]을 오른쪽 행으로, [이용음식]을 열로 옮긴다. 좌 하단에 있는 [수평배열 막대형 차트 표시]는 [체크]하여 [막대도표]를 출력한다.

❹ [정확]의 [정확검증] 창에서 [정확검증]을 체크하고 [계속] 버튼을 클릭한다.

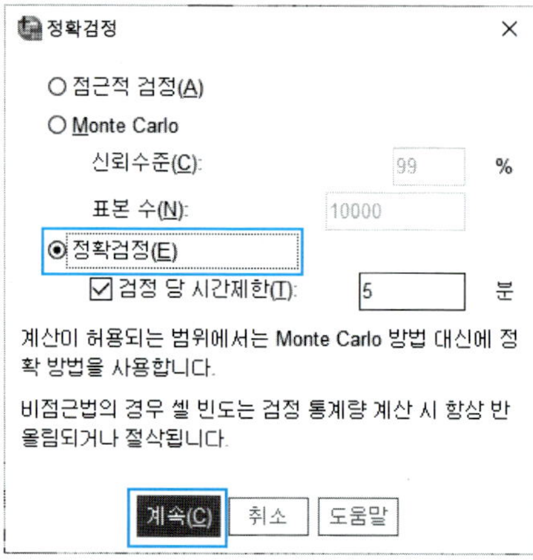

❺ [교차분석: 통계량] 창에서 [카이제곱]을 체크하고 [계속] 버튼을 클릭한다.

❻ [교차분석: 셀 출력] 창에서 빈도의 [관측빈도]와 퍼센트의 [행]을 체크하고 [계속] 버튼을 클릭한다.

❼ 마지막으로 [확인] 버튼을 클릭하여 빈도분석을 마친다. 그러면 교차분석 결과가 출력된다.

2) 주요 분석 결과

결혼 * 이용음식 교차표

			이용음식		
			한식	양식	전체
결혼	결혼	빈도	9	3	12
		결혼 중 %	75.0%	25.0%	100.0%
	미혼	빈도	1	7	8
		결혼 중 %	12.5%	87.5%	100.0%
전체		빈도	10	10	20
		결혼 중 %	50.0%	50.0%	100.0%

카이제곱 검정

	값	자유도	근사 유의확률 (양측검정)	정확 유의확률 (양측검정)	정확 유의확률 (단측검정)	포인트 확률
Pearson 카이제곱	7.500[a]	1	.006	.020	.010	
연속성 수정[b]	5.208	1	.022			
우도비	8.202	1	.004	.020	.010	
Fisher의 정확검정				.020	.010	
선형 대 선형결합	7.125[c]	1	.008	.020	.010	.010
유효 케이스 수	20					

a. 2 셀 (50.0%)은(는) 5보다 작은 기대 빈도를 가지는 셀입니다. 최소 기대빈도는 4.00입니다.

b. 2x2 표에 대해서만 계산됨

c. 표준화 통계량은 2.669입니다.

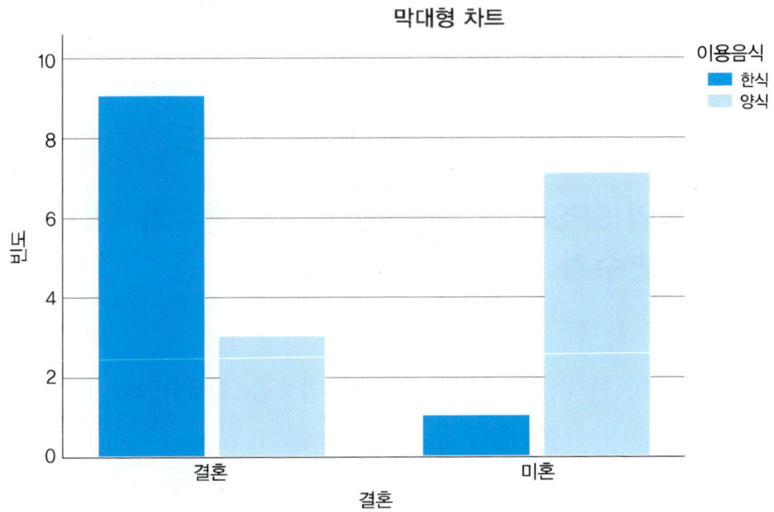

3) 교차분석 결과표의 제시와 해석

2셀(50%)이 5보다 작은 기대빈도를 가지고 있어서 피셔의 정확검증을 수행하였다. 결혼자의 이용음식은 한식이 9명(75.0%)이며 양식은 3명(25.0%)이었다. 미혼자의 이용음식은 한식이 1명(12.5%)이며 양식이 7명(87.5%)으로 나타났다.

표 8-2 결혼과 이용음식 간의 연관성에 대한 교차분석 결과(피셔의 정확검증) (N=20)

구분		이용음식		전체
		한식	양식	
결혼	결혼	9(75.0%)	3(25.0%)	12(100%)
	미혼	1(12.5%)	7(87.5%)	8(100%)
전체		10(50%)	10(50%)	20(100%)

주: χ^2=7.500, 자유도=1, p=0.020 (p<0.05) 유의적임

결혼 여부에 따라서 이용음식이 차이가 있는지를 알아보기 위하여 피셔의 정확검증을 실시한 결과 χ^2=7.500(df=1, p=0.020)으로 통계적으로 유의한 차이가 있는 것으로 나타났다(p<0.05). 따라서 결혼 여부에 따라서 이용음식은 차이(혹은 연관성)가 있다고 할 수 있다. 즉 결혼자는 양식보다 한식을 많이 이용하였으며, 미혼자는 한식보다 양식을 많이 이용한 것으로 나타났다.

4 교차분석의 SPSS 통계 실습(3): 제어변수가 있는 카이제곱검증 (범주형 변수가 3개 이상인 경우)

앞에서는 두 개의 변수의 연관성을 찾아내기 위한 검증을 소개하였다. 그러나 두 개의 변수 간의 연관성을 검증할 때 또 다른 제3의 변수, 즉 제어변수(Control variables)를 분석에 포함시키지 않는다면 진실한 연관성을 찾지 못할 가능성이 존재한다. 범주형 변수가 3개 이상인 경우에도 교차분석을 수행할 수 있으며, 이러한 경우를 제어변수가 있는 교차분석 혹은 코크란-맨텔-헨젤검증(Cochran-Mantel-Haenszel test, or CMH검증)이라고 한다. 이 방법에서는 제3의 변수인 제어변수를 이용하여 집단을 몇 개로 나누며, 집단별로 교차분석을 수행하게 된다. 이와 같이 교차분석에 제어변수를 포함시킨다면 교차분석에서 찾아내고자 하는 두 변수 간의 진실한 연관성을 분석할 수 있다. 예를 들면, 결혼 여부와 이용음식의 연관성을 찾아내고자 할 때 이 두 변수 간의 연관성을 성별이라는 제어변수를 도입하면 남자집단과 여자집단으로 구분해 결혼 여부와 이용음식 간의 연관성을 세부적으로 검증할 수 있다.

그림 8-3 | 제어변수가 있는 교차분석: 3개의 범주형 변수가 있는 경우

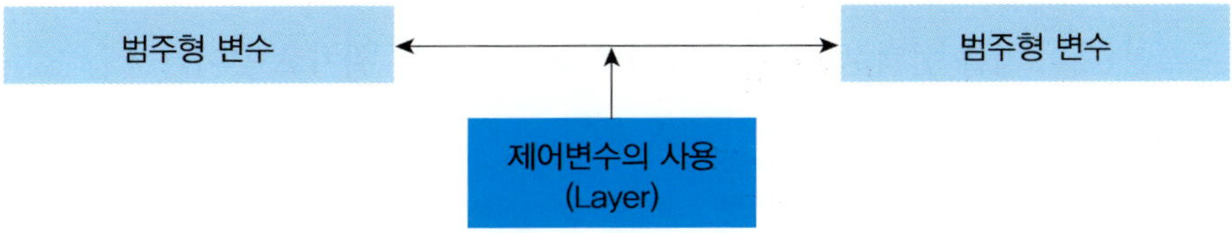

제어변수가 있는 교차분석의 검증을 위한 가설을 예시하면 다음과 같다.

- **귀무가설**(H_0): 성별에 따라 결혼과 이용음식의 연관성은 없다.
- **대립가설**(H_1): 성별에 따라 결혼 여부와 이용음식의 연관성은 있다.

[통계 실습 8-3] 교차분석: 범주형 제어변수가 있는 코크란-맨텔-헨젤검증

다음의 [제8장 교차분석(카이제곱검증) 제어변수 있는 데이터]를 이용해서 결혼과 이용음식 간의 연관성에 대해서 범주형 제어변수가 있는 경우의 교차분석을 수행하고 분석 결과를 해석하시오.

■ 실습 데이터

ID	결혼	이용음식	성별
1	1	2	2
2	1	2	1
…	…	…	…
80	2	2	1

총 사례 수는 80개임

- 결혼(1. 결혼, 2. 미혼) → 범주형 변수
- 이용음식(1. 한식, 2. 양식) → 범주형 변수
- 성별(1. 남자, 2. 여자) → 범주형 제어변수(제어변수)

실습 데이터	제8장 교차분석(카이제곱검증) 제어변수가 있는 데이터
분석방법 메뉴 선택	분석-기술통계량-교차분석

1) 실습 과정

❶ [파일-열기-데이터]를 선택한 후 실습 데이터 파일이 있는 위치로 찾아가서 [제8장 교차분석(카이제곱검증) 제어변수가 있는 데이터]를 연다.

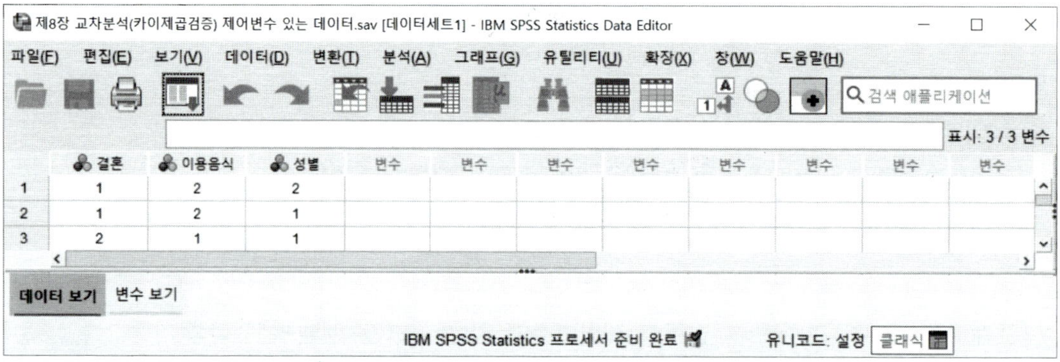

❷ [분석-기술통계량-교차분석]을 차례대로 클릭하여 [교차분석] 창을 연다.

❸ [교차분석] 창에서 범주형 변수인 [결혼]을 오른쪽 [행]으로, [이용음식]을 [열]로, 그리고 범주형 제어변수인 [성별]을 [레이어1/1]로 옮긴다. 레이어에 변수를 설정하면 변수값에 따라 데이터를 남자집단과 여자집단으로 나누어서 교차분석을 수행하게 된다. 좌 하단에 있는 [수평배열 막대형 차트 표시]를 [체크]하여 [막대도표]를 출력한다.

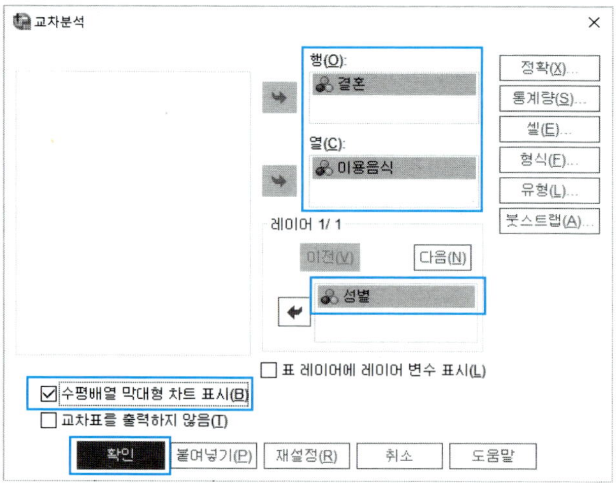

❹ [교차분석: 통계량] 창에서 [카이제곱]과 [Cochran 및 Mantel-Haenszel 통계량]을 체크하고 [계속] 버튼을 클릭한다.

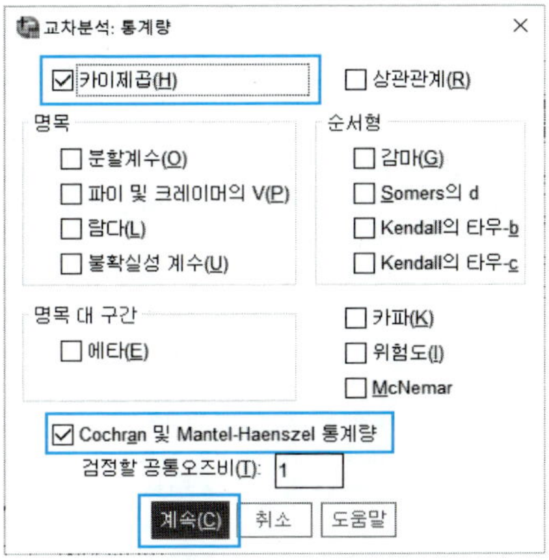

❺ [교차분석: 셀] 창에서 빈도의 [관측빈도]와 퍼센트의 [행]을 체크하고 [계속] 버튼을 클릭한다.

❻ 마지막으로 [확인] 버튼을 클릭하여 빈도분석을 마친다. 그러면 교차분석 결과가 출력된다.

2) 주요 분석 결과

결혼 * 이용음식 * 성별 교차표

성별				이용음식 한식	이용음식 양식	전체
남자	결혼	결혼	빈도	12	5	17
			결혼 중 %	70.6%	29.4%	100.0%
		미혼	빈도	7	18	25
			결혼 중 %	28.0%	72.0%	100.0%
	전체		빈도	19	23	42
			결혼 중 %	45.2%	54.8%	100.0%
여자	결혼	결혼	빈도	11	8	19
			결혼 중 %	57.9%	42.1%	100.0%
		미혼	빈도	5	14	19
			결혼 중 %	26.3%	73.7%	100.0%
	전체		빈도	16	22	38
			결혼 중 %	42.1%	57.9%	100.0%
전체	결혼	결혼	빈도	23	13	36
			결혼 중 %	63.9%	36.1%	100.0%
		미혼	빈도	12	32	44
			결혼 중 %	27.3%	72.7%	100.0%
	전체		빈도	35	45	80
			결혼 중 %	43.8%	56.3%	100.0%

카이제곱 검정

성별		값	자유도	근사 유의확률 (양측검정)	정확 유의확률 (양측검정)	정확 유의확률 (단측검정)
남자	Pearson 카이제곱	7.409[c]	1	.006		
	연속성 수정[b]	5.789	1	.016		
	우도비	7.598	1	.006		
	Fisher의 정확검정				.011	.008
	선형 대 선형결합	7.232	1	.007		
	유효 케이스 수	42				
여자	Pearson 카이제곱	3.886[d]	1	.049		
	연속성 수정[b]	2.699	1	.100		
	우도비	3.963	1	.047		
	Fisher의 정확검정				.099	.050
	선형 대 선형결합	3.784	1	.052		
	유효 케이스 수	38				
전체	Pearson 카이제곱	10.787[a]	1	.001		
	연속성 수정[b]	9.351	1	.002		
	우도비	10.994	1	<.001		
	Fisher의 정확검정				.001	.001
	선형 대 선형결합	10.652	1	.001		
	유효 케이스 수	80				

a. 0 셀 (0.0%)은(는) 5보다 작은 기대 빈도를 가지는 셀입니다. 최소 기대빈도는 15.75입니다.

b. 2x2 표에 대해서만 계산됨

c. 0 셀 (0.0%)은(는) 5보다 작은 기대 빈도를 가지는 셀입니다. 최소 기대빈도는 7.69입니다.

d. 0 셀 (0.0%)은(는) 5보다 작은 기대 빈도를 가지는 셀입니다. 최소 기대빈도는 8.00입니다.

조건부 독립성 검정

	카이제곱	자유도	근사 유의확률 (양측검정)
Cochran의	11.079	1	<.001
Mantel-Haenzel	9.375	1	.002

조건부 독립성 가정하에서 Mantel-Haenszel 통계량은 자유도 1인 카이제곱 분포를 항상 근사적으로 따르는 반면, Cochran의 통계량은 계층 수가 고정되어 있을 경우에만 자유도 1인 카이제곱 분포를 근사적으로 따릅니다. 관측값과 예측값 차이의 합이 0일 때 Mantel-Haenszel 통계량에서 연속성 수정이 제거됩니다.

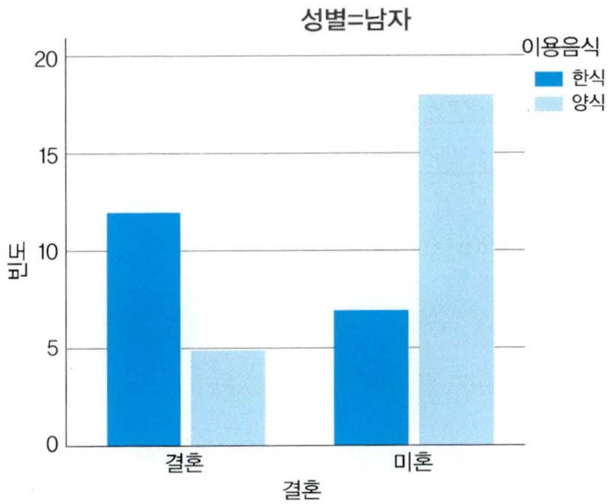

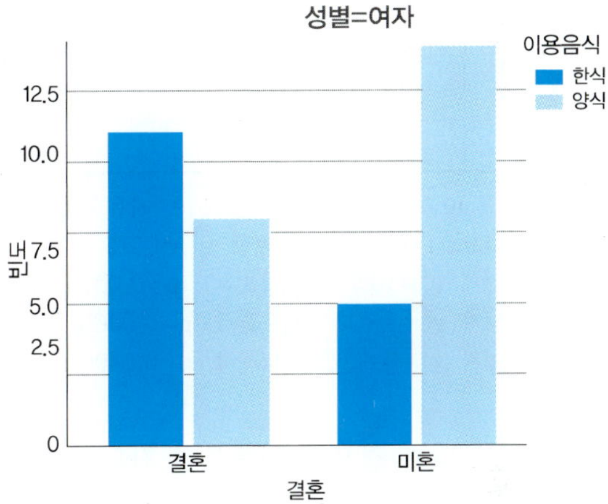

3) 교차분석 결과표의 제시와 해석

Cochran과 Mantel-Haenszel의 조건부 독립성검증 결과, Cochran의 통계량 $\chi^2=11.079$, 자유도=1, p=0.001(p<0.001)이며 Mantel-Haenszel 통계량 $\chi^2=9.375$, 자유도=1, p=0.002(p<0.01)로 통계적으로 유의한 것으로 나타났다. 따라서 제3변수를 제어한 후에도 두 개의 범주형 변수가 연관성이 없다는 귀무가설을 기각할 수 있다. 결국 성별을 제어했을 때 결혼과 이용음식은 서로 연관성이 있다고 결론내릴 수 있다.

성별에 따른 결혼과 이용음식 간의 연관성에 대한 보다 상세한 분석 결과는 [표 8-3]과 같이 요약할 수 있다.

표 8-3 성별에 따른 결혼과 이용음식 간의 연관성에 대한 교차분석 결과 (N=80)

구분			이용음식		전체
			한식	양식	
남자	결혼 여부	결혼	12(70.6%)	5(29.4%)	17(100%)
		미혼	7(28.0%)	18(72.0%	25(100%)
	전체		19(45.2%)	23(54.8%)	42(100%)
여자	결혼 여부	결혼	11(57.9%)	8(42.1%)	19(100%)
		미혼	5(26.3%)	14(73.7%)	19(100%)
	전체		16(42.1%)	22(57.9%)	38(100%)
전체	결혼 여부	결혼	23(63.9%)	13(36.1%)	36(100%)
		미혼	12(27.3%)	32(72.7%	44(100%)
	전체		35(43.8%)	45(56.2%)	80(100%)

주: 1) Cochran의 통계량 χ^2=11.079, 자유도=1, p=0.001(p<0.001) 유의적임
Mantel-Haenszel 통계량 χ^2=9.375, 자유도=1, p=0.002(p<0.01) 유의적임
2) 전체 χ^2=10.787, 자유도=1, p=0.001(p<0.001) 유의적임
3) 남자 χ^2=7.409, 자유도=1, p=0.006(p<0.01) 유의적임
4) 여자 χ^2=3.886, 자유도=1, p=0.049(p<0.05) 유의적임

성별에 따른 결혼과 이용음식 간의 연관성에 대한 교차분석 결과, 먼저 성별집단을 구분하지 않은 전체의 경우 결혼 여부에 따라서 이용음식이 차이가 있는지를 알아보기 위하여 카이제곱검증을 실시한 결과 χ^2=10.787(df=1, p=0.001)로 통계적으로 유의한 차이가 있는 것으로 나타났다(p<0.001). 따라서 결혼 여부에 따라서 이용음식은 차이가 있다고 할 수 있다. 즉 결혼자는 양식보다 한식을 많이 이용하였으며, 미혼자는 한식보다 양식을 많이 이용한 것으로 나타났다.

성별집단에 따라 교차분석을 수행한 결과 남자집단의 경우는 χ^2=7.409(df=1, p=0.006)로 통계적으로 유의한 차이가 있는 것으로 나타났다(p<0.01). 따라서 남자집단은 결혼과 이용음식 간에 연관성이 있음을 알 수 있다. 즉 결혼자는 양식보다 한식을 많이 이용하였으며, 미혼자는 한식보다 양식을 많이 이용한 것으로 분석되었다. 여자집단의 경우는 χ^2=3.886(df=1, p=0.049)로 통계적으로 유의한 차이가 있는 것으로 나타났다(p<0.05). 따라서 여자집단의 경우는 결혼과 이용음식이 연관성이 있음을 의미한다.

5 교차분석의 SPSS 통계 실습(4): 교차표가 주어지는 경우의 카이제곱검증(빈도수를 가중치로 이용하는 방법)

앞에서 살펴본 실습 문제들은 모두 두 개의 변수에 대한 응답자들의 응답 내용을 연구자가 직접 코딩하여 입력한 데이터를 이용해 분석하는 방법이었다. 그러나 [그림 8-4]와 같이 빈도수만 집계한 교차표만 데이터로 주어지는 경우에도 교차분석이 가능하다. 여기에 주어지는 교차표는 앞에서 설명한 교차분석의 SPSS 통계 실습(1)에서 실습한 것과 동일한 변수와 빈도수를 사용하기로 한다.

그림 8-4 ▌주어진 데이터인 교차표를 SPSS에 입력하는 방법

교차표

구분		이용음식		전체
		한식	양식	
결혼 여부	결혼	13	5	18
	미혼	11	21	32
전체		24	26	50

교차표 데이터 입력 결과

결혼	이용음식	빈도수
1	1	13
1	2	5
2	1	11
2	2	21

[그림 8-4]의 상단 부분에 있는 주어진 교차표 데이터를 통해 SPSS 프로그램에 데이터를 입력하는 방법을 알아본다. 주어진 교차표 데이터는 2×2 교차표이므로 4개의 셀이 있으며, 이를 입력하는 방법은 다음과 같다. 먼저, '결혼-한식'은 1-1, '결혼-양식'은 1-2, '미혼-한식'은 2-1, '미혼-양식'은 2-2로 SPSS 프로그램을 통해 입력한다. 다음으로, 각 셀에 해당하는 빈도수도 입력한다. [그림 8-4]는 교차표 입력을 마친 것을 제시한 것이다. 저자는 입력내용을 [제8장 교차분석(카이제곱검증) 교차표 데이터]에 이미 저장해 두었으니 독자들은 이 파일을 활용해서 실습하면 된다.

[통계 실습 8-4] 교차분석: 교차표를 이용한 카이제곱검증

다음의 [제8장 교차분석(카이제곱검증) 교차표 데이터]를 이용해서 결혼과 이용음식 간의 연관성에 대해서 교차분석(카이제곱검증)을 수행하고 분석 결과를 해석하시오.

■ **실습 데이터**

다음의 자료는 교차분석을 수행하는 데 필요한 교차표이다. 표 안의 숫자는 빈도수를 의미한다. 총 사례 수는 50개이다.

구분		이용음식		전체
		한식	양식	
결혼 여부	결혼	13	5	18
	미혼	11	21	32
전체		24	26	50

실습 데이터	제8장 교차분석(카이제곱검증) 교차표 데이터
분석방법 메뉴 선택	데이터–가중 케이스 분석–기술통계량–교차분석

1) 실습 과정

❶ [파일–열기–데이터]를 선택한 후 실습 데이터 파일이 있는 위치로 찾아가서 [제8장 교차분석(카이제곱검증) 교차표 데이터]를 연다.

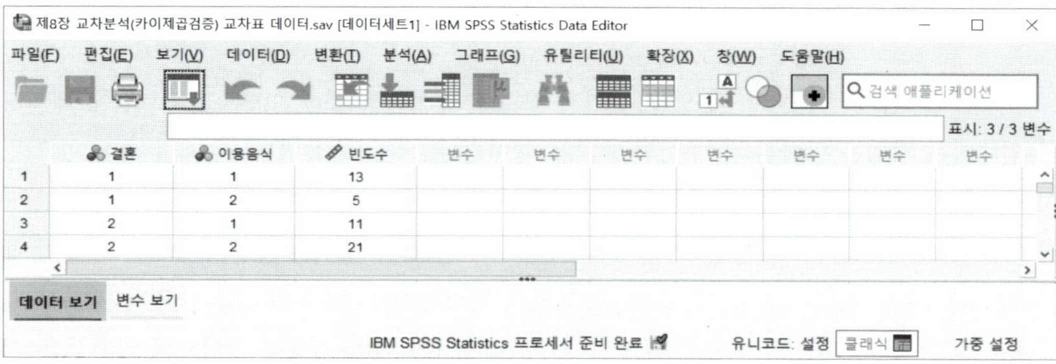

② [데이터-가중케이스] 창을 선택하면 가중 케이스 창이 나타난다. [가중 케이스 지정]을 선택한 후 [빈도수]를 오른쪽 [빈도변수]로 이동시킨 후 [확인] 버튼을 클릭한다.

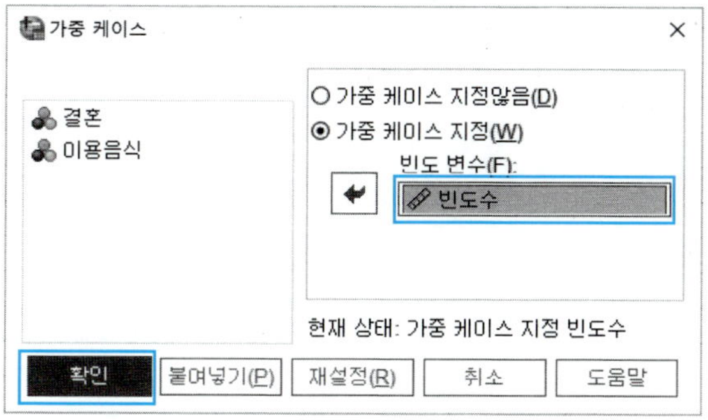

③ [분석-기술통계량-교차분석]을 차례대로 클릭하여 [교차분석] 창을 연다.

④ [교차분석] 창에서 범주형 변수인 [결혼]을 오른쪽 [행]으로, [이용음식]을 [열]로 옮긴다. 좌하단에 있는 [수평배열 막대형 차트 표시]를 [체크]하여 [막대도표]를 출력한다.

⑤ [교차분석: 통계량] 창에서 [카이제곱]을 체크하고 [계속] 버튼을 클릭한다.

⑥ [교차분석: 셀] 창에서 빈도의 [관측빈도]와 퍼센트의 [행]을 체크하고 [계속] 버튼을 클릭한다.

⑦ 마지막으로 [확인] 버튼을 클릭하여 빈도분석을 마친다. 그러면 교차분석 결과가 출력된다.

2) 주요 분석 결과

교차분석의 SPSS 통계 실습(1)의 분석 결과와 동일한 결과이다.

3) 교차분석 결과표의 제시와 해석

교차분석의 SPSS 통계 실습(1)의 결과표의 제시와 해석은 동일하다.

6 교차분석의 SPSS 통계 실습(5): 두 시점에서 반복 측정한 경우의 맥니머검증(대응표본 교차분석)

맥니머검증(McNemar test)이란 대응된 두 개의 변수가 2개의 범주로 나누어진 경우(2×2 교차표를 작성할 수 있는 경우)에 대응된(짝지어진) 두 개의 범주형 변수 간에 연관성을 검증하는 방법이다. 이는 모수통계의 대응표본 t-검증과 유사한 방법이다. [교차분석: 통계량]에서 [McNemar]를 체크한다는 것 외에는 카이제곱검증과 실습 과정은 동일하다.

그림 8-5 ▌맥니머검증의 적용상황

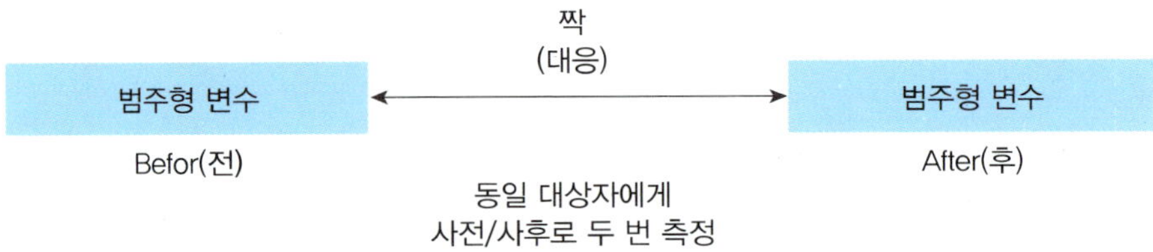

분석을 위한 데이터는 동일한 피험자를 대상으로 하며 사전-사후(Before-After)의 짝지어진 형태(대응표본)가 사용된다. 데이터는 '예/아니오', '높음/낮음', '좋음/나쁨' 등이 범주가 있을 수 있으며, 데이터 코딩은 '예, 높음, 좋음'은 1로 그리고 '아니오, 낮음, 나쁨'은 0으로 코딩한다. 물론 '예, 높음, 좋음'은 1로 그리고 '아니오, 낮음, 나쁨'은 2로 코딩해도 된다.

[통계 실습 8-5] 교차분석: 맥니머검증을 이용한 카이제곱검증

다음의 [제8장 교차분석(맥니머검증) 데이터]를 이용해서 건강관리를 위한 운동치료법의 시행 전후의 만족도에 차이가 있는지를 맥니머검증(대응표본 교차분석)을 수행하고 분석 결과를 해석하시오.

■ **실습 데이터**

ID	사전만족도	사후만족도
1	1	1
2	0	1
…	…	…
35	1	1

총 사례 수는 35개임
- 사전만족도(1. 높음, 0. 낮음) → 범주형 변수
- 사후만족도(1. 높음, 0. 낮음) → 범주형 변수

실습 데이터	제8장 교차분석(맥니머검증) 데이터
분석방법 메뉴 선택	분석-기술통계량-교차분석

1) 실습 과정

❶ [파일-열기-데이터]를 선택한 후 실습 데이터 파일이 있는 위치로 찾아가서 [제8장 교차분석(맥니머검증) 데이터]를 연다.

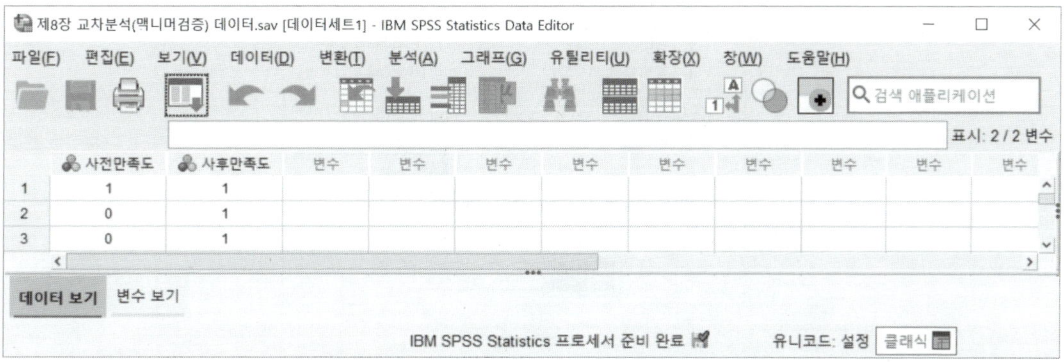

❷ [분석–기술통계량–교차분석]을 차례대로 클릭하여 [교차분석] 창을 연다.

❸ [교차분석] 창에서 범주형 변수인 [사전만족도]를 오른쪽 [행]으로, [사후만족도]를 [열]로 옮긴다.

❹ [교차분석: 통계량] 창에서 [McNemar]를 체크하고 [계속] 버튼을 클릭한다.

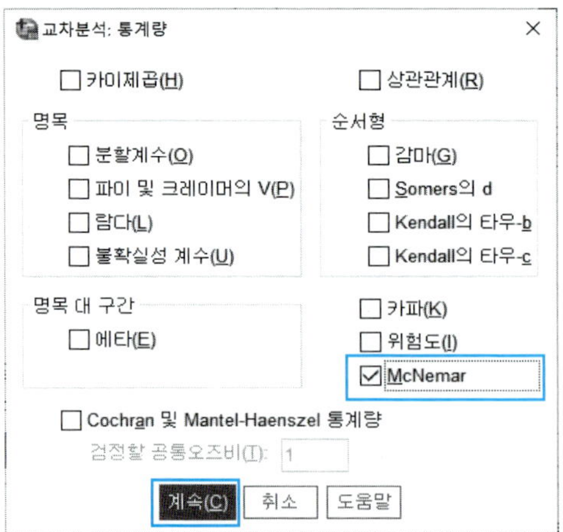

❺ [교차분석: 셀] 창에서 빈도의 [관측빈도]와 퍼센트의 [행]을 체크하고 [계속] 버튼을 클릭한다.

❻ 마지막으로 [확인] 버튼을 클릭하여 빈도분석을 마친다. 그러면 교차분석 결과가 출력된다.

2) 주요 분석 결과

사전만족도 * 사후만족도 교차표

			사후만족도		전체
			만족도 낮음	만족도 높음	
사전만족도	만족도 낮음	빈도	8	16	24
		사전만족도 중 %	33.3%	66.7%	100.0%
	만족도 높음	빈도	2	9	11
		사전만족도 중 %	18.2%	81.8%	100.0%
전체		빈도	10	25	35
		사전만족도 중 %	28.6%	71.4%	100.0%

카이제곱 검정

	값	정확 유의확률 (양측검정)
McNemar 검정		.001[a]
유효 케이스 수	35	

a. 이항분포를 사용함.

3) 교차분석 결과표의 제시와 해석

표 8-4 운동치료법의 사전사후만족도 간의 연관성에 대한 교차분석 결과 (N=35)

구분		사후만족도		전체
		만족도 낮음	만족도 높음	
사전만족도	만족도 낮음	8(33.3%)	16(66.7%)	24(100%)
	만족도 높음	2(18.2%)	9(81.8%)	11(100%)
전체		10(28.6%)	25(71.4%)	35(100%)

주: McNemar p=0.001(p<0.001) 유의적임

건강관리를 위한 운동치료법의 사전사후만족도의 변화가 있는지를 알아보기 위해서 McNemar 검증을 수행한 결과 p값이 0.001($p<0.001$)이었으며 사전만족도와 사후만족도 간에는 통계적으로 유의한 차이가 있는 것으로 나타났다. 운동치료법의 사전만족도가 8명(33.3%)이 낮은 만족도에서 운동치료법의 시행 후에 16명(66.7%)이 높은 만족도로 변화되었다.

제 9 장 

상관분석: 피어슨 상관분석, 스피어만 순위상관분석, 켄달 순위상관분석

Pearson's Correlation Analysis, Spearman's Rank Correlation Analysis, Kendall's Rank Correlation Analysis

1 상관분석

상관분석(Correlation analysis)이란 상관관계분석이라고도 하며, 변수들 간의 선형적인 상관관계를 분석하는 통계분석방법을 말한다. 여기에서 상관관계(Correlation)란 변수들 간의 선형적인 관계를 말한다. 즉, 한 변수가 증가하면 다른 변수도 선형적으로 증가하는지 아니면 감소하는지를 나타낸다. 이는 두 변수 간에 주고받는 관계가 있을 때 존재하며, 시간의 흐름상 동시에 발생하는 성질을 가지고 있다.

- 상관분석은 독립변수와 종속변수의 구분이 없이 모든 변수를 대상으로 수행된다.
- 피어슨 상관분석은 두 변수 간의 선형성(Linearity)과 분석에 이용하는 두 변수의 정규성(Normality)을 가정한다. 전자는 두 변수들에 대한 산점도(Scatter plot)를 통해 확인하며, 후자는 다양한 방법의 정규성검증(Normality test)을 통해서 확인한다.
- 상관분석방법에는 연속형 변수 간의 상관관계를 분석하는 피어슨 상관분석(Pearson's correlation analysis), 서열척도로 측정된 범주형 변수 간의 상관관계를 분석하는 비모수통계방법인 스피어만 순위상관분석(Spearman's rank correlation analysis)과 켄달 순위상관분석(Kendall's pank correlation analysis)이 있다.

- 상관분석은 분석의 대상이 되는 변수 수와 성격에 따라 구분할 수도 있다. 이에는 두 변수 간의 관계를 분석하는 단순상관분석(Simple correlation analysis), 여러 변수들 간의 상관관계를 분석하는 다중상관분석(Multiple correlation analysis) 그리고 제3의 제어변수는 통제하면서 두 변수 간의 상관관계를 분석하는 편상관분석(Partial correlation analysis)이 포함된다.
- 피어슨 상관계수는 두 변수의 결합은 정규분포일 것이라는 가정이 전제되어 있으며, 구조적으로 볼 때 이상치(Outlier)에 매우 민감한 편이다. 따라서 데이터에 이상치가 존재하거나 정규분포를 하지 않으면 피어슨 상관분석을 수행할 수 없다. 이런 경우에는 비모수통계방법인 스피어만 순위상관분석이나 켄달 순위상관분석을 사용해야 한다.
- 상관관계에 혹시 제어변수(통제변수)의 고려가 필요하지 않은지 검토한다. 제어변수가 필요한 경우에는 편상관분석(Partial correlation analysis)을 수행해야 한다.
- 상관분석은 상관관계를 분석하는 것이며 인과관계를 규명하는 방법은 아니다. 따라서 변수 간의 인과관계의 증명이 필요한 경우에는 회귀분석을 수행해야 한다.
- 상관분석을 수행할 때 결측치(Missing values)가 있거나 분석 데이터에 0이 많이 포함되어 있으면 바로 사용할 수 없으며, 결측치에 대한 보정작업이 선행되어야 한다.

1.1 사용목적과 적용상황

상관분석은 변수들 간의 상관관계를 분석하기 위해서 사용한다. 상관분석의 적용상황과 상관분석방법의 선택방법은 [그림 9-1], [표 9-1]과 같다.

상관관계의 분석 대상인 두 변수가 연속형 변수-연속형 변수이면 모수통계방법인 피어슨 상관분석, 범주형 변수(서열척도)-범주형 변수(서열척도)이면 비모수통계방법인 스피어만 순위상관분석과 켄달 순위상관분석을 수행하면 된다.

그림 9-1 상관분석의 적용상황과 선택

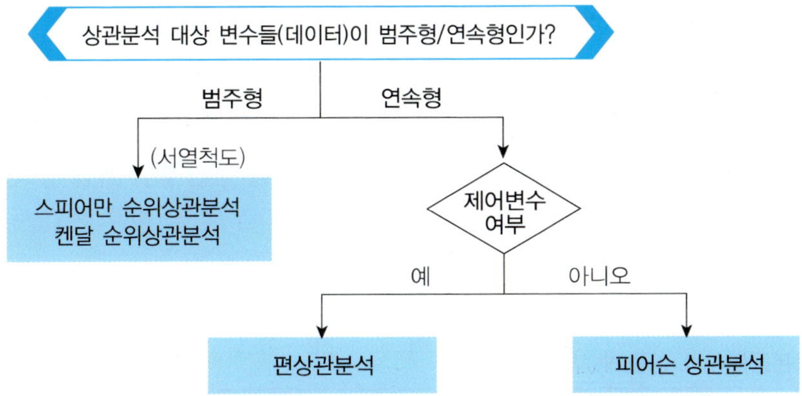

표 9-1 변수(척도)와 상관분석의 선택

구분		변수	
		연속형 변수 (등간척도, 비율척도)	범주형 변수 (서열척도)
변수	연속형 변수 (등간척도, 비율척도)	피어슨 상관분석 편상관분석(제어변수가 있는 경우)	
	범주형 변수 (서열척도)		스피어만 순위상관분석 켄달 순위상관분석

상관분석은 두 변수 간의 관계에 공통으로 영향을 미치는 제3의 변수인 제어변수(통제변수)를 고려할 수 있는데, 이를 편상관분석이라고 한다. 이는 제3의 변수의 영향을 제거시킴으로써 두 개의 연속형 변수 간의 순수한 상관관계를 규명할 수 있게 해준다.

1.2 공분산과 상관계수의 차이

통계학에서 개발된 통계분석 기법들은 공분산(Covariance)과 상관계수(Correlation coefficient)를 이용하는 경우가 많다. 그러므로 공분산과 상관계수의 차이 혹은 관계를 이해하는 것이 중요하다. 공분산은 두 개의 변수가 어떤 방향으로 움직이는지만을 알려준다. 이와는 달리 상관계수는 두 개 변수 간의 방향과 함께 관계의 강도까지 알려준다. 공분산과 상관계수는 모두 두 개 변수 간의 선형적인 관계(연관성)를 보여준다. 지금부터는 공분산과 상관계수의 관계를 조금 더 자세히 알아보기로 하자.

공분산은 보통 표본공분산(Sample covariance)을 의미한다. 표본공분산은 두 개 변수의 편차 곱의 합에 대한 평균이며, 상관계수(Correlation coefficient)는 두 개 변수 간의 공분산을 두 개 변수의 표준편차 곱으로 나눈 값을 말한다. 다만 상관계수 계산 공식에서 분자와 분모에 모두 $n-1$이 있으므로 생략했음을 알 수 있다.

표본공분산과 상관계수의 기호와 계산 공식은 [표 9-2]와 같다.

표 9-2 표본공분산과 상관계수의 계산 공식

기술통계량	기호	계산 공식
표본공분산 (Sample covariance)	Cov(x,y) Sxy	$Sxy = \dfrac{\sum_{i=1}^{n}(x_i-\bar{x})(y_i-\bar{y})}{n-1}$
상관계수 (Correlation coefficient)	r	$r = \dfrac{\sum_{i}^{n}(x_i-\bar{x})(y_i-\bar{y})}{\sqrt{\sum_{i}^{n}(x_i-\bar{x})^2(y_i-\bar{y})^2}}$ $= \dfrac{\text{공분산}}{x\text{의 표준편차}\times y\text{의 표준편차}}$

주: n: 표본 수, x_i: 응답자 i의 x의 관찰값, $\bar{x}$: 표본집단 x의 평균
y_i: 응답자 i의 y의 관찰값, $\bar{y}$: 표본집단 y의 평균

- 공분산은 한 변수의 증감에 따른 다른 변수의 증감의 경향, 즉 두 개 변수 간의 방향(양의 방향, 음의 방향 혹은 무방향)에 대한 통계량이다. 두 개 변수 간의 공분산이 양의 값이면 두 개의 변수는 같은 방향으로 움직인다. 두 개 변수 간의 공분산이 음의 값이면 두 개의 변수는 반대 방향으로 움직인다. 두 개 변수 간의 공분산 값이 0이면 규칙성(Pattern)이 없이 움직인다고 볼 수 있다.

① **공분산>0**: X값이 커질 때 Y값도 커지거나, X값이 작아질 때 Y값도 작아지는 경우(두 개 변수 간의 방향이 동일 방향)
② **공분산<0**: X값이 커질 때 Y값은 작아지거나, X값이 작아질 때 Y값은 커지는 경우(두 개 변수 간의 방향이 다른 방향)
③ **공분산=0**: X와 Y값 간에 규칙성이 없는 경우

그림 9-2 ▌두 개 변수 간의 공분산 방향

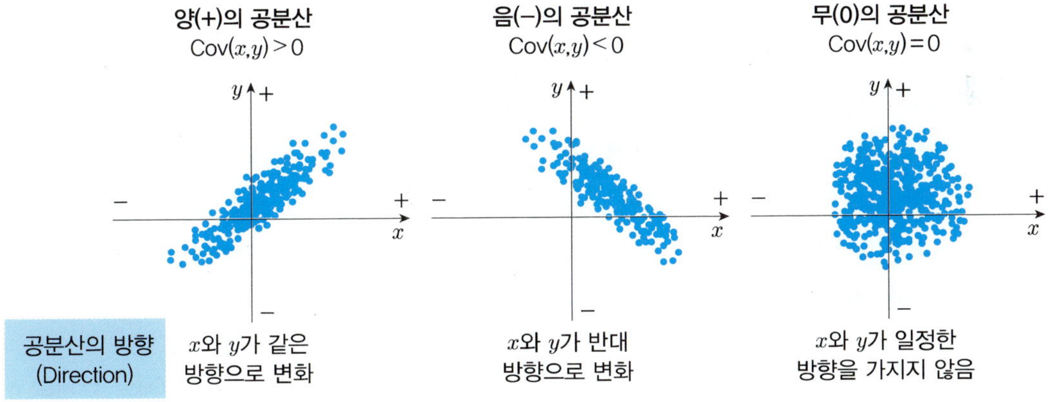

- 상관계수는 두 개 변수 간의 관계의 방향뿐만 아니라 관계의 강도(크기)까지도 모두 알려주는 통계량이다.
- 공분산은 상관계수와 달리 표준화된 값이 아니며 공분산의 범위는 $-\infty$부터 $+\infty$ 사이의 무한대의 큰 값을 가질 수 있다.
- 공분산의 해석 시 유의사항은 상관계수와 같이 '크다'와 '작다'로 표현할 수 없으며 다만 방향만 기술해야 한다. 즉, 공분산은 두 변수가 가지는 관계의 방향성만 제시할 뿐이며 강도의 크기에 대해서는 말해주지 않는다. 또한 공분산의 값은 측정단위의 문제가 있기 때문에 공분산이 크다고 해서 상관관계가 있다고 해석해서는 안 된다.
- 상관계수는 −1부터 +1 사이의 값을 가진다. 상관계수가 0이면 두 변수 간에 아무런 관계가 없으며, 절대값 1이면 두 변수가 완전한 관계에 있음을 의미한다.

▶ 그림 9-3 ▌ 공분산과 상관계수의 관계

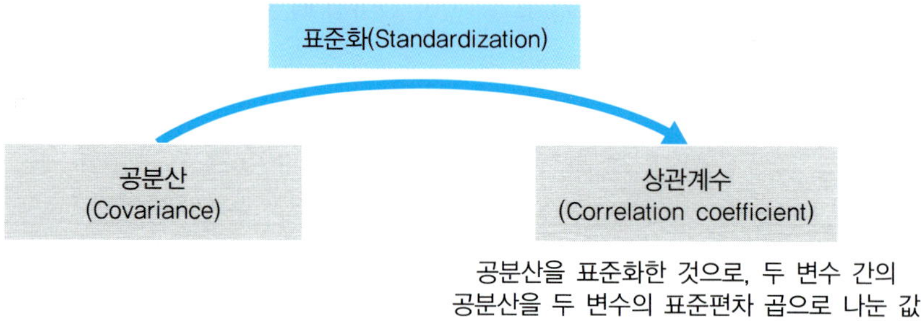

무한대의 값을 가질 수 있는 공분산은 측정단위에 따라 달라지므로 이 값을 비교가능한 표준화된 값으로 바꿀 필요가 있다. 이러한 이유로 공분산을 표준화한 값이 바로 상관계수이다. 즉, 상관계수는 변수들의 절대적 크기에 따라 영향을 받지 않도록 두 변수 간의 공분산의 값을 표준화시킨 것이라고 이해하면 된다. 상관계수는 두 개 변수 간의 공분산을 두 개 변수의 표준편차 곱으로 나눈 값이다. 여기서 두 개 변수의 표준편차 곱으로 나누어주면 측정단위를 제거하여 주기 때문에 표준화가 된다.

- 다음의 공부시간과 수학성적 변수를 가지고 표본공분산값을 구하시오(상관계수를 구하는 문제는 이 장의 1.4에서 제시함). 주어진 변수 데이터에 의해서 공부시간과 수학성적 변수의 평균을 구한 결과 각각 3과 55로 나타났다.

공분산 계산 데이터

사례	공부시간	수학성적
1	3	50
2	2	40
3	5	85
4	4	60
5	1	40

수작업에 의한 계산 결과

다음은 수작업으로 계산한 표본공분산값은 27.5이다. 분자는 (공부시간의 편차와 수학성적의 편차의 곱)의 합이며, 분모는 표본 수 $n-1$이다.

$$Cov(x,y)=\frac{(3-3)(50-55)+(2-3)(40-55)+(5-3)(85-55)+(4-3)(60-55)+(1-3)(40-55)}{(5-1)}$$

$$=\frac{110}{4}=27.5$$

1.3 상관계수

상관계수(Correlation coefficient)란 두 개 변수 간의 선형적인 관계 정도를 말하며, 이는 상관관계(Correlation)의 크기와 방향을 하나의 수치로 나타낸 것이다.

그림 9-4 상관관계의 크기와 방향

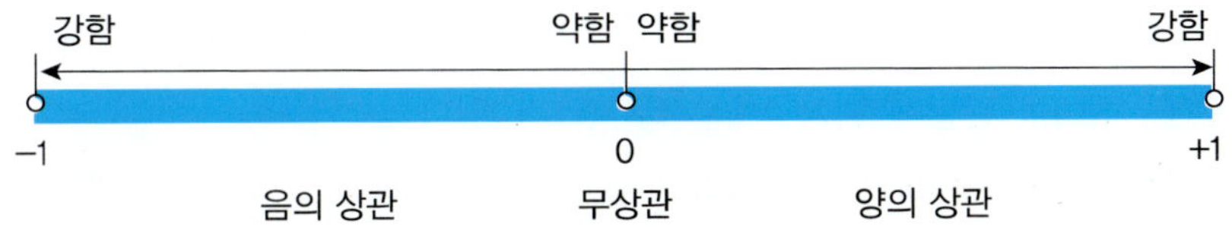

상관계수는 [그림 9-4]와 같이 -1부터 +1 사이의 값을 가진다. 즉, -1에서 0, 0에서 1 사이의 값을 취한다. 상관계수의 정도가 0에 가까울수록 상관관계는 낮아지며, ±1에 가까울수록 상관관계는 높아진다.

상관관계의 방향은 +와 -로 표현한다. [그림 9-5]에서 제시된 것처럼 증감의 방향이 같은 경우를 양(정)의 상관(Positive correlation), 반대인 경우를 음(부)의 상관(Negative correlation)이라 한다. 한편 상관이 전혀 없는 경우를 무상관(Zero correlation)이라 한다. 산포도(Scatter plot)에서 두 개 변수 간의 선형적인 관계를 나타낸 선을 중심으로 데이터값들이 넓게 퍼져 있으면 상관계수의 크기가 작음을 보여준다. 반대로 퍼진 정도가 적고 가상의 선에 가깝게 모아져 있으면 상관계수의 크기가 큼을 의미한다.

그림 9-5 ▌ 상관관계[1]

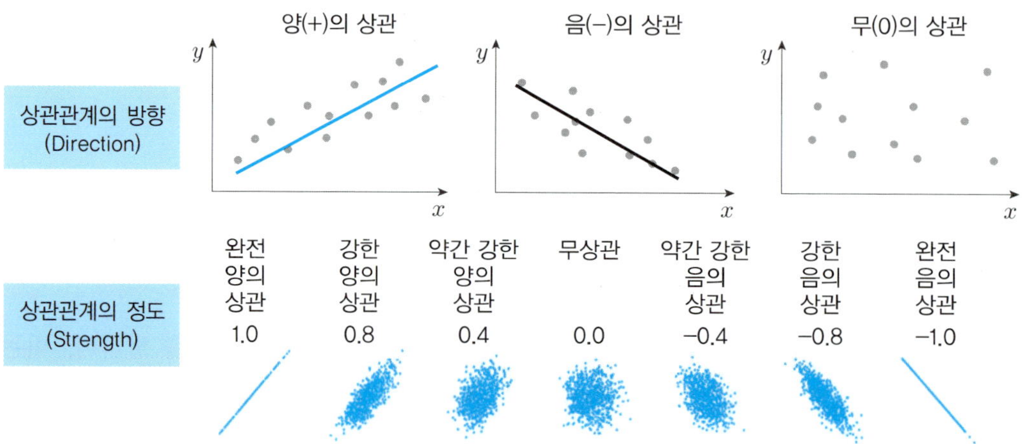

상관계수의 유형은 다양하지만 이 책에서 다루는 내용을 중심으로 보면 피어슨 상관계수(r), 스피어만 상관계수 로(ρ), 켄달 순위상관계수 타우(τ)가 있다.

- 피어슨 상관계수(Pearson's correlation coefficient): 연속형 변수 간의 선형관계 척도(선형적 관계를 가정)
- 스피어만 상관계수 로(rho): 순위형 변수 간의 선형관계 척도이며 변수값 대신 순위로 바꿔서 이용하는 상관계수(일반적으로 켄달의 상관계수보다 높은 값을 가지며, 연속형 변수라 하더라도 이상치가 존재하면 피어슨 상관계수 대신 스피어만 상관계수를 사용)
- 켄달 순위상관계수 타우(Kendall's tau correlation coefficient): 순위형 변수 간의 선형관계 척도이며 변수값 대신 순위로 바꿔서 이용하는 상관계수

1) 그림의 아래 부분은 Lumen Learning(http://courses.lumenlearning.com/)에서 참조함.

1.4 상관계수의 계산과 해석 시 유의사항

1) 상관계수의 계산

일반적으로 모집단은 잘 알려져 있지 않기 때문에 표본집단을 통해 모집단의 상관계수를 추정한다. 상관계수는 그 종류에 따라 계산하는 식이 다르며, 이 책에서는 대표적으로 많이 사용되고 있는 피어슨의 표본상관계수(Sample correlation coefficient r)의 식에 의해 상관계수를 계산하는 방법을 제시한다. 분자는 x와 y의 공분산(Covariance), 분모는 x의 표준편차와 y의 표준편차의 곱이다.

$$r = \frac{\sum_{i}^{N}(x_i - \overline{x})(y_i - \overline{y})}{\sqrt{\sum_{i}^{n}(x_i - \overline{x})^2 (y_i - \overline{y})^2}}$$

여기서, N: 표본 수, x_i: 응답자 i의 x의 관찰값, $\overline{x}$: 표본집단 x의 평균

y_i: 응답자 i의 y의 관찰값, $\overline{y}$: 표본집단 y의 평균

- 다음의 공부시간과 수학성적 변수를 가지고 피어슨 상관계수를 구하시오. 주어진 변수 데이터에 의해서 공부시간과 수학성적 변수의 평균을 구한 결과 각각 3과 55로 나타났다.

상관계수 계산 데이터

사례	공부시간	수학성적
1	3	50
2	2	40
3	5	85
4	4	60
5	1	40

수작업에 의한 계산 결과

다음은 수작업으로 계산한 피어슨 상관계수값 r은 0.930이다. 분자는 (공부시간의 편차와 수학성적의 편차의 곱)의 합이며, 분모는 (공부시간의 편차제곱합과 수학성적의 편차제곱합)의 곱

이다.

$$r=\frac{(3-3)(50-55)+(2-3)(40-55)+(5-3)(85-55)+(4-3)(60-55)+(1-3)(40-55)}{\sqrt{\{(3-3)^2+(2-3)^2+(5-3)^2+(4-3)^2+(1-3)^2\}\times\{(50-55)^2+(40-55)^2+(85-55)^2+(60-55)^2+(40-55)^2\}}}$$

$$r=\frac{110}{\sqrt{10\times1400}}=\frac{110}{\sqrt{14000}}=\frac{110}{118.3216}=0.9296(\text{반올림 } 0.930)$$

SPSS를 이용한 출력 결과

통계프로그램을 사용해도 공부시간과 수학성적 간의 상관계수는 0.930이다. 확인해보려면 제9장 상관계수 계산 데이터를 가지고 실습해보기 바란다.

상관관계

		공부시간	수학성적
공부시간	Pearson 상관	1	.930*
	유의확률 (양측)		.022
	N	5	5
수학성적	Pearson 상관	.930*	1
	유의확률 (양측)	.022	
	N	5	5

*. 상관관계가 0.05 수준에서 유의합니다(양측).

2) 상관계수의 해석 기준

상관분석의 결과인 상관계수의 크기에 대한 해석 기준은 연구자마다 혹은 학문 분야마다 약간 차이가 있는 것으로 보인다. 이 책에서는 [표 9-3]과 같이 Schober, Boer & Schwarte (2018)이 제시한 해석 기준을 사용하기로 한다. 상관계수는 절대값이므로 −1부터 +1까지의 값을 가지고 있다. 예를 들면, 연구자가 상관분석을 통해 산출한 상관계수가 0.50이라면 분석 결과에는 '약간 강한 정의 상관관계'를 나타냈다고 기술하면 된다. 또한 산출된 계수가 −0.93이라면 분석 결과에는 '매우 강한 음의 상관관계'를 나타냈다고 제시하면 된다.

표 9-3 상관계수의 해석 기준[2)]

상관계수	영어 표현	한국어 표현
$0.00 = \|r\|$	No Correlation	상관관계가 없다
$0.00 \leq \|r\| < 0.10$	Negligible Correlation	무시할만한 상관관계이다
$0.10 \leq \|r\| < 0.40$	Weak Correlation	약한 상관관계이다
$0.40 \leq \|r\| < 0.70$	Moderate Correlation	약간 강한 상관관계이다
$0.70 \leq \|r\| < 0.90$	Strong Correlation	강한 상관관계이다
$0.90 \leq \|r\| < 1.00$	Very Strong Correlation	매우 강한 상관관계이다
$1.00 = \|r\|$	Perfect Correlation	완전 상관관계이다

3) 상관분석 결과의 해석 시 유의사항

상관분석 결과의 해석 시 유의사항은 다음과 같다.

- 상관분석은 인과관계의 분석이 아니므로 인과관계로 해석하지 않는다. 왜냐하면 상관계수는 인과관계의 방향을 나타내지 않기 때문이다.
- 두 변수가 정규분포가 아닌 경우에는 제대로 해석을 할 수 없다고 알려져 있다.
- 상관관계는 인과관계라기보다는 상호관계, 즉 한 변수가 다른 변수에 영향을 주고, 역으로 다른 변수가 한 변수에 영향을 주는 관계로 보아야 한다.
- 상관계수의 크기와 방향을 제시하고 설명한다. 예를 들면 양의 강한 상관관계, 음의 약한 상관관계 등으로 결과를 제시할 수 있다.
- 두 변수 간의 관계를 설명하는 피어슨 상관계수가 높게 나타났음에도 불구하고 실제로는 두 변수 간에 이론적으로 아무런 연관성이 없을 수도 있으므로 분석 결과가 혹시 거짓상관(Spurious correlation)이 아닌지 검토해야 한다.

1.5 상관분석의 절차

상관분석의 절차는 크게 [그림 9-6]과 같이 가정 조건 검토와 상관분석의 수행으로 구분된다.

2) Schober, P., Boer, C., & Schwarte, L. A. (2018). *Correlation coefficients: Appropriate use and interpretation*. Anesthesia & Analgesia, 126(5), 1763–1768.

그림 9-6 ▌ 상관분석의 절차

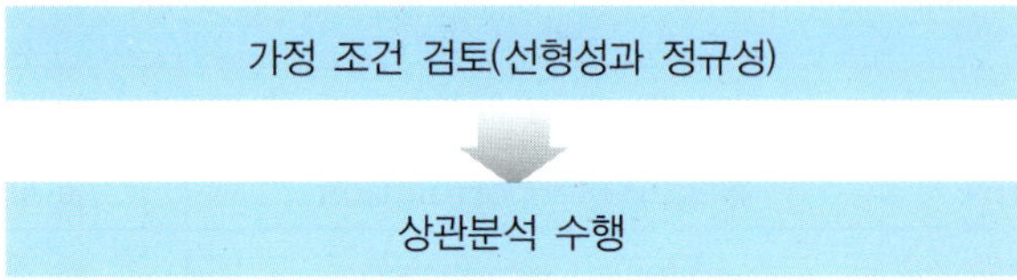

먼저, 상관분석은 선형성과 정규성을 가정하고 있으므로 모수통계방법인 피어슨 상관분석을 적용하는 경우에는 두 가지 조건을 검토해야 한다. 선형성은 변수들의 데이터 값을 **산점도**(Scatter plot)로 출력한 뒤에 육안으로 확인해야 한다. 정규성은 다양한 정규성검증방법을 사용해서 정규분포인지를 알아보아야 한다. 피어슨 상관분석의 경우에는 상관분석 대상 변수 모두에 대해서 정규성을 검증한다. 다음으로 선형성과 정규성이 충족되었으면 피어슨 상관분석을 수행하며, 그렇지 않은 경우에는 비모수통계방법인 스피어만 순위상관분석이나 켄달 순위상관분석을 적용하면 된다.

1.6 상관분석의 가설과 검증

상관분석의 귀무가설은 변수 간에는 상관관계가 없다는 것이며, 대립가설은 변수 간에는 상관관계가 있다는 것이다. 즉 귀무가설이 기각되고 대립가설이 채택되면 변수 간에는 상관관계가 있음을 의미한다.

상관분석 결과 상관계수에 대한 유의확률(p-value)이 유의수준인 0.05보다 작으면 귀무가설이 기각되고 대립가설이 채택된다.

- p값≥0.05: 귀무가설을 기각할 수 없음(변수 간에는 서로 상관관계가 없다)
- p값<0.05: 대립가설 채택(변수 간에는 서로 상관관계가 있다)

상관분석의 검증을 위한 가설은 다음과 같다.

- **귀무가설**(H_0): 변수 간에는 상관관계가 없다.
- **대립가설**(H_1): 변수 간에는 상관관계가 있다.

2 상관분석의 SPSS 통계 실습(1): 피어슨 단순상관분석

[통계 실습 9-1] 피어슨 단순상관분석

다음의 [제9장 피어슨 상관분석 데이터]를 이용해서 공부시간과 토익성적 간에 대한 피어슨 단순상관분석을 수행하고 분석 결과를 해석하시오.

■ 실습 데이터

ID	공부시간	토익성적
1	3	470
2	2	440
…	…	…
40	1	300

총 사례 수는 40개임

- 공부시간 → 연속형 변수
- 토익성적 → 연속형 변수

실습 데이터	제9장 피어슨의 상관분석 데이터
분석방법 메뉴 선택	그래프–산점도/점도표 분석–기술통계량–데이터 탐색 분석–상관분석–이변량 상관계수

1) 실습 과정

❶ [파일-열기-데이터]를 선택한 후 실습 데이터 파일이 있는 위치로 찾아가서 [제9장 피어슨의 상관분석 데이터]를 연다.

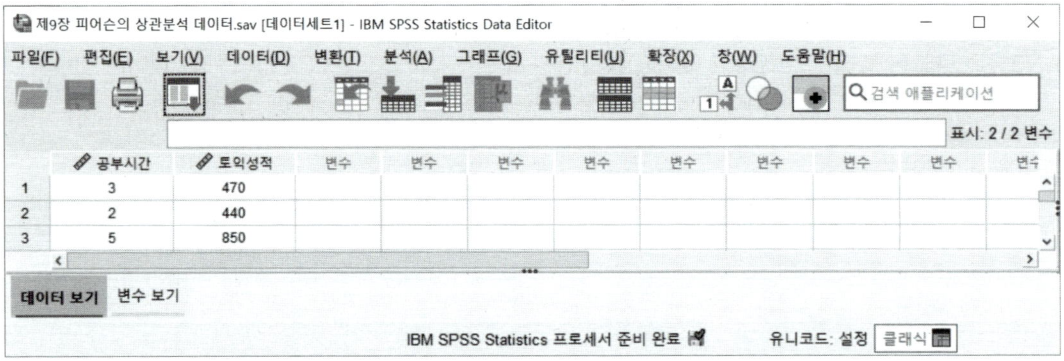

❷ 데이터의 선형성검증을 위해서 [그래프-산점도/점도표]를 클릭하여 [산점도/점도표] 창을 연다. [단순산점도]를 선택하고 [정의] 버튼을 클릭한다.

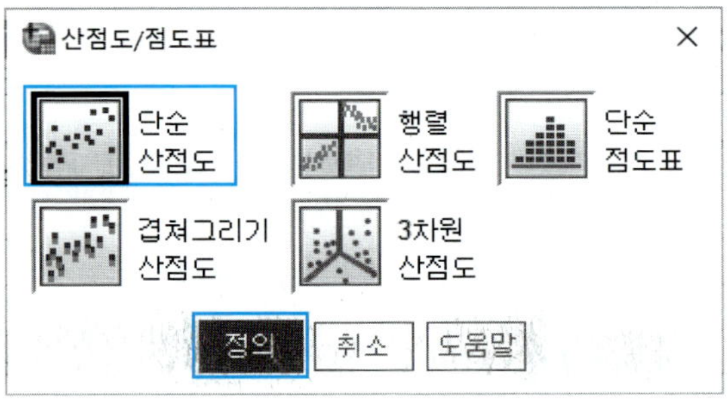

❸ [단순산점도] 창에서 [Y축]에 [토익성적], [X축]에 [공부시간]을 이동시킨 후 [확인] 버튼을 클릭한다. 그러면 분석 결과가 출력된다.

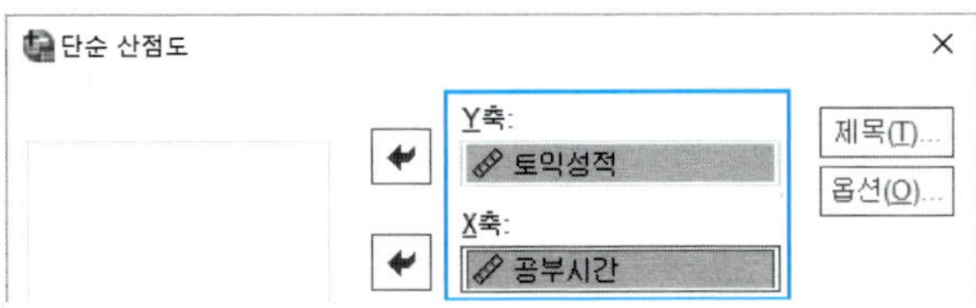

④ 출력 결과에서 [그래프]를 더블클릭하여 [도표편집기]로 들어간다. [요소] 메뉴에서 [전체 회귀선 적합]을 선택한다. 그러면 적합선이 그려진다. [특성] 창은 그대로 닫는다. 산점도를 보면 선형성가정이 충족되고 있음을 알 수 있다.

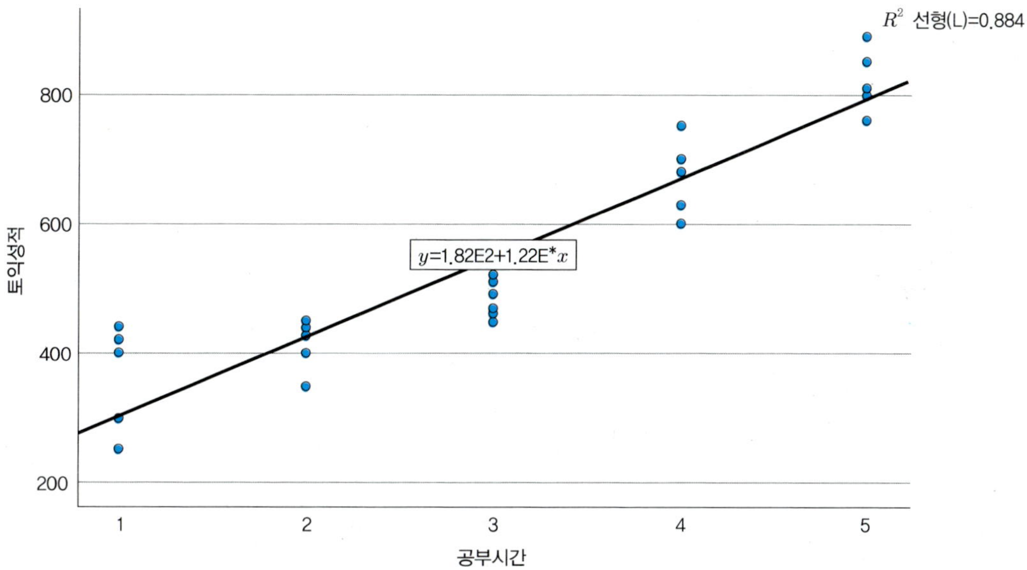

⑤ 이제 데이터가 정규분포하는지를 알아보기 위해서 [분석–기술통계량–데이터 탐색] 창으로 들어간다. [데이터 탐색] 창의 왼쪽에 있는 [공부시간]은 [요인]으로, [토익성적]은 [종속변수]로 이동시킨다. 창의 왼쪽 하단에 있는 [표시]에서는 [모두]가 선택되어 있는지 확인한다.

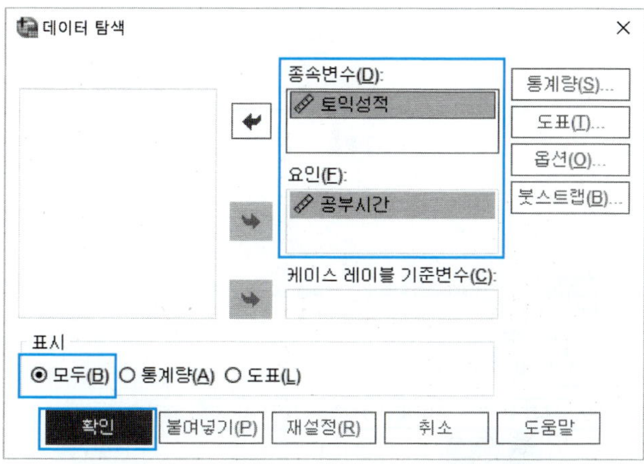

❻ [데이터 탐색] 창의 [데이터 탐색: 도표]에서 [기술통계]의 [히스토그램] 그리고 [검정과 함께 정규성 도표]를 선택한 후 [계속] 버튼을 클릭한다.

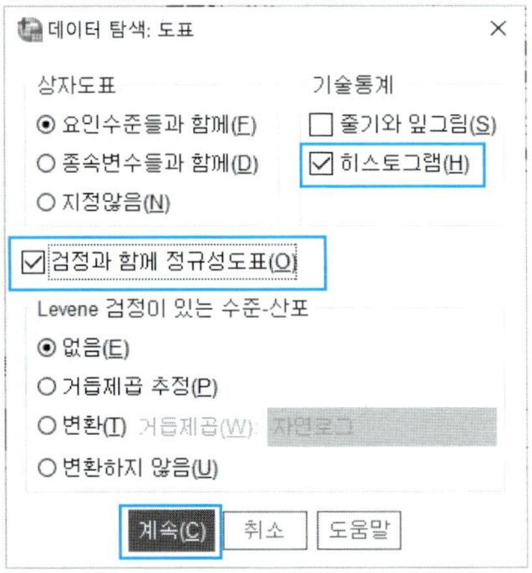

❼ [데이터 탐색] 창에서 [확인] 버튼을 클릭하면 분석 결과가 출력된다.

❽ 데이터의 선형성과 정규성이 검증되었으므로 피어슨 상관분석을 수행할 수 있다. [분석–상관분석–이변량 상관]을 클릭하여 [이변량 상관계수] 창의 왼쪽에 있는 [공부시간]과 [토익성적]을 오른쪽의 [변수]로 이동시킨다. [상관계수]는 [Pearson]을 체크하고 [유의성 검정]은 [양쪽], [유의한 상관계수 플래그]와 [하한 삼각형만 표시]를 체크한 후 [확인] 버튼을 클릭해 분석을 마친다. 그러면 분석 결과가 출력된다.

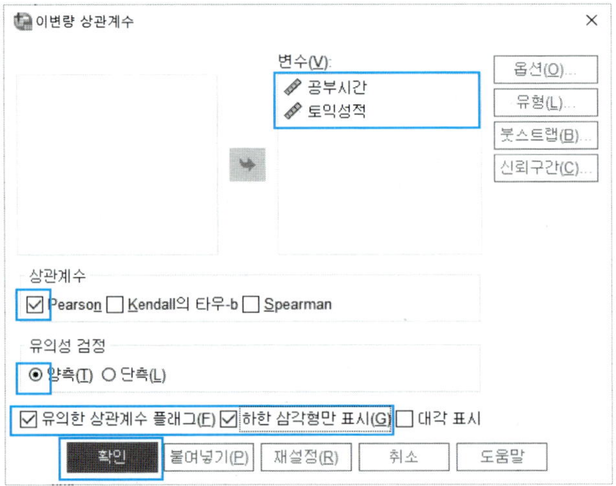

2) 주요 분석 결과

피어슨 상관분석에 대한 출력물에서 모두 다 보고할 필요는 없으므로 중요한 출력 결과만 제시하면 다음과 같다.

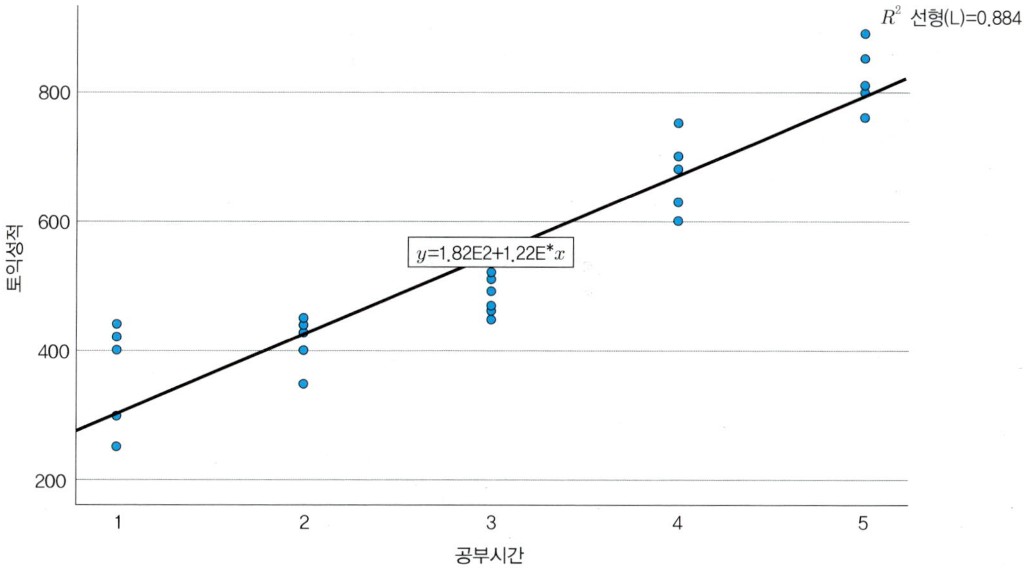

기술통계

	공부시간			통계	표준화 오차
토익성적	1	평균 순위		351.25	25.174
		평균의 95% 신뢰구간	하한	291.72	
			상한	410.78	
		5% 절사평균		351.94	
		중위수(D)		350.00	
		분산(V)		5069.643	
		표준화 편차		71.201	
		최소값(U)		250	
		최대값(X)		440	
		범위(R)		190	
		사분위수 범위		115	
		왜도(W)		-.098	.752
		첨도(K)		-1.946	1.481

(지면 관계상 5개 기술통계 중에서 공부시간 1의 토익성적의 왜도와 첨도만 제시)

정규성 검정

	공부시간	Kolmogorov-Smirnov[a] 통계	자유도	유의확률	Shapiro-Wilk 통계	자유도	유의확률
토익성적	1	.264	8	.106	.874	8	.164
	2	.205	10	.200*	.868	10	.094
	3	.264	9	.070	.908	9	.305
	4	.191	6	.200*	.956	6	.787
	5	.251	7	.200*	.942	7	.658

*. 이것은 참 유의성의 하한입니다.

a. Lilliefors 유의확률 수정

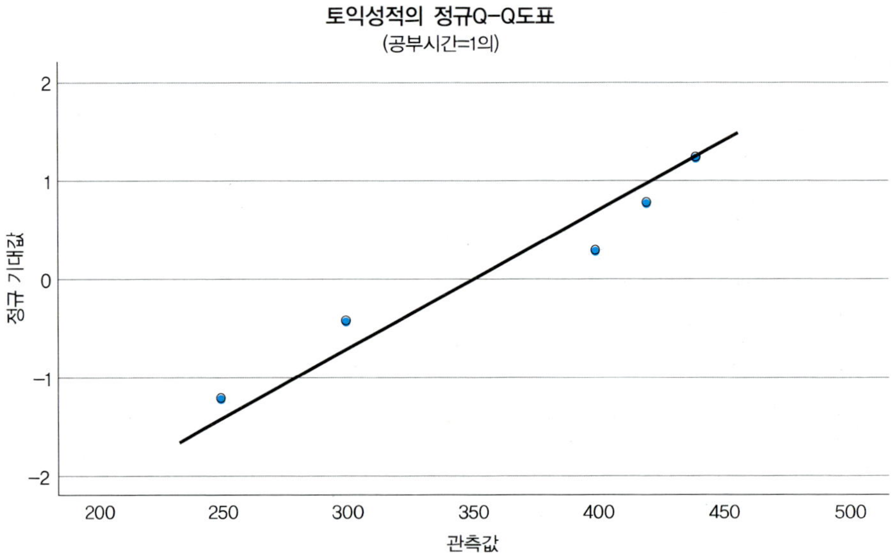

(지면 관계상 5개 도표 중에서 공부시간 1의 토익성적의 정규Q-Q도표만 제시)

상관관계

		공부시간	토익성적
공부시간	Pearson 상관	--	
	N	40	
토익성적	Pearson 상관	.940**	--
	유의확률 (양측)	<.001	
	N	40	40

**. 상관관계가 0.01 수준에서 유의합니다(양측).

3) 피어슨 상관분석 결과의 제시와 해석

피어슨 상관분석을 수행하기 전에 가정 조건을 검토하였다. 먼저, 산점도를 보면 선형성이 가정이 충족되고 있음을 알 수 있으며 양의 선형관계가 있을 것으로 예상할 수 있다. 다음으로, 왜도와 첨도는 각각 Curran, West & Finch(1996)의 기준인 2와 7 미만이므로 데이터는 정규분포를 하고 있음을 알 수 있다. 이외에도 정규Q-Q도표를 검토한 결과에서도 데이터는 정규분포를 하고 있음을 알 수 있다. 또한 정규성의 통계적 검증방법인 Shapiro-Wilk검증 결과에서도 공부시간의 모든 p값이 0.05보다 크게 나타났으므로 데이터들은 정규분포를 하고 있음을 확인할 수 있다.

피어슨 상관분석의 가정 조건인 선형성과 정규성이 확보되었으므로 피어슨 상관분석을 수행하였다. 상관분석 결과를 제시하면 [표 9-4]와 같다.

표 9-4 피어슨 단순상관분석 결과 (N=40)

	공부시간	토익성적
공부시간	1	
토익성적	0.940***	1

***p<0.001

공부시간과 토익성적 간의 피어슨 상관계수는 0.940이며 유의확률은 <0.001로 유의수준 0.001에서 통계적으로 유의한 것으로 나타났으며, 상관계수의 크기가 0.9 이상으로 매우 강한 양의 상관관계를 가지고 있음을 알 수 있다. 따라서 '공부시간과 토익성적 간에는 상관관계가 없다'는 귀무가설은 기각되고 대립가설(연구가설)이 지지되었다.

3 상관분석의 SPSS 통계 실습(2): 피어슨 다중상관분석

[통계 실습 9-2] 다중상관분석: 피어슨 다중상관분석

다음의 [제9장 다중상관분석 데이터](스마트폰에 대한 고객충성도를 조사한 고객실습 데이터)를 이용해서 구전의도, 타인추천의도, 지속사용의도 간에 대한 피어슨 다중상관분석을 수행하고 분석 결과를 해석하시오. 여기에서 다중상관분석이란 분석 대상 변수가 3개 이상인 경우를 말한다.

■ **실습 데이터**

ID	구전의도	타인추천의도	지속사용의도
1	3	3	3
2	3	3	3
…	…		…
90	4	3	3

총 사례 수는 90개임

- 구전의도 → 연속형 변수(리커트 5점척도)
- 타인추천의도 → 연속형 변수(리커트 5점척도)
- 지속사용의도 → 연속형 변수(리커트 5점척도)

실습 데이터	제9장 다중상관분석 데이터
분석방법 메뉴 선택	분석–기술통계량–기술통계 분석–상관분석–이변량 상관계수

1) 실습 과정

❶ [파일-열기-데이터]를 선택한 후 실습 데이터 파일이 있는 위치로 찾아가서 [제9장 다중상관분석 데이터]를 연다.

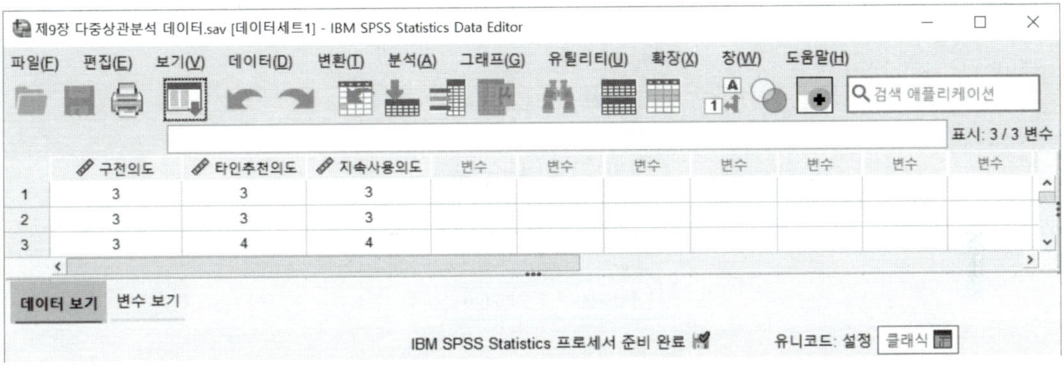

❷ [분석-기술통계량-기술통계]를 클릭하여 [기술통계] 창을 연다. [기술통계] 창에서 [구전의도], [타인추천의도], [지속사용의도]를 오른쪽 [변수]로 이동시킨다.

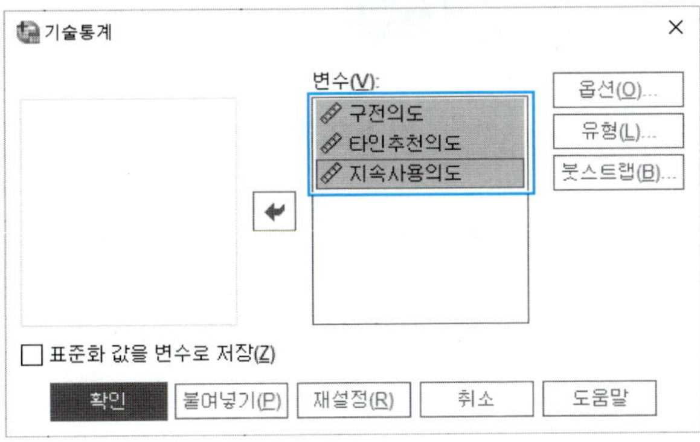

③ [기술통계: 옵션] 창을 클릭하여 [첨도], [왜도]를 클릭한 후 [계속] 버튼을 누른 후에 [확인] 버튼을 클릭하면 왜도와 첨도가 출력된다. Curran, West & Finch(1996)의 기준에 의하면 모든 변수의 왜도와 첨도가 각각 2와 7 미만이므로 데이터는 정규분포하고 있음을 알 수 있다.

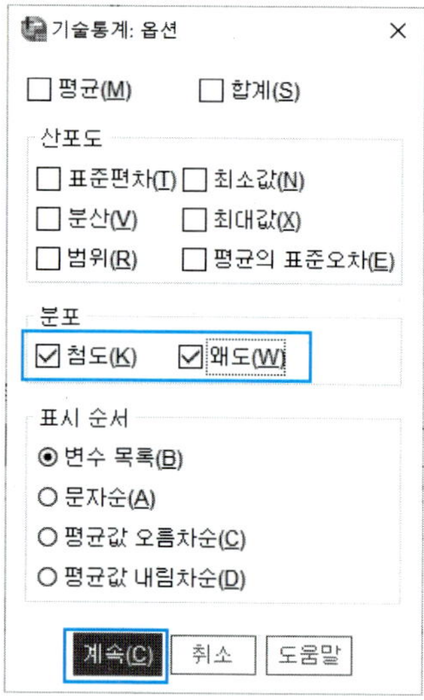

기술통계량

	N	왜도		첨도	
	통계량	통계량	표준오차	통계량	표준오차
구전의도	90	-.356	.254	-.288	.503
타인추천의도	90	-.427	.254	-.105	.503
지속사용의도	90	-.557	.254	-.543	.503
유효 N(목록별)	90				

❹ [분석–상관분석–이변량 상관]을 클릭하여 [이변량 상관계수] 창을 연다. 창의 왼쪽에 있는 [구전의도], [타인추천의도], [지속사용의도]를 오른쪽 [변수]로 이동시킨다. [상관계수]에서 [Pearson]을 클릭해 선택한다. [유의성 검정]에서 [유의한 상관계수별 플래그], [하한 삼각형만 표시], [대각표시]를 선택한 후 [확인] 버튼을 클릭한다. 그러면 분석 결과가 출력된다.

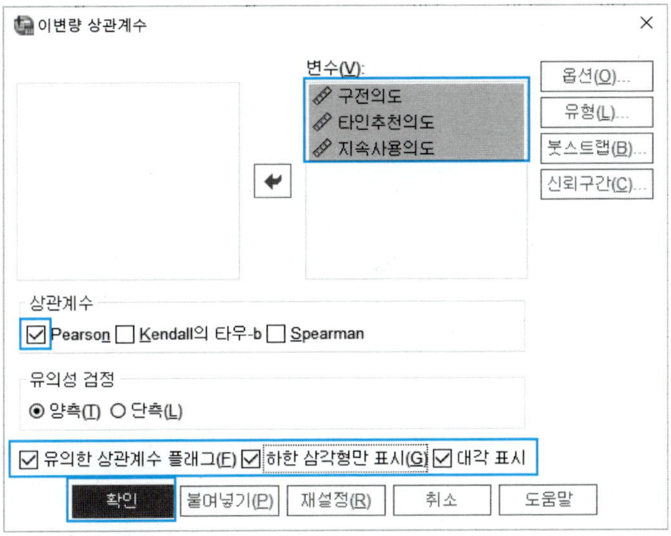

2) 주요 분석 결과

피어슨 상관분석의 주요한 출력 결과만 제시하면 다음과 같다.

상관관계

		구전의도	타인추천의도	지속사용의도
구전의도	Pearson 상관	--		
	N	90		
타인추천의도	Pearson 상관	.718**	--	
	유의확률 (양측)	<.001		
	N	90	90	
지속사용의도	Pearson 상관	.640**	.823**	--
	유의확률 (양측)	<.001	<.001	
	N	90	90	90

**. 상관관계가 0.01 수준에서 유의합니다(양측).

3) 피어슨 다중상관분석 결과의 제시와 해석

데이터의 정규성을 검증하기 위해서 기술통계분석을 수행한 결과 각 변수들의 왜도와 첨도는 각각 절대값 2와 7 미만이므로 데이터는 정규분포를 한다고 볼 수 있다. 피어슨 상관분석의 가정 조건인 선형성과 정규성이 확보되었으므로 피어슨 상관분석을 수행하였다. 상관분석 결과를 제시하면 [표 9-5]와 같다.

표 9-5 피어슨 다중상관분석 결과 (N=90)

	구전의도	타인추천의도	지속사용의도
구전의도	1		
타인추천의도	0.718***	1	
지속사용의도	0.640***	0.823***	1

***$p<0.001$

먼저, 구전의도와 타인추천의도의 상관계수는 0.718이며 유의확률은 <0.001로 유의수준 0.001에서 통계적으로 유의한 것으로 나타났으며, 상관계수의 크기가 0.7 이상으로 강한 양의 상관관계를 가지고 있음을 알 수 있다. 따라서 '구전의도와 타인추천의도 간에는 상관관계가 없다'는 귀무가설은 기각되고 대립가설(연구가설)이 지지되었다. 다음으로, 구전의도와 지속사용의도의 상관계수는 0.640이며 유의확률은 <0.001로 유의수준 0.001에서 통계적으로 유의한 것으로 나타났으며, 상관계수의 크기가 0.6 이상으로 약간 강한 양의 상관관계를 가지고 있음을 알 수 있다. 따라서 '구전의도와 지속사용의도 간에는 상관관계가 없다'는 귀무가설은 기각되고 대립가설(연구가설)이 지지되었다. 마지막으로, 타인추천의도와 지속사용의도의 상관계수는 0.823이며 유의확률은 <0.001로 유의수준 0.001에서 통계적으로 유의한 것으로 나타났으며, 상관계수의 크기가 0.8 이상으로 강한 양의 상관관계를 가지고 있음을 알 수 있다. 따라서 '타인추천의도와 지속사용의도 간에는 상관관계가 없다'는 귀무가설은 기각되고 대립가설(연구가설)이 지지되었다.

4 상관분석의 SPSS 통계 실습(3): 스피어만 순위상관분석과 켄달 순위상관분석

[통계 실습 9-3] 상관분석: 스피어만과 켄달의 순위상관분석

다음의 [제9장 순위상관분석 데이터]를 이용해서 학생과 성인의 라면 선호도 간의 관계에 대한 스피어만과 켄달 순위상관분석을 수행하고 분석 결과를 해석하시오.

■ 실습 데이터

ID	학생	성인
1	10	8
2	4	1
…	…	…
10	8	9

총 사례 수는 10개(10개의 라면 종류에 대해 학생과 성인 각 1명에게 순위 평가 요구)임

- 학생의 라면 선호도 순위 평가 → 범주형 변수(서열척도)
- 성인의 라면 선호도 순위 평가 → 범주형 변수(서열척도)

실습 데이터	제9장 순위상관분석 데이터
분석방법 메뉴 선택	분석–상관분석–이변량 상관계수

1) 실습 과정

❶ [파일–열기–데이터]를 선택한 후 실습 데이터 파일이 있는 위치로 찾아가서 [제9장 순위상관분석 데이터]를 연다.

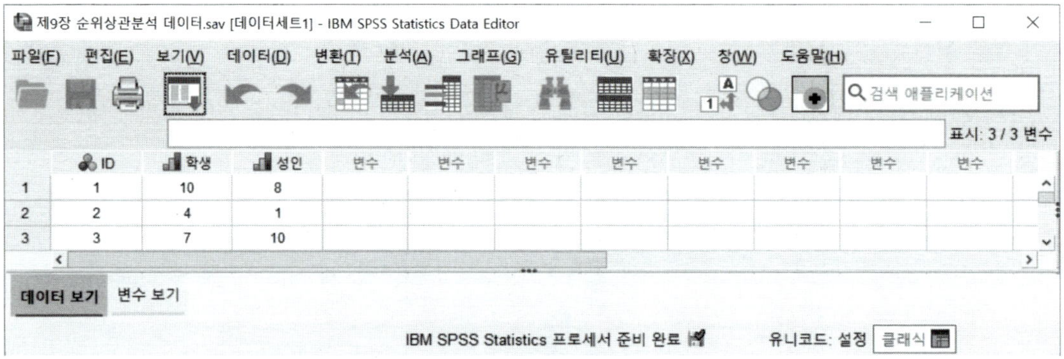

❷ [분석–상관분석–이변량 상관]을 클릭하여 [이변량 상관계수] 창을 연다. 창의 왼쪽에 있는 [학생]과 [성인]을 오른쪽 변수로 이동시킨다. [상관계수]에서 [Kendall의 타우–b]와 [Spearman]을 클릭해 선택한다. [유의성 검정]에서 [양측]을 선택하고 [유의한 상관계수별 표시], [하한 삼각형만 표시], [대각 표시]를 선택한 후 [확인] 버튼을 클릭한다. 그러면 분석 결과가 출력된다.

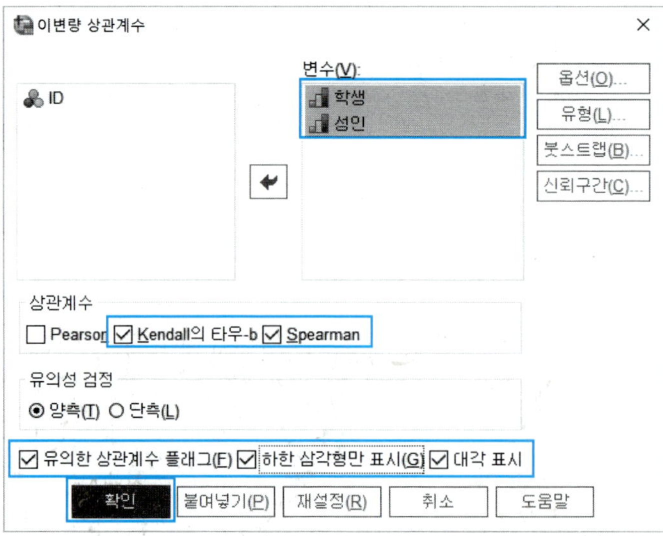

2) 주요 분석 결과

스피어만과 켄달 순위상관분석의 주요 출력 결과를 제시하면 다음과 같다.

상관관계

			학생	성인
Kendall의 타우-b	학생	상관계수	--	
		유의확률 (양측)	.	
		N	10	
	성인	상관계수	.467	--
		유의확률 (양측)	.060	.
		N	10	10
Spearman의 rho	학생	상관계수	--	
		유의확률 (양측)	.	
		N	10	
	성인	상관계수	.709*	--
		유의확률 (양측)	.022	.
		N	10	10

*. 상관관계가 0.05 수준에서 유의합니다(양측).

3) 스피어만과 켄달 순위상관분석 결과의 제시와 해석

스피어만 순위상관분석과 켄달 순위상관분석을 수행한 결과, [표 9-6]과 같이 양 방법의 결과가 동일하지 않게 나왔다. 여기에서는 학생과 성인의 라면 선호도가 상관관계가 있는 것으로 나타난 스피어만 순위상관분석 결과를 제시하기로 한다.

표 9-6 스피어만 순위상관분석 결과 (N=10)

	학생	성인
학생	1	
성인	0.709*	1

*p<0.05

학생과 성인 간의 스피어만 순위상관계수는 0.709이며 유의확률은 0.022로 유의수준 0.05에서 통계적으로 유의한 것으로 나타났으며, 상관계수의 크기가 0.7 이상으로 강한 양의 상관관계를 가지고 있음을 알 수 있다. 따라서 '학생과 성인의 라면 선호도는 상관관계가 없다'는 귀무가설은 기각되고 대립가설(연구가설)이 지지되었다.

제 10 장

편상관분석

Partial Correlation Analysis

1 편상관분석

편상관분석(Partial correlation analysis)이란 특정한 제3의 변수를 통제한 후에 두 개 변수들 간에 선형적인 관련성을 분석하는 통계분석방법을 말한다. 예를 들면, 광고비(X)와 매출액(Y)의 상관관계를 분석하는 과정에서 제3의 변수인 통제변수 판촉비(Z)의 영향력을 통제한 다음에 순수한 X와 Y의 관련성을 파악하기 위한 것이다. [그림 10−1]에 제시된 것처럼 X와 Y에 영향을 미치는 Z의 영향력을 통제한 다음 다이어그램에서 색상 부분에 대한 X와 Y의 상관계수를 구하게 된다.

그림 10−1 편상관분석의 방법

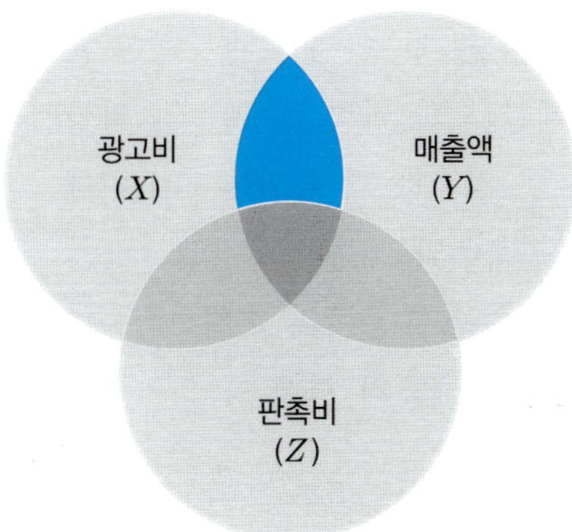

- 두 변수 간의 관계에 영향을 주는 제3의 변수를 통제한다면 순수한 두 개 변수 간의 실질적인 상관관계를 찾아낼 수 있다.
- 두 개 변수 간의 관계에서 제3의 통제변수가 개입되었을 때 상관계수가 현저하게 낮아지거나 높아진다면 통제변수의 영향이 크다는 것을 의미한다.
- 편상관분석의 데이터와 가정(선형성과 정규성)은 피어슨 상관분석과 동일하다.
- 편상관분석에 사용되는 통제변수는 여러 개가 있을 수도 있다.
- 편상관분석은 피어슨 상관분석과 같이 연속형 변수들 간의 상관관계를 분석하는 모수통계방법의 하나이다.

1.1 사용목적과 적용상황

편상관분석은 두 개 변수의 관계에 영향을 주는 제3의 통제변수가 존재한다는 가정하에서 이에 대한 영향을 제외시켜 두 개 변수 간의 순수한 관계를 찾아내기 위해서 사용된다. 이 분석방법은 두 개 변수 간의 관계에 개입된 제3의 변수를 식별하여 가짜상관(Spurious correlations)을 탐지하거나 숨겨진 새로운 관계를 찾아내는 데 유용하게 활용될 수 있다. 예를 들어, 두 개 변수 간에 상관관계가 없는 경우 다른 변수들이 관계를 억제하고 있을 수도 있다. 즉, 두 개 변수 간의 관계에 어떤 제3의 변수를 통제했을 때 처음에는 두 개 변수 간의 관계가 없었지만 통제한 후에는 관계가 나타날 수도 있다.

편상관분석을 이용한 연구의 사례를 예시하면 다음과 같다.

- 연령을 통제한 후의 콜레스테롤과 혈당의 관계
- 환율을 통제한 후 외국인관광객수와 의료관광객수의 관계
- 유아교사의 경력을 통제한 후의 과학교수태도와 과학지식의 관계
- 직원 연봉을 통제한 후의 경력과 회사 만족도의 관계
- 광고비를 통제한 후의 판촉비와 매출액의 관계
- 성별을 통제한 후의 교육수준과 소득의 관계
- 성별을 통제한 후의 신장과 체중의 관계 등

그림 10-2 ▌ 편상관분석의 적용상황

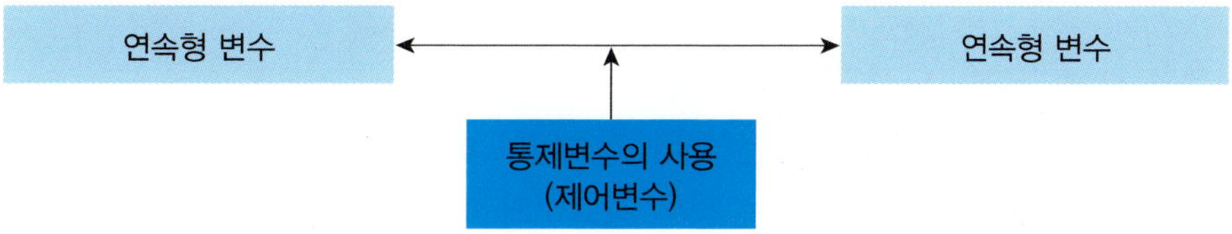

그림 10-3 ▌ 상관분석방법의 선택

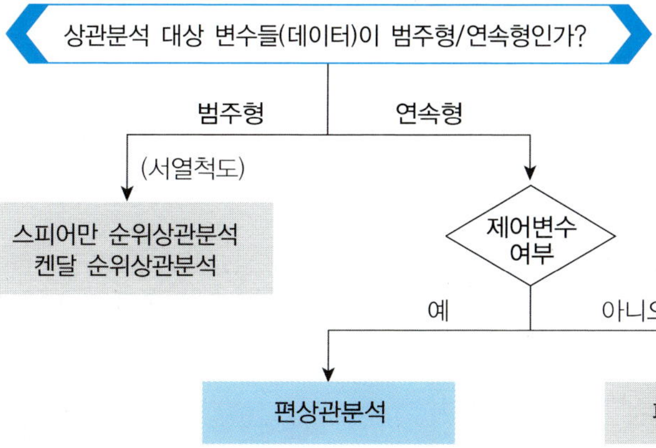

1.2 편상관계수

편상관분석을 통하여 얻게 되는 상관계수를 편상관계수(Partial correlation coefficient)라 한다. 이는 두 개 변수 간에 제3의 통제변수가 미치는 영향을 제거한 후, 두 개 변수 간의 순수한 상관관계를 나타내는 수치로, 두 개의 변수가 통제변수와 공유하는 부분을 제거한 후 두 개 변수 간의 순수한 관련성을 측정하기 위해서 사용된다.

- 편상관계수는 -1부터 +1 사이의 값을 가지며, 해석기준은 다른 상관계수와 동일하다.
- 편상관계수는 1개의 통제변수가 고려되었을 때는 1차 편상관계수(First-order partial correlation coefficient)라 하며, 2개의 통제변수가 고려되었을 경우에는 2차 편상관계수(Second-order partial correlation coefficient)라고 한다. 참고로 일반적 상관계수는 통제변수가 고려되지 않은 경우이며 0차 상관계수(Zero-order correlation coefficient)라 한다. 0차 상관계수는 두 개 변수 간의 피어슨 상관계수이다.

1.3 가설

편상관분석을 위한 가설은 다음과 같다.

- 귀무가설(H_0): 판촉비를 통제하는 경우 광고비와 매출액은 상관관계가 없다.
- 연구가설(H_1): 판촉비를 통제하는 경우 광고비와 매출액은 상관관계가 있다.

2 편상관분석의 SPSS 통계 실습

[통계 실습 10-1] 편상관분석

다음의 [제10장 편상관분석 데이터]를 이용해서 편상관분석을 수행하고 분석 결과를 해석하시오. 광고선전비와 매출액의 상관관계를 분석할 때 통제변수로 판촉비를 사용한다(단위: 억원).

■ 실습 데이터

ID	광고비	매출액	판촉비
1	27	860	90
2	29	1470	88
…	…	…	…
140	30	1500	89

총 사례 수는 140개임(140개월에 대한 자료임)

- 광고비, 매출액, 판촉비 → 연속형 변수

실습 데이터	제10장 편상관분석 데이터
분석방법 메뉴 선택	그래프–산점도/점도표 분석–기술통계량–기술통계 분석–상관분석–편상관계수

1) 실습 과정

❶ [파일–열기–데이터]를 선택한 후 실습 데이터 파일이 있는 위치로 찾아가서 [제10장 편상관분석 데이터]를 연다.

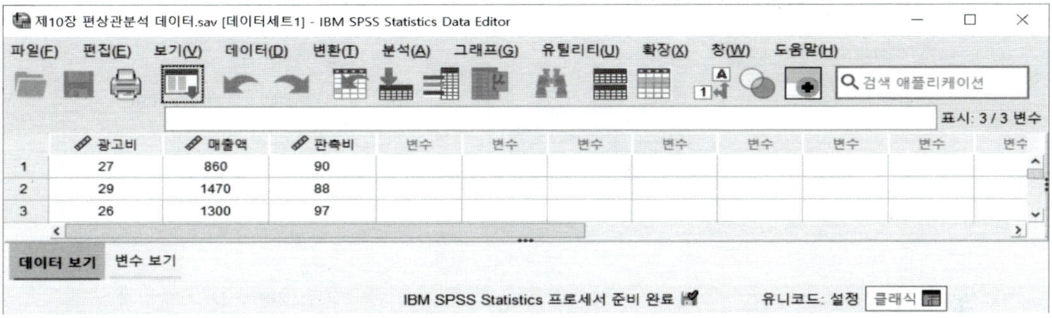

❷ [그래프–산점도/점도표]를 클릭하여 [산점도/점도표] 창을 연다. [행렬 산점도]를 선택하고 [정의] 버튼을 클릭해 [산점도 행렬] 창으로 이동한다. 왼쪽에 있는 [광고비], [매출액], [판촉비]를 선택하여 오른쪽 [행렬변수]로 이동시킨 후 [확인] 버튼을 클릭한다. 그러면 분석 결과가 출력된다.

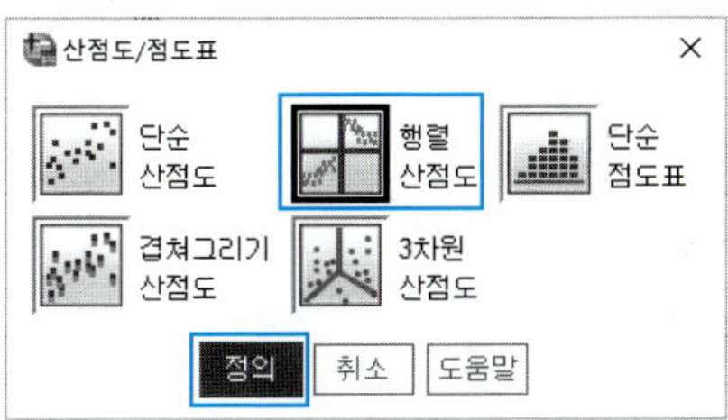

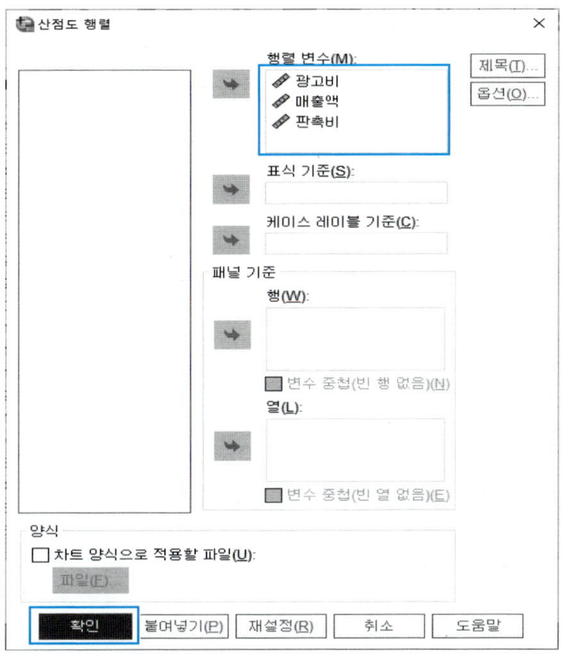

❸ [기술통계: 옵션] 창을 클릭하여 [광고비], [매출액], [판촉비]를 오른쪽으로 보낸 후 [옵션]에서 [첨도], [왜도]를 클릭한 후 [계속] 버튼을 누른 후에 [확인] 버튼을 클릭한다. 그러면 왜도와 첨도에 대한 출력 결과가 출력된다. 모든 변수의 왜도와 첨도가 각각 2와 7 미만으로 나타나 데이터는 정규분포를 하고 있음을 알 수 있다.

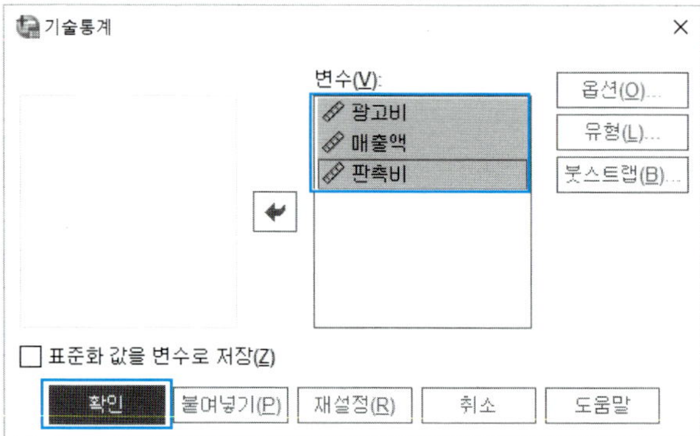

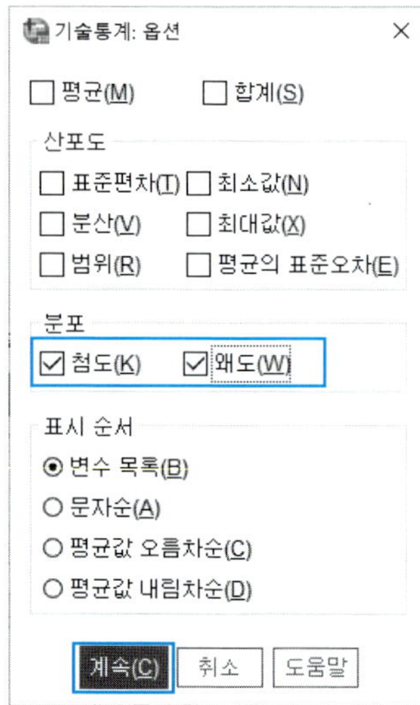

기술통계량

	N	왜도		첨도	
	통계량	통계량	표준오차	통계량	표준오차
광고비	140	-.072	.205	-.127	.407
매출액	140	.197	.205	.059	.407
판촉비	140	-.058	.205	.047	.407
유효 N(목록별)	140				

❹ [분석-상관분석-편상관]을 클릭하여 [편상관계수] 창을 연다. 왼쪽에 있는 변수들 중에서 [광고비]와 [매출액]은 오른쪽 [변수]로 이동시키고 [판촉비]는 [제어변수]로 이동시킨다. [편상관계수: 옵션] 창의 [통계량]에서 [0차 상관][1]을 체크한 후 [계속] 버튼을 클릭한다. [유의성 검정]에서 [양측]을 선택하고 [관측 유의수준 표시]에 체크되어 있다면 [확인] 버튼을 클릭한다. 그러면 분석 결과가 출력된다.

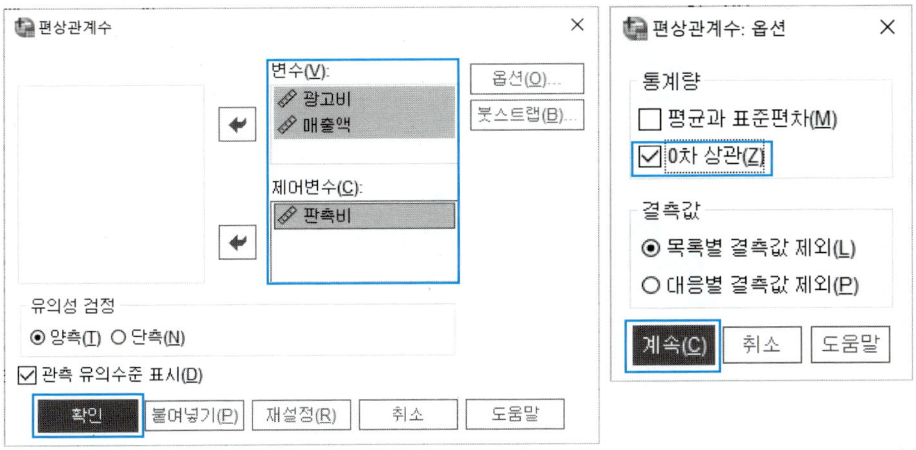

2) 주요 분석 결과

편상관분석에 대한 주요 출력 결과를 제시하면 다음과 같다.

변수들 간의 행렬 산점도 출력 결과

변수들 간의 관계를 보여주는 산점도에 의하면 광고비와 매출액은 양의 상관관계를 가지고 있음을 알 수 있다.

1) 0차 상관(Zero-order correlation)은 제어변수가 없는 경우에 두 개 변수 간의 상관인 피어슨 상관관계를 보여준다. 0차 상관을 누르지 않으면 통제변수가 있는 것만 나오고, 편상관계수와 비교할 수 있는 통제변수의 제어 전의 상관관계를 보여주지 않는다. 따라서 올바른 편상관분석을 하려면 [0차 상관]을 체크한다.

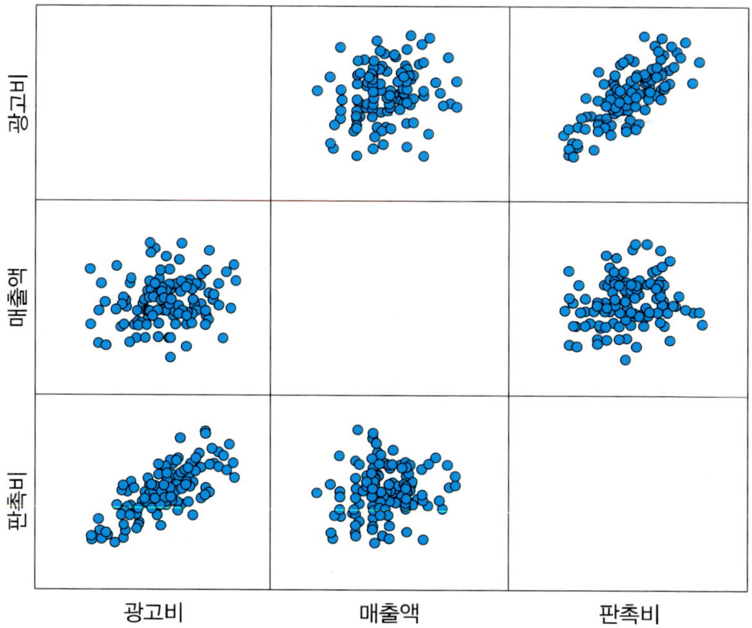

편상관분석 결과

상관관계

대조변수			광고비	매출액	판촉비
-지정않음-[a]	광고비	상관관계	1.000	.203	.733
		유의확률(양측)	.	.016	<.001
		자유도	0	138	138
	매출액	상관관계	.203	1.000	.168
		유의확률(양측)	.016	.	.048
		자유도	138	0	138
	판촉비	상관관계	.733	.168	1.000
		유의확률(양측)	<.001	.048	.
		자유도	138	138	0
판촉비	광고비	상관관계	1.000	.120	
		유의확률(양측)	.	.161	
		자유도	0	137	
	매출액	상관관계	.120	1.000	
		유의확률(양측)	.161	.	
		자유도	137	0	

a. 셀에 0차 (Pearson) 상관이 있습니다.

3) 편상관분석 결과의 제시와 해석

데이터에 대한 산점도분석 결과 변수 간에는 선형성이 있으며, 왜도와 첨도를 분석한 결과 왜도와 첨도가 각각 절대값 2와 7 미만으로 나타나 데이터는 정규분포를 하는 것으로 나타났다.

편상관분석 결과를 요약하면 [표 10-1]과 같다. 표에서 상단은 제어변수를 사용하지 않은 상관계수의 결과이며, 하단은 제어변수를 지정한 경우의 편상관계수의 결과이다.

| 표 10-1 | 편상관분석 결과 (N=140)

통제변수		광고비	매출액	판촉비
통제변수 지정않음	광고비	1		
	매출액	0.203* p=0.016	1	
	판촉비	0.733*** p=0.000	0.168* p=0.048	1
판촉비	광고비	1		
	매출액	0.120 p=0.161	1	

*p<0.05, ***p<0.001

응답자 140명에 대한 편상관분석을 수행한 결과, 광고비와 매출액 간의 편상관계수는 0.120(p=0.161)으로 제어변수를 지정하지 않았을 경우의 상관계수인 0.203보다 낮으며 유의수준 0.05 수준에서 유의적이지 않은 것으로 나타났다. 이러한 결과는 판촉비가 일정한 경우 광고비와 매출액 간에는 유의적인 상관관계가 없음을 의미한다. 결국 광고비와 매출액 간에는 순수한 상관관계는 없으며 가짜상관(Spurious correlation)이 존재하는 것으로 추정된다.

제 5 부

평균비교검증(1): t-검증

제 11 장

일표본 t-검증과 윌콕슨 부호순위검증

One-Sample T-Test and Wilcoxen Signed Rank Test

1 두 집단의 평균비교검증

1.1 t-검증의 의의와 유형 및 적용상황

1) t-검증의 의의와 유형

t-검증(t-test)이란 두 개 집단(혹은 변수) 간의 평균을 비교하여 그 평균 차이가 통계적으로 유의한지를 검증하는 방법[1]이다. 여기에서 두 개의 집단은 표본집단과 모집단(일표본 t-검증), 성별과 같이 남자집단과 여자집단(독립표본 t-검증) 그리고 대응표본 집단처럼 동일 대상에 대해 측정한 사전점수집단과 사후점수집단(대응표본 t-검증)이 있을 수 있다.

t-검증과 관련하여 연구자들의 유의 사항은 다음과 같다.

- 연구의 목적과 변수(독립변수와 종속변수)의 특성에 따라서 t-검증방법을 선택해야 한다.
- t-검증을 사용해서 모수통계방법을 적용하려면 모집단의 분포가 정규분포를 따른다는 가정을 전제로 하고 있기 때문에 검증을 시행하기 전에 정규성검증(Normality test)을 수행해야 한다. 물론 비모수 계열의 t-검증방법을 사용할 때는 정규분포에 대한 검증

1) 독립표본 t-검증은 두 집단 간의 평균 차이를 검증하는 것이며, 대응표본 t-검증은 두 변수 간의 평균 차이를 검증하는 방법이다.

이 요구되지 않는다.

- 데이터의 정규성검증 결과 정규분포를 하지 않으면 비모수통계방법을 적용하거나 데이터의 변환 작업(Data transformation)을 거쳐야 한다.
- 설문조사를 통해 리커트척도(Likert scale)를 사용해서 데이터를 수집한 경우 대부분 정규성이 만족되지 않는다. 따라서 리커트척도로 측정된 변수는 통계적 검증방법(콜모고로프-스미르노프검증, 샤피로-윌크검증)의 사용은 추천되지 않는다. 일반적으로 왜도 절대값이 2, 첨도 절대값이 7 미만이면 정규분포를 한다고 가정한다.
- 변수가 한 문항의 리커트척도로 측정된 경우에는 연속형 변수로 보기보다는 서열척도 자체로 분석하는 것이 좋으며 정규성검증의 의미가 없다. 그러나 어떤 변수가 여러 설문문항의 리커트척도로 측정된 경우에는 신뢰도와 타당도검증을 거쳐 신뢰도와 타당도가 확보되었다면 여러 항목들의 평균을 구해서 새로운 변수로 사용할 수 있다. 이 경우에는 보통 정규성가정을 만족해야 하며, 왜도와 첨도기준을 적용하는 것이 좋다.
- t-검증은 분산의 동질성검증을 해야 한다. 이는 보통 t-검증의 분석 결과에서 Levene의 등분산가정에 대한 결과를 보고 확인하면 된다. 두 개 집단의 등분산가정이 만족되었을 때는 '등분산이 가정됨'에 해당하는 t-검증의 결과에 기초하여 가설검증을 하면 되고, 등분산가정이 만족되지 않았을 경우에는 '등분산이 가정되지 않음'에 해당하는 t-검증의 결과에 기초하여 가설검증을 한다.
- 대응표본 t-검증에서 정규성검증은 대응 차이값(대응변수1-대응변수2=차이값)을 대상으로 수행한다.
- t-검증에서 독립성(Independence)의 가정은 데이터가 무작위하게 수집되었다면 보통은 검증하지 않는다. 독립성가정은 보통 독립표본 t-검증에서만 요구된다.
- 일반적으로 독립표본 t-검증은 두 개 집단 간의 평균 차이를 검증하는 것이므로 t값은 두 개 집단 중 앞의 평균이 크면 양수, 뒤의 평균이 크면 음수가 나온다. 따라서 t-검증의 부호는 방향과는 무관하다고 볼 수 있고, t값의 부호가 음수(-)여도 문제가 되지 않는다. 다만 상관계수나 회귀계수의 경우에는 부호가 방향을 의미한다.

t-검증의 유형은 [표 11-1]과 같이 세 가지로 구분된다. 연구자는 연구의 목적과 변수의 특성에 따라 어떤 방법을 적용할지를 결정하면 된다.

- 일표본 t-검증(One sample t-test)
- 독립표본 t-검증(Independent samples t-test) 혹은 이표본 t-검증(Two samples t-test)
- 대응표본 t-검증(Paired samples t-test)

표 11-1 t-검증의 유형

구분	설명
일표본 t-검증	표본의 평균과 비교값(알려진 모집단의 평균)이 같은지를 검증
독립표본 t-검증	독립된 2개의 표본 평균이 동일한가를 검증
대응표본 t-검증	동일한 표본(대상)에 대해 전/후 시점의 점수 변화 차이를 검증 (동일 대상 집단에 대해 수집한 사전점수와 사후점수 간의 평균 차이 검증)

2) t-검증의 사용목적과 적용상황

t-검증은 두 개 집단 간의 평균을 비교하는 데 사용된다. t-검증은 [그림 11-1]과 같이 독립변수와 종속변수가 각각 1개이며 독립변수가 범주형 변수이고, 종속변수가 연속형 변수일 때 적용할 수 있다.

그림 11-1 t-검증의 적용상황

t-검증은 다양한 연구문제의 해결에 사용할 수 있다.

- 성별에 따른 스트레스 평균 차이 비교
- 성별에 따른 업무만족도 평균 차이 비교
- 우리 학교 3학년 학생과 전국 3학년 학생의 체중 평균과의 차이 비교

- 우리 학교 학생의 영어성적과 전국 영어평균과의 차이 비교
- 치료법 적용 전후의 치료효과 비교
- 결혼자와 미혼자의 행복도 비교 등

표 11-2 t-검증의 적용상황과 분석 방법의 선택

구분	변수		분석방법
	독립변수 (범주형 변수)	종속변수 (연속형 변수)	
일표본 t-검증	변수의 수준 1 → 1-표본 예 우리 반의 키	연속형 변수	표본의 평균과 비교값 (알려진 모집단의 평균) 비교
독립표본 t-검증	변수의 수준 2 → 독립 2-표본 예 성별: 남자/여자	연속형 변수	두 집단의 평균비교
대응표본 t-검증	변수의 수준 2 → 대응(종속) 2-표본 예 동일집단(동일인)의 사전/사후점수, 치료법 적용 전/후의 점수	연속형 변수	대응표본의 대응 차이값 (대응변수1-대응변수2)의 평균비교

[표 11-2]에서 제시된 것처럼 t-검증은 독립변수인 범주형 변수의 표본 형태(수준)에 따라 적용할 수 있는 t-검증의 방법이 결정된다. 수준이 1개이면 일표본 t-검증을, 수준이 2개이면서 독립표본(독립성가정 만족)이면 독립표본 t-검증을 그리고 수준이 2개이면서 대응표본[2](독립성가정 불만족), 즉 표본이 짝 지어진 형태(사전점수/사후점수)의 데이터인 경우에는 대응표본 t-검증을 사용해야 한다.

t-검증의 유형은 [표 11-3]과 같이 매우 다양하게 분류할 수 있다. 크게는 모수통계와 비모수통계를 적용하는 방법으로 구분된다. 만약 우리가 수집한 데이터가 정규성가정을 위배해 정규분포를 따르지 않으면 모수통계방법을 사용할 수 없으며, 이런 경우에는 비모수통계방법을 사용해야 한다.

2) 대응표본(Paired sample)은 종속표본(Dependent sample)이라고 하며, 짝으로 되어 있는 데이터가 서로 종속적이고 밀접한 관련성을 가지고 있기 때문이다.

표 11-3 t-검증방법의 구분: 모수통계방법과 비모수통계방법

구분	변수의 수준	모수통계방법	비모수통계방법
두 집단(혹은 변수)의 평균비교 검증	1수준 (1표본)	일표본 t-검증	윌콕슨 부호순위검증
	2수준 (독립표본)	독립표본 t-검증	맨-휘트니검증 윌콕슨 순위합검증 콜모고로프-스미르노프검증 왈드-월포비츠런검증
	2수준 (종속 2표본)	대응표본 t-검증	윌콕슨 부호순위검증 부호검증 맥니머검증(이분형 데이터) 주변동질성검증(범주형 데이터)

1.2 t-검증의 기본 가정과 통계방법의 선택

t-검증의 기본 가정사항은 크게 독립성, 정규성 및 등분산성이다.

- 독립성(Independence): 독립변수의 각 집단은 서로 독립적이어야 한다. 보통 짝으로 측정된 변수들은 서로 종속적이며 독립성의 기본 가정을 위배한 예이다. 따라서 독립성의 가정은 독립표본 t-검증에만 적용되는 것이며, 짝(Paired)으로 측정된 두 변수 간의 평균 차이검증을 위해서는 독립성의 가정이 필요 없는 대응표본 t-검증을 사용해야 한다.
- 정규성(Normality): 독립변수에 따른 종속변수는 정규분포를 만족해야 한다. 일표본인 경우에는 1표본 정규성검증을 수행하면 되고, 2표본 집단으로 되어 있는 데이터의 경우에는 두 집단에 따른 종속변수가 정규분포를 만족해야 한다.
- 등분산성(Equal variances): 등분산성은 독립변수에 따른 종속변수의 분산은 각 집단마다 동일해야 한다. 예를 들면, 성별의 경우는 남자집단과 여자집단이 있으므로 각 집단은 모두 동일한 분산을 가져야 한다. 분석 결과 등분산성이 만족되면 '등분산이 가정됨'의 통계량을 확인해야 하며, 등분산성이 만족되지 않으면 '등분산이 가정되지 않음'의 통계량을 확인해야 한다.

t-검증의 기본 가정과 통계방법의 선택에 대해서 [그림 11-2]에 요약하였다. 먼저, 모수통

계를 적용하는 t-검증방법의 선택 요령은 다음과 같다. 독립성은 불만족하지만 정규성은 만족하는 경우에는 대응표본 t-검증과 일표본 t-검증을 적용한다. 독립성과 정규성은 만족하지만 등분산성을 만족하지 못하는 경우에는 독립표본 t-검증을 적용할 수 있으며 결과 해석 시 합동분산(등분산이 가정되지 않음)을 사용하면 된다. 반면에 독립성, 정규성 및 등분산성을 모두 만족하는 경우에는 독립표본 t-검증을 사용할 수 있으며, 결과 해석 시 개별분산(등분산이 가정됨)을 사용한다.

그림 11-2 ▌ t-검증의 기본 가정과 통계방법의 선택

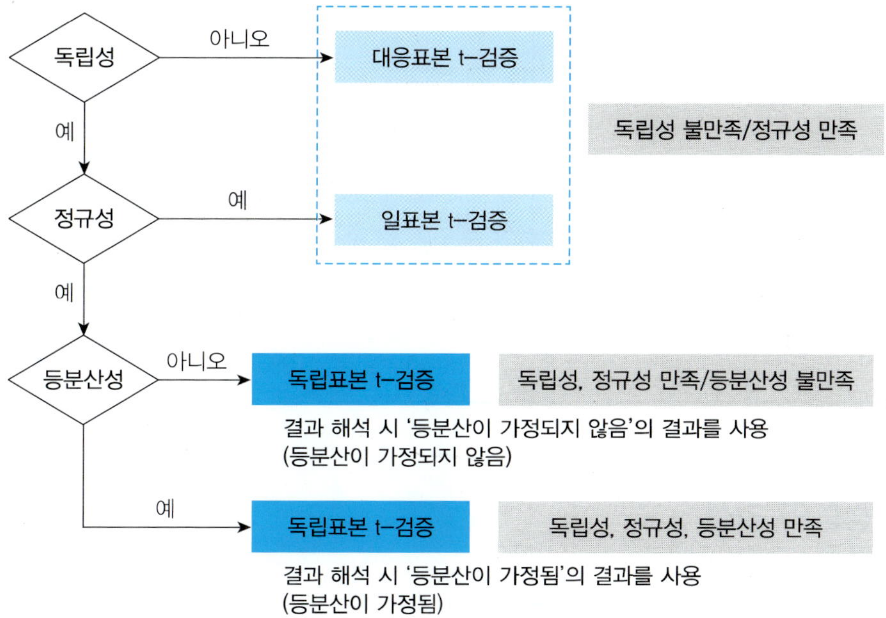

다음으로, 비모수통계를 적용하는 t-검증방법의 경우에는 기본 가정사항에 대한 전제가 필요 없으므로 정규성이나 등분산성에 대한 검증이 필요 없다. 이런 경우에는 [표 11-4]에 제시된 모수통계방법에 대응되는 비모수통계방법들을 사용하면 된다.

먼저, 일표본 t-검증에 대응되는 비모수통계방법에는 윌콕슨 부호순위검증(Wilcoxon signed rank test)이 있다. 다음으로, 독립표본 t-검증에 대응되는 비모수통계방법에는 맨-휘트니검증(Mann-Whitney test), 윌콕슨 순위합검증(Wilcoxon rank sum test), 콜모고로프-스미르노프검증(Kolmogorov-Smirnov test), 왈드-월포비츠런검증(Wald-Wolfowitz runs test)

이 있다. 마지막으로, 대응표본 t-검증에 대응되는 비모수통계방법에는 윌콕슨 부호순위검증, 부호검증(Sign test), 맥니머검증(McNemar test), 주변동질성검증(Marginal homogeneity test)이 있다. 이 책에서는 비모수통계방법을 사용하는 t-검증방법 중에서 윌콕슨 부호순위검증과 맨-휘트니검증에 대해서만 학습하기로 한다.

▌표 11-4 ▌ t-검증의 기본 가정과 통계방법의 선택(모수통계/비모수통계)

<table>
<tr><th rowspan="2">구분</th><th colspan="3">기본 가정</th><th rowspan="2">비고</th><th rowspan="2">모수통계에 대응된
t-검증의 비모수통계방법
(기본 가정 적용 필요 없음)</th></tr>
<tr><th>독립성</th><th>정규성</th><th>등분산성</th></tr>
<tr><td>일표본
t-검증</td><td>-</td><td>○</td><td>-</td><td></td><td>윌콕슨 부호순위검증</td></tr>
<tr><td rowspan="2">독립표본
t-검증</td><td rowspan="2">○</td><td rowspan="2">○</td><td>○</td><td>출력 결과에서 ‘등분산이 가정됨’의 결과를 보고 가설검증을 수행함</td><td rowspan="2">맨-휘트니검증
윌콕슨 순위합검증
콜모고로프-스미르노프검증
왈드-월포비츠런검증</td></tr>
<tr><td>×</td><td>출력 결과에서 ‘등분산이 가정되지 않음’의 결과를 보고 가설검증을 수행함</td></tr>
<tr><td>대응표본
t-검증</td><td>-</td><td>○</td><td>-</td><td></td><td>윌콕슨 부호순위검증
부호검증
맥니머검증(이분형 데이터)
주변동질성검증(범주형 데이터)</td></tr>
</table>

1.3 t-검증의 가설

t-검증의 귀무가설과 대립가설(연구가설)은 다음과 같다.

▌표 11-5 ▌ t-검증의 가설의 진술 예시

구분	가설 구분	가설의 진술 예시
일표본 t-검증	H_0	표본평균과 모집단의 알려진 평균은 차이가 없다.
	H_1	표본평균과 모집단의 알려진 평균은 차이가 있다.
독립표본 t-검증	H_0	두 개 집단 간의 평균은 차이가 없다.
	H_1	두 개 집단 간의 평균은 차이가 있다.
대응표본 t-검증	H_0	독립변수에 따라 이전과 이후의 평균은 차이가 없다.
	H_1	독립변수에 따라 이전과 이후의 평균은 차이가 있다.

2 일표본 t-검증

2.1 사용목적과 적용상황

일표본 t-검증(One sample t-test)이란 동일집단의 표본(1표본)으로부터 얻은 평균이 사전에 알려진 모집단의 평균(비교값)과 같은지를 검증하는 것을 말한다. 종속변수에 대해서 비교값의 평균과 표본집단의 평균 차이가 통계적으로 유의하다면 표본집단의 평균과 모집단의 평균은 다르다고 결론내릴 수 있다.

- 일표본 t-검증 시에는 독립변수로서 비교값(기준치)이 있어야 한다. 여기에서 비교값은 모집단의 평균을 의미한다.
- 일표본 t-검증에서 종속변수는 연속형 변수이어야 한다.
- 데이터에 대한 정규성검증을 수행해야 한다.

그림 11-3 | 일표본 t-검증의 적용상황

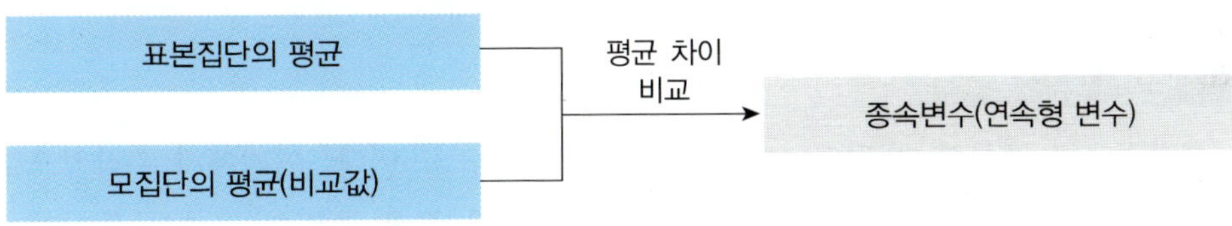

일표본 t-검증 설문문항의 설계는 다음과 같다.

> 설문: 귀하의 체중은 몇 킬로그램입니까?
> (　　　　　　)kg

2.2 일표본 t-검증의 검증통계량인 t값의 계산 예시

일표본 t-검증을 위한 검증통계량(Test statistic)인 t값(t-value)을 계산하는 공식은 다음과 같다. 물론 일반적으로 통계 프로그램을 사용해 t-검증에 의한 통계적 검증을 실시할 때는 t값에 해당하는 유의확률인 p값을 동시에 제공하기 때문에 t값보다는 p값을 사용해 가설검증을 수행한다. 여기에서는 독자들이 일표본 t-검증을 사용하는 경우에 t값이 어떻게 산출되는지를 이해할 수 있도록 간단히 제시하기로 한다.

$$t = \frac{\overline{X} - \mu_0}{S/\sqrt{n}}$$

여기서, $\overline{X}$: 표본 X의 평균, μ_0: 알려진 모집단의 평균(비교값)
S: 표본의 표준편차, n: 표본 수

■ 다음의 데이터를 이용하여 일표본 t-검증을 위한 검증통계량 t값을 계산하시오. A고등학교 2학년 남학생 40명을 대상으로 측정한 체중 변수의 평균은 53.55킬로그램이고 표준편차는 4.408이다. 알려진 전국 2학년 남학생들의 체중 평균은 56킬로그램이다.

수작업에 의한 계산 결과

다음은 수작업으로 계산한 일표본 t-검증을 위한 t값은 −3.515이다. 여기에서 수작업으로 계산한 t값은 뒤에서 일표본 t-검증의 SPSS 통계 실습(1)을 통해 출력한 결과와 동일한 값임을 알 수 있다.

$$t = \frac{53.55 - 56}{4.408/\sqrt{40}} = \frac{-2.45}{4.408/6.325} = -3.515$$

2.3 일표본 t-검증의 분석 절차

일표본 t-검증의 절차는 크게 가정 조건 검토와 t-검증의 수행으로 구분된다. t-검증의 유형에 따라 적용해야 할 절차는 조금씩 다르다. 이 장에서는 일표본 t-검증의 절차를 중심으로 설명하고, 나머지 검증의 절차는 제12장과 제13장에서 제시할 것이다.

일표본 t-검증의 분석 절차는 [그림 11-4]와 같다.

▶ 그림 11-4 ▌ t-검증의 분석 절차

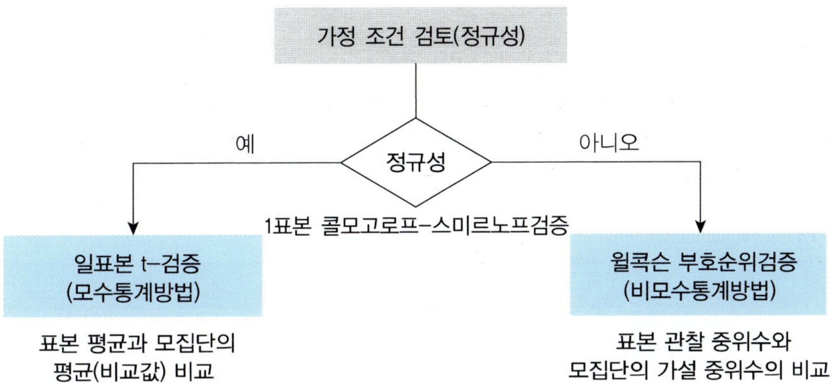

먼저, 일표본 t-검증은 정규성을 가정하고 있기 때문에 정규성의 검증은 필요하다. 정규성은 1표본을 대상으로 1표본 콜모고로프-스미르노프검증(혹은 샤피로 윌크검증)을 수행한다. 다음으로, 정규성이 검증되어 1표본 데이터가 정규분포를 따르면 모수통계방법인 일표본 t-검증을 수행한다. 물론 왜도와 첨도기준을 사용해도 된다. 반면에 데이터가 정규분포를 하지 않으면 비모수통계방법인 윌콕슨 부호순위검증을 수행한다. 일표본 t-검증은 표본 평균과 모집단의 알려진 평균(비교값)의 평균 차이를 검증하며, 윌콕슨 부호순위검증은 표본의 관찰 중위수와 모집단의 가설 중위수를 비교해 검증한다.

2.4 일표본 t-검증과 윌콕슨 부호순위검증을 위한 가설

일표본 t-검증을 위한 가설 예시는 다음과 같다.

- **귀무가설**(H_0): 고등학교 2학년 남학생들의 평균 체중은 56킬로그램이다.
- **연구가설**(H_1): 고등학교 2학년 남학생들의 평균 체중은 56킬로그램이 아니다.

윌콕슨 부호순위검증을 위한 가설 예시는 다음과 같다.

- **귀무가설**(H_0): 천안지역 고등학교 3학년생들의 평균 영어성적은 69점이다.
- **연구가설**(H_1): 천안지역 고등학교 3학년생들의 평균 영어성적은 69점이 아니다.

3 일표본 t-검증의 SPSS 통계 실습(1): 일표본 t-검증

[통계 실습 11-1] 일표본 t-검증

다음의 [제11장 일표본 데이터]를 이용해서 일표본 t-검증을 수행하고 분석 결과를 해석하시오. 단, 실습 데이터는 무작위로 추출한 A고등학교 2학년 40명을 대상으로 체중을 측정한 결과이다. 전국 고등학교 2학년 남학생들의 평균 체중은 56킬로그램이다(단위: 킬로그램).

■ 실습 데이터

ID	체중
1	52
2	54
…	…
40	55

총 사례 수는 40개임

- 체중 → 연속형 변수
- 비교값(검정값) → 56킬로그램

실습 데이터	제11장 일표본 데이터
분석방법 메뉴 선택	분석-기술통계량-기술통계 분석-비모수검정-레거시 대화상자-1표본 K-S검증 분석-평균 및 비율 비교-일표본 t검정

1) 실습 과정

❶ [파일-열기-데이터]를 선택한 후 실습 데이터 파일이 있는 위치로 찾아가서 [제11장 일표본 데이터]를 연다.

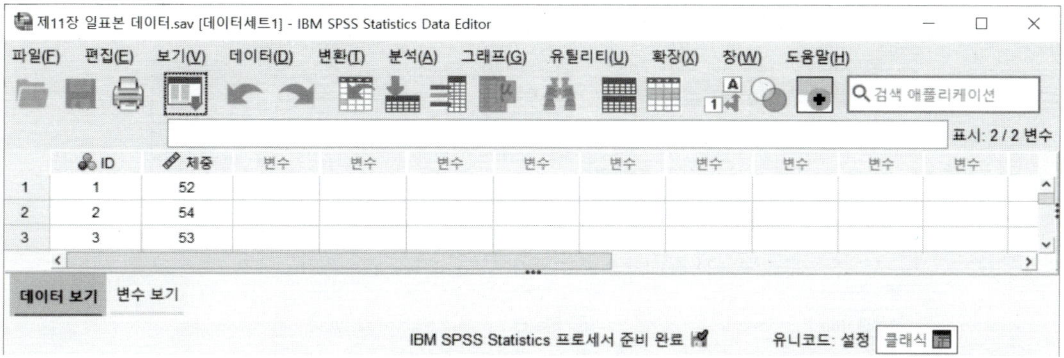

❷ [분석–기술통계량–기술통계]를 클릭해 [기술통계] 창이 나타나면 [체중]을 선택한 후 [옵션]에서 [첨도]와 [왜도]를 체크하고 [계속] 버튼을 클릭한다. [확인] 버튼을 클릭해 분석을 수행한다.

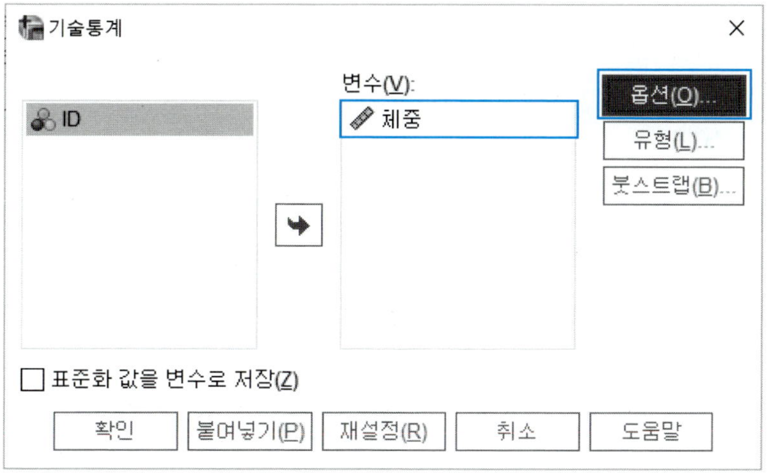

추가적으로 데이터의 정규성검증을 위해서 [분석–비모수검정–레거시 대화상자–1표본 K–S]를 클릭하여 [일표본 Kolmogrorov–Smirnov검정] 창을 연다. 왼쪽에 있는 [체중]을 선택하여 오른쪽 [검정변수]로 이동시킨다. [검정분포]에는 [정규]가 체크되었는지 확인하고 [확인] 버튼을 클릭한다. 그러면 분석 결과가 출력된다.

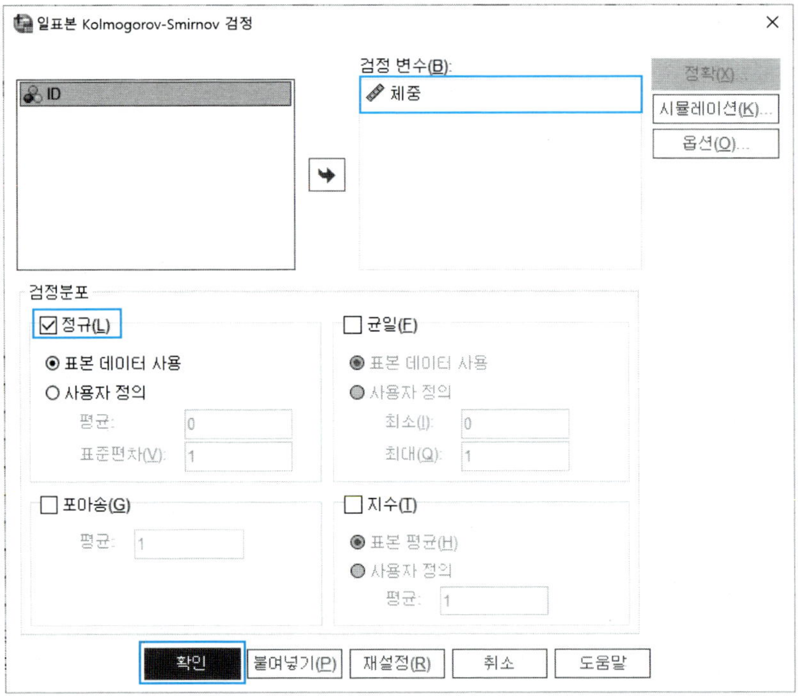

❸ [분석-평균 및 비율 비교-일표본 t-검정]을 클릭하여 [일표본 t-검정] 창을 연다. 왼쪽에 있는 [체중]을 선택하여 오른쪽 [검정변수]로 이동시킨다. [검정값]에는 알려진 비교값인 [56]을 입력한 후 [확인] 버튼을 클릭한다. 그러면 분석 결과가 출력된다.

2) 주요 분석 결과

일표본 t-검증에 대한 주요 출력 결과를 제시하면 다음과 같다.

체중 변수의 왜도와 첨도 분석과 정규성검증 결과

왜도의 절대값이 2 미만이고 첨도의 절대값이 7 미만이므로 데이터는 정규분포를 하고 있음을 알 수 있다. 추가적으로 일표본 Kolmogorov-Smirnov검증을 통해 체중 변수의 정규성을 검증한 결과 근사 유의확률(양측)이 검증통계량 Z가 0.131이고 근사 유의확률은 0.079로 유의수준 0.05보다 크므로 '정규분포를 한다'는 귀무가설이 채택되었다. 따라서 체중 변수 데이터는 정규분포를 따르고 있으므로 일표본 t-검증을 수행할 수 있다.

기술통계량

	N	왜도		첨도	
	통계량	통계량	표준오차	통계량	표준오차
체중	40	.174	.374	1.054	.733
유효 N(목록별)	40				

일표본 Kolmogorov-Smirnov 검정

			체중
N			40
정규 모수[a,b]	평균		53.55
	표준편차		4.408
최대극단차이	절대값		.131
	양수		.114
	음수		-.131
검정 통계량			.131
근사 유의확률 (양측)[c]			.079
Monte Carlo 유의확률 (양측)[d]	유의확률		.081
	99% 신뢰구간	하한	.074
		상한	.088

a. 검정 분포가 정규입니다.

b. 데이터로부터 계산.

c. Lilliefors 유의확률 수정

d. 난수 시작값이 2000000인 Monte Carlo 표본 10000개를 기준으로 하는 Lilliefors 방법입니다.

일표본 t-검증 결과

일표본 통계량

	N	평균	표준편차	평균의 표준오차
체중	40	53.55	4.408	.697

일표본 검정

	검정값 = 56						
			유의확률			차이의 95% 신뢰구간	
	t	자유도	단측 확률	양측 확률	평균차이	하한	상한
체중	-3.515	39	<.001	.001	-2.450	-3.86	-1.04

일표본 효과크기

				95% 신뢰구간	
		Standardizer[a]	포인트 추정값	하한	상한
체중	Cohen's d	4.408	-.556	-.886	-.219
	Hedges 수정	4.495	-.545	-.869	-.215

a. 효과크기를 추정하는 데 사용되는 분모입니다.
Cohen's d는 표본 표준편차를 사용합니다.
Hedges 수정은 표본 표준편차와 수정 요인을 사용합니다.

3) 일표본 t-검증 결과의 제시와 해석

체중 변수에 대한 정규성을 검증한 결과 왜도와 첨도가 기준값 미만이고 Kolmogorov-Smirnov Z값 0.131에 대한 p값이 0.079로 나타나 유의수준 0.05보다 크므로 체중 변수 데이터는 정규분포를 따르고 있다. 따라서 일표본 t-검증의 가정 조건을 충족하였으므로 일표본 t-검증을 수행하였다.

일표본 t-검증을 수행한 결과를 요약하면 [표 11-6]과 같다. 검정값(비교값)은 56킬로그램이었다. 검정값은 가설검정의 대상이 되는 평균값을 말하며, 이 값과 표본으로부터 얻은 표본평균의 차이가 '평균 차이'이다. 분석 결과 표본의 체중 평균은 53.55킬로그램이다. t-검증통계량은 −3.515이며 p값은 <0.001이므로 유의수준 0.001보다 작으므로 A고등학교 2학년 남학생들의 평균 체중은 56킬로그램이라는 귀무가설은 기각되었다. A고등학교 남학생들의 평균 체중은 56킬로그램이 아니며 전국 남학생들의 평균 체중보다 −2.45킬로그램이 작음을 알 수 있다.

표 11-6 일표본 t-검증 결과 (N=40)

구분	평균	표준편차	t값	p값	평균 차이
체중	53.55	4.408	−3.515***	0.001	−2.450

***p<0.001

4 일표본 t-검증의 SPSS 통계 실습(2): 윌콕슨 부호순위검증

[통계 실습 11-2] 윌콕슨 부호순위검증

다음의 [제11장 윌콕슨 부호순위검증 일표본 데이터]를 이용해서 윌콕슨 부호순위검증[3]을 수행하고 분석 결과를 해석하시오. 단, 실습 데이터는 무작위로 추출한 천안지역 고등학교 3학년 10명을 대상으로 측정한 영어성적이다. 일반적으로 전국 고등학교 3학년 학생들의 영어성적 가설 중위수는 55점이라고 한다. 이 실습 문제는 비모수통계기법인 윌콕슨 부호순위검증을 수행한다.

■ **실습 데이터**

ID	영어성적
1	10
2	95
…	…
10	20

3) 윌콕슨 부호순위검증은 모평균을 검증하는 것이 아니라 중위수를 이용해 검증하는 방법이다.

총 사례 수는 10개임
- 영어성적 → 연속형 변수
- 비교값(가설 중위수) → 55점

실습 데이터	제11장 윌콕슨 부호순위검증 일표본 데이터
분석방법 메뉴 선택	분석-비모수검정-일표본

1) 실습 과정

❶ [파일-열기-데이터]를 선택한 후 실습 데이터 파일이 있는 위치로 찾아가서 [제11장 윌콕슨 부호순위검증 일표본 데이터]를 연다.

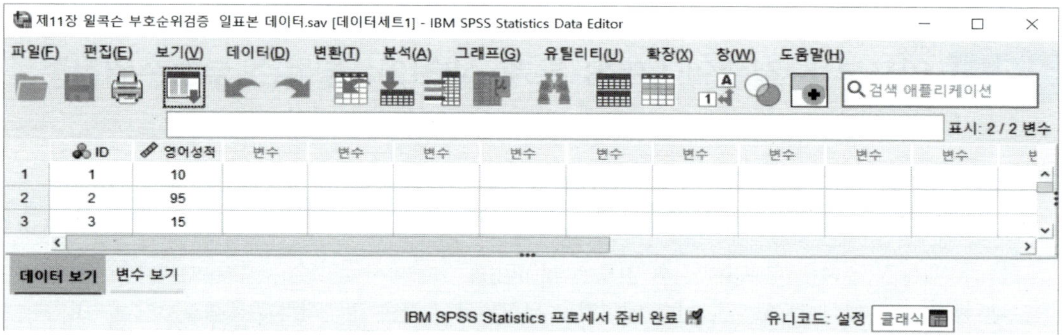

❷ [분석-기술통계량-데이터 탐색]을 클릭하여 [데이터 탐색] 창을 연다. 왼쪽에 있는 [영어성적]을 오른쪽 [종속변수]로 이동시킨다.

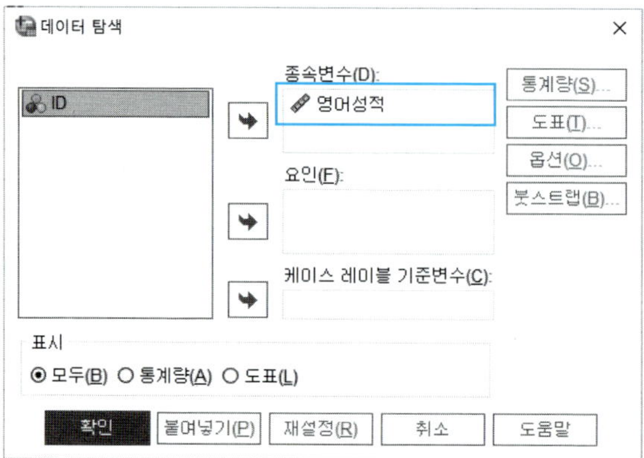

❸ [데이터 탐색: 도표] 창에서 [검정과 함께 정규성 도표]를 체크한 후 [계속] 버튼을 클릭한다. [데이터 탐색] 창에서 [확인] 버튼을 클릭해 데이터의 정규성검증을 마친다. 그러면 분석 결과가 출력된다.

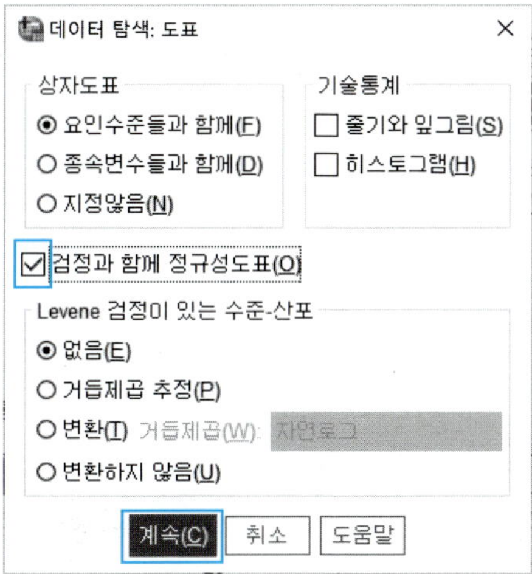

❹ [분석-비모수검정-일표본]을 클릭하여 [일표본 비모수검정] 창을 연다. 창은 3개의 탭으로 구성되어 있다. 먼저, [목표] 탭은 그대로 둔다. 다음으로, [필드] 탭에서 [사용자 정의 필드 할당 사용]을 체크하고, 왼쪽에 있는 [필드]의 [영어성적]을 선택하여 오른쪽 [검정 필드]로 이동시킨다. [실행] 버튼을 클릭하지 말고 [설정] 탭으로 이동한다. 마지막으로, [설정] 탭에서 [검정 선택]에서 [사용자 정의에 의한 검정]을 체크하고 [평균과 가설값 비교(윌콕슨 부호순위검정)]을 클릭해 선택한다. [가설 중위수]에는 전국 고등학교 3학년 학생들의 영어성적 중위수(비교값 혹은 가설값)인 [55]를 입력한다. 최종적으로 하단에 있는 [▶ 실행] 버튼을 클릭한다. 그러면 분석 결과가 출력된다.

일표본 비모수 검정
목적
필드
설정
사전 정의된 역할 사용(U)
사용자 정의 필드 할당 사용(C)
필드(F):
정렬
없음(N)
ID
검정 필드(T):
영어성적
모두(L)
실행
붙여넣기(P)
재설정(R)
취소
도움말

일표본 비모수 검정
목적
필드
설정
항목 선택(S):
검정 선택
검정 옵션
사용자 결측값
데이터를 기준으로 검정 자동 선택(U)
사용자 정의에 의한 검정(T)
관측 이분형 확률과 가설값 비교(이항검정)(O)
옵션...
관측 확률과 가설값 비교(카이제곱 검정)(C)
옵션...
관측 분포를 가설값에 대해 검정(Kolmogorov-Smirnov 검정)(K)
옵션...
평균과 가설값 비교(Wilcoxon 부호 순위 검정)(M)
가설 중위수(H): 55
무작위 순서로 검정(런 검정)(Q)
옵션...
실행
붙여넣기(P)
재설정(R)
취소
도움말

2) 주요 분석 결과

정규성검증 결과

[데이터 탐색]을 통해 기술통계 분석을 하여 왜도와 첨도를 출력하였다. 영어성적의 왜도와 첨도의 절대값은 모두 기준 값 미만이므로 데이터는 정규분포를 하고 있는 것으로 나타났다. 그러나 영어성적의 정규Q-Q도표에 의하면 정규 기대값이 선에 가까이 있지 않고 넓게 퍼져 있기 때문에 정규분포를 하고 있다고 보기 어렵다. 또한 Kolmogorov-Smirnov검증과 Shapiro-Wilk검증 결과를 보면 p값이 모두 유의수준 0.05보다 작으므로 데이터는 정규분포를 하고 있지 않음을 알 수 있다.

기술통계

			통계	표준화 오차
영어성적	평균 순위		43.00	12.023
	평균의 95% 신뢰구간	하한	15.80	
		상한	70.20	
	5% 절사평균		41.67	
	중위수(D)		22.50	
	분산(V)		1445.556	
	표준화 편차		38.020	
	최소값(U)		10	
	최대값(X)		100	
	범위(R)		90	
	사분위수 범위		81	
	왜도(W)		.865	.687
	첨도(K)		-1.328	1.334

정규성 검정

	Kolmogorov-Smirnov[a]			Shapiro-Wilk		
	통계	자유도	유의확률	통계	자유도	유의확률
영어성적	.282	10	.023	.759	10	.005

a. Lilliefors 유의확률 수정

윌콕슨 부호순위검증 주요 출력 결과

윌콕슨 부호순위검증에 대한 주요 출력 결과를 제시하면 다음과 같다.

가설검정 요약

	영가설	검정	유의확률[a,b]	의사결정
1	영어성적의 중위수가 55과(와) 같습니다.	일표본 Wilcoxon 부호순위 검정	.505	영가설을 채택합니다.

a. 유의수준은 .050입니다.

b. 근사 유의확률이 표시됩니다.

일표본 Wilcoxon 부호순위 검정

영어성적

일표본 Wilcoxon 부호순위 검정 요약

전체 N	10
검정 통계량	21.000
표준오차	9.753
표준화된 검정 통계량	-.666
근사 유의확률(양측검정)	.505

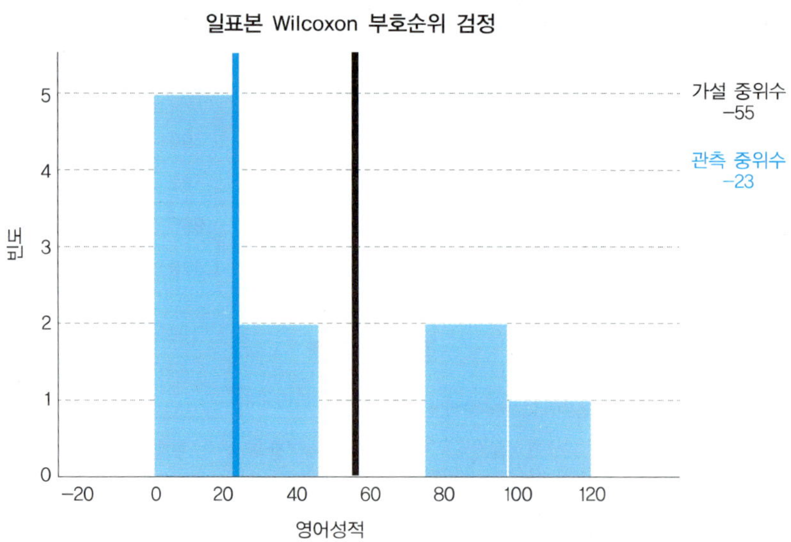

3) 윌콕슨 부호순위검증 결과의 제시와 해석

표 11-7 윌콕슨 부호순위검증 결과 (N=10)

구분	관측 중위수	가설 중위수	표준 오차	표준화된 검증통계량	p값
영어성적	23	55	9.753	21.000	0.505

윌콕슨 부호순위검증을 수행한 결과 관측 중위수는 23(가설 중위수는 55)이며 표준화된 검증통계량은 21.000으로 나타났다. 검증통계량의 p값은 0.505로 나타났으며, 이는 유의수준 0.05보다 크므로 귀무가설인 '천안지역 고등학교 3학년생들의 영어성적은 55점이다'라는 귀무가설을 기각할 수 없다. 따라서 천안지역 고등학교 3학년생들의 영어성적은 전국 고등학교 3학년생들의 영어성적과 차이가 없음을 알 수 있다.

제 12 장

독립표본 t-검증과 맨-휘트니검증

Independent Samples T-Test and Mann-Whitney Test

1 독립표본 t-검증

독립표본 t-검증(Independent samples t-test)이란 2수준을 가지고 있는 독립표본(Level 2) 간의 평균이 동일한지 여부를 검증하는 방법을 말한다. 즉, 두 개 독립표본 간의 평균의 차이가 있는지 없는지를 검증하는 것이다. 예컨대, 독립표본 t-검증에서 독립변수(독립표본)의 수준은 성별 변수의 경우에 남자 표본집단과 여자 표본집단이라는 2수준이 있음을 의미한다.

- 독립표본 t-검증은 독립성, 정규성 및 등분산성의 가정을 만족해야 한다.
- t-검증의 가정 조건들이 모두 만족되었으면 모수통계방법인 독립표본 t-검증을 적용하고, 독립성만 만족하고 정규성과 등분산성을 만족되지 못하면 비모수통계방법인 맨-휘트니검증을 사용한다.
- 리커트척도를 사용해서 여러 개의 설문문항들로 측정된 변수는 신뢰도와 타당도검증을 거쳐 하나의 새로운 변수로 만들 수 있으며, 이 경우에는 보통 통계적 검증방법에 의해 정규성을 검증하기보다는 왜도와 첨도기준을 적용해 검증한다.

그림 12-1 독립표본 t-검증의 선택

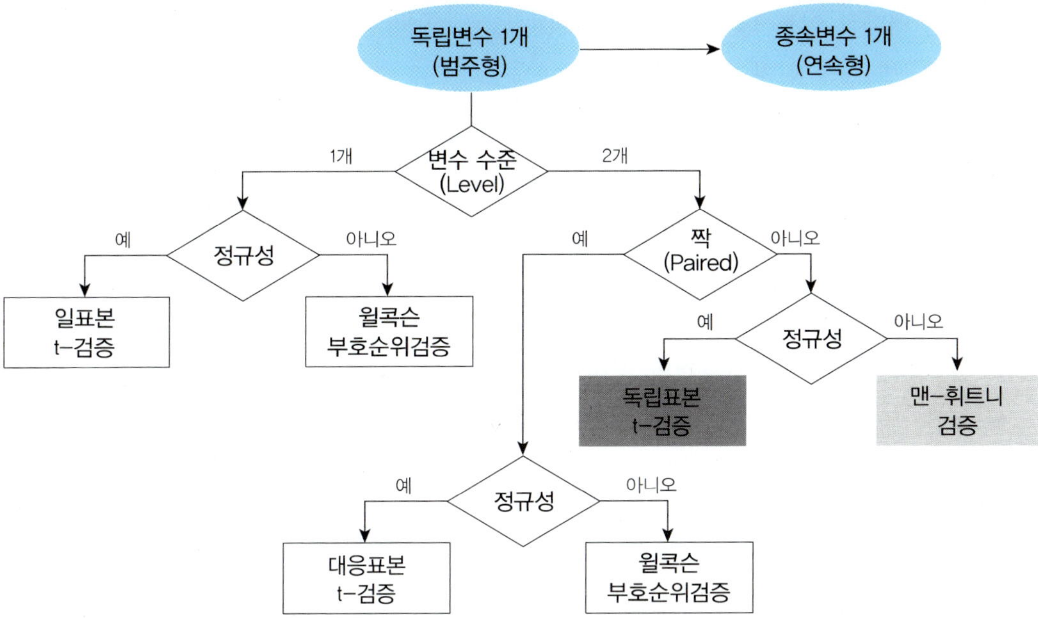

1.1 사용목적과 적용상황

독립표본 t-검증은 독립된 두 개 독립표본 간의 평균이 차이가 있는지 없는지를 검증하는 데 사용한다.

- 독립표본 t-검증에서 독립변수는 성별(남자와 여자집단)과 같이 2수준을 가지고 있는 독립표본(2 Level)이어야 한다.
- 종속변수는 1개이며 연속형 변수이다.

그림 12-2 독립표본 t-검증의 적용상황

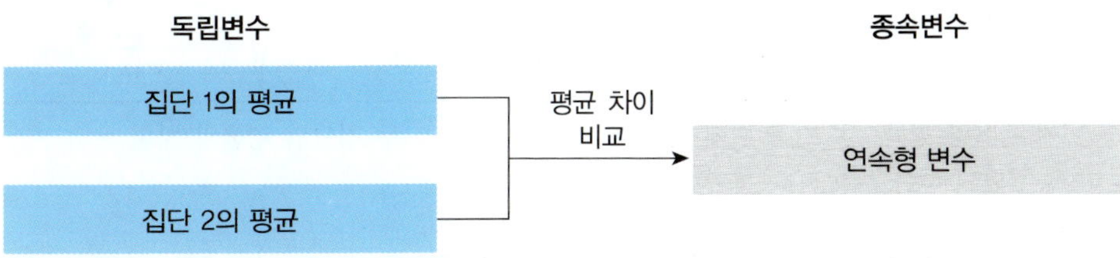

독립표본 t-검증을 이용한 연구의 사례를 제시하면 다음과 같다.

- 성별 백화점 이용고객의 소비액 차이
- 고객군별 매출액 차이
- 성별의 정당 선호도 차이
- 성별 인터넷쇼핑몰 방문횟수 차이
- 성별의 평균 월급 차이
- 성별에 따른 영어성적 차이
- 고학력자와 저학력자 간의 TV시청시간 차이
- 미국과 일본의 의료관광객의 서비스만족도 차이
- 흡연자와 비흡연자의 폐질환 발생률 차이 등

1.2 독립표본 t-검증의 검증통계량인 t값의 계산 예시

독립표본 t-검증을 위한 검증통계량(Test statistic)인 t값(t-value)을 계산하는 공식은 다음과 같다. 물론 일반적으로 통계 프로그램을 사용해 t-검증에 의한 통계적 검증을 실시할 때는 t값에 해당하는 유의확률인 p값을 동시에 제공하기 때문에 t값보다는 p값을 사용해 가설검증을 수행한다.

독립표본 t-검증을 위한 t값의 산출은 두 개 독립표본(집단)의 분산이 같은 경우(등분산)와 분산이 다른 경우(이분산)의 계산공식이 다르다. 두 가지 경우의 t값 계산 공식은 다음과 같다.

표 12-1 독립표본 t-검증의 t값의 계산 공식

등분산가정 시 (Equal variance)	이분산가정 시 (Unequal variance)
$t = \dfrac{\overline{X_1} - \overline{X_2}}{\sqrt{\dfrac{(n_1-1)S_1^2 + (n_2-1)S_2^2}{(n_1+n_2-2)} \times (\dfrac{1}{n_1} + \dfrac{1}{n_2})}}$	$t = \dfrac{\overline{X_1} - \overline{X_2}}{\sqrt{\dfrac{S_1^2}{n_1} + \dfrac{S_2^2}{n_2}}}$

$\overline{X_1}$: 첫 번째 집단의 평균, $\overline{X_2}$: 두 번째 집단의 평균, $\overline{X_1} - \overline{X_2}$: 두 집단의 평균의 차이
n_1: 첫 번째 집단의 표본크기, n_2: 첫 번째 집단의 표본크기
S_1: 첫 번째 집단의 표준편차 S_2: 두 번째 집단의 표준편차

■ 다음의 데이터를 이용하여 등분산가정 시 독립표본 t-검증을 위한 검증통계량 t값을 계산하시오. 초등학교 학생 60명을 대상으로 어머니가 계시는 경우와 안 계신 경우에 심리적 안정감에 대한 자료는 다음과 같다. ① 어머니가 계신 집단: 평균 77.97, 표본크기 30, 표준편차 4.944, ② 어머니가 안 계신 집단: 평균 70.23, 표본크기 30, 표준편차 5.858

수작업에 의한 계산 결과

다음은 수작업으로 계산한 독립표본 t-검증을 위한 t값은 5.525이다. 여기에서 수작업으로 계산한 t값은 뒤에서 학습하게 될 [독립표본 t-검증의 SPSS 통계 실습 12-1]을 통해 출력한 결과와 동일한 값임을 알 수 있다.

$$t = \frac{77.97 - 70.23}{\sqrt{\frac{(30-1)\times(4.944)^2 + (30-1)\times(5.858)^2}{(30+30-2)} \times \left(\frac{1}{30} + \frac{1}{30}\right)}}$$

$$= \frac{7.74}{\sqrt{\frac{(29\times24.443)+(29\times34.316)}{58} \times 0.067}} = \frac{7.74}{\sqrt{1.968}} = \frac{7.74}{1.403} = 5.525$$

1.3 독립표본 t-검증의 가정 조건과 분석 절차

독립표본 t-검증의 가정 조건과 절차는 [그림 12-3]과 같다.

그림 12-3 | 독립표본 t-검증의 가정 조건과 분석 절차

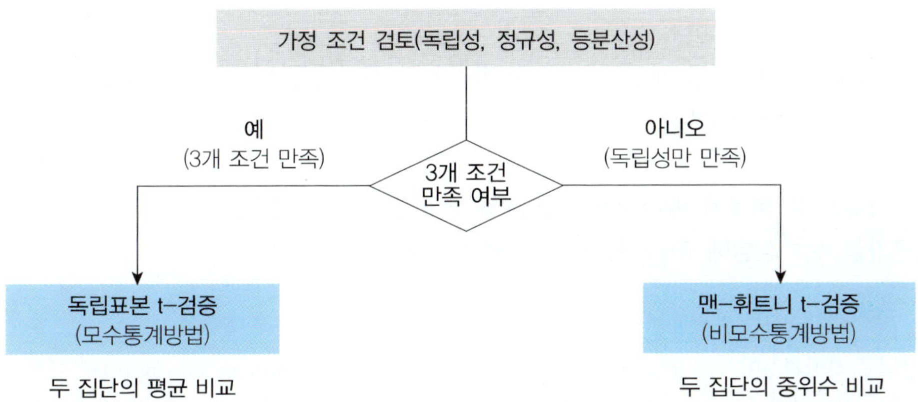

독립표본 t-검증의 분석 절차는 크게 가정 조건 검토와 t-검증의 수행으로 구분된다. 먼저, 종속변수의 데이터가 서로 다른 독립적인 집단에서 수집되었는가를 검토한다. 다음으로, 종속변수(검정변수)가 정규분포를 하는지를 알아보기 위해서 정규성검증을 수행하고, 두 개의 독립표본(집단) 간에 종속변수의 분산이 동일한지를 검증한다. 등분산검증은 t-검증 수행 전에는 검토하지 않으며 독립표본 t-검증을 수행한 후에 출력 결과 중에서 Levene 등분산 부분을 보고 확인하면 된다.

가정 조건에 대한 검토 결과 독립성, 정규성, 등분산성의 가정을 만족하면 독립표본 t-검증을 수행한다.

- 독립표본 t-검증은 등분산성가정을 반드시 만족해야 하는 것은 아니며, 만족하지 않더라도 검증을 실시할 수 있다. 다만 다음의 기준에 따라 분석 결과를 제시하고 해석하면 된다. ① t-검증 결과에서 등분산성(Equal variance)이 만족되면 '등분산이 가정됨'의 통계량을 확인하여 가설을 검증한다. ② t-검증 결과에서 등분산성이 만족되지 않아 이분산(Unequal variance)이면 '등분산이 가정되지 않음'의 통계량을 확인하여 가설 검증을 한다.[1)]
- 만약 독립성의 가정만 만족하고 정규성이 만족되지 않으면 맨-휘트니검증을 사용한다.

1.4 가설과 설문지 설계

독립표본 t-검증을 위한 가설은 다음과 같다.

- 귀무가설(H_0): 어머니가 계신 집단과 어머니가 안 계신 집단의 심리적 안정감의 평균은 차이가 없다.
- 연구가설(H_1): 어머니가 계신 집단과 어머니가 안 계신 집단의 심리적 안정감의 평균은 차이가 있다.

- 귀무가설(H_0): 성별에 따라 자기효능감의 평균은 차이가 없다.
- 연구가설(H_1): 성별에 따라 자기효능감의 평균은 차이가 있다.

1) 두 집단의 등분산가정이 만족되었을 때는 합동분산추정치(Pooled variances estimate)를 이용하고, 등분산가정이 만족되지 않았을 경우에는 개별분산추정치(Separated variances estimate)를 이용한다.

맨-휘트니검증을 위한 가설은 다음과 같다.

- **귀무가설(H_0)**: 남자집단과 여자집단의 회사복지만족도의 중앙값은 차이가 없다.
- **연구가설(H_1)**: 남자집단과 여자집단의 회사복지만족도의 중앙값은 차이가 있다.

독립표본 t-검증을 위한 설문문항은 다음과 같다.

설문 1: 귀하는 어머니가 계십니까?
1. 어머니가 계심 2. 어머니가 안 계심

설문 2: 다음의 학습 자기효능감에 대한 설문문항들을 보고 떠오르는 대로 솔직하게 응답해 주세요 (학업적 자기효능감이란 주어진 학습과제를 성공적으로 학습하거나 수행해 낼 수 있는지에 관한 주관적인 확신을 가리킨다).

	설문문항	전혀 아니다		보통		매우 그렇다
2.1	나는 수업에서 선생님이 복잡한 자료를 제시해도 잘 이해할 수 있다.	①	②	③	④	⑤
2.2	나는 수업시간에 배우는 내용을 잘 기억할 자신이 있다.	①	②	③	④	⑤
2.3	나는 수업내용 중 무엇이 중요한지 잘 구별할 수 있다.	①	②	③	④	⑤
2.4	나는 수업시간에 배우는 내용을 쉽게 이해할 수 있다.	①	②	③	④	⑤
2.5	나는 수업시간에 배운 내용에 관한 문제를 잘 풀 자신이 있다.	①	②	③	④	⑤

설문 3: 귀하가 평상시 느끼는 심리적 안정감은 어느 정도입니까?
(100점 만점 기준으로 답하세요)
(　　　　)점

2 독립표본 t-검증의 SPSS 통계 실습

[통계 실습 12-1] 독립표본 t-검증: 등분산의 경우

다음의 [제12장 독립표본 t검증 데이터(등분산의 경우)]를 이용해서 독립표본 t-검증을 수행하고 분석 결과를 해석하시오. 독립변수는 어머니의 존재 여부(1. 계심, 2. 안 계심)이며, 종속변수는 100점 만점으로 측정한 심리적 안정감이다.

■ **실습 데이터**

ID	어머니 존재 여부	심리적 안정감
1	1	78
2	2	77
…	…	
60	2	68

총 사례 수는 60개임

- 어머니 존재 여부 → 범주형 변수(1. 어머니가 계심, 2. 어머니가 안 계심)
- 심리적 안정감 → 연속형 변수(100점 만점)

실습 데이터	제12장 독립표본 t검증 데이터(등분산의 경우)
분석방법 메뉴 선택	분석–기술통계량–데이터 탐색 분석–평균 및 비율 비교–독립표본 t검증

1) 실습 과정

❶ [파일-열기-데이터]를 선택한 후 실습 데이터 파일이 있는 위치로 찾아가서 [제12장 독립표본 t-검증 데이터(등분산의 경우)]를 연다.

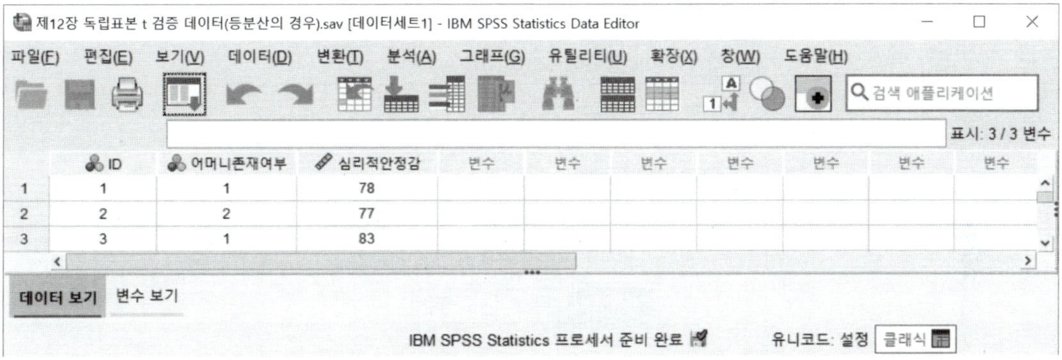

❷ [분석-기술통계량-데이터 탐색]을 클릭하여 [데이터 탐색] 창을 연다. 왼쪽에 있는 [어머니 존재 여부]를 오른쪽 [요인]으로, [심리적 안정감]을 [종속변수]로 이동시킨다.

❸ [데이터 탐색: 도표] 창에서 [검정과 함께 정규성 도표]를 체크한 후 [계속] 버튼을 클릭한다. [데이터 탐색] 창에서 [확인] 버튼을 클릭해 데이터의 정규성검증을 마친다. 그러면 분석 결과가 출력된다.

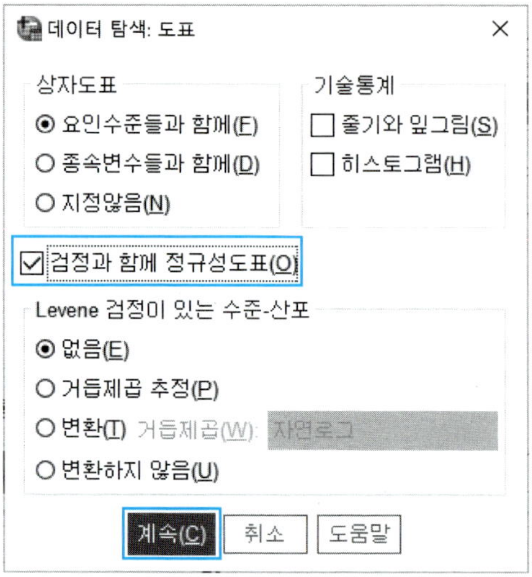

❹ [분석–평균 및 비율 비교–독립표본 t검증]을 클릭하여 [독립표본 t검증] 창을 연다. 왼쪽에 있는 [어머니 존재 여부]를 오른쪽 [집단변수]로, [심리적 안정감]을 [검정변수]로 이동시킨다. [집단정의]를 클릭해 [집단1]에는 [1]을, [집단2]에는 [2]를 입력하고 [계속] 버튼을 클릭한다. [독립표본 t검증] 창에서 [확인] 버튼을 클릭하면 분석 결과가 출력된다.

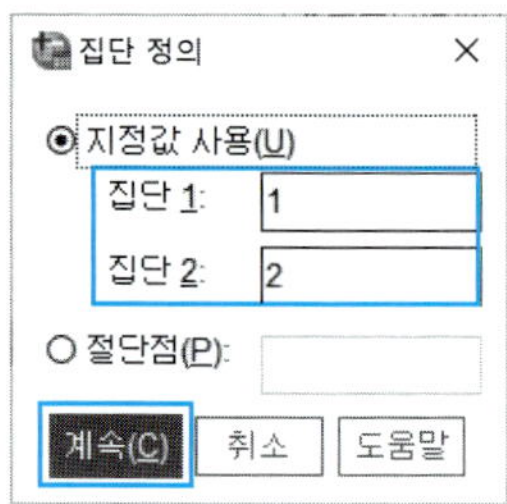

2) 주요 분석 결과

독립표본 t-검증에 대한 주요 출력 결과를 제시하면 다음과 같다.

정규성검증 결과

[데이터 탐색]을 통해 기술통계분석을 하여 집단별 왜도와 첨도를 출력하였다. 어머니가 계신 집단과 안 계신 집단의 왜도와 첨도는 모두 기준값 미만이므로 데이터는 정규분포를 하고 있는 것으로 나타났다. 또한 Kolmogorov-Smirnov검증과 Shapiro-Wilk검증 결과를 보면 p값이 모두 유의수준 0.05보다 크므로 데이터의 정규성은 확보되었다고 볼 수 있다.

기술통계

	어머니존재여부			통계	표준화 오차
심리적안정감	어머니가 계심	평균 순위		77.97	.903
		평균의 95% 신뢰구간	하한	76.12	
			상한	79.81	
		5% 절사평균		78.04	
		중위수(D)		78.00	
		분산(V)		24.447	
		표준화 편차		4.944	
		최소값(U)		68	
		최대값(X)		87	
		범위(R)		19	
		사분위수 범위		7	
		왜도(W)		-.320	.427
		첨도(K)		-.505	.833
	어머니가 안 계심	평균 순위		70.23	1.070
		평균의 95% 신뢰구간	하한	68.05	
			상한	72.42	
		5% 절사평균		70.26	
		중위수(D)		70.00	
		분산(V)		34.323	
		표준화 편차		5.859	
		최소값(U)		60	
		최대값(X)		80	
		범위(R)		20	
		사분위수 범위		10	
		왜도(W)		-.030	.427
		첨도(K)		-1.017	.833

정규성 검정

		Kolmogorov-Smirnov[a]			Shapiro-Wilk		
	어머니존재여부	통계	자유도	유의확률	통계	자유도	유의확률
심리적안정감	어머니가 계심	.103	30	.200*	.969	30	.507
	어머니가 안 계심	.147	30	.095	.953	30	.202

*. 이것은 참 유의성의 하한입니다.

a. Lilliefors 유의확률 수정

상자도표 출력 결과

상자도표 출력 결과를 보면 어머니가 계시는 경우 초등학생들의 심리적 안정감이 어머니가 안 계신 경우보다 더 높음을 알 수 있다.

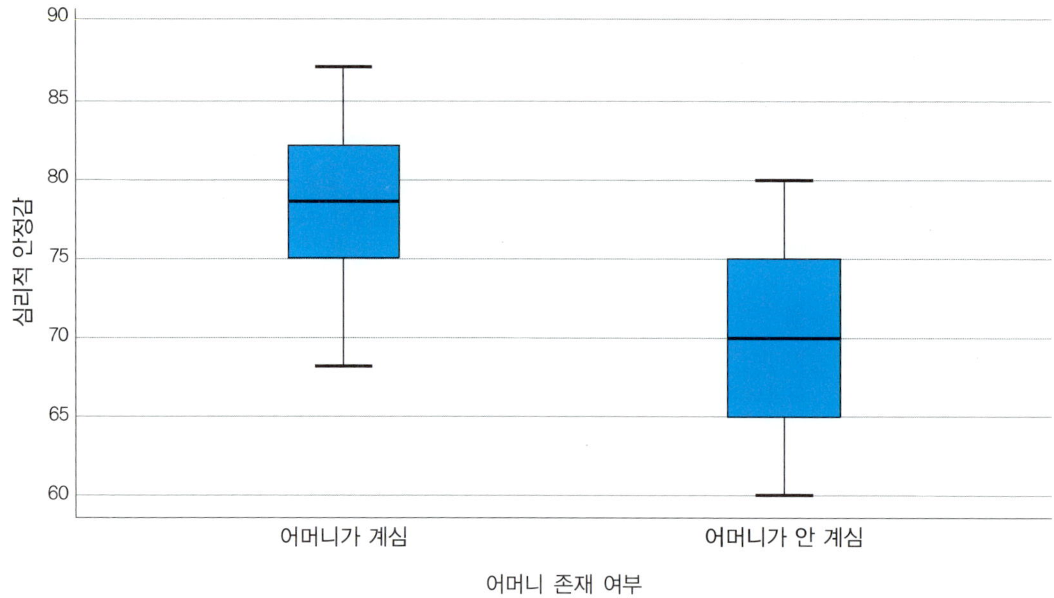

독립표본 t-검증 결과

독립표본 t-검증 결과에서 Levene의 등분산검증을 보면 p값이 0.228로 유의수준 0.05보다 크므로 어머니의 존재 여부에 따라 분산이 차이가 없는 것으로 나타나 등분산가정이 만족되었다. 따라서 검증 결과의 제시와 해석은 위쪽에 있는 '등분산이 가정됨'의 통계량을 이용하면 된다.

집단통계량

	어머니존재여부	N	평균	표준편차	평균의 표준오차
심리적안정감	어머니가 계심	30	77.97	4.944	.903
	어머니가 안 계심	30	70.23	5.859	1.070

독립표본 검정

		Levene의 등분산 검정		평균의 동일성에 대한 T 검정							
						유의확률				차이의 95% 신뢰구간	
		F	유의확률	t	자유도	단측 확률	양측 확률	평균차이	표준오차 차이	하한	상한
심리적안정감	등분산을 가정함	1.487	.228	5.525	58	<.001	<.001	7.733	1.400	4.932	10.535
	등분산을 가정하지 않음			5.525	56.407	<.001	<.001	7.733	1.400	4.930	10.537

3) 독립표본 t-검증 결과의 제시와 해석

독립표본 t-검증의 결과를 요약하면 [표 12-2]와 같다.

❙ 표 12-2 ❙ 독립표본 t-검증의 분석 결과 (N=60)

변수		평균	표준편차	t값	p값
심리적 안정감	어머니 유	77.97	4.944	5.525***	<0.001
	어머니 무	70.23	5.859		

***p<0.001

어머니의 존재 여부에 따라서 초등학생들의 심리적 안정감의 차이가 있는지를 알아보기 위해 독립표본 t-검증을 실시한 결과, t값은 5.525이고 p값이 <0.001이어서 유의수준 0.001 수준보다 작으므로 어머니의 존재 여부에 따라 심리적 안정감이 차이가 없다는 귀무가설을 기각하였다. 따라서 어머니의 존재 여부에 따라서 초등학생들의 심리적 안정감의 평균은 차이가 있으며, 어머니가 계신 집단(평균=77.97, 표준편차=4.944)이 어머니가 안 계신 집단(평균=70.23, 표준편차=5.859)보다 심리적 안정감이 유의미하게 높았다.

[통계 실습 12-2] 독립표본 t-검증: 이분산의 경우(Welch's t-test)

다음의 [제12장 독립표본 t-검증 데이터(이분산의 경우)]를 이용해서 독립표본 t-검증을 수행하고 분석 결과를 해석하시오. 독립변수는 성별(1. 남자, 2. 여자)이며, 종속변수는 5점 리커트척도로 되어 있다. 종속변수는 최초에 설문 시 5개 설문문항으로 되어 있었으나 이 실습에서 5개 설문문항에 대한 신뢰도와 타당도검증을 통해 신뢰도와 타당도를 확인한 후 항목 합산(Item parceling)[2)]하여 하나의 학업적 자기효능감 변수로 요약하였다.

■ **실습 데이터**

ID	성별	학업적 자기효능감
1	2	5.00
2	1	4.50
…	…	…
110	1	4.00

총 사례 수는 110개임

- 성별 → 범주형 변수(1. 남자, 2. 여자)
- 학업적 자기효능감 → 연속형 변수(5점 리커트척도)

실습 데이터	제12장 독립표본 t검증 데이터(이분산의 경우)
분석방법 메뉴 선택	분석–기술통계량–데이터 탐색 분석–평균 및 비율 비교–독립표본 t검증

2) 5개 설문문항의 항목 합산은 각 응답자의 5개 응답치를 합한 후 평균치를 구하기 위해서 5로 나누어서 생성하였다.

1) 실습 과정

❶ [파일-열기-데이터]를 선택한 후 실습 데이터 파일이 있는 위치로 찾아가서 [제12장 독립표본 t-검증 데이터(이분산의 경우)]를 연다.

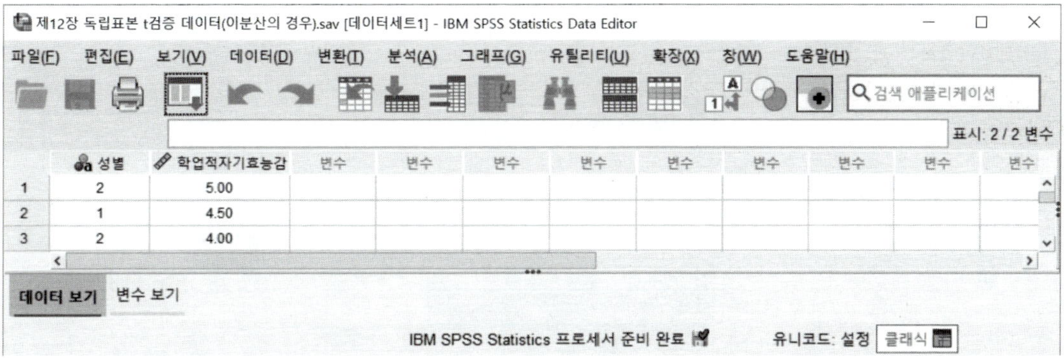

❷ [분석-기술통계량-데이터 탐색]을 클릭하여 [데이터 탐색] 창을 연다. 왼쪽에 있는 [성별]을 오른쪽 [요인]으로, [학업적 자기효능감]을 [종속변수]로 이동시킨다. 이 실습에서 학업적 자기효능감은 리커트척도로 측정된 변수이기 때문에 [통계적 검증 방법]을 사용하지 않고 왜도와 첨도기준을 적용하기로 한다. 따라서 나머지 옵션들은 그대로 두고 바로 [확인] 버튼을 클릭해 분석을 마친다. 그러면 기술통계량을 출력할 수 있다.

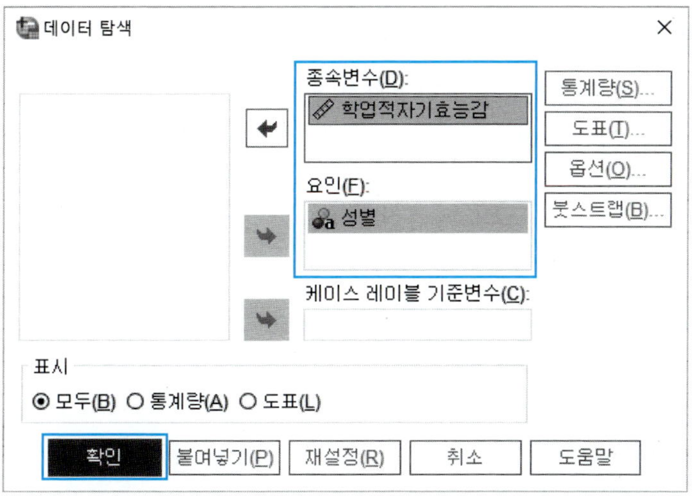

❸ [분석–평균 및 비율 비교–독립표본 t검증]을 클릭하여 [독립표본 t검증] 창을 연다. 왼쪽에 있는 [성별]을 오른쪽 [집단변수]로, [학업적 자기효능감]을 [검정변수]로 이동시킨다. [집단정의]를 클릭해 [집단1]에는 [1]을, [집단2]에는 [2]를 입력하고 [계속] 버튼을 클릭한다. [독립표본 t검증] 창에서 [확인] 버튼을 클릭해 분석을 마친다. 그러면 분석 결과가 출력된다.

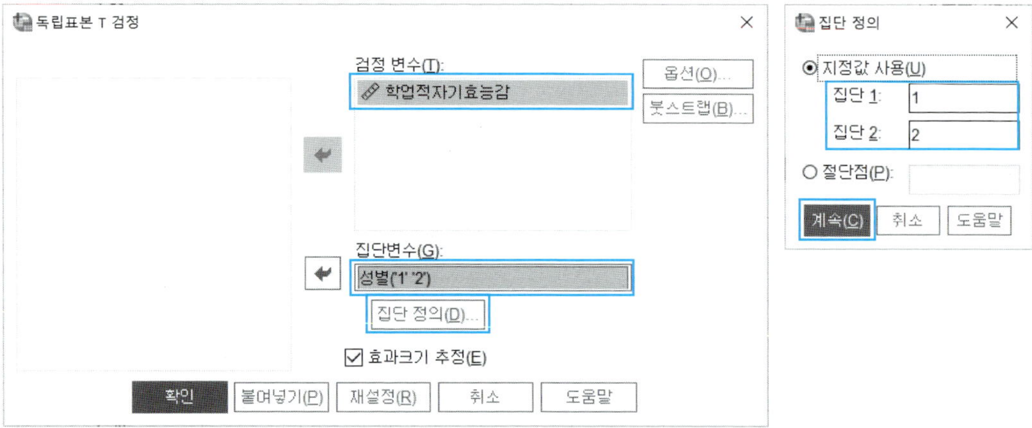

2) 주요 분석 결과

독립표본 t-검증에 대한 주요 출력 결과를 제시하면 다음과 같다.

정규성검증 결과

독립변수에 따른 종속변수의 정규성을 확인하기 위해서 [기술통계량]을 산출하였다. 남자집단과 여자집단의 왜도와 첨도의 절대값이 각각 2와 7 미만이므로 성별에 따른 학업적 자기효능감은 정규분포를 따르고 있다고 가정할 수 있다.

기술통계

	성별			통계	표준화 오차
학업적자기효능감	1	평균 순위		3.3968	.12402
		평균의 95% 신뢰구간	하한	3.1489	
			상한	3.6447	
		5% 절사평균		3.4118	
		중위수(D)		3.2500	
		분산(V)		.969	
		표준화 편차		.98439	
		최소값(U)		1.50	
		최대값(X)		5.00	
		범위(R)		3.50	
		사분위수 범위		1.75	
		왜도(W)		-.120	.302
		첨도(K)		-.977	.595
	2	평균 순위		3.4468	.10256
		평균의 95% 신뢰구간	하한	3.2404	
			상한	3.6533	
		5% 절사평균		3.4190	
		중위수(D)		3.5000	
		분산(V)		.494	
		표준화 편차		.70313	
		최소값(U)		2.25	
		최대값(X)		5.00	
		범위(R)		2.75	
		사분위수 범위		1.00	
		왜도(W)		.386	.347
		첨도(K)		-.332	.681

독립표본 t-검증 결과

독립표본 t-검증 결과에서 Levene의 등분산검증 결과를 보면 p값이 0.009로 유의수준 0.01보다 작으므로 성별에 따라 분산이 차이가 있는 것으로 나타나 집단 간의 등분산가정이 만족되지 않았다. 따라서 검증 결과의 제시와 해석은 아래쪽에 있는 '등분산이 가정되지 않음'의 통계량을 이용하면 된다.

집단통계량

	성별	N	평균	표준편차	평균의 표준오차
학업적자기효능감	1	63	3.3968	.98439	.12402
	2	47	3.4468	.70313	.10256

독립표본 검정

		Levene의 등분산 검정		평균의 동일성에 대한 T 검정							
						유의확률				차이의 95% 신뢰구간	
		F	유의확률	t	자유도	단측 확률	양측 확률	평균차이	표준오차 차이	하한	상한
학업적자기효능감	등분산을 가정함	7.181	.009	-.296	108	.384	.768	-.04998	.16879	-.38455	.28458
	등분산을 가정하지 않음			-.311	107.827	.378	.757	-.04998	.16094	-.36899	.26903

3) 독립표본 t-검증 결과의 제시와 해석

독립표본 t-검증의 결과를 요약하면 [표 12-3]과 같다.

표 12-3 독립표본 t-검증의 분석 결과 (N=110)

변수		N	평균	표준편차	t값	p값
학업적 자기효능감	남자	63	3.40	0.984	−0.311	0.757
	여자	47	3.45	0.703		

성별 집단에 따라서 대학생들의 학업적 자기효능감이 차이가 있는지를 알아보기 위해 독립표본 t-검증을 실시한 결과, t값은 −0.311이고 p값이 0.757이어서 유의수준 0.05 수준보다 크므로 성별 집단에 따라 학업적 자기효능감이 차이가 없다는 귀무가설을 기각할 수 없다. 따라서 성별에 따라 대학생들의 학업적 자기효능감은 차이가 없다고 볼 수 있다.

3 맨-휘트니검증의 SPSS 통계 실습

[통계 실습 12-3] 맨-휘트니검증(Mann-Whitney U Test)

다음의 [제12장 맨-휘트니검증 데이터]를 이용해서 맨-휘트니검증을 사용해 성별에 따라 회사복지만족도 차이가 있는지를 분석하시오. 독립변수는 성별(1. 남자, 2. 여자)이며, 종속변수는 100점 만점으로 측정한 회사복지만족도이다.

■ **실습 데이터**

ID	성별	회사복지만족도
1	1	85
2	1	86
…	…	
20	2	50

총 사례 수는 20개임

- 성별 → 범주형 변수(1. 남자, 2. 여자)
- 회사복지만족도 → 연속형 변수(100점 만점)

실습 데이터	제12장 맨-휘트니검증 데이터
분석방법 메뉴 선택	분석-기술통계량-데이터 탐색 분석-비모수검정-레거시 대화상자-2-독립표본

1) 실습 과정

❶ [파일-열기-데이터]를 선택한 후 실습 데이터 파일이 있는 위치로 찾아가서 [제12장 맨-휘트니검증 데이터]를 연다.

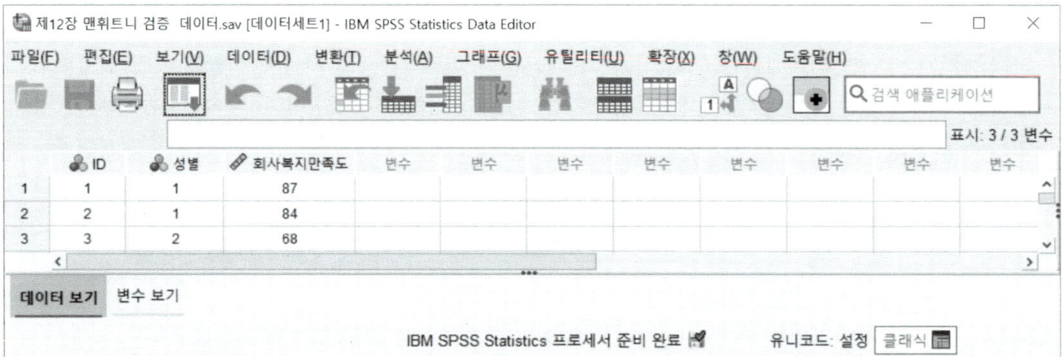

❷ [분석-기술통계량-데이터 탐색]을 클릭하여 [데이터 탐색] 창을 연다. 왼쪽에 있는 [성별]을 오른쪽 [요인]으로, [회사복지만족도]를 [종속변수]로 이동시킨다.

❸ [데이터 탐색: 도표] 창에서 [검정과 함께 정규성 도표]를 체크한 후 [계속] 버튼을 클릭한다. [데이터 탐색] 창에서 [확인] 버튼을 클릭해 데이터의 정규성검증을 마친다. 그러면 분석 결과가 출력된다.

❹ [분석-비모수검정-레거시 대화상자-2-독립표본]을 클릭하여 [2-독립표본 비모수검정] 창을 연다. 왼쪽에 있는 [성별]을 오른쪽 [집단변수]로, [회사복지만족도]를 [검정변수]로 이동시킨다. [집단정의]를 클릭해 [집단1]에는 [1]을, [집단2]에는 [2]를 입력하고 [계속] 버튼을 누른다. [검정 유형]에는 [Mann-Whitney의 U]를 체크한다. [2-독립표본 비모수검정] 창에서 [확인] 버튼을 클릭하면 분석 결과가 출력된다.

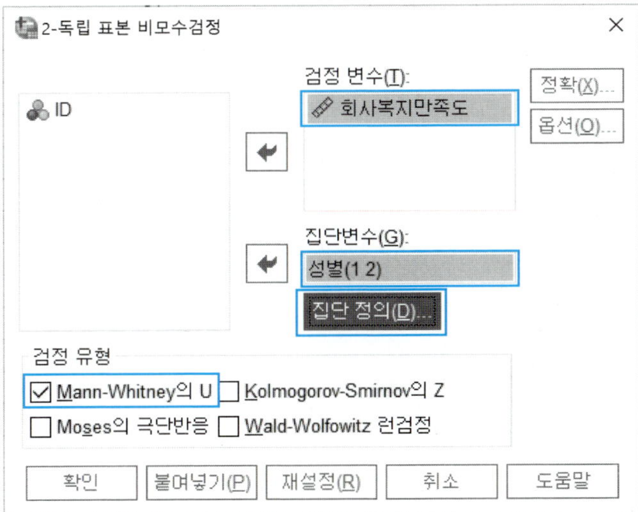

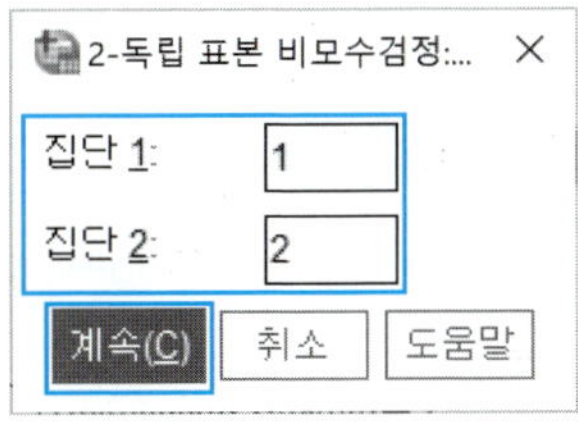

2) 주요 분석 결과

맨-휘트니검증에 대한 주요 출력 결과를 제시하면 다음과 같다.

정규성검증 결과

[데이터 탐색]을 수행한 결과 남자와 여자집단 모두 왜도와 첨도의 절대값이 기준값 미만이어서 정규분포를 한다고 볼 수 있다. 그러나 보다 엄격한 방법인 통계기법을 통해 검증한 결과 Shapiro-Wilk검증의 p값이 모두 유의수준 0.01보다 작으므로 데이터의 정규성은 확보되지 않았다고 볼 수 있다. 따라서 비모수통계방법인 맨-휘트니검증을 수행해야 한다.

정규성 검정

	성별	Kolmogorov-Smirnov[a] 통계	자유도	유의확률	Shapiro-Wilk 통계	자유도	유의확률
회사복지만족도	남자	.329	10	.003	.773	10	.007
	여자	.312	10	.006	.779	10	.008

a. Lilliefors 유의확률 수정

맨-휘트니검증 결과

Mann-Whitney검증

순위

	성별	N	평균 순위	순위합
회사복지만족도	남자	10	13.70	137.00
	여자	10	7.30	73.00
	전체	20		

검정 통계량[a]

	회사복지만족도
Mann-Whitney의 U	18.000
Wilcoxon의 W	73.000
Z	-2.426
근사 유의확률 (양측)	.015
정확 유의확률 [2*(단측 유의확률)]	.015[b]

a. 집단변수: 성별

b. 동순위에 대해 수정된 사항이 없습니다.

3) 맨-휘트니검증 결과의 제시와 해석

맨-휘트니검증의 결과를 요약하면 [표 12-4]와 같다.

표 12-4 맨-휘트니검증의 분석 결과 (N=20)

변수		N	평균순위	맨-휘트니 U	Z값	p값
회사복지만족도	남자	10	13.70	18.000	-2.426*	0.015
	여자	10	7.30			

*p<0.05

성별에 따라 회사원들의 회사복지만족도가 차이가 있는지를 알아보기 위해 맨-휘트니검증을 실시한 결과, Z값은 -2.426이고 p값이 0.015이어서 유의수준 0.05 수준보다 작으므로 성별에 따라 회사복지만족도가 차이가 없다는 귀무가설을 기각하였다. 따라서 성별에 따라서 회사원들의 회사복지만족도는 차이가 있으며, 남자가 여사원들보다 회사복지만족도가 높음을 알 수 있다.

제 13 장

대응표본 t-검증과 월콕슨 부호순위검증

Paired Samples T-Test, Wilcoxon Signed Rank Test

1 대응표본 t-검증

대응표본 t-검증(Paired samples t-test)이란 서로 종속적인 짝(쌍)으로 측정된 대응되는 동일집단(혹은 동일인)의 2수준 대응표본 간의 평균이 동일한지 여부를 검증하는 방법을 말한다. 이는 동일한 표본 대상으로 시간 간격을 두고 데이터를 두 번 수집해서 입수한 데이터를 이용하여 변수 간의 평균 차이를 검증한다.

- ▶ 대응표본 t-검증은 같은 응답자에게 사전과 사후로 두 번 짝(쌍)으로 수집된 데이터를 분석에 활용하는 두 개 대응표본 간의 평균비교방법이다.
- ▶ 대응표본 t-검증에 독립변수에 따른 종속변수는 정규성가정을 만족해야 한다. 정규성검증은 대응차(Paired differences), 즉 [사전점수-사후점수]를 대상으로 수행한다. 정규성을 만족하면 대응표본 t-검증을 적용하고, 정규성가정을 만족하지 못하는 경우에는 비모수통계방법인 윌콕슨 부호순위검증(Wilcoxon signed rank test)을 사용해야 한다.
- ▶ 대응표본 t-검증은 동일집단(혹은 동일인)을 대상으로 분석하므로 등분산성의 검증은 필요하지 않다.
- ▶ 대응표본 t-검증은 표본을 추출하는 과정이 서로 독립적인 경우가 아니라 종속적인 경우에 사용하는 방법이다. 여기에서 종속적이라 함은 하나의 선택이 다른 선택에

▶ 그림 13-1 ▌ 대응표본 t-검증의 선택

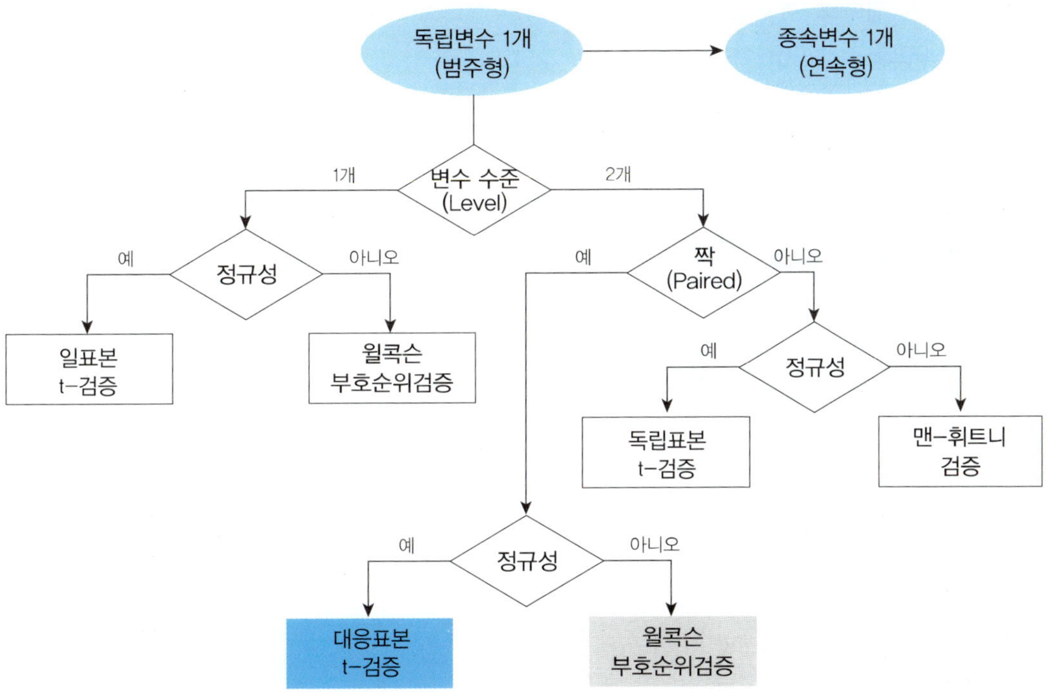

영향을 미치는 경우를 말한다. 따라서 대응표본 t-검증에서는 독립성가정도 필요하지 않다.

- 대응표본 t-검증은 실험 연구에서 많이 사용되는 대응표본의 평균비교 방법이다. 대응 2-표본(Paired 2 samples data)은 치료의 효과를 측정할 때 자주 사용된다.

1.1 사용목적과 적용상황

대응표본 t-검증은 실험 처치 전후 집단이 동일한 경우에 사전에 측정한 변수(사전점수)와 사후에 측정한 변수(사후점수)의 평균 차이를 비교하는 데 사용한다. 즉, 측정 대상은 동일하나 두 시점에서 측정한 변수가 비교대상이 된다. 또한 정규성검증을 위한 분석의 대상은 사전점수와 사후점수 각각이 아니라 사전점수와 사후점수의 차이로 계산된 새로운 변수(대응차)이다.

- 대응표본 t-검증에서 독립변수는 1개이며 두 개의 짝 지어진 데이터(Paired data)로 측정된 변수로 범주형 변수이다.
- 종속변수는 1개이며 연속형 변수이다.

그림 13-2 ▮ 대응표본 t-검증의 적용상황

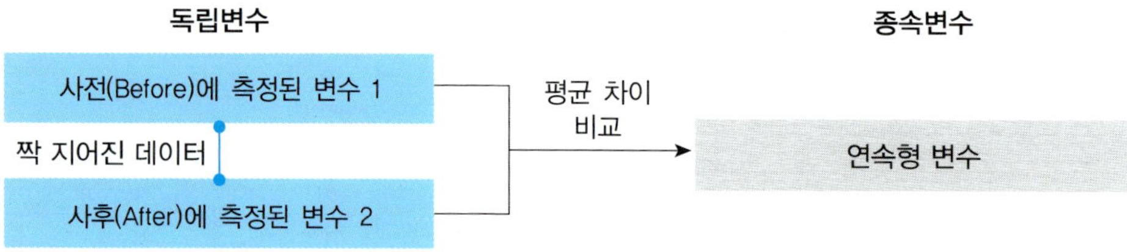

대응표본 t-검증을 이용한 연구의 사례를 제시하면 다음과 같다.

- 치료제 복용 전후의 체중 비교
- 휘발유 첨가제 사용 전후의 자동차 주행거리 비교
- 학습법 적용 전후의 성적 비교
- 새로운 교수법 적용 전후의 비교
- 제품포장 변경 전후의 매출액 비교
- 생산라인 변경 전후의 생산량 비교
- 온라인 교육과 교실교육의 교육성과 비교 등

1.2 대응표본 t-검증의 검증통계량인 t값의 계산 예시

대응표본 t-검증을 위한 검증통계량(Test statistic)인 t값(t-value)을 계산하는 공식은 다음과 같다.

$$t = \frac{\bar{d}}{S / \sqrt{n}}$$

여기서, $\bar{d}$: 대응차(사전점수 평균−사후점수 평균)
S: 대응차(사전과 사후 점수차이)의 표준편차
n: 표본 수

■ 다음은 A대학교에서 수행한 창의력향상교육프로그램에 관한 데이터이다. 교육 전의 교육만족도 평균은 67.40이며 교육 후의 평균은 70.63이다. 교육 전과 후 대응차의 표준편차는 2.326이며, 표본크기는 40명이었다. 대응표본 t-검증을 위한 검증통계량 t값을 계산하시오.

수작업에 의한 계산 결과

다음은 수작업으로 계산한 대응표본 t-검증을 위한 t값은 −11.015이다. 여기에서 수작업으로 계산한 t값은 뒤에서 설명할 대응표본 t-검증의 SPSS [통계 실습 13-1]을 통해 출력한 결과와 동일한 값임을 알 수 있다(반올림으로 계산해 소수점 이하 값은 약간 차이가 있음).

$$t = \frac{67.40 - 70.63}{2.326/\sqrt{40}} = \frac{-3.23}{2.326/6.325} = \frac{-3.23}{0.368} = -8.777$$

1.3 대응표본 t-검증의 가정 조건과 분석 절차

대응표본 t-검증의 가정 조건과 절차는 [그림 13-3]과 같다.

그림 13-3 ▌ 대응표본 t-검증의 가정 조건

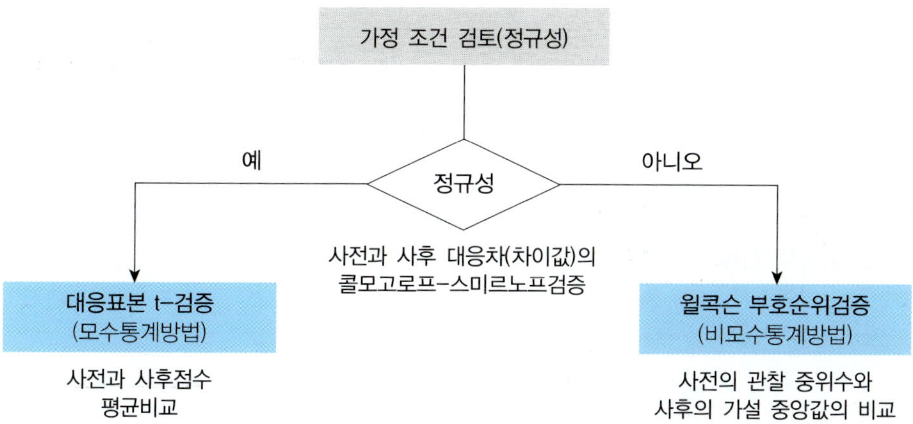

먼저, 대응표본 t-검증은 정규성을 가정하고 있기 때문에 정규성의 검증은 필요하다. 정규성은 1표본을 대상으로 1표본 콜모고로프-스미르노프검증을 수행한다. 검증대상은 사전점수나 사후점수가 아닌 대응차이다. 대응차가 정규분포를 따르면 모수통계방법인 대응표본 t-검증을 수행한다. 반면에 대응차가 정규분포를 하지 않으면 비모수통계방법인 윌콕슨 부호순위검증을 수행한다. 대응표본 t-검증은 사전과 사후점수 평균 차이를 검증하며, 윌콕슨 부호순위검증은 표본의 관찰 중위수와 모집단의 가설 중위수를 비교해 검증한다.

1.4 가설과 설문지 설계

대응표본 t-검증을 위한 가설은 다음과 같다.

- **귀무가설(H_0)**: 창의력향상프로그램의 실시 전과 후의 교육만족도 평균은 차이가 없다.
- **연구가설(H_1)**: 창의력향상프로그램의 실시 전과 후의 교육만족도 평균은 차이가 있다.

윌콕슨 부호순위검증을 위한 가설은 다음과 같다.

- **귀무가설(H_0)**: 생산라인 교체 전의 생산량과 교체 후의 생산량의 평균순위는 차이가 없다.
- **연구가설(H_1)**: 생산라인 교체 전의 생산량과 교체 후의 생산량의 평균순위는 차이가 있다.

대응표본 t-검증을 위한 설문문항은 다음과 같다.

설문 1: 귀하는 A대학교의 창의력향상프로그램에 대해 수강 시점에서 만족도를 평가한다면 몇 점을 주시겠습니까? 100점 기준으로 답해 주세요.
( )점

설문 2: 귀하는 A대학교가 실시한 창의력향상프로그램에 대해 수강을 완료한 시점에서 만족도를 평가한다면 몇 점을 주시겠습니까? 100점 기준으로 답해 주세요.
( )점

2 대응표본 t-검증의 SPSS 통계 실습

[통계 실습 13-1] 대응표본 t-검증

다음의 [제13장 대응표본 t검증 데이터](A대학교의 창의력향상프로그램)을 이용해서 대응표본 t-검증을 수행하고 분석 결과를 해석하시오. 단, 독립변수는 창의력향상프로그램 교육 전후이며, 종속변수는 100점 만점으로 측정한 교육만족도이다.

■ 실습 데이터

ID	교육 전	교육 후
1	70	73
2	65	63
…	…	…
40	75	76

총 사례 수는 40개임

• 창의력향상프로그램 → 범주형 변수(교육 전과 후)

• 교육만족도 → 연속형 변수(100점 만점)

실습 데이터	제13장 대응표본 t검증 데이터
분석방법 메뉴 선택	변환-변수 계산 분석-비모수검정-레거시 대화상자-1표본 K-S 분석-평균 및 비율 비교-대응표본 t검증

1) 실습 과정

❶ [파일-열기-데이터]를 선택한 후 실습 데이터 파일이 있는 위치로 찾아가서 [제13장 대응표본 t-검증 데이터]를 연다.

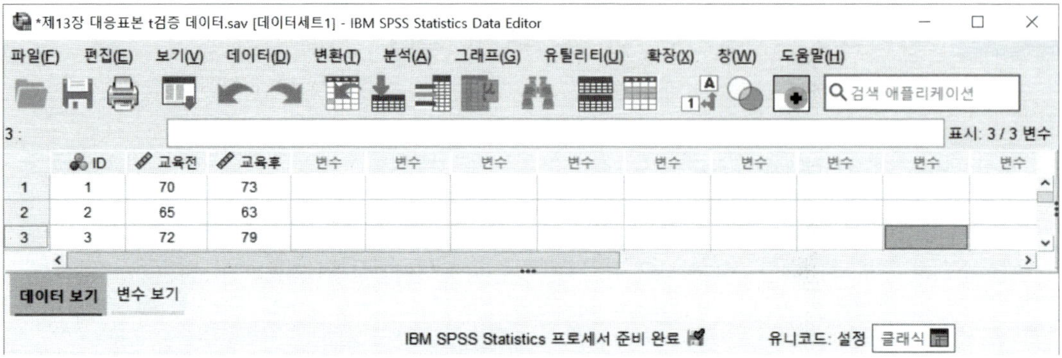

❷ [변환–변수 계산]을 클릭하여 [변수 계산] 창을 연다. [목표변수]에 [대응차]라고 입력한다. [숫자표현식]에 [교육전 – 교육후]를 입력한다. [확인] 버튼을 눌러서 새로운 변수인 [대응차]를 생성한다. 그러면 데이터 입력창에 새로운 변수인 [대응차] 변수가 만들어진다. [변수보기]에 들어가서 [소수점이하]를 [0]으로 변경한다. [맞춤]도 [가운데 맞춤]으로 바꾼 후 데이터를 [저장]한다.

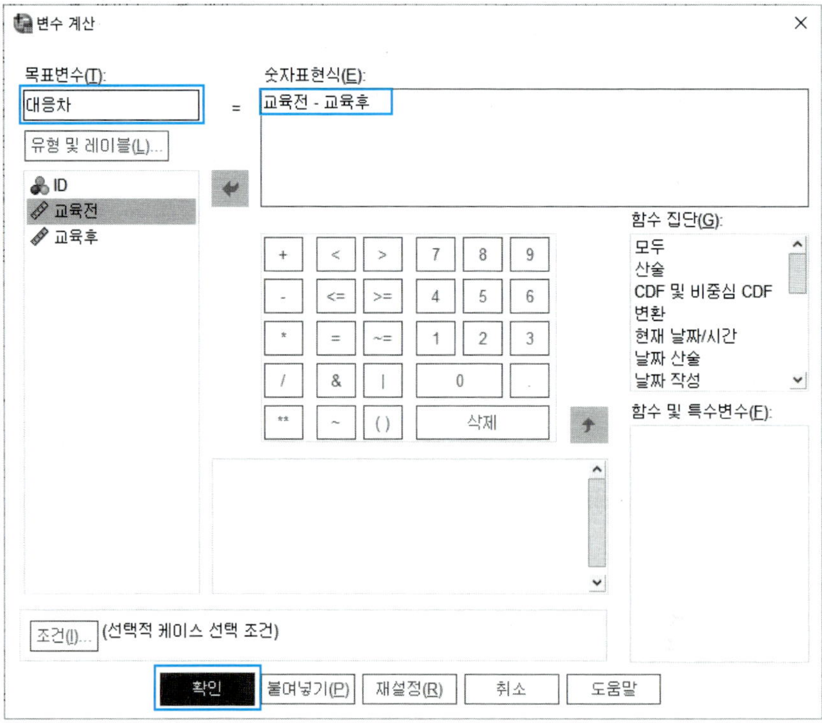

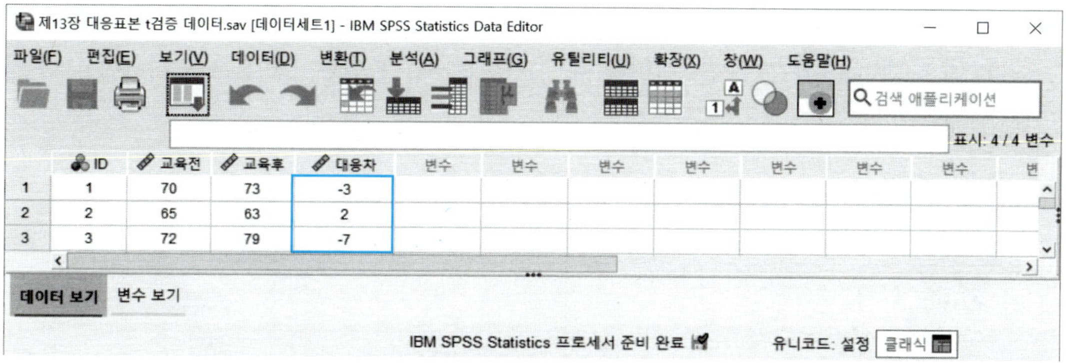

❸ 1표본 데이터의 정규성검증을 위해서 [분석-비모수검정-1-표본 K-S]를 클릭하여 [일표본 Kolmogorov-Smirnov검정] 창을 연다. 왼쪽에 있는 [대응차]를 선택해 오른쪽 [검정 변수]로 이동시킨다. [검정분포]에는 [정규]를 체크한 후 [확인] 버튼을 클릭한다. 그러면 분석 결과가 출력된다.

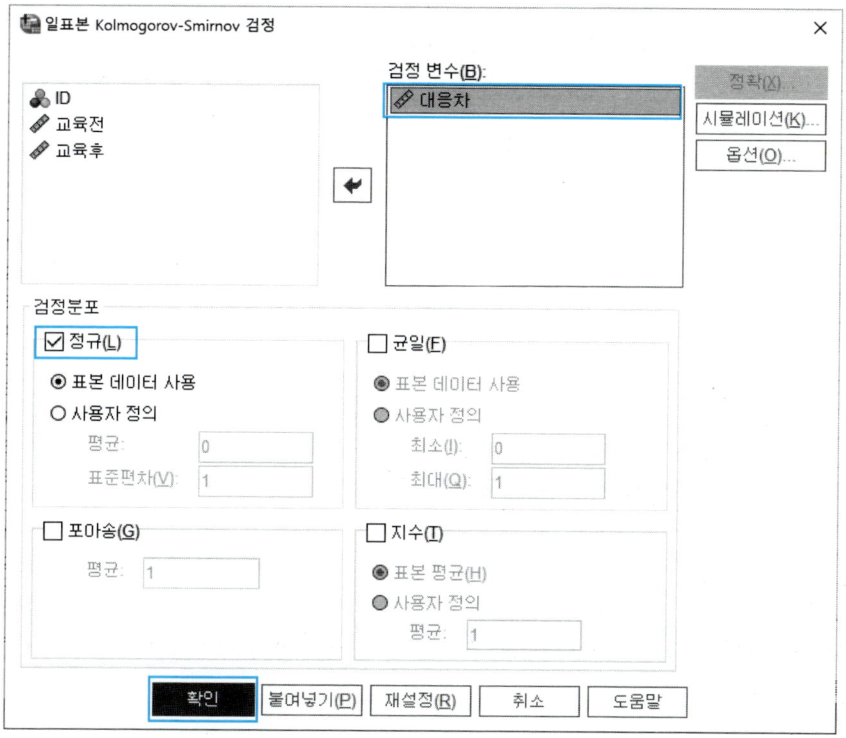

❹ [분석-평균 및 비율 비교-대응표본 t검증]을 클릭하여 [대응표본 t검증] 창을 연다. 왼쪽에 있는 [교육전]과 [교육후]를 오른쪽 [대응 변수]로 이동시킨다. [확인] 버튼을 클릭하면 분석 결과가 출력된다.

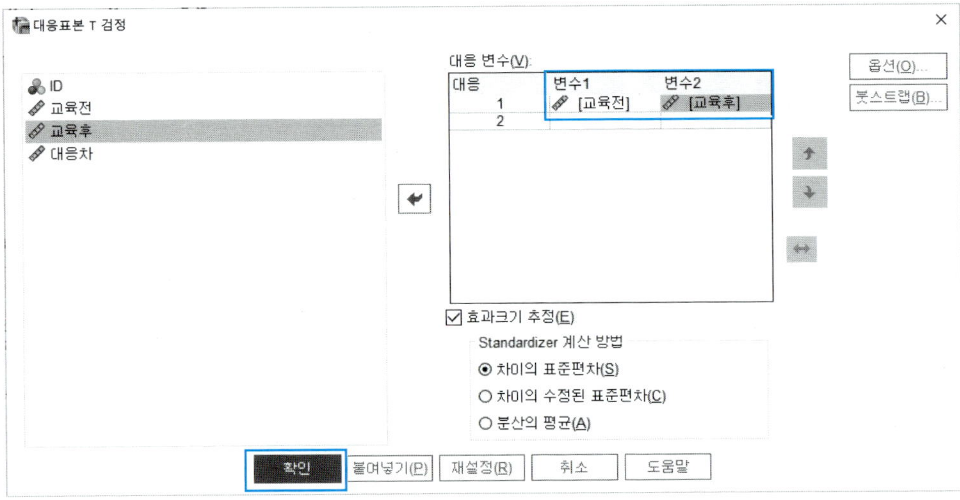

2) 주요 분석 결과

대응표본 t-검증에 대한 주요 출력 결과를 제시하면 다음과 같다.

정규성검증 결과

일표본 Kolmogorov-Smirnov검증을 통해 [대응차] 변수의 정규성을 검증한 결과 검정통계량이 0.136이며 이의 근사 유의확률(양측)이 0.058로 유의수준 0.05보다 크므로 '정규분포를 한다'는 귀무가설을 기각할 수 없음을 알 수 있다. 따라서 [대응차] 변수 데이터는 정규분포를 따르고 있으므로 대응표본 t-검증을 수행할 수 있다.

일표본 Kolmogorov-Smirnov 검정

			대응차
N			40
정규 모수[a,b]	평균		-3.22
	표준편차		2.326
최대극단차이	절대값		.136
	양수		.136
	음수		-.119
검정 통계량			.136
근사 유의확률 (양측)[c]			.058
Monte Carlo 유의확률 (양측)[d]	유의확률		.057
	99% 신뢰구간	하한	.051
		상한	.063

a. 검정 분포가 정규입니다.

b. 데이터로부터 계산.

c. Lilliefors 유의확률 수정

d. 난수 시작값이 2000000인 Monte Carlo 표본 10000개를 기준으로 하는 Lilliefors 방법입니다.

대응표본 t-검증 결과

대응표본 통계량

		평균	N	표준편차	평균의 표준오차
대응 1	교육전	67.40	40	8.183	1.294
	교육후	70.63	40	8.874	1.403

대응표본 상관계수

		N	상관관계	유의확률 단측 확률	유의확률 양측 확률
대응 1	교육전 & 교육후	40	.966	<.001	<.001

대응표본 검정

		대응차							유의확률	
		평균	표준편차	평균의 표준오차	차이의 95% 신뢰구간 하한	차이의 95% 신뢰구간 상한	t	자유도	단측 확률	양측 확률
대응 1	교육전 - 교육후	-3.225	2.326	.368	-3.969	-2.481	-8.770	39	<.001	<.001

대응표본 효과크기

			Standardizer[a]	포인트 추정값	95% 신뢰구간 하한	95% 신뢰구간 상한
대응 1	교육전 - 교육후	Cohen's d	2.326	-1.387	-1.818	-.946
		Hedges 수정	2.349	-1.373	-1.800	-.937

a. 효과크기를 추정하는 데 사용되는 분모입니다.
Cohen's d는 평균차이의 표본 표준편차를 사용합니다.
Hedges 수정은 평균차이의 표본 표준편차와 수정 요인을 사용합니다.

3) 대응표본 t-검증 결과의 제시와 해석

대응표본 t-검증의 결과를 요약하면 [표 13-1]과 같다.

표 13-1 대응표본 t-검증의 분석 결과 (N=40)

변수		평균	표준편차	평균대응차	t값	p값
대응	교육 전 만족도	67.40	8.183	−3.225	−8.770***	<0.001
	교육 후 만족도	70.63	8.874			

***p<0.01

A대학교 대학생 40명을 대상으로 창의력향상프로그램의 효과를 분석하기 위해서 대응표본 t-검증을 수행하였다. 일표본 Kolmogorov-Smirnov검증을 통해 [대응차] 변수의 정규성을 분석한 결과 정규분포를 따르고 있음을 확인하였다. 교육 전과 후의 교육만족도 대응표본 상관계수는 0.966이고 유의확률은 <0.001이며 이는 유의수준 0.001보다 작기 때문에 교육 전과 교육 후의 창의력향상프로그램의 교육만족도는 서로 상관이 있음을 알 수 있다.

교육 전 만족도 평균은 67.40(표준편차 8.183)이며 교육 후의 평균은 70.63(표준편차 8.874)로 교육 후에 만족도가 3.225 향상된 것을 알 수 있다. 교육 전과 교육 후의 평균 차이에 대한 분석 결과 t=−8.770, p=<0.001로 유의수준 0.001에서 통계적으로 유의하였다. 따라서 교육 전과 교육 후의 창의력향상프로그램에 대한 만족도는 차이가 있으며, 대학생들을 대상으로 창의력향상프로그램을 운영하는 것은 교육만족도 향상에 긍정적인 영향을 미친다고 할 수 있다.

[통계 실습 13-2] 윌콕슨 부호순위검증

호서기업에서는 최근 자사의 생산라인 교체의 효과를 검증하기 위해서 9명의 생산직 직원들을 대상으로 생산라인 교체 전후의 생산량을 조사하였다. 다음의 [제13장 윌콕슨 부호순위검증 데이터]를 이용해서 비모수통계방법인 윌콕슨 부호순위검증을 수행하고 분석 결과를 해석하시오. 독립변수는 생산라인 교체 전후이며, 종속변수는 월간 생산량(단위: 개)이다. 생산량의 측정은 동일한 생산직 직원에게 생산라인 교체 전에 한 번 이루어졌으며, 생산라인 교체 후 3개월이 지난 시점에서 다시 이루어졌다.

■ 실습 데이터

ID	생산라인 교체 전	생산라인 교체 후
1	1,000	1,100
2	900	1,000
…	…	…
9	700	800

총 사례 수는 9개임
- 생산라인 교체 → 범주형 변수(교체 전과 후)
- 생산량 → 연속형 변수

실습 데이터	제13장 윌콕슨 부호순위검증 데이터
분석방법 메뉴 선택	변환–변수 계산 분석–비모수검정–레거시 대화상자–1–표본 K–S 분석–비모수검정–레거시 대화상자–2–대응표본

1) 실습 과정

❶ [파일–열기–데이터]를 선택한 후 실습 데이터 파일이 있는 위치로 찾아가서 [제13장 윌콕슨 부호순위검증 데이터]를 연다.

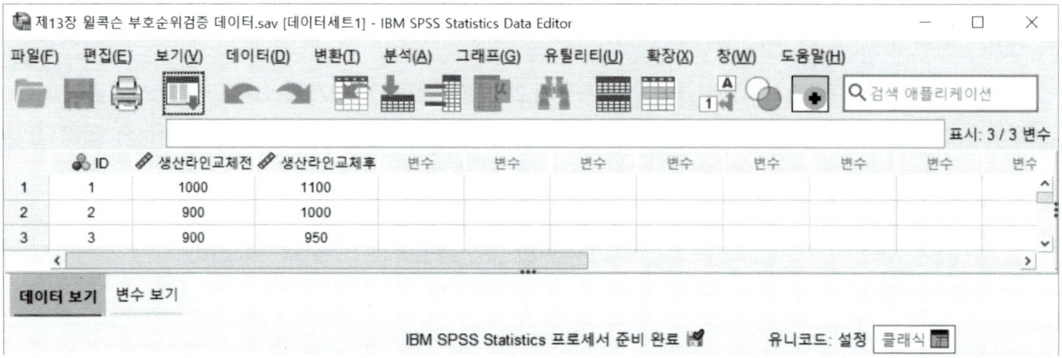

❷ [변환–변수 계산]을 클릭하여 [변수 계산] 창을 연다. [목표변수]에 [대응차]라고 입력한다. [숫자표현식]에 [생산라인 교체전 – 생산라인 교체후]를 입력한다. [확인] 버튼을 클릭하여 새로운 변수인 [대응차]를 생성한다. 그러면 데이터 입력창에 새로운 변수인 [대응차] 변수가 만들어진다. [변수보기]에 들어가서 [소수점이하]를 [0]으로 변경한다. [맞춤]도 [가운데 맞춤]으로 바꾼 후 데이터를 [저장]한다.

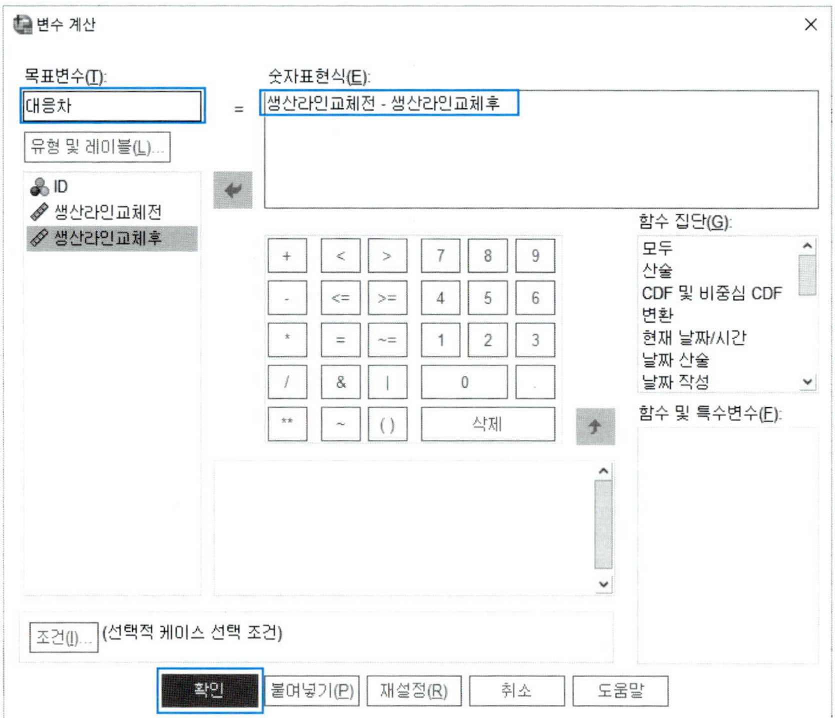

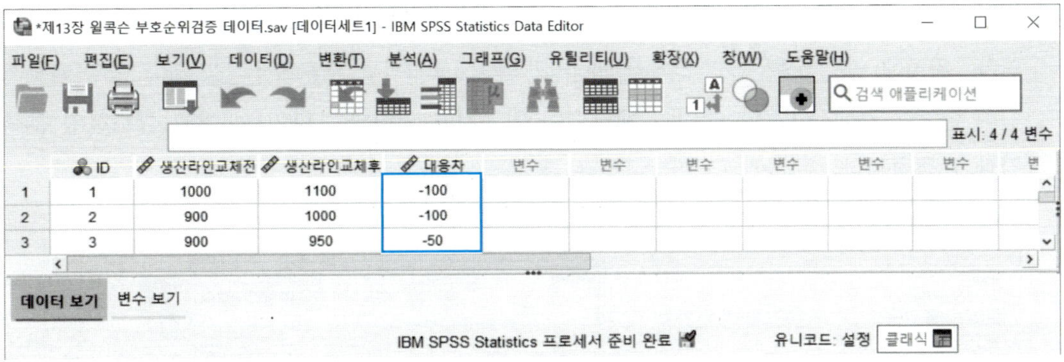

③ 1표본 데이터의 정규성검증을 위해서 [분석–비모수검정–레거시 대화상자–1–표본 K–S]을 클릭하여 [일표본 Kolmogorov–Smirnov검정] 창을 연다. 왼쪽에 있는 [대응차]를 선택해 오른쪽 [검정 변수]로 이동시킨다. [검정분포]에는 [정규]를 체크한 후 [확인] 버튼을 클릭한다. 그러면 분석 결과가 출력된다.

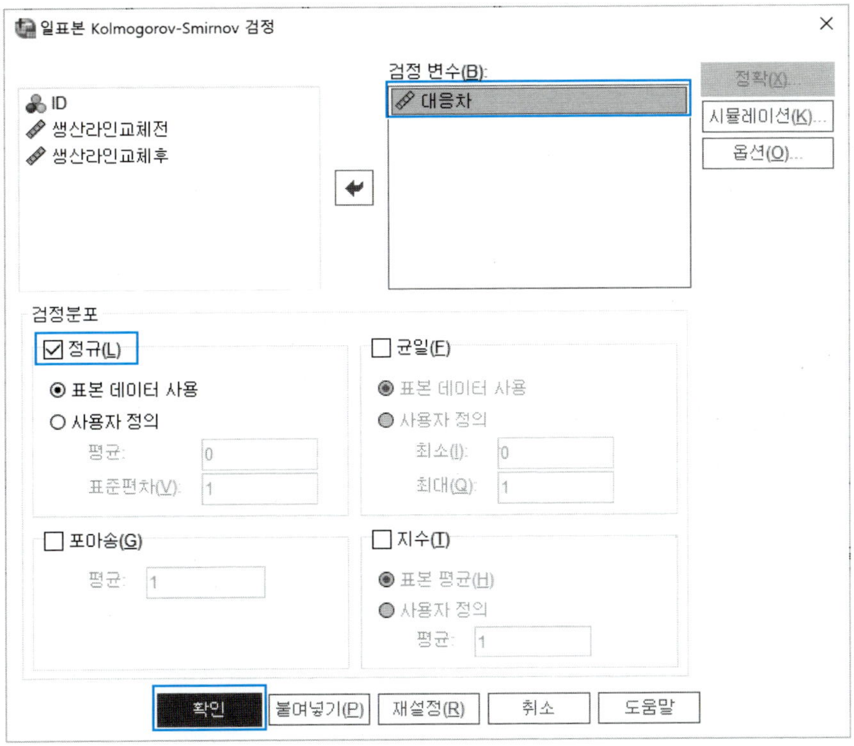

❹ [분석-비모수검정-레거시 대화상자-2-대응표본]을 클릭하여 [2-대응표본 비모수검정] 창을 연다. 왼쪽에 있는 [생산라인 교체전]과 [생산라인 교체후]를 오른쪽 [검정 대응]으로 이동시킨다. [검정 유형]은 [Wilcoxon]이 체크되어 있는지 확인한다. [확인] 버튼을 클릭하면 분석 결과가 출력된다.

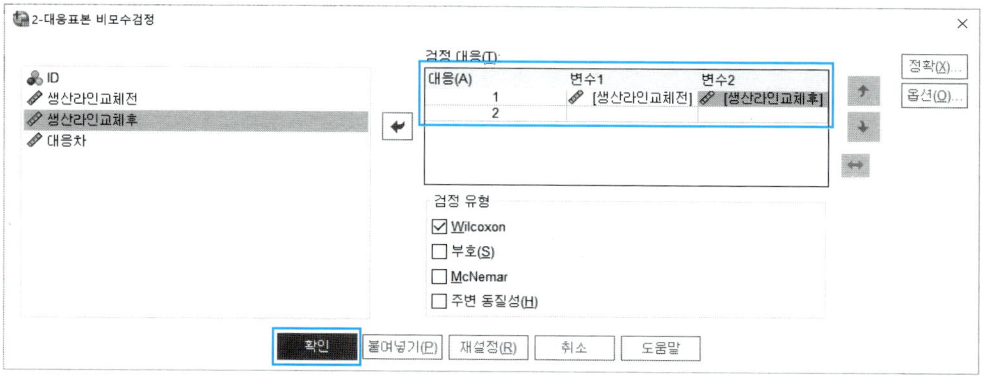

2) 주요 분석 결과

윌콕슨 부호순위검증에 대한 주요 출력 결과를 제시하면 다음과 같다.

정규성검증 결과

일표본 Kolmogorov-Smirnov검증을 통해 [대응차] 변수의 정규성을 검증한 결과 검정통계량은 0.323이며 이의 근사 유의확률(양측)이 0.007로 유의수준 0.01보다 작으므로 '정규분포를 한다'는 귀무가설이 기각되었다. 따라서 [대응차] 변수 데이터는 정규분포를 따르고 있지 않으므로 윌콕슨 부호순위검증을 수행할 수 있다.

일표본 Kolmogorov-Smirnov 검정

			대응차
N			9
정규 모수[a,b]	평균		-82.22
	표준편차		44.096
최대극단차이	절대값		.323
	양수		.323
	음수		-.139
검정 통계량			.323
근사 유의확률 (양측)[c]			.007
Monte Carlo 유의확률 (양측)[d]	유의확률		.007
	99% 신뢰구간	하한	.005
		상한	.009

a. 검정 분포가 정규입니다.

b. 데이터로부터 계산.

c. Lilliefors 유의확률 수정

d. 난수 시작값이 2000000인 Monte Carlo 표본 10000개를 기준으로 하는 Lilliefors 방법입니다.

윌콕슨 부호순위검증 결과

➜ 비모수 검정

Wilcoxon 부호순위 검정

순위

		N	평균 순위	순위합
생산라인교체후 - 생산라인교체전	음의 순위	1[a]	1.00	1.00
	양의 순위	8[b]	5.50	44.00
	동순위	0[c]		
	전체	9		

a. 생산라인교체후 < 생산라인교체전

b. 생산라인교체후 > 생산라인교체전

c. 생산라인교체후 = 생산라인교체전

검정 통계량[a]

	생산라인교체 후 - 생산라인 교체전
Z	-2.572[b]
근사 유의확률 (양측)	.010

a. Wilcoxon 부호순위 검정

b. 음의 순위를 기준으로.

3) 윌콕슨 부호순위검증 결과의 제시와 해석

윌콕슨 부호순위검증의 결과를 요약하면 [표 13-2]와 같다.

▌표 13-2 ▌윌콕슨 부호순위검증 결과 (N=9)

변수	N	평균순위	순위합	Z값	p값
생산라인 교제 후<교체 전(음의 순위)	1	1.00	1.00	−2.572**	0.010
생산라인 교체 후>교체 전(양의 순위)	8	5.50	44.00		

**p<0.01

호서기업의 생산라인 교체가 생산량에 미치는 효과를 분석하기 위해서 윌콕슨 부호순위검증을 수행하였다. 생산라인 교체 전과 후의 순위합 차이에 대한 분석 결과에 의하면 Z=−2.572, p=0.010으로 유의수준 0.01에서 통계적으로 유의하였다. 따라서 생산라인 교체 전보다 교체 후의 생산량이 더 많아졌다고 할 수 있다.

제 6 부

평균비교검증(2): 분산분석

제 14 장

일원분산분석과 크루스칼-왈리스검증

One-way ANOVA and Post-hoc Analysis, Kruskal-Wallis Test

1 세 집단 이상의 평균비교검증

1.1 분산분석의 의의와 유형 및 적용상황

1) 분산분석의 의의와 유형

분산분석(Analysis of variance: ANOVA)이란 세 개 이상의 측정수준 혹은 집단(응답범주)을 가지고 있는 독립변수에 대한 종속변수의 평균 차이를 검증하는 통계분석방법을 말한다.

분산분석방법의 유형을 요약하면 [표 14-1]과 같다.

표 14-1 분산분석의 유형

구분	그림 형태로 제시	분산분석방법의 설명
일원분산분석 (One-way ANOVA)	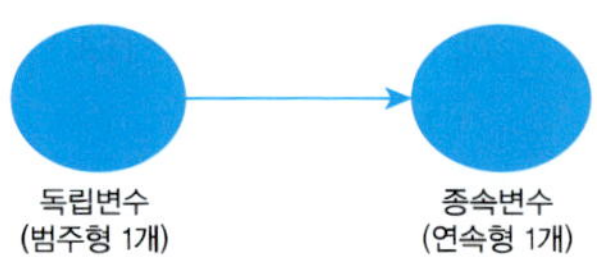	3집단 이상의 평균 차이를 검증하는 모수통계방법
크루스칼-왈리스검증 (Kruskal-Wallis test)		3집단 이상의 평균 차이를 검증하는 비모수통계방법

이원분산분석 (Two-way ANOVA)	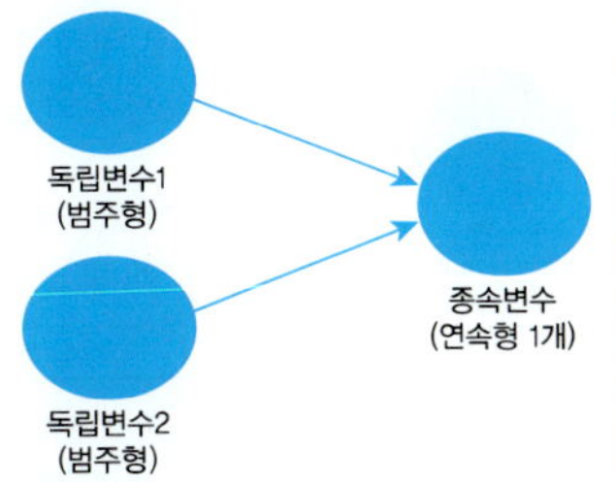	2개의 범주형 독립변수에 따라 집단 간 종속변수의 평균 차이를 검증하는 방법(요인들의 주효과와 요인 간의 상호작용효과분석) -주효과검증 이원분산분석 -상호작용효과검증 이원분산분석
다원분산분석 (Multi-way ANOVA)	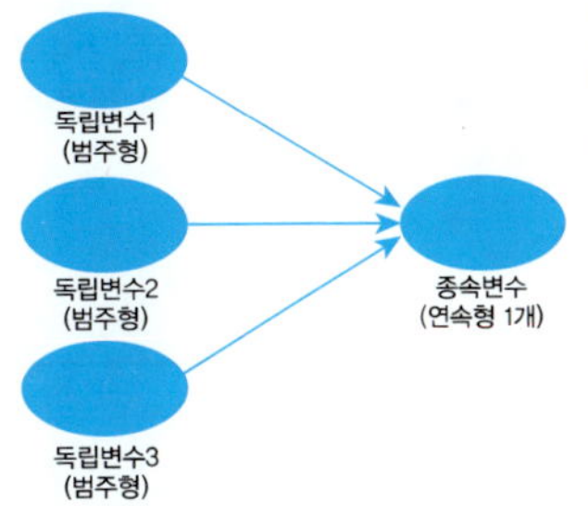	2개 이상의 범주형 독립변수에 따라 집단 간 종속변수의 평균 차이를 검증하는 방법
공분산분석 (ANCOVA)	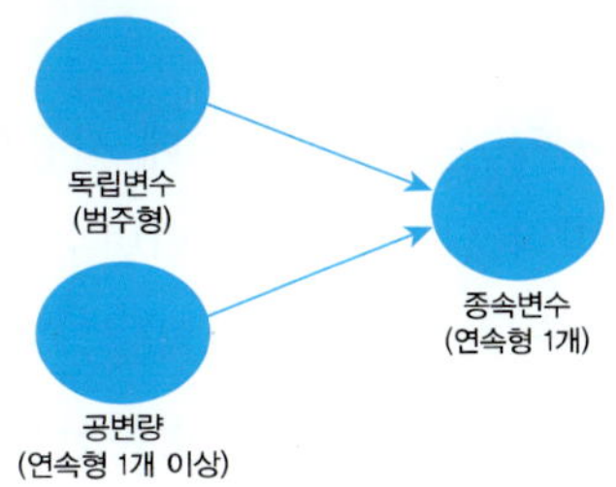	직접 통제하기 어려운 외생변수를 공변량으로 통제한 후 집단 간의 평균 차이를 검증하는 방법(외생변수와 종속변수의 상관관계가 높을수록 ANOVA 대신 ANCOVA를 사용한다. 공변량은 보통 연속형 변수로 인구통계학적 변수가 이용된다)
다변량분산분석 (MANOVA)	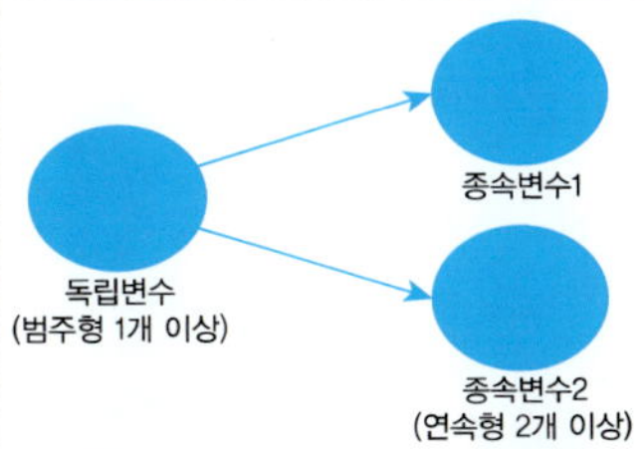	종속변수가 2개 이상인 경우에 대한 독립변수들의 집단 간의 평균 차이를 검증하는 방법
다변량공분산분석 (MANCOVA)	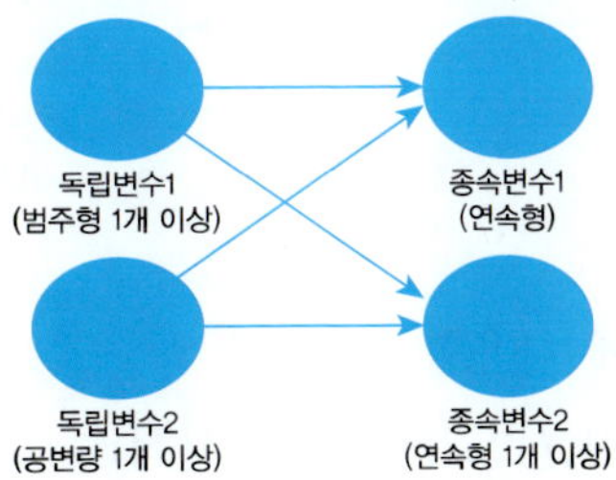	외생변수를 공변량으로 통제한 후 2개 이상의 종속변수에 대한 독립변수들의 집단 간의 평균 차이를 검증하는 방법

<table>
<tr><td>일원반복측정분산분석
(One-way RM ANOVA)</td><td rowspan="2">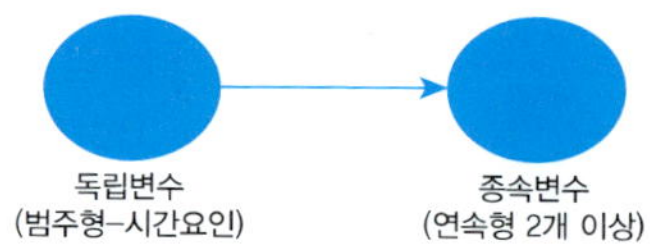</td><td>범주형 독립변수 1개(시간요인)에 대해 반복측정된 종속변수의 평균 차이를 검증하는 방법</td></tr>
<tr><td>프리드만검증
(Friedman test)</td><td>일원반복측정분산분석의 비모수통계방법(모수검증의 개체 간 요인이 없는 반복측정분산분석)</td></tr>
<tr><td>이원반복측정분산분석
(Two-way RM ANOVA)</td><td>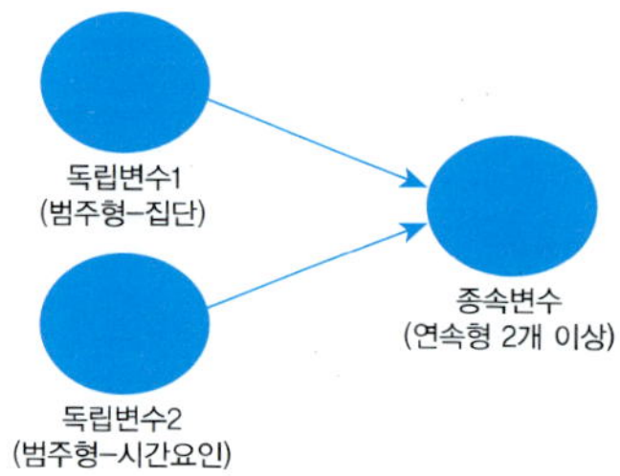</td><td>범주형 독립변수의 집단과 시간요인에 따라 반복측정된 종속변수의 평균 차이를 검증하는 방법</td></tr>
</table>

2) 분산분석의 사용목적과 적용상황

분산분석은 세 개 집단(응답 범주) 이상의 평균 차이를 검증하는 데 사용된다. 분산분석에서 독립변수와 종속변수의 수는 분석하는 목적에 따라 달라진다. 독립변수의 수도 1개 이상, 종속변수도 1개 이상 사용하는 것이 가능하다. 예를 들어, 일원분산분석은 1개의 독립변수(범주형 변수)와 1개의 종속변수(연속형 변수)일 때 적용할 수 있다. 다변량분산분석은 독립변수는 1개 이상, 종속변수는 2개 이상이 가능하다.

[그림 14-1]은 분산분석의 적용상황이다.

그림 14-1 ▌분산분석의 적용상황

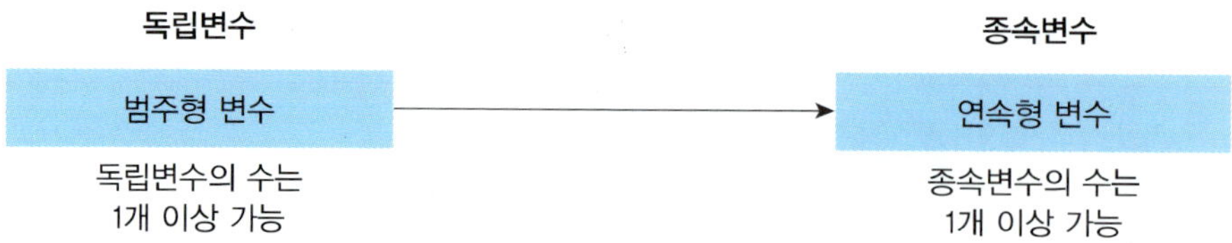

분산분석은 다양한 연구문제와 해결에 사용할 수 있다.

- 4개 의류 매장별 반품 발생건수 평균비교(일원분산분석)
- 3개 병원의 서비스만족도 비교(일원분산분석)

- 교육방법과 교육기간별 교육성과 비교(이원분산분석)
- 직업과 연령별 호텔 객실서비스 만족도 비교(이원분산분석)
- 토양 종류와 비료에 따른 옥수수 수확량 비교(이원분산분석)
- 상권 위치와 커피전문점의 흡연석 상태에 따라 매출액과 재방문율의 비교(다변량분산분석)
- 사전점수를 공변량으로 통제한 후 실험집단과 비교집단의 사후점수 비교(공분산분석)
- 집단(실험1군, 실험2군, 대조집단)에 따른 어깨 통증(3회 측정-치료 전, 5주 후, 10주 후)의 차이 비교(이원반복측정분산분석)
- 어깨관절의 가동범위에 제한이 있는 환자에게 운동치료 실시하고 가동범위 변화 비교(가동범위 실험 전, 실험 1주, 실험 2주) (프리드만검증) 등

1.2 분산분석의 주요 용어와 방법의 선택

1) 분산분석의 주요 용어

분산분석은 주로 실험연구(Experimental research)에서 주로 발생되며 여러 처리들(수준)에 대한 반응변수의 평균 차이를 비교하기 위한 목적으로 사용된다. 이 분석에서 사용되는 주요 용어를 정리해 보면 다음과 같다.[1)]

- 요인(Factor): 반응변수에 영향을 주는 변수로 인자, 독립변수, 설명변수, 예측자(Predictor) 등의 명칭으로도 불린다.
- 반응변수(Response variable): 처리에 의해 변화하면서 연구대상이 되는 변수로 종속변수, 목표변수 등으로 불린다. 반응변수의 평균 차이를 효과(Effect)라 한다.
- 처리(Treatment): 실험단위에 적용되는 특정한 실험조건(요인이 가지고 있는 특정한 값)으로 수준(Level), 집단(Group) 등으로 불린다.

1) 강현철, 한상태, 최호식. (2010). *SPSS 데이터 분석 입문*. 자유아카데미, 186.

2) 분산분석방법의 선택

논문통계분석에서 중요한 것은 데이터 성격에 적합한 통계방법을 선택하는 것이다. 연구자는 항상 변수와 데이터의 성격 그리고 통계분석방법의 선택 문제를 연결해서 사고하는 것이 필요하다.

[그림 14-2]와 [표 14-2]는 분석분산 방법의 유형과 그의 선택 방법을 요약한 것이다. 이 책에서 다루는 분산분석방법은 크게 종속변수가 1개인 단일변량분석방법과 2개 이상인 다변량 분산분석방법으로 구분할 수 있다. 전자는 하나 이상의 독립변수(혹은 요인)의 수준에 따라 하나의 종속변수의 값이 유의한 차이를 보이는지 관찰할 수 있는 통계분석으로, 이에는 일원분산분석과 크루스칼-왈리스검증, 이원분산분석, 다원분산분석, 공변량분석이 포함된다. 후자는 하나 이상의 독립변수(혹은 요인)의 수준에 따라 두 개 이상의 종속변수의 값이 유의한 차이를

그림 14-2 ▌분산분석방법의 유형과 선택

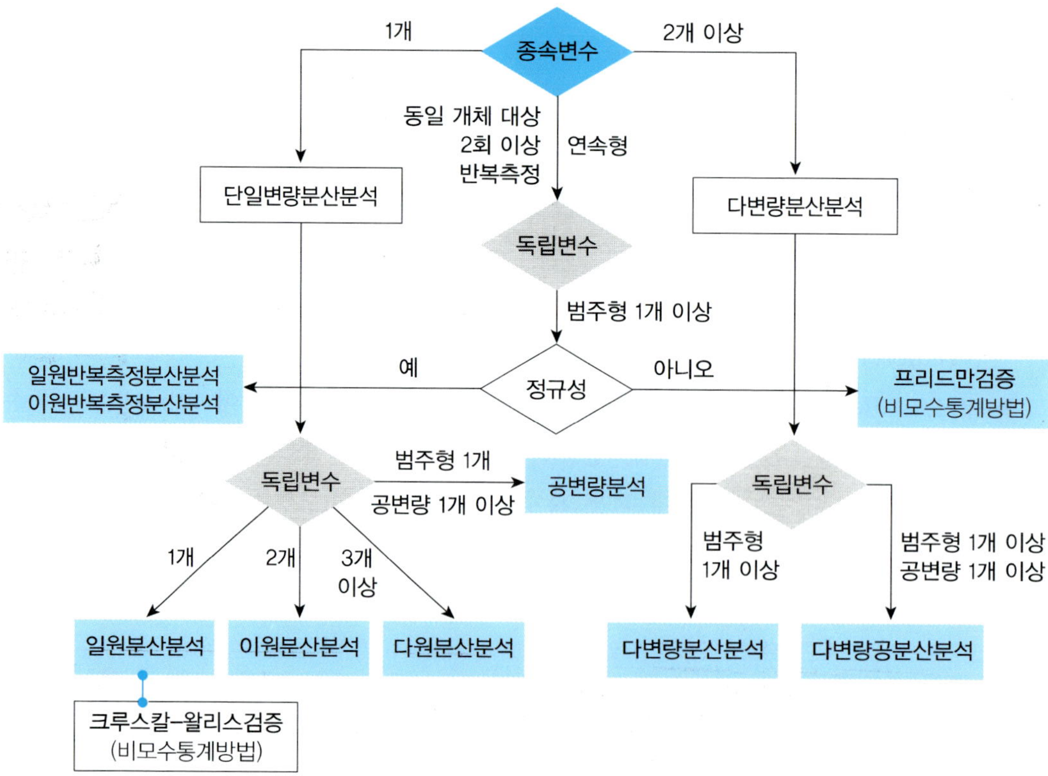

보이는지 관찰할 수 있는 통계분석으로, 이에는 다변량분산분석, 다변량공분산분석, 일원반복측정분산분석, 이원반복측정분산분산분석이 포함된다.

표 14-2 분산분석방법의 유형 구분

구분	분석방법		변수	
	모수통계	비모수통계	독립변수	종속변수
단일변량 분산분석	일원분산분석	크루스칼-왈리스검증	범주형 1개	연속형 1개
	이원분산분석	-	범주형 2개	
	다원분산분석	-	범주형 3개 이상	
	공분산분석	-	범주형 1개 공변량 1개 이상	
다변량 분산분석	다변량 분산분석	-	1개 이상	2개 이상
	다변량 공분산분석	-	범주형 1개 이상 공변량 1개 이상	
	일원반복측정 분산분석	프리드만검증	범주형 1개(시간요인)	2개 이상 (2회 이상 반복측정)
	이원반복측정 분산분석	-	범주형 1개(집단) 범주형 1개(시간요인)	

분산분석방법은 독립변수와 종속변수의 성격이나 개수, 독립변수에 따른 종속변수의 정규성 만족 여부 등을 고려하여 결정해야 한다. 분산분석방법의 선택과 관련하여 보다 세부적인 내용을 제시하면 다음과 같다.

- 정규성가정을 만족하지 못하면 일원분산분석을 사용할 수 없으며, 이 경우에는 비모수통계방법인 크루스칼-왈리스검증(Kruskal-Wallis test)을 사용한다.
- 일원분산분석 결과 집단 간에 유의한 평균 차이가 있다고 밝혀지면 이제는 가능한 집단 조합 중에서 어느 집단 조합 간에 유의한 차이가 있는지를 세부적으로 분석해야 하는데 이를 흔히 다중비교(Multiple comparisons) 혹은 사후검증이라고 한다.
- 이원분산분석은 범주형 독립변수가 2개 이상이고 종속변수가 연속형 변수인 경우에 사용한다. 독립변수 간에 상호작용이 없는 경우에는 주효과검증 이원분산분산을 시행하고 독립변수 간에 상호작용이 있는 경우에는 상호작용효과검증 이원분산분석을 적용한다.

- 분산분석은 실험설계(Experimental design)와 밀접한 관련성을 가지고 있다.
- 분산분석에서 독립변수의 수, 즉 요인[2]이 2개 이상인 경우에는 다원분산분석(Multi-way ANOVA)을 사용해야 한다. 요인이 2개이면 이원분산분석, 3개이면 삼원분산분석이라고 한다.
- 분산분석에서 독립변수와 종속변수 외에도 공변량(Covariate), 즉 통제변수가 모형에 포함되는 경우에는 공분산분석(Analysis of covariance: ANCOVA)을 사용해야 한다.
- 분산분석에서 독립변수로 집단변수(요인) 1개 이상이고 종속변수가 2개 이상이면 다변량분산분석(Multivariate ANOVA: MANOVA)을 사용한다.
- 분산분석에서 범주형 독립변수 1개(시간 요인)로 동일한 응답자를 대상으로 여러 시점에서 시간간격을 두고 종속변수를 측정하면 측정값들 간에 독립성가정이 만족되지 않으며, 이때는 일원반복측정분산분석(One-way repeated measures ANOVA)을 사용한다.
- 분산분석에서 범주형 독립변수 1개(집단), 범주형 독립변수 1개(시간 요인)로 종속변수를 측정한 경우에는 이원반복측정분산분석(Two-way repeated measures ANOVA)을 사용한다.
- 반복측정분산분석에서는 대부분의 분석의 기본 가정인 등분산가정 대신에 구형성검증을 한다. 여기에서 구형성가정(Sphericity assumption)이란 집단 간에 공분산 구조(Covariance matrices)가 동일해야 함을 의미한다.

1.3 분산분석의 기본 가정

분산분석의 기본 가정은 독립성, 정규성 및 등분산성이다. 그러나 모든 분산분석방법에서 이들 가정이 모두 엄격히 지켜져야 하는 것은 아니다. 분산분석의 방법마다 약간 다른 가정 조건을 요구하고 있다. 예를 들어, 일원분산분석의 경우에는 보통 엄격하게 가정 조건들이 요구된다. 각 방법의 가정 조건들에 대해서는 뒤에서 다룰 세부적인 방법 소개와 실습 부분에서 다루게 될 것이다.

2) 분산분석에서 요인(Factor)은 독립변수인 범주형 집단변수를 의미하는 경우가 많다.

▎표 14-3 ▎분산분석방법의 기본 가정

구분	분석방법	가정 조건
단일변량 분산분석	일원분산분석	독립성, 정규성, 등분산성
	크루스칼-왈리스검증	독립성
	이원분산분석	독립성, 정규성, 등분산성
	다원분산분석	독립성, 정규성, 등분산성
	공분산분석	독립성, 정규성, 등분산성 종속변수와 공변량 간의 선형성 (공변량이 유의해야 함)
다변량 분산분석	다변량분산분석	독립성, 정규성, 등분산성
	다변량공분산분석	독립성, 정규성, 등분산성 종속변수와 공변량 간의 선형성 (공변량이 유의해야 함)
	일원반복측정분산분석	독립성, 정규성, 구형성
	프리드만검증	가정이 없음
	이원반복측정분산분석	독립성, 정규성, 구형성

- 데이터의 정규성검증은 t-검증과 동일하게 수행하면 된다. 분산분석에서도 독립성, 정규성 및 등분산성의 가정 조건이 만족되어야 한다. 분산의 동질성검증은 일원분산분석의 출력 결과의 Levene 검증통계량을 보고 확인하면 된다. 그러나 분산분석방법의 유형에 따라 확인해야 될 가정 조건들은 상당히 다른 측면이 있다. 따라서 각 방법의 가정 조건에 대한 확인은 각 장을 참조하면 된다.
- 설문조사에서 변수를 리커트척도로 측정한 경우에는 대부분 정규성이 만족되지 않는다. 정규성검증을 위해서는 통계기법보다 왜도와 첨도, 정규Q-Q도표 등을 활용한다.

2 일원분산분석

2.1 일원분산분석의 사용목적과 적용상황

일원분산분석(One-way ANOVA)이란 세 개 집단 이상의 평균 차이를 검증하는 모수통계방법을 말하며, 실험계획법에서 많이 활용된다. 일원분산분석에서 독립변수는 요인(Factor)이라고 불리며 요인 수준(Factor level)은 집단의 개수로 3개 이상을 가진다.

- 일원분산분석에서 독립변수는 범주형 변수 1개이며, 종속변수도 연속형 변수 1개인 경우에 사용한다. 범주형 변수는 3개 이상의 수준, 즉 3개 이상의 집단을 가지고 있어야 한다.

그림 14-3 일원분산분석의 적용상황

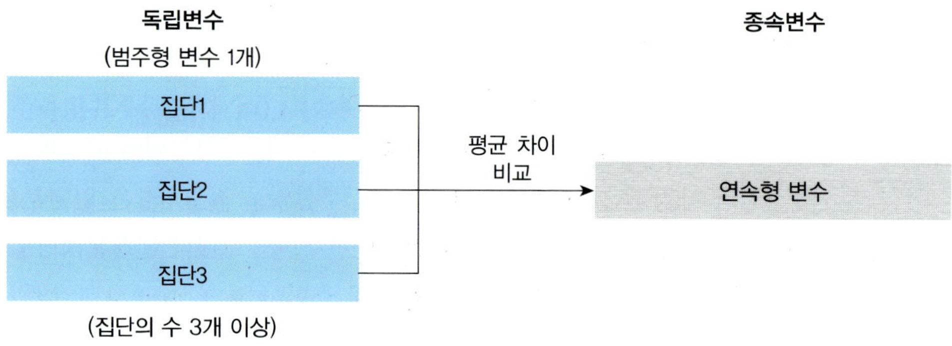

2.2 일원분산분석의 기본 가정

일원분산분석은 기본적으로 독립성, 정규성 및 등분산성가정을 만족해야 한다.

- 독립성(Independence): 독립변수의 각 집단은 서로 독립적이어야 한다.
- 정규성(Normality): 독립변수에 따른 종속변수는 정규분포를 만족해야 한다.
- 등분산성(Equal variance): 독립변수에 따른 종속변수 분포의 분산은 각 집단마다 동일해야 한다.

그림 14-4 | 일원분산분석의 기본 가정과 대안적 통계분석방법

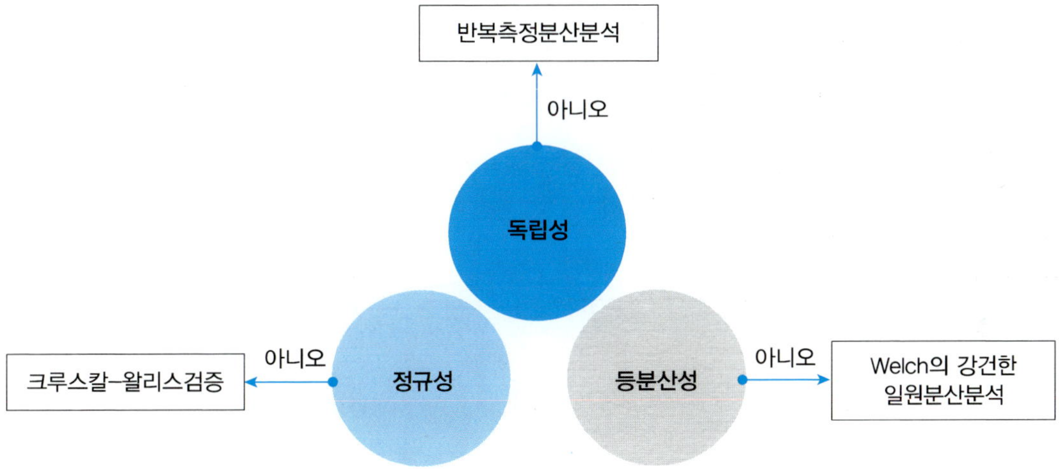

만약 일원분산분석을 수행할 때 기본적인 세 가지 가정 조건을 만족하지 못할 경우에는 대안적인 통계분석방법을 사용하면 된다.

- 독립성을 만족하지 못하는 경우에는 반복측정분산분석을 사용한다.
- 정규성을 만족하지 못하는 경우에는 비모수통계방법인 크루스칼-왈리스검증을 사용한다.
- 분산분석은 집단 간의 표본크기가 서로 같거나 비슷하면 등분산성의 가정이 위배되는 것에 의해서 큰 영향을 받지 않는다. 그러나 집단 간 표본크기가 차이가 크고 등분산성 가정이 크게 위배되는 경우에는 Welch의 강건한 일원분산분석을 대신 사용한다.
- 독립변수인 집단변수가 서열관계가 있는 경우에는 일원분산분석이나 크루스칼-왈리스검증보다는 Jonckheere-Terpstra검증(Jonckheere trend test)을 사용한다. 이 방법은 정규성검증을 필요로 하지 않으며, 독립변수의 변화에 대한 종속변수의 증가 혹은 감소의 경향만을 검증한다.
- 실험계획에서 분산분석을 사용하는 경우에 표본크기가 크지 않으므로 정규성이나 등분산 가정을 검증하는 것은 현실적으로 불가능하다. 실험계획에서는 측정치의 수집 절차를 연구자가 관리하므로 보통 두 가정이 만족된 것으로 간주한다.

2.3 일원분산분석의 절차

일원분산분석은 [그림 14-5]와 같이 두 단계로 이루어진다. 먼저 세 집단 간에 평균 차이가 있는지에 대한 전반적인 검증을 수행한다. 다음으로 전반적인 검증 결과 통계적으로 평균 차이가 있다고 나타나면 사후검증을 수행한다.

그림 14-5 | 일원분산분석의 절차

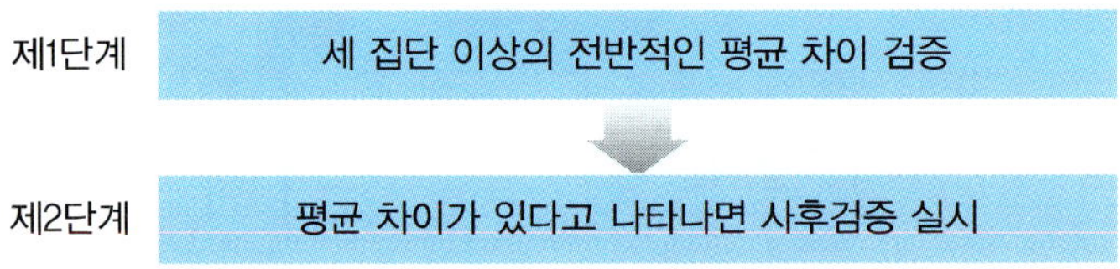

- 일원분산분석의 수행한 결과 집단 간에 평균 차이가 있는 것으로 나타나면 사후검증(Multiple comparison test, or Post-hoc analysis)을 실시한다.
- 일원분산분석에서 사후검증이 필요한 이유는 분석 결과 집단 간에 차이가 있다고 나타났을 경우에 세 개 이상의 집단 중에서 세부적으로 어느 집단의 조합 간(1집단과 2집단, 2집단과 3집단, 1집단과 3집단)에 평균 차이가 있는지를 규명해야 하기 때문이다.
- 사후검증의 방법에는 LSD, Duncan, Scheffe, Tukey, Dunnett, Bonferroni 등이 사용된다.
- 일원분산분석의 사후검증에서는 설문조사에서처럼 집단의 표본 수의 통제가 어려운 상황(집단 간 표본 수가 다른 상황)에서는 Scheffe방법을 사용하며, 실험연구에서처럼 표본 수를 동일하게 통제할 수 있는 상황(집단 간 표본 수가 같은 상황)이면 Duncan이나 Tukey방법을 적용한다.

2.4 일원분산분석의 분산분석표와 검증통계량인 F값의 계산 예시

1) 일원분산분석의 분산분석표

[표 14-4]에 제시된 일원분산분석표(ANOVA table)는 일원분산분석의 결과를 요약한 것이다. 표에서 구분은 분산의 원천을 나타낸다. 총분산(Total variance)은 집단 간 분산

(Between-group variance)과 집단 내 분산(Within-group variance)의 합으로 이루어져 있다. 일원분산분석에서 F값을 계산하려면 각 계산요소들에 대해서 살펴보는 것이 필요하다.

표 14-4 일원분산분석표

구분	제곱합	자유도	평균제곱	F	유의확률
집단 간 (요인)	SSG	$k-1$	$MSG=SSG/k-1$	$F=MSG/MSE$	p-value
집단 내 (오차)	SSE	$n-k$	$MSE=SSE/n-k$		
합계	SST	$n-1$			

주: 자유도에서 k는 집단 수를, 그리고 n은 표본 수를 의미함

▶ 집단 간 분산(SSG: Sum of Squares between Groups): 집단 간 제곱합

$$SSG = c\sum_{i=1}^{r}(\overline{X}_i - \overline{X})^2$$

c: 열의 수(케이스 수), r: 행의 수(집단의 수), $\overline{X}_i$: i행의 평균, $\overline{X}$: 총평균

▶ 집단 내 분산(SSE: Sum of Squares within groups due to Error): 집단 내 제곱합

$$SSE = \sum_{i=1}^{r}\sum_{j=1}^{c}(X_{ij} - \overline{X}_i)^2$$

c: 열의 수(케이스 수), r: 행의 수(집단의 수), $\overline{X}_i$: i행의 평균

▶ 총분산(SST: Sum of Squared Total)

: 총분산(SST) = 집단 간 제곱합(SSG) + 집단 내 제곱합(SSE)

$$SST = \sum_{i=1}^{r}\sum_{j=1}^{c}(X_{ij} - \overline{X})^2$$

c: 열의 수(케이스 수), r: 행의 수(집단의 수), $\overline{X}$: 총평균

▶ 집단 간 평균제곱(MSG: Mean Squares between Groups): $MSG=SSG/k-1$

▶ 집단 내 평균제곱(MSE: Mean Squares within groups due to Error): $MSE=SSE/n-k$

▶ F값 = 집단 간 평균제곱(MSG)/집단 내 평균제곱(MSE): $F=MSG/MSE$

2) 검증통계량 F값의 계산 예시

일원분산분석을 위한 검증통계량(Test statistic)인 F값(F-value)을 계산하는 공식은 다음과 같다. 물론 일반적으로 통계 프로그램을 사용해 F-검증에 의한 통계적 검증을 실시할 때는 F값에 해당하는 유의확률인 p값을 동시에 제공하기 때문에 F값보다는 p값을 사용해 가설검증을 수행한다. 여기에서는 독자들이 일원분산분석을 사용하는 경우에 F값이 어떻게 산출되는지를 이해할 수 있도록 간단히 제시하기로 한다.

F값의 산출을 위한 계산 공식은 앞의 분산분석표에서 제시한 것을 적용하기로 한다.

- 다음의 데이터를 이용하여 일원분산분석을 위한 검증통계량 F값을 계산하시오. 3가지 자동차 종류(자동차1, 자동차2, 자동차3)에 대해 조사한 평균주행거리 데이터는 다음과 같으며, 총 사례 수는 34개이며 자동차1이 10개, 자동차2가 13개, 자동차3이 11개이다.

F값 계산을 위한 데이터

사례 수	자동차 종류		
	1	2	3
1	13	12	9
2	10	14	10
3	12	10	11
4	11	14	8
5	12	12	9
6	12	13	10
7	10	10	9
8	12	12	9
9	12	11	10
10	13	11	9
11		13	10
12		12	
13		14	
사례 수 합계	10	13	11
평균($\overline{X_i}$)	11.70	12.15	9.45
총평균($\overline{X}$)	11.1		

수작업에 의한 계산 결과

다음은 수작업으로 계산한 일원분산분석을 위한 F값은 18.317이다. 여기에서 수작업으로 계산한 F값은 뒤에서 일원분산분석의 SPSS 통계 실습(1)을 통해 출력한 결과와 동일한 값임을 알 수 있다(소수점 이하 반올림 계산으로 소수점 이하 수치만 약간 다르게 나타남).

① 집단 간 분산(SSG)

$$SSG = 10(11.70-11.1)^2 + 13(12.15-11.1)^2 + 11(9.45-11.1)^2$$
$$= 47.88$$

② 집단 내 분산(SSE)

$$\begin{aligned}SSE = {} & (13-11.70)^2+(10-11.70)^2+(12-11.70)^2+(11-11.70)^2+(12-11.70)^2+ \\ & (12-11.70)^2+(10-11.70)^2+(12-11.70)^2+(12-11.70)^2+(13-11.70)^2+ \\ & (12-12.15)^2+(14-12.15)^2+(10-12.15)^2+(14-12.15)^2+(12-12.15)^2+ \\ & (13-12.15)^2+(10-12.15)^2+(12-12.15)^2+(11-12.15)^2+(11-12.15)^2+ \\ & (13-12.15)^2+(12-12.15)^2+(14-12.15)^2+(9-9.45)^2+(10-9.45)^2+ \\ & (11-9.45)^2+(8-9.45)^2+(9-9.45)^2+(10-9.45)^2+(9-9.45)^2+(9-9.45)^2+ \\ & (10-9.45)^2+(9-9.45)^2+(10-9.45)^2 \\ = {} & 40.53\end{aligned}$$

구분	제곱합	자유도	평균제곱	F
집단 간	47.88	2	23.94	18.317
집단 내	40.53	31	1.307	
합계	88.41	33		

2.5 일원분산분석의 가설

일원분산분석을 위한 가설 예시는 다음과 같다.

- 귀무가설(H_0): 세 개 집단 간의 평균 차이는 없다.
- 연구가설(H_1): 세 개 집단 간의 평균 차이가 있다. 따라서 적어도 한 집단의 평균은 다른 집단과 차이가 있다.

2.6 일원분산분석의 SPSS 통계 실습

[통계 실습 14-1] 일원분산분석과 사후검증

다음은 자동차의 종류에 따라 평균주행거리가 서로 다른지를 확인하기 위해 동급의 자동차 3종류에 대해 1리터당 평균주행거리(㎞)를 측정하였다. 주어진 [제14장 일원분산분석 데이터]를 이용해 일원분산분석(One-way ANOVA)과 사후검증을 수행하고 분석 결과를 해석하시오. 독립변수는 범주형 변수로 3가지 자동차 종류(자동차1, 자동차2, 자동차3)이며 종속변수는 연속형 변수로 1리터당 평균주행거리(㎞)이다. 총 사례 수는 총 34개(자동차1-10개, 자동차2-13개, 자동차3-11개)이다.

■ **실습 데이터**

ID	자동차 종류	평균주행거리
1	1	13
2	1	10
…	…	
34	3	10

총 사례 수는 34개임
- 자동차 종류 → 범주형 변수(자동차1, 자동차2, 자동차3)
- 평균주행거리 → 연속형 변수(실제 평균주행거리)

실습 데이터	제14장 일원분산분석 데이터
분석방법 메뉴 선택	분석-기술통계량-데이터 탐색 분석-평균 및 비율 비교-일원배치 분산분석

1) 실습 과정

❶ [파일-열기-데이터]를 선택한 후 실습 데이터 파일이 있는 위치로 찾아가서 [제14장 일원분산분석 데이터]를 연다.

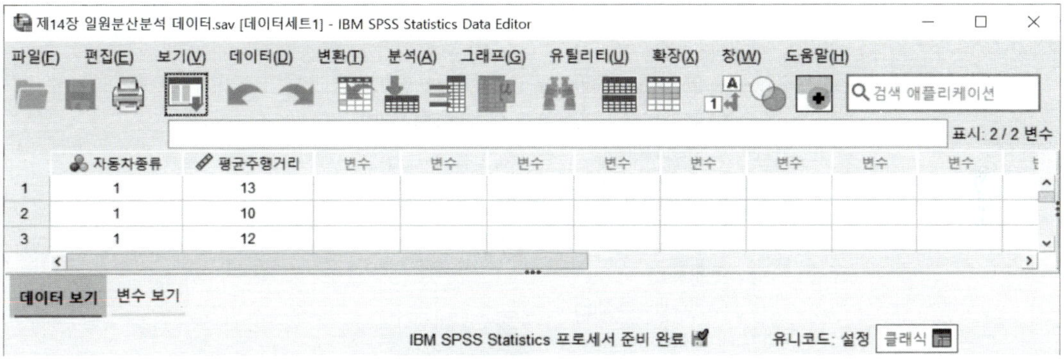

❷ [분석-기술통계량-데이터 탐색]을 클릭하여 [데이터 탐색] 창을 연다. 왼쪽에 있는 [자동차종류]를 오른쪽 [요인]으로, [평균주행거리]를 [종속변수]로 이동시킨다.

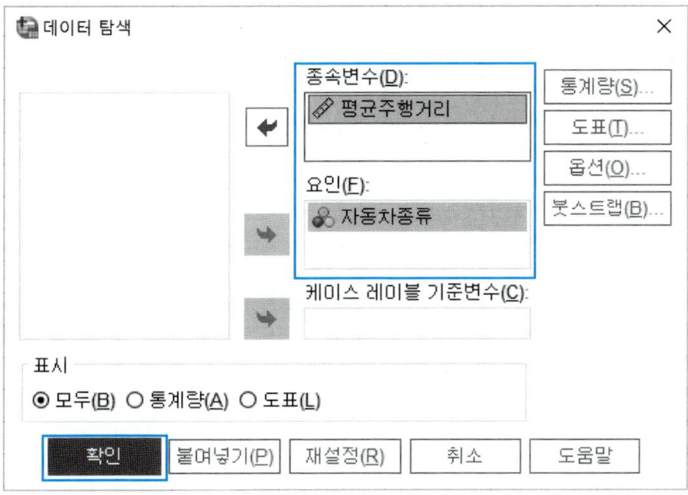

❸ [데이터 탐색: 도표] 창에서 [검정과 함께 정규성 도표]를 체크한 후 [계속] 버튼을 클릭한다. [데이터 탐색] 창에서 [확인] 버튼을 클릭해 데이터의 정규성검증을 마친다. 그러면 분석 결과가 출력된다.

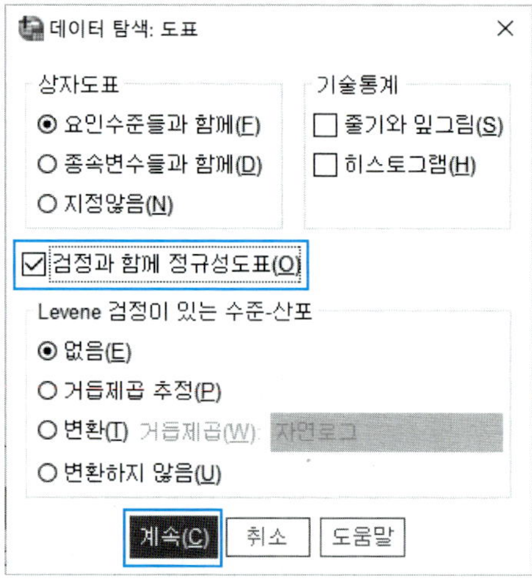

❹ [분석-평균 및 비율 비교-일원배치 분산분석]을 클릭하여 [일원배치 분산분석] 창을 연다. 왼쪽에 있는 [자동차종류]를 오른쪽 [요인]으로, [평균주행거리]를 [종속변수]로 이동시킨다. [사후분석] 창을 클릭해 등분산을 가정하는 [Duncan]을 체크하여 선택하고 [계속] 버튼을 클릭한다.

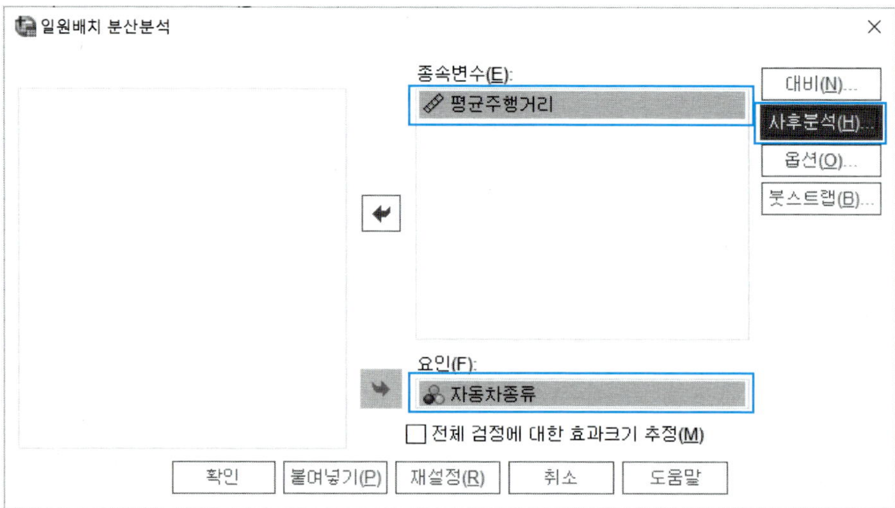

❺ [일원배치 분산분석] 창의 [옵션] 창에서 [기술통계]와 [분산 동질성검증] 그리고 [평균 도표]를 체크한 후 [계속] 버튼을 클릭한다. 물론 데이터가 등분산성을 만족하지 못하면 [Welch]를 선택할 수도 있다. 그러나 이 실습 문제는 등분산성가정을 만족하는 문제이므로 [Welch]를 선택하지 않기로 한다. 만약 [Welch]를 선택했다면 출력물의 분석에서도 [Welch]의 결과를 가지고 보고해야 한다. 마지막으로 [일원배치 분산분석] 창에서 [확인] 버튼을 클릭해 분석을 마친다. 그러면 일원분산분석 결과가 출력된다.

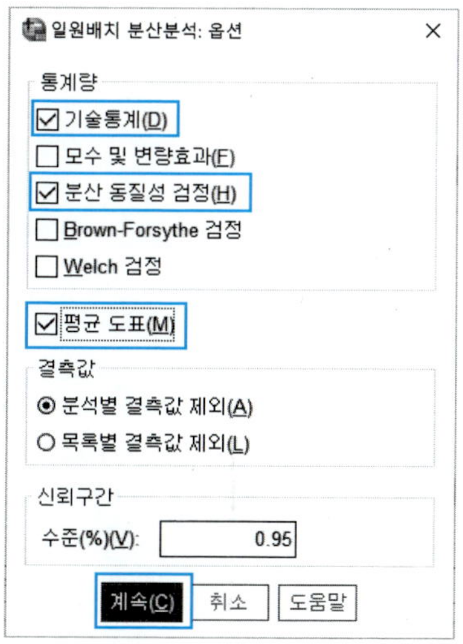

2) 주요 분석 결과

일원분산분석에 대한 주요 출력 결과를 제시하면 다음과 같다.

정규성검증 결과

[데이터 탐색] 분석 결과에 왜도와 첨도의 절대값이 각각 2와 7 미만이므로 집단별 데이터는 정규분포를 따름을 알 수 있다. 또한 Shapiro-Wilk검증에 의해 독립변수에 따른 종속변수 분포에 대한 정규성을 검증한 결과 p값이 모두 유의수준 0.05보다 크므로 데이터의 정규성은 확보되었다고 볼 수 있다.

기술통계

	자동차종류			통계	표준화 오차
평균주행거리	자동차1	평균 순위		11.70	.335
		평균의 95% 신뢰구간	하한	10.94	
			상한	12.46	
		5% 절사평균		11.72	
		중위수(D)		12.00	
		분산(V)		1.122	
		표준화 편차		1.059	
		최소값(U)		10	
		최대값(X)		13	
		범위(R)		3	
		사분위수 범위		2	
		왜도(W)		-.659	.687
		첨도(K)		-.406	1.334
	자동차2	평균 순위		12.15	.390
		평균의 95% 신뢰구간	하한	11.30	
			상한	13.00	
		5% 절사평균		12.17	
		중위수(D)		12.00	
		분산(V)		1.974	
		표준화 편차		1.405	
		최소값(U)		10	
		최대값(X)		14	
		범위(R)		4	
		사분위수 범위		3	
		왜도(W)		-.106	.616
		첨도(K)		-1.010	1.191
	자동차3	평균 순위		9.45	.247
		평균의 95% 신뢰구간	하한	8.90	
			상한	10.01	
		5% 절사평균		9.45	
		중위수(D)		9.00	
		분산(V)		.673	
		표준화 편차		.820	
		최소값(U)		8	
		최대값(X)		11	
		범위(R)		3	
		사분위수 범위		1	
		왜도(W)		.176	.661
		첨도(K)		.187	1.279

정규성 검정

	자동차종류	Kolmogorov-Smirnov[a] 통계	자유도	유의확률	Shapiro-Wilk 통계	자유도	유의확률
평균주행거리	자동차1	.311	10	.007	.846	10	.051
	자동차2	.159	13	.200*	.912	13	.195
	자동차3	.256	11	.043	.893	11	.150

*. 이것은 참 유의성의 하한입니다.

a. Lilliefors 유의확률 수정

상자도표 출력 결과

상자도표 출력 결과를 보면 자동차 종류에 따라 평균값이 차이가 있는 것으로 보이며, 자동차 1과 2가 3에 비해 평균주행거리가 높음을 알 수 있다.

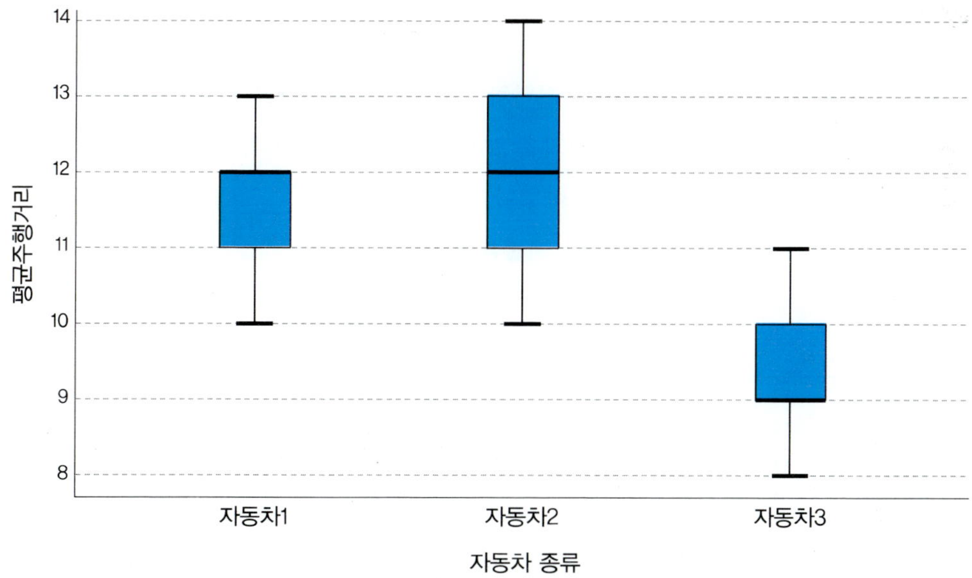

평균 도표 출력 결과

앞의 상자도표를 보아도 집단 간의 평균을 쉽게 비교해볼 수 있지만 이 실습에서는 [평균 도표]를 체크해 출력해보았다. 상자도표와 평균 도표는 모두 각 집단의 평균을 비교할 수 있게 해준다.

평균 도표

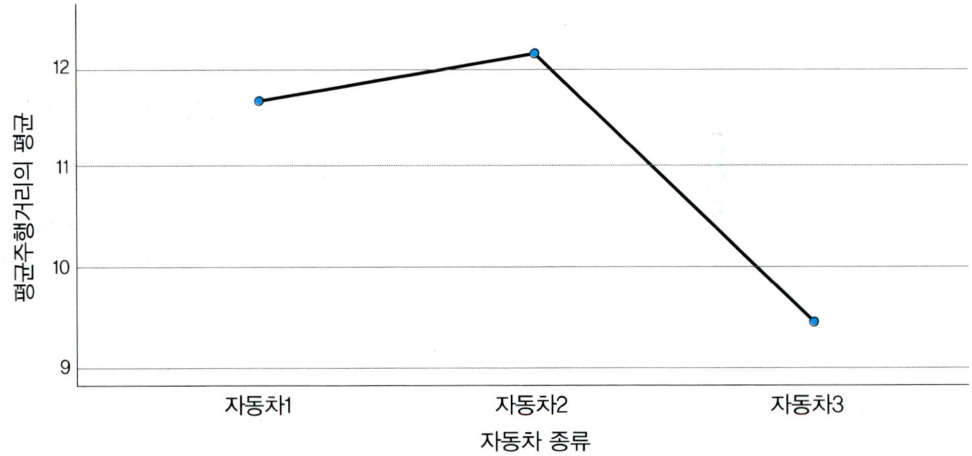

일원분산분석 결과

일원분산분석 결과의 기술통계에 의하면 자동차1, 2, 3의 평균이 각각 11.70, 12.15, 9.45임을 알 수 있다. Levene의 분산의 동질성검증 결과를 보면 p값이 0.249이며, 이는 유의수준 0.05보다 크므로 각 집단은 등분산가정을 만족하였다.

기술통계

평균주행거리

	N	평균	표준편차	표준오차	평균의 95% 신뢰구간 하한	평균의 95% 신뢰구간 상한	최소값	최대값
자동차1	10	11.70	1.059	.335	10.94	12.46	10	13
자동차2	13	12.15	1.405	.390	11.30	13.00	10	14
자동차3	11	9.45	.820	.247	8.90	10.01	8	11
전체	34	11.15	1.635	.280	10.58	11.72	8	14

분산의 동질성 검정

		Levene 통계량	df1	df2	유의확률
평균주행거리	평균을 기준으로 합니다.	1.454	2	31	.249
	중위수를 기준으로 합니다.	1.087	2	31	.350
	자유도를 수정한 상태에서 중위수를 기준으로 합니다.	1.087	2	29.833	.350
	절삭평균을 기준으로 합니다.	1.495	2	31	.240

일원분산분석에 의한 전반적인 검증 결과에 의하면 F값이 18.264이고 유의확률이 <0.001이어서 유의수준 0.001보다 작으므로 집단 간에 평균은 같다는 귀무가설은 기각되었고 적어도 하나 이상의 집단 간의 평균주행거리가 차이가 있음을 알 수 있다. 이를 확인하기 위해서 Duncan에 의한 사후검증을 수행한 결과 자동차1과 2 간은 평균 차이가 없으며 2와 3, 1과 3 집단 간에만 유의한 평균 차이가 있음을 알 수 있다.

ANOVA

평균주행거리

	제곱합	자유도	평균제곱	F	유의확률
집단-간	47.745	2	23.873	18.264	<.001
집단-내	40.520	31	1.307		
전체	88.265	33			

사후검정

동질적 부분집합

평균주행거리

Duncan[a,b]

		유의수준 = 0.05에 대한 부분집합	
자동차종류	N	1	2
자동차3	11	9.45	
자동차1	10		11.70
자동차2	13		12.15
유의확률		1.000	.355

동질적 부분집합에 있는 집단에 대한 평균이 표시됩니다.

a. 조화평균 표본크기 11.201을(를) 사용합니다.

b. 집단 크기가 동일하지 않습니다. 집단 크기의 조화평균이 사용됩니다. I 유형 오차 수준은 보장되지 않습니다.

3) 일원분산분석 결과의 제시와 해석

일원분산분석의 결과를 요약하면 [표 14-5]와 같다.

표 14-5 일원분산분석 결과 (N=34)

구분		N	평균	표준편차	F값	p값	사후검증
평균 주행거리	자동차1	10	11.70	1.059	18.264***	<0.001	1,2>3
	자동차2	13	12.15	1.405			
	자동차3	11	9.45	0.820			

***$p<0.001$

일원분산분석을 수행하면서 정규성검증을 위해서 왜도와 첨도를 살펴본 결과 기준치인 왜도 2, 첨도 7 미만이므로 집단 간 데이터는 정규분포를 따르고 있음을 알 수 있다. 좀 더 엄격한 정규성검증을 위한 통계기법인 Shapiro-Wilk검증을 수행한 결과 각 집단의 p값이 모두 유의수준 0.05보다 크므로 데이터의 정규성은 확보되었다고 볼 수 있다. 또한 Levene의 분산의 동질성검증 결과를 보면 p값이 0.249이며, 이는 유의수준 0.05보다 크므로 각 집단이 등분산가정이 만족되었다. 따라서 모든 가정 조건을 만족하므로 일원분산분석을 수행해도 된다.

자동차 종류에 따른 평균은 자동차1이 11.70(표준편차 1.059), 2가 12.15(표준편차 1.405), 3이 9.45(표준편차 0.820)로 나타났다. 자동차 종류별로 평균의 차이가 통계적으로 유의한가를 알아보기 위해서 일원분산분석에 의한 F-검증을 실시한 결과, 평균 주행거리는 자동차 종류에 따라 유의한 평균 차이가 있는 것으로 나타났다($F=18.264$, $p<0.001$). 따라서 이 실습에서는 자동차 종류 중에서 어떤 자동차 간에 통계적으로 유의한 평균 차이가 있는지를 알아보기 위해서 Duncan에 의한 사후검증을 수행한 결과 자동차1과 2는 평균 차이가 없으나 자동차1과 3, 자동차2와 3 집단 간에는 평균 차이가 있는 것으로 나타났다.

3 크루스칼-왈리스검증

3.1 크루스칼-왈리스검증의 사용목적과 적용상황

크루스칼-왈리스검증(Kruskal-Wallis test)이란 세 개 집단 이상의 평균 순위를 비교하기 위한 비모수통계방법으로, 이는 각 집단의 측정값을 모두 크기 순으로 배열하고 순위를 매겨서 각 집단의 평균 순위를 비교하여 검증하게 된다.

그림 14-6 ▌크루스칼-왈리스검증의 선택

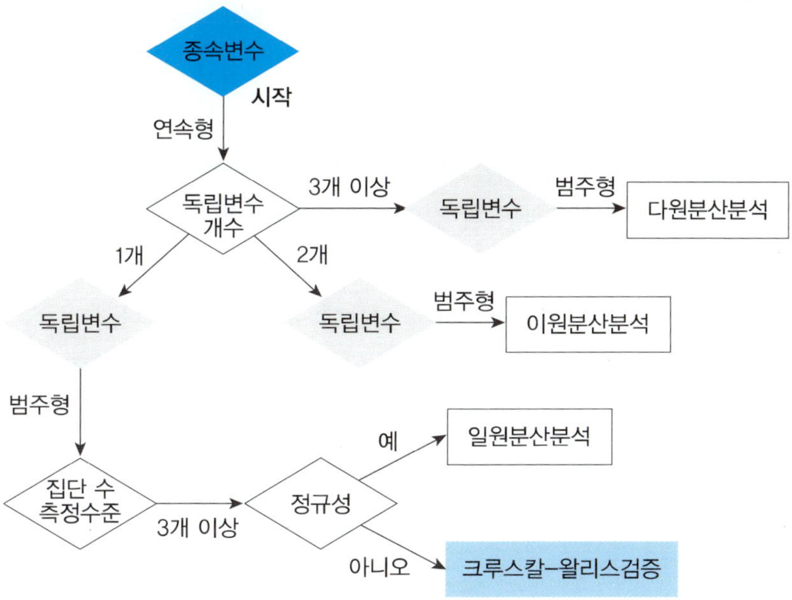

- 일원분산분석과 같은 정규성이나 등분산가정은 요구되지 않으며, 독립성가정만 만족하면 된다.
- 크루스칼-왈리스검증은 일원분석분석의 가정 조건인 정규성을 만족하지 못하는 경우에 대신 사용할 수 있는 비모수통계방법이다.
- 독립변수는 범주형 1개, 종속변수는 연속형 1개인 경우에 사용한다. 범주형 변수 1개는

반드시 세 개 이상의 집단 구분(응답 범주)이 있어야 한다.

▶ 일원분산분석에 비해 검증력이 다소 낮다는 단점이 있지만 순위가 있는 모든 데이터들을 가지고 분석할 수 있는 장점이 있다.

3.2 크루스칼-왈리스검증의 사후검증

크루스칼-왈리스검증은 세 개 이상의 집단 중에서 두 개의 집단씩을 짝지어 각각 쌍대 비교(Multiple pairwise comparison)하는 방법으로 집단 간의 평균순위의 차이에 대한 사후검증 결과를 제공한다. 예를 들면, 범주형 독립변수가 3개의 집단을 가지고 있는 경우에는 사후검증을 위해서 1집단과 2집단, 1집단과 3집단, 2집단과 3집단을 쌍대로 비교한다. 집단이 4개가 있으면 4개의 집단에서 가능한 집단 간 조합이 6개(1집과 2집단, 1집단과 3집단, 1집단과 4집단, 2집단과 3집단, 2집단과 4집단, 3집단과 4집단)가 된다.

▶ 크루스칼-왈리스검증의 사후검증을 수행하려면 [분석-비모수검정-독립표본]에서 수행하는 것이 좋다. 이를 사용하면 각 집단 간의 쌍대 비교를 통해 사후검증 결과를 제시해 준다. 그러나 [분석-비모수검정-레거시 대화상자-독립 K-표본]에서는 전반적인 검증결과만 제시하고 사후검증을 제공하지 않음에 유의하기 바란다.

▶ SPSS 프로그램이 예전 버전인 경우 크루스칼-왈리스검증에서 사후검증 결과를 자동적으로 제공하지 않아서 모든 비교 집단 간을 맨-휘트니검증을 수행한 후 유의수준을 Bonferroni방법으로 보정하는 방법을 사용해 왔다. 그러나 현재는 자동으로 사후검증 결과를 제공하고 있으므로 이러한 노력이 필요 없게 되었다.

3.3 크루스칼-왈리스검증의 가설

크루스칼-왈리스검증을 위한 가설은 다음과 같다.

- **귀무가설**(H_0): 세 가지 자동차 종류에 따라 평균주행거리는 같다.
- **연구가설**(H_1): 세 가지 자동차 종류에 따라 평균주행거리는 다르다.

3.4 크루스칼-왈리스검증의 SPSS 통계 실습

[통계 실습 14-2] 크루스칼-왈리스검증과 사후검증

다음은 자동차의 종류에 따라 평균주행거리가 서로 다른지를 확인하기 위해 동급의 자동차 3종류에 대해 1리터당 평균주행거리(㎞)를 측정하였다. 주어진 [제14장 크루스칼-왈리스검증 데이터]를 이용해 크루스칼-왈리스검증과 사후검증을 수행하고 분석 결과를 해석하시오. 독립변수는 범주형 변수로 3가지 자동차 종류(자동차1, 자동차2, 자동차3)이며 종속변수는 연속형 변수로 1리터당 평균주행거리(㎞)이다. 총 사례 수는 총 18개(자동차 종류별 각 6개)이다.

■ **실습 데이터**

ID	자동차 종류	평균주행거리
1	1	15
2	1	8
…	…	…
18	3	9

총 사례 수는 18개임

- 자동차 종류 → 범주형 변수(자동차1, 자동차2, 자동차3)
- 평균주행거리 → 연속형 변수(실제 평균주행거리)

실습 데이터	제14장 크루스칼-왈리스검증 데이터
분석방법 메뉴 선택	분석-기술통계량-데이터 탐색 분석-비모수검정-독립표본

1) 실습 과정

❶ [파일–열기–데이터]를 선택한 후 실습 데이터 파일이 있는 위치로 찾아가서 [제14장 크루스칼–왈리스검증 데이터]를 연다.

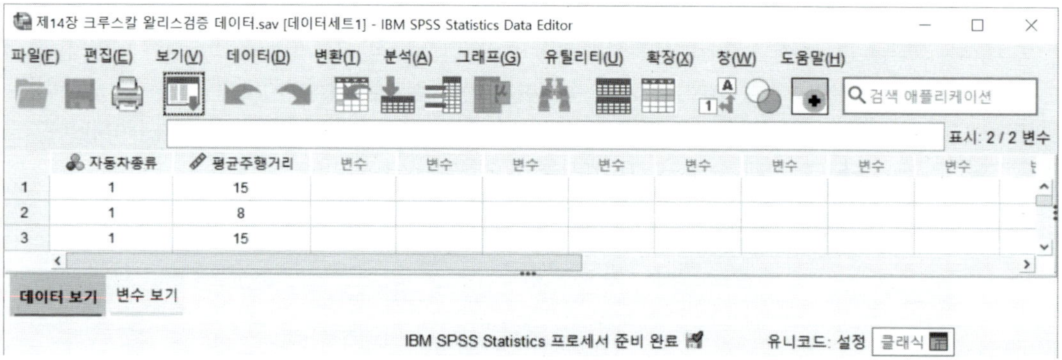

❷ [분석–기술통계량–데이터 탐색]을 클릭하여 [데이터 탐색] 창을 연다. 왼쪽에 있는 [자동차종류]를 오른쪽 [요인]으로, [평균주행거리]를 [종속변수]로 이동시킨다.

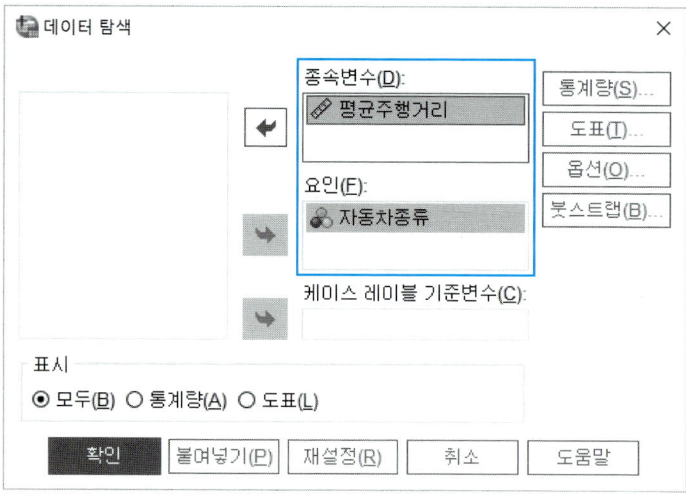

❸ [데이터 탐색: 도표] 창에서 [검정과 함께 정규성 도표]를 체크한 후 [계속] 버튼을 클릭한다. [데이터 탐색] 창에서 [확인] 버튼을 클릭해 데이터의 정규성검증을 마친다. 그러면 분석 결과가 출력된다.

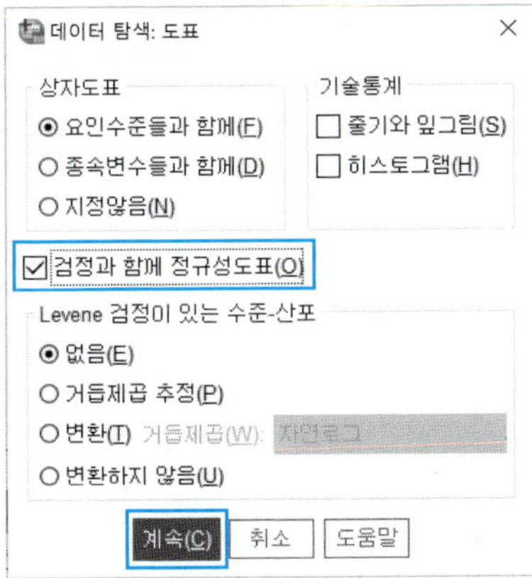

❹ [분석-비모수검정-독립표본]을 클릭하여 [비모수검정: 둘 이상의 독립표본] 창을 연다. 창은 크게 목적 탭, 필드 및 설정 탭으로 구성되어 있다. [목적] 탭에서 [귀하의 원하는 목적은 무엇입니가?]에서 [사용자 정의에 의한 분석]을 체크한다. [필드] 탭에서 왼쪽에 있는 [자동차종류]를 오른쪽 [집단]으로, [평균주행거리]를 [검정 필드]로 이동시킨다. [설정] 탭에서 [사용자 정의에 의한 검정]을 선택한다. [Kruskal-Wallis 일원배치 분산분석(k-표본)]을 체크한 후 창의 하단 부분에 있는 [▶실행] 버튼을 클릭한다. [설정] 탭의 두 번째에 있는 [검정 옵션]은 그대로 둔다(유의수준 0.05 지정).

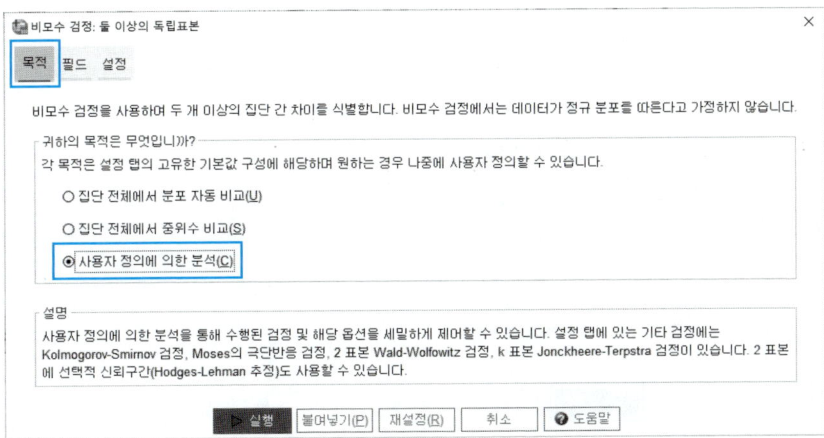

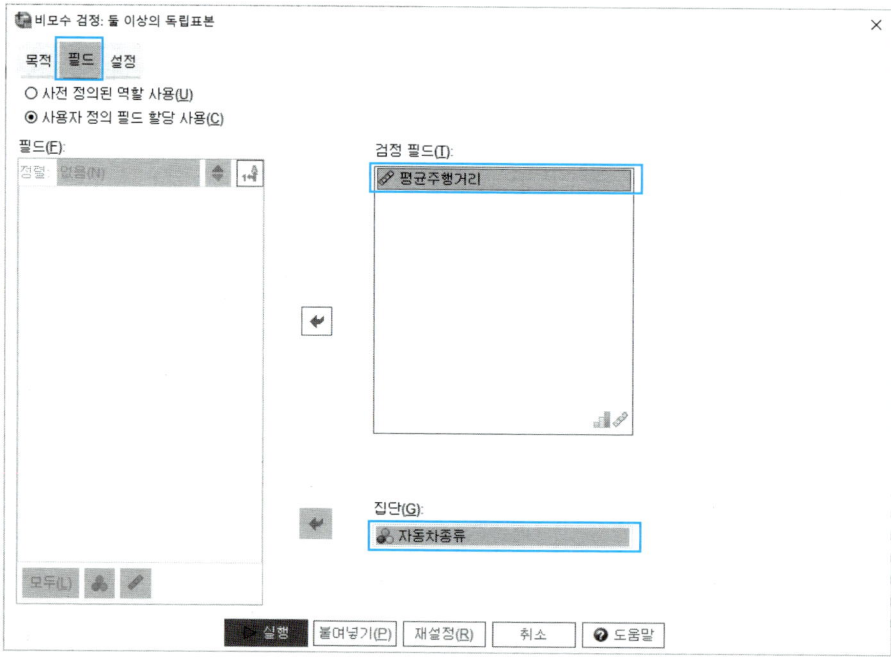
비모수 검정: 둘 이상의 독립표본
목적
필드
설정
사전 정의된 역할 사용(U)
사용자 정의 필드 할당 사용(C)
필드(F):
정렬: 없음(N)
검정 필드(T):
평균주행거리
집단(G):
자동차종류
모두(L)
실행
붙여넣기(P)
재설정(R)
취소
도움말

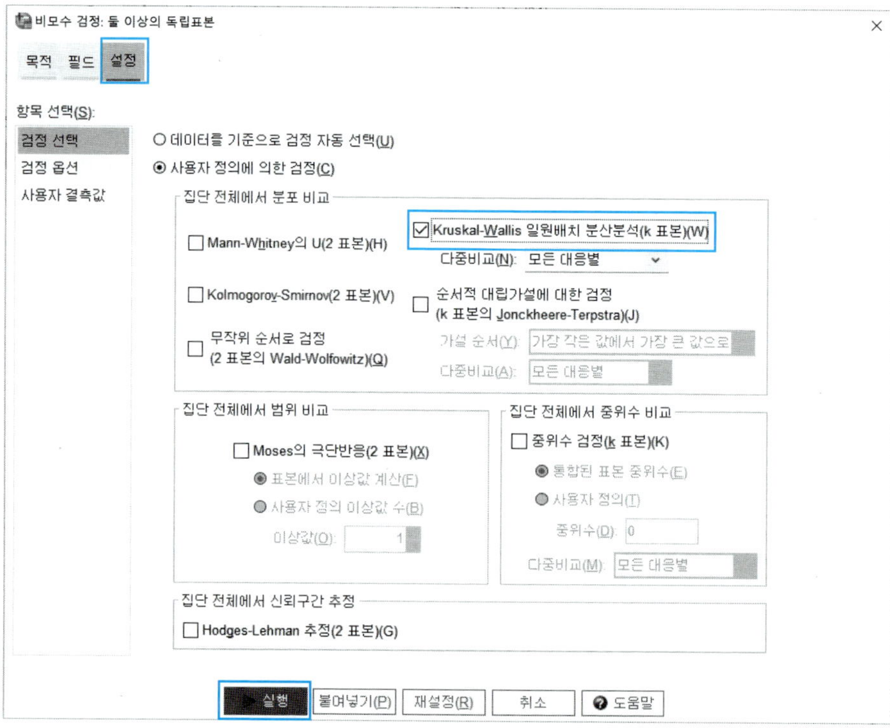
비모수 검정: 둘 이상의 독립표본
목적
필드
설정
항목 선택(S):
검정 선택
검정 옵션
사용자 결측값
데이터를 기준으로 검정 자동 선택(U)
사용자 정의에 의한 검정(C)
집단 전체에서 분포 비교
Mann-Whitney의 U(2 표본)(H)
Kruskal-Wallis 일원배치 분산분석(k 표본)(W)
다중비교(N): 모든 대응별
Kolmogorov-Smirnov(2 표본)(V)
순서적 대립가설에 대한 검정
(k 표본의 Jonckheere-Terpstra)(J)
무작위 순서로 검정
(2 표본의 Wald-Wolfowitz)(Q)
가설 순서(Y): 가장 작은 값에서 가장 큰 값으로
다중비교(A): 모든 대응별
집단 전체에서 범위 비교
Moses의 극단반응(2 표본)(X)
표본에서 이상값 계산(E)
사용자 정의 이상값 수(B)
이상값(O): 1
집단 전체에서 중위수 비교
중위수 검정(k 표본)(K)
통합된 표본 중위수(E)
사용자 정의(T)
중위수(D): 0
다중비교(M): 모든 대응별
집단 전체에서 신뢰구간 추정
Hodges-Lehman 추정(2 표본)(G)
실행
붙여넣기(P)
재설정(R)
취소
도움말

❺ [출력 결과] 창에 [가설검정 요약] 표를 본다. 그러면 결과에서 귀무가설이 기각되었음을 확인할 수 있다. 따라서 자동차 간에 평균주행거리는 적어도 하나 이상에서 통계적으로 유의한 차이가 있음을 알 수 있다.

가설검정 요약

	영가설	검정	유의확률[a,b]	의사결정
1	평균주행거리의 분포는 자동차종류의 범주 전체에서 동일합니다.	독립표본 Kruskal-Wallis 검정	.012	영가설을 기각합니다.

a. 유의수준은 .050입니다.

b. 근사 유의확률이 표시됩니다.

❻ [출력 결과] 창에서 [Kruskal-Wallis검증] 결과와 [사후검증] 결과를 본다. 출력 결과는 뒤에서 설명될 결과 해석 부분에 제시한다.

2) 주요 분석 결과

크루스칼-왈리스검증에 대한 주요 출력 결과를 제시하면 다음과 같다.

정규성검증 결과

[데이터 탐색] 분석 결과에 왜도와 첨도의 절대값이 각각 2와 7 미만이므로 집단별 데이터는 정규분포를 따름을 알 수 있다. 그러나 Shapiro-Wilk검증에 의해 독립변수에 따른 종속변수 분포에 대한 정규성을 검증한 결과 p값이 모두 유의수준 0.05보다 작으므로 데이터는 정규분포를 따르고 있지 않음을 알 수 있다. 따라서 비모수검증방법인 크루스칼-왈리스검증을 사용할 수 있다.

기술통계

	자동차종류			통계	표준화 오차
평균주행거리	자동차1	평균 순위		11.50	1.727
		평균의 95% 신뢰구간	하한	7.06	
			상한	15.94	
		5% 절사평균		11.50	
		중위수(D)		11.50	
		분산(V)		17.900	
		표준화 편차		4.231	
		최소값(U)		7	
		최대값(X)		16	
		범위(R)		9	
		사분위수 범위		8	
		왜도(W)		.000	.845
		첨도(K)		-3.147	1.741
	자동차2	평균 순위		12.50	1.432
		평균의 95% 신뢰구간	하한	8.82	
			상한	16.18	
		5% 절사평균		12.50	
		중위수(D)		12.50	
		분산(V)		12.300	
		표준화 편차		3.507	
		최소값(U)		9	
		최대값(X)		16	
		범위(R)		7	
		사분위수 범위		7	
		왜도(W)		.000	.845
		첨도(K)		-3.111	1.741
	자동차3	평균 순위		4.50	1.285
		평균의 95% 신뢰구간	하한	1.20	
			상한	7.80	
		5% 절사평균		4.39	
		중위수(D)		3.00	
		분산(V)		9.900	
		표준화 편차		3.146	
		최소값(U)		2	
		최대값(X)		9	
		범위(R)		7	
		사분위수 범위		6	
		왜도(W)		.925	.845
		첨도(K)		-1.619	1.741

정규성 검정

		Kolmogorov-Smirnov[a]			Shapiro-Wilk		
	자동차종류	통계	자유도	유의확률	통계	자유도	유의확률
평균주행거리	자동차1	.296	6	.109	.783	6	.041
	자동차2	.262	6	.200*	.776	6	.035
	자동차3	.350	6	.021	.773	6	.033

*. 이것은 참 유의성의 하한입니다.

a. Lilliefors 유의확률 수정

전반적 검증 출력 결과

전반적 검증 결과 검증통계량이 8.807(자유도 2)이며 근사 유의확률이 0.012이어서 유의수준 0.05보다 작으므로 귀무가설이 기각되었다. 따라서 적어도 쌍대 비교집단 중에서 하나 이상은 평균순위에 있어서 차이가 있음을 알 수 있다.

독립표본 Kruskal-Wallis 검정

평균주행거리 across 자동차종류

독립표본 Kruskal-Wallis 검정 요약

전체 N	18
검정 통계량	8.807[a]
자유도	2
근사 유의확률(양측검정)	.012

a. 검정 통계량이 동순위로 수정됩니다.

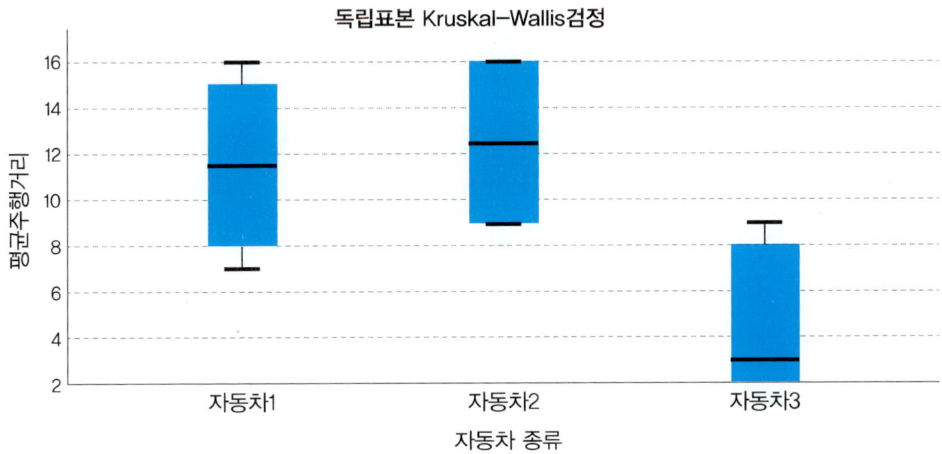

사후검증 출력 결과

자동차종류 대응별 비교

Sample 1-Sample 2	검정 통계량	표준오차	표준화된 검정 통계량	유의확률	조정된 유의확률[a]
자동차3-자동차1	6.167	3.053	2.020	.043	.130
자동차3-자동차2	8.833	3.053	2.893	.004	.011
자동차1-자동차2	-2.667	3.053	-.873	.382	1.000

각 행이 표본1 및 표본2에서 분포가 같다는 영가설을 검정합니다.
근사 유의확률(양측검정)이 표시됩니다. 유의수준은 .050입니다.

a. 여러 검정에 대해 Bonferroni 수정을 통해 유의성 값이 수정되었습니다.

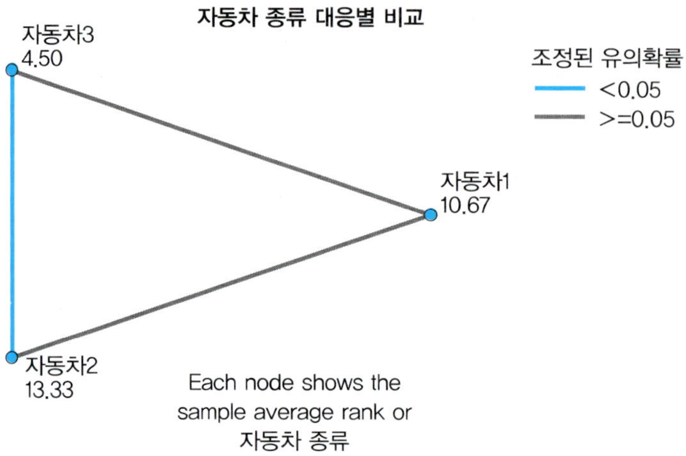

그림의 [자동차 종류의 대응별 비교]를 보면 동그라미로 되어 있는 노드(node)가 있으며, 이 노드에서는 평균순위(자동차1-10.67, 자동차2-13.33, 자동차3-4.50)를 보여준다. 대응 비교 결과를 보면 [자동차3-자동차2] 간에는 [Bonferroni로 조정된 유의확률]이 각각 0.011이며 이는 유의수준 0.05보다 작으므로 집단 간 평균순위가 차이가 있음을 알 수 있다. 그러나 [자동차3-자동차1] 간과 [자동차1-자동차2] 간의 [Bonferroni로 조정된 유의확률]은 각각 0.130, 1.000이며 이는 유의수준 0.05보다 크므로 집단 간 평균순위가 차이가 없음을 확인할 수 있다.

3) 크루스칼-왈리스검증 결과의 제시와 해석

크루스칼-왈리스검증 결과를 요약하면 [표 14-6]과 같다.

표 14-6 크루스칼-왈리스검증 (N=18)

구분		N	평균순위	검증통계량	p값	사후검증
평균 주행거리	자동차1	6	11.50	8.807*	0.012	2>3
	자동차2	6	12.50			
	자동차3	6	4.50			

*p<0.05

표 14-7 크루스칼-왈리스검증에 대한 사후검증 결과

구분	검증통계량	표준오차	조정된 유의확률
자동차3-자동차1	6.167	3.053	0.130
자동차3-자동차2	8.833*	3.053	0.011
자동차1-자동차2	-2.667	3.053	1.000

*$p<0.05$

크루스칼-왈리스검증 결과 자동차 종류에 따라 평균주행거리는 같지 않은 것으로 나타났다(검증통계량 8.807, $p<0.05$). 세부적으로 어느 집단 간에 평균순위가 차이가 있는지를 알아보기 위해서 사후검증을 수행한 결과 자동차3과 자동차2 간의 평균순위가 차이가 있는 것으로 나타났다. 그러나 자동차3과 자동차1, 자동차1과 자동차2 간의 평균순위는 차이가 없는 것으로 분석되었다.

제 15 장

이원분산분석

Two-way Analysis of Variance(Two-Way ANOVA)

1 이원분산분석

1.1 이원분산분석의 의의

이원분산분석(Two-way analysis of variance)이란 두 개의 범주형 독립변수(질적 변수)에 따라 집단 간 종속변수의 평균 차이를 검증하는 방법을 말한다. 보통 이원분산분석에서 측정수준(응답 범주)은 집단 구분을 의미한다. 앞 장에서 학습한 일원분산분석에서는 범주형 독립변수 1개의 측정수준(집단 구분)이 3 이상이어야 하지만 이원분산분석에서는 범주형 독립변수가 2개이며 각각의 범주형 독립변수의 측정수준이 2 이상이면 가능하다.

- 이원분산분석은 뒤에서 학습하게 될 실험설계 방법 중에서 요인설계가 주로 사용되고 있으며 분석 방법도 주효과검증 이원분산분석과 상호작용효과검증 이원분산분석이 많이 수행된다.
- 이원분산분석에서 주효과와 상호작용효과가 있는 것으로 나타나면 주효과와 상호작용효과에 대한 사후검증을 수행한다.
- 분산분석은 처리조합별 반복 수가 같은 균형 데이터(Balanced data)를 대상으로 하지만 실험 수행상 문제로 결측치가 발생하거나 실험연구가 아닌 관측연구의 경우 불균형데이터(Unbalanced data)를 얻을 수 있다. 그런데 이 경우에는 일반적으로 주변평균(Marginal means)과 최소제곱평균이 같지 않으며 어느 것을 모평균의 추정치로 사용

그림 15-1 ▌ 이원분산분석의 선택

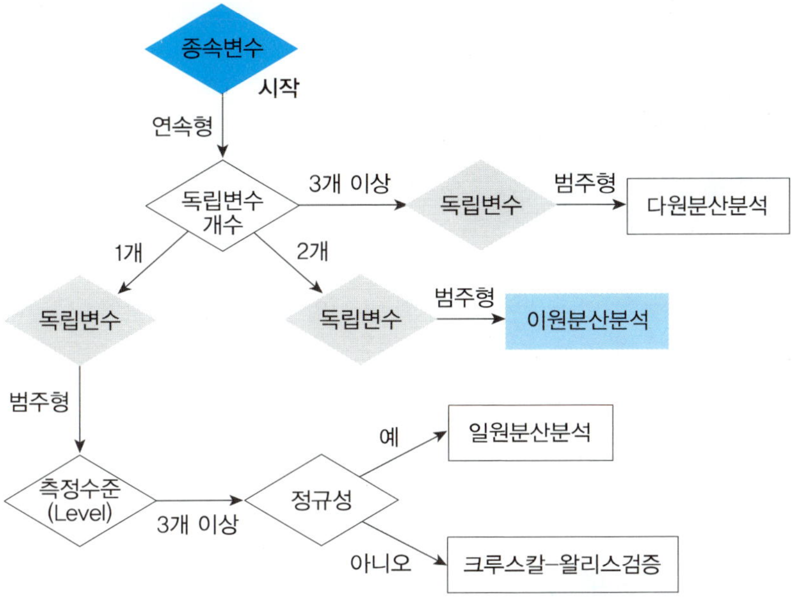

하느냐에 따라 결론이 달라질 수 있다. 이러한 문제점을 보완하기 위해서 연구자는 불균형 데이터인 경우에는 적절한 제곱합을 선택해야 한다. 제곱합은 SPSS 일변량 모형 대화상자에서 선택할 수 있다. 보통은 제3종 제곱합(최소제곱평균 사용)과 제1종 제곱합(가중평균인 주변평균 사용)을 많이 사용한다. 제1종 제곱합은 중요한 변수 선택에 유용하며 블록모형에서 사용된다. 제2종 제곱합은 주효과모형에 주로 사용되지만 잘 사용되지 않으며, 제3종 제곱합은 디폴트 값으로 지정되어 있으며 요인모형에서 사용하며 인과관계 추론 시 상호작용 유무와 관계없이 타당하게 적용할 수 있다. 제4종 제곱합은 결측치가 있는 경우에 사용된다.

1.2 이원분산분석의 사용목적과 적용상황

이원분산분석은 [그림 15-2]와 같이 2개의 범주형 독립변수에 따라 집단 간 종속변수의 평균 차이를 검증하는 데 사용한다.

▶ 그림 15-2 ▌이원분산분석의 적용상황

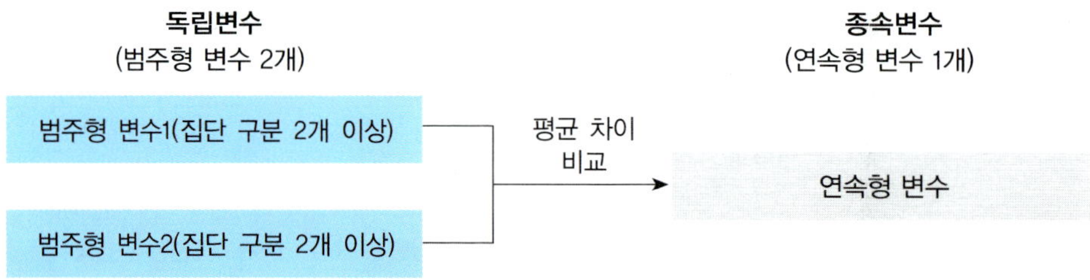

- 이원분산분석은 2개의 독립변수(범주형 변수)와 1개의 종속변수(연속형 변수)일 때 적용할 수 있다.
- 범주형 독립변수의 수준은 2수준(집단) 이상이면 가능하며 반드시 3수준(집단) 이상이 되어야 하는 것은 아니다. 따라서 성별과 같이 2수준(집단)의 경우도 사용가능하다.

1.3 실험설계와 분산분석

분산분석에서는 실험설계를 통해서 수집한 데이터를 가지고 분석하는 경우가 많다. 따라서 연구자들이 분산분석을 제대로 이해하려면 실험설계에 대한 기초적인 지식을 가지는 것이 필요하다.

[표 15-1]은 실험설계에 따라서 분산분석의 유형을 구분한 것이다. 실험설계에서 블록은 실험의 정확도를 높이기 위한 방법으로 사용한다.

▌표 15-1 ▌실험설계와 분산분석의 유형

요인의 수	분산분석	실험설계	변수의 개수		
			독립변수(처리변수)	외생변수(통제변수)	종속변수
1	일원분산분석	완전확률화설계	1	0	1
2	상호작용이 없는 이원분산분석(주효과검증 이원분산분석)	확률화블록설계	1	1(블록변수)	1
		라틴방격설계	1	2(블록변수)	1
	상호작용이 있는 이원분산분석(상호작용효과검증 이원분산분석)	요인설계	2개 이상	0	1

- 실험설계에서 지켜야 할 세 가지 중요한 원칙은 반복화(Replication), 확률화(Randomization), 블록화(Blocking)이다. 반복화는 동일한 처리를 여러 번 반복해서 측정하는 것을 말한다. 확률화는 실험단위의 배치와 실험 순서를 임의로 결정하는 것과 관련이 있으며, 블록화[1]는 실험단위들을 동질적인 집단으로 묶는 것을 말한다. 이러한 원칙들은 보다 정확한 비교연구를 위한 좋은 데이터를 확보할 것인가와 관련된다.
- 확률화(Randomization)가 시행된 실험 데이터의 경우 독립성과 정규성의 가정을 만족하지 않고도 F-분포에 기초한 표준화된 분석의 사용이 가능하다.
- 이원분산분석은 상호작용이 없는 이원분산분석(주효과검증 이원분산분석)과 상호작용이 있는 이원분산분석(상호작용효과검증 이원분산분석)[2]이 있다.
- 분산분석에서 적용가능한 실험설계로는 완전확률화설계(Completely randomized design), 확률화블록설계(Randomized block design), 라틴방격설계(Latin square design) 및 요인설계(Factorial design)가 있다. 완전확률화설계는 일원배치 설계(One-way layout)이며, 라틴방격설계는 두 개의 블록변수가 직교하는 블록설계이다. 확률화블록설계와 라틴방격설계 및 요인설계는 이원배치 설계(Two-way layout)이다.[3]
- 확률화블록설계(Randomized block design)는 실험단위(개체)들을 서로 유사한 것들끼리 그룹화하고 그 안에서 처리 배치를 확률화하는 방법이다. 이는 독립변수에 해당하는 것이 두 개이지만 하나는 처치변수이며 다른 하나는 통제 목적으로 사용하는 블록변수이다.
- 요인설계(Factorial design)는 둘 이상의 독립변수들 간에 가능한 모든 실험효과를 동시에 측정할 수 있는 실험설계 방법이며, 종속변수에 미치는 각 요인의 개별적인 효과인 주효과(Main effect)뿐만 아니라 요인들 간의 상호작용효과(Interaction effect)도 검증할 수 있는 방법이다(주효과검증 이원분산분석, 상호작용효과검증 이원분산분석).

---

1) 블록화의 예로는 농업 실험에서 땅을 근접한 거리 기준으로 블록을 설정하는 경우나 동물을 실험단위로 사용하는 경우 비슷한 품종의 동물을 하나의 블록으로 설정하는 경우이다.

2) 상호작용이 없는 이원분산분석의 경우에는 두 독립변수(요인)가 종속변수에 미치는 주효과를 검증할 수 있다. 반면에 상호작용이 있는 이원분산분석의 경우에는 두 변수(요인)가 종속변수에 미치는 주효과와 상호작용효과를 검증할 수 있다.

3) 실험설계와 관련된 분산분석에 대해서는 한상태 외(2009)의 저서인 *SPSS 분산분석*(한나래아카데미)을 참조하기 바란다.

1.4 이원분산분석의 상호작용효과

일원분산분석은 1개의 범주형 독립변수의 수준 변화가 종속변수에 미치는 주효과를 분석하는 것에 초점을 두고 있다. 반면에 이원분산분석은 두 개의 범주형 독립변수의 수준에 따라 집단 간 종속변수의 평균 차이를 검증하는 데 관심을 두고 있으며, 두 독립변수 간의 상호작용효과의 통계적 유의성을 검증하기 위한 설계이다. 예를 들어 학력과 성별에 따른 휴대폰 이용요금의 차이를 검증한다면 이때 학력과 성별은 범주형 독립변수이며, 휴대폰 이용요금은 연속형 변수로서 종속변수가 된다. 여기에서 학력과 성별은 주효과(Main effect)이며 학력과 성별을 곱한 것은 상호작용효과(Interaction effect)가 된다. 만약 주효과가 유의적으로 나타나면 사후검증(Post-hoc tests)을 수행해야 한다. 물론 상호작용효과가 유의적인 경우에도 사후검증을 수행하는 것이 필요하다.

상호작용효과는 종속변수에 대한 범주형 독립변수들의 결합효과(혹은 독립변수 2개가 함께 존재함으로써 나타나는 상승효과)로서 종속변수에 대한 한 범주형 독립변수의 효과가 다른 범주형 독립변수의 각 수준에서 동일하지 않다는 것을 의미한다. 예컨대, 수업방법(강의식, 온라인, 강의식+온라인)의 변화가 종속변수에 미치는 영향이 학교급(중학교/고등학교)에 따라 달라지는가를 검증하는 것이다.

상호작용효과에 대한 분석 결과만을 가지고 상호작용 여부를 판단하기 어렵다면 상호작용 그래프를 그려보면 훨씬 더 이해하기 쉬워진다. [그림 15-3]은 이원분산분석에서 상호작용효과를 보여준다. 그림에서 왼쪽은 상호작용효과가 존재하는 경우이며, 오른쪽은 상호작용효과가 존재하지 않는 경우이다.

그림 15-3 ▌ 이원분산분석에서 상호작용효과

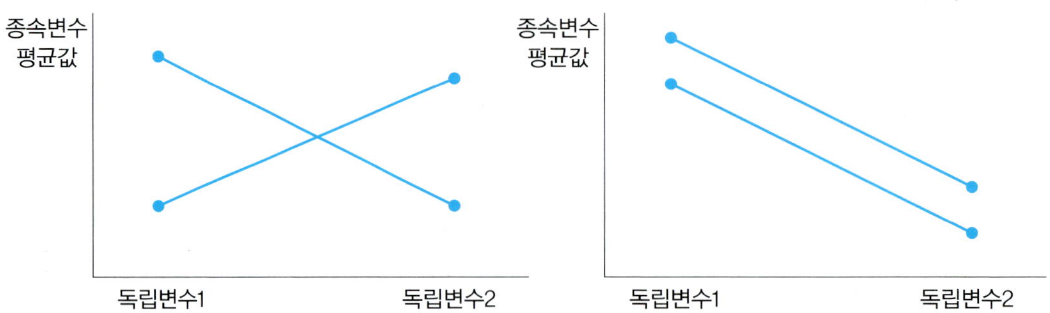

1.5 요인설계에서 이원분산분석의 절차

이원분산분석에서는 요인설계 방식의 실험설계를 많이 활용한다. 요인설계를 통해 수집된 데이터는 [그림 15-4]와 같이 주효과검증 이원분산분석이나 상호작용효과검증 이원분산분석에서 사용된다.

이원분산분석에서는 고려해야 할 독립변수가 두 개이므로 변수들 간의 상호작용이 있을 수 있다. 여기에서 상호작용이란 한 변수가 다른 변수와 상호작용하여 종속변수에 미치는 영향을 말한다. 실습 상황에서 두 개의 범주형 변수 간에 상호작용효과가 존재하지 않는다면 주효과검증 이원분산분석을 수행하고 이 부분만의 결과를 보고 독자적으로 해석하면 된다. 그러나 상호작용효과가 존재한다면 통계분석 시 상호작용효과 항을 추가해서 분석해야 하는데, 이를 상호작용효과검증 이원분산분석이라고 한다.

그림 15-4 ▌ **이원분산분석의 절차**

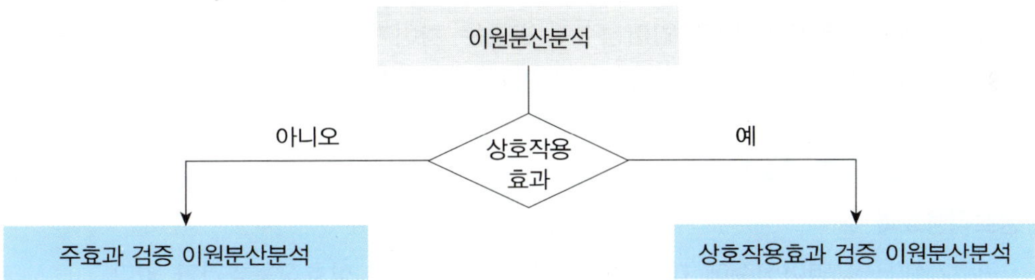

1.6 이원분산분석의 기본 가정과 가설

1) 이원분산분석의 기본 가정

이원분산분석의 기본 가정은 일원분산분석과 동일하다.

- 독립성: 독립변수의 각 집단은 서로 독립적이어야 한다.
- 등분산성: 독립변수에 따른 종속변수 분포의 분산은 각 집단마다 같아야 한다.
- 정규성: 독립변수에 따른 종속변수는 정규분포를 따라야 한다.

2) 이원분산분석의 가설

이원분산분석의 가설은 주효과 가설 2개와 상호작용효과 가설 1개로 구성된다. 주효과검증 이원분산분석에서는 주효과 가설만을 검증하며, 상호작용효과검증 이원분산분석에서는 상호작용효과가설만 검증한다. 한편 상호작용효과 이원분산분석을 실시한 경우 개체 간 효과검증 결과표에 있는 주효과는 해석하지 않는 것이 일반적이며 필요시 독립변수(요인)별로 일원분산분석과 사후분석을 추가로 실시할 수 있다. 가설 설정을 예시하면 다음과 같다.

[주효과검증 가설]

주효과 가설1

- 귀무가설(H_0): 수업방법에 따라 영어점수의 평균은 차이가 없다.
- 연구가설(H_1): 수업방법에 따라 영어점수의 평균은 차이가 있다.

주효과 가설2

- 귀무가설(H_0): 학년에 따라 영어점수의 평균은 차이가 없다.
- 연구가설(H_1): 학년에 따라 영어점수의 평균은 차이가 있다.

[상호작용효과검증 가설]

상호작용효과

- 귀무가설(H_0): 영어점수에 대한 수업방법과 학년 간의 상호작용효과가 없다.
- 연구가설(H_1): 영어점수에 대한 수업방법과 학년 간의 상호작용효과가 있다.

2 이원분산분석의 SPSS 통계 실습

[통계 실습 15-1] 이원분산분석과 사후검증: 상호작용이 없는 주효과검증

다음은 고등학생들의 수업방법과 학교급에 따른 영어점수 평균에 차이가 있는지를 확인하기 위해서 수집한 데이터이다. 주어진 [제15장 이원분산분석 데이터(주효과검증)]를 이용해 상호작용이 없는 이원분산분석과 사후검증을 수행하고 분석 결과를 해석하시오. 독립변수는 범주형 변수로 2개(수업방법과 학교급)이며 종속변수는 연속형 변수로 영어점수이다. 총 사례 수는 총 6개이다. 수업방법은 ① 강의식, ② 온라인, ③ 강의식+온라인이며, 학교급은 ① 중학생, ② 고등학생이다.

■ **실험 데이터**

학교급 \ 수업방법	강의식	온라인	강의식+온라인
중학생	60	50	68
고등학생	50	45	65

■ **실습 데이터**

ID	수업방법	학교급	영어점수
1	1	1	60
2	1	2	50
3	2	1	50
4	2	2	45
5	3	1	68
6	3	2	65

총 사례 수는 6개임

- 수업방법 → 범주형 변수1(강의식, 온라인, 강의식+온라인)
- 학교급 → 범주형 변수2(중학생, 고등학생)
- 영어점수 → 연속형 변수(100점 만점)

■ **주효과 가설1**

- 귀무가설(H_0): 수업방법에 따라 영어점수의 평균은 차이가 없다.
- 연구가설(H_1): 수업방법에 따라 영어점수의 평균은 차이가 있다.

■ 주효과 가설2

- 귀무가설(H_0): 학교급(중학생/고등학생)에 따라 영어점수의 평균은 차이가 없다.
- 연구가설(H_1): 학교급(중학생/고등학생)에 따라 영어점수의 평균은 차이가 있다.

실습 데이터	제15장 이원분산분석 데이터(주효과검증)
분석방법 메뉴 선택	분석–일반선형모형–일변량

1) 실습 과정

❶ [파일–열기–데이터]를 선택한 후 실습 데이터 파일이 있는 위치로 찾아가서 [제15장 이원분산분석 데이터(주효과검증)]을 연다. 이 문제는 실험설계를 사용하였고 확률화의 과정을 거쳤으므로 가정 조건의 검증은 생략해도 된다.

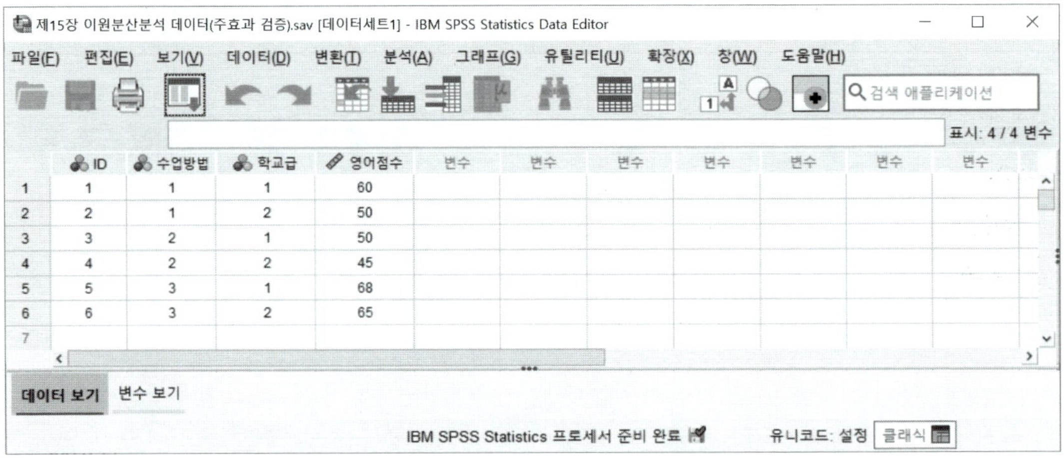

❷ [분석–일반선형모형–일변량]을 클릭하여 [일변량 분석] 창을 연다. 왼쪽에 있는 [수업방법], [학교급]을 오른쪽 [고정요인]으로, [영어점수]를 [종속변수]로 이동시킨다.

❸ [모형]의 [일변량 분석] 창에서 [항 설정]을 클릭해 선택한다. 창 중앙에 있는 [항 설정]에서 [주효과]를 선택한다. [요인 및 공변량] 창에서 왼쪽에 있는 [수업방법]과 [학교급]을 오른쪽에 있는 [모형]으로 이동시킨 후 [계속] 버튼을 클릭한다.

❹ [도표-일변량: 프로파일 도표] 창을 클릭해 왼쪽에 있는 [수업방법]을 오른쪽 [수평축 변수]로, [학교급]을 [선구분 변수]로 이동시킨다. 창의 중간의 [추가] 버튼을 클릭해 [수업방법 * 학교급]을 추가하고 [계속] 버튼을 클릭한다.

❺ [사후분석-일변량 관측평균의 사후분석 다중비교] 창의 왼쪽에 있는 [요인]의 [수업방법]을 오른쪽 [사후검정변수]로 이동시킨다. [등분산을 가정함]에서 [Scheffe]를 체크한 후 [계속] 버튼을 클릭한다. [학교급]은 2수준이므로 사후검증을 할 필요가 없으므로 생략한다.

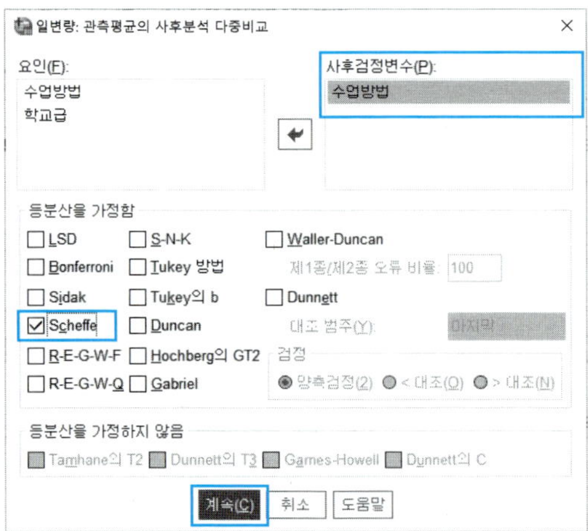

❻ [EM평균] 창의 [요인 및 요인 상호작용]의 모든 항목을 오른쪽의 [평균 표시 기준]으로 이동시킨 후 [계속] 버튼을 클릭한다.

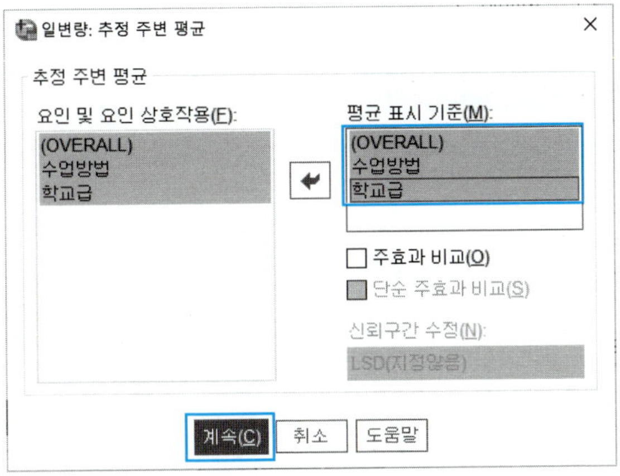

❼ [옵션] 창의 [표시]에서 [기술통계량]을 체크한 후 [계속] 버튼을 클릭한다. 끝으로 [일변량] 창에서 [확인] 버튼을 클릭하면 이원분산분석 결과가 출력된다.

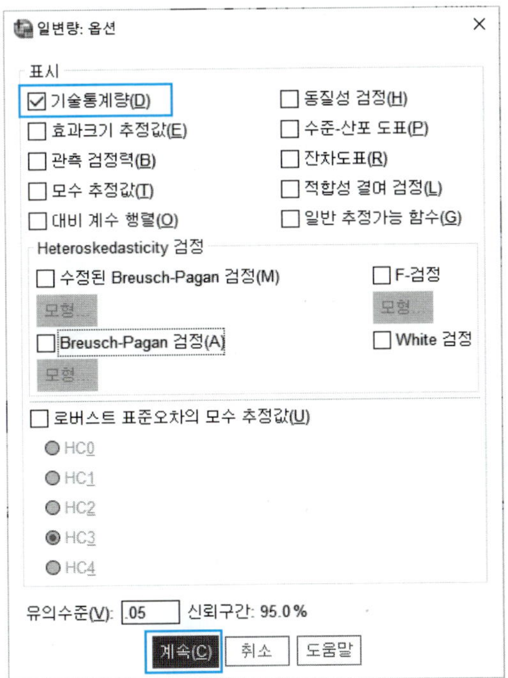

2) 주요 분석 결과

이원분산분석에 대한 주요 출력 결과를 제시하면 다음과 같다.

개체 간 요인과 기술통계량 출력 결과

개체 간 요인은 각 집단별 사례 수이며, 기술통계량은 독립변수의 집단수준별 평균과 표준편차 및 사례 수를 보여준다.

개체-간 요인

		값 레이블	N
수업방법	1	강의식	2
	2	온라인	2
	3	강의식+온라인	2
학교급	1	중학생	3
	2	고등학생	3

기술통계량

종속변수: 영어점수

수업방법	학교급	평균	표준편차	N
강의식	중학생	60.00	.	1
	고등학생	50.00	.	1
	전체	55.00	7.071	2
온라인	중학생	50.00	.	1
	고등학생	45.00	.	1
	전체	47.50	3.536	2
강의식+온라인	중학생	68.00	.	1
	고등학생	65.00	.	1
	전체	66.50	2.121	2
전체	중학생	59.33	9.018	3
	고등학생	53.33	10.408	3
	전체	56.33	9.309	6

개체 간 효과검증 결과

이원분산분석 결과 2개의 독립변수에 따른 종속변수의 평균 차이가 통계적으로 유의한지를 F-검증을 통해 보여준다. 수정된 모형의 F값이 21.556이며 이의 유의확률은 0.05보다 작으므로 모형은 타당성이 있음을 알 수 있다.

개체-간 효과 검정

종속변수: 영어점수

원인	제 III 유형 제곱합	자유도	평균제곱	F	유의확률
수정된 모형	420.333[a]	3	140.111	21.556	.045
절편	19040.667	1	19040.667	2929.333	<.001
수업방법	366.333	2	183.167	28.179	.034
학교급	54.000	1	54.000	8.308	.102
추정값	13.000	2	6.500		
전체	19474.000	6			
수정된 합계	433.333	5			

a. R 제곱 = .970 (수정된 R 제곱 = .925)

수업방법에 대한 사후검증 결과

이원분산분석 결과 수업방법에 대한 주효과가 통계적으로 유의한 것으로 나타나 사후검증을 수행한 결과는 다음과 같다.

사후검정

수업방법

다중비교

종속변수: 영어점수

Scheffe

(I) 수업방법	(J) 수업방법	평균차이(I-J)	표준오차	유의확률	95% 신뢰구간 하한	95% 신뢰구간 상한
강의식	온라인	7.50	2.550	.188	-8.22	23.22
	강의식+온라인	-11.50	2.550	.090	-27.22	4.22
온라인	강의식	-7.50	2.550	.188	-23.22	8.22
	강의식+온라인	-19.00*	2.550	.035	-34.72	-3.28
강의식+온라인	강의식	11.50	2.550	.090	-4.22	27.22
	온라인	19.00*	2.550	.035	3.28	34.72

관측평균을 기준으로 합니다.
오차항은 평균제곱(오차) = 6.500입니다.

*. 평균차이는 .05 수준에서 유의합니다.

동질적 부분집합

영어점수

Scheffe[a,b]

수업방법	N	부분집합 1	부분집합 2
온라인	2	47.50	
강의식	2	55.00	55.00
강의식+온라인	2		66.50
유의확률		.188	.090

동질적 부분집합에 있는 집단에 대한 평균이 표시됩니다.
관측평균을 기준으로 합니다.
오차항은 평균제곱(오차) = 6.500입니다.

a. 조화평균 표본크기 2.000을(를) 사용합니다.

b. 유의수준 = .05.

3) 이원분산분석 결과의 제시와 해석

이원분산분석의 결과를 요약하면 다음과 같다. 수정된 모형의 F값이 21.556이며 이의 유의확률이 0.045로 0.05보다 작으므로 모형의 타당성은 인정된다. 세부적으로 이원분산분석을 통해 수업방법에 따른 주효과가 있는지를 알아본 결과 수업방법(F=28.179, p=0.034)은 유의수준 0.05에서 주효과가 있는 것으로 나타났다. 이에 따라 수업방법에 따라 영어점수의 평균은 차이가 없다는 귀무가설을 기각하고 차이가 있다는 연구가설을 채택할 수 있다. 그러나

| 표 15-2 | 이원분산분석 결과

(N=6)

구분	제Ⅲ유형 제곱합	자유도	평균제곱	F	유의확률
수정된 모형	420.333	3	140.111	21.556*	0.045
절편	19040.667	1	19040.667	2929.333***	0.000
수업방법	366.333	2	183.167	28.179*	0.034
학교급	54.000	1	54.000	8.308	0.102
오차	13.000	2	6.500		
합계	19474.000	6			
수정합계	433.333	5			

$^{*}p<0.05$, $^{***}p<0.001$

학교급의 주효과(F=8.308, p=0.102)는 없는 것으로 나타나 귀무가설을 기각하지 못하였다. 따라서 학교급에 따라 영어점수의 평균은 차이가 없음을 알 수 있다.

그림 15-5 ▌이원분산분석의 평균도표

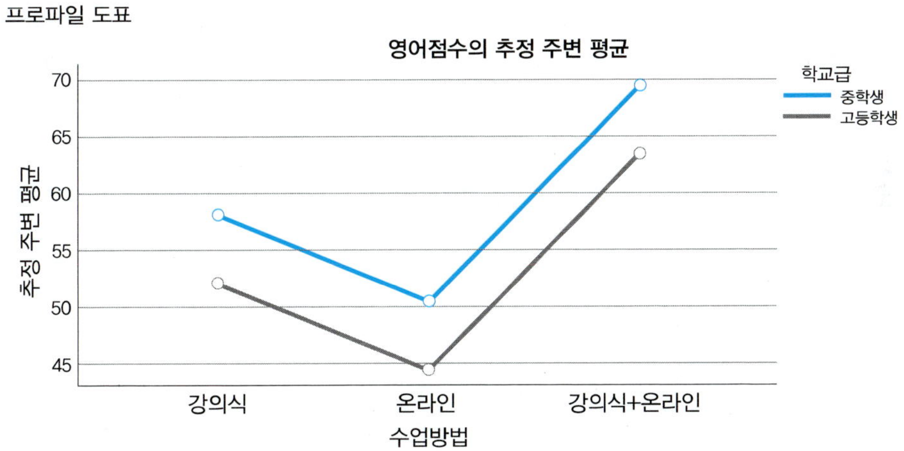

이원분산분석 결과 수업방법의 주효과가 통계적으로 유의하여 사후검증을 수행하였다. 수업방법에 대한 Scheffe검증 결과는 [표 15-3]과 같다. 수업방법 중에서 강의식과 온라인 간 그리고 강의식과 강의식과 온라인을 혼합한 방법(강의식+온라인) 간에는 차이가 없는 것으로 나타났다. 온라인과 강의식과 온라인을 혼합한 방법(강의식+온라인) 간에는 평균 차이가 있는 것으로 나타났으며, 이는 강의식과 온라인을 혼합한 방법이 온라인보다 효과적임을 의미하는 것으로 볼 수 있다.

▌표 15-3 ▌수업방법에 대한 사후검증 결과

(I)수업방법	(J)수업방법	평균차이(I−J)	표준오차	유의확률
강의식	온라인	7.50	2.550	0.188
	강의식+온라인	−11.50	2.550	0.090
온라인	강의식	−7.50	2.550	0.188
	강의식+온라인	−19.00*	2.550	0.035
강의식+온라인	강의식	11.50	2.550	0.090
	온라인	19.00*	2.550	0.035

*$p<0.05$

[통계 실습 15-2] 이원분산분석과 사후검증: 상호작용이 있는 상호작용효과검증

다음은 고등학생들의 수업방법과 학년에 따른 영어점수 평균에 차이가 있는지와 수업방식과 학년 간의 상호작용효과가 있는지를 확인하기 위해서 수집한 데이터이다. 주어진 [제15장 이원분산분석 데이터(상호작용효과검증)]를 이용해 상호작용이 있는 이원분산분석과 사후검증을 수행하고 분석 결과를 해석하시오. 독립변수는 범주형 변수로 2개(수업방법과 학년)이며 종속변수는 연속형 변수로 영어점수이다. 총 사례 수는 총 150개이다. 수업방법은 ① 강의식, ② 온라인, ③ 강의식+온라인이며, 학년은 ① 1학년, ② 2학년, ③ 3학년이다.

▪ 실습 데이터

ID	수업방법	학년	영어점수
1	1	1	62
2	1	1	95
…	…	…	…
150	3	2	60

총 사례 수는 150개임
- 수업방법 → 범주형 변수1(강의식, 온라인, 강의식+온라인)
- 학년 → 범주형 변수2(1학년, 2학년, 3학년)
- 영어점수 → 연속형 변수(100점 만점)

▪ 상호작용효과 가설

- 귀무가설(H_0): 영어점수에 대한 수업방법과 학년 간의 상호작용효과가 없다.
- 연구가설(H_1): 영어점수에 대한 수업방법과 학년 간의 상호작용효과가 있다.
  (혹은 학년 간의 영어점수가 수업방법에 따라 차이를 보이는가?)

실습 데이터	제15장 이원분산분석 데이터(상호작용효과검증)
분석방법 메뉴 선택	분석–일반선형모형–일변량

1) 실습 과정

❶ [파일–열기–데이터]를 선택한 후 실습 데이터 파일이 있는 위치로 찾아가서 [제15장 이원분산분석 데이터(상호작용효과검증)]을 연다. 이 문제는 실험설계를 사용하였고 확률화의 과정을 거쳤으므로 가정 조건의 검증은 생략해도 된다.

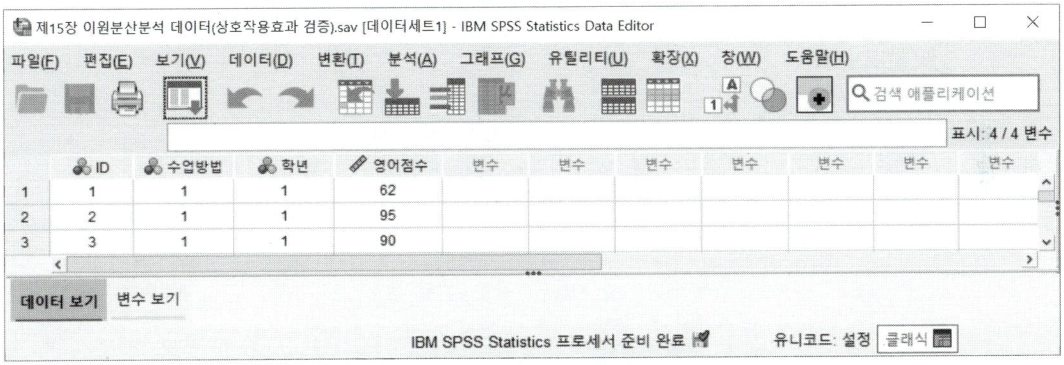

❷ [분석–일반선형모형–일변량]을 클릭해 [일변량 분석] 창을 연다. 왼쪽에 있는 [수업방법], [학년]을 오른쪽 [고정요인]으로, [영어점수]를 [종속변수]로 이동시킨다.

❸ [모형] 창을 보면 [완전요인모형]이 체크되어 있으므로 그대로 둔다. [제곱합]도 [제Ⅲ유형]이 선택되어 있으므로 그대로 둔다. [계속] 버튼을 클릭해 [모형] 창을 빠져나간다. 여기에서 [항 설정]을 선택해 주효과와 상호작용 항을 설정할 수도 있으나 이 문제에서는 [완전요인모형]과 동일하므로 [항 설정]을 선택하지 않는다. [완전요인모형]이 체크되어 있으면 주효과(수업방법, 학년)와 상호작용(수업방법 * 학년) 항을 자동적으로 선택해준다.

모형 창의 모형 설정에서 [항 설정] 사용법
(주효과검증 이원분산분석을 수행하려는 경우-상호작용효과검증 불필요시)

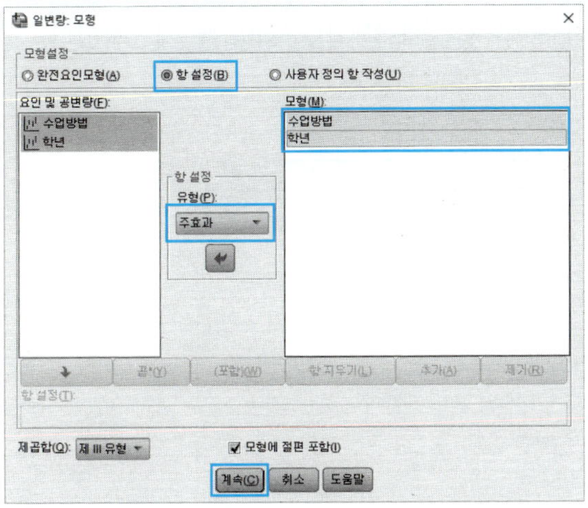

① [모형] 창에서 [항 설정]을 클릭해 선택한다.
② [모형] 창 중앙에 있는 [항 설정]에서 [주효과]를 선택한다.
③ [모형] 창에서 왼쪽에 있는 [요인 및 공변량]의 [수업방법]과 [학년]을 오른쪽에 있는 [모형]으로 이동시킨 후 [계속] 버튼을 클릭한다.
※ 주효과검증 이원분산분석만을 수행하는 경우에는 다음의 실습과정에서 ❼과 ❽은 생략한다.

❹ [도표-일변량: 프로파일 도표] 창을 클릭해 왼쪽에 있는 [수업방법]을 오른쪽 [수평축 변수]로, [학년]을 [선구분 변수]로 이동시킨다. 창의 중간의 [추가] 버튼을 클릭해 [수업방법 * 학년]을 추가하고 [계속] 버튼을 클릭한다.

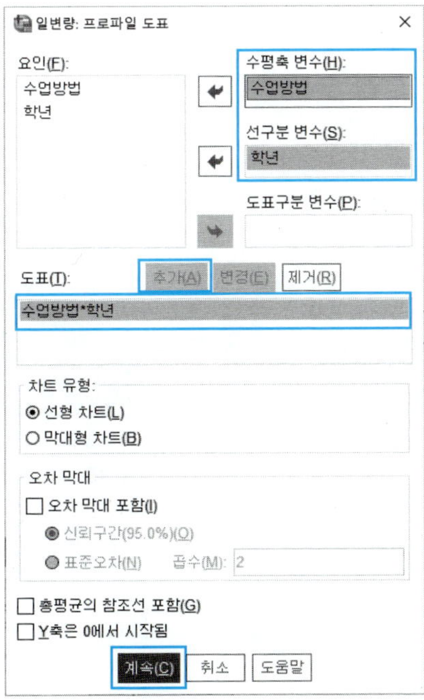

❺ [사후분석] 창의 왼쪽에 있는 [요인]의 [수업방법], [학년]을 오른쪽 [사후검정변수]로 이동시킨다. [등분산을 가정함]에서 [Scheffe]를 체크한 후 [계속] 버튼을 클릭한다. [Duncan]은 상세한 쌍대 비교 결과를 제시해 주지 않아서 이 실습에서는 [Scheffe]를 체크하였다.

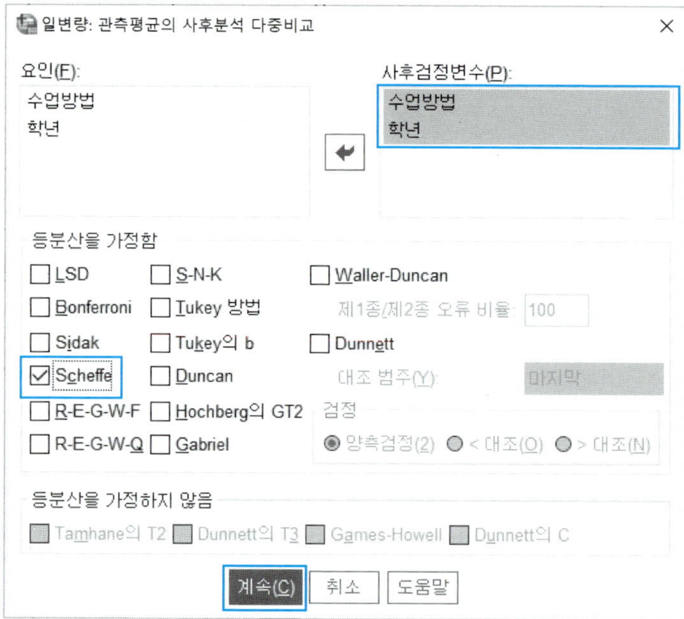

❻ [EM평균] 창의 [요인 및 요인 상호작용]의 모든 항목을 오른쪽의 [평균 표시 기준]으로 이동시킨 후 [계속] 버튼을 클릭한다.

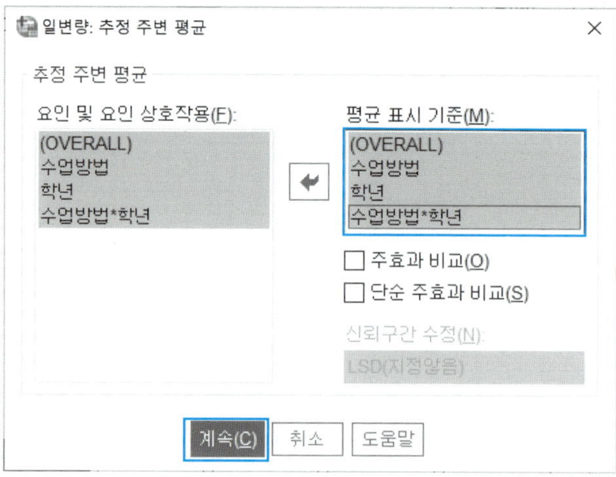

❼ [옵션] 창의 [표시]에서 [기술통계량], [동질성검증], [Breusch-Pagan검정]을 체크한 후 [계속] 버튼을 클릭한다. 마지막으로 [일변량 분석] 창에서 [확인] 버튼을 클릭하면 이원분산분석 결과가 출력된다.

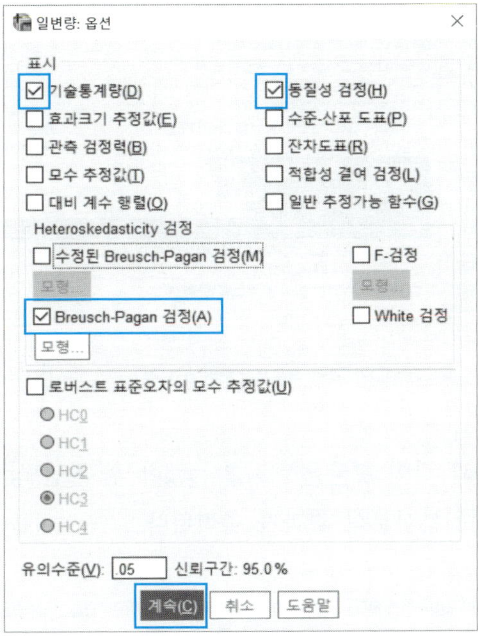

❽ [분석-일반선형모형-일변량]을 클릭해 다시 [일변량 분석] 창을 연다. [일변량 분석] 창의 하단에 있는 [붙여넣기] 버튼을 클릭한다. 그러면 [명령문-IBM SPSS Statistics Syntax Editor]이 나타난다. 여기에서는 앞에서 지정한 주효과 변수(수업방법, 학년)에 대한 사후검증이 아니라 수업방법과 학년의 상호작용효과가 유의적인 경우에는 상호작용효과에 대한 사후검증을 수행하여야 한다. 이를 위해서 [/PLOT=PROFILE(수업방법＊학년) TYPE=LINE ERRORBAR=NO MEANREFERENCE=NO YAXIS=AUTO] 뒤에 다음과 같은 사후검증 위한 신택스 명령어를 추가한다.

```
/EMMEANS=TABLES(OVERALL)
/EMMEANS=TABLES(수업방법)
/EMMEANS=TABLES(학년)
/EMMEANS=TABLES(수업방법＊학년) COMPARE(수업방법) ADJ(BONFERRONI)
```

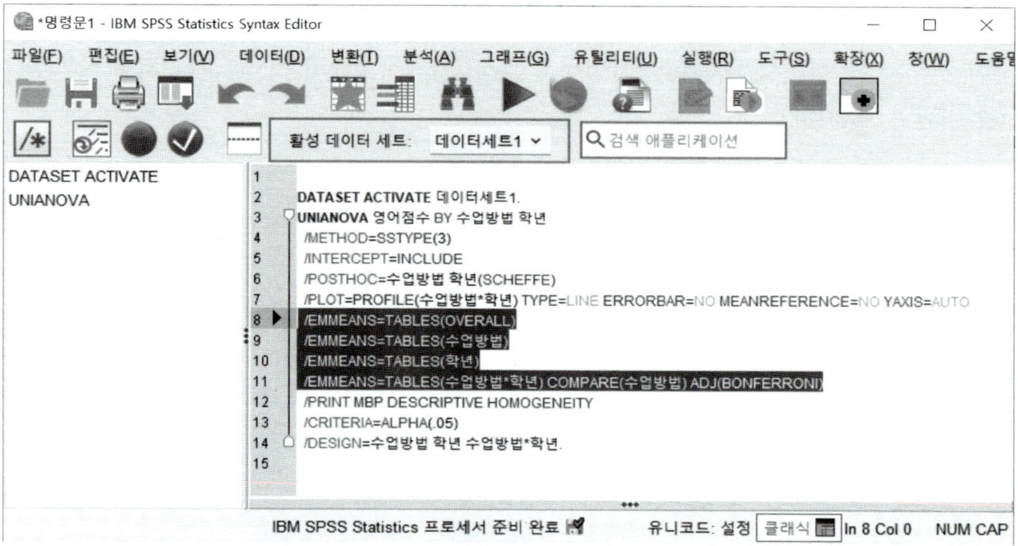

❾ 마우스를 이용해 다음과 같이 모든 신텍스를 선택한 후 화면 상단의 실행 명령어(▶)를 클릭한다. 그러면 모든 이원분산분석 결과가 출력된다.

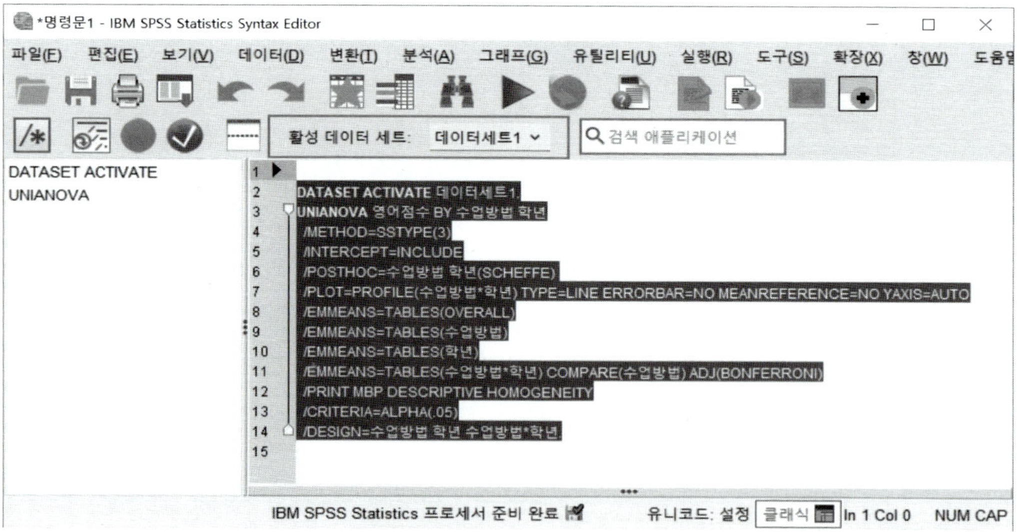

2) 주요 분석 결과

이원분산분석에 대한 주요 출력 결과를 제시하면 다음과 같다.

개체 간 요인과 기술통계량 출력 결과

개체 간 요인은 각 집단별 사례 수이며, 기술통계량은 독립변수의 집단수준별 평균과 표준편차 및 사례 수를 보여준다.

개체-간 요인

		값 레이블	N
수업방법	1	강의식	50
	2	온라인	50
	3	강의식+온라인	50
학년	1	1학년	69
	2	2학년	32
	3	3학년	49

기술통계량

종속변수: 영어점수

수업방법	학년	평균	표준편차	N
강의식	1학년	83.92	12.665	26
	2학년	66.67	12.247	9
	3학년	77.00	5.568	15
	전체	78.74	12.535	50
온라인	1학년	70.67	11.002	21
	2학년	63.00	15.535	13
	3학년	71.56	15.405	16
	전체	68.96	13.930	50
강의식+온라인	1학년	66.64	13.553	22
	2학년	71.50	12.030	10
	3학년	75.61	12.505	18
	전체	70.84	13.264	50
전체	1학년	74.38	14.483	69
	2학년	66.69	13.686	32
	3학년	74.71	11.993	49
	전체	72.85	13.835	150

오차분산의 동일성에 대한 Levene의 검증 결과

여러 집단에서 종속변수의 오차분산이 동일함을 보여준다.

오차 분산의 동일성에 대한 Levene의 검정[a,b]

		Levene 통계량	자유도1	자유도2	유의확률
영어점수	평균을 기준으로 합니다.	1.883	8	141	.067
	중위수를 기준으로 합니다.	1.214	8	141	.295
	자유도를 수정한 상태에서 중위수를 기준으로 합니다.	1.214	8	123.346	.296
	절삭평균을 기준으로 합니다.	1.806	8	141	.081

여러 집단에서 종속변수의 오차 분산이 동일한 영가설을 검정합니다.

a. 종속변수: 영어점수

b. Design: 절편 + 수업방법 + 학년 + 수업방법 * 학년

오차분산의 이분산성에 대한 Breusch-Pagan검증 결과

Breusch-Pagan검증 결과 카이제곱은 1.171이고 이의 유의확률이 0.279이어서 유의수준 0.05보다 크므로 여러 집단에서 오차분산의 이분산성(Heteroscedasticity)은 없으며 등분산임을 알 수 있다.

Heteroskedasticity에 대한 Breusch-Pagan 검정[a,b,c]

카이제곱검정	자유도	유의확률
1.171	1	.279

a. 종속변수: 영어점수

b. 오차 분산이 독립 변수의 값에 종속되지 않는 영가설을 검정합니다.

c. 계획의 예측값: 절편 + 수업방법 + 학년 + 수업방법 * 학년

개체 간 효과검증 결과

이원분산분석 결과 2개의 독립변수에 따른 종속변수의 평균 차이가 통계적으로 유의한지를 F-검증을 통해 보여준다. 수정된 모형의 F값은 4.879이며 이의 유의확률이 0.001보다 작으므로 모형의 타당성은 인정된다. 따라서 상호작용효과에 대한 가설검증을 수행하기로 한다. 분석 결과에 의하면 유의수준 0.01에서 수업방법 * 학년의 상호작용효과가 통계적으로 유의하므

로 연구가설이 채택되었음을 알 수 있다.

개체-간 효과 검정

종속변수: 영어점수

원인	제 III 유형 제곱합	자유도	평균제곱	F	유의확률
수정된 모형	6183.154[a]	8	772.894	4.879	<.001
절편	691798.679	1	691798.679	4366.650	<.001
수업방법	1251.208	2	625.604	3.949	.021
학년	1269.215	2	634.608	4.006	.020
수업방법 * 학년	2176.306	4	544.076	3.434	.010
추정값	22338.319	141	158.428		
전체	824517.000	150			
수정된 합계	28521.473	149			

a. R 제곱 = .217 (수정된 R 제곱 = .172)

수업방법과 학년에 대한 주효과와 사후검증 결과

이원분산분석 결과 수업방법과 학년의 주효과는 개체 간 효과검증 결과의 주효과를 보고 해석하지 않는 것이 일반적이다. 이의 검증 결과가 필요하다면 추가적으로 수업방법과 학년에 따른 영어점수의 일원분산분석과 사후분석을 각각 시행하고 그 결과를 제시하기 바란다. 왜냐하면 상호작용이 있는 이원분산분석의 개체 간 효과검증 결과에서 제시되는 주효과는 다른 독립변수(요인)의 수준을 고려해야 하는 조건부효과(Conditional effect)이기 때문이다.

수업방법과 학년의 상호작용효과와 사후검증 결과

이원분산분석 결과 수업방법과 학년에 따른 상호작용효과가 통계적으로 유의하여 사후검증을 수행하였다.

상호작용이 있는 이원분산분석 검증 결과 1학년의 경우만 수업방법 * 학년의 상호작용효과가 있는 것으로 나타났으며, 2학년과 3학년의 경우는 상호작용효과가 없는 것으로 분석되었다. 대응별 비교에 의한 사후검증 결과에 의하면 1학년의 경우는 강의식과 온라인의 경우 평균차가 13.256으로 강의식이 온라인보다 평균점수가 높게 나타났다. 또한 강의식과 강의식+온라인의 경우도 평균차가 17.287로 강의식이 강의식+온라인보다 평균점수가 높게 나타났다.

대응별 비교

종속변수: 영어점수

학년	(I) 수업방법	(J) 수업방법	평균차이(I-J)	표준오차	유의확률[b]	차이에 대한 95% 신뢰구간[b] 하한	상한
1학년	강의식	온라인	13.256*	3.693	.001	4.309	22.204
		강의식+온라인	17.287*	3.646	<.001	8.452	26.121
	온라인	강의식	-13.256*	3.693	.001	-22.204	-4.309
		강의식+온라인	4.030	3.840	.887	-5.274	13.334
	강의식+온라인	강의식	-17.287*	3.646	<.001	-26.121	-8.452
		온라인	-4.030	3.840	.887	-13.334	5.274
2학년	강의식	온라인	3.667	5.458	1.000	-9.557	16.891
		강의식+온라인	-4.833	5.783	1.000	-18.845	9.179
	온라인	강의식	-3.667	5.458	1.000	-16.891	9.557
		강의식+온라인	-8.500	5.294	.332	-21.327	4.327
	강의식+온라인	강의식	4.833	5.783	1.000	-9.179	18.845
		온라인	8.500	5.294	.332	-4.327	21.327
3학년	강의식	온라인	5.437	4.524	.694	-5.523	16.398
		강의식+온라인	1.389	4.400	1.000	-9.273	12.050
	온라인	강의식	-5.437	4.524	.694	-16.398	5.523
		강의식+온라인	-4.049	4.325	1.000	-14.527	6.430
	강의식+온라인	강의식	-1.389	4.400	1.000	-12.050	9.273
		온라인	4.049	4.325	1.000	-6.430	14.527

추정 주변 평균을 기준으로

*. 평균차이는 .05 수준에서 유의합니다.

b. 다중비교를 위한 수정: Bonferroni

3) 이원분산분석 결과의 제시와 해석

수업방법과 학년에 대한 각 집단의 기술통계량은 [표 15-4]와 같다.

수업방법별 평균은 강의식이 78.74, 온라인 68.96, 강의식+온라인이 70.84로 강의식의 평균이 가장 높았고 그 다음이 강의식과 온라인의 혼합학습으로 나타났다. 강의식은 1학년이, 온라인은 3학년이 그리고 강의식과 온라인의 혼합학습은 2학년의 평균이 가장 높게 나타났다.

표 15-4 수업방법과 학년에 따른 영어점수의 기술통계량 분석 결과

수업방법	학년	N	평균	표준편차
강의식	1	29	83.92	12.665
	2	9	66.67	12.247
	3	15	77.00	5.568
	합계	50	78.74	12.535
온라인	1	21	70.67	11.002
	2	13	63.00	15.535
	3	16	71.56	15.405
	합계	50	68.96	13.930
강의식+온라인	1	22	66.64	13.553
	2	10	71.50	12.030
	3	18	75.61	12.505
	합계	50	70.84	13.264
전체	1	69	74.38	14.483
	2	32	66.69	13.686
	3	49	74.71	11.993
	합계	150	72.85	13.835

표 15-5 이원분산분석 결과 (N=150)

구분	제Ⅲ유형 제곱합	자유도	평균제곱	F	유의확률
수정모형	6183.154	8	772.894	4.879***	0.000
절편	691798.679	1	691798.679	4366.650***	0.000
수업방법	1251.208	2	625.604	3.949*	0.021
학년	1269.215	2	634.608	4.006*	0.020
수업방법 * 학년	2176.306	4	544.076	3.434**	0.010
오차	22338.319	141	158.428		
합계	824517.000	150			
수정합계	28521.473	149			

*p<0.05, **p<0.01, ***p<0.001

이원분산분석의 결과를 요약하면 [표 15-5]와 같다. 이원분산분석을 통해 수업방법과 학년의 상호작용효과를 검증한 결과 수업방법과 학년은 영어점수에 대한 상호작용효과(F=3.434, p<0.01)가 있는 것으로 분석되었다. 따라서 영어점수에 대한 수업방법과 학년 간의 상호작용효과가 없다는 귀무가설을 기각하고 차이가 있다는 연구가설을 채택할 수 있다.

이원분산분석 결과 상호작용효과가 모두 통계적으로 유의하여 사후검증을 수행하였다. 상호작용효과의 대응별 비교에 의한 사후검증 결과는 [그림 15-6], [표 15-6]과 같다. 1학년의 경우는 강의식과 온라인의 경우 평균차가 13.256으로 강의식이 온라인보다 평균점수가 높게 나타났다. 또한 강의식과 강의식+온라인의 경우도 평균 차이가 17.287로 강의식이 강의식+온라인보다 평균점수가 높게 나타났음을 알 수 있다.

그림 15-6 ▌이원분산분석의 평균도표

프로파일 도표

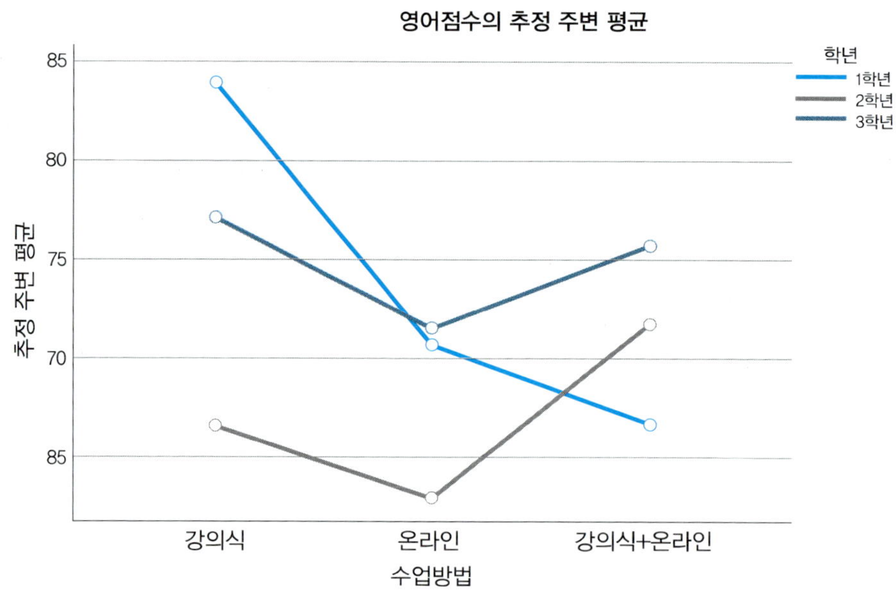

표 15-6 수업방법과 학년의 상호작용효과와 사후검증 결과

학년	(I)수업방법	(J)수업방법	평균차이(I−J)	표준오차	유의확률[†]
1학년	강의식	온라인	13.256***	3.693	0.001
		강의식+온라인	17.287***	3.646	0.000
	온라인	강의식	−13.256***	3.693	0.001
		강의식+온라인	4.030	3.840	0.887
	강의식+온라인	강의식	−17.287***	3.646	0.000
		온라인	−4.030	3.840	0.887
2학년	강의식	온라인	3.667	5.458	1.000
		강의식+온라인	−4.833	5.783	1.000
	온라인	강의식	−3.667	5.458	1.000
		강의식+온라인	−8.500	5.294	0.332
	강의식+온라인	강의식	4.833	5.783	1.000
		온라인	8.500	5.294	0.332
3학년	강의식	온라인	5.437	4.524	0.694
		강의식+온라인	1.389	4.400	1.000
	온라인	강의식	−5.437	4.524	0.694
		강의식+온라인	−4.049	4.325	1.000
	강의식+온라인	강의식	−1.388	4.400	1.000
		온라인	4.049	4.325	1.000

***$p<0.001$, † 다중비교에 대한 조정(Bonferroni)

제 16 장

다변량분산분석

Multivariate Analysis of Variance(MANOVA)

1 다변량분산분석

1.1 다변량분산분석의 의의

다변량분산분석(Multivariate analysis of variance: MANOVA)이란 종속변수가 두 개 이상인 경우의 집단 간 평균의 차이(평균 벡터 vector)[1]를 검증하는 방법을 말한다. 이는 독립변수가 1개인 (일원)다변량분산분석(One-way MANOVA)과 2개인 이원다변량분산분석(Two-way MANOVA) 그리고 3개 이상인 다원다변량분산분석(Multi-way MANOVA)으로 구분할 수 있다.

▶ 종속변수가 1개이면 일변량분산분석(일원분산분석, 이원분산분석)을, 2개 이상이면 MANOVA를 사용한다. MANOVA는 종속변수의 수가 2개 이상일 경우에 이용되는 분산분석방법으로 ANOVA를 확장한 기법이다.

▶ ANOVA는 종속변수가 많으면 여러 번 분석해야 한다. 그러나 MANOVA를 선택하면 한 번의 분석으로 여러 개의 종속변수에 대한 차이를 동시에 검증할 수 있다.

▶ MANOVA는 주효과와 상호작용효과가 있다. 주효과는 각각의 독립변수가 종속변수에

1) 집단 간 평균 차이가 다르다는 것은 여러 종속 측정치의 결합점수가 독립변수에 따라 차이가 있음을 말하는 것이며, 그 차이는 독립변수의 처치효과라고 해석할 수 있다. 이는 독립변수의 주효과가 유의하다는 것을 뜻한다.

영향을 주는 것이고 상호작용효과는 각각의 독립변수들이 상호작용하여 종속변수에 미치는 영향을 말한다.

- 종속변수들 간에 유의한 상관관계가 있어야 한다. 종속변수 간에 상관관계가 없으면 ANOVA를 수행하고 적절하게 상관관계가 존재하면 MANOVA를 실시한다. 만약 종속변수 간의 상관관계가 0.9 이상으로 너무 높으면 다중공선성의 문제(Multicollinearity and Singularity problem)가 발생되며, 이는 종속변수 2개가 다른 변수가 아니라 동일한 변수라는 것을 의미한다. 따라서 종속변수 간의 상관관계는 어느 정도 존재해야지 다중공선성이 존재할 정도로 지나치게 높은 상관관계를 나타낸다면 MANOVA로 분석하는 것이 무의미해질 수도 있다.
- MANOVA 검증 결과에서 통계적 유의성을 판단할 때 Pillai의 트레이스, Wilks의 람다, Hotelling의 트레이스, Roy의 최대근을 이용한다. 이 중에서 독립변수의 집단이 2개 이상인 경우에 가장 일반적이고 많이 사용되는 것은 Wilks의 람다이며, 독립변수의 집단이 2개이면 Hotelling의 트레이스를 사용한다. Pillai의 트레이스는 등분산성가정이 위배될 때 사용하며 Roy의 최대근은 통계 논문에서 자주 사용되지 않는다. Wilks의 람다는 값이 작을수록 모델에 영향이 크며 Pillai, Hotelling, Roy의 값은 클수록 모델에 미치는 영향이 크다.
- 집단 간에 분산-공분산 행렬이 동일한지를 확인하려면 Box의 공분산 동일성검증(Box's test of equality of covariance)을 실시한다. 유의확률이 유의수준인 0.05보다 크면 각 집단의 공분산행렬이 동일하다고 판단한다. 그러나 표본크기가 충분히 크고 표본 간의 표본 수 차이가 크지 않다면 동일성검증을 하지 않아도 된다.
- 오차분산의 동일성에 대해 확인하려면 Levene의 오차분산의 동일성검증(Levene's test of equality of error variances) 결과를 보면 된다. 유의확률이 유의수준인 0.05보다 크면 각 집단의 분산의 동일성이 있다고 판단한다.
- 주효과와 상호작용효과가 유의적인 것으로 확인되면 각각에 대해서 사후검증을 수행해야 한다.

1.2 사용목적과 적용상황

MANOVA는 종속변수가 2개 이상일 때 종속변수 간의 평균값의 차이를 검증할 때 사용된다. [그림 16-1]과 같이 독립변수는 범주형 변수가 1개 이상[집단수준(측정수준)은 2 이상]이고 종속변수는 연속형 변수로 2개 이상인 경우에 사용할 수 있다.

그림 16-1 ▮ 다변량분산분석의 적용상황

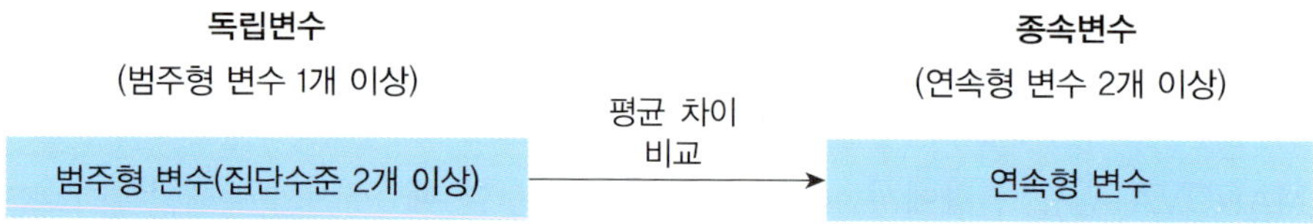

표 16-1 ▮ 다변량분산분석의 유형

종속변수의 수		2개 이상		
독립변수의 수		1개	2개	3개 이상
공변량	없음	(일원)다변량분산분석	이원다변량분산분석	다원다변량분산분석
	있음	(일원)다변량공분산분석	이원다변량공분산분석	다원다변량공분산분석

[표 16-1]과 [그림 16-2]는 다변량분산분석의 유형과 선택 방법을 요약한 것이다. 모든 다변량분산분석은 종속변수가 연속형이면서 2개 이상을 가져야 한다. 다변량분산분석은 독립변수의 개수와 공변량(Covariate)의 존재 여부에 따라 구분할 수 있다. 예를 들어, 공변량(연속형 변수)이 없으면서 독립변수가 1개이면 (일원)다변량분산분석(One-way MANOVA)이며 공변량이 없으면서 독립변수가 2개이면 이원다변량분산분석(Two-way MANOVA)이다. 반면에 공변량이 있으면서 독립변수가 1개이면 (일원)다변량공분산분석(One-way MANCOVA)이며 공변량이 있으면서 독립변수가 2개이면 이원다변량공분산분석(Two-way MANCOVA)이다. 한 가지 유의할 사항은 공변량은 1개만 사용할 수 있는 것은 아니며 여러 개가 투입되어도 분석이 가능하다는 점이다.

▶ 그림 16–2 ▌ 다변량분산분석의 선택

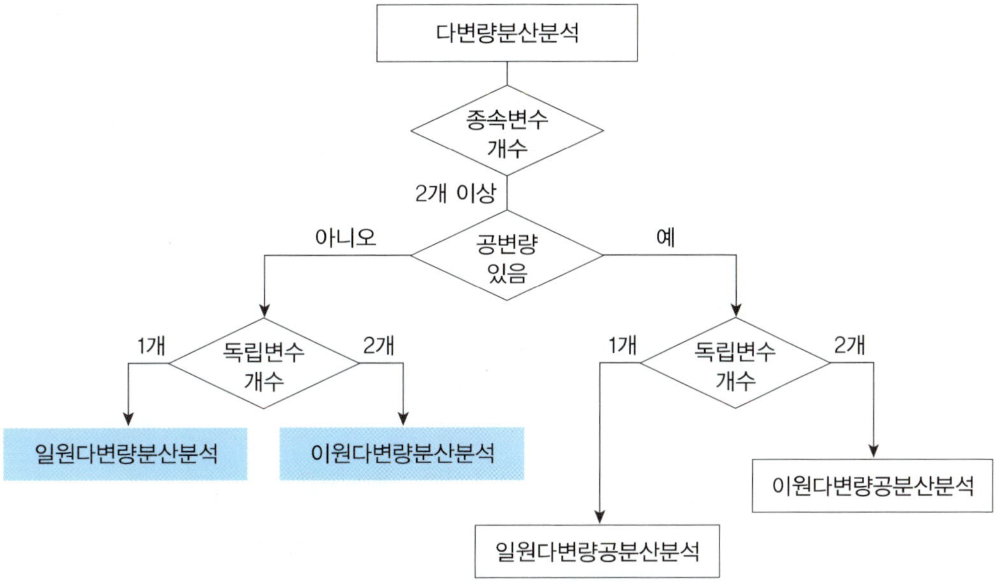

MANOVA를 이용하면 다음과 같은 연구 주제에 대해 분석할 수 있다.

- 성별에 따른 종속변수 평균연봉과 근속년수의 차이(다변량분산분석): 성별(남자/여자 2수준)
- 판매장소와 가격에 따른 판매량1과 판매량2의 차이(이원다변량분산분석): 판매장소(수도권, 비수도권 2수준), 가격(10% 할인, 15% 할인, 20% 할인)
- 광고 대안에 따른 광고효과(인지도, 태도, 구매의도) 차이(다변량분산분석): 광고 대안(3가지 3수준)
- 학습방법에 따른 학습력 향상 차이(국어, 영어, 수학)(다변량분산분석) 등: 학습방법(3가지 3수준)

1.3 다변량분산분석의 수행 절차

다변량분산분석은 [그림 16–3]과 같이 두 단계로 이루어진다. 먼저, 종속변수 간의 상관관계 분석을 통해 MANOVA검증이 적절한가를 검증한다. 종속변수 간 상관관계가 0.9 이상으로 너무 높지 않은지를 알아본다. 다음으로 다변량검증 결과를 통해 집단 간의 전반적인 평균 차이에 대한 검증을 수행한다. 마지막으로, 개체 간 효과검증을 통해 주효과와 상호작용효과에 대한 집단 간 평균 차이가 있는 것으로 나타나면 사후검증을 수행한다. 다만 요인변수가 성별과 같이 집단변수가 2수준(남자와 여자)인 경우에는 사후검증을 할 필요가 없다. 경제적 지위와 같이 3수준(빈곤층, 중산층, 부유층) 이상이면 사후검증을 수행한다. 사후검증의 방법은 다른 분산분석방법과 동일하므로 이 책의 제14장과 제15장의 해당 부분을 참조하면 된다.

그림 16-3 | 다변량분산분석의 절차

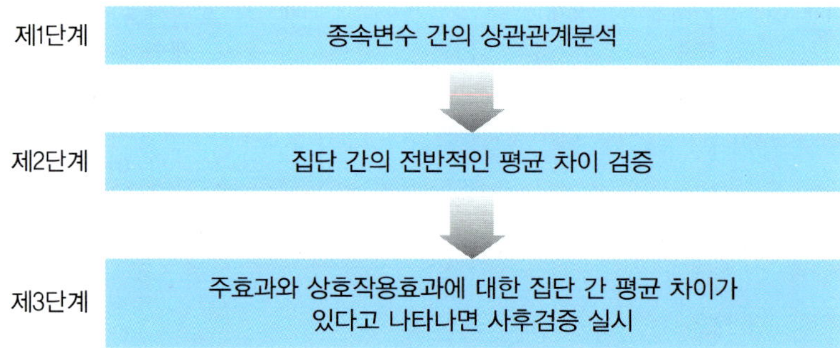

1.4 다변량분산분석의 기본 가정과 가설

1) 다변량분산분석의 기본 가정

다변량분산분석의 기본 가정은 다른 분산분석과 거의 비슷하며 등공분산성의 가정이 하나 추가되었다는 점이 다르다.

- 독립성: 독립변수의 각 집단은 서로 독립적이어야 한다.
- 등분산성과 등공분산성: 독립변수에 따른 종속변수 분포의 분산과 공분산은 각 집단마다 같아야 한다.
- 다변량 정규성: 독립변수에 따른 종속변수는 다변량 정규분포를 따라야 한다.

2) 다변량분산분석의 가설

다변량분산분석의 가설은 (일원)다변량분산분석과 이원다변량분산분석인 경우에 다르게 설정되어야 한다. 예를 들면, 요인변수(처치변수)가 경제적 지위(빈곤층, 중산층, 부유층)와 같이 1개이면 주효과 가설 2개를 설정한다. 그러나 요인변수가 2개인 경우에는 주효과 가설 4개와 상호작용효과 가설 2개로 설정한다. 가설 설정을 예시하면 다음과 같다.

(1) (일원)다변량분산분석 가설

주효과 가설1

- **귀무가설**(H_0): 경제적 지위에 따라 친절도의 평균 벡터는 차이가 없다.
- **연구가설**(H_1): 경제적 지위에 따라 친절도의 평균 벡터는 차이가 있다.

주효과 가설2

- **귀무가설**(H_0): 경제적 지위에 따라 낙천주의의 평균 벡터는 차이가 없다.
- **연구가설**(H_1): 경제적 지위에 따라 낙천주의의 평균 벡터는 차이가 있다.

(2) 이원다변량분산분석 가설

이원다변량분산분석의 가설은 주효과 가설 4개와 상호작용효과 가설 2개로 구성된다. 주효과검증 이원다변량분산분석에서는 주효과 가설만을 검증하며, 상호작용효과검증 이원다변량분산분석에서는 상호작용효과가설만 검증한다. 한편 상호작용효과 이원다변량분산분석을 실시한 경우 개체 간 효과검증 결과표에 있는 주효과는 해석하지 않는 것이 일반적이며 필요시 독립변수(요인)별로 일원분산분석과 사후분석을 추가로 실시할 수 있다. 가설 설정을 예시하면 다음과 같다.

주효과 가설1

- **귀무가설**(H_0): 성별에 따라 친절도의 평균은 차이가 없다.
- **연구가설**(H_1): 성별에 따라 친절도의 평균은 차이가 있다.

주효과 가설2

- **귀무가설**(H_0): 성별에 따라 낙천주의의 평균은 차이가 없다.

- 연구가설(H_1): 성별에 따라 낙천주의의 평균은 차이가 있다.

주효과 가설3

- 귀무가설(H_0): 경제적 지위에 따라 친절도의 평균은 차이가 없다.
- 연구가설(H_1): 경제적 지위에 따라 친절도의 평균은 차이가 있다.

주효과 가설4

- 귀무가설(H_0): 경제적 지위에 따라 낙천주의의 평균은 차이가 없다.
- 연구가설(H_1): 경제적 지위에 따라 낙천주의의 평균은 차이가 있다.

상호작용효과 가설1

- 귀무가설(H_0): 친절도에 대해 성별과 경제적 지원 간의 상호작용효과는 없다.
- 연구가설(H_1): 친절도에 대해 성별과 경제적 지원 간의 상호작용효과는 있다.

상호작용효과 가설2

- 귀무가설(H_0): 낙천주의에 대해 성별과 경제적 지원 간의 상호작용효과는 없다.
- 연구가설(H_1): 낙천주의에 대해 성별과 경제적 지원 간의 상호작용효과는 있다.

2 다변량분산분석의 SPSS 통계 실습

[통계 실습 16-1] 일원다변량분산분석과 사후검증

다음은 일반 국민들을 대상으로 경제적 지위의 세 집간 간에 따라 친절도와 낙천주의의 평균에 차이가 있는지를 확인하기 위해서 수집한 데이터이다. 주어진 [제16장 일원다변량분산분석 데이터]를 이용해 일원다변량분산분석(One-way MANOVA)과 사후검증을 수행하고 분석 결과를 해석하시오. 독립변수는 범주형 변수로 1개(경제적 지위)이며 종속변수는 연속형 변수로 2개(친절도와 낙천주의)이다. 총 사례 수는 총 30개이다. 경제적 지위는 ① 빈곤층(Poor class), ② 중산층(Middle class), ③ 부유층(Wealthy class)이다. 종속변수인 친절도와 낙천주의는 10점 만점으로 응답자들이 주관적으로 평가한 점수이다.

■ 실습 데이터

ID	경제적 지위	친절도	낙천주의
1	1	7	4
2	1	4	3
…	…	…	…
30	3	5	5

총 사례 수는 30개(빈곤층 10명, 중산층 10명, 부유층 10명)임

- 경제적 지위 → 범주형 변수(① 빈곤층, ② 중산층, ③ 부유층)
- 친절도 → 연속형 변수(10점 만점)
- 낙천주의 → 연속형 변수(10점 만점)

실습 데이터	제16장 일원다변량분산분석 데이터
분석방법 메뉴 선택	분석–상관분석–이변량 상관계수 분석–기술통계량–데이터 탐색 분석–일반선형모형–다변량

1) 실습 과정

❶ [파일–열기–데이터]를 선택한 후 실습 데이터 파일이 있는 위치로 찾아가서 [제16장 일원다변량분산분석 데이터]를 연다.

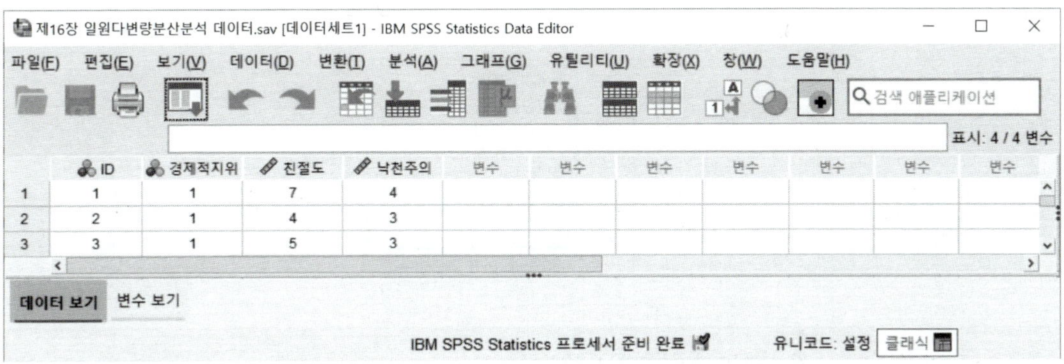

② 종속변수 간의 상관분석을 수행한다. [분석-상관분석-이변량 상관]을 클릭하여 [이변량 상관계수] 창을 연다. 창의 왼쪽에 있는 [친절도], [낙천주의]를 오른쪽 [변수]로 이동시킨다. [상관계수]에서 [Pearson]을 클릭해 선택한다. [유의한 상관계수 플래그]와 [하한 삼각형만 표시]를 체크한 후 [확인] 버튼을 클릭한다. 그러면 분석 결과가 출력된다.

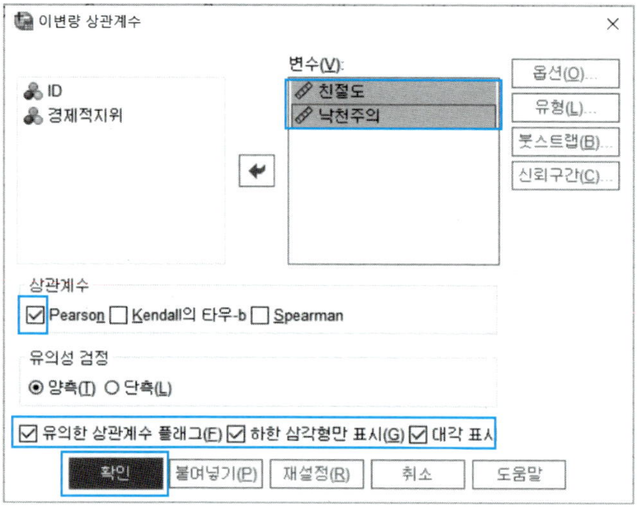

③ [분석-기술통계량-데이터 탐색]을 클릭하여 [데이터 탐색] 창을 연다. 먼저 왼쪽에 있는 [경제적 지위]를 오른쪽 [요인]으로, [친절도와 낙천주의]를 [종속변수]로 이동시킨다. 다음으로 [데이터 탐색: 도표] 창에서 [검정과 함께 정규성 도표]를 체크한 후 [계속] 버튼을 클릭한다. [데이터 탐색] 창에서 [확인] 버튼을 클릭해 데이터의 정규성검증을 마친다.

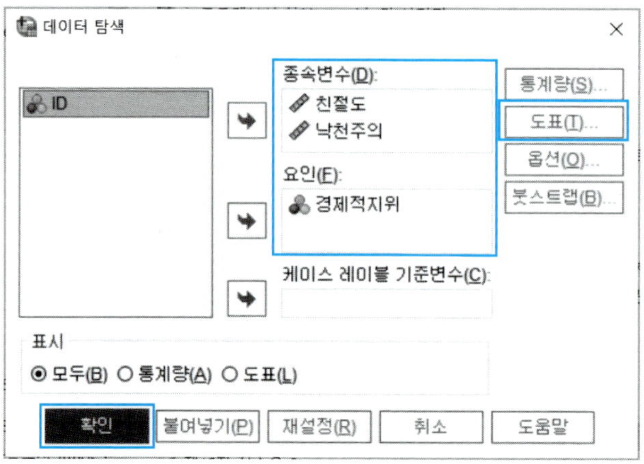

❹ [분석-일반선형모형-다변량]을 클릭하여 [다변량] 창을 연다. 왼쪽에 있는 [경제적 지위]를 오른쪽 [고정요인]으로, [친절도]와 [낙천주의]를 [종속변수]로 이동시킨다.

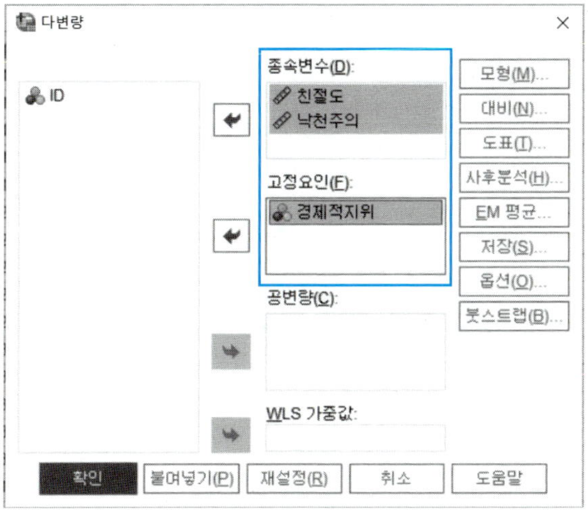

❺ [모형] 창에서 [항 설정]을 클릭해 선택한다. 창 중앙에 있는 [항 설정]에서 [주효과]를 선택한다. [모형] 창에서 왼쪽에 있는 [요인 및 공변량]의 [경제적 지위]를 오른쪽에 있는 [모형]으로 이동시킨 후 [계속] 버튼을 클릭한다.

❻ [도표] 창에서 왼쪽에 있는 [요인]의 [경제적 지위]를 오른쪽에 있는 [수평축 변수]로 이동시킨 후 [추가] 버튼을 누른 후 [계속] 버튼을 클릭한다.

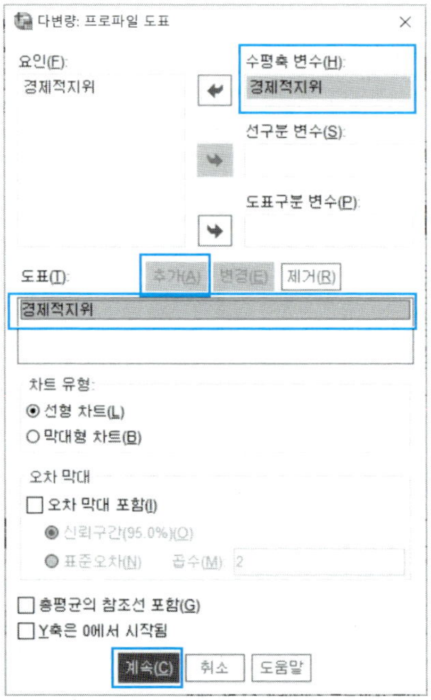

❼ [사후분석] 창의 왼쪽에 있는 [요인]의 [경제적 지위]를 오른쪽 [사후검정변수]로 이동시킨다. [등분산을 가정함]에서 [Scheffe]를 체크한 후 [계속] 버튼을 클릭한다.

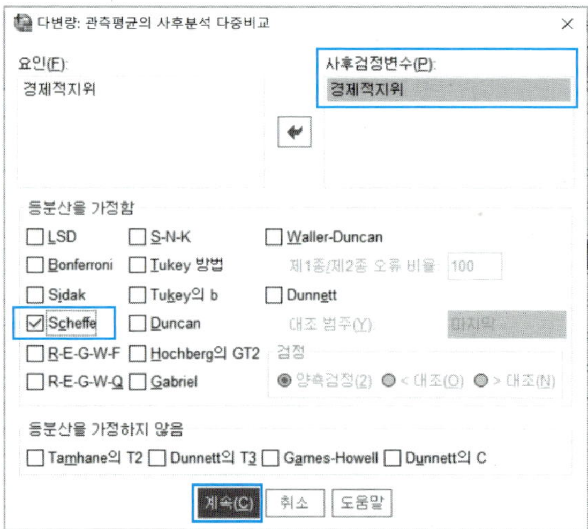

❽ [EM평균] 창의 [요인 및 요인 상호작용]의 모든 항목을 오른쪽의 [평균 표시 기준]으로 이동시킨 후 [계속] 버튼을 클릭한다.

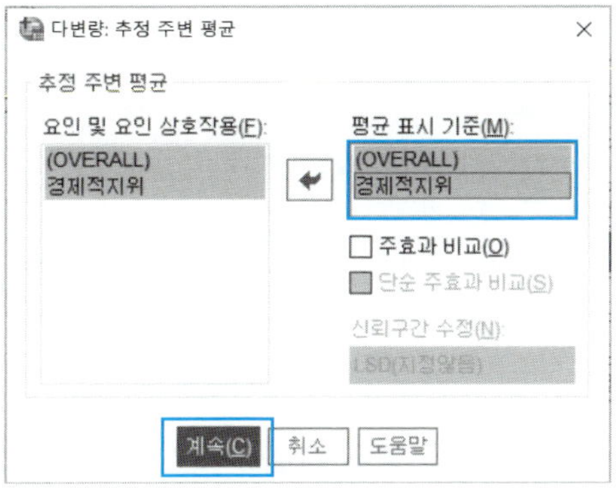

❾ [옵션] 창의 [표시]에서 [기술통계량]과 [동질성검증]을 체크한 후 [계속] 버튼을 클릭한다. 마지막으로 [다변량] 창에서 [확인] 버튼을 클릭하면 다변량분산분석 결과가 출력된다.

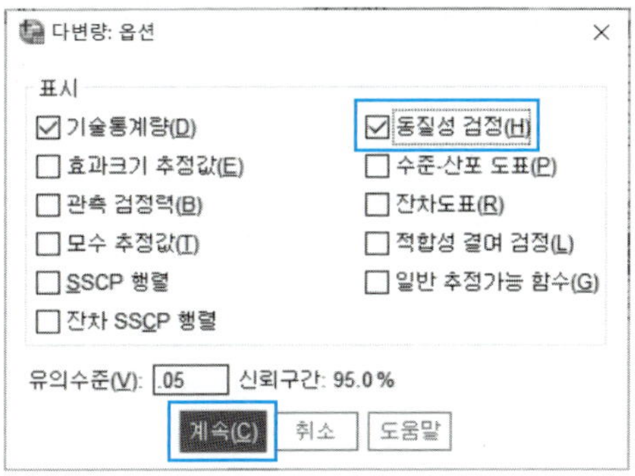

2) 주요 분석 결과

다변량분산분석에 대한 주요 출력 결과를 제시하면 다음과 같다.

종속변수 간 상관분석 출력 결과

피어슨 상관분석 결과 친절도와 낙천주의 간에는 유의수준 0.05에서 정의 유의한 상관관계(r = 0.381, p=0.038)가 있으나 종속변수 간에 다중공선성이 없으므로 MANOVA를 수행하는 것이 적절함을 알 수 있다.

상관관계

		친절도	낙천주의
친절도	Pearson 상관	--	
	N	30	
낙천주의	Pearson 상관	.381*	--
	유의확률 (양측)	.038	
	N	30	30

*. 상관관계가 0.05 수준에서 유의합니다(양측).

정규성검증 결과

[데이터 탐색] 분석 결과에 경제적 지위별로 왜도와 첨도의 절대값이 각각 2와 7 미만이므로 집단별 데이터는 정규분포를 따름을 알 수 있다(결과 제시 생략). 또한 Shapiro-Wilk검증에 의해 독립변수에 따른 종속변수 분포에 대한 정규성을 검증한 결과 중산층의 p값이 유의수준 0.05보다 작아서 데이터의 정규성은 확보되었다고 볼 수 없으나 왜도와 첨도 기준 그리고 정규 Q-Q도표 등을 종합적으로 살펴보면 분석 데이터는 정규분포를 하고 있음을 알 수 있다.

정규성 검정

		Kolmogorov-Smirnov[a]			Shapiro-Wilk		
	경제적지위	통계	자유도	유의확률	통계	자유도	유의확률
친절도	빈곤층	.270	10	.037	.848	10	.055
	중산층	.307	10	.008	.797	10	.014
	부유층	.233	10	.133	.904	10	.245
낙천주의	빈곤층	.185	10	.200*	.905	10	.249
	중산층	.254	10	.067	.833	10	.036
	부유층	.182	10	.200*	.930	10	.445

*. 이것은 참 유의성의 하한입니다.

a. Lilliefors 유의확률 수정

개체 간 요인과 기술통계량 출력 결과

개체 간 요인은 각 집단별 사례 수이며, 기술통계량은 독립변수의 집단수준별 평균과 표준편차 및 사례 수를 보여준다.

개체-간 요인

		값 레이블	N
경제적지위	1	빈곤층	10
	2	중산층	10
	3	부유층	10

기술통계량

	경제적지위	평균	표준편차	N
친절도	빈곤층	5.80	1.135	10
	중산층	6.00	1.155	10
	부유층	4.40	.966	10
	전체	5.40	1.276	30
낙천주의	빈곤층	4.70	1.418	10
	중산층	7.10	.738	10
	부유층	5.60	1.265	10
	전체	5.80	1.518	30

가정 조건에 대한 검증 결과

분산–공분산 행렬에 대한 Box의 동일성검증과 Levene의 오차분산의 동일성검증 결과 분산–공분산 행렬에 대한 동일성가정($p=0.434>0.05$)과 오차의 등분산가정(친절도 $p=0.709>0.05$, 낙천주의 $p=0.098>0.05$)이 만족되었음을 알 수 있다.

공분산 행렬에 대한 Box의 동일성 검정[a]

Box의 M	6.618
F	.985
자유도1	6
자유도2	18168.923
유의확률	.434

여러 집단에서 종속변수의 관측 공분산 행렬이 동일한 영가설을 검정합니다.

a. Design: 절편 + 경제적지위

오차 분산의 동일성에 대한 Levene의 검정[a]

		Levene 통계량	자유도1	자유도2	유의확률
친절도	평균을 기준으로 합니다.	.348	2	27	.709
	중위수를 기준으로 합니다.	.295	2	27	.747
	자유도를 수정한 상태에서 중위수를 기준으로 합니다.	.295	2	23.912	.747
	절삭평균을 기준으로 합니다.	.344	2	27	.712
낙천주의	평균을 기준으로 합니다.	2.536	2	27	.098
	중위수를 기준으로 합니다.	2.007	2	27	.154
	자유도를 수정한 상태에서 중위수를 기준으로 합니다.	2.007	2	23.464	.157
	절삭평균을 기준으로 합니다.	2.580	2	27	.094

여러 집단에서 종속변수의 오차 분산이 동일한 영가설을 검정합니다.

a. Design: 절편 + 경제적지위

다변량검증 결과

다변량검증 결과는 다음과 같다.

다변량 검정[a]

효과		값	F	가설 자유도	오차 자유도	유의확률
절편	Pillai의 트레이스	.974	482.867[b]	2.000	26.000	<.001
	Wilks의 람다	.026	482.867[b]	2.000	26.000	<.001
	Hotelling의 트레이스	37.144	482.867[b]	2.000	26.000	<.001
	Roy의 최대근	37.144	482.867[b]	2.000	26.000	<.001
경제적지위	Pillai의 트레이스	.806	9.111	4.000	54.000	<.001
	Wilks의 람다	.349	9.003[b]	4.000	52.000	<.001
	Hotelling의 트레이스	1.421	8.879	4.000	50.000	<.001
	Roy의 최대근	.956	12.910[c]	2.000	27.000	<.001

a. Design: 절편 + 경제적지위
b. 정확한 통계량
c. 해당 유의수준에서 하한값을 발생하는 통계량은 F에서 상한값입니다.

개체 간 효과검증 결과

개체 간 효과에 대한 다변량분산분석 결과는 다음과 같다.

개체-간 효과 검정

원인	종속변수	제 III 유형 제곱합	자유도	평균제곱	F	유의확률
수정된 모형	친절도	15.200[a]	2	7.600	6.413	.005
	낙천주의	29.400[b]	2	14.700	10.612	<.001
절편	친절도	874.800	1	874.800	738.113	<.001
	낙천주의	1009.200	1	1009.200	728.567	<.001
경제적지위	친절도	15.200	2	7.600	6.413	.005
	낙천주의	29.400	2	14.700	10.612	<.001
추정값	친절도	32.000	27	1.185		
	낙천주의	37.400	27	1.385		
전체	친절도	922.000	30			
	낙천주의	1076.000	30			
수정된 합계	친절도	47.200	29			
	낙천주의	66.800	29			

a. R 제곱 = .322 (수정된 R 제곱 = .272)
b. R 제곱 = .440 (수정된 R 제곱 = .399)

경제적 지위에 대한 사후검증 결과

다변량분산분석 결과 경제적 지위에 대한 주효과가 통계적으로 유의한 것으로 나타나 Scheffe에 의한 사후검증을 수행한 결과는 다음과 같다.

다중비교

Scheffe

종속변수	(I) 경제적지위	(J) 경제적지위	평균차이(I-J)	표준오차	유의확률	95% 신뢰구간 하한	95% 신뢰구간 상한
친절도	빈곤층	중산층	-.20	.487	.919	-1.46	1.06
		부유층	1.40*	.487	.027	.14	2.66
	중산층	빈곤층	.20	.487	.919	-1.06	1.46
		부유층	1.60*	.487	.011	.34	2.86
	부유층	빈곤층	-1.40*	.487	.027	-2.66	-.14
		중산층	-1.60*	.487	.011	-2.86	-.34
낙천주의	빈곤층	중산층	-2.40*	.526	<.001	-3.76	-1.04
		부유층	-.90	.526	.250	-2.26	.46
	중산층	빈곤층	2.40*	.526	<.001	1.04	3.76
		부유층	1.50*	.526	.029	.14	2.86
	부유층	빈곤층	.90	.526	.250	-.46	2.26
		중산층	-1.50*	.526	.029	-2.86	-.14

관측평균을 기준으로 합니다.
오차항은 평균제곱(오차) = 1.385입니다.
*. 평균차이는 .05 수준에서 유의합니다.

동질적 부분집합

친절도

Scheffe[a,b]

경제적지위	N	부분집합 1	부분집합 2
부유층	10	4.40	
빈곤층	10		5.80
중산층	10		6.00
유의확률		1.000	.919

동질적 부분집합에 있는 집단에 대한 평균이 표시됩니다.
관측평균을 기준으로 합니다.
오차항은 평균제곱(오차) = 1.185입니다.

a. 조화평균 표본크기 10.000을(를) 사용합니다.

b. 유의수준 = .05.

낙천주의

Scheffe[a,b]

경제적지위	N	부분집합 1	부분집합 2
빈곤층	10	4.70	
부유층	10	5.60	
중산층	10		7.10
유의확률		.250	1.000

동질적 부분집합에 있는 집단에 대한 평균이 표시됩니다.
관측평균을 기준으로 합니다.
오차항은 평균제곱(오차) = 1.385입니다.

a. 조화평균 표본크기 10.000을(를) 사용합니다.

b. 유의수준 = .05.

3) 다변량분산분석 결과의 제시와 해석

다변량분산분석의 가정 조건에 대한 만족 여부를 알아보기 위해서 알아본 결과 종속변수 간에는 유의한 양의 상관관계가 있으나 다중공선성은 존재하지 않으며 등공분산성과 등분산성가정이 충족되었다. 따라서 다변량분산분석을 수행할 수 있다.

다변량검증 결과 경제적 지위에 대한 Wilks 람다값의 유의확률이 <0.001로 나타나 유의수준 0.001에서 유의적임을 알 수 있다. 그러므로 세 가지 경제적 지위(빈곤층, 중산층, 부유층) 간에 친절도와 낙천주의의 평균 차이가 모두 동일하지는 않다고 할 수 있다.

다변량분산분석의 결과를 요약하면 [표 16-2]와 같다. 다변량분산분석을 통해 친절도의 경제적 지위에 따른 주효과가 있는지를 알아본 결과 개체 간 효과검증 결과 친절도($F=6.413$, $p=0.005$)와 낙천주의($F=10.612$, $p=0.000$)는 각각 유의수준 0.01과 0.001에서 경제적 지위의 세 가지 집단 간의 평균이 차이가 없다는 귀무가설을 기각할 수 있음을 알 수 있다. 따라서 경제적 지위의 집단 간에 평균 차이가 없다는 귀무가설을 기각하고 차이가 있다는 연구가설을 채택할 수 있다.

표 16-2 다변량분산분석 결과

(N=30)

구분		제Ⅲ유형 제곱합	자유도	평균제곱	F	유의확률
수정된 모형	친절도	15.200	2	7.600	6.413**	0.005
	낙천주의	29.400	2	14.700	10.612***	<0.001
절편	친절도	874.800	1	874.800	738.113***	<0.001
	낙천주의	1009.200	1	1009.200	728.567***	<0.001
경제적 지위	친절도	15.200	2	7.600	6.413**	0.005
	낙천주의	29.400	2	14.700	10.612***	<0.001
오차	친절도	32.000	27	1.185		
	낙천주의	37.400	27	1.385		
합계	친절도	922.000	30			
	낙천주의	1076.000	30			
수정합계	친절도	47.200	29			
	낙천주의	66.800	29			

**$p<0.01$, ***$p<0.001$

그림 16-4 다변량분산분석의 평균도표

프로파일 도표

친절도 낙천주의

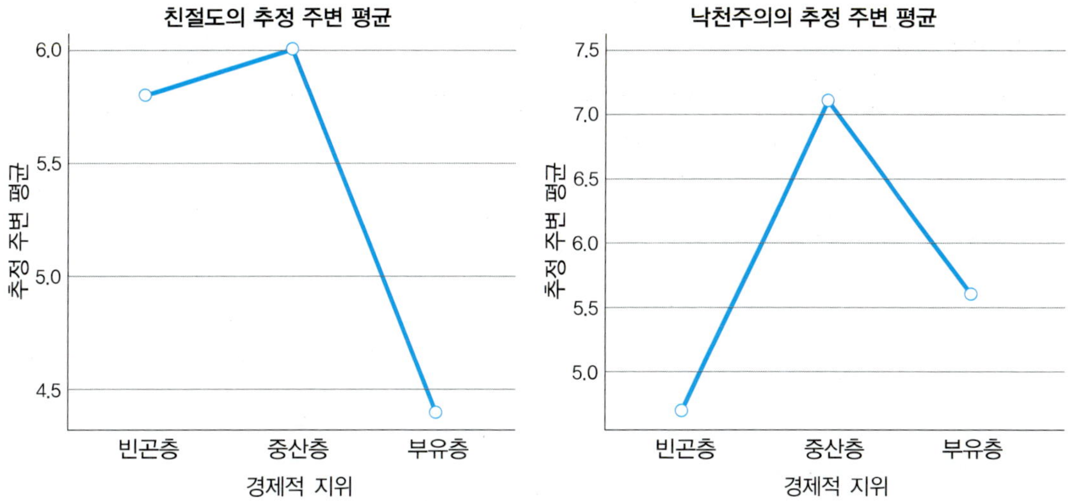

표 16-3 경제적 지위에 대한 사후검증 결과

	(I)경제적 지위	(J)경제적 지위	평균차이(I−J)	표준오차	유의확률
친절도	빈곤층	중산층	−0.20	0.487	0.919
		부유층	1.40*	0.487	0.027
	중산층	빈곤층	0.20	0.487	0.919
		부유층	1.60*	0.487	0.011
	부유층	빈곤층	−1.40*	0.487	0.027
		중산층	−1.60*	0.487	0.011
낙천주의	빈곤층	중산층	−2.40***	0.526	0.000
		부유층	−0.90	0.526	0.250
	중산층	빈곤층	2.40***	0.526	0.000
		부유층	1.50*	0.526	0.029
	부유층	빈곤층	0.90	0.526	0.250
		중산층	−1.50*	0.526	0.029

*$p<0.05$, ***$p<0.001$

다변량분산분석 결과 경제적 지위의 주효과가 통계적으로 유의하여 사후검증을 수행하였다. 경제적 지위에 대한 Scheffe검증 결과는 [표 16-3]과 같다. 먼저 친절도는 빈곤층과 중산층 간에는 평균 차이가 없었으나 빈곤층과 부유층(차이=1.40, $p<0.05$) 간 그리고 중산층과 부유층(차이=1.60, $p<0.05$) 간에는 유의수준 0.05에서 유의한 차이가 있는 것으로 나타났다. 다음으로 낙천주의는 빈곤층과 부유층 간에는 평균 차이가 없었으나 중산층과 빈곤층(차이=2.40, $p<0.001$) 간에는 유의수준 0.001에서 그리고 중산층과 부유층(차이=1.50, $p=0.029$) 간에는 유의수준 0.05에서 유의한 차이가 있는 것으로 나타났다.

[통계 실습 16-2] 이원다변량분산분석과 사후검증

다음은 일반 국민들을 대상으로 경제적 지위와 성별 집단 간에 따라 친절도와 낙천주의의 평균에 차이가 있는지를 확인하기 위해서 수집한 데이터이다. 주어진 [제16장 이원다변량분산분석 데이터]를 이용해 반복이 없는 이원다변량분산분석(Two-way MANOVA)과 사후검증을 수행하고 분석 결과를 해석하시오. 독립변수는 범주형 변수로 2개(성별과 경제적 지위)이며 종속변수는 연속형 변수로 2개(친절도와 낙천주의)이다. 총 사례 수는 총 30개이다. 성별은 남자와 여자이며, 경제적 지위는 ① 빈곤층(Poor class), ② 중산층(Middle class), ③ 부유층(Wealthy class)이다. 종속변수인 친절도와 낙천주의는 10점 만점으로 응답자들이 주관적으로 평가한 점수이다.

■ **실습 데이터**

ID	성별	경제적 지위	친절도	낙천주의
1	1	1	7	4
2	1	1	4	3
…	…	…	…	…
30	2	3	5	5

총 사례 수는 30개(성별-남자 15명, 여자 15명/경제적 지위-빈곤층, 중산층 및 부유층 각 10명)임 (2×3×2 Factorial design)

- 성별 → 범주형 변수1(① 남자, ② 여자)
- 경제적 지위 → 범주형 변수2(① 빈곤층, ② 중산층, ③ 부유층)
- 친절도 → 연속형 변수(10점 만점)
- 낙천주의 → 연속형 변수(10점 만점)

실습 데이터	제16장 이원다변량분산분석 데이터
분석방법 메뉴 선택	분석–상관분석–이변량 상관 분석–기술통계량–데이터 탐색 분석–일반선형모형–다변량

1) 실습 과정

❶ [파일–열기–데이터]를 선택한 후 실습 데이터 파일이 있는 위치로 찾아가서 [제16장 이원다변량분산분석 데이터]를 연다.

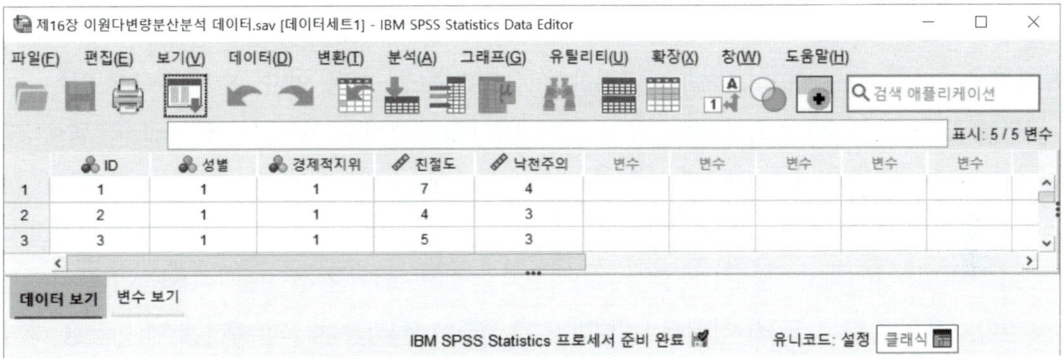

❷ 종속변수 간의 상관분석을 수행한다. [분석–상관분석–이변량 상관]을 클릭하여 [이변량 상관계수] 창을 연다. 창의 왼쪽에 있는 [친절도], [낙천주의]를 오른쪽 [변수]로 이동시킨다. [상관계수]에서 [Pearson]을 클릭해 선택한다. [유의한 상관계수 플래그]와 [하한 삼각형만 표시]를 체크한 후 [확인] 버튼을 클릭한다. 그러면 분석 결과가 출력된다.

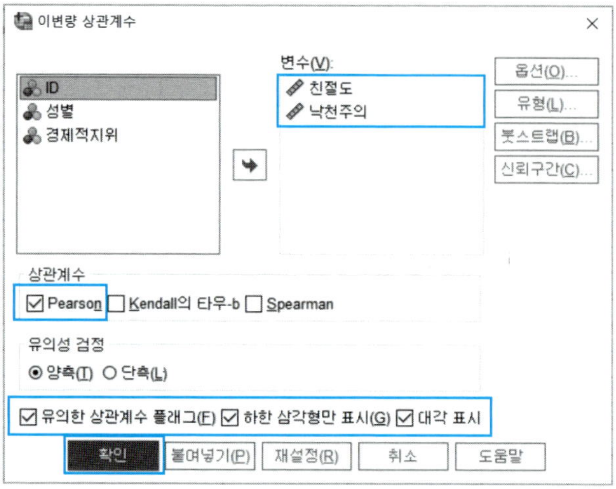

❸ [분석-기술통계량-데이터 탐색]을 클릭하여 [데이터 탐색] 창을 연다. 먼저 왼쪽에 있는 [성별]을 오른쪽 [요인]으로, [친절도와 낙천주의]를 [종속변수]로 이동시킨다. [데이터 탐색: 도표] 창에서 [검정과 함께 정규성 도표]를 체크한 후 [계속] 버튼을 클릭한다. [데이터 탐색] 창에서 [확인] 버튼을 클릭해 성별에 따른 종속변수 데이터의 정규성검증을 마친다. 다음으로 왼쪽에 있는 [경제적 지위]를 오른쪽 [요인]으로, [친절도와 낙천주의]를 [종속변수]로 이동시킨다. [데이터 탐색: 도표] 창에서 [검정과 함께 정규성 도표]를 체크한 후 [계속] 버튼을 클릭한다. [데이터 탐색] 창에서 [확인] 버튼을 클릭해 성별에 따른 종속변수 데이터의 정규성검증을 마친다.

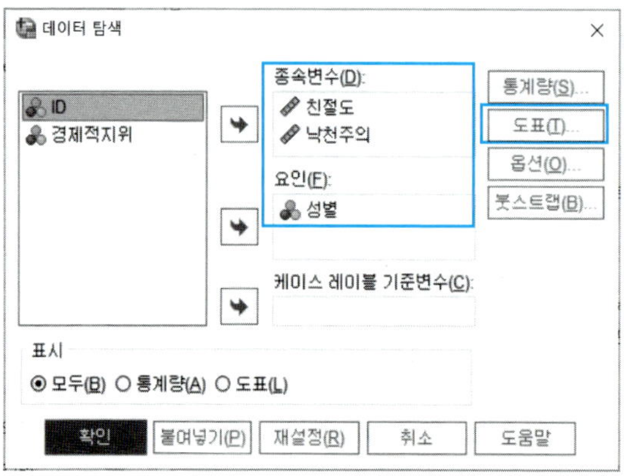

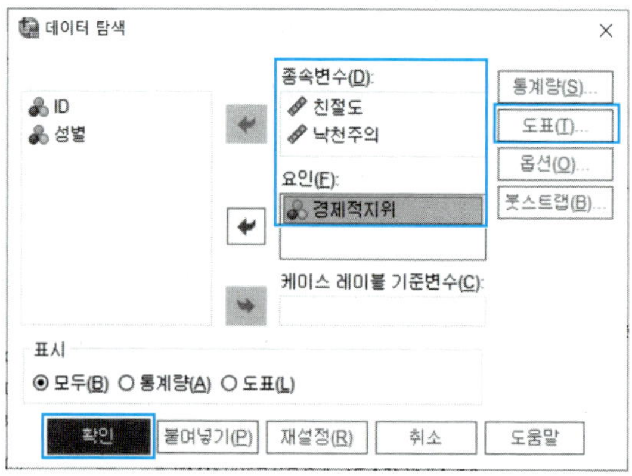

❹ [분석-일반선형모형-다변량]을 클릭하여 [다변량] 창을 연다. 왼쪽에 있는 [성별]과 [경제적 지위]를 오른쪽 [고정요인]으로, [친절도]와 [낙천주의]를 [종속변수]로 이동시킨다.

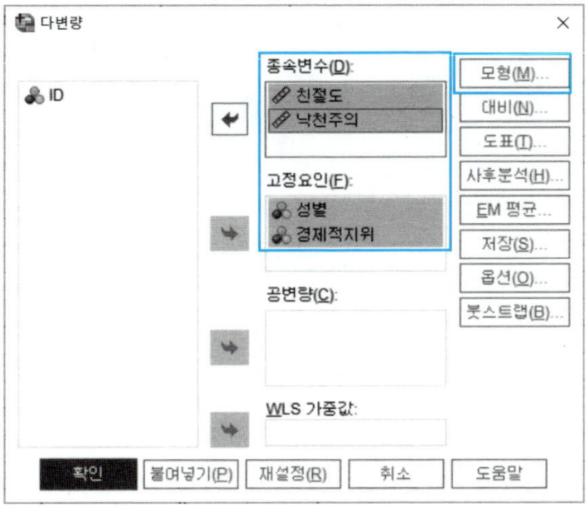

❺ [모형] 창에서 [완전요인모형]이 이미 디폴트로 선택되어 있으므로 나머지는 그대로 두고 [계속] 버튼을 클릭한다.

❻ [도표] 창에서 왼쪽에 있는 [요인]의 [성별]을 오른쪽에 있는 [선구분 변수]로, [경제적 지위]를 오른쪽에 있는 [수평축 변수]로 이동시킨 후 [추가] 버튼을 누른 후 [계속] 버튼을 클릭한다.

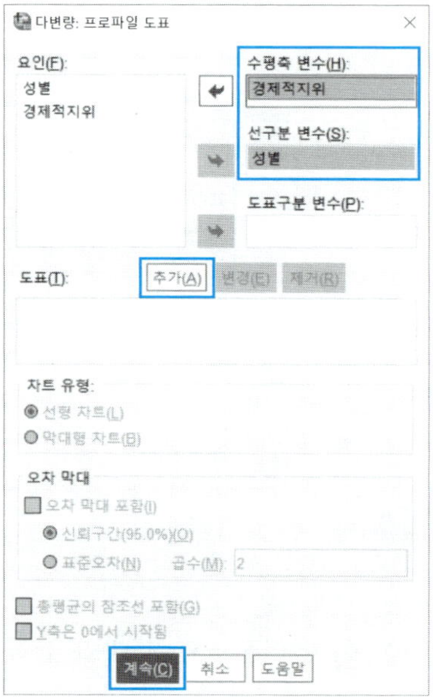

❼ [사후분석] 창의 왼쪽에 있는 [요인]의 [경제적 지위]를 오른쪽 [사후검정변수]로 이동시킨다. [등분산을 가정함]에서 [Scheffe]를 체크한 후 [계속] 버튼을 클릭한다. 다만 [성별] 변수는 집단수준이 2(남자와 여자)이므로 사후검증 대상변수(3집단 이상만 사후검증 대상변수가 됨)가 아니므로 선택하지 않도록 한다.

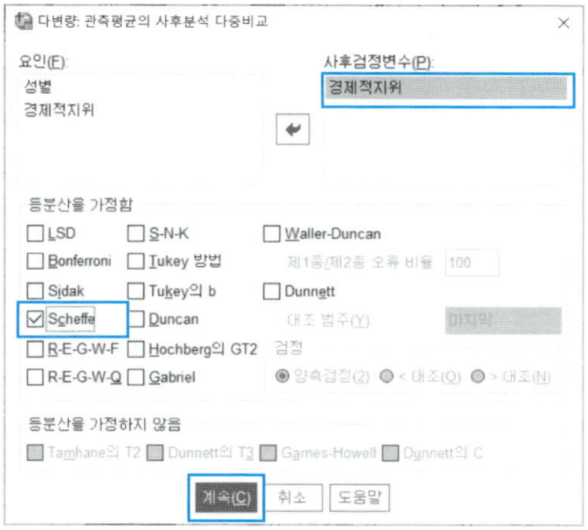

❽ [EM평균] 창의 [요인 및 요인 상호작용]의 모든 항목을 오른쪽의 [평균 표시 기준]으로 이동시킨 후 [계속] 버튼을 클릭한다.

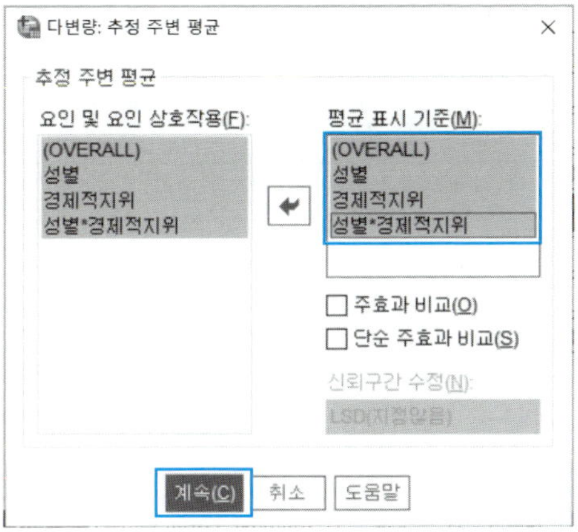

❾ [옵션] 창의 [표시]에서 [기술통계량]과 [동질성검증]을 체크한 후 [계속] 버튼을 클릭한다. 마지막으로 [다변량] 창에서 [확인] 버튼을 클릭하면 다변량분산분석 결과가 출력된다.

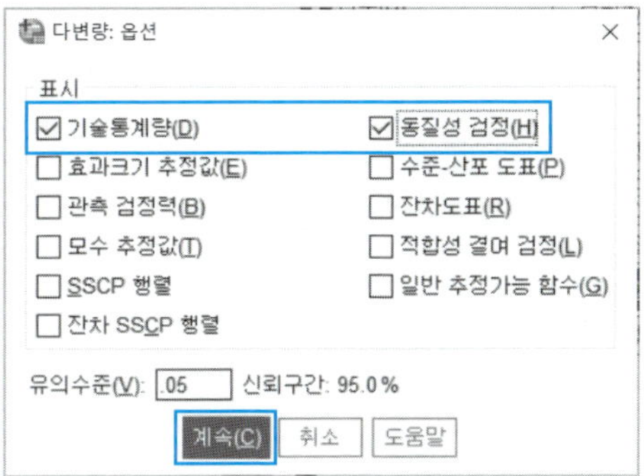

종속변수 간 상관분석 출력 결과

피어슨 상관분석 결과 친절도와 낙천주의 간에는 유의수준 0.05에서 정의 유의한 상관관계(r=0.381, p=0.038)가 있으나 다중공선성이 없으므로 이원 MANOVA를 수행하는 것이 적절함을 알 수 있다.

상관관계

		친절도	낙천주의
친절도	Pearson 상관	--	
	N	30	
낙천주의	Pearson 상관	.381*	--
	유의확률 (양측)	.038	
	N	30	30

*. 상관관계가 0.05 수준에서 유의합니다(양측).

정규성검증 결과

[데이터 탐색] 분석 결과에 성별과 경제적 지위별로 왜도와 첨도의 절대값이 각각 2와 7 미만이므로 정규Q-Q도표를 보면 집단별 데이터는 정규분포를 따름을 알 수 있다(결과 제시 생략).

개체 간 요인과 기술통계량 출력 결과

기술통계량에서는 독립변수의 집단수준별 평균과 표준편차 및 사례 수를 보여준다.

기술통계량

	성별	경제적지위	평균	표준편차	N
친절도	남자	빈곤층	5.60	1.140	5
		중산층	5.60	.894	5
		부유층	3.80	.837	5
		전체	5.00	1.254	15
	여자	빈곤층	6.00	1.225	5
		중산층	6.40	1.342	5
		부유층	5.00	.707	5
		전체	5.80	1.207	15
	전체	빈곤층	5.80	1.135	10
		중산층	6.00	1.155	10
		부유층	4.40	.966	10
		전체	5.40	1.276	30
낙천주의	남자	빈곤층	3.60	.894	5
		중산층	6.80	.837	5
		부유층	5.00	1.000	5
		전체	5.13	1.598	15
	여자	빈곤층	5.80	.837	5
		중산층	7.40	.548	5
		부유층	6.20	1.304	5
		전체	6.47	1.125	15
	전체	빈곤층	4.70	1.418	10
		중산층	7.10	.738	10
		부유층	5.60	1.265	10
		전체	5.80	1.518	30

가정 조건에 대한 검증 결과

분산-공분산 행렬에 대한 Box의 동일성검증과 Levene의 오차분산의 동일성검증 결과 분산-공분산의 행렬의 동일성가정($p=0.967>0.05$)과 오차의 등분산가정(친절도 $p=0.486>0.05$, 낙천주의 $p=0.445>0.05$)이 만족되었음을 알 수 있다.

공분산 행렬에 대한 Box의 동일성 검정[a]

Box의 M	8.463
F	.443
자유도1	15
자유도2	3150.554
유의확률	.967

여러 집단에서 종속변수의 관측 공분산 행렬이 동일한 영가설을 검정합니다.

a. Design: 절편 + 성별 + 경제적지위 + 성별 * 경제적지위

오차 분산의 동일성에 대한 Levene의 검정[a]

		Levene 통계량	자유도1	자유도2	유의확률
친절도	평균을 기준으로 합니다.	.918	5	24	.486
	중위수를 기준으로 합니다.	.347	5	24	.879
	자유도를 수정한 상태에서 중위수를 기준으로 합니다.	.347	5	20.629	.878
	절삭평균을 기준으로 합니다.	.927	5	24	.481
낙천주의	평균을 기준으로 합니다.	.988	5	24	.445
	중위수를 기준으로 합니다.	.533	5	24	.749
	자유도를 수정한 상태에서 중위수를 기준으로 합니다.	.533	5	19.200	.748
	절삭평균을 기준으로 합니다.	.940	5	24	.473

여러 집단에서 종속변수의 오차 분산이 동일한 영가설을 검정합니다.

a. Design: 절편 + 성별 + 경제적지위 + 성별 * 경제적지위

다변량검증 결과

다변량검증 결과는 다음과 같다.

다변량 검정[a]

효과		값	F	가설 자유도	오차 자유도	유의확률
절편	Pillai의 트레이스	.984	686.038[b]	2.000	23.000	<.001
	Wilks의 람다	.016	686.038[b]	2.000	23.000	<.001
	Hotelling의 트레이스	59.655	686.038[b]	2.000	23.000	<.001
	Roy의 최대근	59.655	686.038[b]	2.000	23.000	<.001
성별	Pillai의 트레이스	.397	7.563[b]	2.000	23.000	.003
	Wilks의 람다	.603	7.563[b]	2.000	23.000	.003
	Hotelling의 트레이스	.658	7.563[b]	2.000	23.000	.003
	Roy의 최대근	.658	7.563[b]	2.000	23.000	.003
경제적지위	Pillai의 트레이스	.973	11.374	4.000	48.000	<.001
	Wilks의 람다	.249	11.552[b]	4.000	46.000	<.001
	Hotelling의 트레이스	2.126	11.692	4.000	44.000	<.001
	Roy의 최대근	1.550	18.602[c]	2.000	24.000	<.001
성별 * 경제적지위	Pillai의 트레이스	.210	1.409	4.000	48.000	.245
	Wilks의 람다	.793	1.417[b]	4.000	46.000	.243
	Hotelling의 트레이스	.258	1.420	4.000	44.000	.243
	Roy의 최대근	.244	2.929[c]	2.000	24.000	.073

a. Design: 절편 + 성별 + 경제적지위 + 성별 * 경제적지위

b. 정확한 통계량

c. 해당 유의수준에서 하한값을 발생하는 통계량은 F에서 상한값입니다.

개체 간 효과검증 결과

개체 간 효과에 대한 이원다변량분산분석 결과는 다음과 같다.

개체-간 효과 검정

원인	종속변수	제 III 유형 제곱합	자유도	평균제곱	F	유의확률
수정된 모형	친절도	20.800[a]	5	4.160	3.782	.011
	낙천주의	46.000[b]	5	9.200	10.615	<.001
절편	친절도	874.800	1	874.800	795.273	<.001
	낙천주의	1009.200	1	1009.200	1164.462	<.001
성별	친절도	4.800	1	4.800	4.364	.047
	낙천주의	13.333	1	13.333	15.385	<.001
경제적지위	친절도	15.200	2	7.600	6.909	.004
	낙천주의	29.400	2	14.700	16.962	<.001
성별 * 경제적지위	친절도	.800	2	.400	.364	.699
	낙천주의	3.267	2	1.633	1.885	.174
추정값	친절도	26.400	24	1.100		
	낙천주의	20.800	24	.867		
전체	친절도	922.000	30			
	낙천주의	1076.000	30			
수정된 합계	친절도	47.200	29			
	낙천주의	66.800	29			

a. R 제곱 = .441 (수정된 R 제곱 = .324)

b. R 제곱 = .689 (수정된 R 제곱 = .624)

경제적 지위에 대한 사후검증 결과

이원다변량분산분석 결과 경제적 지위에 대한 주효과가 통계적으로 유의한 것으로 나타나 Scheffe에 의한 사후검증을 수행한 결과는 다음과 같다. 다만 성별 * 경제적 지위에 대한 사후검증은 개체 간 효과검증에서 친절도와 낙천주의 모두가 유의하지 않으므로 사후검증 결과가 출력되지 않는다.

다중비교

Scheffe

종속변수	(I) 경제적지위	(J) 경제적지위	평균차이(I-J)	표준오차	유의확률	95% 신뢰구간 하한	95% 신뢰구간 상한
친절도	빈곤층	중산층	-.20	.469	.913	-1.42	1.02
		부유층	1.40*	.469	.023	.18	2.62
	중산층	빈곤층	.20	.469	.913	-1.02	1.42
		부유층	1.60*	.469	.009	.38	2.82
	부유층	빈곤층	-1.40*	.469	.023	-2.62	-.18
		중산층	-1.60*	.469	.009	-2.82	-.38
낙천주의	빈곤층	중산층	-2.40*	.416	<.001	-3.49	-1.31
		부유층	-.90	.416	.118	-1.99	.19
	중산층	빈곤층	2.40*	.416	<.001	1.31	3.49
		부유층	1.50*	.416	.006	.41	2.59
	부유층	빈곤층	.90	.416	.118	-.19	1.99
		중산층	-1.50*	.416	.006	-2.59	-.41

관측평균을 기준으로 합니다.
오차항은 평균제곱(오차) = .867입니다.
*. 평균차이는 .05 수준에서 유의합니다.

동질적 부분집합

친절도

Scheffe[a,b]

경제적지위	N	부분집합 1	부분집합 2
부유층	10	4.40	
빈곤층	10		5.80
중산층	10		6.00
유의확률		1.000	.913

동질적 부분집합에 있는 집단에 대한 평균이 표시됩니다.
관측평균을 기준으로 합니다.
오차항은 평균제곱(오차) = 1.100입니다.

a. 조화평균 표본크기 10.000을(를) 사용합니다.

b. 유의수준 = .05.

낙천주의

Scheffe[a,b]

경제적지위	N	부분집합 1	부분집합 2
빈곤층	10	4.70	
부유층	10	5.60	
중산층	10		7.10
유의확률		.118	1.000

동질적 부분집합에 있는 집단에 대한 평균이 표시됩니다.
관측평균을 기준으로 합니다.
오차항은 평균제곱(오차) = .867입니다.

a. 조화평균 표본크기 10.000을(를) 사용합니다.

b. 유의수준 = .05.

3) 이원다변량분산분석 결과의 제시와 해석

이원다변량분산분석의 가정 조건에 대한 만족 여부를 알아보기 위해서 알아본 결과 종속변수 간에는 유의한 양의 상관관계가 있었으며 등공분산성과 등분산성가정이 충족되었다. 따라서 이원다변량분산분석을 수행하는 것이 적절함을 알 수 있다.

다변량검증 결과 성별의 Wilks 람다값의 유의확률은 0.03이어서 유의수준 0.05에서 그리고 경제적 지위는 0.001이어서 유의수준 0.001에서 유의적임을 알 수 있다. 그러므로 성별(남자, 여자)과 경제적 지위(빈곤층, 중산층, 부유층) 간에 친절도와 낙천주의의 평균 차이가 모두 동일하지는 않다고 할 수 있다.

이원다변량분산분석의 결과를 요약하면 [표 16-4]와 같다.

친절도의 성별에 따른 주효과가 있는지를 알아본 결과 개체 간 효과검증 결과의 친절도($F=4.364$, $p=0.047$)는 유의수준 0.05에서 그리고 낙천주의($F=13.333$, $p=0.001$)는 유의수준 0.001에서 성별의 두 집단 간의 평균 차이가 없다는 귀무가설을 기각할 수 있음을 알 수 있다. 따라서 성별의 집단 간에 평균 차이가 없다는 귀무가설을 기각하고 차이가 있다는 연구가설을 채택할 수 있다.

친절도의 경제적 지위에 따른 주효과가 있는지를 알아본 결과 개체 간 효과검증 결과의 친절도($F=6.909$, $p=0.004$)와 낙천주의($F=16.962$, $p=0.000$)는 각각 유의수준 0.01과 0.001에서 경제적 지위의 세 가지 집단 간의 평균 차이가 없다는 귀무가설을 기각할 수 있음을 알 수 있다. 따라서 경제적 지위의 집단 간에 평균 차이가 없다는 귀무가설을 기각하고 차이가 있다는 연구가설을 채택할 수 있다.

성별과 경제적 지위 간에 상호작용효과가 있는지를 알아보기 위해 개체 간 효과검증 결과 친절도($F=0.364$, $p=0.699$)와 낙천주의($F=1.885$, $p=0.174$)는 유의수준 0.05보다 크게 나타나 성별과 경제적 지위 간의 상호작용효과는 없음을 알 수 있다.

표 16-4 이원다변량분산분석 결과 (N=30)

구분		제Ⅲ유형 제곱합	자유도	평균제곱	F	유의확률
수정모형	친절도 낙천주의	20.800 46.000	5 5	4.160 9.200	3.782* 10.615***	0.011 <0.001
절편	친절도 낙천주의	874.800 1009.200	1 1	874.800 1009.200	795.273*** 1164.462***	<0.001 <0.001
성별	친절도 낙천주의	4.800 13.333	1 1	4.800 13.333	4.364* 15.385***	0.047 0.001
경제적 지위	친절도 낙천주의	15.200 29.400	2 2	7.600 14.700	6.909** 16.962***	0.004 <0.001
성별 * 경제적 지위	친절도 낙천주의	0.800 3.267	2 2	0.400 1.633	0.364 1.885	0.699 0.174
오차	친절도 낙천주의	26.400 20.800	24 24	1.100 0.867		
합계	친절도 낙천주의	922.000 1076.000	30 30			
수정합계	친절도 낙천주의	47.200 66.800	29 29			

*p<0.05, **p<0.01, ***p<0.001

그림 16-5 이원다변량분산분석의 평균도표

프로파일 도표

친절도 낙천주의

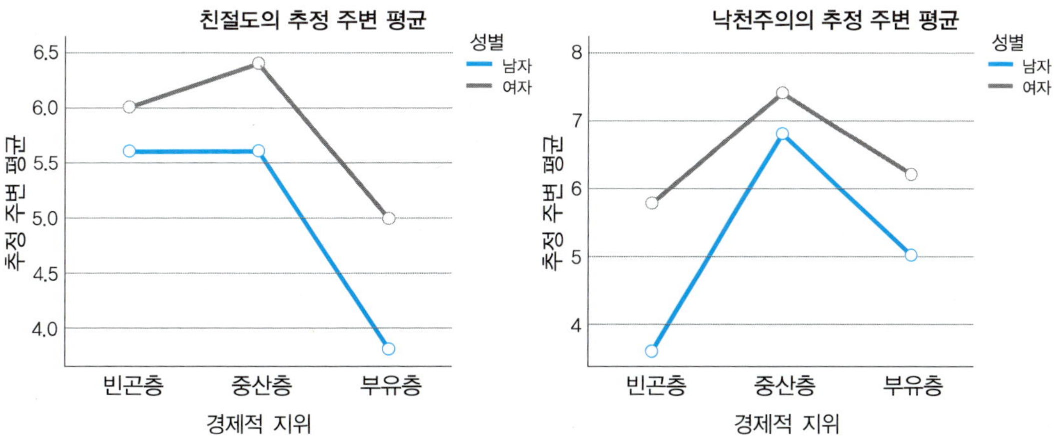

이원다변량분산분석 결과 경제적 지위의 주효과가 통계적으로 유의하여 사후검증을 수행하였다. 경제적 지위에 대한 Scheffe검증 결과는 [표 16-5]와 같다. 먼저 친절도는 유의수준 0.05에서 빈곤층과 중산층 간에는 평균 차이가 없었으나 빈곤층과 부유층(차이=1.40, p=0.023) 간에는 유의수준 0.05에서 그리고 중산층과 부유층(차이=1.60, p=0.009) 간에는 유의수준 0.01에서 유의한 차이가 있는 것으로 나타났다. 다음으로 낙천주의는 빈곤층과 부유층 간에는 평균 차이가 없었으나 중산층과 빈곤층(차이=2.40, p=0.000), 중산층과 부유층(차이=1.50, p=0.006) 간에는 각각 유의수준 0.001과 0.01에서 유의한 차이가 있는 것으로 나타났다.

표 16-5 경제적 지위에 대한 친절도와 낙천주의에 대한 사후검증 결과

	(I)경제적 지위	(J)경제적 지위	평균차이(I-J)	표준오차	유의확률
친절도	빈곤층	중산층	-0.20	0.469	0.913
		부유층	1.40*	0.469	0.023
	중산층	빈곤층	0.20	0.469	0.913
		부유층	1.60**	0.469	0.009
	부유층	빈곤층	-1.40*	0.469	0.023
		중산층	-1.60**	0.469	0.009
낙천주의	빈곤층	중산층	-2.40***	0.416	0.000
		부유층	-0.90	0.416	0.118
	중산층	빈곤층	2.40***	0.416	0.000
		부유층	1.50**	0.416	0.006
	부유층	빈곤층	0.90	0.416	0.118
		중산층	-1.50**	0.416	0.006

*$p<0.05$, **$p<0.01$, ***$p<0.001$

제 17 장

공분산분석

Analysis of Covariance(ANCOVA)

1 공분산분석

1.1 공분산분석의 의의와 적용상황

1) 공분산분석의 의의와 필요성

공분산분석(Analysis of covariance: ANCOVA)이란 직접 통제하기 어려운 외생변수를 공변량(Covariate)으로 통제한 후 집단 간의 평균 차이를 검증하는 방법을 말한다. 한편 이 책의 제18장에서 다루게 될 다변량공분산분석(Multivariate analysis of covariance: MANCOVA)이란 외생변수를 공변량으로 통제한 후 두 개 이상의 종속변수에 대한 독립변수들의 집단 간의 평균 차이를 검증하는 방법을 말한다.

- 분산분석은 집단 간 평균 차이 검증을 위해서 사용하지만 실제 현상에서는 종속변수에 영향을 주는 외생변수의 효과가 나타나는 경우가 있으며, 이때 외생변수의 효과를 통제하지 않으면 잘못한 분석 결과를 얻을 수 있다. 이러한 이유로 공변량을 사용해서 외생변수의 효과를 통제해야 한다.
- 종속변수에 영향을 미치는 외생변수의 하나로 종속변수에 영향을 주지만 실험설계에서 통제하기 어려운 변수를 공변량으로 설정할 수 있다. 공변량은 실험 처치 전후에 수집할 수 있다. 사전점수, 시험점수, IQ 등은 실험 처치 이전에 그리고 불안감, 동기부

여, 우울감 등은 실험 처치 후에 수집하기도 한다. ANCOVA는 사전과 사후검사를 행하는 실험설계에서 사전검사 점수를 공변량으로 통제하는 연구들에서 사용되고 있다.

- 실험 설계에서 외생변수가 범주형 변수(질적 변수)이면 통제가 가능하나 연속형 변수(양적 변수)인 경우에는 통제할 수 없다. 따라서 ANCOVA에서는 외생변수를 통제(예 연령변수)하기 위해서 공변량을 변수로 투입하며, 이를 통해 순수한 실험의 처치효과를 분석할 수 있다.
- 사회과학연구의 실험연구에서는 실험 참여자의 개인 특성이 변수가 되어 종속변수에 영향을 미칠 수 있으며, 이때 개인 특성변수를 공변량으로 통제한다.
- ANCOVA에서 종속변수와의 상관이 0.3 이상이 되는 공변량을 선택하는 것이 좋다. 이 경우에도 상관이 통계적으로 유의하지 않다면 ANCOVA보다는 공변량을 고려하지 않은 ANOVA를 수행하는 것이 바람직하다. 왜냐하면 종속변수와 약한 상관관계를 가진 공변량을 분석에 투입하게 되면 오히려 통계적 검증력을 낮출 수 있으므로 투입하지 않는 것이 좋다.
- 공변량이 모형에서 여러 개가 있는 경우 공변량 간의 상관관계가 0.5 이상으로 높으면 다중공선성의 문제가 발생될 수 있다. 이때는 연구자가 선택한 공변량을 모두 투입하기보다는 가장 중요한 공변량을 선택해서 분석하는 것이 좋다. 공변량이 2개 이상일 경우 각각의 공변량에 대해서 공변량과 요인변수(처치변수) 간의 상호작용을 검증하여 상호작용이 통계적으로 유의하지 않아야 ANCOVA를 수행할 수 있다.
- ANCOVA에서 추정된 주변평균(Estimated marginal mean), 즉 조정평균(Adjusted mean)은 공변량을 평균값으로 고정한 상태에서 각 집단의 종속변수 평균을 계산해 산출한 것을 의미한다.
- ANCOVA의 결과에서 투입된 공변량이 유의할 수도 있고 유의하지 않을 수도 있다. 전자의 경우는 공변량이 종속변수에 영향을 준다는 것이고 제대로 통제가 이루어졌음을 의미한다. 반대로 후자의 경우는 공변량이 종속변수에 영향을 주지 않았다는 것을 의미한다. 이 경우에는 기본적으로 공변량을 투입하지 않고 ANOVA를 수행하는 것이 바람직하다. 분석 결과를 해석할 때는 공변량이 유의하든 유의하지 않든 간에 범주형 변수(처치변수)에 대한 유의확률을 보고 해석하면 된다.
- ANCOVA는 공변량이 종속변수와 선형적인 관계(선형성)를 가지고 있고, 요인변수(처치

변수)와 관련성이 없는 경우에 가장 유용한 방법이다.

- 범주형 독립변수는 2수준 이상을 사용할 수 있으며, 3수준 이상인 경우에는 사후검증도 수행한다. 이때 사후검증에서는 ANCOVA를 통해 산출된 조정평균을 이용한다. 한 연구에서 여러 개의 연구가설을 통계적으로 검증하는 경우에 Bonferroni 조정과 같은 통계적 조정이 필요하다. 그러나 이러한 조정은 필요 이상으로 너무 보수적인 검증을 만든다는 단점이 있다.
- 집단 간에 공변량(실험설계에서 보통 사전점수)이 차이가 있는지를 검증하여 통계적으로 유의적인 차이(비동질적인 집단)가 있으면 비동질성을 통제하기 위해서 ANCOVA를 수행하며, 차이가 없다면(동질집단) 독립 t-검증이나 ANOVA를 수행한다. 물론 표본크기가 적거나 연구자가 공변량을 적절하게 측정했다고 판단되면 통계적 유의성에 관계없이 실제적 유의성(공변량의 효과크기)을 고려하여 ANCOVA를 적용할 수 있다.

2) 공분산분석의 사용목적과 적용상황

ANCOVA는 기본적으로 집단 간 차이 검증을 한다는 측면에서 볼 때 ANOVA와 유사하다. 그러나 ANCOVA는 독립변수 이외의 통제변수 혹은 잡음인자(Noise)들이 종속변수에 미치는 영향을 통제함으로써 독립변수가 종속변수에 미치는 순수한 영향을 분석하는 데 목적이 있다.

- ANCOVA에서 종속변수와 공변량은 연속형 변수이어야 한다. 종속변수가 1개이면 ANCOVA, 2개 이상이면 MANCOVA를 수행한다.
- ANCOVA와 MANCOVA는 주로 실험연구에서 통계적으로 외생변수의 영향을 통제하기 위한 목적으로 사용되며 조사연구에서도 같은 용도로 활용될 수 있다.

그림 17-1 | 공분산분석의 적용상황

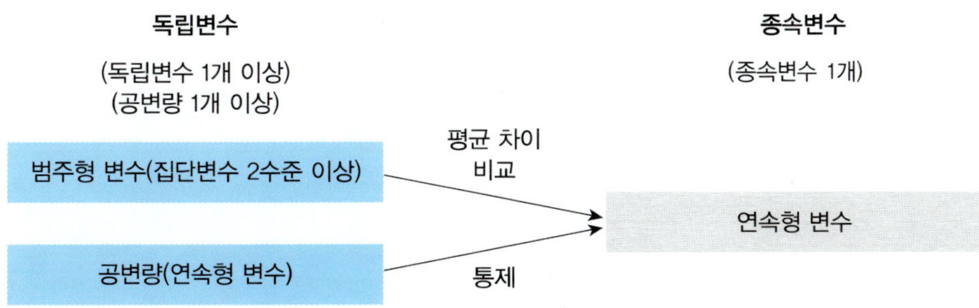

ANCOVA는 공변량을 통제했을 때 집단 간 조정평균 차이를 검증하기 위해서 사용한다. 보통 ANCOVA는 분석에 공변량을 투입하여 ① 실험 전의 집단 차이를 통제하기 위한 목적으로 사용하며 실험 전에 사전점수를 측정하여 분석에서 공변량으로 투입한다. ② 오차항(잔차)의 효과를 간접적인 방법으로 통제하기 위해서 공변량을 투입하여 집단 차이 검증의 검증력을 높이기 위한 목적으로 사용한다.

ANCOVA는 다양한 연구문제의 해결에 사용할 수 있다.

- 사전점수를 공변량으로 통제한 후 실험집단과 비교집단의 사후점수 비교(공분산분석): ① 실험유치원과 통제유치원 간의 사후 사회성점수의 차이 검증(사전 사회성점수를 공변량으로 사용), ② 자기주도학습프로그램이 대학생의 학업성취도에 미치는 영향(사전검사점수를 공변량으로 사용)
- 흡연자와 비흡연자의 총콜레스테롤 비교 연구(공변량으로 연령을 사용)
- 대인관계가 일정한 경우 성별에 따른 친사회적인 태도의 차이(대인관계를 공변량으로 사용) 등

3) 공분산분석의 선택

[그림 17-2], [표 17-1]은 분산분석의 구분과 선택을 하는 방법을 보여준다. 특히 그림에서 진한 컬러로 표시되어 있는 ANCOVA의 분석방법들은 종속변수의 개수와 범주형 독립변수인 요인변수(처치변수)의 개수 그리고 공변량의 유무에 따라서 결정된다. 종속변수가 1개이면서 공변량이 1개이면 (일원)공분산분석, 2개이면 이원공분산분석 및 3개 이상이면 다원공분산분석을 수행할 수 있다. 반면에 종속변수가 2개 이상이면서 공변량이 1개이면 (일원)다변량공분산분석, 2개이면 이원다변량공분산분석, 3개 이상이면 다원다변량공분산분석을 수행할 수 있다.

그림 17-2 | 분산분석의 구분과 선택

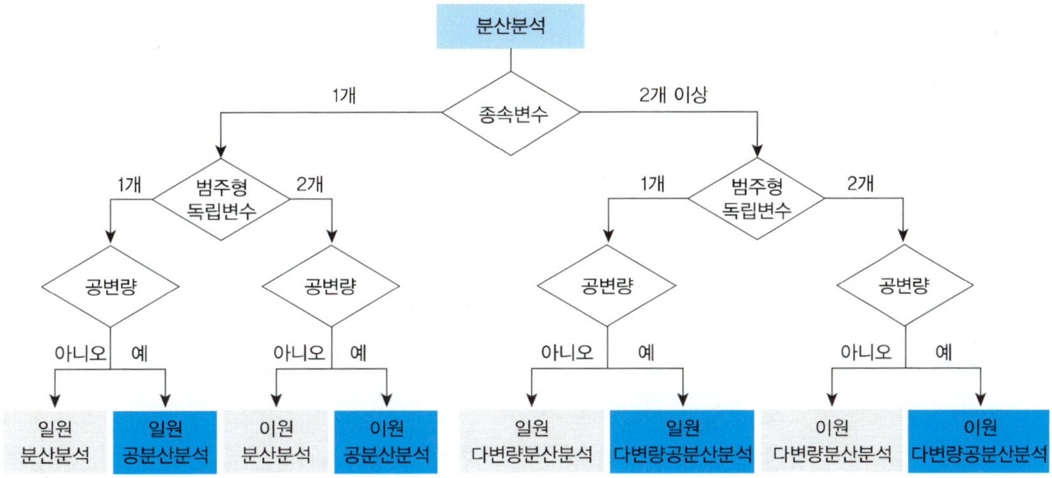

표 17-1 | 공분산분석방법의 유형 구분

구분	독립변수	종속변수
(일원)공분산분석	범주형 1개, 공변량 1개 이상	연속형 1개
이원공분산분석	범주형 2개, 공변량 1개 이상	
(일원)다변량공분산분석	범주형 1개, 공변량 1개 이상	연속형 2개 이상
이원다변량공분산분석	범주형 2개, 공변량 1개 이상	

1.2 공분산분석의 가정 조건과 가설

1) 공분산분석의 가정 조건

ANCOVA는 기본적으로 ANOVA의 가정인 선형성, 독립성, 정규성, 등분산성의 조건을 충족해야 한다. 이에 부가하여 회귀선의 동일성가정은 ANCOVA에서만 적용되는 가정이다. ANCOVA를 적용한 논문들이 기본 가정들을 제대로 확인하지 않고 도외시 하는 경우가 많은 것으로 알려지고 있다.[1] 이렇게 되면 타당한 통계분석 결과를 얻기가 어려워질 수 있으며 실험 결과를 믿을

1) 유진은. (2013). 교육학 연구에서 ANCOVA에 대한 오해와 오용. *학습자중심교과교육연구*, 13, 27-49.

수 없게 된다. ANOVA의 가정 외에 추가적으로 ANCOVA에서 추가적으로 검토해야 하는 가정들을 중심으로 제시하면 다음과 같다.

- 상관성(Correlation): 각 요인(범주형 독립변수)에 대해 공변량(보통 실험설계에서 Pretest 사전점수)과 반응변수(Posttest 사후점수) 간에 상관성(유의적인 상관관계, 상관계수 0.3 이상)이 있어야 하며, 공변량들 간에는 다중공선성(높은 상관관계)이 없어야 한다. 공변량과 종속변수 간의 상관성을 검증하려면 상관분석을 실시한다. 또한 공변량들 간의 상관계수가 0.5 이상이면 다중공선성이 있는 것으로 보고 둘 중에 하나의 공변량은 제거해야 한다.
- 공변량과 종속변수의 회귀선이 모든 집단 내에서 동일한 기울기를 가지는지에 대한 공변량 기울기 동일성가정(Homogeneity of slopes): 공변량과 집단변수(독립변수) 간에 상호작용이 없어야 하며 집단 간에 공변량의 기울기가 동일해야 한다는 가정이다. 이 가정이 만족되면 기울기가 평행하며, 공변량과 종속변수 간에 선형적 관계(Linear relationship)가 있음을 의미한다. 기울기의 동일성은 공변량과 집단변수(요인)의 상호작용효과를 이용해 검증할 수 있다. 집단변수와 공변량 간의 상호작용항을 모형에 투입해 이 항이 통계적으로 유의하지 않은 경우 가정이 만족된다고 본다. 그러나 상호작용항이 유의적이라면 ANCOVA를 수행하는 것이 부적절하다고 볼 수 있다. 이를 검증하기 위한 또 다른 방법으로는 한 축에는 공변량을, 다른 축에는 반응변수(종속변수)를 가진 각 실험조건에 대한 산점도를 그려서 확인하면 된다.

그림 17-3 기울기가 동일한 경우와 그렇지 않은 경우

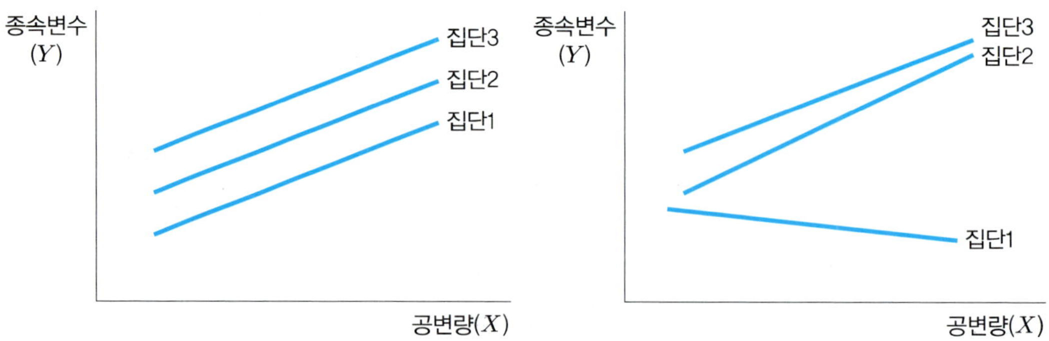

기울기가 동일한 경우
: 상호작용효과가 없는 경우

기울기가 다른 경우
: 상호작용효과가 있는 경우

[그림 17-3]은 공변량과 종속변수의 기울기가 모든 집단 내에서 동일한지를 보여준다. 왼쪽은 세 집단에서 공변량(X)에 대한 기울기가 동일한 경우이고 오른쪽은 기울기가 다른 경우의 예를 든 것이다. 전자는 공변량(X)의 값에 관계없이 종속변수(Y)의 차이가 일정하므로 이 차이를 해석하는 것은 의미가 있다. 반면에 후자는 공변량(X)에 따라 종속변수(Y)의 차이가 변하게 되므로 기울기가 동일할 때와 같은 해석을 할 수 없다.

2) 공분산분석의 가설 예시

이 장의 실습에서 사용할 세 가지 문제의 가설을 예시하면 다음과 같다.

가설

- 귀무가설(H_0): 수리능력의 사전점수를 공변량으로 통제한 경우 개인튜터링제도 실시 여부에 따라 수학점수의 평균은 차이가 없다.
- 연구가설(H_1): 수리능력의 사전점수를 공변량으로 통제한 경우 개인튜터링제도 실시 여부에 따라 수학점수의 평균은 차이가 있다.

가설

- 귀무가설(H_0): 연령을 공변량으로 통제한 경우 제품(제품1과 2)에 따라 구매의사의 평균은 차이가 없다.
- 연구가설(H_1): 연령을 공변량으로 통제한 경우 제품(제품1과 2)에 따라 구매의사의 평균은 차이가 있다.

가설

- 귀무가설(H_0): 연령을 공변량으로 통제한 경우 교수법(교실수업, 온라인수업, 혼합수업)에 따라 영어성적의 평균은 차이가 없다.
- 연구가설(H_1): 연령을 공변량으로 통제한 경우 교수법(교실수업, 온라인수업, 혼합수업)에 따라 영어성적의 평균은 차이가 있다.

1.3 공분산분석의 수행 절차

공분산분석은 [그림 17-4]와 같이 네 단계의 과정을 거쳐서 수행된다.

그림 17-4 ▍공분산분석의 절차

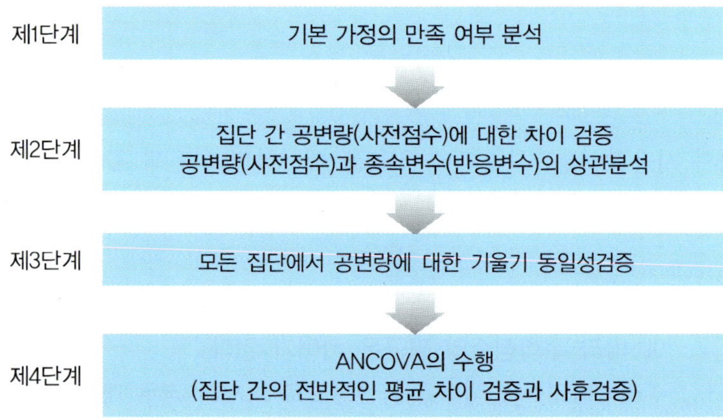

제1단계에서는 ANOVA의 기본 가정(독립성, 정규성, 등분산성)이 ANCOVA에서도 동일하게 만족되는지를 분석해야 한다. 등분산성의 가정 검증은 각 집단의 표본크기가 같을 때는 필요가 없으며 표본크기가 다른 경우에만 수행한다. ANCOVA에서는 공변량과 종속변수 간의 선형성가정이 만족되어야 한다.

제2단계로 집단 간 공변량(사전점수)에 대한 차이 검증을 통해 집단 간(예 실험집단과 통제집단)에 공변량(사전검사점수)의 평균이 동일하지 않고 차이가 있어야 한다. 만약 차이가 없다면 사전점수를 공변량으로 사용한 ANCOVA는 수행할 필요가 없다. 이 경우에는 사후검사점수만을 가지고 t-검증이나 일반적인 ANOVA를 수행하면 된다. 또한 공변량(사전점수)과 종속변수 간에는 상관성이 있어야 한다. 상관분석을 통해 상관계수가 0.3 이상의 유의적인 상관관계가 있다면 공변량은 종속변수에 유의한 영향을 미치고 있으며 ANCOVA에서 공변량을 모형에 투입할 수 있음을 시사해준다.

제3단계에서는 공변량과 종속변수의 기울기가 모든 집단 내에서 동일한지를 검증한다. 공변량의 기울기 동일성을 가정할 수 없다면 ANCOVA를 통해 각 집단에서의 기울기를 추정하고 기울기에 대한 차이 및 전반적인 해석을 하는 것은 바람직하지 못하다고 볼 수 있다.

제4단계에서는 앞에서 모든 가정이 만족되는 경우에 ANCOVA를 수행한다. 집단 간의 전반적인 평균 차이가 있는지를 검증한 후 평균 차이가 있다면 주효과에 대한 사후검증을 수행하면 된다.

2 공분산분석의 SPSS 통계 실습

[통계 실습 17-1] 공분산분석: 사전점수를 공변량으로 사용하는 경우

다음은 수학교과목을 수강하는 대학생 중에서 과목별 성적이 우수한 개인 튜터가 수학교과목의 학습이 부진한 학생을 지도하기 위한 목적으로 시행된 개인튜터링제도(Tutoring system)에 참여한 15명의 학생과 그렇지 않은 15명을 대상으로 수집한 데이터이다. 제도를 시행하기 전에 실험과 통제집단에 참여한 30명을 대상으로 기본적인 수리능력시험을 보았으며 이를 '사전점수'로 코딩하였다. 실험에 참여한 실험집단 15명에게는 개인 튜터를 배치하여 4개월간 튜터링을 수행하였다. 반면에 통제집단에 포함된 실험에 참여하지 않은 학생들에 대해서는 아무런 개인 튜터링도 실시하지 않았다. 모든 집단의 학생들에게 학기 말에 수학교과목에 대한 시험을 치루었고 이를 '수학점수'(사후점수)로 코딩하였다. 주어진 실습 데이터를 이용해 공분산분석(ANCOVA)을 수행하고 분석 결과를 해석하시오. 독립변수(요인)는 범주형 변수로 1개(① 개인튜터링제도를 이용한 실험집단과 ② 그렇지 않은 통제집단), 공변량인 사전점수는 1개로 연속형 변수이며 종속변수는 1개로 수학점수이며 연속형 변수이다. 사례 수는 총 30개이다. 수리능력에 대한 사전검사점수와 학기말 성적인 수학점수는 모두 100만점으로 실험 참가자들이 획득한 점수이다.

■ 실습 데이터

ID	집단	사전점수	수학점수
1	1	80	100
2	1	60	90
…	…	…	…
30	2	50	75

총 사례 수는 30개임

- 집단(독립변수) → 범주형 변수(① 개인튜터링제도에 참여한 실험집단 15명, ② 개인튜터링제도에 참여하지 않은 통제집단 15명)

- 공변량(수리능력 사전점수) → 연속형 변수(100점 만점)
- 수학점수(종속변수) → 연속형 변수(100점 만점)

실습 데이터	제17장 공분산분석 데이터1(튜터링)
분석방법 메뉴 선택	분석–기술통계량–데이터 탐색 분석–평균 및 비율 비교–독립표본 t–검증 분석–상관분석–이변량 상관 그래프–산점도/점도표–단순 산점도 분석–일반선형모형–일변량

1) 실습 과정

① [파일–열기–데이터]를 선택한 후 실습 데이터 파일이 있는 위치로 찾아가서 [제17장 공분산분석 데이터1(튜터링)]을 연다.

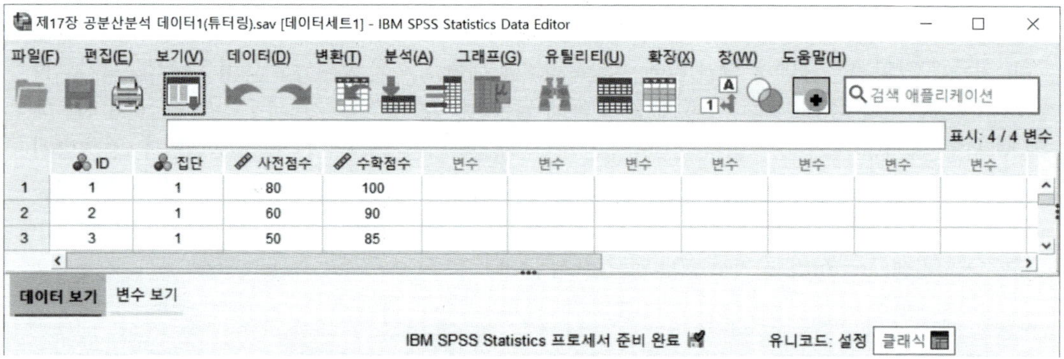

❷ [분석-기술통계량-데이터 탐색]을 클릭하여 [데이터 탐색] 창을 연다. 왼쪽에 있는 [집단]을 오른쪽 [요인]으로, [사전점수]와 [수학점수]를 [종속변수]로 이동시킨다.

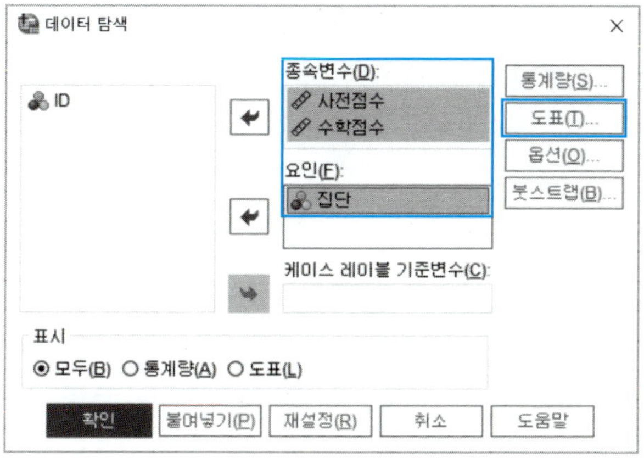

❸ [데이터 탐색: 도표] 창에서 [검정과 함께 정규성 도표]를 체크한 후 [계속] 버튼을 클릭한다. [데이터 탐색] 창에서 [확인] 버튼을 클릭해 데이터의 정규성검증을 마친다. 그러면 분석 결과가 출력된다.

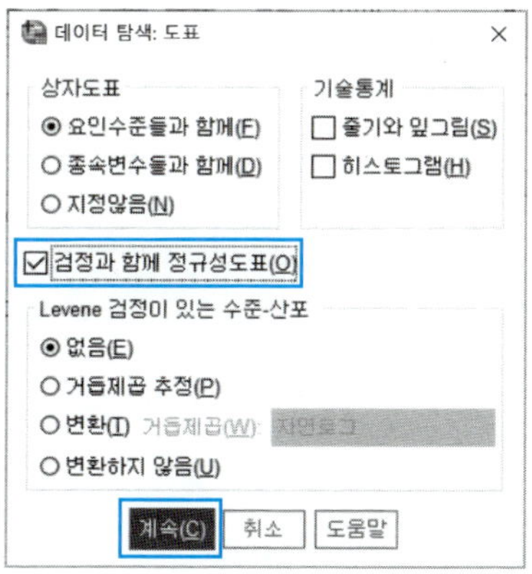

❹ 집단 간 공변량(사전점수)에 대한 차이 검증을 위해서 [분석-평균 및 비율 비교-독립표본 t-검증]을 클릭하여 [독립표본 t-검증] 창을 연다. 왼쪽에 있는 [집단]을 오른쪽 [집단변수]로, [사전점수]를 [검정변수]로 이동시킨다. [집단변수]를 클릭한 후 [집단정의] 창에서 [집단1]에 [1], [집단2]에 [2]를 입력한 후 [계속] 버튼을 클릭한다. [확인] 버튼을 클릭하면 분석 결과가 출력된다.

❺ 공변량인 사전점수와 종속변수 간의 상관분석을 위해서 [분석-상관분석-이변량 상관]을 클릭하여 [이변량 상관] 창을 연다. 왼쪽에 있는 공변량 [사전점수]와 [사후점수]를 오른쪽 [변수]로 이동시킨다. [상관계수]는 [Pearson]을 선택하고 나머지는 그대로 둔다. [확인] 버튼을 클릭하면 분석 결과가 출력된다.

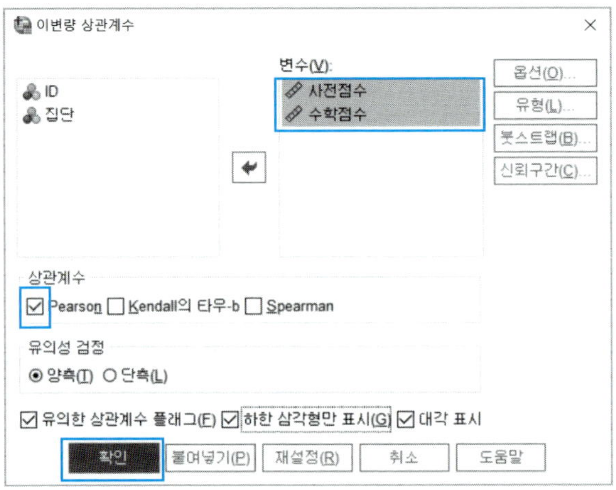

❻ 공변량과 종속변수들 간의 선형성가정을 검증하기 위해 [그래프–산점도/점도표–단순 산점도]를 클릭하여 [산점도/점도표] 창을 연다. [단순 산점도]를 선택한 후 [정의] 버튼을 클릭한다. [단순 산점도] 창의 왼쪽에 있는 [사전점수]를 [X축]으로, [수학점수]를 [Y축]으로 이동시킨 후 [확인] 버튼을 클릭한다.

❼ 모든 집단(실험집단과 통제집단)에서 공변량(사전점수)에 대한 기울기의 동일성을 검증하기 위해서 [분석–일반선형모형–일변량]을 클릭하여 [일변량 분석] 창을 연다. 왼쪽에 있는 [집단]을 오른쪽 [고정요인]으로, [수학점수]를 [종속변수]로, [사전점수]를 [공변량]으로 이동시킨다.

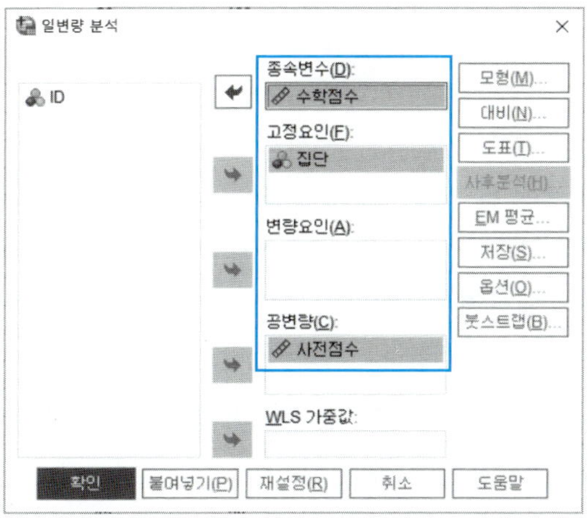

❽ [모형] 창의 [모형설정]에서 [항 설정]을 선택하고 [요인 및 공변량]에 있는 [집단]과 [사전점수]를 각각 오른쪽 [모형]으로 이동시킨다. 그리고 [항 설정]에 [상호작용]이 선택되어 있는 상태에서 [요인 및 공변량]에 있는 [집단]과 [사전점수]를 동시에 모두 선택(Shift 키를 누른 상태에서 두 변수를 선택)한 후 오른쪽 [모형]으로 이동시킨 후 [계속] 버튼을 클릭한다. 마지막으로 [확인] 버튼을 클릭하면 분석 결과가 출력된다.

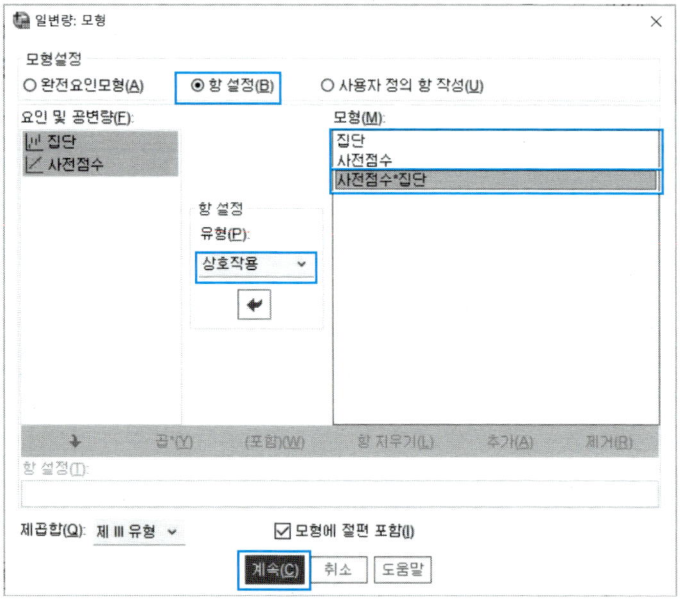

❾ 앞에서 정규성, 선형성, 공변량 기울기의 동일성 등의 ANCOVA 기본 가정들이 모두 만족됨을 확인하였으므로 ANCOVA를 수행할 수 있다. 이제 ANCOVA를 수행해 보자. [분석–일반선형모형–일변량]을 클릭하여 [일변량 분석] 창을 열어보면 이미 앞에서의 실습에서 선택한 사항이 나타나 있음을 알 수 있다. 이제는 ANCOVA에서 기본적으로 필요한 옵션들을 선택하여 최종적인 분석을 해보기로 하자. [모형] 창의 [모형설정]에서 [완전요인모형]을 체크한 후 하단의 [계속] 버튼을 클릭한다.

⑩ [도표] 창에서 왼쪽의 [요인]에 있는 [집단]을 오른쪽 [수평축 변수]로 이동시킨 후 화면 중간에 있는 [추가] 버튼을 누른 후 [계속] 버튼을 클릭한다.

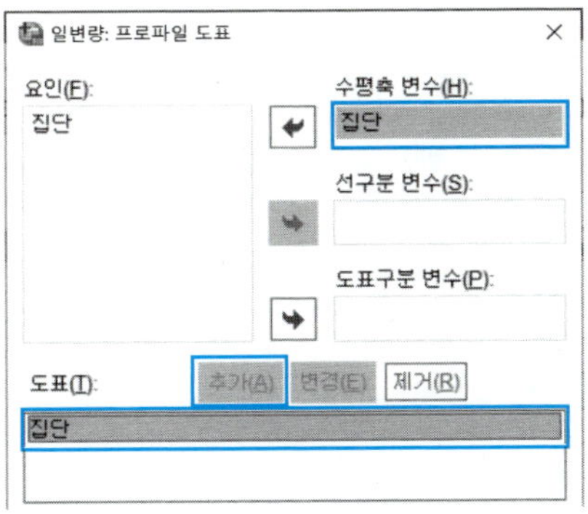

⑪ [EM 평균] 창에서 왼쪽의 [요인 및 요인 상호작용]에 있는 [집단]을 오른쪽 [평균 표시 기준]으로 이동시킨 후 [계속] 버튼을 클릭한다.

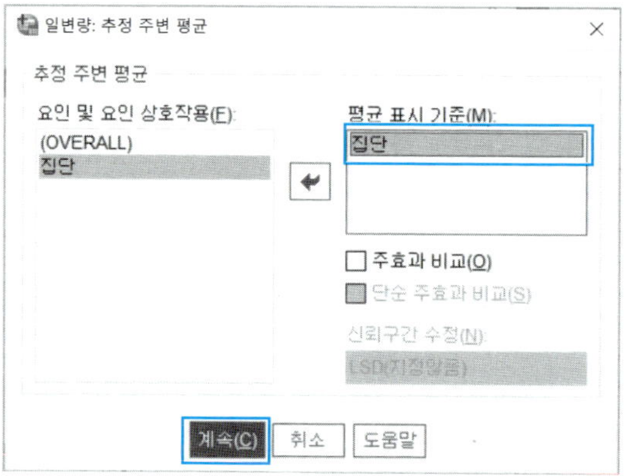

⑫ [옵션] 창의 [표시]에서 [기술통계량], [동질성검증]을 선택한 후 [계속] 버튼을 클릭한다. 마지막으로 [확인] 버튼을 클릭해 분석을 마친다. 그러면 출력 결과가 나타난다.

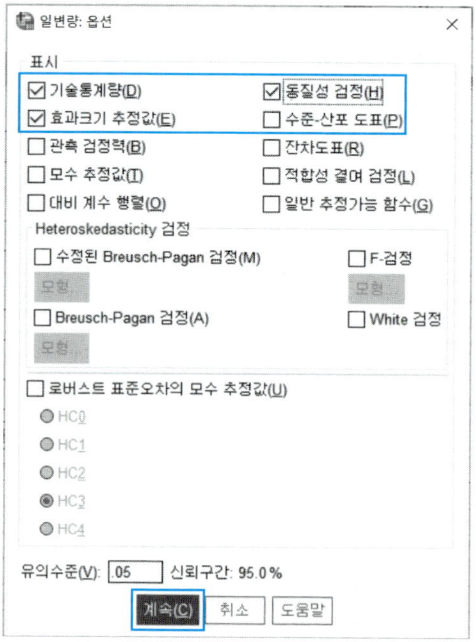

2) 주요 분석 결과

공분산분석에 대한 주요 출력 결과를 제시하면 다음과 같다.

정규성검증 결과

왜도와 첨도는 각각 Curran, West & Finch(1996)의 기준인 절대값 2와 7 미만이므로 데이터는 정규분포를 하고 있음을 알 수 있다. 추가적으로 Shapiro-Wilk검증에 의해 독립변수에 따른 종속변수 분포에 대한 정규성을 검증한 결과 p값이 모두 유의수준 0.05보다 크므로 데이터의 정규성은 확보되었다고 볼 수 있다.

정규성 검정

	집단	Kolmogorov-Smirnov[a] 통계	자유도	유의확률	Shapiro-Wilk 통계	자유도	유의확률
사전점수	실험집단	.226	15	.038	.915	15	.161
	통제집단	.183	15	.187	.886	15	.058
수학점수	실험집단	.216	15	.058	.926	15	.241
	통제집단	.124	15	.200*	.968	15	.829

*. 이것은 참 유의성의 하한입니다.

a. Lilliefors 유의확률 수정

집단 간 사전점수 차이 검증 결과

독립표본 t-검증에 의한 Levene의 등분산검증 결과 p값이 0.510이고 이는 유의수준 0.05보다 크므로 등분산이 가정됨을 알 수 있다. 따라서 t-검증의 결과값은 위쪽의 [등분산이 가정됨]의 결과로 가설검증을 하면 된다. p값이 0.049이므로 유의수준 0.05보다 작으므로 실험집단과 통제집단 간에는 사전점수(공변량)가 유의적인 차이가 있음을 확인할 수 있다. 따라서 ANCOVA를 실시할 수 있다.

집단통계량

	집단	N	평균	표준편차	평균의 표준오차
사전점수	실험집단	15	66.33	12.602	3.254
	통제집단	15	57.00	12.218	3.155

독립표본 검정

		Levene의 등분산 검정		평균의 동일성에 대한 T 검정							
						유의확률				차이의 95% 신뢰구간	
		F	유의확률	t	자유도	단측 확률	양측 확률	평균차이	표준오차 차이	하한	상한
사전점수	등분산을 가정함	.445	.510	2.059	28	.024	.049	9.333	4.532	.050	18.617
	등분산을 가정하지 않음			2.059	27.973	.024	.049	9.333	4.532	.049	18.617

공변량과 종속변수의 상관분석 결과

Pearson 상관분석 결과에 의하면 공변량인 [사전점수]와 종속변수(사후점수)인 [수학점수] 간의 상관계수는 0.647이며 유의수준 0.001에서 유의한 상관이 있는 것으로 나타났다. 따라서 사전점수와 종속변수 간에는 상관성이 있으므로 사전점수를 공변량으로 모형에 투입해도 된다.

상관관계

		사전점수	수학점수
사전점수	Pearson 상관	--	
	N	30	
수학점수	Pearson 상관	.647**	--
	유의확률 (양측)	<.001	
	N	30	30

**. 상관관계가 0.01 수준에서 유의합니다(양측).

선형성검증을 위한 산점도 출력 결과

산점도를 출력해 본 결과 육안으로 볼 때 공변량과 종속변수 간에는 선형적인 관계가 있는 것으로 확인된다. 따라서 선형성가정은 만족된 것으로 볼 수 있다.

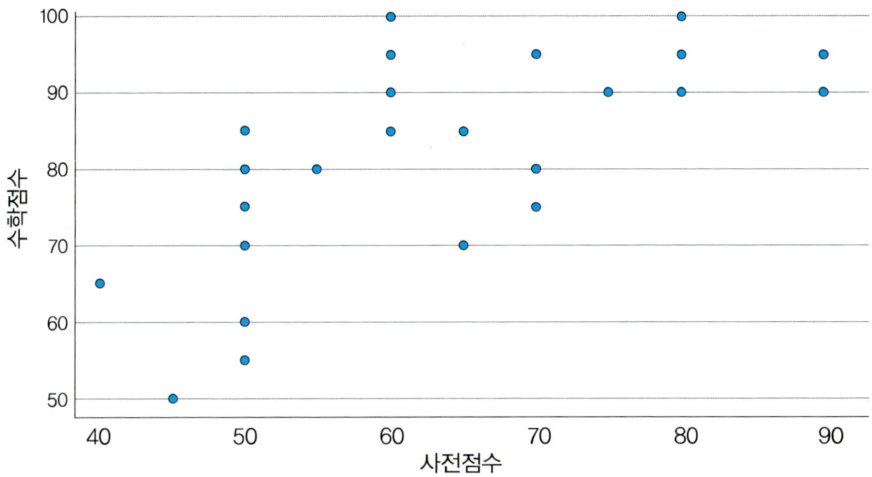

기울기의 동일성에 대한 검증 결과

공변량과 종속변수의 기울기, 즉 공변량의 기울기가 모든 집단 내에서 동일한지를 검증하려면 공변량과 집단변수(요인)의 상호작용효과를 이용하면 된다. 상호작용항의 p값이 0.154이며 유의수준 0.05보다 크므로 상호작용효과는 없으며 모든 집단의 기울기는 동일하다고 볼 수 있다.

개체-간 효과 검정

종속변수: 수학점수

원인	제 III 유형 제곱합	자유도	평균제곱	F	유의확률
수정된 모형	2813.218[a]	3	937.739	11.830	<.001
절편	2861.288	1	2861.288	36.097	<.001
집단	317.068	1	317.068	4.000	.056
사전점수	1127.693	1	1127.693	14.226	<.001
집단 * 사전점수	170.591	1	170.591	2.152	.154
추정값	2060.949	26	79.267		
전체	205775.000	30			
수정된 합계	4874.167	29			

a. R 제곱 = .577 (수정된 R 제곱 = .528)

공분산분석 결과

ANCOVA의 주요 출력 결과를 제시하면 다음과 같다.

기술통계량

종속변수: 수학점수

집단	평균	표준편차	N
실험집단	89.00	8.062	15
통제집단	74.67	13.157	15
전체	81.83	12.964	30

오차 분산의 동일성에 대한 Levene의 검정[a]

종속변수: 수학점수

F	자유도1	자유도2	유의확률
2.012	1	28	.167

여러 집단에서 종속변수의 오차 분산이 동일한 영가설을 검정합니다.

a. Design: 절편 + 사전점수 + 집단

개체-간 효과 검정

종속변수: 수학점수

원인	제 III 유형 제곱합	자유도	평균제곱	F	유의확률
수정된 모형	2642.626[a]	2	1321.313	15.987	<.001
절편	2805.660	1	2805.660	33.946	<.001
사전점수	1101.793	1	1101.793	13.331	.001
집단	602.302	1	602.302	7.287	.012
추정값	2231.540	27	82.650		
전체	205775.000	30			
수정된 합계	4874.167	29			

a. R 제곱 = .542 (수정된 R 제곱 = .508)

추정 주변 평균

집단

종속변수: 수학점수

집단	평균	표준오차	95% 신뢰구간 하한	95% 신뢰구간 상한
실험집단	86.641[a]	2.435	81.646	91.637
통제집단	77.025[a]	2.435	72.030	82.021

a. 모형에 나타나는 공변량은 다음 값에 대해 계산됩니다.: 사전점수 = 61.67.

프로파일 도표

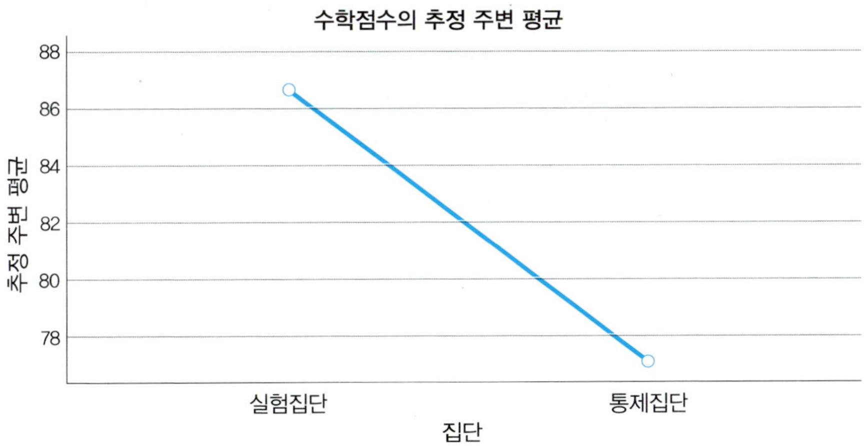

모형에 나타나는 공변량은 다음 값에 대해 계산됩니다.: 사전점수 = 61.67

3) 공분산분석 결과의 제시와 해석

공분산분석의 가정 조건이 만족되는지를 확인하기 위해서 정규성, 선형성, 등분산성 및 공변량(사전점수)에 대한 기울기 동일성검증을 수행하였다. 왜도와 첨도 분석 결과 통계량이 기준치 내에 있고, Shapiro-Wilk검증 결과 집단별 수학점수에 대한 p값은 모두 유의수준인 0.05보다 커서 정규성은 만족되었다. 공변량인 사전점수와 종속변수인 수학점수 간의 상관계수는 0.647로 유의수준 0.001에서 유의한 상관성이 있는 것으로 확인되었다. 오차분산의 동일성에 대한 Levene의 검증 결과 p값이 0.167로 나타나 유의수준 0.05보다 높아서 두 집단에서 종속변수인 수학점수의 오차분산이 동일한 것으로 나타났다. 공변량에 대한 기울기 동일성에 대한 검증 결과 집단＊사전점수(상호작용항)에 대한 p값이 0.154이고 유의수준 0.05보다 높아서 기울기가 동일하다는 귀무가설이 채택되었음을 알 수 있다. 이상과 같이 공분산분석의 수행에 필요한 모든 가정들이 만족되었으므로 공분산분석을 수행하는 것이 적절함을 알 수 있다.

집단(실험집단과 통제집단) 간 사전검사점수에 대해 독립표본 t-검증을 사용해 집단 간 차이를 검증한 결과는 [표 17-2]와 같다. 검증 결과 사전검사점수는 두 집단 간에 유의한 차이가 있는 것으로 나타났다. 따라서 사전점수는 두 집단 간에 동질적이 아니므로 이를 공변량으로 통제하여 수학점수에 대한 공분산분석을 수행할 필요가 있음을 알 수 있다.

표 17-2 실험집단과 통제집단 간 사전점수(공변량)에 대한 차이검증 결과

구분	사전점수		t값	유의확률
	평균	표준편차		
실험집단(N=15)	66.33	12.602	2.059*	0.049
통제집단(N=15)	57.00	12.218		

*$p<0.05$

사전점수, 수학점수 및 추정된 조정평균에 대한 실험집단과 통제집단 간의 기술통계량을 요약하면 [표 17-3]과 같다. 사전점수는 실험집단이 통제집단보다 평균이 높았으며, 개인튜터링을 실시한 이후의 수학점수에서도 실험집단이 통제집단보다 평균이 높게 나타났다. 사전점수에서 실험집단과 통제집단 간에 유의한 차이가 있는 것으로 나타났으므로 공분산분석을 실시하였다. 두 집단에 대해서 사전검사점수를 통제한 후에 조정평균을 추정한 결과에서도 실험집단의 수학점수와 조정된 수학점수의 평균이 높게 나타났다. 이러한 결과는 집단 간의 수

표 17-3 사전점수, 수학점수 및 추정된 조정평균에 대한 집단 간 기술통계량

구분	사전점수		수학점수		추정된 조정평균	
	평균	표준편차	평균	표준편차	평균	표준편차
실험집단 (N=15)	66.33	12.602	89.0	8.062	86.641	2.435
통제집단 (N=15)	57.00	12.218	74.67	13.157	77.025	2.435

학점수에 대한 조정평균의 프로파일 도표에서도 확인할 수 있다(앞의 분석 결과에서 제시한 프로파일 도표를 제시하고 싶으면 [표 17-3] 뒤에 제시할 수 있다).

사전점수를 공변량으로 통제한 후 개인튜터링제도의 시행 여부에 따른 수학점수의 평균 차이를 검증하기 위해서 공분산분석을 수행한 결과는 [표 17-4]와 같다. 분석 결과 실험집단과 통제집단의 수학점수의 경우 F값이 7.287(p=0.012)로 유의수준 0.05에서 통계적으로 유의한 차이가 있는 것으로 나타났다. 따라서 개인튜터링제도의 시행이 대학생들의 수학점수 향상에 긍정적인 영향을 미친다는 것을 알 수 있다.

표 17-4 개인튜터링제도 시행 효과에 대한 공분산분석 결과 (N=30)

구분	제Ⅲ유형 제곱합	자유도	평균제곱	F	유의확률
수정모형	2642.626	2	1321.313	15.987***	<0.001
절편	2805.660	1	2805.660	33.946***	<0.001
사전점수(공변량)	1101.793	1	1101.793	13.331***	0.001
집단(주효과)	602.302	1	602.302	7.287*	0.012
오차	2231.540	27	82.650		
합계	205775.000	30			
수정합계	4874.167	29			

*p<0.05, ***p<0.001

[통계 실습 17-2] 공분산분석: 연령을 공변량으로 사용하는 경우

다음은 두 개 제품(제품A, 제품B)을 각각 10명의 소비자에게 사용하게 한 후, 구매의사를 조사하여 얻은 데이터이다. 주어진 [제17장 공분산분석 데이터2]를 이용해 공분산분석(ANCOVA)을 수행하고 분석 결과를 해석하시오. 독립변수(요인)는 제품(A, B)이며, 공변량은 연령으로 연속형 변수로 측정되어 있다. 종속변수는 구매의사로 연속형 변수이며 100점 만점으로 평가한 것이다. 데이터를 자세히 보면 소비자들의 연령이 제품A를 사용해 본 소비자들의 연령보다 제품B를 사용한 소비자들이 다소 높다는 것을 알 수 있다. 즉 연령이 구매의사와 밀접한 관련이 있으며, 두 집단에서 연령의 평균 차이가 존재하는 것으로 생각되므로 이러한 사실을 고려하여 공분산분석을 수행해야 한다는 것을 알 수 있다.

2) 이 데이터는 강현철, 한상태, 최호식 공저. (2010). *SPSS 데이터 분석 입문*. 자유아카데미. 제7장 데이터를 저자의 승낙을 받아 일부 수정하여 사용한 것이다.

■ 실습 데이터[2]

ID	제품	연령	구매의사
1	1	30	65
2	1	26	5
…	…	…	…
20	2	33	100

총 사례 수는 20개임

- 집단(독립변수) → 범주형 변수(① 제품A 사용자집단 10명, ② 제품B 사용자집단 10명)
- 공변량(연령) → 연속형 변수(실제 나이)
- 구매의사(종속변수) → 연속형 변수(100점 만점)

실습 데이터	제17장 공분산분석 데이터2(구매의사)
분석방법 메뉴 선택	분석–기술통계량–데이터 탐색 분석–평균 및 비율 비교–독립표본 t–검증 분석–상관분석–이변량 상관 그래프–산점도/점도표–단순 산점도 분석–일반선형모형–일변량

1) 실습 과정

❶ [파일–열기–데이터]를 선택한 후 실습 데이터 파일이 있는 위치로 찾아가서 [제17장 공분산분석 데이터2(구매의사)]를 연다.

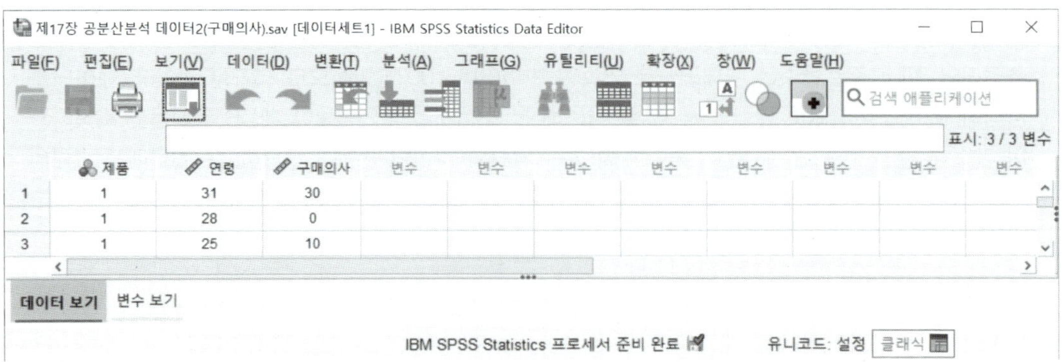

❷ [분석-기술통계량-데이터 탐색]을 클릭하여 [데이터 탐색] 창을 연다. 왼쪽에 있는 [제품]을 오른쪽 [요인]으로, [연령]과 [구매의사]를 [종속변수]로 이동시킨다.

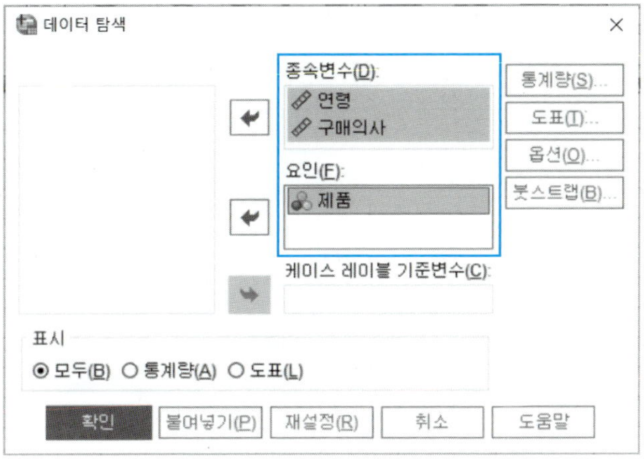

❸ [데이터 탐색: 도표] 창에서 [검정과 함께 정규성 도표]를 체크한 후 [계속] 버튼을 클릭한다. [데이터 탐색] 창에서 [확인] 버튼을 클릭해 데이터의 정규성검증을 마친다. 그러면 분석 결과가 출력된다.

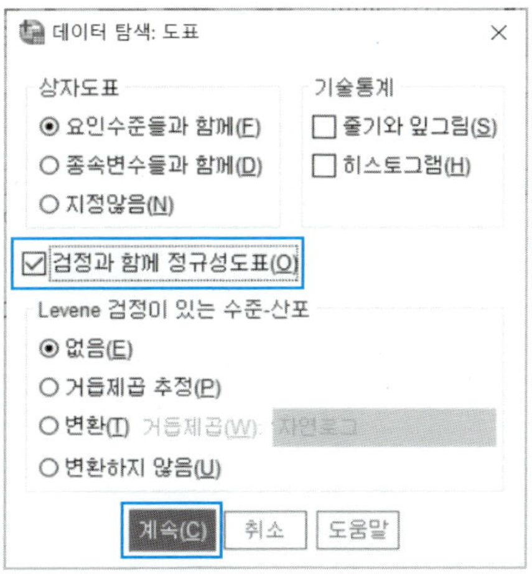

❹ 집단 간 공변량(연령)에 대한 차이 검증을 위해서 [분석-평균 및 비율 비교-독립표본 t-검증]을 클릭하여 [독립표본 t-검증] 창을 연다. 왼쪽에 있는 [제품]을 오른쪽 [집단변수]로, [연령]을 [검정변수]로 이동시킨다. [집단변수]를 클릭한 후 [집단정의] 창에서 [집단1]에 [1], [집단2]에 [2]를 입력한 후 [계속] 버튼을 클릭한다. [확인] 버튼을 클릭하면 분석 결과가 출력된다.

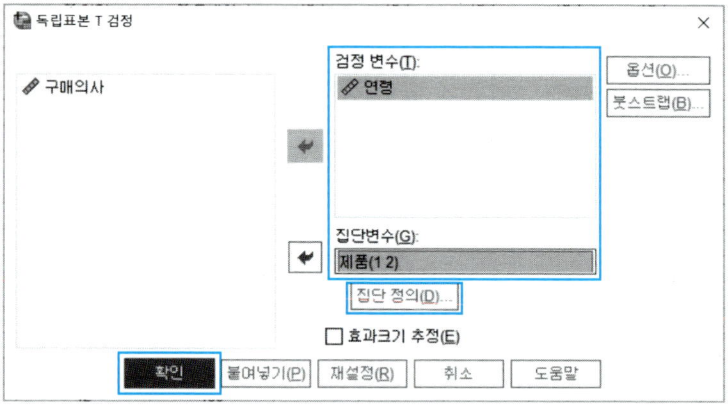

❺ 공변량인 연령과 종속변수인 구매의사 간의 상관분석을 위해서 [분석-상관분석-이변량 상관]을 클릭하여 [이변량 상관계수] 창을 연다. 왼쪽에 있는 공변량 [연령]과 [구매의사]를 오른쪽 [변수]로 이동시킨다. [상관계수]는 [Pearson], [하한 삼각형만 표시]를 선택한다. [확인] 버튼을 클릭하면 분석 결과가 출력된다.

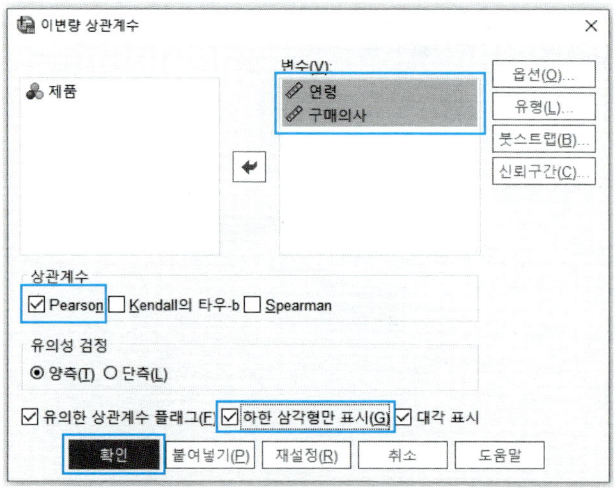

❻ 공변량과 종속변수들 간의 선형성가정을 검증하기 위해 [그래프–산점도/점도표–단순 산점도]를 클릭하여 [산점도/점도표] 창을 연다. [단순 산점도]를 선택한 후 [정의] 버튼을 클릭한다. [단순 산점도] 창의 왼쪽에 있는 [연령]을 [X축]으로, [구매의사]를 [Y축]으로 이동시킨 후 [확인] 버튼을 클릭한다.

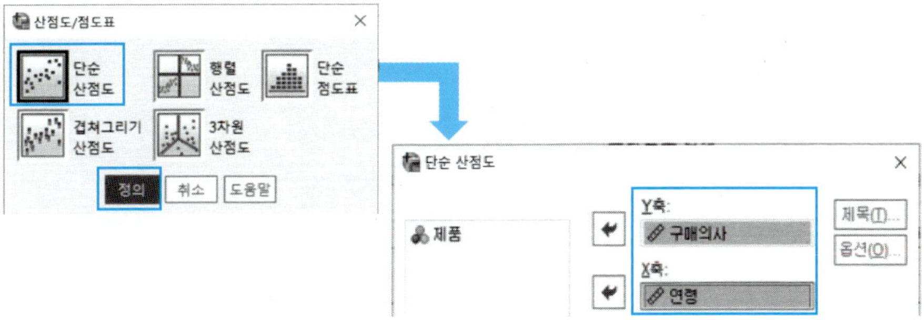

❼ 모든 집단(제품A, 제품B)에서 공변량(연령)에 대한 기울기의 동일성을 검증하기 위해서 [분석–일반선형모형–일변량]을 클릭하여 [일변량 분석] 창을 연다. 왼쪽에 있는 [제품]을 오른쪽 [고정요인]으로, [구매의사]를 [종속변수]로, [연령]을 [공변량]으로 이동시킨다.

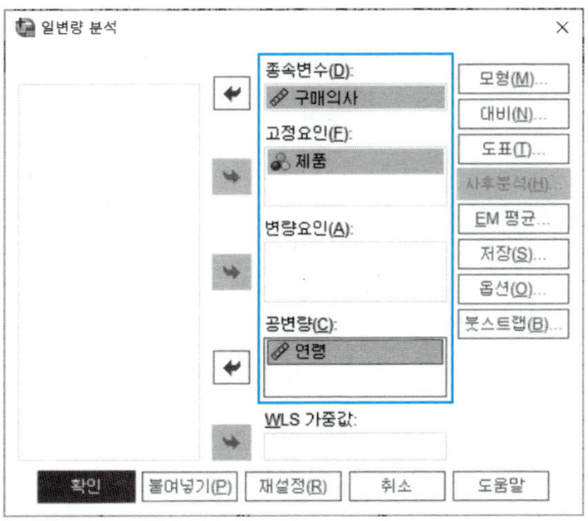

❽ [모형] 창의 [모형설정]에서 [항 설정]을 선택하고 [요인 및 공변량]에 있는 [제품]과 [연령]을 각각 오른쪽 [모형]으로 이동시킨다. 그리고 [항 설정]에 [상호작용]이 선택되어 있는 상태에서 [요인 및 공변량]에 있는 [제품]과 [연령]을 동시에 모두 선택(Shift 키를 누른 상태에서 두 변수를 선택)한 후 오른쪽 [모형]으로 이동시킨 후 [계속] 버튼을 클릭한다. 그리고 [확인] 버튼을 클릭하면 분석 결과가 출력된다.

❾ 앞에서 정규성, 등분산성, 선형성, 공변량 기울기의 동일성 등의 ANCOVA 기본 가정들을 모두 만족함을 확인하였으므로 ANCOVA를 수행할 수 있다. 이제 ANCOVA를 수행해보자. [분석-일반선형모형-일변량]을 클릭하여 [일변량 분석] 창을 열어보면 이미 앞에서의 실습에서 선택한 사항이 나타나 있음을 알 수 있다. 이제는 ANCOVA에서 기본적으로 필요한 옵션들을 선택하여 최종적인 분석을 해보기로 하자. [모형] 창의 [모형설정]에서 [완전요인모형]을 체크한 후 하단의 [계속] 버튼을 클릭한다.

⑩ [도표] 창에서 왼쪽의 [요인]에 있는 [제품]을 오른쪽 [수평축 변수]로 이동시킨 후 화면 중간에 있는 [추가] 버튼을 누른 후 [계속] 버튼을 클릭한다.

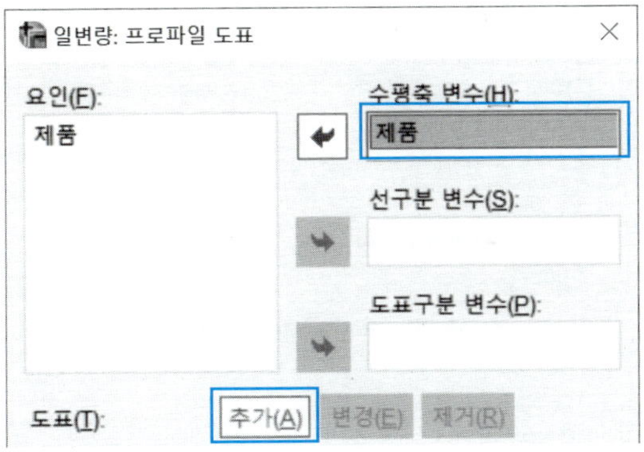

⑪ [EM 평균] 창에서 왼쪽의 [요인 및 요인 상호작용]에 있는 [제품]을 오른쪽 [평균 표시 기준]으로 이동시킨 후 [계속] 버튼을 클릭한다.

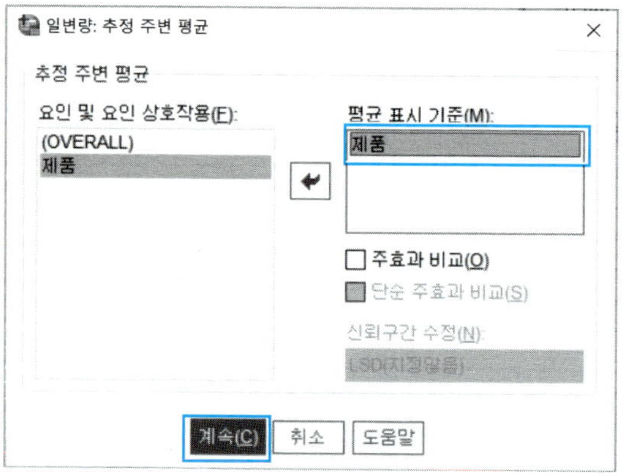

⑫ [옵션] 창의 [표시]에서 [기술통계량], [동질성검증]을 선택한 후 [계속] 버튼을 클릭한다. 마지막으로 [확인] 버튼을 클릭해 분석을 마친다. 그러면 출력 결과가 나타난다.

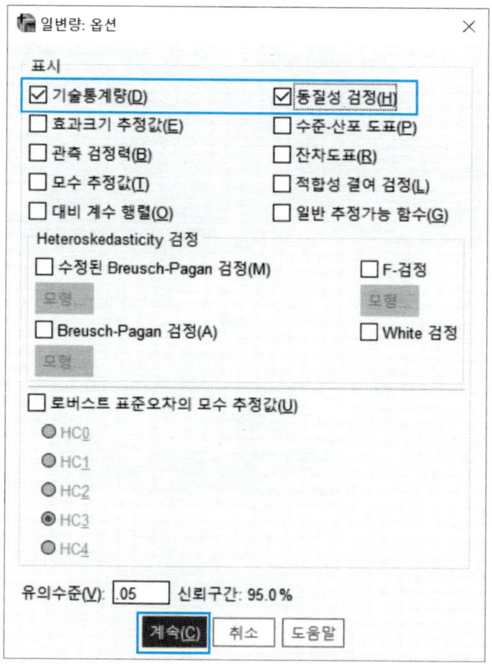

⑬ 집단 간 구매의사의 차이 검증을 위해서 [분석-평균 및 비율 비교-독립표본 t-검증]을 클릭하여 [독립표본 t-검증] 창을 연다. 왼쪽에 있는 [제품]을 오른쪽 [집단변수]로, [구매의사]를 [검정변수]로 이동시킨다. [집단변수]를 클릭한 후 [집단정의] 창에서 [집단1]에 [1], [집단2]에 [2]를 입력한 후 [계속] 버튼을 클릭한다. [확인] 버튼을 클릭하면 분석 결과가 출력된다. 이 분석은 참고적으로 수행한 것이며, 연령을 통제하지 않은 경우에 제품집단 간에 유의한 차이가 있는지를 검증하기 위한 것이다.

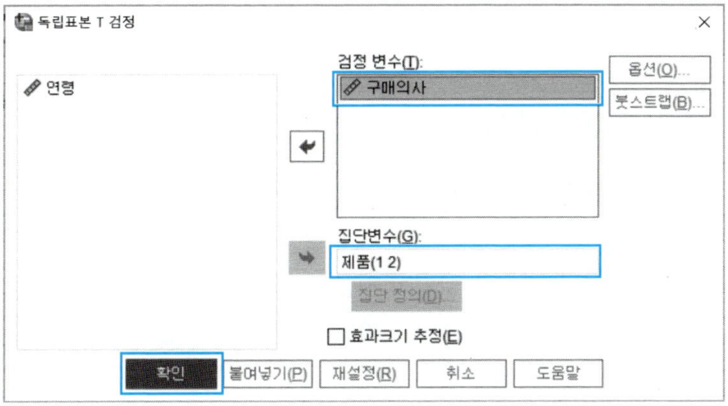

2) 주요 분석 결과

공분산분석에 대한 주요 출력 결과를 제시하면 다음과 같다.

정규성검증 결과

왜도와 첨도는 각각 Curran, West & Finch(1996)의 기준인 2와 7 미만이므로 데이터는 정규분포를 하고 있음을 알 수 있다. 추가적으로 Shapiro-Wilk검증에 의해 독립변수에 따른 종속변수 분포에 대한 정규성을 검증한 결과 p값이 모두 유의수준 0.05보다 크므로 데이터의 정규성은 확보되었다고 볼 수 있다.

정규성 검정

		Kolmogorov-Smirnov[a]			Shapiro-Wilk		
	제품	통계	자유도	유의확률	통계	자유도	유의확률
연령	제품 A	.161	10	.200*	.947	10	.639
	제품 B	.171	10	.200*	.947	10	.637
구매의사	제품 A	.161	10	.200*	.924	10	.394
	제품 B	.152	10	.200*	.931	10	.462

*. 이것은 참 유의성의 하한입니다.

a. Lilliefors 유의확률 수정

집단 간 사전점수 차이 검증 결과

독립표본 t-검증에 의한 Levene의 등분산검증 결과 p값이 0.474이고 이는 유의수준 0.05보다 크므로 등분산이 가정됨을 알 수 있다. 따라서 t-검증의 결과값은 위쪽의 [등분산이 가정됨]의 결과로 가설검증을 하면 된다. p값이 0.037이므로 유의수준 0.05보다 적으므로 제품A와 B 사용자 간에는 연령(공변량)에 따라 유의적인 차이가 있음을 확인할 수 있다. 따라서 ANCOVA를 실시할 수 있다.

집단통계량

	제품	N	평균	표준편차	평균의 표준오차
연령	제품 A	10	29.30	4.762	1.506
	제품 B	10	33.70	3.917	1.239

독립표본 검정

		Levene의 등분산 검정		평균의 동일성에 대한 T 검정							
						유의확률				차이의 95% 신뢰구간	
		F	유의확률	t	자유도	단측 확률	양측 확률	평균차이	표준오차 차이	하한	상한
연령	등분산을 가정함	.534	.474	-2.256	18	.018	.037	-4.400	1.950	-8.497	-.303
	등분산을 가정하지 않음			-2.256	17.354	.019	.037	-4.400	1.950	-8.508	-.292

공변량과 종속변수의 상관분석 결과

Pearson 상관분석 결과에 의하면 공변량인 [연령]과 종속변수인 [구매의사] 간의 상관계수는 0.731이며 유의수준 0.001에서 유의한 상관이 있는 것으로 나타났다. 따라서 연령과 구매의사 간에는 상관성이 있으므로 연령을 공변량으로 모형에 투입할 수 있음을 알 수 있다.

상관관계

		연령	구매의사
연령	Pearson 상관	1	.731**
	유의확률 (양측)		<.001
	N	20	20
구매의사	Pearson 상관	.731**	1
	유의확률 (양측)	<.001	
	N	20	20

**. 상관관계가 0.01 수준에서 유의합니다(양측).

선형성검증을 위한 산점도 출력 결과

산점도를 출력해본 결과 육안으로 볼 때 공변량과 종속변수 간에는 선형적인 관계가 있는 것으로 확인된다. 따라서 선형성가정은 만족된 것으로 볼 수 있다.

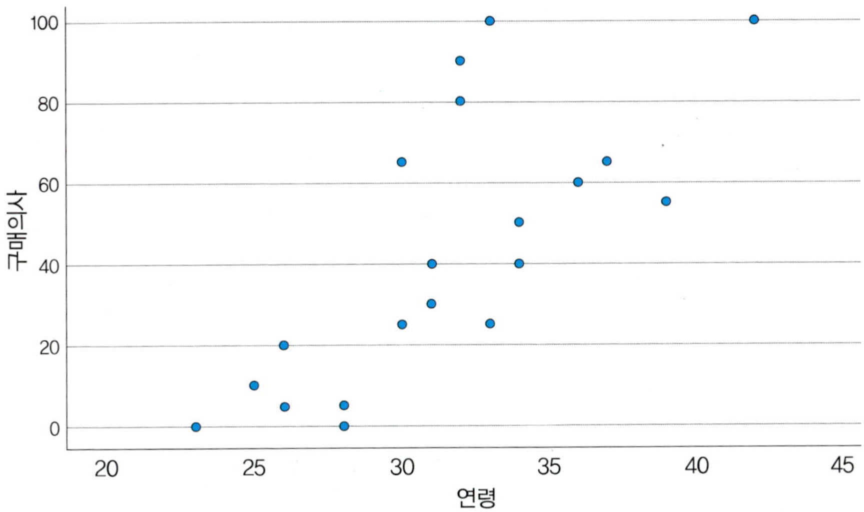

기울기의 동일성에 대한 검증 결과

공변량과 종속변수의 기울기, 즉 공변량의 기울기가 모든 집단 내에서 동일한지를 검증하려면 공변량과 집단변수(요인)의 상호작용효과를 이용하면 된다. 상호작용항의 p값이 0.606이며 유의수준 0.05보다 크므로 상호작용효과는 없으며 회귀선 기울기는 동일하다고 볼 수 있다. 또한 기울기의 동일성이 검증되면 공변량과 종속변수 간이 선형적 관계에 있음을 의미한다.

개체-간 효과 검정

종속변수: 구매의사

원인	제 III 유형 제곱합	자유도	평균제곱	F	유의확률
수정된 모형	11993.114[a]	3	3997.705	7.463	.002
절편	2964.370	1	2964.370	5.534	.032
제품	62.711	1	62.711	.117	.737
연령	6371.167	1	6371.167	11.894	.003
제품 * 연령	148.491	1	148.491	.277	.606
추정값	8570.636	16	535.665		
전체	57975.000	20			
수정된 합계	20563.750	19			

a. R 제곱 = .583 (수정된 R 제곱 = .505)

공분산분석 결과

ANCOVA의 주요 출력 결과를 제시하면 다음과 같다.

기술통계량

종속변수: 구매의사

제품	평균	표준편차	N
제품 A	26.50	23.220	10
제품 B	60.00	33.500	10
전체	43.25	32.898	20

오차 분산의 동일성에 대한 Levene의 검정[a]

종속변수: 구매의사

F	자유도1	자유도2	유의확률
5.008	1	18	.038

여러 집단에서 종속변수의 오차 분산이 동일한 영가설을 검정합니다.

a. Design: 절편 + 연령 + 제품

개체-간 효과 검정

종속변수: 구매의사

원인	제 III 유형 제곱합	자유도	평균제곱	F	유의확률
수정된 모형	11844.623[a]	2	5922.312	11.547	<.001
절편	2819.285	1	2819.285	5.497	.031
연령	6233.373	1	6233.373	12.153	.003
제품	844.609	1	844.609	1.647	.217
추정값	8719.127	17	512.890		
전체	57975.000	20			
수정된 합계	20563.750	19			

a. R 제곱 = .576 (수정된 R 제곱 = .526)

추정 주변 평균

제품

추정값

종속변수: 구매의사

제품	평균	표준오차	95% 신뢰구간	
			하한	상한
제품 A	35.890[a]	7.651	19.747	52.032
제품 B	50.610[a]	7.651	34.468	66.753

a. 모형에 나타나는 공변량은 다음 값에 대해 계산됩니다.: 연령 = 31.50.

프로파일 도표

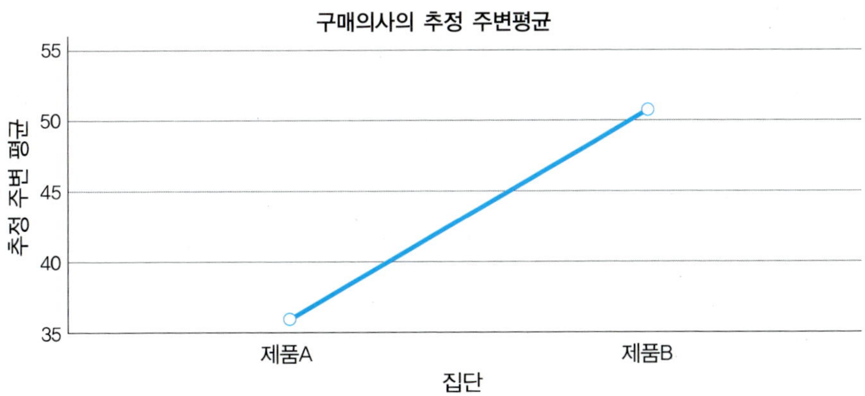

집단통계량

	제품	N	평균	표준편차	평균의 표준오차
구매의사	제품 A	10	26.50	23.220	7.343
	제품 B	10	60.00	33.500	10.593

독립표본 검정

		Levene의 등분산 검정		평균의 동일성에 대한 T 검정							
						유의확률				차이의 95% 신뢰구간	
		F	유의확률	t	자유도	단측 확률	양측 확률	평균차이	표준오차 차이	하한	상한
구매의사	등분산을 가정함	1.312	.267	-2.599	18	.009	.018	-33.500	12.889	-60.580	-6.420
	등분산을 가정하지 않음			-2.599	16.026	.010	.019	-33.500	12.889	-60.821	-6.179

3) 공분산분석 결과의 제시와 해석

공분산분석의 가정 조건이 만족되는지를 확인하기 위해서 정규성, 선형성, 등분산성 및 공변량(연령)에 대한 기울기 동일성검증을 수행하였다. 왜도와 첨도 분석 결과 통계량이 기준치 내에 있고, Shapiro-Wilk검증 결과 제품A 사용자집단과 제품B 사용자집단에 대한 구매의사에 대한 p값은 모두 유의수준인 0.05보다 높아서 정규성은 만족되었다. 공변량인 연령과 종속변수인 구매의사 간의 상관계수는 0.731로 유의수준 0.001에서 유의한 상관성이 있는 것으로 확인되었다. 오차분산의 동일성에 대한 Levene의 검증 결과 p값이 0.038로 나타나 유의수준 0.05보다 낮아서 두 집단에서 종속변수인 구매의사의 오차분산이 동일하지 않은 것으로 나타났다. 공변량에 대한 기울기 동일성에 대한 검증 결과 제품 * 연령(상호작용항)에 대한 p값이 0.606이고 유의수준 0.05보다 높아서 기울기가 동일하다는 귀무가설이 채택되었음을 알 수 있다. 이상과 같이 공분산분석의 수행에 필요한 등분산성가정 외에는 가정들이 만족되었으므로 공분산분석을 수행하는 것이 적절함을 알 수 있다.

집단(제품A 사용자집단과 제품B 사용자집단) 간 공변량(연령)에 대해 독립표본 t-검증을 수행한 결과는 [표 17-5]와 같다. 검증 결과 연령은 두 집단 간에 유의한 차이가 있는 것으로 나타났다. 따라서 연령은 두 집단 간에 동질적이 아니므로 이를 공변량으로 통제하여 구매의사에 대한 공분산분석을 수행할 필요가 있음을 알 수 있다.

표 17-5 제품A와 제품B 사용자집단 간 공변량(연령)에 대한 차이 검증 결과

구분	연령		t값	유의확률
	평균	표준편차		
제품A 사용자집단(N=10)	29.30	4.762	-2.256*	0.037
제품B 사용자집단(N=10)	33.70	3.917		

*$p<0.05$

연령, 구매의사와 추정된 조정평균에 대한 제품A와 제품B 사용자집단 간의 기술통계량을 요약하면 [표 17-6]과 같다.

표 17-6 연령, 구매의사 및 추정된 조정평균에 대한 집단 간 기술통계량

구분	연령		구매의사		추정된 조정평균	
	평균	표준편차	평균	표준편차	평균	표준편차
제품A 사용자집단 (N=10)	29.30	4.762	26.50	23.220	35.890	7.651
제품B 사용자집단 (N=10)	33.70	3.917	60.00	33.500	50.610	7.651

연령은 제품A 사용자집단보다 제품B 사용자집단의 평균이 높았으며, 제품A 사용자집단보다 제품B 사용자집단의 구매의사의 평균이 높았다. 연령에서 두 집단 간에 유의한 차이가 있는 것으로 나타났으므로 공분산분석을 실시하였다. 두 집단에 대해서 연령을 통제한 후에 조정평균을 추정한 결과에서도 제품A 사용자집단보다 제품B 사용자집단의 조정된 구매의사의 평균이 높게 나타났다. 이러한 결과는 집단 간의 구매의사에 대한 조정평균의 프로파일 도표에서도 확인할 수 있다(앞의 분석 결과에서 제시한 프로파일 도표를 제시하고 싶으면 [표 17-6] 뒤에 제시할 수 있다).

연령을 공변량으로 통제한 후 집단 간 구매의사의 평균 차이를 검증하기 위해서 공분산분석을 수행한 결과는 [표 17-7]과 같다. 분석 결과 연령의 F값에 대한 p값은 0.003으로 유의수준 0.01에서 유의하나, 제품(제품A 사용자집단과 제품B 사용자집단)의 F값에 대한 p값은 0.217로 유의하지 않다는 것을 알 수 있다. 즉, 연령이 같도록 통제된다면 제품에 따른 구매의사의 평균 차이는 유의하지 않다고 할 수 있다. 한편 [표 17-8]은 구매의사에 대해 독립표

본 t-검증을 실시하여 얻은 결과인데, 여기서 t값에 대한 p값이 0.018로서 유의수준 0.05에서 유의하다는 것을 알 수 있다. 따라서 공변량인 연령을 고려하지 않고, 단순히 t-검증을 수행한다면 잘못된 결론을 유도할 수 있음을 알 수 있다. 이러한 공분산분석의 결과에 의하면 소비자들의 구매의사는 제품 차이보다는 오히려 연령에 의해서 영향을 받는다고 할 수 있다.

표 17-7 제품에 대한 구매의사의 공분산분석 결과 (N=20)

구분	제Ⅲ유형 제곱합	자유도	평균제곱	F	유의확률
수정모형	11844.623	2	5922.312	11.547***	<0.001
절편	2819.285	1	2819.285	5.497*	0.031
연령(공변량)	6233.373	1	6233.373	12.153**	0.003
제품(주효과)	844.609	1	844.609	1.647	0.217
오차	8719.127	17	512.890		
합계	57975.000	20			
수정합계	20563.750	19			

*$p<0.05$, **$p<0.01$, ***$p<0.001$

표 17-8 제품A와 제품B 사용자집단 간 구매의사 차이 독립표본 t-검증 결과

구분	연령		t값	유의확률
	평균	표준편차		
제품A 집단(N=10)	26.50	23.220	-2.599*	0.018
제품B 집단(N=10)	60.00	33.500		

*$p<0.05$

제 18 장

다변량공분산분석

Multivariate Analysis of Covariance(MANCOVA)

1 다변량공분산분석

1.1 다변량공분산분석의 의의와 적용상황

1) 다변량공분산분석의 의의

다변량공분산분석(Multivariate analysis of covariance: MANCOVA)이란 외생변수를 공변량(Covariates)으로 통제한 후 2개 이상의 종속변수에 대한 독립변수들의 집단 간의 평균 차이를 검증하는 방법을 말한다.

- 공변량이 모형에서 여러 개가 있는 경우 공변량 간의 상관관계가 0.5 이상으로 높으면 다중공선성의 문제가 발생될 수 있으며 이때 공변량을 모두 투입하기보다는 가장 중요한 공변량을 선택해서 분석하는 것이 좋다.
- 공변량이 2개 이상일 경우에는 각각의 공변량에 대해서 공변량과 집단변수(요인변수 혹은 처치변수) 간의 상호작용을 검증하여 상호작용항이 통계적으로 유의하지 않아야 MANCOVA를 수행할 수 있다.
- 공변량은 기본적으로 통제변수이며, 이는 독립변수와 상관이 없어야 하며 종속변수와는 상관성이 있어야 한다.

2) 다변량공분산분석의 사용목적과 적용상황

MANCOVA는 기본적으로 집단 간 차이 검증을 한다는 측면에서 볼 때 ANOVA와 유사하다. 그러나 MANCOVA는 독립변수 이외의 통제변수 혹은 잡음인자(Noise)들이 종속변수에 미치는 영향을 통제함으로써 독립변수 자체의 순수한 영향을 측정하는 데 목적이 있다. 결국 MANCOVA도 공변량을 통제한 후에 집단 간의 평균을 비교하는 데 사용된다고 할 수 있다.

- MANCOVA에서 독립변수는 범주형 변수이어야 하며 종속변수는 연속형 변수이어야 한다.
- 공변량은 연속형 변수이어야 한다. 공변량은 일반적으로 종속변수에 대해서 범주형 독립변수, 즉 집단 간의 차이를 더 잘 평가하기 위해서 존재한다.
- 종속변수는 2개 이상이어야 하며, 대부분 종속변수들 간에는 상관관계가 있기 때문에 MANOVA는 ANOVA보다 집단에 결합된 차이와 집단 간의 차이를 규명하는데 유용하게 사용된다.
- ANCOVA와 마찬가지로 공변량은 종속변수와 유의적인 상관관계가 있어야 하며, 투입될 공변량들 간에는 다중공선성이 없어야 한다. 이는 상관분석을 통해서 확인할 수 있다.

그림 18-1 다변량공분산분석의 적용상황

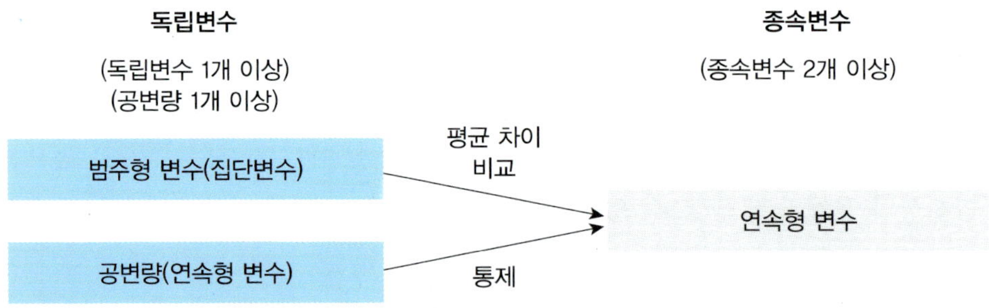

MANCOVA는 다양한 연구문제의 해결에 사용할 수 있다.

- 호텔 종업원 교육 시 종업원의 학력을 통제한 상태에서 종업원의 이론시험성적과 실무성적이 두 가지의 교수법(강의식, 학습참여)에 따라 차이가 있는지를 검증
- 지능을 통제한 상태에서 아동의 언어성적과 영어성적이 두 가지의 교수법(강의, 협동학습)에 따라 차이가 있는지를 검증

- 사전점수를 통제한 상태에서 셀프리더십프로그램이 저소득층 아동의 리더십과 자아존중감 증진에 미치는 효과검증
- 글로벌리더 과학창의프로그램을 적용한 실험집단과 통제집단 간에 창의성의 하위요인인 창의적 성향과 사고력에서의 평균 차이 검증(사전 창의 성향과 사전 창의적 사고력을 공변량으로 사용) 등

3) 다변량공분산분석의 선택

[그림 18-2], [표 18-1]은 MANCOVA의 구분과 선택을 하는 방법을 보여준다. 선택을 위한 기본 조건은 독립변수와 종속변수의 개수 그리고 공변량의 존재 여부이다. 종속변수가 2개 이상이면서 공변량이 1개이면 (일원)다변량공분산분석, 2개이면 이원다변량공분산분석, 3개 이상이면 다원다변량공분산분석을 수행할 수 있다.

그림 18-2 | 다변량공분산분석의 구분과 선택

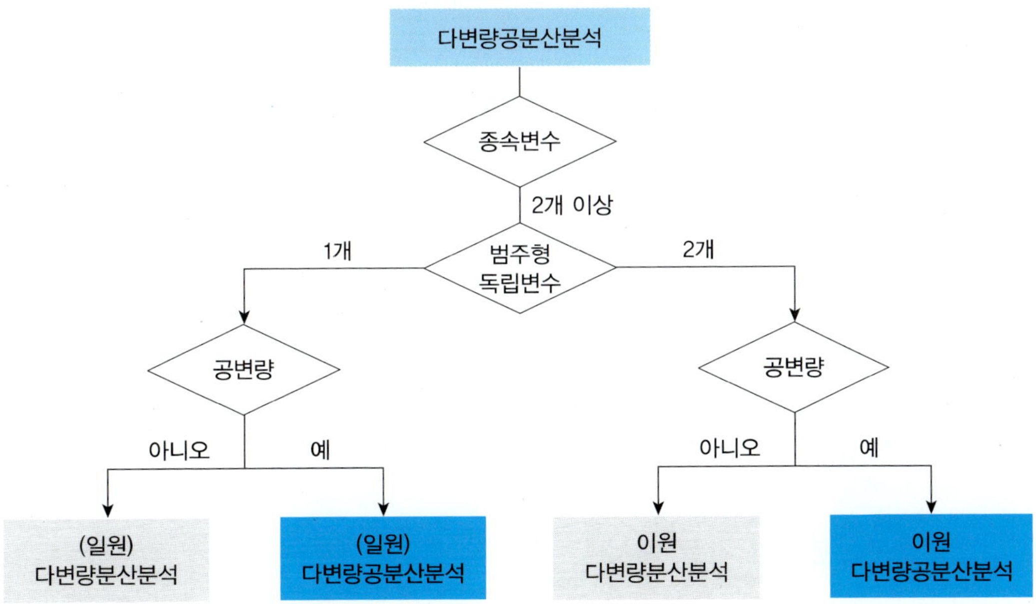

표 18-1 다변량공분산분석방법의 유형 구분

구분	독립변수	종속변수
(일원)다변량공분산분석	범주형 1개, 공변량 1개 이상	연속형 2개 이상
이원다변량공분산분석	범주형 2개, 공변량 1개 이상	

1.2 다변량공분산분석의 가정 조건과 가설

1) 다변량공분산분석의 가정 조건

MANCOVA는 기본적으로 ANOVA나 ANCOVA의 기본 가정들을 충족해야 한다. 선형성, 독립성, 정규성, 등분산성, 등공분산성, 기울기의 동일성가정 등이 만족되어야 하며, 이들 가정이 위반되면 다른 통계방법의 사용을 검토하거나 변수 변환 등을 고려해야 한다. 자세한 것은 이미 설명한 제16장 다변량분산분석(MANOVA)과 제17장 공분산분석(ANCOVA)의 가정들을 참고하면 된다.

- 모든 종속변수의 짝 간 그리고 공변량과 종속변수 간에 선형적 관계(Linearity)가 있어야 한다. 산점도(Scatter plot)를 그려서 선형성가정을 검증할 수 있다.
- 등분산성을 검증하려면 집단 간에 Levene의 등분산성검증을 수행해야 하며, 등공분산성을 검증하려면 집단 간에 Box의 M 검증을 수행한다.
- 종속변수들 간에 다중공선성이 없어야 하며, 종속변수들 간에 크게 상관이 있어서는 안 된다. 보통 상관계수가 0.9 이상이면 다중공선성이 있다고 본다.
- 공변량 기울기의 동일성가정은 독립변수의 모든 집단에서 공변량의 기울기가 동일한지를 검증하는 것이다. 독립변수 * 공변량의 상호작용항을 만들어 분석한 후 이 항목이 비유의적(Non-significant)이면 기울기는 동일한 것으로 본다.

2) 다변량공분산분석의 가설 예시

이 장의 실습에서 사용할 세 가지 문제의 가설을 예시하면 다음과 같다.

(일원)다변량공분산분석의 가설

- **귀무가설(H_0)**: 연령을 통제한 후 경제적 지위 집단 간에 조정된 평균 차이는 없다.
- **연구가설(H_1)**: 연령을 통제한 후 경제적 지위 집단 간에 조정된 평균 차이는 있다.

(이원)다변량공분산분석의 가설

① 독립변수1에 대한 가설

- **귀무가설(H_0)**: 통제변수를 통제한 후 집단(독립변수1) 간에 조정된 평균 차이는 없다.
- **연구가설(H_1)**: 통제변수를 통제한 후 집단(독립변수1) 간에 조정된 평균 차이는 있다.

② 독립변수2에 대한 가설

- **귀무가설(H_0)**: 통제변수를 통제한 후 집단(독립변수2) 간에 조정된 평균 차이는 없다.
- **연구가설(H_1)**: 통제변수를 통제한 후 집단(독립변수2) 간에 조정된 평균 차이는 있다.

1.3 다변량공분산분석의 수행 절차

MANCOVA의 수행 절차는 제16장의 다변량분산분석, 그리고 제17장 공분산분석을 참조하면 된다. [그림 18-3]과 같이 네 단계의 과정을 거쳐서 수행된다.

그림 18-3 ▌ 다변량공분산분석의 절차

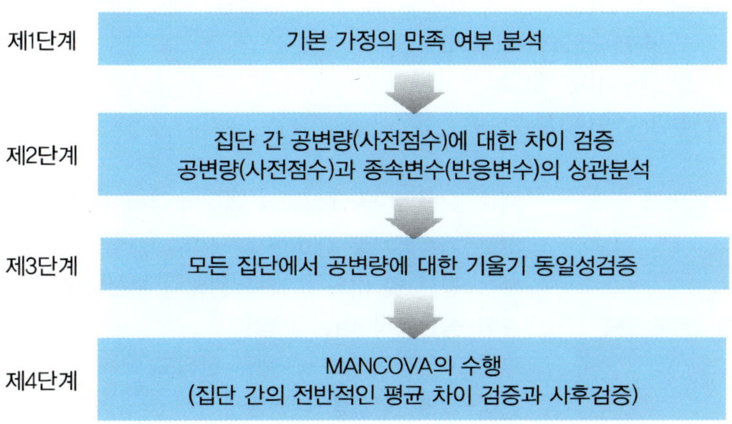

2 다변량공분산분석의 SPSS 통계 실습

[통계 실습 18-1] 다변량공분산분석

다음은 일반 국민들을 대상으로 연령을 통제한 후 경제적 지위의 세 집간 간에 따라 친절도와 낙관주의의 조정된 평균에 차이가 있는지를 확인하기 위해서 수집한 데이터이다. 주어진 [제18장 다변량공분산분석 데이터(경제적 지위)]를 이용해 다변량공분산분석(One-way MANCOVA)과 사후검증을 수행하고 분석 결과를 해석하시오. 독립변수는 범주형 변수로 1개(경제적 지위)이며 종속변수는 연속형 변수로 2개(친절도와 낙관주의)이다. 통제변수인 공변량은 연령으로 연속형 변수이다. 총 사례 수는 30개이다. 경제적 지위는 ① 빈곤층(Poor class), ② 중산층(Middle class), ③ 부유층(Wealthy class)이다. 종속변수인 친절도와 낙관주의는 10점 만점으로 응답자들이 주관적으로 평가한 점수이다.

■ **실습 데이터**

ID	경제적 지위	연령	친절도	낙관주의
1	1	43	6	4
2	1	33	3	3
…	…	…	…	…
30	3	47	8	8

총 사례 수는 30개임

- 경제적 지위(범주형 독립변수) → ① 빈곤층 10명, ② 중산층 10명, ③ 부유층 10명
- 연령(공변량) → 연속형 변수(실제 나이)
- 친절도 → 연속형 변수(10점 만점)
- 낙관주의 → 연속형 변수(10점 만점)

실습 데이터	제18장 다변량공분산분석 데이터(경제적 지위)
분석방법 메뉴 선택	분석–기술통계량–데이터 탐색 분석–평균 및 비율 비교–일원배치 분산분석 분석–상관분석–이변량 상관 그래프–산점도/점도표–행렬 산점도 분석–일반선형모형–다변량

1) 실습 과정

❶ [파일-열기-데이터]를 선택한 후 실습 데이터 파일이 있는 위치로 찾아가서 [제18장 다변량공분산분석 데이터(경제적 지위)]를 연다.

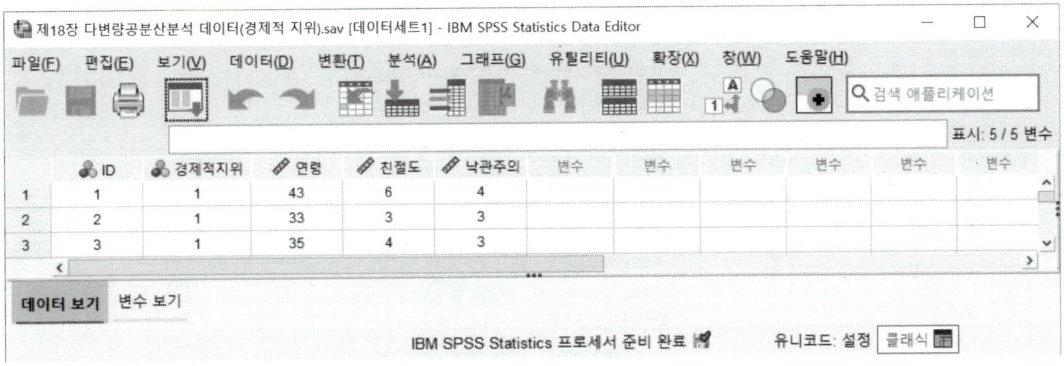

❷ [분석-기술통계량-데이터 탐색]을 클릭하여 [데이터 탐색] 창을 연다. 왼쪽에 있는 [경제적 지위]를 오른쪽 [요인]으로, [연령], [친절도], [낙관주의]를 [종속변수]로 이동시킨다.

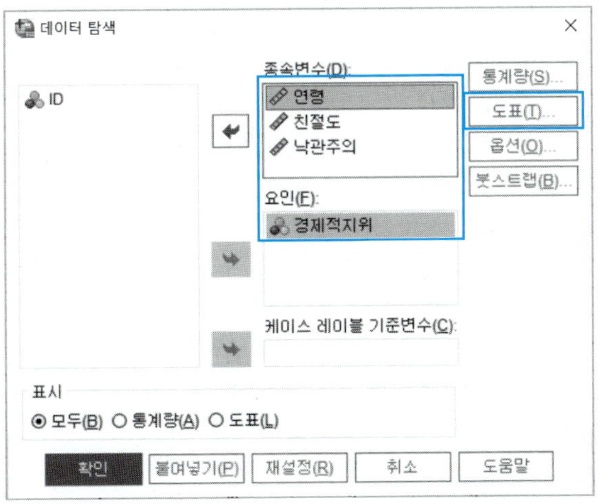

❸ [데이터 탐색: 도표] 창에서 [검정과 함께 정규성 도표]를 체크한 후 [계속] 버튼을 클릭한다. [데이터 탐색] 창에서 [확인] 버튼을 클릭해 데이터의 정규성검증을 마친다. 그러면 분석 결과가 출력된다.

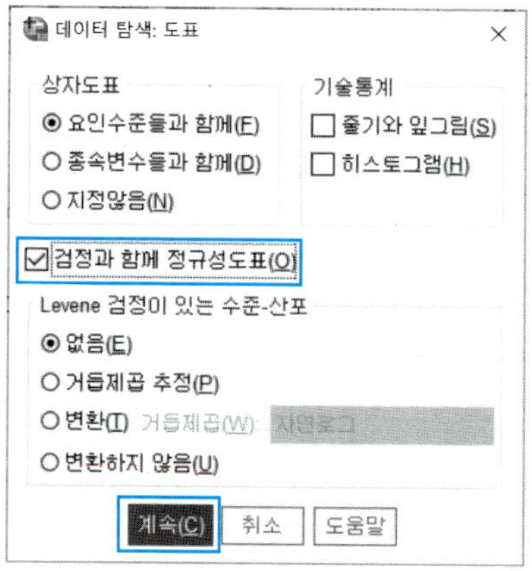

❹ 집단 간 공변량(연령)에 대한 차이 검증을 위해서 [분석–평균 및 비율 비교–일원배치 분산분석]을 클릭하여 [일원배치 분산분석] 창을 연다. 왼쪽에 있는 [경제적 지위]를 오른쪽 [요인]으로, [연령]을 [종속변수]로 이동시킨다. [확인] 버튼을 클릭하면 분석 결과가 출력된다.

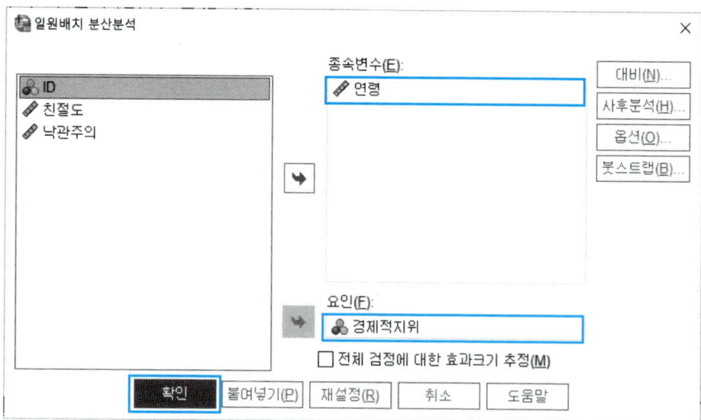

❺ 공변량인 연령과 종속변수(친절도와 낙관주의) 간의 상관분석을 위해서 [분석-상관분석-이변량 상관]을 클릭하여 [이변량 상관계수] 창을 연다. 왼쪽에 있는 공변량 [연령]과 종속변수인 [친절도], [낙관주의]를 오른쪽 [변수]로 이동시킨다. [상관계수]는 [Pearson] 그리고 [유의한 상관계수 플래그]와 [하한 삼각형만 표시] 및 [대각 표시]를 선택하고 나머지는 그대로 둔다. [확인] 버튼을 클릭하면 분석 결과가 출력된다.

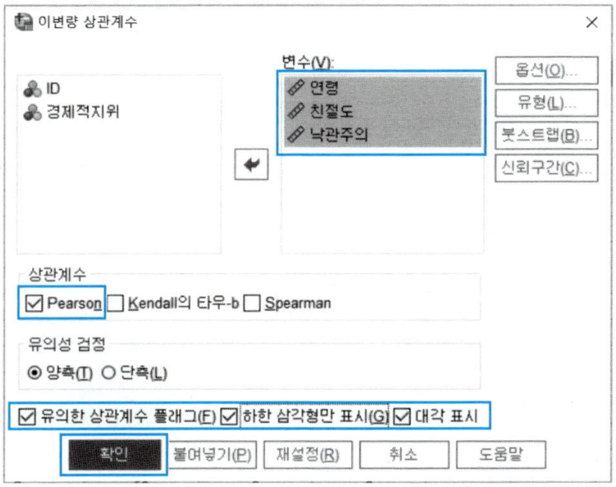

❻ 변수들 간의 선형성가정을 검증하기 위해 [그래프-산점도/점도표-행렬 산점도]를 클릭하여 [산점도 행렬] 창을 연다. [행렬 산점도]를 클릭한 후 [정의] 버튼을 눌러서 [산점도 행렬] 창을 연다. 왼쪽에 있는 [연령], [친절도], [낙관주의]를 오른쪽 [행렬변수]로 이동시킨 후 [확인] 버튼을 클릭한다.

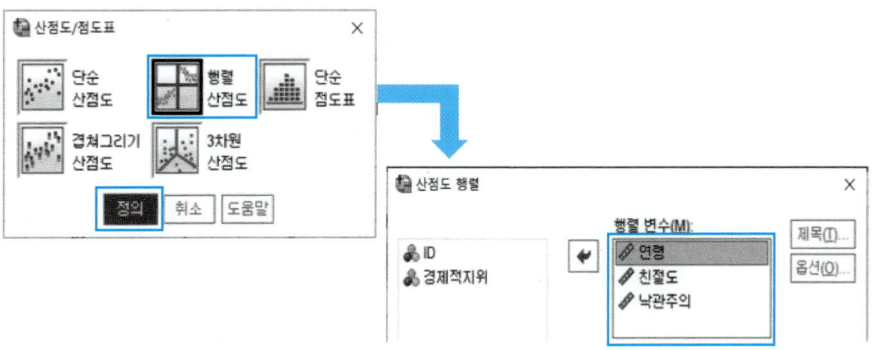

❼ 모든 집단(빈곤층, 중산층, 부유층)에서 공변량(연령)에 대한 기울기의 동일성을 검증하기 위해서 [분석–일반선형모형–다변량]을 클릭하여 [다변량] 창을 연다. 왼쪽에 있는 [경제적 지위]를 오른쪽 [고정요인]으로, [연령]을 [공변량]으로, [친절도]와 [낙관주의]를 [종속변수]로 이동시킨다.

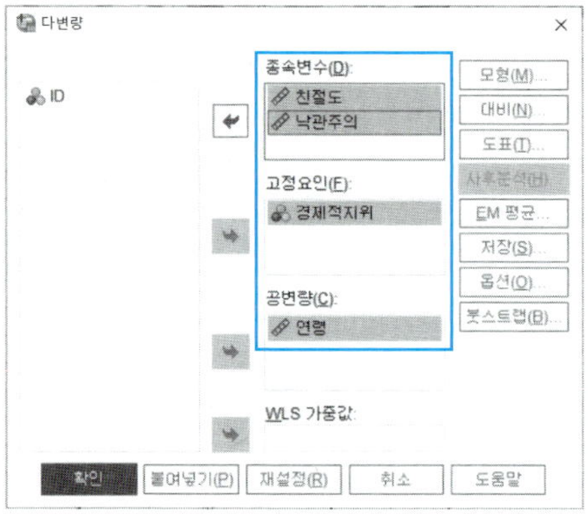

❽ [모형] 창의 [모형설정]에서 [항 설정]을 선택하고 [요인 및 공변량]에 있는 [경제적 지위]와 [연령]을 각각 오른쪽 [모형]으로 이동시킨다. 그리고 [항 설정]에 [상호작용]이 선택되어 있는 상태에서 [요인 및 공변량]에 있는 [경제적 지위]와 [연령]을 동시에 모두 선택(Shift 키를 누른 상태에서 두 변수를 선택)한 후 오른쪽 [모형]으로 이동시킨 후 [계속] 버튼을 클릭한다. 마지막으로 [확인] 버튼을 클릭하면 분석 결과가 출력된다.

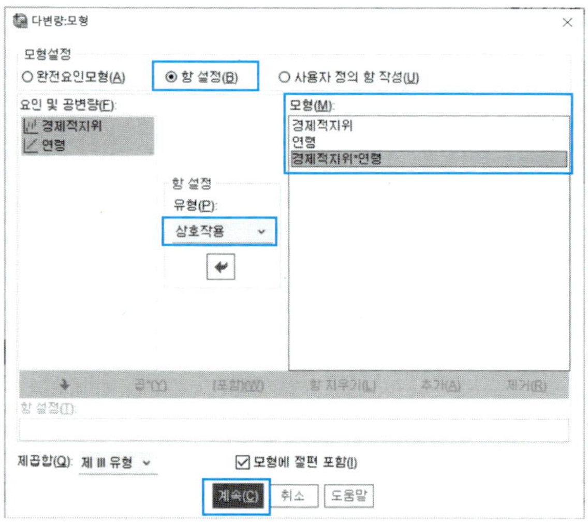

⑨ 앞에서 정규성, 선형성, 기울기의 동일성 등의 MANCOVA 기본 가정들이 모두 만족함을 확인하였으므로 MANCOVA를 수행할 수 있다. 이제 MANCOVA를 수행해보자. [분석–일반선형모형–다변량]을 클릭하여 [다변량] 창을 열어보면 이미 앞에서의 실습에서 선택한 사항이 나타나 있음을 알 수 있다. 이제는 MANCOVA에서 기본적으로 필요한 옵션들을 선택하여 최종적인 분석을 해보기로 하자. [모형] 창의 [모형설정]에서 [완전요인모형]을 체크한 후 하단의 [계속] 버튼을 클릭한다.

⑩ [도표] 창에서 왼쪽의 [요인]에 있는 [경제적 지위]를 오른쪽 [수평축 변수]로 이동시킨 후 화면 중간에 있는 [추가] 버튼을 누른 후 [계속] 버튼을 클릭한다.

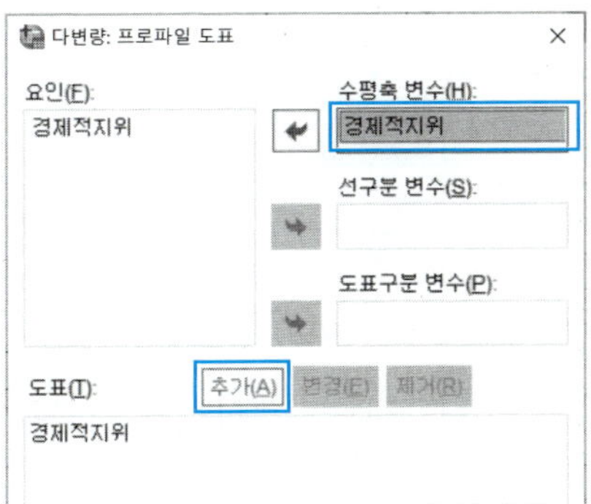

⑪ [EM 평균] 창에서 왼쪽의 [요인 및 요인 상호작용]에 있는 [집단]을 오른쪽 [평균 표시 기준]으로 이동시킨다. 어떤 집단 간에 평균 차이가 있는지를 분석하기 위해서 [주효과 비교]를 체크한다. [신뢰구간 수정]에서는 [Bonferroni]를 선택한 후 [계속] 버튼을 클릭한다.

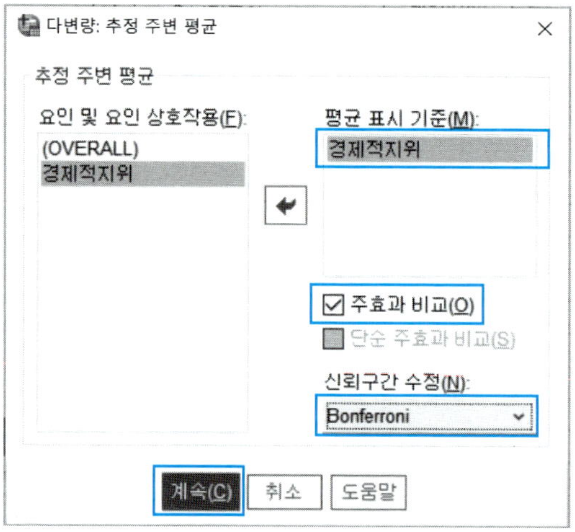

⑫ [옵션] 창의 [표시]에서 [기술통계량], [동질성검증]을 선택한 후 [계속] 버튼을 클릭한다. 마지막으로 [확인] 버튼을 클릭해 분석을 마친다. 그러면 출력 결과가 나타난다.

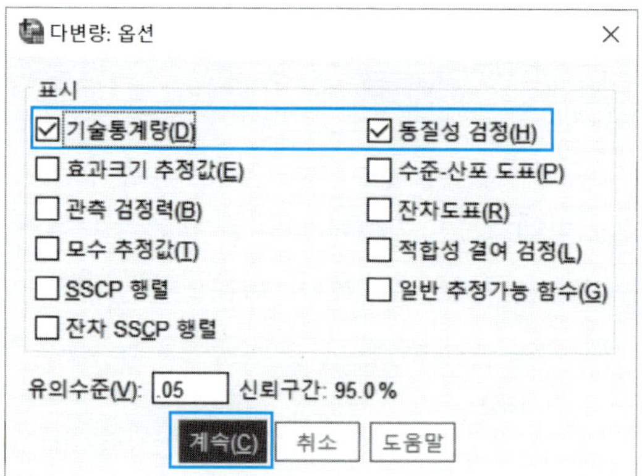

2) 주요 분석 결과

다변량공분산분석에 대한 주요 출력 결과를 제시하면 다음과 같다.

정규성검증 결과

왜도와 첨도가 기준치 안에 있어서 데이터는 정규분포를 하고 있음을 알 수 있다. 한편 Shapiro-Wilk검증에 의해 독립변수에 따른 종속변수 분포에 대한 정규성을 검증한 결과 p값이 낙관주의 부유층 외에는 모두 유의수준 0.05보다 크므로 데이터의 정규성은 확보되었다고 볼 수 있다.

정규성 검정

	경제적지위	Kolmogorov-Smirnov[a]			Shapiro-Wilk		
		통계	자유도	유의확률	통계	자유도	유의확률
연령	빈곤층	.165	10	.200*	.943	10	.592
	중산층	.187	10	.200*	.892	10	.179
	부유층	.209	10	.200*	.888	10	.160
친절도	빈곤층	.297	10	.013	.868	10	.095
	중산층	.200	10	.200*	.932	10	.466
	부유층	.189	10	.200*	.926	10	.410
낙관주의	빈곤층	.181	10	.200*	.895	10	.191
	중산층	.202	10	.200*	.878	10	.124
	부유층	.342	10	.002	.841	10	.045

*. 이것은 참 유의성의 하한입니다.

a. Lilliefors 유의확률 수정

집단 간 연령 차이 검증 결과

일원배치 분산분석 결과 p값이 <0.001이므로 유의수준 0.001보다 작으므로 경제적 지위 집단 간에는 공변량인 연령이 유의적인 차이가 있음을 확인할 수 있다. 따라서 MANCOVA를 실시하는 것이 적절하다.

ANOVA

연령

	제곱합	자유도	평균제곱	F	유의확률
집단-간	752.267	2	376.133	18.010	<.001
집단-내	563.900	27	20.885		
전체	1316.167	29			

공변량과 종속변수의 상관분석 결과

Pearson 상관분석 결과에 의하면 공변량인 연령과 친절도(r=0.816), 낙관주의(r=0.749) 간에는 유의수준 0.001에서 유의한 정의 상관이 있으며, 종속변수인 [친절도]와 [낙관주의] 간에는 상관계수가 0.668로 유의수준 0.001에서 유의한 정의 상관이 있는 것으로 나타났다.

상관관계

		연령	친절도	낙관주의
연령	Pearson 상관	--		
	N	30		
친절도	Pearson 상관	.816**	--	
	유의확률 (양측)	<.001		
	N	30	30	
낙관주의	Pearson 상관	.749**	.668**	--
	유의확률 (양측)	<.001	<.001	
	N	30	30	30

**. 상관관계가 0.01 수준에서 유의합니다(양측).

선형성검증을 위한 산점도 출력 결과

산점도를 출력해 본 결과 육안으로 볼 때 공변량과 종속변수 간 그리고 종속변수들 간에는 선형적인 관계가 있는 것으로 확인된다. 따라서 선형성가정은 만족된 것으로 볼 수 있다.

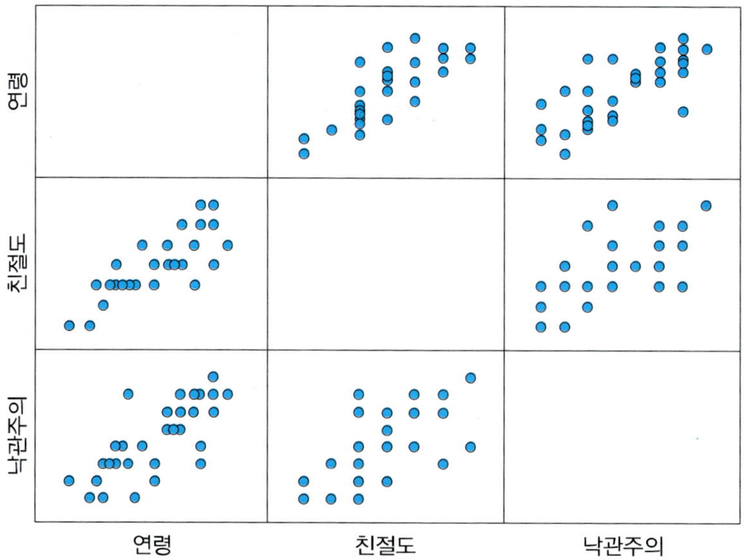

기울기의 동일성에 대한 검증 결과

공변량에 대한 기울기의 동일성을 검증하려면 공변량인 [연령]과 집단변수(요인)인 [경제적 지위]의 상호작용효과를 이용하면 된다. 상호작용항의 p값이 친절도는 0.921, 낙관주의는 0.915이며 유의수준 0.05보다 크므로 상호작용효과는 없으며 공변량에 대한 기울기는 동일하다고 볼 수 있다.

개체-간 효과 검정

원인	종속변수	제 III 유형 제곱합	자유도	평균제곱	F	유의확률
수정된 모형	친절도	55.578[a]	5	11.116	12.472	<.001
	낙관주의	103.835[b]	5	20.767	19.650	<.001
절편	친절도	1.141	1	1.141	1.280	.269
	낙관주의	4.189	1	4.189	3.964	.058
경제적지위	친절도	.061	2	.031	.034	.966
	낙관주의	.932	2	.466	.441	.648
연령	친절도	19.177	1	19.177	21.518	<.001
	낙관주의	2.034	1	2.034	1.925	.178
경제적지위 * 연령	친절도	.148	2	.074	.083	.921
	낙관주의	.188	2	.094	.089	.915
추정값	친절도	21.389	24	.891		
	낙관주의	25.365	24	1.057		
전체	친절도	1169.000	30			
	낙관주의	1358.000	30			
수정된 합계	친절도	76.967	29			
	낙관주의	129.200	29			

a. R 제곱 = .722 (수정된 R 제곱 = .664)
b. R 제곱 = .804 (수정된 R 제곱 = .763)

다변량공분산분석 결과

MANCOVA의 주요 출력 결과를 제시하면 다음과 같다.

기술통계량

	경제적지위	평균	표준편차	N
친절도	빈곤층	4.50	.972	10
	중산층	6.70	1.337	10
	부유층	6.90	1.370	10
	전체	6.03	1.629	30
낙관주의	빈곤층	4.20	1.033	10
	중산층	6.30	1.160	10
	부유층	8.70	.823	10
	전체	6.40	2.111	30

공분산 행렬의 동일성에 대한 Box의 검정[a]

Box의 M	4.471
F	.665
자유도1	6
자유도2	18168.923
유의확률	.678

여러 집단에서 종속변수의 관측 공분산행렬이 동일한 영가설을 검정합니다.

a. Design: 절편 + 연령 + 경제적지위

오차 분산의 동일성에 대한 Levene의 검정[a]

	F	자유도1	자유도2	유의확률
친절도	2.125	2	27	.139
낙관주의	.645	2	27	.532

여러 집단에서 종속변수의 오차 분산이 동일한 영가설을 검정합니다.

a. Design: 절편 + 연령 + 경제적지위

다변량 검정[a]

효과		값	F	가설 자유도	오차 자유도	유의확률
절편	Pillai의 트레이스	.229	3.424[b]	2.000	23.000	.050
	Wilks의 람다	.771	3.424[b]	2.000	23.000	.050
	Hotelling의 트레이스	.298	3.424[b]	2.000	23.000	.050
	Roy의 최대근	.298	3.424[b]	2.000	23.000	.050
경제적지위	Pillai의 트레이스	.035	.217	4.000	48.000	.928
	Wilks의 람다	.965	.210[b]	4.000	46.000	.932
	Hotelling의 트레이스	.037	.202	4.000	44.000	.936
	Roy의 최대근	.037	.441[c]	2.000	24.000	.648
연령	Pillai의 트레이스	.473	10.312[b]	2.000	23.000	<.001
	Wilks의 람다	.527	10.312[b]	2.000	23.000	<.001
	Hotelling의 트레이스	.897	10.312[b]	2.000	23.000	<.001
	Roy의 최대근	.897	10.312[b]	2.000	23.000	<.001
경제적지위 * 연령	Pillai의 트레이스	.011	.067	4.000	48.000	.991
	Wilks의 람다	.989	.065[b]	4.000	46.000	.992
	Hotelling의 트레이스	.011	.062	4.000	44.000	.993
	Roy의 최대근	.011	.130[c]	2.000	24.000	.878

a. Design: 절편 + 경제적지위 + 연령 + 경제적지위 * 연령

b. 정확한 통계량

c. 해당 유의수준에서 하한값을 발생하는 통계량은 F에서 상한값입니다.

개체-간 효과 검정

원인	종속변수	제 III 유형 제곱합	자유도	평균제곱	F	유의확률
수정된 모형	친절도	55.430[a]	3	18.477	22.306	<.001
	낙관주의	103.647[b]	3	34.549	35.154	<.001
절편	친절도	1.307	1	1.307	1.578	.220
	낙관주의	4.046	1	4.046	4.117	.053
연령	친절도	19.963	1	19.963	24.100	<.001
	낙관주의	2.247	1	2.247	2.287	.143
경제적지위	친절도	4.134	2	2.067	2.496	.102
	낙관주의	31.103	2	15.551	15.824	<.001
추정값	친절도	21.537	26	.828		
	낙관주의	25.553	26	.983		
전체	친절도	1169.000	30			
	낙관주의	1358.000	30			
수정된 합계	친절도	76.967	29			
	낙관주의	129.200	29			

a. R 제곱 = .720 (수정된 R 제곱 = .688)

b. R 제곱 = .802 (수정된 R 제곱 = .779)

추정 주변 평균

경제적지위

추정값

종속변수	경제적지위	평균	표준오차	95% 신뢰구간 하한	95% 신뢰구간 상한
친절도	빈곤층	5.717[a]	.380	4.936	6.497
	중산층	6.562[a]	.289	5.968	7.156
	부유층	5.821[a]	.362	5.077	6.566
낙관주의	빈곤층	4.608[a]	.414	3.758	5.459
	중산층	6.254[a]	.315	5.606	6.901
	부유층	8.338[a]	.394	7.527	9.149

a. 모형에 나타나는 공변량은 다음 값에 대해 계산됩니다.: 연령 = 43.17.

대응별 비교

종속변수	(I) 경제적지위	(J) 경제적지위	평균차이(I-J)	표준오차	유의확률[b]	차이에 대한 95% 신뢰구간[b] 하한	차이에 대한 95% 신뢰구간[b] 상한
친절도	빈곤층	중산층	-.845	.492	.293	-2.104	.413
		부유층	-.105	.620	1.000	-1.691	1.482
	중산층	빈곤층	.845	.492	.293	-.413	2.104
		부유층	.741	.450	.335	-.410	1.892
	부유층	빈곤층	.105	.620	1.000	-1.482	1.691
		중산층	-.741	.450	.335	-1.892	.410
낙관주의	빈곤층	중산층	-1.645*	.536	.015	-3.016	-.275
		부유층	-3.730*	.675	<.001	-5.458	-2.002
	중산층	빈곤층	1.645*	.536	.015	.275	3.016
		부유층	-2.084*	.490	<.001	-3.338	-.830
	부유층	빈곤층	3.730*	.675	<.001	2.002	5.458
		중산층	2.084*	.490	<.001	.830	3.338

추정 주변 평균을 기준으로

*. 평균차이는 .05 수준에서 유의합니다.

b. 다중비교를 위한 수정: Bonferroni

프로파일 도표

친절도

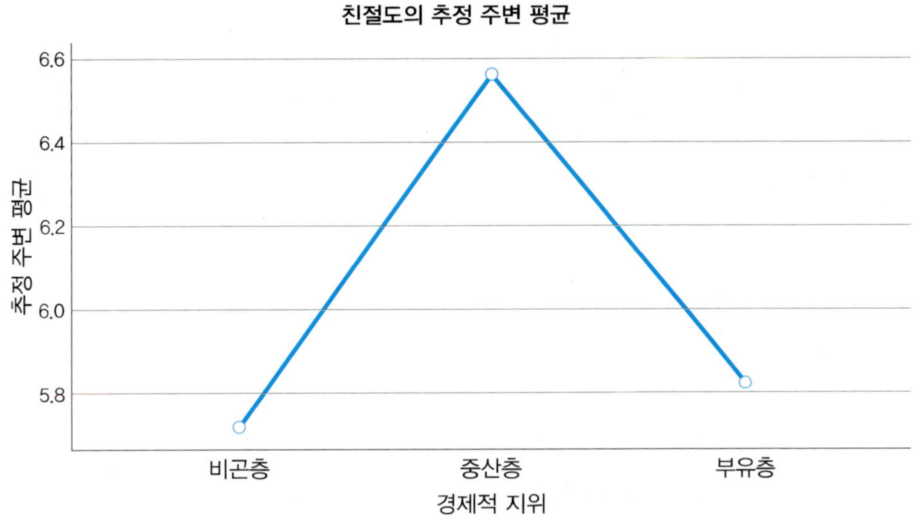

모형에 나타나는 공변량은 다음 값에 대해 계산됩니다.: 연령 = 43.17

낙관주의

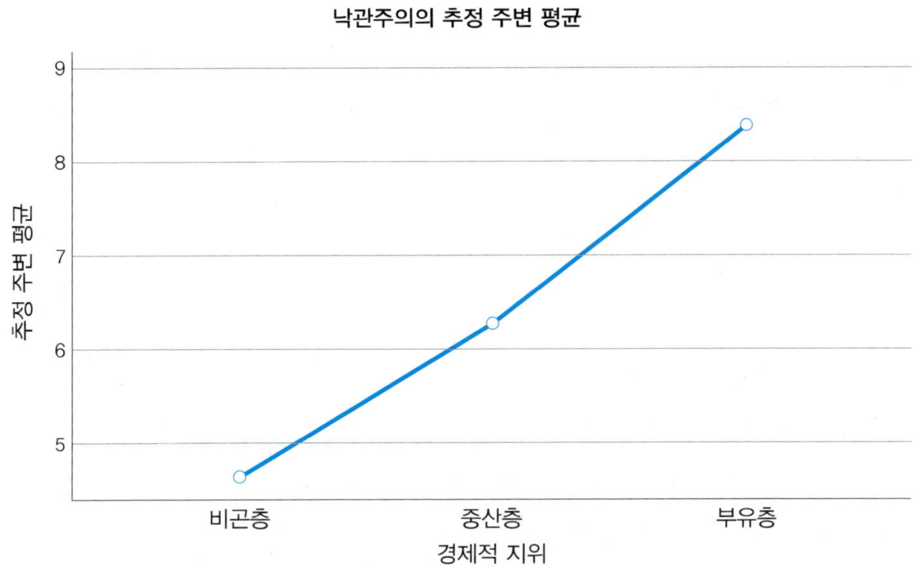

모형에 나타나는 공변량은 다음 값에 대해 계산됩니다.: 연령 = 43.17

3) 다변량공분산분석 결과의 제시와 해석

다변량공분산분석의 가정 조건이 만족되는지를 확인하기 위해서 정규성, 선형성, 등분산성, 분산-공분산 행렬에 대한 Box의 동일성검증 및 공변량(사전점수)에 대한 기울기 동일성검증을 수행하였다. 왜도와 첨도 통계량이 기준치 미만이어서 정규성은 만족되었다. 공변량인 연령과 종속변수 간 및 종속변수들 간에 대한 상관분석 결과 모두 유의한 상관성이 있었으며, 산점도를 그려본 결과 선형성가정도 만족되었다. 분산-공분산 행렬에 대한 Box의 동일성검증(p=0.678), 오차분산의 동일성(친절도의 p=0.139이어서 유의수준이 0.05보다 크므로 가정이 만족됨, 낙관주의의 p=0.532로 유의수준이 0.05보다 크므로 가정이 만족됨) 및 공변량 기울기의 동일성가정(경제적 지원*연령에 대한 친절도의 p=0.921, 낙관주의의 p=0.915이므로 유의수준 0.05보다 크므로 기울기 동일성가정이 만족됨)이 모두 만족되었다. 따라서 다변량공분산분석을 하는 것이 적절한 것으로 판단된다.

집단(빈곤층, 중산층, 부유층) 간 연령(공변량)에 대해 일원배치 분산분석(One-way ANOVA)을 수행한 결과는 [표 18-2]와 같다. p값이 <0.001이므로 유의수준 0.001보다 적으므로 집단 간에는 유의한 차이가 있음을 알 수 있다. 따라서 연령을 공변량으로 사용하는 것은 적절한 것으로 볼 수 있다.

표 18-2 집단 간 연령(공변량)에 대한 차이검증 결과 (N=30)

변량원	제곱합	자유도	평균제곱	F값	유의확률
집단간	752.267	2	376.133	18.010***	0.000
집단내	563.900	27	20.885		
전체	1316.167	29			

***p<0.01

종속변수인 친절도와 낙관주의 및 조정평균에 대한 집단 간 기술통계량을 요약하면 [표 18-3]과 같다. 연령을 통제하기 전의 경제적 집단 간에 친절도와 낙관주의의 평균은 모두 빈곤층, 중산층 및 부유층으로 올라갈수록 평균점수가 높은 것으로 나타났다. 그러나 연령을 통제한 후의 조정평균은 낙관주의는 빈곤층, 중산층 및 부유층으로 올라갈수록 조정평균점수가 높아졌으나, 친절도의 경우에는 빈곤층과 부유층보다 중산층 집단이 조정평균이 높은 것으로 나타났다. 이러한 결과는 집단 간의 종속변수(친절도와 낙관주의)에 대한 조정평균의 프로파일 도표에서도 확인할 수 있다(앞의 분석 결과에서 제시한 프로파일 도표를 제시하고 싶으면 [표 18-2] 뒤에 제시할 수 있다).

표 18-3 종속변수 및 추정된 조정평균에 대한 집단 간 기술통계량

종속변수	경제적 지위	평균	표준편차	추정된 조정평균	
				평균	표준편차
친절도	빈곤층	4.50	0.972	5.717	0.380
	중산층	6.70	1.337	6.562	0.289
	부유층	6.90	1.370	5.821	0.362
낙관주의	빈곤층	4.20	1.033	4.608	0.414
	중산층	6.30	1.160	6.254	0.315
	부유층	8.70	0.823	8.338	0.394

연령을 공변량으로 통제한 후 경제적 지위에 따른 친절도와 낙관주의의 평균 차이를 검증하기 위해서 MANCOVA를 수행한 결과는 [표 18-4]와 같다. 분석 결과 경제적 지위 집단에 따라 먼저, 친절도의 경우 F값이 2.496(p=0.102)으로 유의수준 0.05에서 통계적으로 유의한 차이가 없는 것으로 나타났다. 다음으로 낙관주의의 경우 F값이 15.824(p=0.000)로 유의수준 0.001에서 통계적으로 유의한 차이가 있는 것으로 나타났다. 따라서 경제적 지위에 따라 낙관주의는 조정평균에 있어서 차이가 없다는 귀무가설을 기각하고 연구가설을 채택하였다.

표 18-4 경제적 지위에 따른 다변량공분산분석 결과 (N=30)

변량원	종속변수	제곱합	자유도	평균제곱	F값	유의확률
연령(공변량)	친절도	19.963	1	19.963	24.100***	0.000
	낙관주의	2.247	1	2.247	2.287	0.143
경제적 지위(집단)	친절도	4.134	1	2.067	2.496	0.102
	낙관주의	31.103	1	15.551	15.824***	0.000
잔차	친절도	21.537	26	0.828		
	낙관주의	25.553	26	0.983		
합계	친절도	1169.000	30			
	낙관주의	1358.000	30			

***p<0.001

경제적 지위에 따라 낙관주의는 조정평균에 있어서 차이를 보임에 따라 구체적으로 어떤 집단 간에 차이가 있는지를 확인하기 위해서 Bonferroni에 의한 다중비교검증을 수행하였다. 사후검증 분석 결과는 [표 18-5]와 같이 요약할 수 있다. 분석 결과에 의하면 모든 비교집단 간에 통계적으로 유의한 차이가 있는 것으로 나타났다. 즉 빈곤층보다 중산층과 부유층의 낙관주의에 대한 조정평균이 높으며, 중산층보다 부유층의 낙관주의의 조정평균이 높다.

표 18-5 경제적 지위에 따른 낙관주의의 사후검증 결과 (N=30)

종속변수	경제적 지위		평균차(I-J)	표준오차	유의확률
낙관주의	빈곤층	중산층	−1.645*	0.536	0.015
		부유층	−3.730***	0.675	0.000
	중산층	빈곤층	1.645*	0.536	0.015
		부유층	−2.084***	0.490	0.001
	부유층	빈곤층	3.730***	0.675	0.000
		중산층	2.084***	0.490	0.001

*$p<0.05$, ***$p<0.001$

제 19 장

반복측정분산분석

Repeated Measures Analysis of Covariance(RM ANOVA)

1 반복측정분산분석

1.1 반복측정분산분석의 의의와 적용상황

1) 반복측정 데이터

반복측정 데이터(Repeated measures data)란 동일한 개체(사람, 동물, 세포 등)[1]를 대상으로 시간(Time), 나이, 약의 농도 등에 따라서 3회 이상 반복해서 측정된 데이터를 말한다. 이의 형태는 ① 시점별 반복측정 데이터와 ② 집단/시점별 반복측정 데이터로 구분된다. 전자는 동일한 개체를 대상으로 측정변수(예 혈압)를 처음(기저)–1주–2주–3주 등과 같이 여러 시점 별(Multiple time points)로 반복측정된 데이터이며, 후자는 독립변수의 집단수준(Level) 별로 여러 시점(Time points)으로 구분해 반복측정된 데이터를 말한다.

1) 개체는 Subject, Object 등의 용어로 이는 실험참여자(사람), 동물 등의 대상을 말한다.

그림 19-1 | 반복측정 데이터의 형태 예시

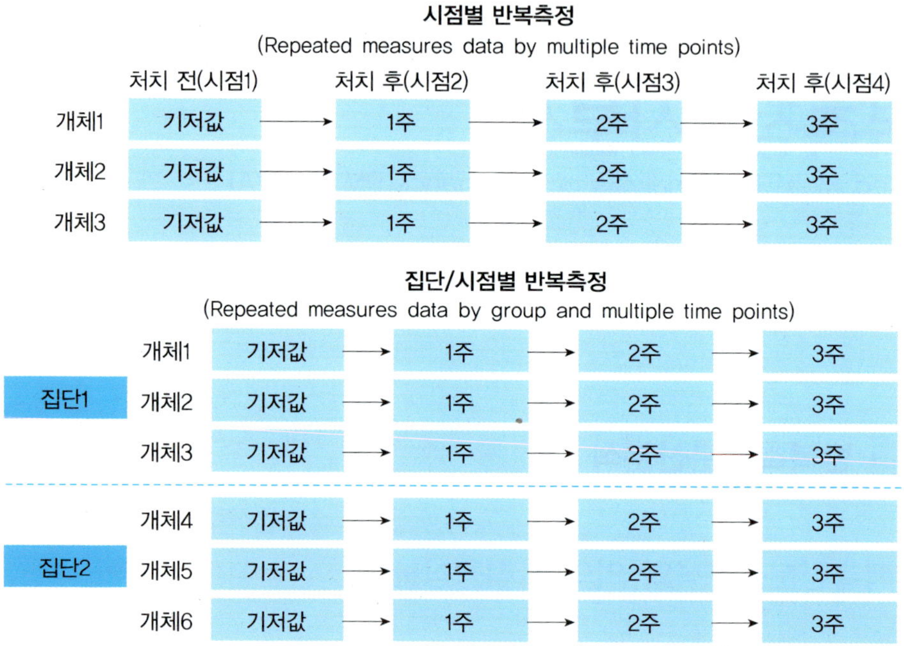

2) 반복측정분산분석의 의의

반복측정분산분석(Repeated measures analysis of variance: RM ANOVA)은 반복측정일반선형모형(Repeated measures general linear model)이라고 불리는 것으로 3회 이상의 반복적인 시행 내지 처치가 이루어진 반복측정된 데이터를 이용해서 2개 이상 집단 간의 평균 차이를 검증하는 방법이다.

- RM ANOVA에서 시간요인(Time factor) 등과 같은 반복측정요인(Repeated measures factor)은 반복측정된 형태를 가지며 하나의 독립변수로 투입된다.
- 반복측정 데이터는 변수 상호 간에 독립적일 수 있지만 변수 내에서는 독립적이지 않고 상호종속적인 특성을 가지고 있다. 이를 개체 내 상관(Correlation within objects, or Subjects)이라 한다. 이러한 개체 내 상관을 무시하고 t-검증이나 ANOVA 등을 이용해 동일한 개체의 검증을 여러 번 수행하면 귀무가설을 기각하는 오류를 증가시키며 결과의 신뢰성을 떨어뜨릴 수 있다.

- 반복측정 데이터를 얻으려면 많은 시간이 소요되며 먼저 수행된 실험 처치가 다음 처치에 영향을 주는 이월효과(Carry-over effect)를 가져올 수 있다는 단점을 가지고 있다.
- RM ANOVA에서 분석의 초점은 개체 내 요인과 개체 간 요인[2] 그리고 이들 요인 상호 간에 상호작용효과가 있는지를 검증하는 것이다. 상호작용효과검증에서는 집단 간의 시간에 따른 차이 변화를 비교하는 데 관심을 가진다.
- 반복측정된 데이터를 분석하면 시간 추세(Time trend)를 평가할 수 있다. 개체 내 대비 검정은 반복측정한 데이터가 어떤 추세(Trend)를 가지고 있는지를 파악하는 것이다. 이의 형태로는 보통 선형, 2차모형, 3차모형[3]이 있다. 대비 검증 결과 p값이 유의수준 0.05보다 작아서 통계적으로 유의성이 있으면 해당 모형을 선택할 수 있다. 모두 유의하지 않으면 시간에 따라 변화가 거의 없거나 모형이 랜덤하게 변화한다는 것을 의미하며 좋은 모형이 아님을 의미한다.
- 총변동은 [그림 19-2]와 같이 크게 집단 간 변동(개체 간 변동)과 개체 내 변동으로 구성된다. ANOVA에서는 총변동을 집단 간 변동과 집단 내 변동으로 나눌 수 있다. 그러나 RM ANOVA에서는 총변동 중 집단 내 변동(개체 내 변동)을 반복요인(보통은 시간)에 따른 변동, 반복요인과 집단의 상호작용 변동 그리고 그 외 설명되지 않는 변동으로 보다 세부적으로 분해할 수 있고 좀 더 정확한 변동에 따른 유의성을 검증할 수 있다.

그림 19-2 ▌ 분산분석과 반복측정분산분석의 변동(변량)의 분해

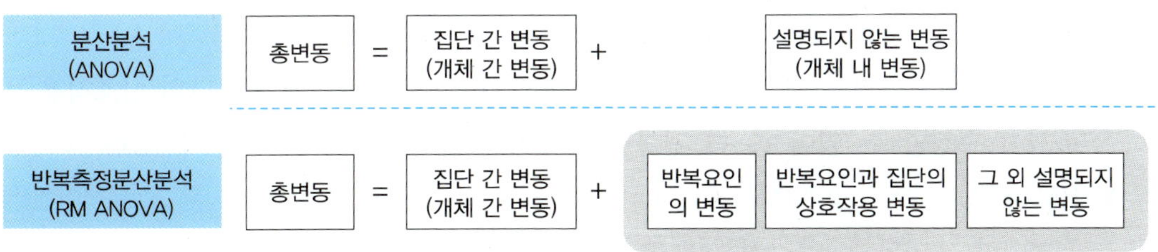

2) 개체 간 요인이란 개체들을 구분하는 요인을 말한다. 예컨대 개체들이 남녀로 구분되어 있으면 성별이 개체 간 요인이 된다.

3) 선형은 시간의 흐름에 따라 값이 동등한 비율로 증가 또는 감소를 하는 형태를 의미하며 가장 해석이 쉽다. 2차모형은 시간의 흐름에 따라 값이 급작스런 증가 또는 감소 등 곡선 형태로 변화하는 모형이다. 3차모형은 시간의 흐름에 따라 값이 3차모형식으로 변형하는 모형을 의미하며 거의 보기 어려운 것이다. 귀무가설은 '반복측정분산분석모형은 선형(혹은 2차모형, 3차모형)이 아니다'($p>0.05$)이며 대립가설은 '반복측정분산분석모형은 선형(혹은 2차모형, 3차모형)이다'($p<0.05$)이다.

- RM ANOVA는 4개의 검증 결과를 확인해야 한다. 이에는 ① 집단 간 차이 검증(개체 간 검증), ② 반복요인(보통은 시간) 차이에 따른 검증(개체 내 검증), ③ 반복요인과 집단의 상호작용효과검증(개체 내 검증), ④ 사후검증(다중비교 검증)이 포함된다. 결과 해석 시에는 이들 검증 결과를 종합해 해석해야 한다.[4]

그림 19-3 ▌반복측정분산분석의 주요 검증 내용

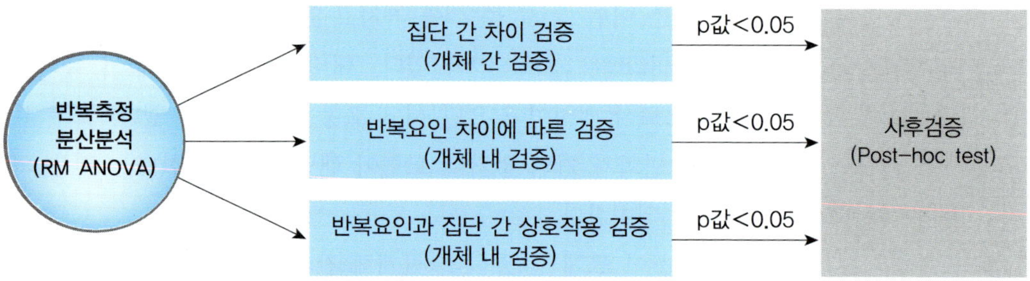

- RM ANOVA 결과 반복요인(시간)과 집단변수 간 상호작용효과가 없다고 결정되면(Not significant) 나머지 두 개의 가설(집단, 시간)에 대한 주효과(Main effects) 검증 결과를 차례로 검토하면 된다. 주효과검증 결과가 유의적이면 사후검증을 수행한다. 반면에 상호작용효과가 있다고 결정되면(Significant) 나머지 두 개의 가설(집단, 시간)은 별다른 의미가 없게 된다. 이때에는 각 시점에서 집단 간 차이가 있음을 의미하므로 각 시점별로 집단 간 평균 차이를 비교해야 하며 사후검증도 수행해야 한다.
- RM ANOVA는 개체 내 변동 중 시간효과에 따른 변동과 시간과 집단의 상호작용 변동까지 측정할 수 있어 좀 더 정확한 변동에 따른 유의성을 검증할 수 있다.
- RM ANOVA는 결측치(Missing values)가 없어야 하며, 결측치가 있는 개체(케이스)는 분석에서 제외된다. 따라서 결측치가 있는 경우에는 이의 대체 입력(Imputation)을 고려해야 하며, 결측치의 비율이 너무 큰 경우에는 분석에서 제외시키는 것이 좋다.
- 대부분의 임상연구에서는 같은 시간에 같은 관찰값의 개수를 확보하기 어렵기 때문에 반복측정 데이터에 결측치가 발생되며 이 경우에는 혼합효과모형(혹은 일반화추정방정식)으로 분석하는 것이 바람직하다.

4) 데이타솔루션, 제92차 SPSS 실습세미나 자료에서 참조함.

- 구형성가정을 만족하면 개체 내 효과검증 결과를 이용해서 해석한다. 이는 다변량검증 결과보다 신뢰성이 높아서 주로 활용되고 있다.
- RM ANOVA는 구형성가정이 만족되지 않는 경우 Greenhouse-Geisser, Huynh-Feldt 등의 교정된 통계량을 제시하면 되기 때문에 편리하다는 장점을 가지고 있다.
- RM ANOVA를 수행한 후 집단 간 다중비교가 필요한 경우 사후검증을 수행해야 한다. 검증방법으로는 공학과 자연과학 분야에서는 Tukey, 사회과학 분야에서는 Duncan과 Scheffe, 의학 분야에서는 Bonferroni나 LSD가 사용된다.

3) 반복측정분산분석의 사용목적과 적용상황

RM ANOVA는 기본적으로 집단 간 차이 검증을 한다는 측면에서 볼 때 ANOVA와 유사하다. 그러나 독립변수는 주로 범주형 변수(집단변수와 반복측정된 시간변수)와 공변량(연속형 변수)이 사용되며, 종속변수는 동일 개체에 대해 여러 시점에서 반복측정된 연속형 데이터가 사용된다.

RM ANOVA는 독립변수가 1개인 경우는 시간요인이 사용되는 경우가 많으며(일원반복측정분산분석 혹은 반복측정분산분석), 2개인 경우는 1개는 반복측정요인(시간요인)이며 다른 1개는 범주형 집단변수가 사용된다(이원반복측정분산분석 혹은 2-요인 반복측정분산분석). 독립변수가 3개 이상[1개 반복측정요인(시간요인), 2개 범주형 집단변수 이상]이면 다요인 반복측정분산분석을 사용한다.

- 동일 개체(일반적으로 사람)에 대해 여러 개의 시점(Multiple time points)에 따라 3회 이상 반복측정된 데이터를 하나의 독립변수로 투입해 분석하는 경우에는 RM ANOVA를 적용한다. 이는 2회 전후 비교를 수행하는 대응표본 t-검증의 확장이라고 볼 수 있다.
- RM ANOVA에서 독립변수의 하나로 투입되는 반복측정요인 1개는 시간 개념이 있어야 하며 종속변수는 연속형 변수이어야 한다.
- 반복측정된 데이터는 일반적인 t-검증이나 분산분석을 수행하면 귀무가설에 대한 기각 오류가 증가하며 결과의 신뢰성이 저하될 수 있다.

그림 19-4 ▌반복측정분산분석의 적용상황

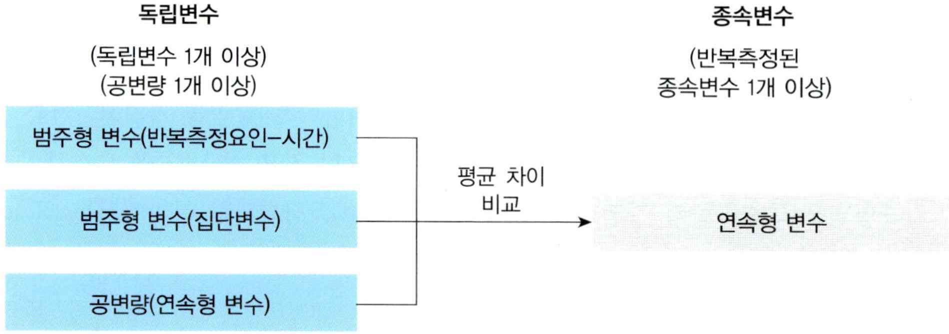

1.2 반복측정분산분석의 분류 체계

RM ANOVA는 단일요인 반복측정분산분석(One–factor RM ANOVA)과 다요인 반복측정분산분석(Multi–factors RM ANOVA)으로 분류하기도 하지만 이 책에서는 RM ANOVA를 [표 19–1], [그림 19–5]와 같이 분류하기로 한다.

▌표 19–1 ▌반복측정분산분석방법의 유형 구분

구분	분석방법		변수	
	모수통계	비모수통계	독립변수 (집단요인 혹은 연속형 변수)	종속변수 (반복요인)
단일변량 반복측정 분산분석	(일원)반복측정분산분석	프리드만검증	범주형 1개–반복측정요인	1개 (3회 이상 반복측정)
	이원반복측정분산분석	–	범주형 변수 1개–반복측정요인 범주형 변수 1개–집단변수	
	이원반복측정공분산분석	–	범주형 변수 1개–반복측정요인 범주형 변수 1개–집단변수 공변량 1개 이상	
다변량 반복측정 분산분석	이원반복측정 다변량분산분석	–	범주형 변수 1개–반복측정요인 범주형 변수 1개–집단변수	2개 이상 (3회 이상 반복측정)
	이원반복측정 다변량공분산분석	–	범주형 변수 1개–반복측정요인 범주형 변수 1개–집단변수 공변량 1개 이상	

그림 19-5 ▌ 반복측정분산분석의 분류 체계

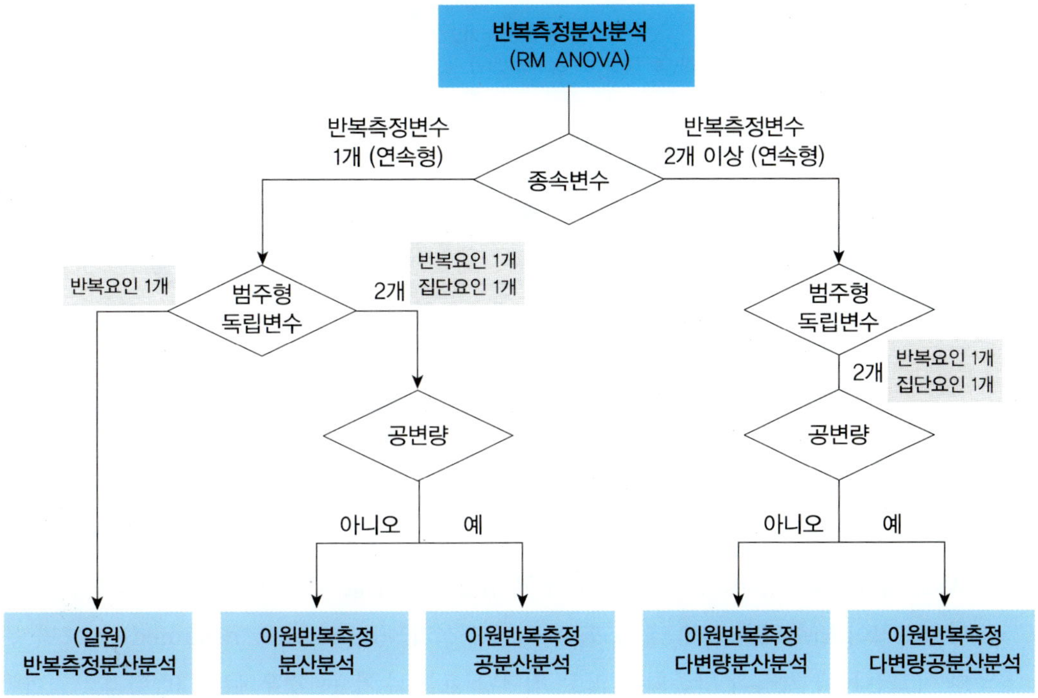

1.3 반복측정분산분석의 기본 가정

반복측정분산분석의 기본 가정은 정규성, 등분산성 및 구형성이다.

- 다변량정규성(Multivariate normal distribution): 독립변수에 따른 종속변수는 정규분포를 만족해야 한다. (일원) RM ANOVA에서 정규성의 가정이 위배되면 비모수통계기법인 프리드만검증을 사용한다.
- 등분산성: 독립변수에 따른 종속변수의 분산-공분산행렬(Variance-covariance matrix)의 구조, 즉 분산이 집단 간에 동일해야 함을 의미한다. 이는 Box's M test를 통해 검증하며, 이의 귀무가설은 '분산이 집단 간에 동일하다'이다.

그림 19-6 ❙ 구형성가정의 만족 여부에 따른 결과 이용 방법

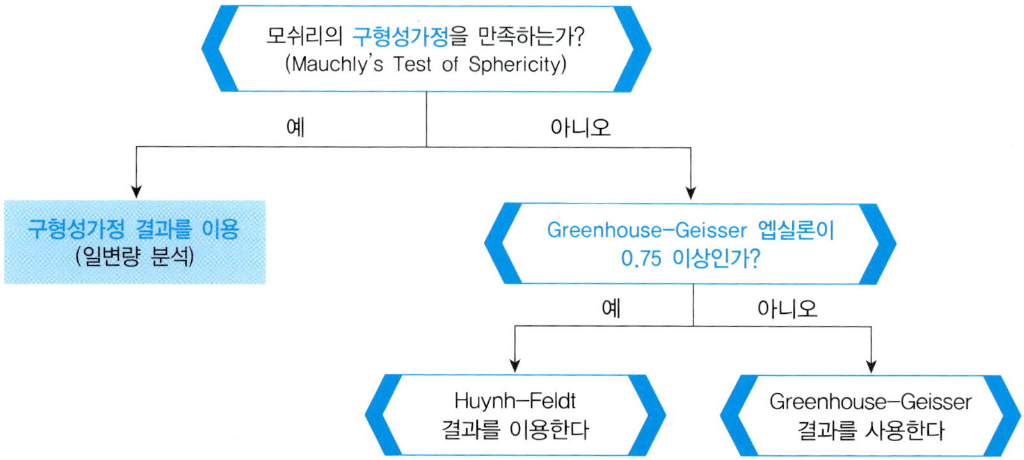

- 구형성(Sphericity): 반복측정에서 시점 간의 분산이 모두 동일해야 함을 의미하며 이는 Mauchly's test를 통해 검증할 수 있다.[5] 검증 결과 p값이 유의수준 0.05보다 커서 구형성가정이 만족되면 개체 내 효과검증의 구형성가정(Sphericity assumed)을 보면 된다. 그러나 이 가정이 만족되지 않고 집단당 표본 수가 큰 경우에는 다변량검증 결과인 Wilks 람다를 보아야 하며, 집단당 표본 수가 작고 구형성가정이 크게 벗어나지 않으면 Greenhouse-Geisser, Huynh-Feldt의 엡실론(ε)에 의해 자유도를 조정한 일변량 분석의 p값을 사용해야 한다. 구형성가정이 만족되면 엡실론은 최대 1의 값을 보이며 크게 위배될수록 0에 가깝게 된다.[6] 엡실론이 0.75 미만이면 그린하우스-가이저의 자유도가 보정된 p값을 사용하며, 0.75 이상이면 훈-펠트의 자유도가 보정된 p값을 사용한다. 검증 결과 p값이 유의하면 사후검증을 수행한다.
- 구형성가정이 만족되는 경우 다변량검증 결과를 가지고 해석하면 처리효과의 차이를 감지해 내는 능력인 검증력이 떨어지게 된다.
- RM ANOVA는 정규성이나 등분산성가정이 위반되어도 어느 정도 강건성(Robustness)

5) 구형성가정의 귀무가설은 구형성가정을 만족한다($p>0.05$)이며, 대립가설은 구형성가정을 만족하지 않는다($p<0.05$)이다.

6) 개체 내 대비 검정(Mauchly's test of sphericity) 결과에서 엡실론은 Greenhouse-Geisser와 Huynh-Feldt의 값들은 구형성가정을 보정하는 것으로 1에 가까울수록 구형성가정이 타당함을 의미한다.

을 가지고 있으며, 특히 집단의 개체 수(케이스 수)가 동일한 경우에는 강건성이 있어서 1종 오류 비율에 우려할 만한 영향을 미치지 않는 것으로 알려져 있다.[7] 하지만 구형성가정이 위반되면 1종 오류에 심각한 영향을 미칠 수 있으므로 주의해야 한다.

1.4 반복측정분산분석의 가설

일원반복측정분산분석의 가설을 예시하면 다음과 같다.

가설1

- 귀무가설(H_0): 시점에 따라 판매량의 평균은 차이가 없다.
- 연구가설(H_1): 시점에 따라 판매량의 평균은 차이가 있다.

가설2

- 귀무가설(H_0): 광고방법 간에 판매량의 평균은 차이가 없다.
- 연구가설(H_1): 광고방법 간에 판매량의 평균은 차이가 있다.

가설3

- 귀무가설(H_0): 광고방법 간에 시점에 따른 판매량의 평균은 차이가 없다.
- 연구가설(H_1): 광고방법 간에 시점에 따른 판매량의 평균은 차이가 있다.

7) 엄한주. (2007). 반복측정자료의 구형성 조건과 분석결과의 이해. *한국체육측정평가학회지*, 9(2), 45-61.

2 반복측정분산분석의 SPSS 통계 실습

[통계 실습 19-1] 일원반복측정분산분석

화장품을 제조하는 회사에서 광고를 시행한 후 3회(3개월 후, 5개월 후, 7개월 후)에 걸쳐서 판매량을 조사하였다. 주어진 [제19장 일원반복측정분산분석 데이터(월별 판매량)]를 이용해 일원반복측정분산분석(One-way RM ANOVA)을 수행하고 분석 결과를 해석하시오. 독립변수는 범주형 변수로 1개(범주형 변수 1개-시점)이며, 종속변수는 연속형 변수로 판매량(단위: 천 개)이다.

■ **실습 데이터**

ID	판매량1	판매량2	판매량3
1	70	70	77
2	65	76	69
…	…	…	…
130	55	64	62

총 사례 수는 130개임

- 독립변수(범주형 변수) → 시점(Time) ① 판매량1(3개월 후 판매량), ② 판매량2(5개월 후 판매량), ③ 판매량3(7개월 후 판매량)
- 종속변수(연속형 변수) → 판매량(단위: 천 개)

실습 데이터	제19장 일원반복측정분산분석 데이터(월별 판매량)
분석방법 메뉴 선택	분석-일반선형모형-반복측도

1) 실습 과정

❶ [파일–열기–데이터]를 선택한 후 실습 데이터 파일이 있는 위치로 찾아가서 [제19장 일원반복측정분산분석 데이터(월별 판매량)]을 연다.

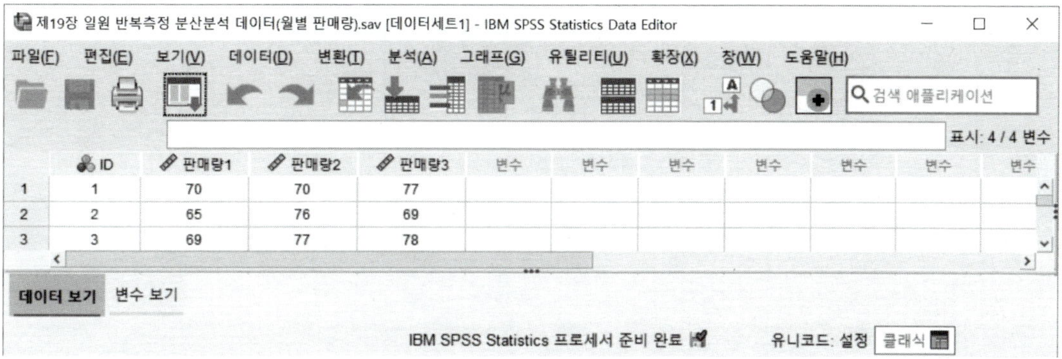

❷ [분석–일반선형모형–반복측도]를 클릭하여 [반복측도 요인 정의] 창을 연다. 상단의 [개체 내 요인이름]의 '요인1'을 지우고 [시간]을 입력하고, [수준 수]에는 3회 반복측정(Repeated measures)이므로 [3]을 입력한다. 입력 후에는 [추가] 버튼을 클릭한다. 하단에 있는 [측도 이름]에는 [판매량]을 입력한 후 [추가] 버튼을 클릭한다. 마지막으로 하단 왼쪽에 있는 [정의] 버튼을 클릭한다.

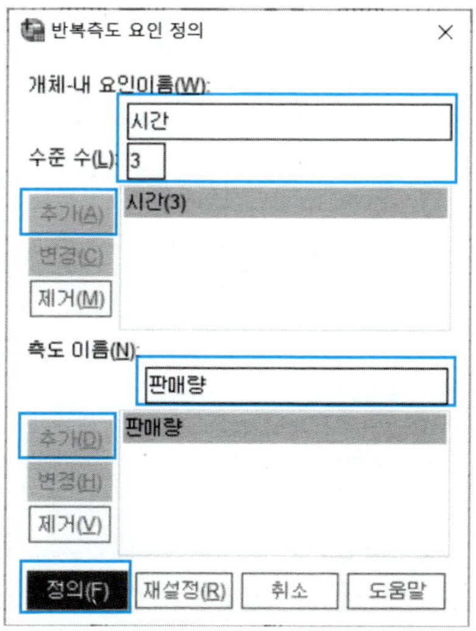

❸ [반복측도] 창에서 왼쪽에 있는 [판매량1], [판매량2], [판매량3]을 선택한 후 오른쪽 [개체 내 변수]로 보낸다.

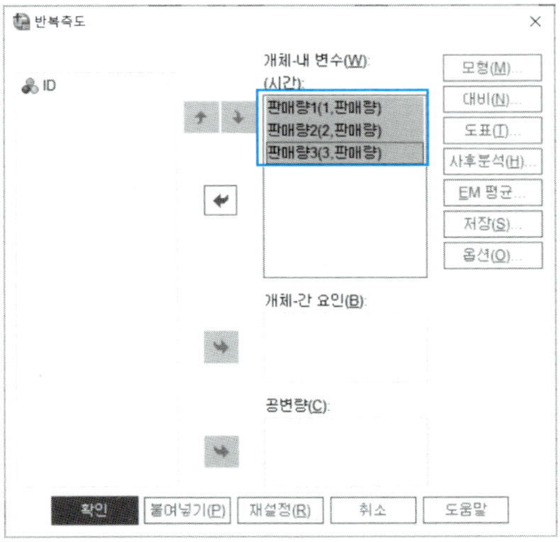

❹ [반복측도] 창의 오른쪽에 있는 [도표] 창을 클릭하면 [반복측도: 프로파일 도표] 창이 나타난다. [시간]을 [수평축 변수]로 이동한 후 [추가] 버튼을 클릭한다. [계속] 버튼을 클릭해 빠져나간다.

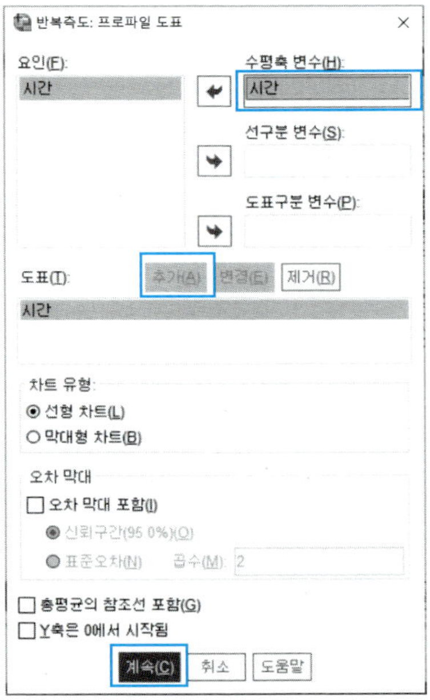

❺ [반복측도] 창의 오른쪽에 있는 [EM평균] 창을 클릭하면 [반복측도: 추정 주변평균] 창이 나타난다. [시간]의 다중비교를 위해서 창의 왼쪽에 있는 [요인 및 요인 상호작용]의 [시간]을 오른쪽의 [평균 표시 기준]으로 이동시킨다. [주효과 비교]에 [체크] 표시하고, [신뢰구간 수정]에서 [Bonferroni]를 선택하고 [계속] 버튼을 클릭해 빠져나간다.

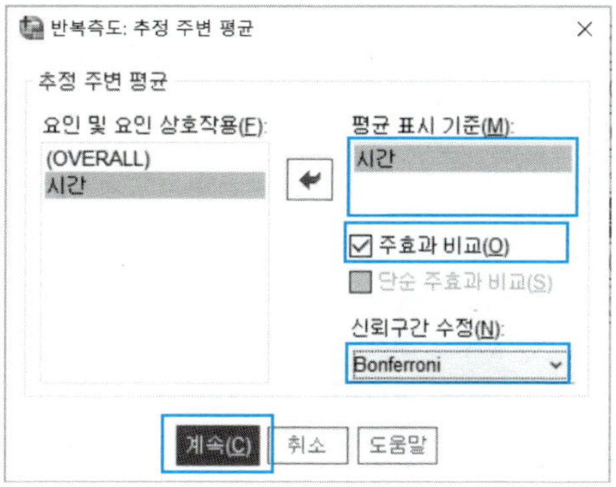

❻ [반복측도] 창의 오른쪽에 있는 [옵션] 창을 클릭하면 [반복측도: 옵션] 창이 나타난다. [기술통계량]을 [체크]한 후 [계속] 버튼을 클릭해 빠져나간다. 이 실습 문제에서는 개체 간 요인이 없으므로 동질성검증은 체크하지 않도록 한다.

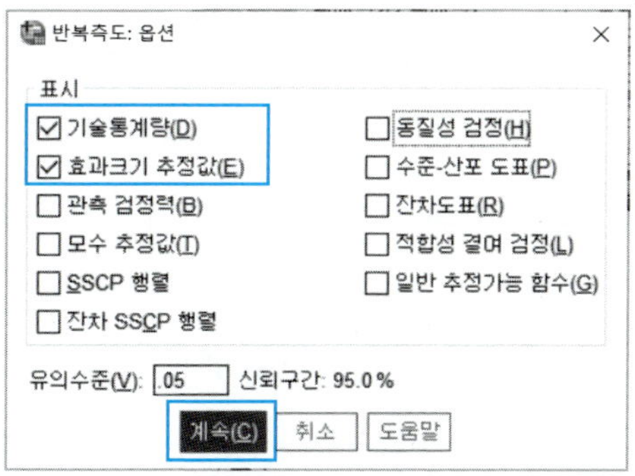

❼ [반복측도] 창의 왼쪽 하단에 있는 [확인] 버튼을 클릭하면 반복측정분산분석이 실행되고 결과가 출력된다.

2) 주요 분석 결과

일원반복측정분산분석에 대한 주요 출력 결과를 제시하면 다음과 같다.

개체 내 요인과 기술통계량 분석 결과

일원반복측정분산분석(One-way RM ANOVA)은 개체 내 요인만 있으며, 개체 간 요인은 없는 모형이다. 이 모형에서는 [시간] 요인은 범주형 변수로 독립변수에 해당한다. 종속변수는 3회 반복측정된 판매량 데이터이다.

개체-내 요인

측도: 판매량

시간	종속변수
1	판매량1
2	판매량2
3	판매량3

기술통계량

	평균	표준편차	N
판매량1	59.92	9.301	130
판매량2	63.55	9.596	130
판매량3	63.93	10.294	130

다변량검증 분석 결과

일반적으로 다변량검증 결과를 이용해 가설검증을 수행하지 않으며 Mauchly의 구형성검증 결과를 사용한다. 따라서 다변량검증 결과를 이 책에서는 앞으로 사용하지 않기로 한다.

다변량 검정[a]

효과		값	F	가설 자유도	오차 자유도	유의확률
시간	Pillai의 트레이스	.286	25.692[b]	2.000	128.000	<.001
	Wilks의 람다	.714	25.692[b]	2.000	128.000	<.001
	Hotelling의 트레이스	.401	25.692[b]	2.000	128.000	<.001
	Roy의 최대근	.401	25.692[b]	2.000	128.000	<.001

a. Design: 절편
개체-내 계획: 시간

b. 정확한 통계량

Mauchly의 구형성검증 결과

Mauchly의 구형성검증(Mauchly's test of sphericity)은 개체 내 요인에 대한 독립성가정이 만족하는지를 확인하는 검증으로 이 검증의 귀무가설은 '데이터가 구형성가정을 만족한다'이다. 근사카이제곱이 0.411이고 유의확률이 0.814이므로 유의수준 0.05보다 커서 구형성가정이 충족되었음을 알 수 있다. 만약 $p<0.05$이면 구형성가정이 위배되며 이 경우에는 수정된 검증 통계량인 Greenhouse-Geisser나 Huynh-Feldt 엡실런을 사용한다. 엡실런 값이 0.75보다 작으면 Greenhouse-Geisser를 사용하고 0.75보다 크면 Huynh-Feldt를 사용하여 결과를 해석한다.

Mauchly의 구형성 검정[a]

측도: 판매량

개체-내 효과	Mauchly의 W	근사 카이제곱 검정	자유도	유의확률	엡실런[b] Greenhouse-Geisser	Huynh-Feldt	하한
시간	.997	.411	2	.814	.997	1.000	.500

정규화된 변형 종속변수의 오차 공분산행렬이 항등 행렬에 비례하는 영가설을 검정합니다.

a. Design: 절편
개체-내 계획: 시간

b. 유의성 평균검정의 자유도를 조절할 때 사용할 수 있습니다. 수정된 검정은 개체내 효과검정 표에 나타납니다.

개체 내 효과검증 결과

Mauchly의 구형성가정이 만족되면 개체 내 효과검증 결과에서 '구형성가정'의 결과를 가지고 해석하고 분석 결과를 제시하면 된다. 이 실습에서 구형성가정이 만족된 경우의 F값은 27.064이고 이의 유의확률이 <0.001이므로 유의수준 0.001보다 작으므로 시간에 따라 판매량의 평균은 차이가 있다고 결론내릴 수 있다.

개체-내 효과 검정

측도: 판매량

원인		제 III 유형 제곱합	자유도	평균제곱	F	유의확률
시간	구형성 가정	1271.236	2	635.618	27.064	<.001
	Greenhouse-Geisser	1271.236	1.994	637.654	27.064	<.001
	Huynh-Feldt	1271.236	2.000	635.618	27.064	<.001
	하한	1271.236	1.000	1271.236	27.064	<.001
오차(시간)	구형성 가정	6059.431	258	23.486		
	Greenhouse-Geisser	6059.431	257.176	23.561		
	Huynh-Feldt	6059.431	258.000	23.486		
	하한	6059.431	129.000	46.972		

개체 내 대비 검증 결과

시간에 따른 종속변수의 변화가 선형인지 이차 모형인지에 대한 검증 결과이다. 이 문제의 경우에는 선형모형의 F값이 44.236이고 유의확률이 <0.001이므로 시간의 흐름에 따라 종속변수의 변화 양상이 선형임을 알 수 있다.

개체-내 대비 검정

측도: 판매량

원인	시간	제 III 유형 제곱합	자유도	평균제곱	F	유의확률
시간	선형	1044.004	1	1044.004	44.236	<.001
	이차	227.232	1	227.232	9.723	.002
오차(시간)	선형	3044.496	129	23.601		
	이차	3014.935	129	23.372		

시점 간 다중비교 검증 결과: 추정 주변평균

시점 간 다중비교를 위해 실시한 추정 주변평균에 대한 대응별 비교 결과이다. 대응별 비교 결과 판매량2와 판매량3 간에는 차이가 없었으며 판매량1과 판매량2, 판매량1과 판매량3 간에는 평균 차이가 있음을 알 수 있다.

시간

추정값

측도: 판매량

시간	평균	표준오차	95% 신뢰구간 하한	95% 신뢰구간 상한
1	59.923	.816	58.309	61.537
2	63.546	.842	61.881	65.211
3	63.931	.903	62.145	65.717

대응별 비교

측도: 판매량

(I) 시간	(J) 시간	평균차이(I-J)	표준오차	유의확률[b]	차이에 대한 95% 신뢰구간[b] 하한	차이에 대한 95% 신뢰구간[b] 상한
1	2	-3.623*	.615	<.001	-5.115	-2.132
	3	-4.008*	.603	<.001	-5.469	-2.546
2	1	3.623*	.615	<.001	2.132	5.115
	3	-.385	.585	1.000	-1.805	1.036
3	1	4.008*	.603	<.001	2.546	5.469
	2	.385	.585	1.000	-1.036	1.805

추정 주변 평균을 기준으로

*. 평균차이는 .05 수준에서 유의합니다.

b. 다중비교를 위한 수정: Bonferroni

시간에 따른 판매량 변화의 프로파일 도표 결과

프로파일 도표에 의하면 판매량이 1시점에서 2시점까지 크게 증가한 후에 2시점부터 3시점까지의 판매량은 크게 변동이 없이 유지되고 있음을 알 수 있다.

프로파일 도표

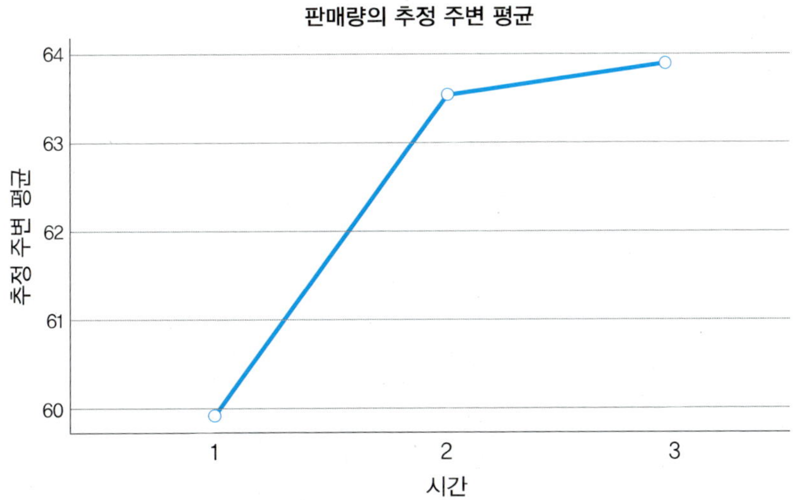

3) 일원반복측정분산분석 결과의 제시와 해석

화장품을 판매하는 회사에서 화장품의 광고 후에 시점에 따른 판매량의 차이를 알아보기 위해서 광고 시행 후 3개월 후, 5개월 후, 7개월 후에 측정하였으며 Mauchly 구형성가정(근사카이제곱=0.411, p=0.814)이 충족되어 개체 내 효과검증을 통해 일원반복측정분산분석을 실시하였다. 분석 결과는 [표 19-2]에 제시하였다.

표 19-2 일원반복측정분산분석 결과 (N=130)

변량원		평균	표준편차	F값	p값	사후검증
시점	판매량1	59.92	9.301	27.064***	0.000	1>2,3
	판매량2	63.55	9.596			
	판매량3	63.93	10.294			

***$p<0.001$

분석 결과에 의하면 화장품의 판매량은 측정시점에 따라서 $F(2,258)=27.064$, $p<0.001$이었으며 유의수준 0.001에서 통계적으로 유의한 차이를 나타냈다. 측정시점 간에 차이가 있는지를 살펴보기 위해 Bonferroni 사후검증을 실시한 결과, 판매량1($M=59.92$, $SD=9.301$)과 판매량2($M=63.55$, $SD=9.596$), 판매량1과 판매량3($M=63.93$, $SD=10.294$) 간에는 평균 차이가 있었으며 판매량2와 판매량3 간에는 차이가 없었다. 또한 프로파일 도표를 통해 분석한 결과 판매량이 1시점에서 2시점까지 크게 증가한 후에 2시점부터 3시점까지의 판매량은 유지되고 있음을 알 수 있다(프로파일 도표는 위에 있어서 생략).

[통계 실습 19-2] 이원반복측정분산분석

화장품을 판매하는 회사에서 광고방법에 따라서 판매량이 어떻게 달라지는지를 알아보고자 한다. 고객들에게 세 가지 광고방법(1. 유튜브광고, 2. 인적판매, 3. TV광고)에 노출시킨 상태에서 화장품의 판매량을 3회(3개월 후, 5개월 후, 7개월 후)에 걸쳐서 조사하였다. 주어진 [제19장 이원반복측정분산분석 데이터(월별 판매량)]를 이용해 이원반복측정분산분석(Two-way RM ANOVA)을 수행하고 분석 결과를 해석하시오. 독립변수는 범주형 변수로 2개(① 범주형 변수 1개-시점, ② 범주형 변수-광고방법)이며, 종속변수는 연속형 변수로 판매량(단위: 천 개)이다.

■ 실습 데이터

ID	광고방법	판매량1	판매량2	판매량3
1	2	70	70	77
2	2	65	76	69
…	…	…	…	…
130	1	55	64	62

총 사례 수는 130개임

- 독립변수(범주형 변수) → 광고방법(1. 유튜브광고, 2. 인적판매, 3. TV광고)
- 독립변수(범주형 변수) → 시점(Time) 1. 판매량1(3개월 후 판매량), 2. 판매량2(5개월 후 판매량),
  3. 판매량3(7개월 후 판매량)
- 종속변수(연속형 변수) → 판매량(단위: 천 개)

실습 데이터	제19장 이원반복측정분산분석 데이터(월별 판매량)
분석방법 메뉴 선택	분석-일반선형모형-반복측도

1) 실습 과정

❶ [파일–열기–데이터]를 선택한 후 실습 데이터 파일이 있는 위치로 찾아가서 [제19장 이원반복측정분산분석 데이터(월별 판매량)]을 연다.

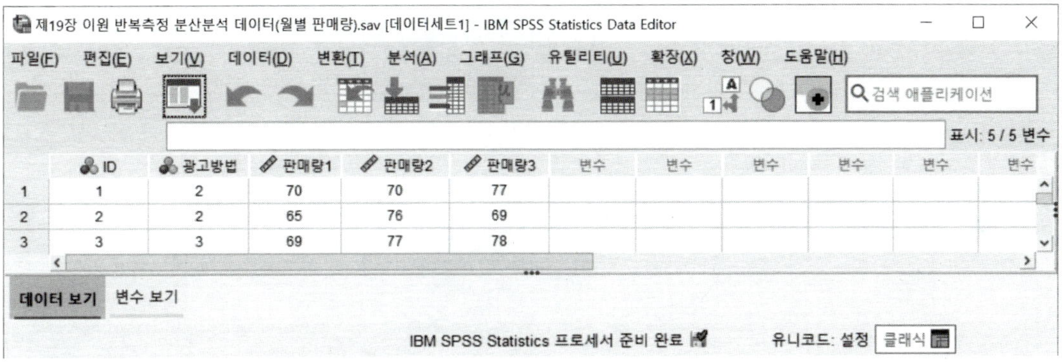

❷ [분석–일반선형모형–반복측도]를 클릭하여 [반복측도 요인 정의] 창을 연다. 상단의 [개체 내 요인이름]의 ‘요인1’을 지우고 [시간]을 입력하고, [수준 수]에는 3회 반복측정(Repeated measures)이므로 [3]을 입력한다. 입력 후에는 [추가] 버튼을 클릭한다. 하단에 있는 [측도 이름]에는 [판매량]을 입력한 후 [추가] 버튼을 클릭한다. 마지막으로 하단 왼쪽에 있는 [정의] 버튼을 클릭한다.

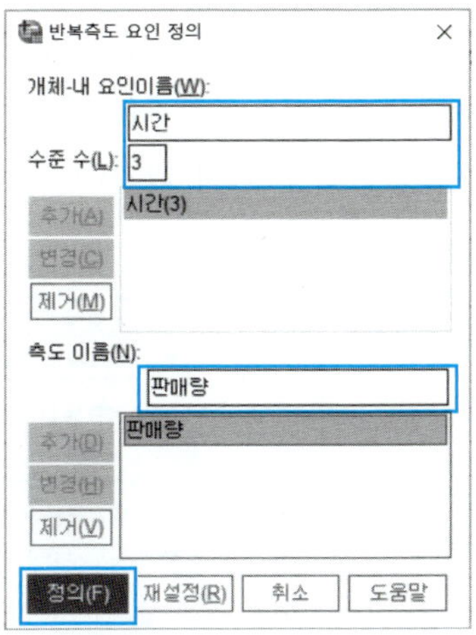

❸ [반복측도] 창에서 왼쪽에 있는 [판매량1], [판매량2], [판매량3]을 선택한 후 오른쪽 [개체 내 변수]로 보낸다. 왼쪽의 [광고방법]을 선택한 후 오른쪽의 [개체 간 요인]으로 보낸다.

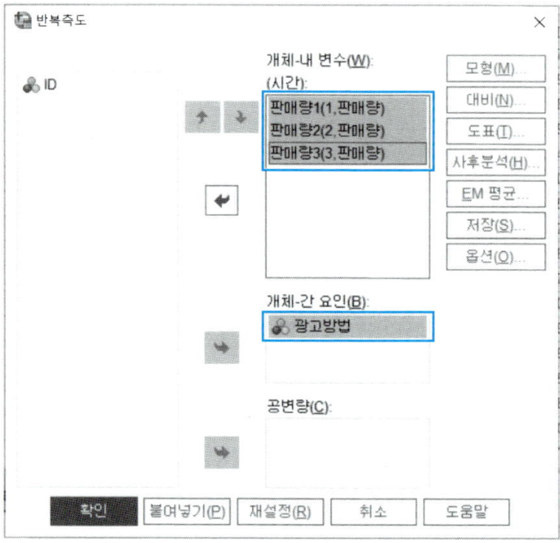

❹ [반복측도] 창의 오른쪽에 있는 [모형] 창은 그대로 둔다(이렇게 하면 [주효과]와 [상호작용 효과] 항이 자동적으로 선택된다). [대비] 창도 그대로 둔다.

❺ [반복측도] 창의 오른쪽에 있는 [도표] 창을 클릭하면 [반복측도: 프로파일 도표] 창이 나타난다. [시간]을 [수평축 변수]로, [광고방법]을 [선구분 변수]로 이동시킨다. 입력 후에는 [추가] 버튼을 클릭한다. [계속] 버튼을 클릭해 빠져 나간다.

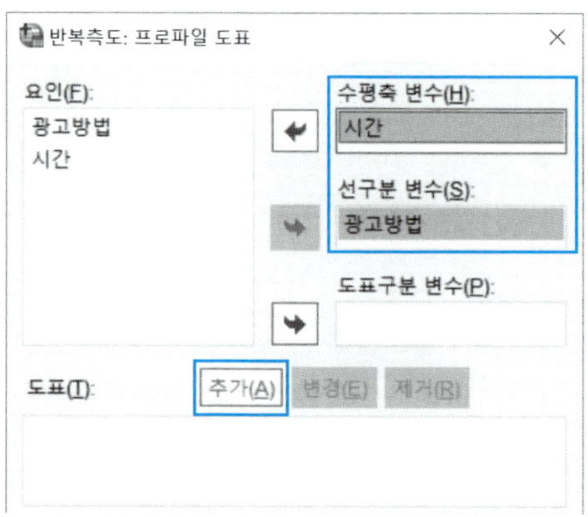

❻ [반복측도] 창의 오른쪽에 있는 [사후분석] 창을 클릭하면 [반복측도: 관측평균의 사후분석 다중비교] 창이 나타난다. 광고방법의 다중비교를 위해서 창의 왼쪽에 있는 [광고방법]을 오른쪽의 [사후검정변수]로 이동시킨다. 모든 변수들의 표본 수가 같으므로 [Tukey방법]을 선택하고 [계속] 버튼을 클릭해 빠져나간다.

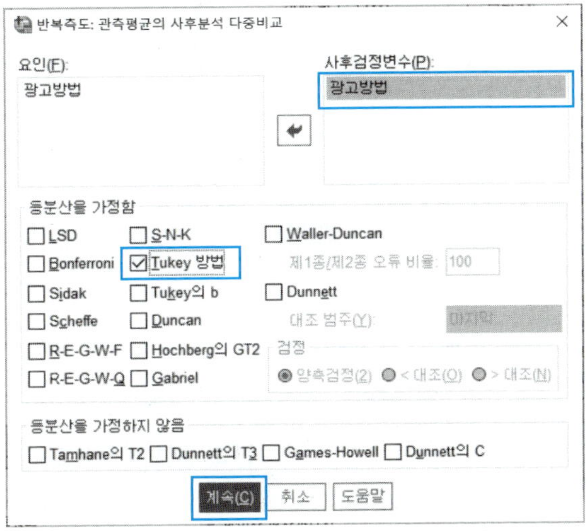

❼ [반복측도] 창의 오른쪽에 있는 [EM평균] 창을 클릭하면 [반복측도: 추정 주변평균] 창이 나타난다. [시간], [광고방법], [광고방법 * 시간]의 다중비교를 위해서 창의 왼쪽에 있는 [요인 및 요인 상호작용]의 [시간], [광고방법 * 시간]을 오른쪽의 [평균 표시 기준]으로 이동시킨다. [주효과 비교]에 [체크] 표시하고, [신뢰구간 수정]에서 [Bonferroni]를 선택하고 [계속] 버튼을 클릭해 빠져나간다.

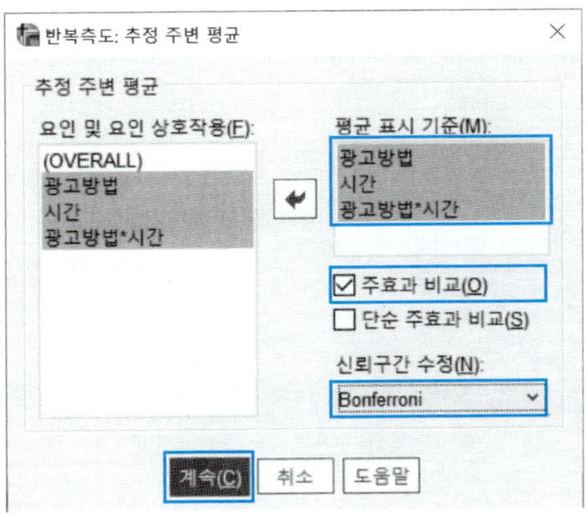

❽ [반복측도] 창의 오른쪽에 있는 [옵션] 창을 클릭하면 [반복측도: 옵션] 창이 나타난다. [기술통계량], [동질성검증]을 [체크]한 후 [계속] 버튼을 클릭해 빠져나간다.

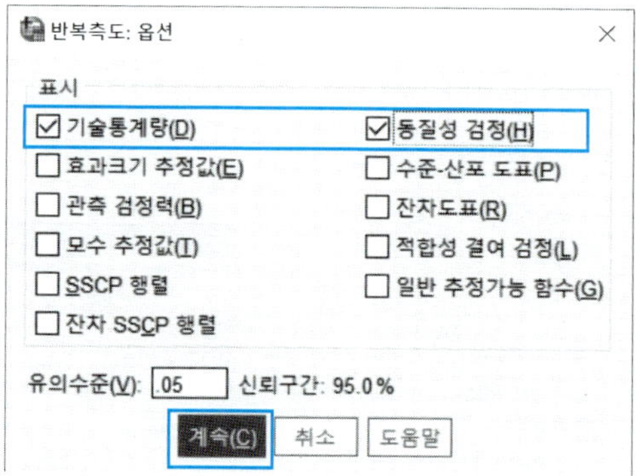

❾ [반복측도] 창의 왼쪽 하단에 있는 [붙여넣기] 버튼을 클릭한다. 그러면 [명령문-IBM SPSS Statistics Syntax Editor]이 나타난다. 여기에서는 앞에서 지정한 주효과 변수(시간, 광고방법)에 대한 사후검증이 아니라 광고방법과 시간의 상호작용효과가 유의적인 경우에 수행하는 상호작용효과에 대한 사후검증을 수행하는 것이다. 다음의 화면처럼 [/EMMEANS = TABLES (광고방법 * 시간)] 뒤에 사후검증을 위한 신텍스 명령어를 추가한다.

COMPARE(시간) ADJ(BONFERRONI)

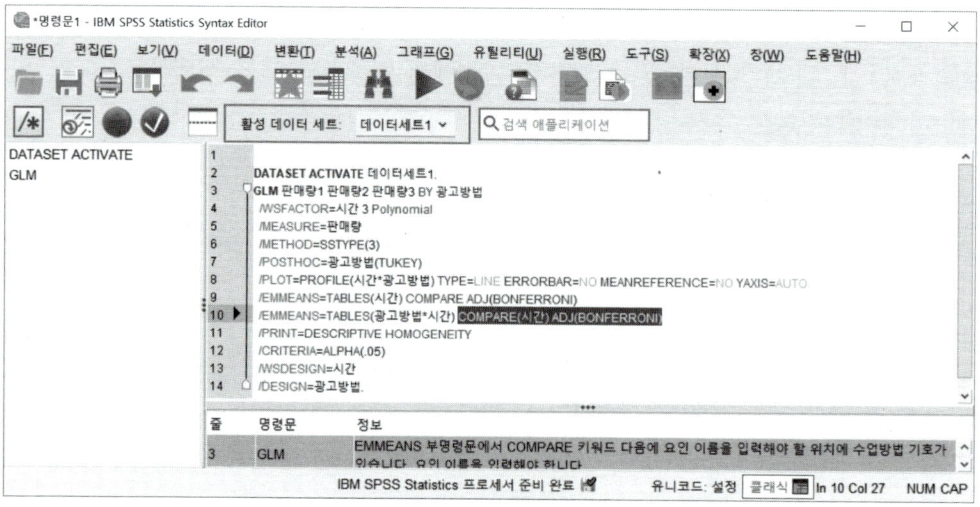

⑩ 마우스를 이용해 다음과 같이 모든 신텍스를 선택한 후 화면 상단의 실행 명령어(▶)를 클릭한다. 그러면 이원반복측정분산분석 결과가 출력된다.

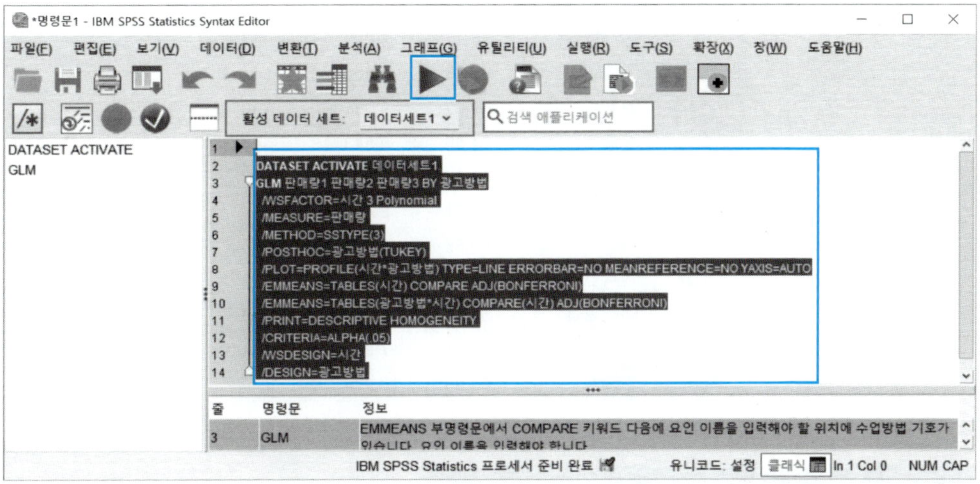

2) 주요 분석 결과

이원반복측정분산분석에 대한 주요 출력 결과를 제시하면 다음과 같다.

개체 내 요인과 기술통계량 분석 결과

이원반복측정분산분석(Two-way RM ANOVA)은 개체 내 요인(시간)과 개체 간 요인(광고방법)이 있는 모형이다. 종속변수는 3회 반복측정된 판매량 데이터이다.

개체-내 요인

측도: 판매량

시간	종속변수
1	판매량1
2	판매량2
3	판매량3

개체-간 요인

		값 레이블	N
광고방법	1	유튜브광고	43
	2	인적판매	43
	3	TV광고	44

기술통계량

	광고방법	평균	표준편차	N
판매량1	유튜브광고	62.12	8.636	43
	인적판매	56.47	9.090	43
	TV광고	61.16	9.361	44
	전체	59.92	9.301	130
판매량2	유튜브광고	64.56	9.543	43
	인적판매	61.44	10.566	43
	TV광고	64.61	8.464	44
	전체	63.55	9.596	130
판매량3	유튜브광고	64.40	10.019	43
	인적판매	59.70	11.321	43
	TV광고	67.61	7.913	44
	전체	63.93	10.294	130

분산-공분산 행렬에 대한 Box의 동일성검증 결과

Box의 동일성검증은 집단(광고방법) 간의 분산-공분산 행렬이 같은지를 알아보기 위한 것으로 검증 결과 $p>0.05$이면 집단 간의 분산-공분산 행렬의 구조가 같음을 의미한다. 이 실습 문제에서는 $p>0.059$이므로 광고방법 간에 분산-공분산 행렬이 동일하다는 것이 검증되었다.

공분산 행렬의 동일성에 대한 Box의 검정[a]

Box의 M	21.155
F	1.702
자유도1	12
자유도2	78080.218
유의확률	.059

여러 집단에서 종속변수의 관측 공분산행렬이 동일한 영가설을 검정합니다.

a. Design: 절편 + 광고방법
개체-내 계획: 시간

오차분산의 동일성에 대한 Levene의 검증 결과

여러 집단에서 종속변수의 오차분산이 동일함을 보여준다.

오차 분산의 동일성에 대한 Levene의 검정[a]

		Levene 통계량	자유도1	자유도2	유의확률
판매량1	평균을 기준으로 합니다.	.653	2	127	.522
	중위수를 기준으로 합니다.	.517	2	127	.598
	자유도를 수정한 상태에서 중위수를 기준으로 합니다.	.517	2	125.715	.598
	절삭평균을 기준으로 합니다.	.651	2	127	.523
판매량2	평균을 기준으로 합니다.	.697	2	127	.500
	중위수를 기준으로 합니다.	.722	2	127	.488
	자유도를 수정한 상태에서 중위수를 기준으로 합니다.	.722	2	118.716	.488
	절삭평균을 기준으로 합니다.	.729	2	127	.484
판매량3	평균을 기준으로 합니다.	1.812	2	127	.167
	중위수를 기준으로 합니다.	1.515	2	127	.224
	자유도를 수정한 상태에서 중위수를 기준으로 합니다.	1.515	2	110.670	.224
	절삭평균을 기준으로 합니다.	1.658	2	127	.195

여러 집단에서 종속변수의 오차 분산이 동일한 영가설을 검정합니다.

a. Design: 절편 + 광고방법
개체-내 계획: 시간

Mauchly의 구형성검증 결과

모클리의 구형성검증(Mauchly's test of sphericity)을 실시한 결과 근사 카이제곱이 1.201이고 $p>0.05$이므로 구형성가정이 충족되었다.

Mauchly의 구형성 검정[a]

측도: 판매량

개체-내 효과	Mauchly의 W	근사 카이제곱 검정	자유도	유의확률	엡실런[b] Greenhouse-Geisser	Huynh-Feldt	하한
시간	.991	1.201	2	.549	.991	1.000	.500

정규화된 변형 종속변수의 오차 공분산행렬이 항등 행렬에 비례하는 영가설을 검정합니다.

a. Design: 절편 + 광고방법
개체-내 계획: 시간

b. 유의성 평균검정의 자유도를 조절할 때 사용할 수 있습니다. 수정된 검정은 개체내 효과검정 표에 나타납니다.

개체 내 효과검증 결과

Mauchly의 구형성가정이 만족되면 개체 내 효과검증 결과에서 '구형성가정'의 결과를 가지고 해석하고 분석 결과를 제시하면 된다. 이 문제에서는 시간은 p값이 <0.001이므로 유의수준 0.001에서, 시간*광고방법은 p=0.004이므로 유의수준 0.01에서 판매량의 평균은 차이가 있다고 결론내릴 수 있다.

개체-내 효과 검정

측도: 판매량

원인		제 III 유형 제곱합	자유도	평균제곱	F	유의확률
시간	구형성 가정	1264.267	2	632.134	28.149	<.001
	Greenhouse-Geisser	1264.267	1.981	638.129	28.149	<.001
	Huynh-Feldt	1264.267	2.000	632.134	28.149	<.001
	하한	1264.267	1.000	1264.267	28.149	<.001
시간 * 광고방법	구형성 가정	355.507	4	88.877	3.958	.004
	Greenhouse-Geisser	355.507	3.962	89.720	3.958	.004
	Huynh-Feldt	355.507	4.000	88.877	3.958	.004
	하한	355.507	2.000	177.753	3.958	.022
오차(시간)	구형성 가정	5703.924	254	22.456		
	Greenhouse-Geisser	5703.924	251.614	22.669		
	Huynh-Feldt	5703.924	254.000	22.456		
	하한	5703.924	127.000	44.913		

개체 내 대비 검증 결과

시간, 시간*광고방법에 따른 종속변수의 변화가 선형인지 이차 모형인지에 대한 검증 결과이다. 이 실습 문제의 경우에는 시간, 시간*광고방법이 선형모형에 가까움을 알 수 있다.

개체-내 대비 검정

측도: 판매량

원인	시간	제 III 유형 제곱합	자유도	평균제곱	F	유의확률
시간	선형	1034.024	1	1034.024	46.311	<.001
	이차	230.244	1	230.244	10.194	.002
시간 * 광고방법	선형	208.879	2	104.439	4.678	.011
	이차	146.628	2	73.314	3.246	.042
오차(시간)	선형	2835.617	127	22.328		
	이차	2868.307	127	22.585		

광고방법의 개체 간 효과검증 결과

개체 간 효과검증 결과 광고방법의 유의확률이 <0.011이므로 유의수준 0.05에서 광고방법에 따라 판매액의 평균이 차이가 있음을 알 수 있다.

개체-간 효과 검정

측도: 판매량
변환된 변수: 평균

원인	제 III 유형 제곱합	자유도	평균제곱	F	유의확률
절편	1520880.700	1	1520880.700	6764.796	<.001
광고방법	2093.899	2	1046.950	4.657	.011
추정값	28552.501	127	224.823		

광고방법 간 다중비교 검증 결과: 추정 주변평균

광고방법 간 다중비교를 위해 실시한 추정 주변평균에 대한 대응별 비교 결과이다. 대응별 비교 결과 인적판매와 TV광고 간에는 평균 차이가 있으나 유튜브광고와 인적판매, 유튜브광고와 TV광고 간에는 차이가 없었다.

1. 광고방법

추정값

측도: 판매량

광고방법	평균	표준오차	95% 신뢰구간	
			하한	상한
유튜브광고	63.690	1.320	61.078	66.302
인적판매	59.202	1.320	56.589	61.814
TV광고	64.462	1.305	61.880	67.045

대응별 비교

측도: 판매량

(I) 광고방법	(J) 광고방법	평균차이(I-J)	표준오차	유의확률[b]	차이에 대한 95% 신뢰구간[b] 하한	상한
유튜브광고	인적판매	4.488	1.867	.053	-.041	9.018
	TV광고	-.772	1.856	1.000	-5.276	3.731
인적판매	유튜브광고	-4.488	1.867	.053	-9.018	.041
	TV광고	-5.261*	1.856	.016	-9.764	-.757
TV광고	유튜브광고	.772	1.856	1.000	-3.731	5.276
	인적판매	5.261*	1.856	.016	.757	9.764

추정 주변 평균을 기준으로

*. 평균차이는 .05 수준에서 유의합니다.

b. 다중비교를 위한 수정: Bonferroni

시점 간 다중비교 검증 결과: 추정 주변평균

시점 간 다중비교를 위해 실시한 추정 주변평균에 대한 대응별 비교 결과이다. 대응별 비교 결과 판매량1과 판매량2, 판매량1과 판매량3 간에는 평균 차이가 있으나 판매량2와 판매량3 간에는 차이가 없었다.

추정값

측도: 판매량

시간	평균	표준오차	95% 신뢰구간 하한	상한
1	59.913	.793	58.345	61.482
2	63.538	.838	61.880	65.196
3	63.902	.863	62.195	65.610

대응별 비교

측도: 판매량

(I) 시간	(J) 시간	평균차이(I-J)	표준오차	유의확률[b]	차이에 대한 95% 신뢰구간[b] 하한	상한
1	2	-3.624*	.613	<.001	-5.111	-2.138
	3	-3.989*	.586	<.001	-5.411	-2.567
2	1	3.624*	.613	<.001	2.138	5.111
	3	-.364	.563	1.000	-1.731	1.003
3	1	3.989*	.586	<.001	2.567	5.411
	2	.364	.563	1.000	-1.003	1.731

추정 주변 평균을 기준으로

*. 평균차이는 .05 수준에서 유의합니다.

b. 다중비교를 위한 수정: Bonferroni

광고방법별 시점 간 다중비교 검증 결과: 추정 주변평균

광고방법별 시점 간 다중비교를 위해 실시한 추정 주변평균에 대한 대응별 비교 결과이다. 유튜브광고의 경우에는 대응별 비교 결과 판매량의 평균이 차이가 없었다. 인적판매의 경우에는 판매량1과 판매량2, 판매량1과 판매량3 간에는 평균 차이가 있으나 판매량2와 판매량3 간에는 차이가 없었다. TV광고의 경우에는 모든 시점 간에 판매량의 평균이 차이가 있는 것으로 분석되었다.

2. 광고방법 * 시간

추정값

측도: 판매량

광고방법	시간	평균	표준오차	95% 신뢰구간 하한	상한
유튜브광고	1	62.116	1.378	59.389	64.843
	2	64.558	1.457	61.675	67.441
	3	64.395	1.500	61.427	67.364
인적판매	1	56.465	1.378	53.738	59.192
	2	61.442	1.457	58.559	64.325
	3	59.698	1.500	56.729	62.666
TV광고	1	61.159	1.362	58.463	63.855
	2	64.614	1.440	61.763	67.464
	3	67.614	1.483	64.679	70.548

대응별 비교

측도: 판매량

광고방법	(I) 시간	(J) 시간	평균차이(I-J)	표준오차	유의확률[b]	차이에 대한 95% 신뢰구간[b] 하한	상한
유튜브광고	1	2	-2.442	1.066	.071	-5.027	.143
		3	-2.279	1.019	.081	-4.751	.193
	2	1	2.442	1.066	.071	-.143	5.027
		3	.163	.980	1.000	-2.214	2.539
	3	1	2.279	1.019	.081	-.193	4.751
		2	-.163	.980	1.000	-2.539	2.214
인적판매	1	2	-4.977*	1.066	<.001	-7.562	-2.392
		3	-3.233*	1.019	.006	-5.705	-.760
	2	1	4.977*	1.066	<.001	2.392	7.562
		3	1.744	.980	.232	-.632	4.121
	3	1	3.233*	1.019	.006	.760	5.705
		2	-1.744	.980	.232	-4.121	.632
TV광고	1	2	-3.455*	1.053	.004	-6.010	-.899
		3	-6.455*	1.007	<.001	-8.899	-4.010
	2	1	3.455*	1.053	.004	.899	6.010
		3	-3.000*	.968	.007	-5.349	-.651
	3	1	6.455*	1.007	<.001	4.010	8.899
		2	3.000*	.968	.007	.651	5.349

추정 주변 평균을 기준으로

*. 평균차이는 .05 수준에서 유의합니다.

b. 다중비교를 위한 수정: Bonferroni

광고방법 간 사후검증 결과

Tukey방법에 의한 광고방법 간 사후검증 결과이다. 분석 결과 인적판매와 유튜브광고, 인적판매와 TV광고 간에는 판매량의 평균이 차이가 있었으나 유튜브광고와 TV광고 간의 판매량의 평균은 차이가 없었다.

사후검정

광고방법

다중비교

측도: 판매량

Tukey HSD

(I) 광고방법	(J) 광고방법	평균차이(I-J)	표준오차	유의확률	95% 신뢰구간 하한	95% 신뢰구간 상한
유튜브광고	인적판매	4.49*	1.867	.046	.06	8.92
	TV광고	-.77	1.856	.909	-5.17	3.63
인적판매	유튜브광고	-4.49*	1.867	.046	-8.92	-.06
	TV광고	-5.26*	1.856	.015	-9.66	-.86
TV광고	유튜브광고	.77	1.856	.909	-3.63	5.17
	인적판매	5.26*	1.856	.015	.86	9.66

관측평균을 기준으로 합니다.
오차항은 평균제곱(오차) = 74.941입니다.

*. 평균차이는 .05 수준에서 유의합니다.

동질적 부분집합

판매량

Tukey HSD[a,b,c]

광고방법	N	부분집합 1	부분집합 2
인적판매	43	59.20	
유튜브광고	43		63.69
TV광고	44		64.46
유의확률		1.000	.909

동질적 부분집합에 있는 집단에 대한 평균이 표시됩니다.
관측평균을 기준으로 합니다.
오차항은 평균제곱(오차) = 74.941입니다.

a. 조화평균 표본크기 43.328을(를) 사용합니다.

b. 집단 크기가 동일하지 않습니다. 집단 크기의 조화평균이 사용됩니다. I 유형 오차 수준은 보장되지 않습니다.

c. 유의수준 = .05.

시간 * 광고방법에 따른 판매량 변화의 프로파일 도표 결과

시간과 광고방법에 따른 프로파일 도표에 의하면 인적판매의 경우에는 1시점에서 2시점까지는 판매량이 증가했으나 이후에 감소하였다. 유튜브광고의 경우에는 1시점에서 2시점까지는 판매량이 증가했으나 이후에는 유지되고 있다. 인적판매의 경우에는 1시점에서 2시점까지 증가한 후에 2시점부터 3시점까지의 판매량은 감소하였음을 알 수 있다. 그러나 TV광고의 경우에는 시간에 따라 판매량이 증가하는 양상을 보이고 있다.

프로파일 도표

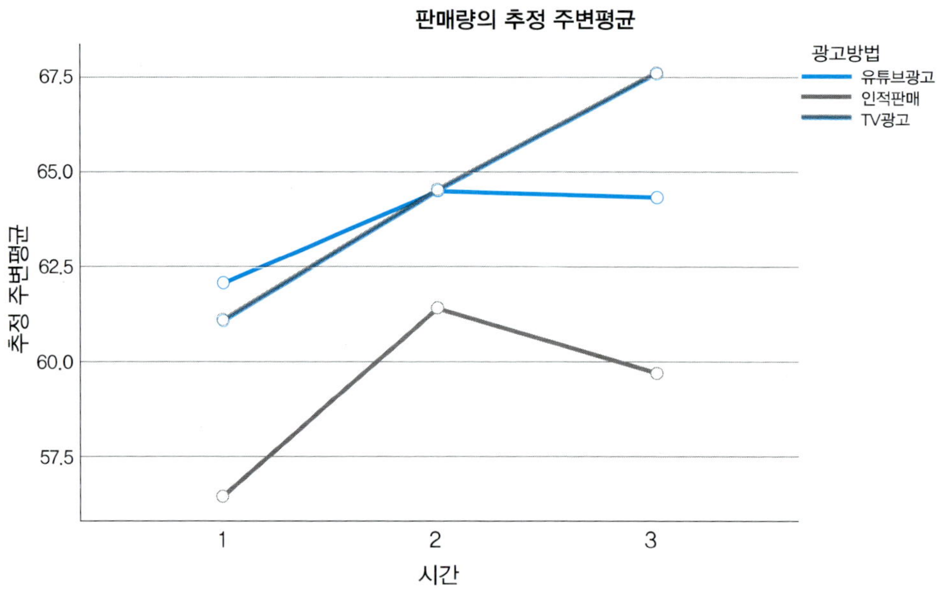

3) 이원반복측정분산분석 결과의 제시와 해석

화장품을 판매하는 회사에서 세 가지 광고방법(유튜브광고, 인적판매, TV광고)으로 광고를 고객들에게 노출시킨 상태에서 측정시점에 따른 판매량의 차이를 알아보기 위해서 광고 시행 후 3개월 후, 5개월 후, 7개월 후에 측정하였다. Mauchly 구형성가정(근사 카이제곱=1.201, p=0.549)이 충족되었다. 이원반복측정분산분석을 실시한 결과는 다음에 제시하였다.

표 19-3 판매량의 기술통계 결과

구분	광고방법	판매량1 (M±SD)	판매량2 (M±SD)	판매량3 (M±SD)
판매량	유튜브광고	62.12±8.636	64.56±9.543	64.40±10.019
	인적판매	56.47±9.090	61.44±10.566	59.70±11.321
	TV광고	61.16±9.361	64.61±8.464	67.61±7.913

[표 19-3]을 보면 유튜브광고는 시점1보다 시점2와 3에서 평균이 약간 높아졌으며, 인적판매는 시점1보다 시점2에서 증가했으나 이후에는 약간 감소하는 경향을 보이고 있다. TV광고는 시점에 따라서 판매량이 증가하는 추세를 보이고 있다.

표 19-4 이원반복측정분산분석 결과 (N=130)

변량원	제Ⅲ유형 제곱합	자유도	평균제곱	F값	p값
절편	1520880.700	1	1520880.700	6764.796***	<0.001
광고방법	2093.899	2	1046.950	4.657*	0.011
시간	1264.267	2	632.134	28.149***	0.000
시간 * 광고방법	355.507	4	88.877	3.958**	0.004
오차(시간)	5703.924	254	22.456		

*p<0.05, **p<0.01, ***p<0.001

분석 결과, [표 19-4]를 보면 광고방법(F=4.657, p=0.011)은 유의수준 0.05에서, 시간별(F=28.149, p=0.000)은 유의수준 0.001에서 그리고 시간과 광고방법 간의 상호작용(F=3.958, p=0.004)은 유의수준 0.01에서 모두 통계적으로 유의한 차이가 있는 것으로 나타났다.

Tukey방법에 의한 광고방법 간 사후검증 결과 인적판매와 유튜브광고, 인적판매와 TV광고 간에는 판매량의 평균이 차이가 있었으나 유튜브광고와 TV광고 간의 판매량의 평균은 차이가 없었다.

먼저 시점 간의 대응별 비교 결과 판매량1과 판매량2, 판매량1과 판매량3 간에는 평균 차이가 있으나 판매량2와 판매량3 간에는 차이가 없었다. 다음으로 시점과 광고방법 간의 상호작용에 대한 대응별 비교 결과 유튜브광고의 경우에는 대응별 비교 결과 판매량의 평균이 차이가 없었다. 인적판매의 경우에는 판매량1과 판매량2, 판매량1과 판매량3 간에는 평균 차이가 있으나 판매량2와 판매량3 간에는 차이가 없었다. TV광고의 경우에는 모든 시점 간에 판매량의 평균이 차이가 있는 것으로 분석되었다. 마지막으로, 시간과 광고방법의 상호작용에 대한 프로파일 도표에 의하면 인적판매의 경우에는 1시점에서 2시점까지는 판매량이 증가했으나 이후에 감소하였다. 유튜브광고의 경우에는 1시점에서 2시점까지는 판매량이 증가했으나 이후에는 유지되고 있다. 인적판매의 경우에는 1시점에서 2시점까지 증가한 후에 2시점부터 3시점까지의 판매량은 감소하였음을 알 수 있다. 그러나 TV광고의 경우에는 시간에 따라 판매량이 증가하는 양상을 보이고 있다(표와 그림은 결과를 참조 바람).

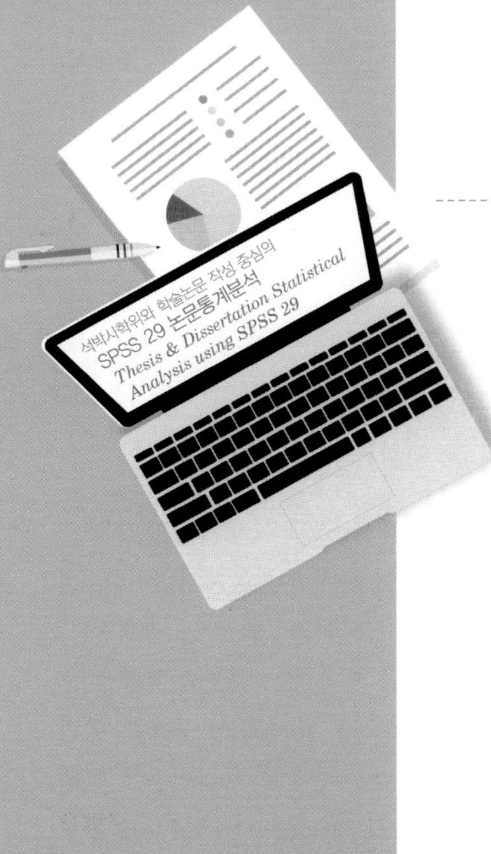

제 7 부

영향관계와 예측검증: 회귀분석

제 20 장

단순회귀분석

Simple Regression Analysis

1 회귀분석의 의의와 기초

1.1 회귀분석의 의의와 유형

1) 회귀분석의 의의

회귀분석(Regression analysis)이란 독립변수와 종속변수의 관계를 하나의 함수식인 회귀선(Regression line) 혹은 회귀식(Regression equation)으로 나타내어 분석하는 통계기법이다. 결국 회귀분석은 독립변수와 종속변수 간의 관계를 가장 잘 대표하는 회귀선을 찾는 과정이다.

회귀분석에서 독립변수(Independent variable)는 설명 혹은 예측하는 변수로 영향을 주는 변수이며 예측변수(Predictor variable), 설명변수(Explanatory variable) 등으로 불린다. 한편 종속변수(Dependent variable)는 설명 혹은 예측을 받는 변수로 독립변수에 의해 영향을 받는 변수이며 준거변수(Criterion variable), 반응변수(Response variable), 목표변수(Target variable)라고도 한다.

[그림 20-1]은 기본적인 회귀분석의 유형을 구분한 것이다. 독립변수의 수가 1개이고 종속변수의 수가 1개이면 단순회귀분석(Simple regression analysis)이라 하며, 독립변수의 수가 2개 이상이고 종속변수의 수가 1개이면 다중회귀분석(Multiple regression analysis)이라 한다.

▶ 그림 20-1 ▌ **단순회귀분석과 다중회귀분석**

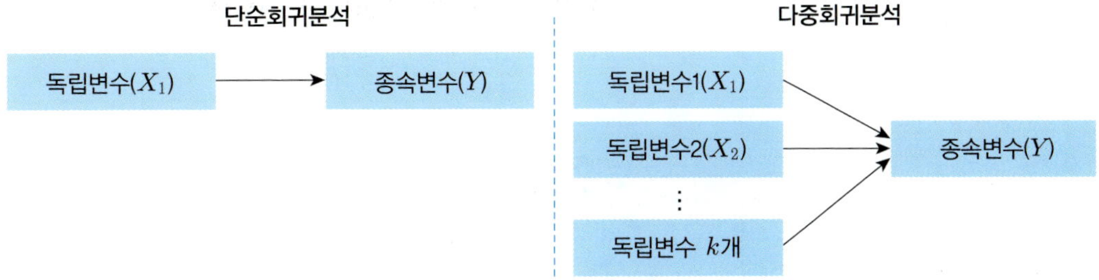

회귀분석의 목적은 독립변수로 종속변수를 설명(Explanation)하거나 주어진 표본 데이터를 이용해 추정한 회귀선에 새로운 독립변수의 값을 넣어서 종속변수의 값을 예측(Prediction)하는 데 있다. 특히 설명 목적에서는 독립변수가 종속변수에 미치는 영향관계를 파악하는 데 초점을 두고 있다. 따라서 회귀분석을 수행하면 독립변수가 종속변수에 미치는 영향관계(회귀계수의 통계적 유의성과 영향력의 정도)를 파악할 수 있을 뿐만 아니라 추정된 회귀선(회귀모형)을 통해 종속변수에 대한 예측값(Predicted values)을 계산할 수 있다. 회귀분석의 목적은 다음과 같이 구분할 수 있다.

- 독립변수가 종속변수에 미치는 영향의 통계적 유의성 확인(Explanation)
- 독립변수가 종속변수에 미치는 영향력의 크기와 방향 확인(Explanation)
- 독립변수의 값을 가지고 종속변수의 값의 예측(Prediction)

독립변수가 1개이고 종속변수가 1개인 단순회귀모형(Simple regression model)과 이의 추정된 회귀선(Estimated regression line) 혹은 추정된 회귀모형은 다음과 같다. 여기에서 독립변수는 X, 종속변수는 Y라고 가정하자.

단순회귀모형	단순회귀모형의 추정된 회귀선
$Y_i = \beta_0 + \beta_1 X_i + \epsilon_i$ 혹은 $Y_i = B_0 + B_1 X_i + \epsilon_i$	$\widehat{Y}_i = \widehat{\beta}_0 + \widehat{\beta}_1 X_i$ 혹은 $\widehat{Y}_i = \widehat{B}_0 + \widehat{B}_1 X_i$
Y_i: i번째 사례의 Y값(종속변수의 값) β_0: 절편(Intercept) β_1: 기울기(Slope)=회귀계수 X_i: i번째 사례의 X값(독립변수의 값) ϵ_i: 잔차(Residual) 혹은 오차(Error term)	$\widehat{Y}_i$: i번째 사례의 Y예측값 (종속변수의 예측값) $\widehat{\beta}_0$ 혹은 $\widehat{B}_0$: β_0(절편)의 추정치 $\widehat{\beta}_1$ 혹은 $\widehat{B}_1$: β_1(기울기)의 추정치 X_i: i번째 사례의 X값(독립변수의 값)

그림 20-2 ▎단순회귀모형의 회귀선과 잔차(오차)

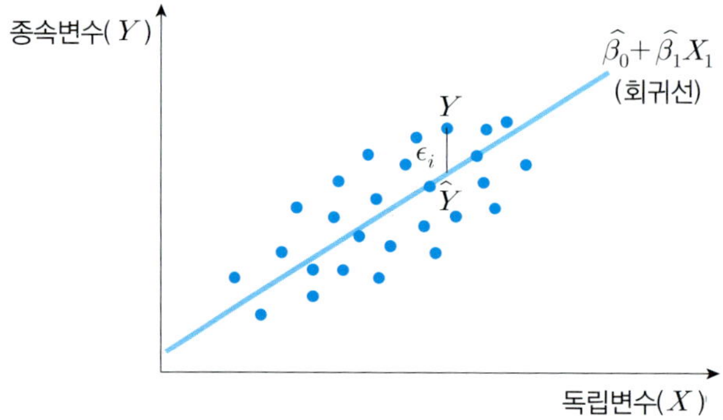

[그림 20-2]는 회귀분석모형의 회귀선과 잔차(오차)를 나타낸 것이다. 그림에서는 회귀모형이 회귀선(기울기)과 잔차의 합으로 구성되어 있음을 보여준다. 회귀분석에서 잔차(Residual) 혹은 오차(Error)란 실제값 Y_i에서 예측값 $\widehat{Y}_i$를 뺀 차이값을 말한다($\epsilon_i = Y_i - \widehat{Y}_i$). ϵ_i는 잔차 혹은 오차항이며, 이는 측정상의 오차나 모든 정보를 파악할 수 없는 점 등 다양한 현실적인 한계로 인해 발생하는 불확실성이다. 잔차는 일종의 잡음(Noise)이며 이는 평균이 0이고 분산이 일정한 정규분포를 따르는 성질을 가지고 있다[$\epsilon_i \sim N(0, \sigma^2)$]. 여기에서 한 가지 유의할 사항은 회귀분석에서의 정규성가정은 Y_i에 대한 것이 아니며 주어진 X_i에서의 Y_i에 대한 것으로 잔차(오차항)가 정규분포를 따라야 함을 의미한다는 것이다.

회귀분석은 잔차(오차)를 최소화시키는 절편과 기울기를 구하는 것이 가장 중요한 일이다. 결국 표본을 통해서 모수 β_0와 β_1의 추정치인 $\widehat{\beta_0}(\widehat{B_0})$와 $\widehat{\beta_1}(\widehat{B_1})$을 구하는 것, 즉 잔차제곱합(오차제곱합)을 최소화시키는 회귀선($\widehat{\beta_0}+\widehat{\beta_1}X_i$)을 추정하는 것이다.

β_0와 β_1의 좋은 추정치를 구하기 위해서는 일반적인 최소제곱법(Ordinary Least Squares method: OLS)을 이용할 수 있다. 여기에서 OLS란 회귀분석에서 잔차제곱합(오차제곱합)을 최소화시키는 $\widehat{\beta_0}(\widehat{B_0})$와 $\widehat{\beta_1}(\widehat{B_1})$을 구하는 방법을 말한다. 이를 보통 OLS에 의한 회귀분석이라고 한다. 좋은 회귀선을 찾으려면, 먼저 잔차합(오차합)이 0이 되게 해야 한다($\Sigma\epsilon_i = 0$). 잔차(오차)의 합이 0이 된다는 것은 적정하게 예측한다는 것을 의미하며, 그래프상에서 보면 회귀선이 데이터들의 가운데를 지나게 된다. 다음으로 잔차제곱합을 최소화시켜야 한다($\mathrm{Min}\,\Sigma\epsilon_i^2 = 0$).

독립변수가 2개 이상이고 종속변수가 1개인 다중회귀모형(Multiple regression model)과 이의 추정된 회귀선(Estimated regression line) 혹은 추정된 회귀모형은 다음과 같다. 여기에서 독립변수는 X는 k개, 종속변수는 Y라고 가정하자.

다중회귀모형	다중회귀모형의 추정된 회귀선
$Y_i = \beta_0 + \beta_1 X_1 + \beta_2 X_2 + \cdots + \beta_k X_{ik} + \epsilon_i$ 혹은 $Y_i = B_0 + B_1 X_1 + B_2 X_2 + \cdots + B_k X_{ik} + \epsilon_i$	$\widehat{Y_i} = \widehat{\beta_0} + \widehat{\beta_1} X_1 + \widehat{\beta_2} X_2 + \cdots + \widehat{\beta_k} X_{ik}$ 혹은 $\widehat{Y_i} = \widehat{B_0} + \widehat{B_1} X_1 + \widehat{B_2} X_2 + \cdots + \widehat{B_k} X_{ik}$
Y_i: i번째 사례의 Y값(종속변수의 값) β_0: 절편(Intercept) $\beta_1, \beta_2, \cdots, \beta_k$: 기울기(Slope)=회귀계수 X_{ik}: i번째 사례의 X_k값(독립변수들의 값) ϵ_i: 잔차(Residual) 혹은 오차(Error term)	$\widehat{Y_i}$: i번째 사례의 Y예측값(종속변수의 예측값) $\widehat{\beta_0}$ 혹은 $\widehat{B_0}$: β_0(절편)의 추정치 $\widehat{\beta_1}, \widehat{\beta_2}, \cdots, \widehat{\beta_k}$ 혹은 $\widehat{B_1}, \widehat{B_2}, \cdots, \widehat{B_p}$: β_k(기울기)의 추정치 X_{ik}: i번째 사례의 X_k값(독립변수들의 값)

2) 회귀분석의 유형

회귀분석의 유형은 ① 독립변수와 종속변수의 개수, ② 변수의 성격(연속형/범주형), ③ 변수관계의 선형/비선형, ④ 독립변수의 투입 순서, ⑤ 특수한 효과변수를 포함하고 있는 경우 등에 따라 다양하게 구분된다.

▶ 독립변수의 개수
- 독립변수 1개: 단순회귀분석(Simple regression analysis)
- 독립변수 2개 이상: 다중회귀분석(Multiple regression analysis)

▶ 종속변수의 개수
- 종립변수 1개: 단변량회귀분석(Univariate regression analysis)
- 종속변수 2개 이상: 다변량회귀분석(Multivariate regression analysis)

▶ 독립변수와 종속변수의 척도
- 독립변수 범주형: 더미회귀분석(Regression with dummy variables)
- 종속변수 연속형: 회귀분석(단순회귀분석/다중회귀분석)
- 종속변수 범주형: 로지스틱회귀분석(Logistic regression analysis)

그림 20-3 ▍ 회귀분석방법의 유형과 선택

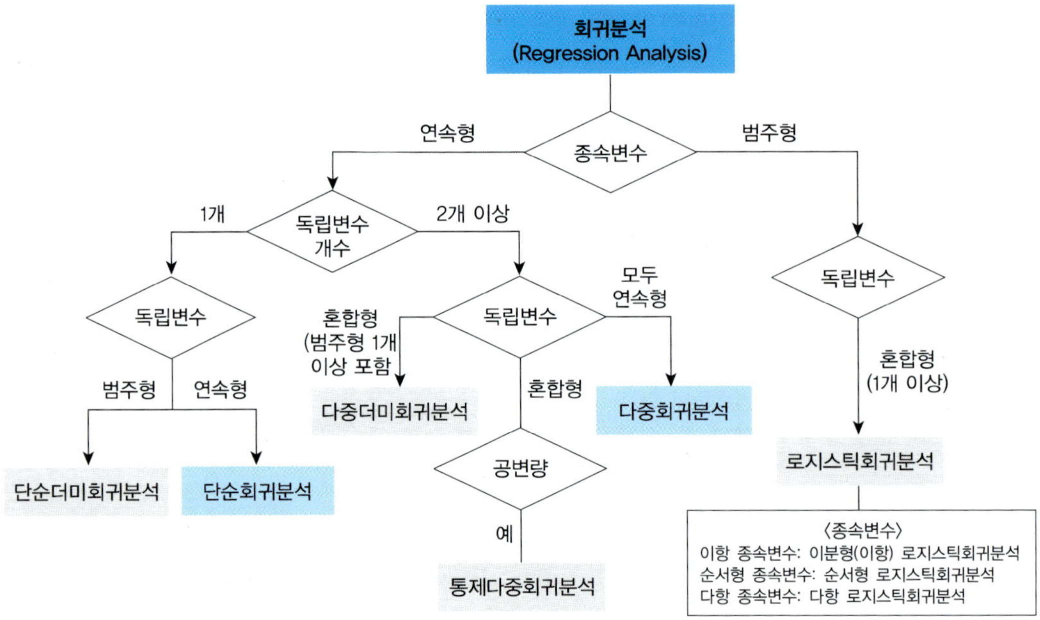

▶ 독립변수와 종속변수 관계의 선형/비선형

- 선형적 관계(선형성): 선형회귀분석(Linear regression analysis)
- 비선형적 관계(비선형성): 비선형회귀분석(Non-linear regression analysis)

▶ 독립변수 투입의 순서

- 동시 투입: 표준회귀분석(Standard regression analysis) 혹은 동시회귀분석(Simultaneous regression analysis)
- 위계적 투입: 위계적 회귀분석(Hierarchical regression analysis)
- 단계적 투입: 단계적 회귀분석(Stepwise regression analysis)

▶ 특수한 효과변수를 포함하고 있는 경우

- 독립변수에 통제변수가 있는 경우: 통제회귀분석(Regression analysis with control variables)
- 회귀모형에 매개변수가 포함되어 있는 경우: 매개회귀분석(Mediated regression analysis)

- 회귀모형에 조절변수가 포함되어 있는 경우: 조절회귀분석(Moderated regression analysis)
- 회귀모형에 매개변수와 조절변수가 포함되어 있는 경우: 조절된 매개회귀분석(Moderated mediation regression analysis)

1.2 회귀분석의 적용상황

회귀분석은 변수의 측정척도에 따라 이용해야 할 방법이 달라진다. [그림 20-4]는 변수의 척도를 고려한 회귀분석방법의 선택방법을 제시한 것이다.

단순회귀분석은 독립변수 1개이며 연속형 변수 그리고 종속변수 1개이며 연속형 변수일 때 주로 사용한다. 다중회귀분석은 독립변수 2개 이상이며 혼합형(연속형 변수와 범주형 변수 모두 투입 가능) 그리고 종속변수는 1개이며 연속형일 때 사용한다. 로지스틱회귀분석은 독립변수 2개 이상이며 혼합형(연속형 변수와 범주형 변수 모두 투입 가능) 그리고 종속변수는 1개이며 범주형일 때 사용한다.

그림 20-4 | 변수 척도를 고려한 회귀분석방법의 선택

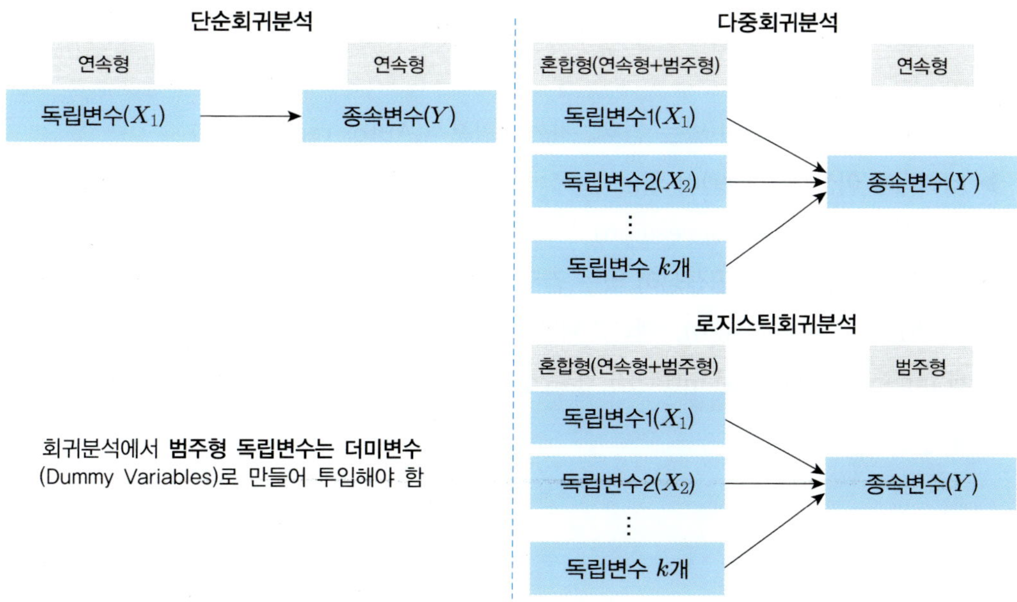

회귀분석은 종속변수에 대한 독립변수들의 영향 관계뿐만 아니라 다양한 분야에서 예측 목적으로 사용된다. 전자의 예로는 부모의 수입이 성적에 미치는 영향 분석, 키가 몸무게에 미치는 영향 분석, 연령이 스마트폰 사용시간에 미치는 영향 분석 등이 있다. 후자의 예로는 주택가격과 주가 예측, 구매성향 예측, 판매량 예측, 일기예보와 예측, 시계열 예측 등이 포함된다.

1.3 회귀분석의 기본 가정과 진단

일반적으로 적용되는 회귀분석의 기본적인 가정은 독립변수와 종속변수 간의 선형성(Linearity), 잔차(오차)의 독립성, 정규성 및 등분산성(Homoscedasticity)이 있다. 이외에도 데이터에 이상치(Outlier) 혹은 가외치, 극단치가 없어야 하고, 다중회귀분석에서는 독립변수들이 여러 개가 있을 수 있으므로 독립변수 간의 다중공선성(Multicollinearity) 가정이 추가된다.

데이터가 회귀분석의 기본 가정을 충족시키지 못하고 위배되었다면 선형회귀분석은 사용하기 어려우며 [표 20-1]과 같은 다른 기법들의 사용과 조치가 필요하다.

- **독립변수와 종속변수가 선형 관계가 아닌 경우:** 다항회귀분석(Polynomial regression), Generalized additive model(GAM)
- **오차항의 확률분포가 정규분포가 아닌 경우:** 일반화 선형회귀분석(Generalized linear model: GLM)
- **오차항에 자기상관성이 있는 경우:** 자기회귀분석(Auto-regression)
- **데이터에 이상값(Outlier)이 있는 경우:** 로버스트회귀분석(Robust regression), 분위수회귀분석(Quantile regression)
- **독립변수들 간에 다중공선성이 있는 경우:** 릿지회귀분석(Ridge regression), 라쏘회귀분석(Lasso regression), 엘라스틱넷 회귀분석(Elastic net regression), Principal component regression(PCR), Partial least square(PLS) regression

▌표 20-1▐ 회귀분석의 기본 가정과 진단방법 및 가정 위배 시 해결방법

구분	내용	진단방법	위배 시 해결방법
선형성	독립변수와 종속변수가 선형관계	• 산점도 체크 [그래프-산점도/점도표(단순회귀분석-단순산점도, 다중회귀분석-행렬산점도]	• 변수 변환(로그 변환-ln(Y), 제곱근 변환, 역수 변환-1/Y 등)을 통해 데이터 수정 • 비선형 관계이면 비선형회귀분석의 적용(SPSS는 독립변수 1개인 경우만 가능)
잔차의 독립성	잔차(오차항)는 자기상관이 없어야 함(모든 관측치에 대해 상호 독립적임) $Cov[\epsilon_i, \epsilon_j]=0,\ i \neq j$	• Durbin-Watson지수 이용(0~4의 값): 2에 가까우면 자기상관이 없고 독립적임(0에 가까우면 양의 자기상관, 4에 가까우면 음의 자기상관) [참조] 설문조사 데이터는 거의 자기상관이 없음	• 독립변수 추가 • 변수 변환 • 자기회귀분석(시계열분석방법)의 적용
잔차의 정규성	잔차(오차항)는 정규분포를 따라야 함 $\epsilon_i \sim N(0, \sigma^2)$ (잔차 산점도 평균은 0, 동일한 분산을 갖는 정규분포)	• 선형 회귀분석: 저장에서 [표준화] 체크해 데이터 파일에 ZRE 출력 • [데이터 탐색]에서 [검정과 함께 정규성도표] 체크: Shapiro-Wilk 검증 결과 $p>0.05$이면 정규성 만족 • 모수 지정 Kolmogorov-Smirnov검증 실시: [분석-비모수검정-레거시 대화상자-일표본K-S]	• 데이터가 정규분포를 가질 수 있도록 변수 변환(로그 변환, 제곱근 변환, 역수 변환 등)
잔차의 등분산성	잔차는 분산이 동일해야 함	• 잔차 산점도의 등분산도표 출력해 검토(평균을 중심으로 어떤 추세, 경향 등을 보이지 않고 무작위로 분포되어 있으면 등분산)	• 변수 변환(로그 변환, 제곱근 변환, 역수 변환 등) • 가중회귀분석의 적용
이상치 (Outlier)	극단적인 관측값이 없어야 함	• 산점도 체크(다른 데이터 점들과 멀리 떨어져 있는 값) • 통계량의 절대값이 다른 값들에 비해 상대적으로 큰 경우(이상치 판별기준: ① 표준화 잔차(ZRE 절대값)>3 ② COOK's D>1 ③ 표준화 DfFit(SDF 절대값)>2	• 이상치 확인 후 제거 • 릿지회귀분석(능형회귀분석)의 적용 • 변수 변환(변수에 로그 취하기)
다중공선성	독립변수 간은 서로 선형적으로 독립이며, 독립변수들 간에 높은 상관관계가 없어야 함(다중회귀분석)	• VIF(Variance Inflation Factor)>10 • Tolerance(공차)<0.1 (VIF=1/Tolerance) • 독립변수 간 상관관계가 0.8 이상인 경우 • 다중공선성이 의심되는 경우: 회귀모형의 R^2은 높지만 회귀계수가 통계적 유의성이 거의 없는 경우, 종속변수와 상관관계가	• 상관관계가 상대적으로 높은 불필요한 독립변수를 제거(다중공선성이 의심되는 변수들 중 일부를 제거) • 다중공선성이 발생한 변수들의 결합으로 새로운 변수 생성해 사용

		높은 독립변수의 회귀계수가 통계적 유의성이 없는 경우, 종속변수와 양의 상관관계를 가진 독립변수의 회귀계수가 음수인 경우, 회귀계수의 부호가 과거의 경험이나 이론적 면에서 기대되는 부호와 정반대인 경우, 데이터 사례 수에 비해 과다한 독립변수 사용	• 릿지회귀분석(능형회귀분석), PLS 회귀방법의 적용 • 예측이 회귀분석의 유일한 목적인 경우 다중공선성 무시 가능

1.4 회귀모형(회귀선)의 설명력 평가: 결정계수(R^2)

회귀분석에서는 표본을 통해 회귀선을 추정하였다면 추정된 회귀선의 설명력을 평가해야 한다. 이때 이용할 수 있는 것이 바로 결정계수(R^2, Coefficient of determination)[1]이다. 이는 회귀선으로 데이터를 설명할 수 있는 정도 혹은 종속변수 Y의 총 변동성 중에서 독립변수 X들에 의해서 설명되는 비율(기여도)을 의미하며, 독립변수들이 종속변수를 설명하는 설명력을 나타내는 지수($R^2 = SSR/SST$)이다.

R^2의 값은 0에서부터 1까지의 범위($0 \leq R^2 \leq 1$), 즉 항상 0과 1 사이에 있다. 0에 가까운 값을 가지면 회귀모형의 설명력이 낮다고 평가되며, 1에 가까운 값을 가질수록 회귀모형의 설명력은 높다고 평가된다. 만약 R^2이 0.2라면 종속변수의 총변동성 중에서 독립변수들에 의해서 설명되는 비율(설명력)이 20%라는 의미이다. 1이면 예측정확도가 100%임을 의미한다. 회귀분석의 목적이 예측에 있다면 R^2은 높은 것이 좋다고 볼 수 있다. 하지만 분석의 목적이 변수 간의 관계 추정에 있다면 R^2은 낮아도 큰 문제가 되지 않는다. 특히 사회과학 분야에서 추정된 회귀모형은 R^2이 낮을 가능성이 높으며 연구자가 회귀모형을 제대로 설정하고 적절한 추정방법을 사용했다면 R^2이 작더라도 크게 걱정하지 않아도 된다.

[그림 20-5]는 종속변수의 총변동성인 전체제곱합(Sum of squares total: SST), 회귀선으로 설명되는 변동성인 회귀제곱합(Sum of squares regression: SSR) 및 회귀선으로 설명되지 않는 변동성인 오차제곱합(Sum of squares error: SSE)의 관계를 보여준다.

1) 결정계수는 추정된 회귀선의 설명력(Explanatory power), 기여율, 오차의 분산비 등의 용어로 사용된다.

그림 20-5 ▌ 제곱합의 분할: SST, SSR 및 SSE의 관계

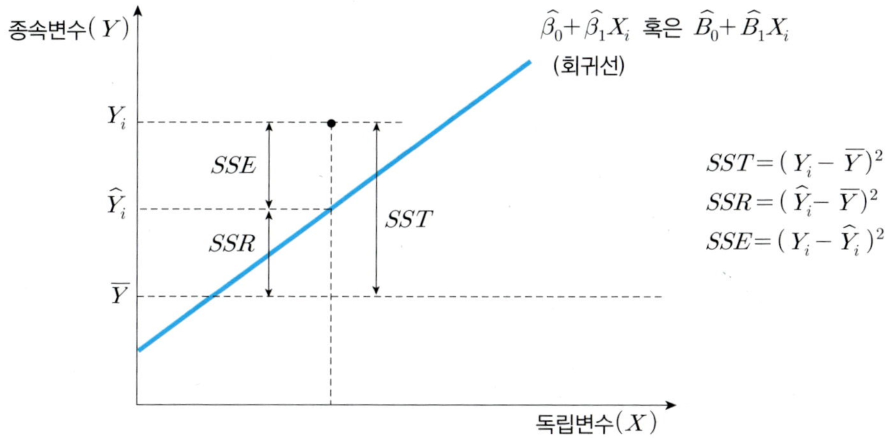

주: Y_i: i번째 사례의 Y실제값, $\hat{Y}_i$: i번째 사례의 Y예측값, $\overline{Y}$: Y의 평균

$$\sum(Y_i-\overline{Y})^2=\sum(\hat{Y}_i-\overline{Y})^2+\sum(Y_i-\hat{Y}_i)^2$$

$$SST \quad = \quad SSR \quad + \quad SSE$$

전체제곱합 = 회귀제곱합 + 오차제곱합

[종속변수의 총변동성(총편차)=회귀선으로 설명되는 변동성(회귀선으로 설명되는 편차)
+회귀선으로 설명되지 않는 변동성(회귀선으로 설명되지 않는 편차)]

R^2(결정계수) = $SSR/SST = 1-SSE/SST$

R^2_{adj}(수정된 결정계수) $= 1-(1-R^2)\times\dfrac{n-1}{n-p-1}$

여기서, n은 표본 수, p는 독립변수 수

[그림 20-6]은 결정계수의 크기에 따른 데이터의 모양을 보여준다. 그림에서 결정계수가 1이면 실제값들이 회귀직선에 위치하게 되며, 회귀직선에서 실제값들이 멀리 넓게 퍼져 있을수록 결정계수가 0에 가까움을 의미한다.

그림 20-6 | 결정계수와 크기

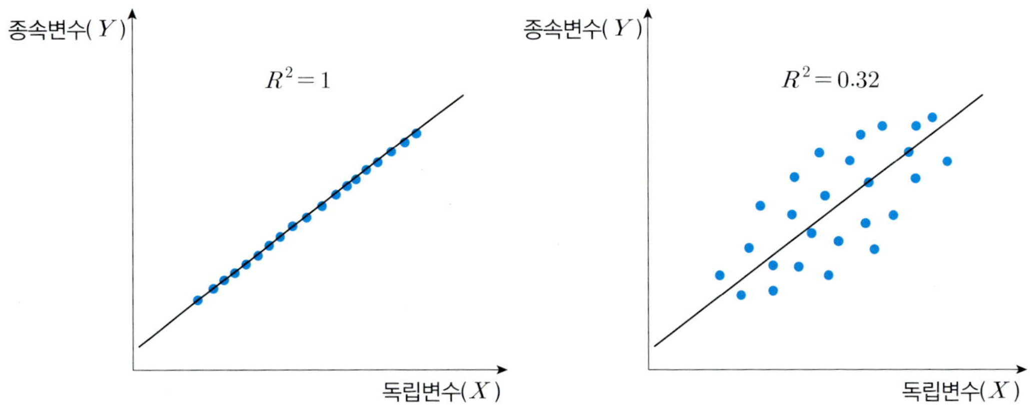

다중회귀분석에서 독립변수의 수가 추가되면, 특히 아무리 설명력이 없는 독립변수를 추가하더라도 R^2은 조금이라도 커진다. 일반적으로 R^2이 클수록 그 회귀선은 보다 높은 설명력을 가지나 R^2을 약간 증가시킬 목적으로 모든 독립변수를 회귀모형에 추가하는 것이 반드시 옳은 것은 아니다. 왜냐하면 독립변수의 수가 많을수록 좋은 연구모형이 되는 것은 아니며, 오히려 종속변수와 밀접한 관계를 가지고 있는 독립변수들이 회귀모형에 포함될 때 좋은 모형이 될 수 있기 때문이다. 이러한 점을 고려하여 보정한 것이 수정된 결정계수(Adjusted R^2)이다. 이는 R^2을 표본의 크기와 독립변수의 수로써 조정한 것으로 독립변수의 수가 늘어나면 벌칙(Penalty)을 부과하는 방법을 사용하고 있다. 많은 연구자들은 보통 R^2과 Adjusted R^2 중에서 전자를 많이 사용하고 있으나 다중회귀분석을 사용하는 경우에는 독립변수의 수가 다른 회귀모형들 간의 설명력을 비교하기 위해서 후자를 보고하는 것이 추천된다.

결정계수(R^2)와 수정된 결정계수(Adjusted R^2)는 비슷하고 큰 차이가 없어야 적합한 회귀모형이다. 수정된 결정계수가 결정계수와의 차이가 10% 이내이면 흔히 있는 일반적인 회귀모형이다. 10~0% 이내이면 불필요한 독립변수가 추가된 것은 아닌지 의심해야 하며, 20% 이상인 경우에는 모형상 심각한 문제가 있는 과적합일 수 있으며, 그 차이가 많이 난다면 회귀모형이 과적합(Overfitting) 모형이며 이런 경우에는 모형을 수정하는 것이 필요하다.[2] 예컨대 다중회귀모형에서 수정된 결정계수가 결정계수(0.30)의 10%인 3% 이내라면, 즉 수정된 결정계

2) 이일현. (2014). *EasyFlow회귀분석*. 한나래. 142-143.

수가 0.27(0.30−0.03)보다 크다면 일반적인 회귀모형의 상황이다. 그러나 수정된 결정계수가 결정계수(0.30)의 20%인 6%보다 크다면, 즉 수정된 결정계수가 0.24(0.30−0.06)보다 작다면 과적합 회귀모형이므로 모형의 수정이 필요하다.

표 20-2 결정계수와 수정된 결정계수의 차이

차이	수정된 결정계수	비고	예시(R^2=0.30 가정 시)
10% 이내	$R^2-(0.1\times R^2)<R^2_{adj}$	일반적인 회귀모형	$0.30-(0.1\times 0.3)=0.27$ $0.27<R^2_{adj}$
10~20% 이내	$R^2-(0.2\times R^2)<R^2_{adj}$ $\leq R^2-(0.1\times R^2)$	불필요한 독립변수 추가 의심	$0.30-(0.2\times 0.3)$ $=0.24<R^2_{adj}\leq 0.30-(0.1\times 0.3)=0.27$ $0.24<R^2_{adj}\leq 0.27$
20% 이상	$R^2_{adj}\leq R^2-(0.2\times R^2)$	과적합 회귀모형	$0.30-(0.2\times 0.3)=0.24$ $R^2_{adj}\leq 0.24$

회귀모형의 적합도 평가계수인 R^2은 어느 정도의 값을 가져야 할까? 일반적으로 바이오 분야는 0.95, 자연과학·공학 분야는 0.7, 사회과학 분야는 0.3 이상이 추천된다. Cohen(1988)[3]에 의하면 R^2이 0.02 이상 0.13 미만이면 작은 효과(Small effect), 0.13 이상 0.26 미만이면 중간 효과(Middle effect), 0.26 이상이면 큰 효과(Large effect)로 보았다. 따라서 설문조사 등을 많이 이용하는 사회과학 연구에서는 R^2이 13% 이상만 되면 어느 정도의 효과가 있다고 본다.

1.5 회귀분석의 가설과 가설검증

1) 회귀모형의 적합도(통계적 유의성)검증

회귀모형(회귀선)의 적합도검증(Goodness of fit)은 [표 20-3]에 제시된 SPSS의 출력 결과의 ANOVA(분산분석표)를 보고 회귀선이 통계적으로 유의한지 여부를 검증(F통계량 검증)하

3) Cohen, J. (1988). *Statistical power analysis for the behavioral sciences*(2nd Ed.). Lawrence Erlbaum Associates, Inc.

면 된다. 만약 p값이 유의수준 0.05보다 작으면 회귀선은 통계적 유의성이 있다고 본다. 모형 전체에 대한 p값이 통계적으로 유의하면 회귀모형이 전반적으로 적합하며 적어도 하나의 회귀계수는 0이 아니며 종속변수 Y가 독립변수 X들에 의해서 충분히 설명 혹은 예측되고 있다고 해석하면 된다.

- 귀무가설(H_0): 회귀선이 통계적으로 유의하지 않다(모든 회귀계수가 0이다). 혹은 독립변수들로 종속변수를 예측 혹은 설명할 수 없다.
- 대립가설(H_1): 회귀선이 통계적으로 유의하다(독립변수의 회귀계수 중에서 적어도 하나는 0이 아니다). 혹은 독립변수들로 종속변수를 예측 혹은 설명할 수 있다.

표 20-3 회귀모형(회귀선)의 적합도검증을 위한 분산분석표(ANOVA table)

모형	제곱합	자유도	평균제곱	F	p값
회귀	SSR	p	$MSR=SSR/p$	MSR/MSE	
잔차	SSE	$n-p-1$	$MSE=SSE/n-p-1$		
전체	SST	$n-1$			

주: 회귀제곱평균(Mean Square of Regression: MSR), 오차제곱평균(Mean Square of Error: MSE)
자유도에서 p는 독립변수의 수, n은 사례의 수를 나타냄

MSR(회귀제곱평균)은 SSR/p로 회귀 분산추정치이며 회귀선으로 설명할 수 있는 부분(편차)이다. MSE(오차제곱평균)는 SSE/n−p−1로 오차를 제곱한 값(SSE)을 데이터의 크기로 나눈 평균으로 잔차 분산추정치이며 회귀선으로 설명할 수 없는 부분이다. F값은 MSR을 MSE로 나눈 값이다.

2) 회귀계수(기울기)의 검증

회귀분석에서는 회귀계수(기울기)의 검증을 통해서 가설검증을 하며, 이를 개별 회귀계수들(모수들)의 검증이라 한다. 회귀계수의 검증은 계수표(Coefficients table)를 보고 하면 된다.

단순회귀모형	다중회귀모형
$Y_i = \beta_0 + \beta_1 X_1 + \epsilon_i$	$Y_i = \beta_0 + \beta_1 X_1 + \beta_2 X_2 + \cdots + \epsilon_i$
• 귀무가설(H_0): 독립변수는 종속변수에 영향을 주지 않는다($\beta_1 = 0$). 혹은 독립변수의 회귀계수는 0이다. • 대립가설(H_1): 독립변수는 종속변수에 영향을 준다($\beta_1 \neq 0$). 혹은 독립변수의 회귀계수는 0이 아니다.	• 귀무가설(H_0): 모든 독립변수는 종속변수에 영향을 주지 않는다($\beta_1 = \beta_2 = \cdots \beta_p = 0$). 혹은 모든 독립변수들의 회귀계수는 0이다. • 대립가설(H_1): 독립변수 중에서 적어도 하나는 종속변수에 영향을 준다. 혹은 적어도 하나의 회귀계수는 0이 아니다.

회귀계수의 통계적 유의성검증은 t검증통계량(t-value)을 사용해서 이루어진다. t값은 각 비표준화회귀계수의 추정치를 그 추정치의 표준오차(Standard error)로 나누어 구할 수 있다(회귀계수 t-value=비표준화회귀계수 추정치/추정치의 표준오차).

$$t = \frac{\widehat{\beta_1}}{SE_{\widehat{\beta_1}}}$$

여기서, $\widehat{\beta_1}$은 비표준화회귀계수 추정치, $SE_{\widehat{\beta_1}}$는 $\widehat{\beta_1}$의 표준오차

회귀분석 결과에서는 비표준화회귀계수(Unstandardized coefficients)와 표준화회귀계수(Standardized coefficients)를 모두 출력해준다. 비표준화회귀계수(일반적으로 B로 표시)는 변수(데이터)의 단위에 의해 영향을 받기 때문에 계수들의 단순 비교가 가능하지 않으며, 계수값이 크다고 해서 영향력이 크거나 예측력이 높다고 해석하면 안 된다. 비표준화회귀계수 B에 대해서 표준편차로 보정한 것이 표준화회귀계수(일반적으로 β로 표시)이다. 결국 표준화회귀계수는 비표준화회귀계수를 표준화시킨 것으로 서로 간에 비교가 가능하며, 값이 크면 독립변수가 종속변수에 주는 영향이 더 크다고 해석할 수 있다. 또한 회귀분석의 목적이 설명이면 표준화회귀계수를 사용하고, 예측이면 비표준화회귀계수를 사용한다.

$$\beta_i = B_i \times \frac{s_i}{s_y}$$

여기서, β_i는 표준화회귀계수, B_i는 비표준화회귀계수,
s_i는 독립변수의 표준편차, s_y는 종속변수의 표준편차

일반적인 회귀계수의 해석방법은 회귀계수가 통계적으로 유의하면 독립변수는 종속변수에 영향을 준다고 해석하며, 통계적으로 유의하지 않으면 영향을 주지 않는다고 해석한다. 따라서 회귀분석 결과를 해석할 때 회귀계수의 p값이 유의수준 0.05보다 작으면 '독립변수는 종속변수에 영향을 미치는 것으로 나타났다'로, 유의수준 0.05 이상이면 '독립변수는 종속변수에 영향을 미치지 않는 것으로 나타났다'고 해석하면 된다.

또 다른 회귀계수의 해석방법을 단순회귀분석과 다중회귀분석으로 구분해 제시하면 다음과 같다. 먼저, 단순회귀모형에서 비표준화회귀계수 $\hat{B}$(혹은 $\hat{\beta}$)는 X(독립변수)가 1단위 증가했을 때 기대되는 종속변수 Y의 변화량(증가/감소)으로 해석한다. 다음으로, 다중회귀모형에서 각 회귀계수는 다른 독립변수를 통제했을 때(혹은 다른 독립변수를 일정하게 고정했을 때) 해당 독립변수가 1단위 증가했을 때 기대되는 종속변수 Y의 변화량으로 해석한다.

한편 회귀계수에 대한 해석 시 중요한 것은 부호의 방향이다. 양수(+)이면 양의 영향을 주는 것(증가)이고 음수(−)이면 음의 영향을 주는 것(감소)이다. 따라서 회귀분석 결과를 해석할 때 비표준화회귀계수 혹은 표준화회귀계수가 +이면 '독립변수가 높아질수록 종속변수가 높아지는 것으로 나타났다'로, −이면 '독립변수가 낮아질수록 종속변수가 높아지는 것으로 나타났다'로 해석하면 된다.

1.6 회귀분석의 특수한 경우들

다음은 회귀분석의 특수한 경우들이다. 여기에서는 개념적 수준에서만 간략하게 살펴보기로 한다.

- 회귀모형에서 범주형 변수(질적 변수)를 사용하고자 하는 경우에는 이를 더미변수(Dummy variables)[4] 혹은 가변수(假變數)로 변환한 뒤에 더미변수가 포함된 다중회귀분석, 즉 더미회귀분석(Regression analysis with dummy variables)을 시행한다. 회귀분석에서 범주형 변수는 독립변수로 바로 투입할 수 없으며 반드시 더미변수로 변환한 뒤에 회귀모형에 포함시켜야 한다.
- 다중회귀모형에서 통제변수(Control variables)가 있으면 통제변수가 포함된 다중회

4) 더미변수(혹은 가변수)란 회귀분석에서 독립변수를 0과 1로 변환한 변수를 의미한다.

귀분석, 즉 통제회귀분석(Regression analysis with control variables)을 시행한다. 다중회귀모형에서 회귀계수($\widehat{\beta_1}$)의 의미는 나머지 모든 독립변수를 일정한 수준으로 통제하면서 독립변수 X_1만 한 단위 증가할 때 기대되는 종속변수 Y의 변화량을 의미한다. 분석적인 관점에서는 통제변수를 다중회귀모형에 독립변수로 투입하기만 하면 통제회귀분석을 시행하는 것이 된다. 예컨대 두 개의 독립변수 X_1과 X_2가 있을 때 연구자가 X_2의 영향을 통제하면서 X_1의 종속변수 Y에 대한 영향을 확인하고 싶다면 X_1과 X_2를 동시에 독립변수로 다중회귀모형 안에 포함시켜서 분석하면 된다. 회귀분석에서는 독립변수와 통제변수를 구분하지 않는 것이 일반적인 관례이지만 성별, 연령, 학력, 직업, 종교 등의 인구통계학적 변수들과 선행연구에서 밝혀진 중요한 독립변수 등이 통제변수로 사용될 수 있다. 통제회귀분석에서 통제변수가 연속형이면 다중회귀모형에 그대로 투입하면 되며, 범주형이면 더미변수로 변환한 뒤 투입해야 한다. 통제변수에 범주형 변수가 있는 경우에는 더미변수로 전환해 투입하기 때문에 더미통제회귀분석이라고도 한다. 한 가지 유의할 사항은 다중회귀분석을 시행할 때 통제변수는 독립변수보다 먼저 투입하는 것이 일반적이며 이를 위해서 위계적 회귀분석(Hierarchical regression analysis)을 사용하기도 한다.

- 다중회귀분석에서는 종속변수가 연속형인 경우가 대부분이지만 범주형인 경우도 있다. 종속변수가 범주형인 경우에는 로지스틱회귀분석(Logistic regression analysis)을 사용한다.
- 다중회귀분석에서 독립변수와 종속변수 간을 매개하는 변수, 즉 매개변수가 있다면 매개회귀분석(Mediation effect regression analysis)을 사용한다.
- 다중회귀분석에서 독립변수와 종속변수 간을 조절하는 변수, 즉 조절변수가 있다면 조절회귀분석(Moderation effect regression analysis)을 사용한다. 이 분석은 조절변수의 수준에 따라서 독립변수가 종속변수에 미치는 영향의 크기와 방향이 달라지는가에 초점이 있다.

2 단순회귀분석

2.1 단순회귀분석

1) 단순회귀분석의 의의

단순회귀분석(Simple regression analysis)은 1개의 독립변수와 1개의 종속변수 간의 관계를 설명하거나 예측하는 방법이다.

단순회귀모형	단순회귀모형의 추정된 회귀선
$Y_i = \beta_0 + \beta_1 X_i + \epsilon_i$ 혹은 $Y_i = B_0 + B_1 X_i + \epsilon_i$	$\hat{Y}_i = \hat{\beta}_0 + \hat{\beta}_1 X_i$ 혹은 $\hat{Y}_i = \hat{B}_0 + \hat{B}_1 X_i$
Y_i: i번째 사례의 Y값(종속변수의 값) β_0: 절편(Intercept) β_1: 기울기(Slope)=회귀계수 X_i: i번째 사례의 X값(독립변수의 값) ϵ_i: 잔차(Residual) 혹은 오차(Error term)	$\hat{Y}_i$: i번째 사례의 Y예측값 (종속변수의 예측값) $\hat{\beta}_0$ 혹은 $\hat{B}_0$: β_0(절편)의 추정치 $\hat{\beta}_1$ 혹은 $\hat{B}_1$: β_1(기울기)의 추정치 X_i: i번째 사례의 X값(독립변수의 값)

2) 단순회귀분석의 사용목적과 적용상황

단순회귀분석의 목적은 다음과 같다.

- ▶ 1개의 독립변수가 1개의 종속변수에 미치는 영향을 분석(영향관계 분석)
- ▶ 단순회귀모형에 의해 추정된 회귀선을 이용해서 종속변수값의 예측(예측 목적)

그림 20-7 | 단순회귀분석의 적용상황

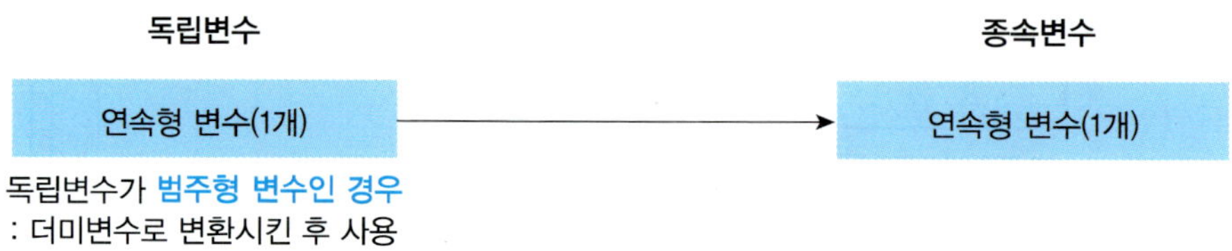

단순회귀분석은 기본적으로 독립변수와 종속변수가 모두 연속형 척도인 경우에 사용할 수 있다. 독립변수는 주로 연속형 변수를 사용하지만 범주형 변수인 경우에는 범주형 변수를 더미 변수로 변환한 후에 분석에 투입할 수 있다. 독립변수가 연속형 변수 1개이고 종속변수도 연속형 변수 1개인 경우는 단순회귀분석이라고 부른다. 하지만 독립변수가 1개인데 범주형 변수이면 더미변수로 변환시킨 후에 분석에 투입하게 되므로 단순더미회귀분석(Simple dummy regression analysis)이라는 명칭을 사용할 수 있다.

3) 단순회귀분석의 가정과 진단

단순회귀분석을 실행하기 위해서는 [표 20-4]에서 제시된 것처럼 사전에 가정의 검토와 진단이 이루어져야 한다. 가정 조건들이 위배되지 않음이 확인되었으면 분석을 실행하면 된다.

표 20-4 단순회귀분석의 기본 가정과 진단 방법

기본 가정	SPSS를 이용한 진단 방법
선형성 확인	그림을 통해 선형성/비선형성 확인 • [그래프-산점도/점도표-단순산점도]의 [저장] 옵션: X축에 독립변수, Y축에 종속변수 입력 → 산점도를 통해 두 변수 간의 관계가 직선인지 곡선인지 확인
이상치 탐색	다른 대부분의 데이터 포인트로부터 멀리 떨어져 있는 값을 확인하고, 이상치(극단치, 가외치)로 판별되면 해당 데이터 포인트를 클릭해 삭제하는 것이 일반적임 표준화 잔차의 절대값>±3(혹은 ±2), 표준화된 DfFit의 절대값>±2 • [분석-회귀분석-선형]의 [저장] 옵션: 표준화와 표준화 DfFit 체크 → 데이터 파일에 출력된 표준화 잔차(ZRE), 표준화된 DfFit(SDF) 확인 • [분석-회귀분석-선형]의 [도표] 옵션: X에 ZPRED(표준화 예측값), Y에 ZRESID(표준화 잔차) 입력 → 잔차 산점도 출력해 이상치 탐색
잔차의 독립성	D-W(Durbin-Watson지수) 이용: 0에 가까울수록 양의 자기상관(Autocorrelation) 존재, 2에 가까울수록 자기상관 없음, 4에 가까울수록 음의 자기상관 존재. 보통 지수가 1.5~2.5 사이에 있으면 자기상관이 없다고 판정(1.5보다 작거나 2.5보다 크면 자기상관) • [분석-회귀분석-선형]의 [통계량] 옵션: Durbin-Watson 체크 → 출력 결과의 [모형 요약]에 있는 Durbin-Watson 계수 확인
잔차의 정규성	왜도와 첨도 통계량, 그림과 통계기법을 이용해 검증 통계기법에 의한 정규성검증은 잘 사용치 않고 그림을 이용해서 확인하는 것이 적절함 왜도<2, 첨도<7/정규Q-Q도표(혹은 정규P-P도표)/Shapiro-Wilk검증 p값>0.05 • [분석-기술통계량-데이터탐색]에서 모든 변수 종속변수에 입력, [도표] 옵션에서 [검정과 함께 정규성도표] 체크 → 정규Q-Q도표, 첨도와 왜도 확인 • [분석-회귀분석-선형]의 [저장] 옵션: 표준화 체크 → 데이터 파일에 출력된 표준화 잔차(ZRE) 확인/데이터 파일에 저장된 Standardized Residuals(표준화 잔차 ZRE)를 [분석-기술통계량-데이터탐색]에서 종속변수에 입력, [도표] 옵션에서 검정과 함께 정규성도표 체크 → 정규P-P도표, 첨도와 왜도, 통계기법 검증 등 확인

잔차의 등분산성	잔차 산점도의 등분산 그림을 이용해 데이터가 평균 0을 중심으로 ±2에서 어떤 추세나 경향성이 없이 고르게 무작위로 분포되어 있는지 확인 혹은 잔차 산점도의 분산이 모든 관찰값들에 대해 일정하다는 가정(이 가정이 깨지면 이분산성이라고 부름) • [분석-회귀분석-선형]의 [도표] 옵션: X에 ZPRED(표준화 예측값), Y에 ZRESID(표준화 잔차) 입력 → 잔차 산점도 출력해 등분산성 확인

4) 단순회귀분석의 가설과 검증

단순회귀분석의 가설은 다음과 같다. 여기에서 귀무가설은 '회귀선의 기울기가 0이다'라는 것이고, 대립가설은 '기울기가 0이 아니다'라는 것이다. 따라서 대립가설이 채택되면 독립변수가 종속변수를 설명하고 예측할 수 있다는 것을 의미하며, 독립변수가 종속변수에 영향을 준다는 것을 뜻한다.

- **귀무가설**(H_0): 독립변수는 종속변수에 영향을 주지 않는다($\beta_1 = 0$).
- **대립가설**(H_1): 독립변수는 종속변수에 영향을 준다($\beta_1 \neq 0$).

5) 단순회귀분석의 절차

단순회귀분석의 절차는 [그림 20-8]과 같다.

제1단계는 단순회귀분석의 기본 가정들을 진단하고 위반사항이 없으면 그대로 분석하고 위배 시에는 처리한 후 분석을 시행해야 한다.

제2단계는 단순회귀모형(회귀선)의 설명력 정도를 평가하는 것이다. 여기에서는 R^2을 주로 검토하며 독립변수가 종속변수를 어느 정도 설명해주는지를 평가한다.

제3단계는 단순회귀모형(회귀선)의 적합도를 검증하는 것이다. 이는 회귀모형(회귀선)이 통계적으로 유의하며 적합한지를 평가하는 것으로 분석 결과의 분산분석표(ANOVA table)의 p값을 보고 검증한다. p값이 유의수준 0.05보다 작으면 통계적으로 유의미하므로 회귀모형이 적합하다고 평가한다. 그러나 반대로 p값이 유의수준 0.05보다 크면 통계적으로 유의하지 않으므로 회귀모형이 적합하지 않다고 평가한다.

제4단계는 회귀계수(기울기)의 검증을 통해 독립변수가 종속변수에 영향을 주는지를 분석해 가설검증을 한다. 회귀계수에 대한 p값이 유의수준 0.05보다 작으면 대립가설인 '회귀선의 기울기가 0이 아니다'라는 것을 채택할 수 있으며, '독립변수는 종속변수에 영향을 준다'라고 해석한다. 반대로 p값이 유의수준 0.05보다 크면 '독립변수는 종속변수에 영향을 주지 않는다'고 평가하면 된다.

그림 20-8 ▌ 단순회귀분석의 절차

제1단계 — **기본 가정의 검토와 진단**
(선형성, 이상값, 잔차의 독립성, 정규성 및 등분산성)

↓

제2단계 — **회귀모형(회귀선)의 설명력 평가**
R^2(결정계수)

↓

제3단계 — **회귀모형(회귀선)의 적합도검증**
ANOVA table 이용: $p<0.05$이면 회귀모형이 적합

↓

제4단계 — **회귀계수(기울기)의 검증**
귀무가설: 독립변수는 종속변수에 영향을 주지 않는다
대립가설: 독립변수는 종속변수에 영향을 준다

3 단순회귀분석의 SPSS 통계 실습

[통계 실습 20-1] 단순회귀분석

다음의 가상회사에 대한 50명을 대상으로 조사한 [제20장 단순회귀분석 데이터]를 이용해서 단순회귀분석(Simple regression analysis)을 수행하고 분석 결과를 해석하시오. 독립변수는 연속형 변수로 재직기간(단위: 년)이며 종속변수는 연속형 변수로 연간급여(단위: 천원)이다.

■ **실습 데이터**

ID	연간급여(단위: 천원)	재직기간(단위: 년)
1	90,000	14
2	48,000	5
…	…	…
50	88,000	19

총 사례 수는 50개임
• 재직기간 → 연속형 변수(독립변수)
• 연간급여 → 연속형 변수(종속변수)

■ 가설
• 귀무가설(H_0): 근로자의 재직기간은 연간급여에 영향을 주지 않는다($\beta_1 = 0$).
• 대립가설(H_1): 근로자의 재직기간은 연간급여에 영향을 준다($\beta_1 \neq 0$).

실습 데이터	제20장 단순회귀분석 데이터
분석방법 메뉴 선택	그래프–산점도/점도표–단순 산점도 분석–회귀분석–선형 분석–기술통계량–데이터 탐색 • 선형 회귀: 통계량 옵션에서 회귀계수의 [추정값], 잔차 산점도의 Durbin–Watson 체크 • 선형 회귀: 도표 옵션에서 X에 [ZPRED], Y에 [ZRESID] 입력, 표준화 잔차 산점도 도표에서 [정규확률도표] 체크 • 선형 회귀: 저장 옵션에서 잔차 산점도의 [표준화], 영향력 통계량의 [표준화 DfFit] 체크

1) 실습 과정

① [파일–열기–데이터]를 선택한 후 실습 데이터 파일이 있는 위치로 찾아가서 [제20장 단순회귀분석 데이터]를 연다.

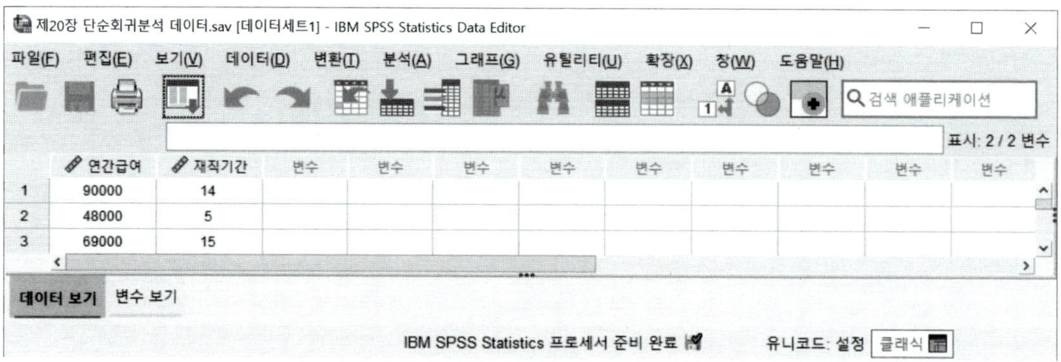

❷ [그래프-산점도/점도표-단순 산점도]를 선택한 후 [정의] 버튼을 클릭해 [단순 산점도] 창을 연 후 독립변수인 [재직기간]을 [X축]에, 종속변수인 [연간급여]를 [Y축]으로 이동시킨다. 마지막으로 [확인] 버튼을 클릭하면 그래프가 출력된다. 재직기간과 연간급여 간에 직선의 관계가 존재하는지 확인한다. 그래프를 육안으로 살펴보면 선형 관계, 즉 선형성이 존재함을 확인할 수 있다. 그래프에 마우스를 놓고 몇 번 클릭하면 [도표 편집기]가 나타난다. 편집기 상단의 [요소] 메뉴에서 [전체 회귀선 적합]을 선택하면 회귀선이 그려진다. 이 그래프를 보고 이상값을 사전에 판별할 수도 있다.

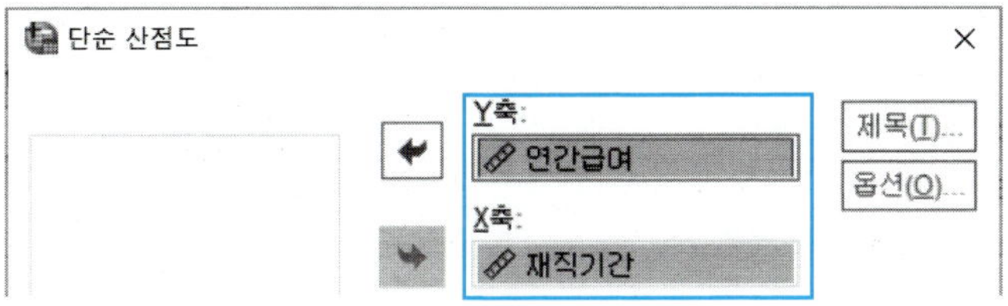

❸ [분석-회귀분석-선형]을 선택하여 [선형 회귀] 창으로 들어간다. 독립변수인 [재직기간]을 [독립변수]에, 그리고 [연간급여]를 [종속변수]로 이동시킨다. [통계량] 옵션에서 [회귀계수]의 [추정값], [잔차 산점도]의 [Durbin-Watson]을 체크하고 [계속] 버튼을 클릭한다. [도표] 옵션에서 [ZPRED]를 [X]에, [ZRESID]를 [Y]로 이동시키고 표준화 잔차 도표에서 [히스토그램]과 [정규확률도표]를 체크하고 [계속] 버튼을 클릭한다. [저장] 옵션의 [잔차]에서 [표준화]를, [영향력 통계량]에서 [표준화 DfFit]를 체크하고 [계속] 버튼을 클릭한다. 마지막으로 [선형 회귀] 창의 좌측 하단에 있는 [확인] 버튼을 클릭해 단순회귀분석을 실행한다. 이렇게 하면 단순회귀분석의 가정 진단과 분석 결과 제시에 필요한 모든 출력물을 얻을 수 있다. 만약 실행 후에 가정 조건이 위배되는 경우에는 위배 사항들을 교정한 후에 다시 동일한 분석과정을 반복해야 한다. 모든 가정 조건이 충족되었다면 최종적으로 단순회귀분석을 실시한 후에 그 결과를 보고하면 된다.

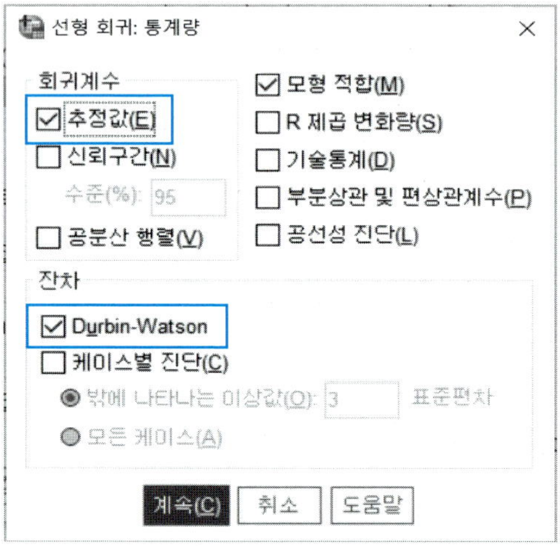

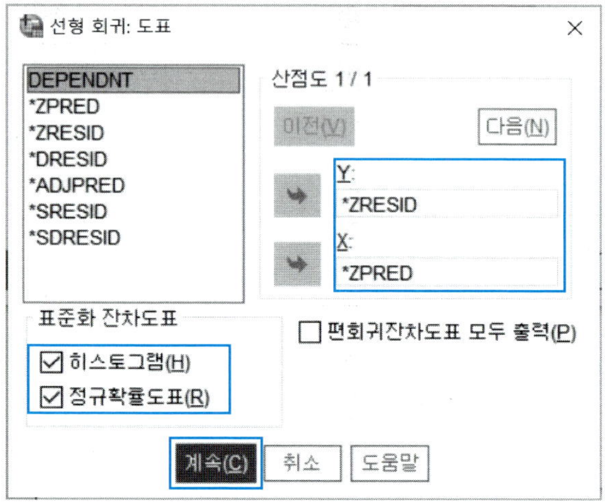

❹ [참고사항] 잔차 산점도의 정규성은 출력물 중에서 P-P도표를 이용해 검증하면 된다. 그러나 데이터 파일에 출력되는 표준화된 잔차(Standardized Residual) ZRE를 이용해서 잔차의 정규성을 검증할 수 있다. 이는 [분석-기술통계량-데이터 탐색] 메뉴에서 [Standardized Residual]를 [종속변수]로 이동시키고 [도표] 옵션에서 [검정과 함께 정규성 도표]를 체크하고 [계속] 버튼을 클릭한다. 마지막으로 [데이터 탐색] 창의 좌측 하단에 있는 [확인] 버튼을 클릭하면 분석이 완료된다.

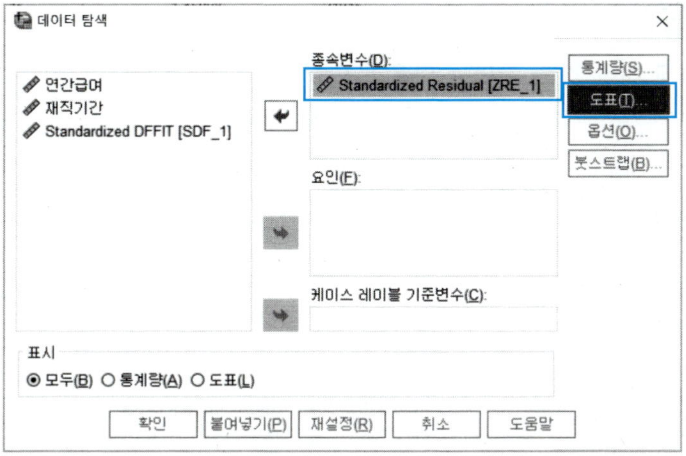

2) 주요 분석 결과

단순회귀분석에 대한 주요 출력 결과를 제시하면 다음과 같다.

선형성검증 결과

독립변수와 종속변수 간의 선형성검증 결과는 다음과 같다.

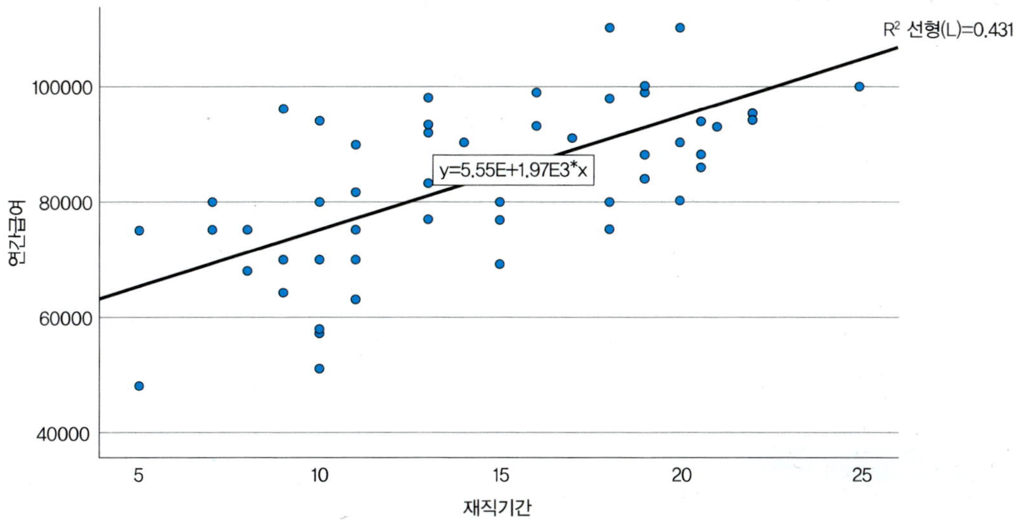

이상치검증 결과

이상치(Outlier)에 대한 검증 결과는 다음과 같다. 표준화 잔차(ZRE_1)의 절대값 3 이상, 표준화 DfFit(SDF_1)의 절대값이 2 이상을 넘지 않으면 이상치가 없다고 판단한다. 데이터 파일인 [제20장 단순회귀분석 데이터]에 있는 ZRE_1을 보면 3을 넘는 것이 없고, SDF_1의 값이 2를 넘는 사례가 없으므로 이상치는 없다고 판단된다. 연구자들은 이상치가 있다고 판단되는 경우에는 해당 사례를 데이터 파일에서 삭제한 후 회귀분석을 수행해야 한다. 이상치는 앞에서 제시한 선형성검증 결과의 그림을 통해서도 확인할 수 있다.

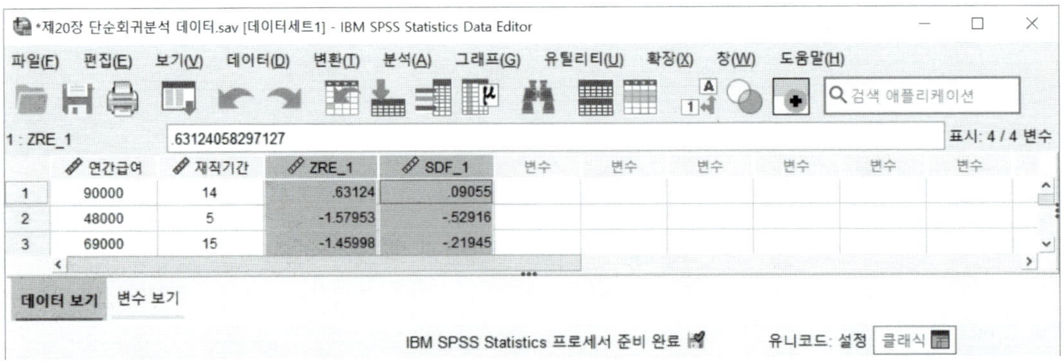

잔차 산점도의 독립성검증 결과

잔차의 독립성검증 결과는 다음과 같다. 회귀분석 실행 결과 Durbin-Watson지수는 2.040으로 2에 가까우므로 잔차들 간에는 자기상관이 없이 독립적임을 알 수 있다.

모형 요약[b]

모형	R	R 제곱	수정된 R 제곱	추정값의 표준 오차	Durbin-Watson
1	.657[a]	.431	.420	10983.382	2.040

a. 예측자: (상수), 재직기간

b. 종속변수: 연간급여

잔차의 정규성검증 결과

잔차의 정규성(Normality)검증 결과는 다음과 같다. 회귀분석의 실행 결과인 [히스토그램]과 [정규P-P도표]를 보면 잔차들은 정규분포에서 크게 벗어나지 않은 것으로 보인다.

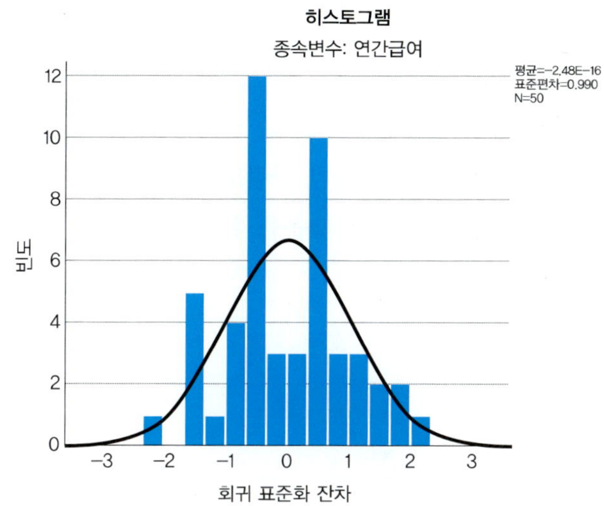

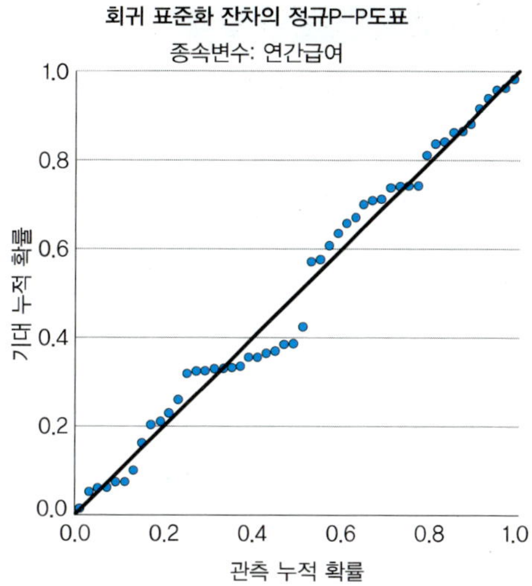

[분석-기술통계량-데이터 탐색]의 실행 결과에서의 출력물인 [정규Q-Q도표]를 보면 잔차들은 정규분포를 하고 있는 것으로 보인다. Shapiro-Wilk검증 결과 p값이 0.583이면 이는 유의수준 0.05보다 크므로 잔차들은 정규분포를 하고 있음을 알 수 있다.

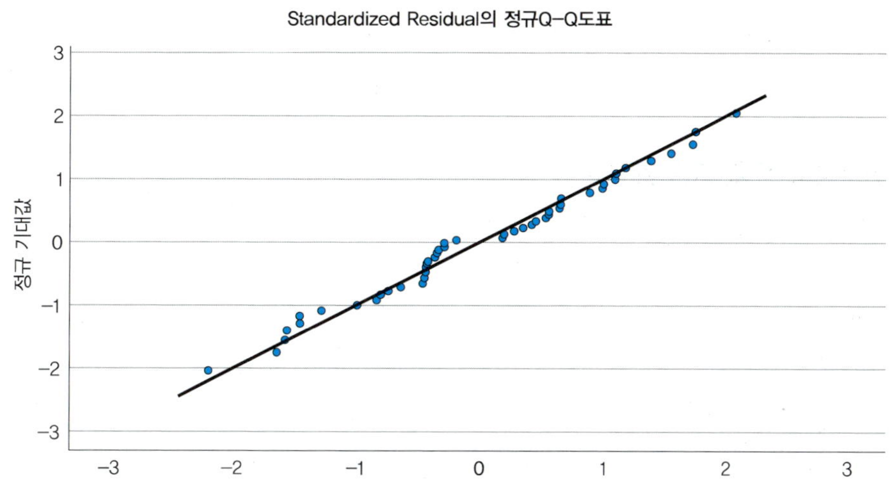

정규성 검정

	Kolmogorov-Smirnov[a]			Shapiro-Wilk		
	통계	자유도	유의확률	통계	자유도	유의확률
Standardized Residual	.117	50	.087	.981	50	.583

a. Lilliefors 유의확률 수정

잔차의 등분산성검증 결과

잔차의 등분산성검증 결과는 다음과 같다. 아래 그림은 잔차 산점도(Residual scatterplot)이다. 이 그림에서 표준화 잔차들이 일반적으로 일정한 패턴이 없이 +2부터 −2 사이에 일정하게 분포되어 있으면 등분산성가정이 만족된다. 이 실습 문제의 표준화 잔차 산점도를 보면 +2와 −2 사이에서 일정한 패턴이 없으므로 등분산성의 가정을 만족하고 있음을 알 수 있다.

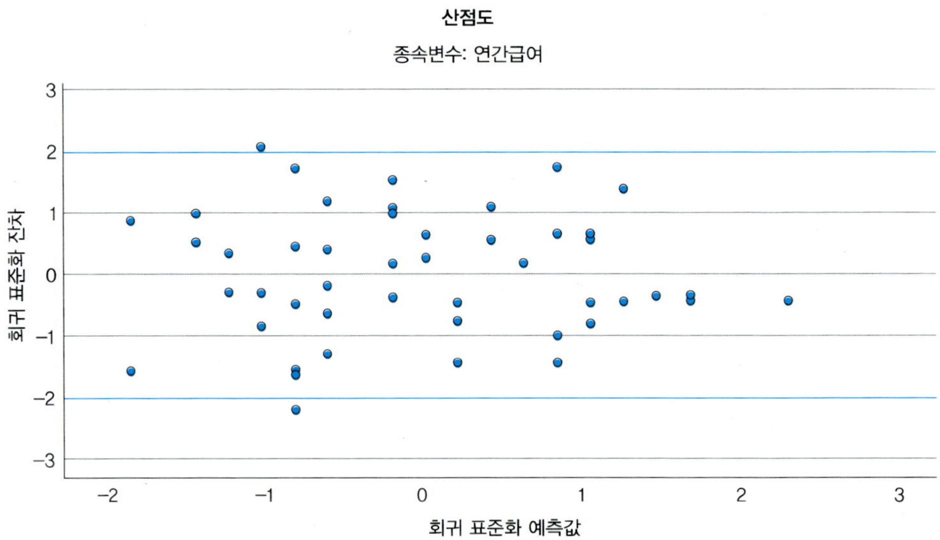

단순회귀분석의 주요 검증 결과

단순회귀분석의 주요 출력물은 다음과 같다.

① 모형 요약

결정계수인 R^2은 0.431로 재직기간으로 연간급여 데이터를 설명할 수 있는 설명력의 정도는 43.1%로 나타났다. 이는 연간급여 변수의 변동성 중에서 독립변수 재직기간의 변동성에 의해 설명되는 비율을 의미한다. 모형 요약표에서 [추정값의 표준오차]는 오차의 평균크기를 의미한다. 보통 단순회귀분석에서는 R^2만 제시하며, 다중회귀분석에서는 수정된 R^2을 제시한다.

모형 요약[b]

모형	R	R 제곱	수정된 R 제곱	추정값의 표준 오차	Durbin-Watson
1	.657[a]	.431	.420	10983.382	2.040

a. 예측자: (상수), 재직기간

b. 종속변수: 연간급여

[참고사항] 회귀분석 결과의 모형 요약표에서 R^2의 계산

회귀분석 결과인 모형 요약표에서 R은 독립변수와 종속변수 간의 상관계수이며 이의 제곱값은 R^2과 동일하다.

$$0.657 \times 0.657 = 0.431$$

② 모형의 적합도

회귀선의 통계적 유의성을 검증하는 F통계량은 36.410이고, 이에 대한 p값은 <0.001로 유의수준 0.001보다 작으므로 회귀선은 통계적으로 유의함을 알 수 있다. 따라서 회귀모형은 잘 적합되었음을 알 수 있다.

ANOVA[a]

모형		제곱합	자유도	평균제곱	F	유의확률
1	회귀	4392324959.6	1	4392324959.6	36.410	<.001[b]
	잔차	5790464722.4	48	120634681.72		
	전체	10182789682	49			

a. 종속변수: 연간급여

b. 예측자: (상수), 재직기간

[참고사항 1] 지수 형태 숫자의 일반 숫자 변환

지수 형태로 표현된 전체 값은 1.018E+10은 소수점 이하 10자리까지 숫자가 있음을 의미한다. 따라서 이를 숫자로 표현하면 10,180,000,000이다. 인터넷 검색을 통해 지수변환기를 찾아 지수를 입력해 일반 숫자로 변경해서 사용하면 된다. 버전 28 이하는 전체제곱합의 지수형태로 출력된다(1.018E+10).

[참고사항 2] ANOVA표에서의 R^2 계산

분산분석표(ANOVA table)에 [회귀제곱합/전체제곱합]으로 R^2을 계산할 수 있다.

4,392,324,960/10,180,000,000=0.431

(이 값은 앞에서 제시한 ① 모형 요약의 R^2과 동일함을 알 수 있다).

③ 회귀계수

독립변수인 재직기간의 비표준화회귀계수는 1968.696(표준화회귀계수 0.657)이며 이의 p값은 <0.001이고 유의수준 0.001보다 작으므로 재직기간은 종속변수인 연간급여에 유의한 영향을 미치고 있음을 알 수 있다. 회귀분석 결과를 회귀선으로 나타내면 [연간급여=55505.102+1968.696×재직기간]이 된다.

계수[a]

모형		비표준화 계수 B	비표준화 계수 표준화 오류	표준화 계수 베타	t	유의확률
1	(상수)	55505.102	4787.510		11.594	<.001
	재직기간	1968.696	326.263	.657	6.034	<.001

a. 종속변수: 연간급여

[참고사항] 회귀분석 계수표에서 t값의 계산

t값(t-value)은 [비표준화계수(B)/표준오차]에 의해 계산된다.

1968.696/326.263=6.034

3) 단순회귀분석 검증 결과의 제시와 해석

단순회귀분석 검증 결과를 요약하면 다음과 같다. 회귀분석 결과 표는 연구자에 따라서 다양하게 제시될 수 있다.

❚ 표 20-5 ❚ 단순회귀분석 결과표 (N=50)

독립변수	B	SE	β	t	p
상수	55505.102	4787.510		11.594***	<0.001
재직기간	1968.696	326.263	0.657	6.034***	<0.001
R^2=0.431, F=36.410 (<0.001)					

***p<0.001, 종속변수: 연간급여

❚ 표 20-6 ❚ 단순회귀분석 결과표 다른 양식 예시 (N=50)

독립변수	B	SE	β	t	
상수	55505.102	4787.510		11.594***	
재직기간	1968.696	326.263	0.657	6.034***	
R^2=0.431, F=36.410 (<0.001)					

***p<0.001, 종속변수: 연간급여

❚ 표 20-7 ❚ 단순회귀분석 결과표 다른 양식 예시 (N=50)

독립변수	B	β	R^2	F	
상수	55505.102		0.431	36.410***	
재직기간	1968.696	0.657***			

***p<0.001, 종속변수: 연간급여

재직기간이 연간급여에 미치는 영향을 알아보기 위하여 단순회귀분석을 실시하였다. 회귀분석의 기본 가정들이 충족되는지를 검증하였다. 먼저 단순 산점도를 통해 재직기간과 연간급여 간의 선형성을 분석한 결과 이들 간에는 선형적인 관계가 있는 것으로 나타났다. 또한 산점도상에서 크게 정상적인 데이터 포인트에서 벗어난 경우는 없어서 이상치도 없는 것으로 나타났다. 추가적으로 회귀분석 후에 데이터 파일([제20장 단순회귀분석 데이터])에 있는 ZRE_1을 보면 3을 넘는 것이 없고, SDF_1의 값이 2를 넘는 사례가 없으므로 이상치는 없다고 판단된다. 다음으로 잔차의 독립성, 정규성 및 등분산성을 검증하였다. Durbin-Watson지수가 2.040으로 나타나 이 지수에 2에 가까우므로 잔차들은 자기상관이 없이 독립적임을 알 수 있다. 표준화된 잔차에 대해 정규성을 검증한 [정규Q-Q도표]를 보면 잔차들은 정규분포를 하고 있는 것으로 보인다. Shapiro-Wilk검증 결과에서도 p값이 유의수준 0.05

보다 크므로 잔차들은 정규분포를 하고 있음을 알 수 있다. 잔차의 등분산성검증을 위해 표준화 잔차 산점도(Residual scatterplot)를 살펴본 결과 거의 모든 잔차들이 일정한 패턴이 없이 +2부터 −2 사이에 일정하게 분포되어 있어서 등분산성가정이 만족된 것으로 판단된다.

연간급여의 변동성 중에서 재직기간이 설명하는 설명력은 43.1%로 나타났다. 분산분석표의 F값이 36.410이고 이는 유의수준 0.001에서 통계적으로 유의한 것으로 나타나 회귀모형은 적합하다고 판단된다.

재직기간이 연간급여에 미치는 영향에 대한 회귀분석 결과, 가상기업 근로자들의 재직기간은 연간급여에 유의한 영향을 주는 것으로 나타났다($p<0.001$). 이는 근로자들의 재직기간이 높을수록($B=1968.696$) 연간급여가 높아짐을 의미한다.

회귀분석을 통해 추정된 회귀선은 다음과 나타낼 수 있다. 물론 이 추정된 회귀선이 정확한 예측을 하지 못할 수도 있다. 좀 더 정확한 예측을 할 수 있으려면 연간급여에 영향을 미칠 수 있는 독립변수들을 발굴해서 다중회귀모형을 구축하는 것이 필요할 것이다.

$$\text{연간급여} = 55505.102 + 1968.696 \times \text{재직기간}$$

연간급여 추정회귀선에서 상수(절편)는 55505.102이며, 회귀계수(기울기)는 1968.696임을 보여준다. 재직기간이 한 단위, 즉 1년이 증가할 때 기대되는 연간급여는 1,968,696원만큼 증가함을 의미한다. 연구자들은 새로운 정보로 재직기간만 주어진다면 추정된 회귀선을 통해 연간급여를 추정할 수 있다.

제 21 장

다중회귀분석

Multiple Regression Analysis

1 다중회귀분석

1.1 다중회귀분석의 의의와 적용상황

다중회귀분석(Multiple regression analysis)은 [그림 21-1]과 같이 2개 이상의 독립변수와 1개의 종속변수 간의 관계를 설명하거나 예측하는 방법이다.[1] 이는 독립변수가 2개 이상이며 혼합형(연속형 변수와 범주형 변수 모두 투입가능) 그리고 종속변수는 1개이며 연속형일 때 사용한다. 물론 종속변수가 이분형 이상일 때도 사용가능하나 이 경우에는 로지스틱회귀분석(Logistic regression analysis)을 수행해야 한다.

그림 21-1 | 다중회귀분석

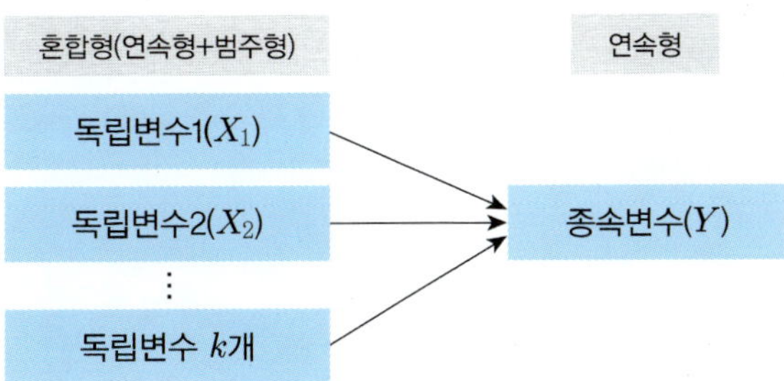

1) 다중회귀분석은 학문 분야에 따라 중회귀분석, 중다회귀분석이라는 명칭을 사용하기도 한다.

다중회귀모형	다중회귀모형의 추정된 회귀선
$Y_i = \beta_0 + \beta_1 X_1 + \beta_2 X_2 + \cdots + \epsilon_i$ 혹은 $Y_i = B_0 + B_1 X_1 + B_2 X_2 + \cdots + \epsilon_i$	$\widehat{Y_i} = \widehat{\beta_0} + \widehat{\beta_1} X_1 + \widehat{\beta_2} X_2 + \cdots + \widehat{\beta_k} X_{ik}$ 혹은 $\widehat{Y_i} = \widehat{B_0} + \widehat{B_1} X_1 + \widehat{B_2} X_2 + \cdots + \widehat{B_k} X_{ik}$
Y_i: i번째 사례의 Y값(종속변수의 값) β_0: 절편(Intercept) $\beta_1, \beta_2, \beta_k$ 혹은 B_0, B_1, B_k: 기울기(Slope)=회귀계수 X_{ik}: i번째 사례의 X_k값(독립변수들의 값) ϵ_i: 잔차(Residual) 혹은 오차(Error term)	$\widehat{Y_i}$: i번째 사례의 Y예측값(종속변수의 예측값) $\widehat{\beta_0}$ 혹은 $\widehat{B_0}$: β_0(절편)의 추정치 $\widehat{\beta_1}, \widehat{\beta_2}, \widehat{\beta_k}$ 혹은 $\widehat{B_1}, \widehat{B_2}, \cdots, \widehat{B_k}$: β_k(기울기)의 추정치 X_{ik}: i번째 사례의 X_k값(독립변수들의 값)

다중회귀분석의 목적은 다음과 같다.

- 2개 이상의 독립변수들이 1개의 종속변수에 미치는 영향을 분석(영향관계 분석)
- 독립변수들은 서로 완전한 독립이 아니므로 몇몇 교란변수(Confounder)[2]를 통제변수로 통제(고정)한 상태에서 개별 독립변수들이 종속변수에 미치는 실질적인 영향을 분석(교란변수를 통제한 후에 실질적인 영향관계 분석)
- 다중회귀모형에 의해 추정된 회귀선을 이용해서 종속변수값의 예측(예측 목적)

[그림 21-2]는 다중회귀분석의 적용상황을 제시한 것이다. 다중회귀분석에서 독립변수는 원칙적으로 연속형 변수가 투입되는 것이 일반적이나 연속형 변수가 아닌 범주형 독립변수인 경우에도 더미변수로 변환되었다면 투입가능하다.

그림 21-2 ▌다중회귀분석의 적용상황

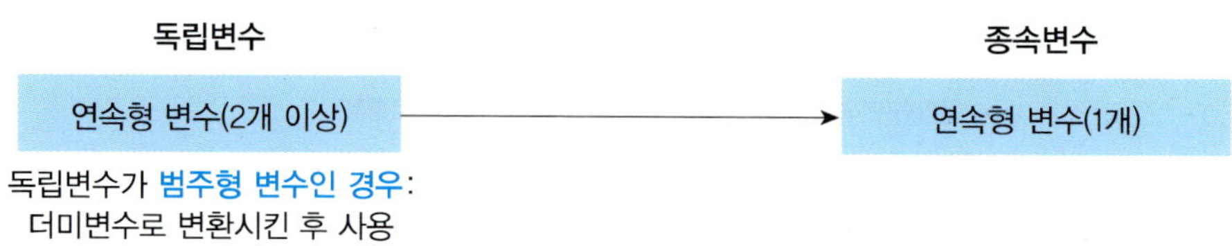

2) 교란변수란 우리가 원인이라고 생각하는 것과 결과라고 생각하는 것에 동시에 영향을 주는 변수를 말한다. 예컨대 보고자 하는 질병과 관련되어 있으면서 그 질병의 원인변수와도 연관되어 있어 질병과 특정 원인과의 연관성을 왜곡시키는 변수를 말한다.

1.2 다중회귀분석의 기본 가정

다중회귀분석의 기본 가정에 대한 진단과 처리는 단순회귀분석과 크게 다르지 않다. 따라서 독립변수와 종속변수 간의 선형성, 이상치 탐색, 잔차의 독립성, 정규성 및 등분산성가정은 단순회귀분석의 가정 진단방법을 따라 검증하면 된다. 그러나 다중회귀분석에서는 독립변수 2개 이상이 회귀모형에 투입되어야 하므로 독립변수들 간의 다중공선성의 존재 여부를 확인하고 필요한 조치를 해야 한다.

다중회귀분석에 투입되는 독립변수들 간에는 상관이 낮아야 한다. 다중공선성(Multicollinearity)이란 다중회귀분석에서 투입된 여러 독립변수들 간에 상관관계가 너무 높아서 발생하게 되는 문제로, 수리적으로는 어떤 독립변수가 다른 독립변수들과 완벽한 선형 독립이 아닌 경우를 말한다. 이는 독립변수들이 서로 독립이 아니라 상호상관관계가 강한 경우(거의 다르지 않은 유사한 독립변수를 선택하는 경우)와 데이터 수에 비해 과다한 독립변수들을 투입하는 경우에 발생한다. 다중공선성이 존재하면 부정확한 회귀분석 결과가 도출될 수 있다. 예컨대 회귀계수의 분산이 커지면 오차가 커지고 예측정확성은 떨어지며 R^2이 과대하게 나올 가능성이 있다.

다중공선성이 의심되는 경우는 [그림 21-3]과 같다.

그림 21-3 ▌다중공선성이 의심되는 경우

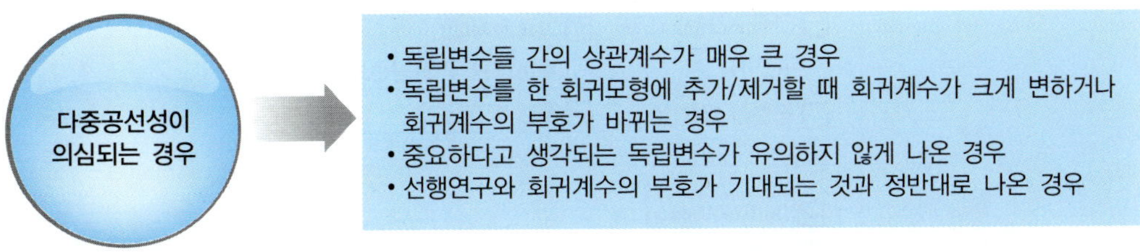

다중공선성은 독립변수들 간의 상관관계가 0.8 이상(연구자에 따라 0.9 이상 기준을 사용하기도 함)일 때 발생할 수 있다. 그러나 세 개의 독립변수 간에 다중공선성이 있으면 두 개 변수 간의 상관계수는 작게 나올 수도 있다. 그러므로 상관계수는 다중공선성을 판단하는데 참고사항이지 적합한 정보는 아니다. 일반적으로 다중회귀분석 결과에서 VIF(Variance Inflation Factor)가 10 이상이거나 공차(Tolerance)가 0.1 이하 그리고 상태지수(Condition index)가 15 이상이면 다중공선성이 존재하는 것으로 판정한다. VIF와 공차의 관계는 VIF = 1/Tolerance이다. 따라서 다중공선성을 확인할 때는 VIF와 공차를 모두 확인할 필요는 없으며 VIF만 보면 된다. 연구자들은 다중공선성이 확인되면 상관관계가 상대적으로 높은 불필요한 독립변수를 분석에서 제외시키는 것이 바람직하다. 아니면 다중공선성 관계인 독립변수들의 합이나 평균을 구해 새로운 변수로 통합해 투입할 수 있다. 이외에도 릿지회귀분석(능형회귀분석)을 사용할 수 있으나 대안적인 방법으로 충분하지 않은 것으로 알려져 있다. 한편 다중회귀분석의 목적이 예측인 경우에는 다중공선성을 무시할 수도 있다. 조금 더 자세한 다중공선성의 내용, 진단방법 및 위배 시 해결방법을 알고 싶으면 이 책 제20장의 [표 20-1]을 참조하기 바란다.

SPSS 통계프로그램에서 다중공선성을 확인하기 위해서는 [분석-회귀분석-선형] 메뉴로 들어가 [통계량] 옵션에서 [공선성 진단]을 체크하면 된다. 그러면 다중회귀분석 결과의 출력물에서 [계수표]를 보면 공선성 통계량인 공차와 VIF가 있음을 알 수 있다. 또한 출력물인 [공선성 진단]에서는 상태지수값을 확인할 수 있다.

그림 21-4 다중회귀분석에서 다중공선성 통계량 출력 방법

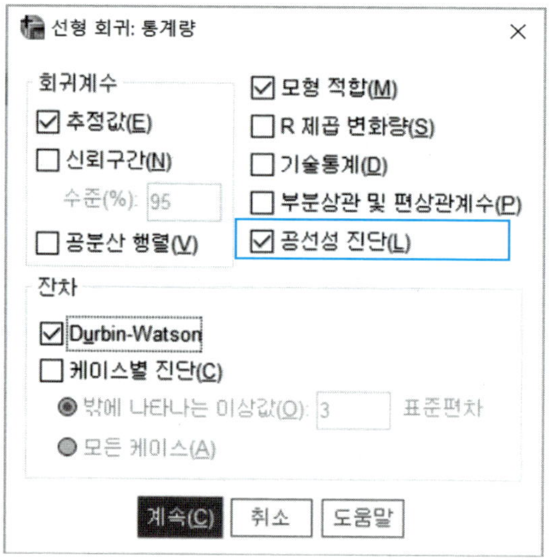

1.3 다중회귀분석의 가설과 가설검증

다중회귀분석의 가설은 다음과 같다.

- 귀무가설(H_0): 모든 독립변수는 종속변수에 영향을 주지 않는다. 혹은 모든 독립변수들의 회귀계수는 0이다($\beta_1 = \beta_2 = \cdots \beta_p = 0$).
- 대립가설(H_1): 독립변수 중에서 적어도 하나는 종속변수에 영향을 준다. 혹은 적어도 하나의 회귀계수는 0이 아니다($\beta_1 \neq \beta_2 \neq \cdots \beta_p \neq 0$).

위의 가설에서 귀무가설은 모든 회귀계수(기울기)가 0이라는 것이고, 대립가설은 회귀계수 중에서 적어도 하나는 0이 아닌 독립변수가 있다는 것이다.

다중회귀분석에서는 회귀계수(기울기)의 검증을 통해서 가설검증을 하며, 이를 개별 회귀계수들(모수들)의 검증이라고 한다. 이는 SPSS의 출력 결과에서 계수표(Coefficients)를 보고 검증하면 된다. 회귀계수의 p값이 유의수준 0.05보다 작으면 대립가설을 채택하고 0.05보다 크면 귀무가설을 기각할 수 없음을 의미한다.

1.4 다중회귀분석의 변수 선택과 종류

다중회귀분석에서 모든 독립변수를 회귀모형 속에 포함시켜 분석할 것인지, 아니면 일부의 독립변수만을 포함시켜 분석할 것인지를 선택해야 한다. 일반적으로는 독립변수가 많은 복잡한 회귀모형보다 간단한 모형이 선호된다.

SPSS에서는 [표 21-1]과 같이 네 가지의 변수 선택방법을 제공하고 있다.

다중회귀분석에서 독립변수를 모형에 투입시키는 방법에 따라 동시적 회귀분석(표준회귀분석, Simultaneous regression or Standard regression analysis), 단계적 회귀분석(Stepwise regression analysis) 및 위계적 회귀분석(순서적 회귀분석, Hierarchical regression analysis or Sequential regression analysis)으로 구분하기도 한다. 여기에서 동시적 회귀분석은 SPSS의 변수 선택방법에서 입력방법(Enter)에 해당하며, 단계적 회귀분석은 단계선택방법을 선택하여 계수 추정을 하는 방법이다.

동시적 회귀분석(표준회귀분석)은 설명과 예측 목적으로 모두 사용가능하다. 위계적 회귀

| 표 21-1 | 다중회귀분석에서 변수 선택

변수 선택 방법	내용
입력(Enter)선택법 혹은 모두 선택방법 (All selection method)	가장 많이 사용되는 변수 선택방법으로 모든 독립변수들을 포함시켜 회귀분석하는 방법(독립변수 간의 다중공선성의 문제가 있을 수 있음)
전진선택법 (Forward selection method)	독립변수가 하나도 포함되지 않은 모형으로부터 출발해 종속변수에 미치는 영향력이 가장 큰 유의한 독립변수부터 차례로 하나씩 추가하는 방법(한 번 선택된 변수는 절대로 제거되지 않는 단점이 있으며 적은 수의 독립변수가 최종 회귀모형에 포함됨)
후진선택법 (Backward selection method)	모든 독립변수가 포함된 회귀모형에서 시작하여 종속변수에 미치는 영향력이 가장 작은 유의하지 않은 독립변수부터 하나씩 제거하여 유의한 변수들만 남을 때까지 제거를 계속하는 방법
단계선택법 (Stepwise selection method) =전진선택법+후진선택법	• 전진선택법은 한 번 선택된 독립변수는 제거가 불가능하다는 단점을 가지고 있기 때문에 이러한 단점을 보완하기 위하여 전진선택법에 후진제거법을 결합시킨 방법 • 독립변수가 하나도 포함되지 않은 모형으로부터 출발해 모형에 변수가 추가되었을 때 회귀계수의 유의확률이 가장 낮은 변수부터 순서대로 회귀모형에 진입하게 되는데, 새로운 독립변수가 진입될 때마다 모형 내 모든 독립변수들의 유의확률을 재평가하여 유의성이 떨어지는 변수가 있으면 제거하고, 다시 모형 밖의 변수 중에서 더 진입시킬 변수가 있는지를 검토하는 방법

분석은 예측 목적으로는 거의 사용되지 않으며 주로 설명 목적으로 사용할 수 있다. 단계적 회귀분석은 단순히 예측 목적으로 사용하거나 사전연구나 이론구축이 되지 않은 영역의 자료분석 목적으로만 사용하는 것이 좋으며 설명 목적으로 사용하지 않는 것이 좋다.

위계적 회귀분석(Hierarchical regression analysis)은 임의의 주어진 모형에서 추가적으로 독립변수를 투입했을 때 종속변수에 존재하는 변동성을 얼마나 더 설명할 수 있는지를 확인하는 방법이다. 일반적으로 이 분석에서는 위계를 단위로 독립변수들을 추가해 나가면서 여러 개의 회귀모형을 순차적으로 추정한다. 이때 추가된 위계로 인하여 통계적으로 유의한 만큼의 R^2의 증가가 있었는지를 F-검증(F-test)을 통해 확인하게 된다.

- ▶ 위계적 회귀분석은 통제변수들의 영향력을 제외시킨 상태(통제한 상태)에서 독립변수의 영향력을 알아내고자 할 때 사용한다. 따라서 위계적 회귀분석은 통제변수가 회귀모형에 포함되어 있는 경우에 유용하게 활용할 수 있는 다중회귀분석방법의 하나이다.
- ▶ 위계적 회귀분석에서 독립변수의 투입 순서는, 먼저 통제변수를 투입하고, 다음으로 연구자가 선정한 주요 독립변수를 위계 단위로 투입한다. 1개의 위계에는 하나의 독립변

수만이 포함될 수도 있고, 여러 개의 변수들이 포함될 수도 있다.

- 연구자들은 선행연구 결과 등을 참조하여 투입할 위계의 순서를 명확하게 정해야 하며, 각 위계에 포함될 변수들도 제대로 선정해야 한다. 예컨대 위계들은 시간순서상의 차례를 반영하여 인구통계학적 특성 변수(성별, 연령, 학력 등) → 개인 심리특성 변수(스트레스, 자기효능감) → 직무특성 변수(직무능력)의 순서로 모형에 투입해야 한다.
- 위계적 회귀분석은 이론적 근거와 논리적 근거에 의해 연구자가 사전에 정한 순서에 따라 독립변수들이 한 번에 하나씩 혹은 여러 독립변수들이 포함되어 있는 위계(Hierarchy) 단위별로 회귀모형에 투입할 수 있다.
- 단계적 회귀분석과 위계적 회귀분석의 가장 큰 차이는 연구자의 개입 여부이다. 전자는 통계프로그램이 정해진 기준에 따라 독립변수들을 투입하지만 후자는 연구자가 정한 순서에 따라 변수가 투입된다.
- 단계적 회귀분석에서는 개별 독립변수의 설명력을 알 수 있으며 위계적 회귀분석에서는 각 위계의 설명력을 분리할 수 있다.
- 단계적 회귀분석에서는 각 회귀모형마다 유의한 변수가 추가되며 그 변수의 설명력이 표시되지만 위계적 회귀분석에서는 각 변수의 설명력이 아닌 추가된 위계에 속한 전체 변수들의 설명력을 보여준다.

위계적 회귀분석에서는 어떤 변수를 어떤 순서로 회귀모형에 투입해야 하는지가 매우 중요하다. 즉, 투입 순서의 정당성이 있어야 한다. 왜냐하면 회귀모형에 독립변수들을 투입하는 순서에 따라 각 독립변수가 종속변수에 미치는 효과가 크게 달라지기 때문이다. 연구자는 이론적 근거와 검토, 선행연구에 대한 고찰 결과 등에 의해서 독립변수의 투입 순서를 정해야 한다. 일반적으로 다음과 같은 투입 순서를 따른다.

- 연구에서 통제하고자 하는 변수들, 즉 통제변수들(Control variables)을 먼저 투입하고 연구자들이 규명하고자 하는 주요 독립변수들을 나중에 투입한다.
- 시간적인 순서(Chronological order) 또는 논리적인 순서, 처치 순서를 따른다. 시간적 순서에 따라 종속변수에 오래전부터 영향을 준 변수들을 먼저 투입하고 나중에 영향을 준 변수들을 다음에 투입한다. 이론적으로 중요한 것, 지금까지 회귀모형에 사용해 오던 검증된 독립변수들을 먼저 투입하고 연구자가 규명하고자 하는 독립변수를 나중에 투입한다.

1.5 억제효과와 거짓효과

다중회귀분석과 구조방정식모형분석의 결과를 해석할 때 억제효과와 거짓효과의 개념을 잘 이해하는 것은 중요하며 결과 해석을 풍부하게 해준다. 회귀분석에서 억제효과와 거짓효과가 발생했을 때 단순회귀분석 결과가 옳은 것인지, 아니면 다중회귀분석 결과가 옳은지를 결정해야 한다. 일반적으로 진실한 회귀모형은 연구자가 설정한 모형이라고 볼 수 있으나 다중회귀모형이 참모형인 경우가 많다. 그러나 단순회귀모형이 옳은 경우도 있을 수 있다.

1) 억제효과

독립변수(X_1)와 종속변수(Y) 간의 다중회귀분석을 실시했을 때 독립변수(X_1)의 표준화회귀계수가 유의적이지 않았으나(영차상관에서는 독립변수와 종속변수 간에 유의한 상관관계가 없었으나) 제3의 독립변수(X_2)를 투입해 다중회귀분석을 했을 때 X_1의 표준화회귀계수가 유의하면 독립변수(X_1)는 억제변수(Suppressed variable)이다.

억제효과(Suppressed effect)		
단순회귀분석 $Y_i = \beta_0 + \beta_1 X_1$		다중회귀분석 $Y_i = \beta_0 - \beta_1 X_1 + \beta_2 X_2$
$\hat{\beta}_1$이 비유의적(X_1과 Y의 상관 0)	➡	$\hat{\beta}_1$이 유의적(억제효과)
$\hat{\beta}_1$의 부호 +(정적 상관)	➡	$\hat{\beta}_1$의 부호 −(부적 억제효과)

억제효과(Suppressed effect)란 다중회귀분석에서의 표준화회귀계수가 피어슨 상관관계분석을 통해 구한 영차상관(Zero-order correlations)보다 더 커진 경우나 표준화회귀계수와 상관관계의 부호가 달라진 경우를 말한다. 전자는 단일한 독립변수(X_1)가 종속변수를 설명하는 모형에 제3의 독립변수(X_2)가 투입되었을 때 기존 독립변수(X_1)의 예측 강도가 오히려 증가하는 상황에 해당된다. 즉, 종속변수 Y와 X_1의 상관계수는 0인데 제3의 변수를 투입시켜 다중회귀분석을 시행하였더니 X_1의 표준화회귀계수가 −0.5로서 영차상관에서는 보이지 않던 효과가 드러났다면 억제효과로 해석할 수 있다. 이는 제3의 변수인 X_2가 없었을 때 X_1과 Y의 관계가 억제된 것으로 볼 수 있다. 후자는 X_1과 Y의 상관관계가 +4인데 다중회귀분석

을 시행하였더니 X_1의 표준화회귀계수가 −4로 부호가 바뀐 경우에 해당된다. 이는 부적 억제효과(Negative suppressed effect)가 일어났음을 의미한다.

2) 거짓효과

독립변수(X_1)와 종속변수(Y) 간의 단순회귀분석을 실시했을 때 독립변수(X_1)의 표준화회귀계수가 유의적이었으나(영차상관에서는 독립변수와 종속변수 간에 충분한 상관관계가 있었으나) 제3의 독립변수(X_2)를 투입해 다중회귀분석을 시행했을 때 X_1의 표준화회귀계수가 유의하지 않으면 독립변수(X_1)는 거짓변수(Spurious variable) 혹은 허위변수이다.

거짓효과(Spurious Effect)		
단순회귀분석 $Y_i = \beta_0 + \beta_1 X_1$		다중회귀분석 $Y_i = \beta_0 + \beta_1 X_1 + \beta_2 X_2$
$\hat{\beta}_1$이 유의적(X_1과 Y의 상관 유의적)	➡	$\hat{\beta}_1$이 비유의적

거짓효과(Spurious effect)란 독립변수와 종속변수 간에 영차상관에서는 유의한 상관이 있었으나 제3의 변수를 투입해 다중회귀분석을 했을 때 표준화회귀계수가 0으로 나타난 경우를 말한다. 즉, 단일한 독립변수(X_1)가 종속변수(Y)를 설명하는 다중회귀모형에 또 다른 제3의 독립변수(X_2)가 투입되면서 기존 독립변수(X_1)의 효과가 사라진 것을 의미한다.

1.6 다중회귀분석에서의 통제와 결과 해석

다중회귀분석은 어떤 독립변수의 효과를 통제(고정, 제거)한 후 관심 독립변수와 종속변수 간의 관계를 확인하는 데 유용하게 사용된다. 이 분석에서 통제(Control)는 통제하고 싶은 독립변수들을 다중회귀모형에 단지 포함시키면 된다. 다만, 통제변수들을 다중회귀모형에 포함시키고자 할 때는 위계적 회귀분석을 이용해 위계1에 통제변수를 포함시켜 분석하고, 그 다음으로 연구하고자 하는 독립변수들을 위계2부터 연구자가 정한 연구모형에 따라 차례대로 입력시키고 분석하면 된다.

단순회귀분석에서의 회귀계수 β_1은 독립변수 X_1이 한 단위 증가 시 기대되는 종속변수

Y의 변화량(증가/감소)이라고 해석한다. 그런데 다중회귀분석에서의 각 회귀계수는 다른 독립변수들의 종속변수 Y에 대한 영향력을 일정하게 통제했을 때(혹은 고정했을 때) 해당 독립변수가 한 단위 증가했을 때 기대되는 종속변수 Y의 변화량(증가/감소)으로 해석하면 된다. 예를 들어, 다음과 같은 다중회귀모형을 분석한다고 하자. 일반적으로 〈해석방법 1〉이 정식적인 결과 해석의 방법이라고 볼 수 있으나 많은 연구자들은 〈해석방법 2〉를 많이 사용해 분석 결과를 제시하고 있다.

$$\widehat{Y_i} = \widehat{\beta_0} + \widehat{\beta_1}X_1 + \widehat{\beta_2}X_2 + \widehat{\beta_3}X_3$$

〈해석방법 1〉

위 회귀선에서 β_1은 'X_2와 X_3의 종속변수 Y에 대한 영향력을 일정한 값으로 통제(혹은 고정)했을 때(Holding X_2 and X_3 constant) X_1이 한 단위 증가할 때 종속변수는 비표준화회귀계수 크기만큼 증가하는 것으로 나타났다'고 해석하면 된다. β_2는 'X_1과 X_3의 종속변수 Y에 대한 영향력을 일정한 값으로 통제(혹은 고정)했을 때(Holding X_1 and X_3 constant) X_2가 한 단위 증가할 때 종속변수는 비표준화회귀계수 크기만큼 증가하는 것으로 나타났다'고 해석하면 된다. β_3은 'X_1과 X_2의 종속변수 Y에 대한 영향력을 일정한 값으로 통제(혹은 고정)했을 때(Holding X_1 and X_2 constant) X_3이 한 단위 증가할 때 종속변수는 비표준화회귀계수 크기만큼 증가하는 것으로 나타났다'고 해석하면 된다. 다만 다중회귀분석을 할 때 독립변수나 종속변수에 로그값을 취해서 변수 변환을 수행한 후에 독립변수로 투입한 경우는 [표 21-2]와 같이 분석 결과를 해석해야 한다.

표 21-2 투입변수의 로그 변환이 있는 경우와 없는 경우의 해석방법

로그변환 유무	해석방법	해석예시
독립변수 종속변수	독립변수가 한 단위 증가할 때 종속변수의 증감(비표준화회귀계수)	독립변수가 한 단위 증가할 때 종속변수는 [비표준회귀계수 크기]만큼 증가(감소)하는 것으로 나타났다.
독립변수(로그) 종속변수	독립변수가 1% 증가할 때 종속변수의 증감(비표준화회귀계수/100)	독립변수가 1% 증가할 때 종속변수는 [비표준화회귀계수/100]만큼 증가(감소)하는 것으로 나타났다.
독립변수 종속변수(로그)	독립변수가 한 단위 증가할 때 종속변수의 증감(비표준화회귀계수×100)%	독립변수가 한 단위 증가할 때 종속변수는 [비표준회귀계수 크기×100]%만큼 증가(감소)하는 것으로 나타났다.
독립변수(로그) 종속변수(로그)	독립변수가 1% 증가할 때 종속변수의 증감(비표준화회귀계수)%	독립변수가 1% 증가할 때 종속변수는 [비표준화회귀계수]%만큼 증가(감소)하는 것으로 나타났다.

〈해석방법 2〉

회귀분석 결과를 해석할 때 비표준화회귀계수 혹은 표준화회귀계수가 유의하면 '독립변수는 종속변수에 영향을 미치는 것으로 나타났다'로, 비유의적이면 '독립변수는 종속변수에 영향을 미치지 않는 것으로 나타났다'로 결과를 제시하면 된다. 회귀계수가 유의적이고 부호가 +이면 '독립변수가 높아질수록 종속변수는 높아지는 것으로 나타났다' 혹은 '독립변수는 종속변수에 양(+) 혹은 정의 영향을 주는 것으로 나타났다'로, 회귀계수가 유의적이고 부호가 −이면 '독립변수가 낮아질수록 종속변수는 높아지는 것으로 나타났다' 혹은 '독립변수는 종속변수에 음(−) 혹은 부의 영향을 주는 것으로 나타났다'고 해석하면 된다.

1.7 다중회귀분석의 절차

다중회귀분석의 절차는 [그림 21-5]와 같다. 수행 절차는 기본적으로 제20장에서 소개한 단순회귀분석의 절차와 동일하다. 다만 가정 조건의 진단에서 다중공선성이 있는지의 여부를 확인하는 절차만 추가된다.

그림 21-5 ▌ 다중회귀분석의 절차

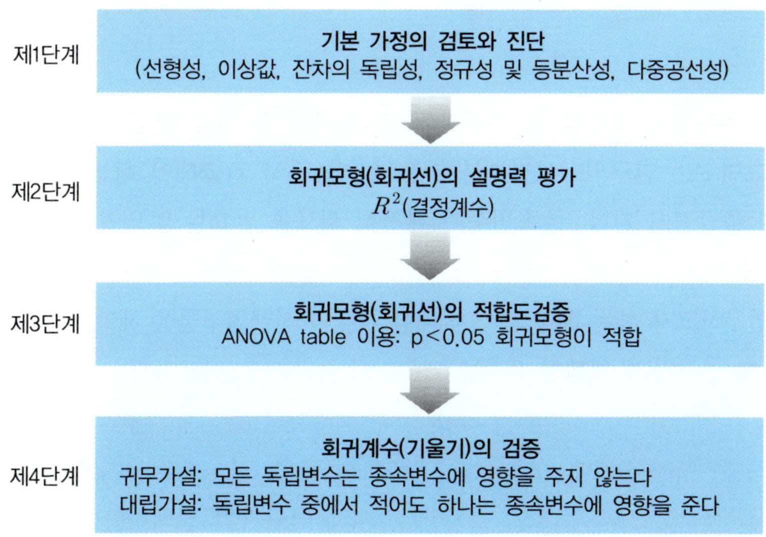

1.8 다중회귀분석을 이용한 논문작성 연구 절차

다중회귀분석을 이용해서 연구논문을 작성하고자 하는 연구자는 [그림 21-6]과 같은 절차를 따르는 것이 일반적이다.

그림 21-6 ▌ 다중회귀분석을 이용한 논문작성 연구 절차도

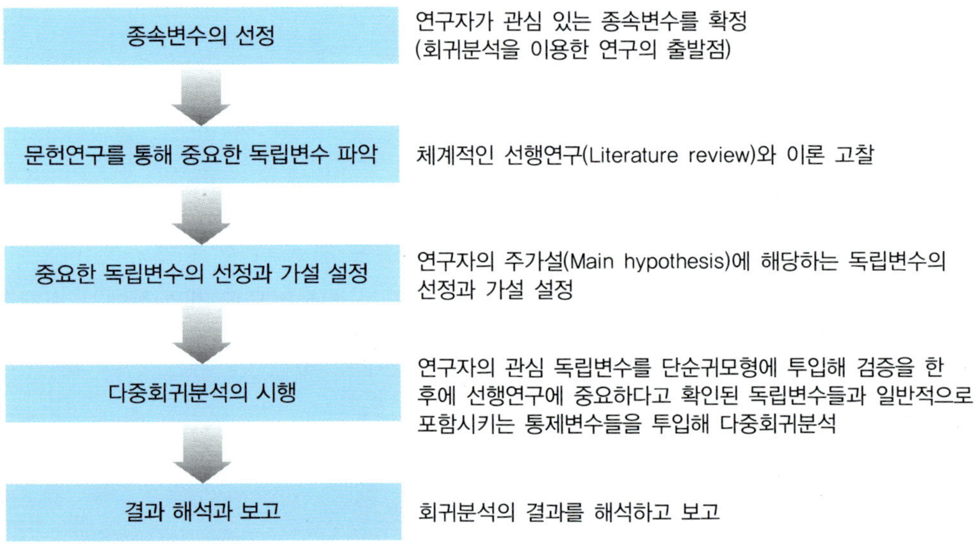

첫째, 연구가설을 설정할 때 연구자가 가장 먼저 할 일은 관심 있는 종속변수를 확정하는 일이다. 종속변수는 연구의 서론 부분에서 핵심을 두고 기술해야 하는 사항이며, 회귀분석을 위한 연구의 출발점이 된다. 종속변수가 완전히 새로울 필요는 없으며 선행연구들에서 탐색하는 것이 좋다.

둘째, 연구하고자 하는 해당 분야에 대한 국내외 선행연구들을 체계적으로 검토(Literature review)한 후 연구자가 채택한 종속변수에 가장 중요한 영향을 미치는 독립변수들이 무엇인지를 파악한다.

셋째, 선행연구에서 크게 중요하게 고려되지 않았으나 연구자가 보기에 중요하다고 판단되는 독립변수 X를 선정하고 연구가설을 설정한다. 이때 연구자가 선택하는 독립변수들은 독창성이 있고 새로운 것일수록 좋다.

넷째, 연구자가 관심 있는 독립변수들과 종속변수를 모두 확정하고 분석에 필요한 자료 수집을 완료했다면 다중회귀분석을 수행한다. 분석에 투입될 독립변수들은 보통 다음의 세 가지 유형으로 구분할 수 있다.

- 연구의 주가설(Main hypothesis)에 해당하는 연구자가 채택한 고유의 독립변수(X_1)
- 선행연구에서 중요하다고 확인된 독립변수들(X_2, X_3, X_4, X_5 …)
- 선행연구에서 일반적으로 포함시키는 통제변수들(Control variables)

마지막으로, 단순회귀분석을 통해 연구자의 주가설(X_1)을 검증하는 것에서 출발해 통제변수들과 선행연구에서 확인된 독립변수들(X_2, X_3, X_4, X_5 …)을 투입시켜 다중회귀분석을 시행하고 그 결과를 해석하여 보고한다. 예컨대 먼저 단순회귀분석을 통해 연구자의 주가설 X_1이 채택되는 것이 전제조건이다. 다음으로, 연구자의 주가설 X_1과 선행연구들에서 확인된 독립변수들을 투입해 다중회귀분석을 수행한 결과 연구자의 주가설인 X_1이 채택되고 선행연구에서 중요하다고 확인된 독립변수들(X_2, X_3, X_4, X_5 …)이 모두 기각된 경우도 수용가능하다. 한편 다중회귀분석 결과에서 주가설 X_1과 선행연구들에서 확인된 독립변수들(X_2, X_3, X_4, X_5 …)이 모두 채택된 경우도 있을 수 있는데 이러한 결과가 연구자에게 있어서는 매우 긍정적인 시나리오라고 할 수 있다. 다만 다중회귀분석에 투입된 통제변수들은 이론적인 근거가 있다면 그 변수의 검증 결과가 채택과 기각 여부가 크게 중요하지 않으며, 다만 포함된 통제변수들의 결과만 제시하면 되며 크게 강조하지 않아도 된다.

2 다중회귀분석의 SPSS 통계 실습

[통계 실습 21-1] 모두 선택방법(Enter)에 의한 다중회귀분석

다음의 가상회사에 대한 50명을 대상으로 조사한 [제21장 다중회귀분석 데이터]를 이용해서 다중회귀분석(Multiple regression analysis)을 수행하고 분석 결과를 해석하시오. 독립변수는 연속형 변수로 재직기간(단위: 년)과 교육기간(단위: 년)이며 종속변수는 연속형 변수로 연간급여(단위: 천원)이다. 변수 선택은 입력선택방법(Enter), 즉 모두 선택방법(All selection method)을 사용하시오.

■ 실습 데이터

ID	연간급여(단위: 천원)	재직기간(단위: 년)	교육기간(단위: 년)
1	90,000	14	13
2	48,000	5	15
…	…	…	…
50	88,000	19	14

총 사례 수는 50개임

- 재직기간, 교육기간 → 연속형 변수(독립변수)
- 연간급여 → 연속형 변수(종속변수)

■ 가설

- **귀무가설(H_0)**: 재직기간과 교육기간은 연간급여에 영향을 주지 않는다($\beta_1 = \beta_2 = 0$).
- **대립가설(H_1)**: 재직기간과 교육기간 중에서 적어도 하나는 연간급여에 영향을 준다.

실습 데이터	제21장 다중회귀분석 데이터
분석방법 메뉴 선택	그래프-산점도/점도표: 행렬 산점도 분석-상관분석-이변량 상관 분석-기술통계량-데이터 탐색 분석-회귀분석-선형 • 선형 회귀: 통계량 옵션에서 회귀계수의 [추정값], 잔차의 Durbin-Watson, 공선성 진단 체크 • 선형 회귀: 도표 옵션에서 X에 [ZPRED], Y에 [ZRESID] 입력, 표준화 잔차 도표에서 [정규확률도표] 체크 • 선형 회귀: 저장 옵션에서 잔차의 [표준화], 영향력 통계량의 [표준화 DfFit] 체크

1) 실습 과정

❶ [파일–열기–데이터]를 선택한 후 실습 데이터 파일이 있는 위치로 찾아가서 [제21장 다중회귀분석 데이터]를 연다.

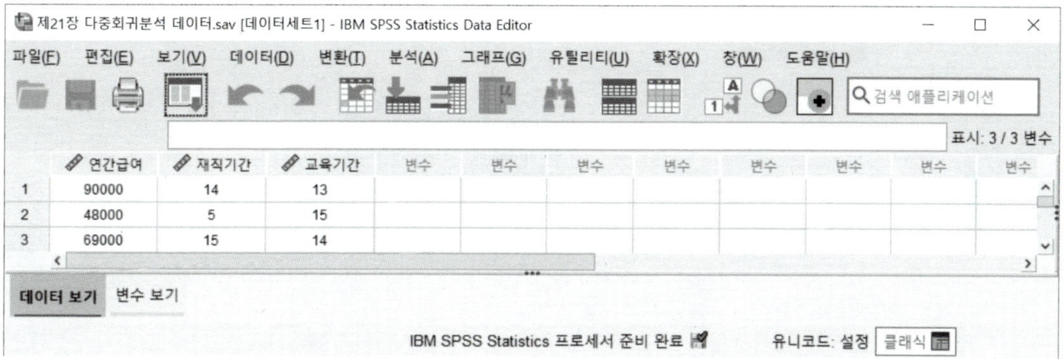

❷ [그래프–산점도/점도표–행렬 산점도]를 선택한 후 [정의] 버튼을 클릭해 [산점도 행렬] 창을 연 후 독립변수인 [연간급여], [재직기간], [교육기간]을 모두 [행렬변수]로 보내고 [확인] 버튼을 클릭한다.

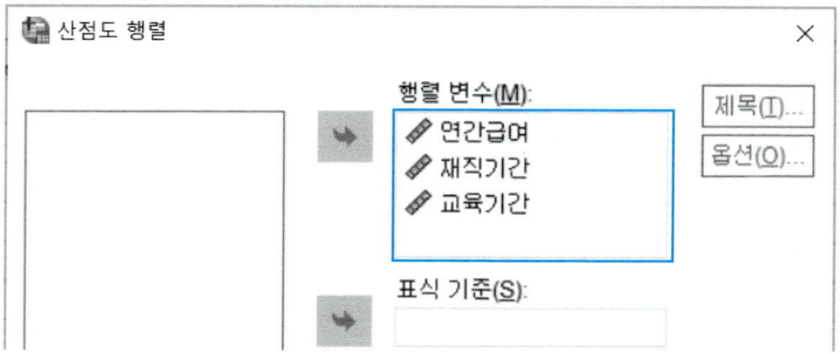

❸ [분석–상관분석–이변량 상관]을 선택하여 상관분석을 실시한다. 이 분석은 필수 절차는 아니지만 다중공선성을 확인하는 데 참조가 되는 정보를 얻기 위해서 수행한다. [연간급여], [재직기간], [교육기간]을 모두 [변수]로 보내고 하단의 [유의한 상관계수 플래그], [하한 삼각형만 표시], [대각 표시]를 모두 체크한다.

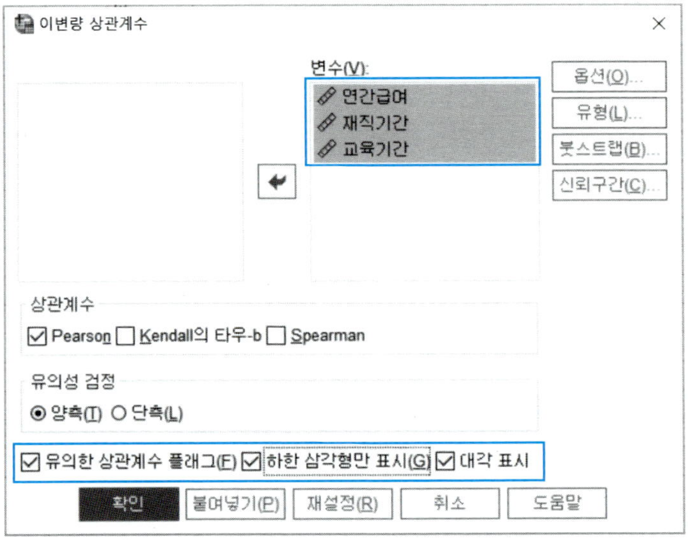

❹ [분석–회귀분석–선형]을 선택하여 [선형 회귀] 창으로 들어간다. 변수선택방법은 디폴트로 [입력]이 선택되어 있으므로 그대로 둔다. 독립변수인 [재직기간], [교육기간]을 [블록(B)1/1]에, 그리고 [연간급여]를 [종속변수]로 이동시킨다. [통계량] 옵션에서 [공선성 진단], [회귀계수]의 [추정값], [잔차]의 [Durbin–Watson]을 체크하고 [계속] 버튼을 클릭한다. [도표] 옵션에서 [ZPRED]를 [X]에, [ZRESID]를 [Y]로 이동시키고 표준화 잔차 도표에서 [히스토그램]과 [정규확률도표]를 체크하고 [계속] 버튼을 클릭한다. [저장] 옵션의 [잔차]에서 [표준화]를, [영향력 통계량]에서 [표준화 DfFit]를 체크하고 [계속] 버튼을 클릭한다. 마지막으로 [선형 회귀] 창의 좌측 하단에 있는 [확인] 버튼을 클릭해 다중회귀분석을 실행한다. 이렇게 하면 다중회귀분석의 가정 진단에 필요한 각종 출력물과 분석 결과 제시에 필요한 모든 출력물을 얻을 수 있다. 만약 실행 후에 가정 조건이 위배되는 경우에는 위배 사항들을 교정한 후에 다시 동일한 분석과정을 반복해야 한다. 모든 가정 조건이 충족되었다면 최종적으로 다중회귀분석을 실시한 후에 그 결과를 보고하면 된다.

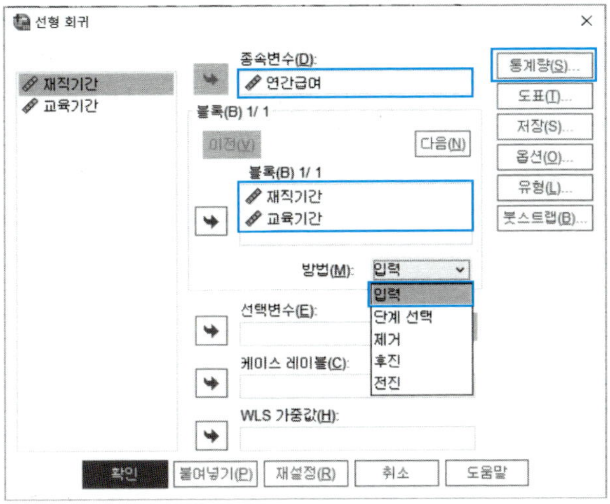
선형 회귀
재직기간
교육기간
종속변수(D):
연간급여
블록(B) 1/ 1
이전(V)
다음(N)
블록(B) 1/ 1
재직기간
교육기간
방법(M):
입력
입력
단계 선택
제거
후진
전진
선택변수(E):
케이스 레이블(C):
WLS 가중값(H):
통계량(S)...
도표(T)...
저장(S)...
옵션(O)...
유형(L)...
붓스트랩(B)...
확인
붙여넣기(P)
재설정(R)
취소
도움말

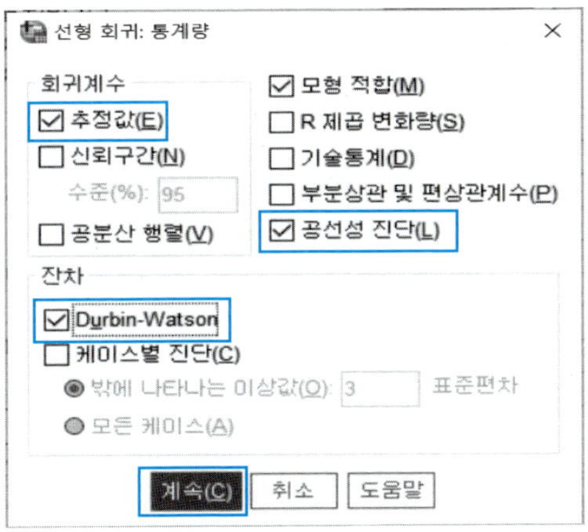
선형 회귀: 통계량
회귀계수
추정값(E)
신뢰구간(N)
수준(%): 95
공분산 행렬(V)
모형 적합(M)
R 제곱 변화량(S)
기술통계(D)
부분상관 및 편상관계수(P)
공선성 진단(L)
잔차
Durbin-Watson
케이스별 진단(C)
밖에 나타나는 이상값(O): 3 표준편차
모든 케이스(A)
계속(C)
취소
도움말

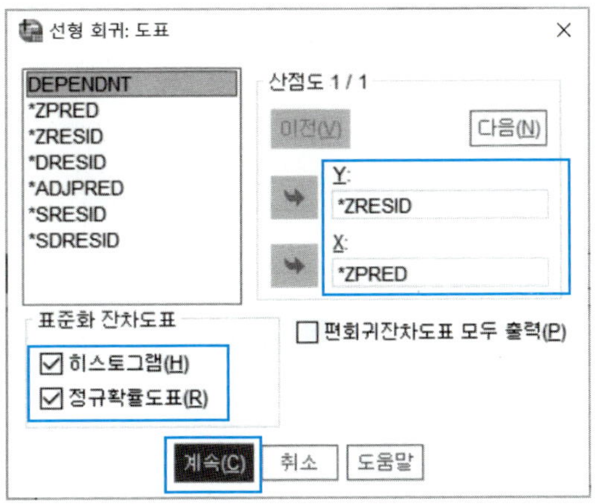
선형 회귀: 도표
DEPENDNT
*ZPRED
*ZRESID
*DRESID
*ADJPRED
*SRESID
*SDRESID
산점도 1 / 1
이전(V)
다음(N)
Y:
*ZRESID
X:
*ZPRED
표준화 잔차도표
히스토그램(H)
정규확률도표(R)
편회귀잔차도표 모두 출력(P)
계속(C)
취소
도움말

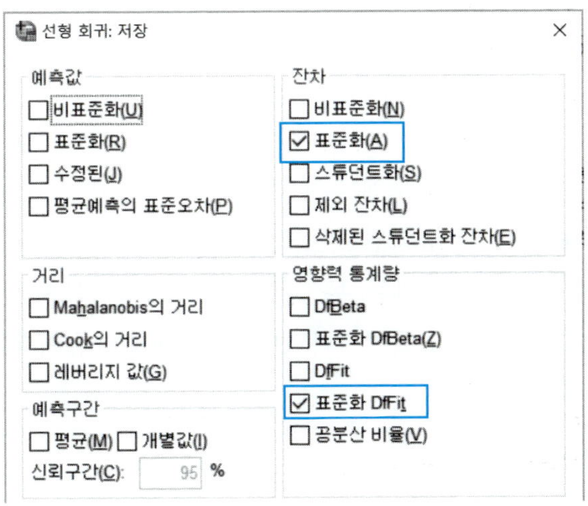
선형 회귀: 저장
예측값
비표준화(U)
표준화(R)
수정된(J)
평균예측의 표준오차(P)
잔차
비표준화(N)
표준화(A)
스튜던트화(S)
제외 잔차(L)
삭제된 스튜던트화 잔차(E)
거리
Mahalanobis의 거리
Cook의 거리
레버리지 값(G)
영향력 통계량
DfBeta
표준화 DfBeta(Z)
DfFit
표준화 DfFit
공분산 비율(V)
예측구간
평균(M)
개별값(I)
신뢰구간(C): 95 %

⑤ [참고사항] 잔차의 정규성은 출력물 중에서 P-P도표를 이용해 검증하면 된다. 그러나 데이터 파일에 출력되는 표준화된 잔차(Standardized Residual) ZRE를 이용해서 잔차의 정규성을 검증할 수도 있다. 이는 [분석-기술통계량-데이터 탐색] 메뉴에서 [Standardized Residual]을 [종속변수]로 이동시키고 [도표] 옵션에서 [검정과 함께 정규성도표]를 체크하고 [계속] 버튼을 클릭한다. 마지막으로 [데이터 탐색] 창의 좌측 하단에 있는 [확인] 버튼을 클릭하면 분석이 완료된다.

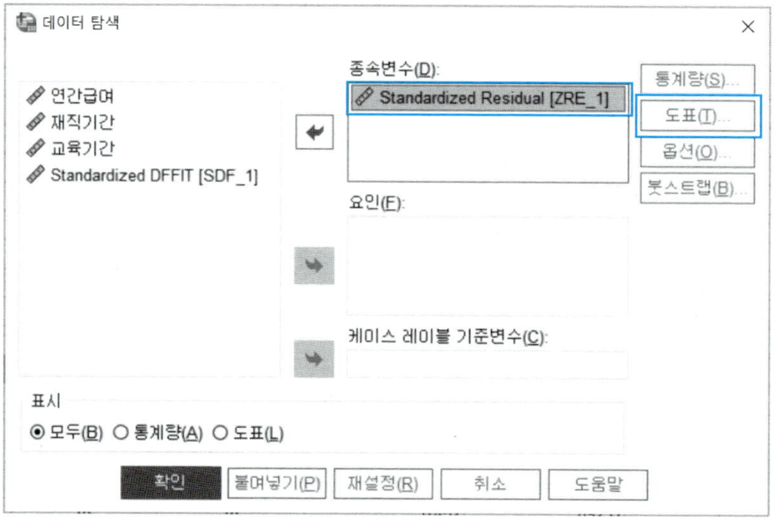

2) 주요 분석 결과

다중회귀분석에 대한 주요 출력 결과를 제시하면 다음과 같다.

선형성검증 결과

독립변수와 종속변수 간의 행렬 산점도에 의한 선형성검증 결과는 다음과 같다. 육안으로 확인한 결과 독립변수인 재직기간과 종속변수인 연간급여 간에는 직선의 경향을 보이고 있음을 알 수 있다. 교육기간과 연간급여 간에는 무상관인 것처럼 생각할 수 있으나 바로 뒤에서 설명하는 상관관계분석 결과를 보면 교육기간과 연간급여 간에는 유의적인 상관이 있는 것으로 보아 선형성이 있는 것으로 보인다.

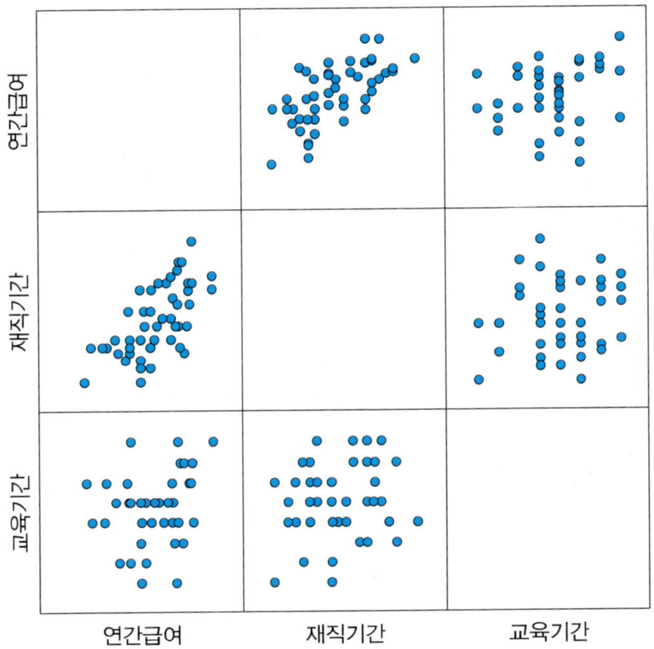

상관관계분석 결과

다중공선성의 징후가 있는지를 검토하기 위해 수행한 상관관계분석 결과는 다음과 같다. 독립변수인 재직기간과 교육기간의 Pearson 상관계수는 0.205로 낮은 상관관계를 보이고 있어서 독립변수 간의 다중공선성은 없을 것으로 예상된다.

상관관계

		연간급여	재직기간	교육기간
연간급여	Pearson 상관	--		
	N	50		
재직기간	Pearson 상관	.657**	--	
	유의확률 (양측)	<.001		
	N	50	50	
교육기간	Pearson 상관	.344*	.205	--
	유의확률 (양측)	.014	.153	
	N	50	50	50

**. 상관관계가 0.01 수준에서 유의합니다(양측).

*. 상관관계가 0.05 수준에서 유의합니다(양측).

이상치검증 결과

이상치(Outlier)에 대한 검증 결과는 다음과 같다. 표준화 잔차(ZRE_1)의 절대값 3 이상, 표준화 DfFit(SDF_1)의 절대값이 2 이상을 넘지 않으면 이상치가 없다고 판단한다. 데이터 파일인 [제21장 다중회귀분석 데이터]에 있는 ZRE_1을 보면 3을 넘는 것이 없고, SDF_1의 값이 2를 넘는 사례가 없으므로 이상치는 없다고 판단된다. 연구자들은 이상치가 있다고 판단되는 경우에는 해당 사례를 데이터 파일에서 삭제한 후 회귀분석을 수행해야 한다. 이상치는 앞에서 제시한 선형성검증 결과의 그림을 통해서도 확인할 수 있다.

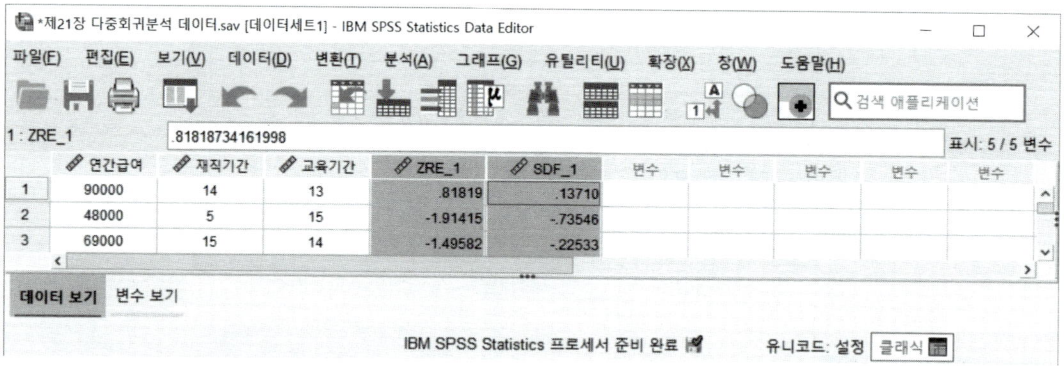

잔차의 독립성검증 결과

잔차의 독립성검증 결과는 다음과 같다. 회귀분석 실행 결과 Durbin-Watson지수는 2.005로 2에 가까우므로 잔차들 간에는 자기상관이 없이 독립적임을 알 수 있다.

모형 요약[b]

모형	R	R 제곱	수정된 R 제곱	추정값의 표준 오차	Durbin-Watson
1	.691[a]	.477	.455	10643.599	2.005

a. 예측자: (상수), 교육기간, 재직기간

b. 종속변수: 연간급여

잔차의 정규성검증 결과

잔차의 정규성검증 결과는 다음과 같다. 회귀분석의 실행 결과인 [히스토그램]과 [정규P-P도표]를 보면 잔차들은 정규분포에서 크게 벗어나지 않은 것으로 보인다.

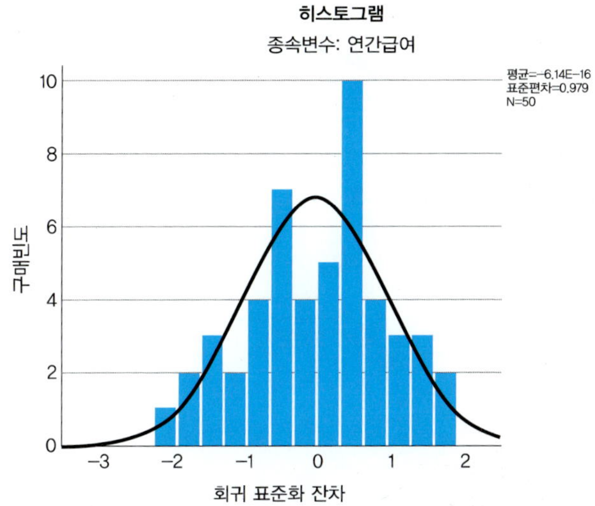

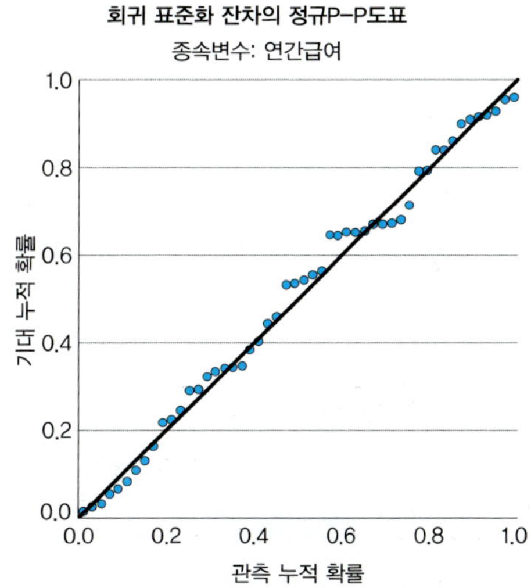

정규성 검정

	Kolmogorov-Smirnov[a]			Shapiro-Wilk		
	통계	자유도	유의확률	통계	자유도	유의확률
Standardized Residual	.089	50	.200*	.978	50	.459

*. 이것은 참 유의성의 하한입니다.

a. Lilliefors 유의확률 수정

[분석-기술통계량-데이터 탐색]의 실행 결과에서의 출력물인 [정규Q-Q도표]를 보면 잔차들은 정규분포를 하고 있는 것으로 보인다. Shapiro-Wilk검증 결과 p값이 0.459로 유의수준 0.05보다 크므로 잔차들은 정규분포를 하고 있음을 알 수 있다.

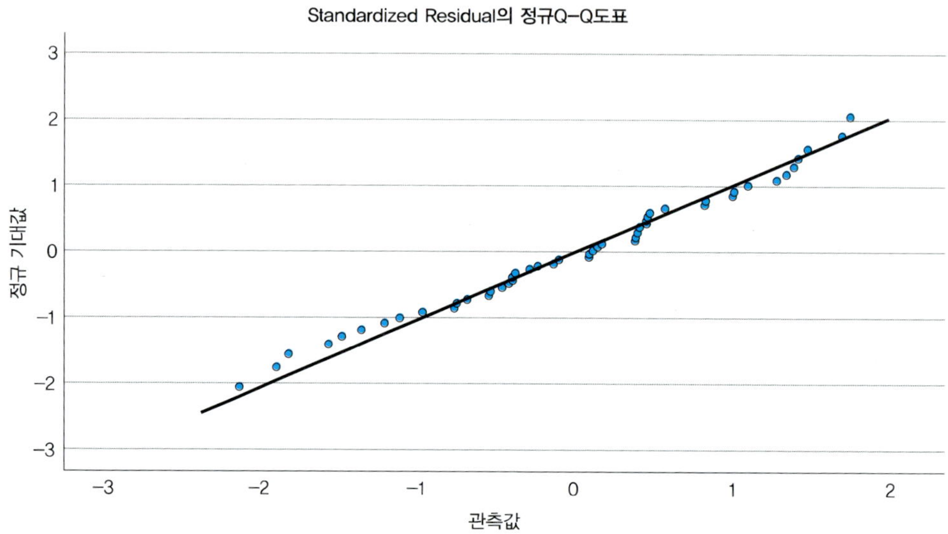

잔차의 등분산성검증 결과

잔차의 등분산성검증 결과는 다음과 같다. 아래 그림은 잔차 산점도이다. 산점도를 보면 +2와 −2 사이에서 대부분의 데이터 포인트가 일정한 패턴이 없으므로 등분산성의 가정을 만족하고 있음을 알 수 있다.

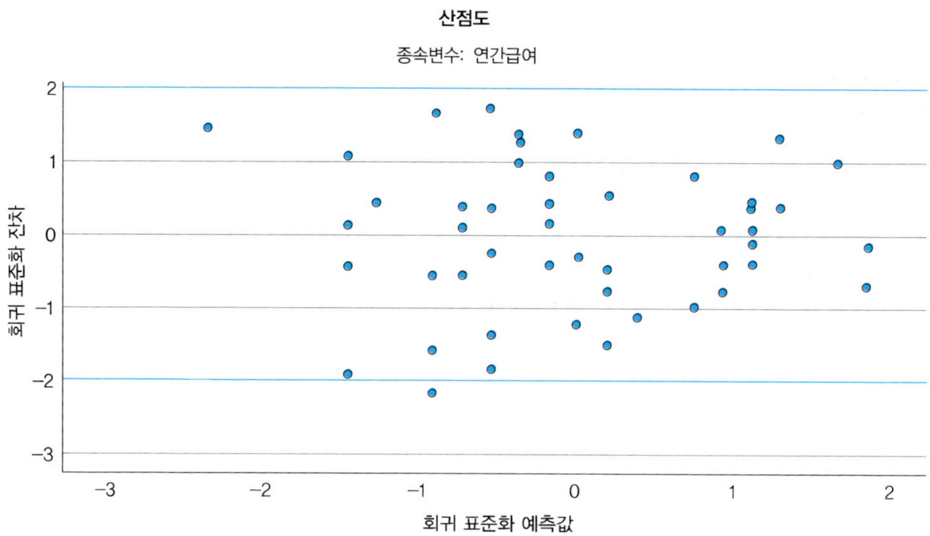

다중회귀분석의 주요 검증 결과

모두 선택방법(입력방법)에 의한 다중회귀분석의 주요 출력물은 다음과 같다.

① 모형 요약

회귀모형의 수정된 R^2은 0.455이며, 이는 재직기간과 교육기간으로 연간급여의 분산을 설명할 수 있는 정도가 45.5%임을 의미한다. 모형 요약표에서 [추정값의 표준오차]는 오차의 평균크기를 의미한다. 보통 단순회귀분석에서는 R^2만 제시하며, 다중회귀분석에서는 수정된 R^2을 제시한다.

모형 요약[b]

모형	R	R 제곱	수정된 R 제곱	추정값의 표준 오차	Durbin-Watson
1	.691[a]	.477	.455	10643.599	2.005

a. 예측자: (상수), 교육기간, 재직기간

b. 종속변수: 연간급여

[참고사항 1] 회귀분석 결과의 모형 요약표에서 R^2의 계산

회귀분석 결과인 모형 요약표에서 R은 독립변수와 종속변수 간의 상관계수이며 이의 제곱값은 R^2과 동일하다.

$$R^2 = 0.691 \times 0.691 = 0.477$$

② 모형의 적합도

회귀선의 통계적 유의성을 검증하는 F통계량은 21.443이고, 이에 대한 p값은 <0.001로 유의수준 0.001보다 작으므로 회귀선은 통계적으로 유의함을 알 수 있다. 따라서 회귀모형은 잘 적합되었음을 알 수 있다.

ANOVA[a]

모형		제곱합	자유도	평균제곱	F	유의확률
1	회귀	4858338681.9	2	2429169341.0	21.443	<.001[b]
	잔차	5324451000.1	47	113286191.49		
	전체	10182789682	49			

a. 종속변수: 연간급여

b. 예측자: (상수), 교육기간, 재직기간

[참고사항 2] 지수 형태 숫자의 일반 숫자 변환

지수 형태로 표현된 전체 값은 1.018E+10은 소수점이 있는 1 뒤에 10자리가 있음을 나타낸다. 이 지수를 일반 숫자로 표현하면 10,180,000,000이다. 인터넷 검색을 통해 지수변환기를 찾아 지수를 입력해 일반 숫자로 변경해서 사용하면 된다(SPSS 28 버전 이하).

[참고사항 3] ANOVA표에서의 R^2 계산

분산분석표(ANOVA table)에 [회귀제곱합/전체제곱합]으로 R^2을 계산할 수 있다.
4,858,338,682/10,180,000,000=0.477(이 값은 앞에서 제시한 ① 모형 요약의 R^2과 동일함을 알 수 있다).

③ 회귀계수

독립변수인 재직기간의 비표준화회귀계수는 1834.249(표준화회귀계수 0.612)이며 이의 p값은<0.001이고 유의수준 0.001보다 작으므로 재직기간은 종속변수인 연간급여에 유의한 영향을 미치고 있음을 알 수 있다. 또 다른 독립변수인 교육기간의 비표준화회귀계수는 1795.069(표준화회귀계수 0.219)이며 이의 p값은 0.048이고 유의수준 0.05보다 작으므로 교육기간은 종속변수인 연간급여에 유의한 영향을 미치고 있음을 알 수 있다.

회귀분석 결과를 회귀선으로 나타내면 [연간급여=32,276.154+1,834.249×재직기간+1,795.069×교육기간]이 된다.

계수[a]

모형		비표준화 계수		표준화 계수	t	유의확률	공선성 통계량	
		B	표준화 오류	베타			공차	VIF
1	(상수)	32276.154	12356.978		2.612	.012		
	재직기간	1834.249	323.044	.612	5.678	<.001	.958	1.044
	교육기간	1795.069	885.055	.219	2.028	.048	.958	1.044

a. 종속변수: 연간급여

[참고사항 4] 회귀분석 계수표에서 t값의 계산

재직기간의 t값(t-value)은 [비표준화계수(B)/표준오차]에 의해 계산된다.

1,834.249/323.044=5.678

교육기간의 t값(t-value)은 [비표준화계수(B)/표준오차]에 의해 계산된다.

1,795.069/885.055=2.028

3) 모두 선택방법(입력)에 의한 다중회귀분석 검증 결과의 제시와 해석

다중회귀분석 검증 결과를 요약하면 다음과 같다. 다중회귀분석 결과표는 연구자에 따라서 다양하게 제시될 수 있다.

▌표 21-3 ▌모두 선택방법에 의한 다중회귀분석 결과표 (N=50)

독립변수	B	SE	β	t	p
상수	32,276.154	12,356.978		2.612*	0.012
재직기간	1,834.249	323.044	0.612	5.678***	<0.001
교육기간	1,795.069	885.055	0.219	2.028*	0.048
수정된 R^2=0.455, F=21.443 (<0.001)					

*p<0.05, ***p<0.001, 종속변수: 연간급여

▌표 21-4 ▌모두 선택방법에 의한 다중회귀분석 결과표 다른 양식 예시 (N=50)

독립변수	B	β	수정된 R^2	F
상수	32,276.154		0.455	21.443***
재직기간	1,834.249	0.612***		
교육기간	1,795.069	0.219*		

*p<0.05, ***p<0.001, 종속변수: 연간급여

재직기간과 교육기간이 연간급여에 미치는 영향을 알아보기 위하여 모두 투입방법(입력)으로 다중회귀분석을 실시하였다. 회귀분석의 기본 가정들이 충족되는지를 검증하였다. 먼저 행렬 산점도를 통해 독립변수인 재직기간과 교육기간 그리고 종속변수인 연간급여 간의 선형성을 분석한 결과 이들 간에는 선형적인 관계가 있는 것으로 나타났다. 또한 산점도상에서 크게 정상적인 데이터 포인트에서 벗어난 경우는 없어서 이상치도 없는 것으로 나타났다. 추가적으로 회귀분석 후에 데이터 파일([제21장 다중회귀분석 데이터])에 있는 ZRE_1을 보면 3을 넘는 것이 없고, SDF_1의 값이 2를 넘는 사례가 없으므로 이상치는 없다고 판단된다.

다음으로 공선성 통계량인 VIF를 보면 재직기간과 교육기간이 모두 1.044로 나타나 기준치인 10 미만이므로 독립변수들 간의 다중공선성은 없었다.

마지막으로 잔차의 독립성, 정규성 및 등분산성을 검증하였다. Durbin-Watson지수가 2.005로 나타나 이 지수에 2에 가까우므로 잔차들은 자기상관이 없이 독립적임을 알 수 있

다. 표준화된 잔차에 대한 정규성을 검증한 [정규Q-Q도표]를 보면 잔차들은 정규분포를 하고 있는 것으로 보인다. Shapiro-Wilk검증 결과에서도 p값이 0.459이며 이는 유의수준 0.05보다 크므로 잔차들은 정규분포를 하고 있음을 알 수 있다. 잔차의 등분산성검증을 위해 잔차 산점도(Residual scatterplot)를 살펴본 결과 거의 모든 표준화 잔차들이 일정한 패턴이 없이 +2부터 −2 사이에 일정하게 분포되어 있어서 등분산성가정이 만족된 것으로 판단된다.

연간급여의 변동성 중에서 재직기간과 교육기간이 설명하는 설명력은 45.5%로 나타났다. 분산분석표의 F값이 21.443이고 이는 유의수준 0.01에서 통계적으로 유의한 것으로 나타나 회귀모형은 적합하다고 판단된다.

재직기간과 교육기간이 연간급여에 미치는 영향에 대한 다중회귀분석 결과, 가상기업 근로자들의 재직기간은 연간급여에 유의한 영향을 주는 것으로 나타났다($p<0.001$). 이는 근로자들의 재직기간이 높을수록(B=1,834.249) 연간급여가 높아짐을 의미한다. 또한 교육기간은 연간급여에 유의한 영향을 주는 것으로 나타났다($p<0.05$). 이는 근로자들의 교육기간이 높을수록(B=1,795.069) 연간급여가 높아짐을 의미한다. 독립변수인 재직기간과 교육기간의 표준화회귀계수는 각각 0.612와 0.219로 재직기간이 교육기간보다 연간급여에 상대적으로 크게 영향력을 미치고 있는 것으로 나타났다.

다중회귀분석을 통해 추정된 회귀선은 아래와 같이 나타낼 수 있다. 물론 이 추정된 회귀선이 정확한 예측을 하지 못할 수도 있다. 좀 더 정확한 예측을 할 수 있으려면 연간급여에 영향을 미칠 수 있는 독립변수들을 발굴해서 다중회귀모형을 구축하는 것이 필요할 것이다.

$$\text{연간급여} = 32{,}276.154 + 1{,}834.249 \times \text{재직기간} + 1{,}795.069 \times \text{교육기간}$$

연간급여 추정회귀선에서 상수(절편)는 32,276.154이며, 재직기간의 회귀계수(기울기)는 1,834.249임을 보여준다. 이는 교육기간의 종속변수 연간급여에 대한 영향력을 통제했을 때 재직기간이 한 단위, 즉 1년이 증가할 때 기대되는 연간급여의 증가가 1,834,249원임을 의미한다. 또한 교육기간의 회귀계수(기울기)는 1,795.069임을 보여준다. 이는 재직기간의 종속변수 연간급여에 대한 영향력을 통제했을 때 교육기간이 한 단위, 즉 1년이 증가할 때 기대되는 연간급여의 증가가 1,795,069원임을 의미한다. 연구자들은 새로운 정보로 재직기간과 교육기간만 주어진다면 추정된 회귀선을 통해 연간급여를 추정할 수 있다.

[통계 실습 21-2] 단계선택방법(Stepwise)에 의한 다중회귀분석

다음의 가상회사에 대한 50명을 대상으로 조사한 [제21장 다중회귀분석 데이터]를 이용해서 다중회귀분석(Stepwise multiple regression analysis)을 수행하고 분석 결과를 해석하시오. 독립변수는 연속형 변수로 재직기간(단위: 년)과 교육기간(단위: 년)이며 종속변수는 연속형 변수로 연간급여(단위: 천원)이다. 변수 선택은 단계선택법(Stepwise)을 사용하시오.

■ **실습 데이터**

ID	연간급여(단위: 천원)	재직기간(단위: 년)	교육기간(단위: 년)
1	90,000	14	13
2	48,000	5	15
…	…	…	…
50	88,000	19	14

총 사례 수는 50개임

- 재직기간, 교육기간 → 연속형 변수(독립변수)
- 연간급여 → 연속형 변수(종속변수)

■ **가설**

- **귀무가설(H_0)**: 재직기간과 교육기간은 연간급여에 영향을 주지 않는다($\beta_1 = \beta_2 = 0$).
- **대립가설(H_1)**: 재직기간과 교육기간 중에서 적어도 하나는 연간급여에 영향을 준다.

실습 데이터	제21장 다중회귀분석 데이터
분석방법 메뉴 선택	그래프-산점도/점도표: 행렬 산점도 분석-상관분석-이변량 상관 분석-기술통계량-데이터 탐색 분석-회귀분석-선형 • **선형 회귀**: 통계량 옵션에서 회귀계수의 [추정값], 잔차의 Durbin-Watson, 공선성 진단 체크 • **선형 회귀**: 도표 옵션에서 X에 [ZPRED], Y에 [ZRESID] 입력, 표준화 잔차도표에서 [정규확률도표] 체크 • **선형 회귀**: 저장 옵션에서 잔차의 [표준화], 영향력 통계량의 [표준화 DfFit] 체크

1) 실습 과정

❶ 앞에서 실습한 [통계 실습 21-1]의 모두 선택방법(Enter)에 의한 다중회귀분석과 모든 절차는 동일하다. 다만 실습 ❹에서 [입력] 방법 대신에 [단계 선택]을 선택하는 것만이 다르다.

❷ 모두 선택방법(입력방법)과 모든 실습 과정이 동일하므로 나머지는 생략한다. 각자가 [분석-회귀분석-선형] 메뉴의 [선형 회귀] 창에서 [방법]을 [단계 선택]으로 변경하고 [확인] 버튼을 클릭하여 실습을 종료한다.

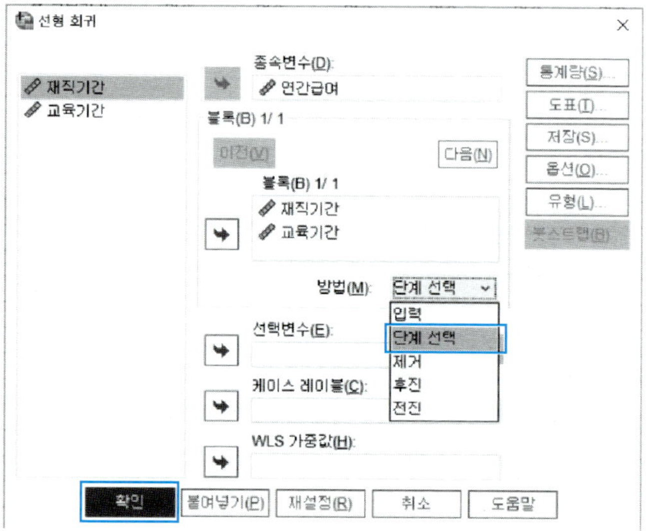

2) 주요 분석 결과

단계선택법에 의한 다중회귀분석의 주요 출력 결과를 제시하면 다음과 같다.

기본 가정 검증 결과

[통계 실습 21-1]과 동일하므로 앞에서 제시한 것들을 참조하기 바란다.

다중회귀분석의 주요 검증 결과

단계선택법에 의한 다중회귀분석의 주요 출력물은 다음과 같다.

① 모형 요약

2단계 회귀모형으로 분석되었다. 1단계 모형에는 독립변수로 재직기간이 투입되었고, 2단계 모형에서는 독립변수로 교육기간이 추가 투입되었다. 1단계 모형의 수정된 R^2은 0.420으로 재직기간으로 연간급여 데이터를 설명할 수 있는 설명력의 정도는 42.0%로 나타났다. 이는 연간급여의 변동성 중에서 독립변수인 재직기간의 변동성에 의해 설명되는 비율을 의미한다. 2단계 모형의 수정된 R^2은 0.455로 재직기간과 교육기간으로 연간급여 데이터를 설명할 수 있는 설명력의 정도는 45.5%로 나타났다. 이는 연간급여의 변동성 중에서 독립변수인 재직기간과 교육기간의 변동성에 의해 설명되는 비율을 의미한다.

모형 요약[c]

모형	R	R 제곱	수정된 R 제곱	추정값의 표준오차	Durbin-Watson
1	.657[a]	.431	.420	10983.382	
2	.691[b]	.477	.455	10643.599	2.005

a. 예측자: (상수), 재직기간
b. 예측자: (상수), 재직기간, 교육기간
c. 종속변수: 연간급여

② 모형의 적합도

1단계 모형에 대한 회귀선의 통계적 유의성을 검증하는 F통계량은 36.410이고, 이에 대한 p값은 <0.001로 유의수준 0.001보다 작으므로 회귀선은 통계적으로 유의함을 알 수 있다. 따라서 회귀모형은 잘 적합되었음을 알 수 있다. 1단계 모형에서는 가장 중요한 변수로 재직기간이 선택되었으며 재직기간이 연간급여에 유의한 영향을 주는 것으로 나타났다.

2단계 모형에 대한 회귀선의 통계적 유의성을 검증하는 F통계량은 21.443이고, 이에 대한 p값은 <0.001로 유의수준 0.001보다 작으므로 회귀선은 통계적으로 유의함을 알 수 있다. 따라서 회귀모형은 잘 적합되었음을 알 수 있다. 2단계 모형에서는 재직기간과 교육기간이 선택되었으며 재직기간과 교육기간이 연간급여에 유의한 영향을 주는 것으로 나타났다.

ANOVA[a]

모형		제곱합	자유도	평균제곱	F	유의확률
1	회귀	4392324959.6	1	4392324959.6	36.410	<.001[b]
	잔차	5790464722.4	48	120634681.72		
	전체	10182789682	49			
2	회귀	4858338681.9	2	2429169341.0	21.443	<.001[c]
	잔차	5324451000.1	47	113286191.49		
	전체	10182789682	49			

a. 종속변수: 연간급여

b. 예측자: (상수), 재직기간

c. 예측자: (상수), 재직기간, 교육기간

③ 회귀계수

1단계 모형에서는 재직기간이 종속변수인 연간급여(B=1968.696)에 영향을 미치는 것으로 나타났다($p<0.001$). 2단계 모형에서는 재직기간(B=1834.249)과 교육기간(B=1795.069)이 연간급여에 영향을 미치는 것으로 나타났다(재직기간 $p<0.001$, 교육기간 $p<0.05$). 즉 재직기간과 교육기간이 높을수록 연간급여가 높아짐을 의미한다.

계수[a]

모형		비표준화 계수 B	비표준화 계수 표준화 오류	표준화 계수 베타	t	유의확률	공선성 통계량 공차	공선성 통계량 VIF
1	(상수)	55505.102	4787.510		11.594	<.001		
	재직기간	1968.696	326.263	.657	6.034	<.001	1.000	1.000
2	(상수)	32276.154	12356.978		2.612	.012		
	재직기간	1834.249	323.044	.612	5.678	<.001	.958	1.044
	교육기간	1795.069	885.055	.219	2.028	.048	.958	1.044

a. 종속변수: 연간급여

3) 단계선택법에 의한 다중회귀분석 검증 결과의 제시와 해석

단계선택법에 의한 다중회귀분석 검증 결과를 요약하면 [표 21-5]와 같다. 다중회귀분석 결과표는 연구자에 따라서 다양하게 제시될 수 있다.

표 21-5 단계선택법에 의한 다중회귀분석 결과표 (N=50)

변수	단계1		단계2	
	B	β	B	β
상수	55505.102		32276.154	
재직기간	1968.696	0.657***	1834.249	0.612***
교육기간			1795.069	0.219*
수정된 R^2(Δ 수정된 R^2)	0.420		0.455(0.035)	
F	36.410***		21.443***	

*$p<0.05$, ***$p<0.001$, 종속변수: 연간급여

재직기간과 교육기간이 연간급여에 미치는 영향을 알아보기 위하여 단계선택법(Stepwise)으로 다중회귀분석을 실시하였다. 회귀분석의 기본 가정들이 충족되는지를 검증하였다. 기본 가정 조건인 선형성, 이상치, 잔차의 독립성, 정규성 및 등분산성이 모두 만족되었다(자세한 해석은 [통계 실습 21-1]의 해설 부분을 참조하기 바란다). 따라서 이 연구의 데이터는 다중회귀분석을 실시하기에 적합하다.

1단계 모형에 대한 회귀선의 통계적 유의성을 검증하는 F통계량은 36.410이고, 이에 대한 p값은 <0.001로 유의수준 0.001보다 작으므로 회귀선은 통계적으로 유의함을 알 수 있다. 따라서 회귀모형은 잘 적합되었음을 알 수 있다. 또한 2단계 모형에 대한 회귀선의 통계적 유의성을 검증하는 F통계량은 21.443이고, 이에 대한 p값은 <0.001로 유의수준 0.001보다 작으므로 회귀선은 통계적으로 유의함을 알 수 있다. 따라서 회귀모형은 잘 적합되었음을 알 수 있다.

단계선택법에 의해 다중회귀분석을 수행한 결과 재직기간과 교육기간의 순으로 영향을 주며, 1단계에서 재직기간은 연간급여에 유의한 영향을 주는 것으로 나타났으며 설명력은 42.0%(수정된 $R^2=0.420$)로 나타났다. 2단계에서 교육기간이 추가되어 3.5%가 증가한 전체 설명력은 45.5%(수정된 $R^2=0.455$)로 나타났다. 재직기간이 높을수록(B=1834.249) 그리고 교육기간이 높을수록(B=1795.069) 종속변수인 연간급여가 높아지는 것으로 나타났다.

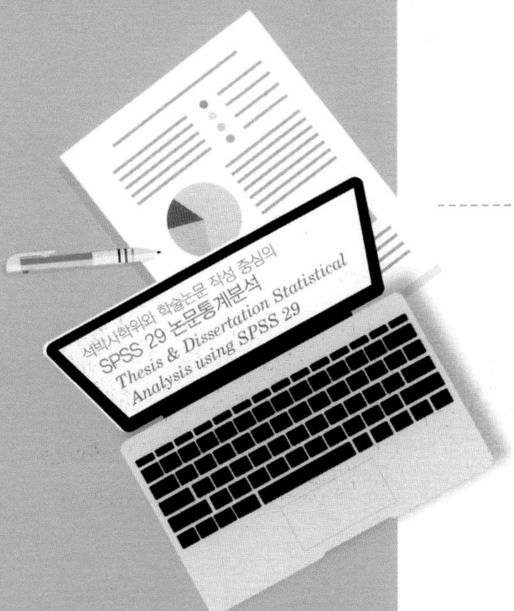

제 8 부

분류분석

제22장 군집분석

제 22 장

군집분석

Cluster Analysis

1 군집분석

1.1 군집분석의 의의와 적용 분야

군집분석(Cluster analysis)은 데이터에서 다수의 개별 케이스들(Cases) 혹은 개체들 간의 거리(Distance)를 기준으로 유사한 특성을 가진 동질적인 케이스들끼리 몇 개의 군집(Cluster) 혹은 집단으로 묶는 분류를 위한 통계분석기법이다.

- 군집분석의 분석 대상은 개별 케이스(사례)의 응답값(관측값)이다. 즉 요인분석(Factor analysis)은 데이터 파일에서 열(Column)인 변수들을 분석대상으로 하나 군집분석은 행(Row)인 개별 케이스들을 분석대상으로 한다. 따라서 제7장에서 학습한 요인분석(Factor analysis)은 변수 간의 관련성으로부터 유사한 변수들을 몇 개의 동질적인 요인으로 축약하는 방법인 반면 군집분석은 유사한 특성들을 가진 개별 케이스들을 토대로 동질적인 군집으로 분류해 범주화시킨다는 점에서 차이가 있다.
- 군집분석에서는 독립변수와 종속변수의 구분이 없다. 따라서 모형의 적합성이나 통계적 유의성 등은 검증할 수 없다.
- 군집분석은 군집 내의 케이스들 간에는 동질성(Homogeneity) 혹은 유사성(Similarity)이 최대화, 군집 간에는 최대한 이질성(Heterogeneity)이 최대화되게 하고 군집화하는 방법이다.
- 군집분석의 사용 목적은 다수의 개별 케이스들을 가지고 군집화(그룹핑)하는 것이다. 군

집분석은 단독적인 기법으로 사용하기보다는 군집으로 분류된 추가 데이터를 이용해서 교차분석, 분산분석 등과 같은 다른 추가적인 통계분석 기법과 함께 사용될 때 분석기법으로서의 유용성이 커진다.

- 군집분석을 통해 몇 개의 군집으로 묶을 것인가, 즉 군집 수의 결정기준은 존재하지 않는다. 그러나 데이터 분석자의 관점에서 볼 때 해석가능한 군집 수에 도달했다고 판단될 경우와 추출된 군집들에 대한 의미 있는 해석이 가능할 때 군집화 과정을 멈추는 것이 일반적이다.
- 계층적 군집분석에서 얻게 되는 덴드로그램(Dendrogram) 혹은 고르듬도표는 군집화 과정을 잘 표현해주지만 군집화 일정표(Agglomeration schedule)는 덴드로그램이 제공해주지 못하는 추가적인 정보를 제공한다. 즉, 군집화 과정을 어느 단계에서 멈출지를 결정하여 추출할 군집 수를 확정할 수 있다. 군집 수는 보통 군집화 일정표에서 계수값[1]이 급격히 증가하는 바로 직전 단계에서 군집화를 중단하여 결정(Stop rule)할 수 있다. 예컨대, 군집화 일정표에서 단계가 8단계까지 있는 경우에 5단계에서 6단계로 넘어갈 때 계수값이 크게 증가했다면 5단계에서 군집화를 멈추고 4개의 군집으로 군집 수를 결정하면 된다. 계수값이 급격하게 커진다는 것은 바로 그 단계의 군집화에 의해 케이스들의 이질성이 급격히 커진다는 것을 의미한다.
- 군집을 결정할 때 중요한 역할을 하는 변수가 무엇인지를 파악하기 위해서 분산분석표를 이용할 수 있다. 이는 군집 간의 차이를 구별하는 데 어느 변수가 더 기여하고 있는지를 판단할 수 있는 근거를 제공하며, 분산분석 결과가 유의하면 군집이 잘 분류되었다고 할 수 있다. 만약 분산분석표에서 어떤 변수의 F값에 대한 유의확률이 높게 나타나면 그 변수의 평균값은 군집 간에 유사하다는 의미이며, 이는 결국 이 변수가 군집을 분류할 때 중요한 역할을 하지 않음을 뜻한다.
- 군집분석은 개별 케이스들을 분류해 군집화한다는 점에서는 판별분석과 유사하다. 그러나 판별분석(Discriminant analysis)은 개별 케이스들이 속할 귀속집단을 미리 알고 있어야 하지만 군집분석은 개별 케이스들이 속할 소속집단(군집)을 사전에 전혀 알 수 없다는 특징을 가지고 있다.
- 군집분석에 사용할 기준변수(혹은 군집화변수)가 되는 분석 데이터는 연속형 데이터, 이분

1) 계수값은 그 단계에서 군집화하는 경우에 그 군집 내 케이스들의 이질성 정도를 나타낸다.

형 데이터, 개수형(빈도형) 데이터 및 범주형 데이터가 사용된다. 계층적 군집분석에서는 연속형 데이터, 이분형(1,0) 데이터, 개수형 데이터가 사용가능하며, 비계층적 군집분석에는 연속형 데이터만 사용가능하다. 2단계 군집분석에는 범주형 데이터와 연속형 데이터를 모두 사용할 수 있다.

- 기준변수로 사용하는 변수들의 측정단위가 동일한지를 검토한다. 동일하다면 측정단위의 표준화가 필요 없지만 측정단위가 동일하지 않다면 해당 변수들을 표준화시킨 다음에 표준화된 변수들을 분석에 투입해야 하며 원자료(Raw data)를 사용해서는 안 된다.
- 계층적 군집분석에서 만약 각 케이스들을 식별하기 위해 설명해 놓은 문자열 변수가 있는 경우에는 SPSS 계층적 군집분석 창에서 [케이스 레이블 기준변수]를 선택하면 출력결과에 각 케이스마다 설명이 붙어서 나타난다. 그러나 아무 것도 선택하지 않으면 기본 설정(Default)이며 케이스 출력 결과에서 케이스 번호로 구별된다. 케이스 레이블 기준변수는 고객, 환자, 심판, 성격유형, 기계, 상품 등과 같이 사람이 될 수도 있고 기계와 같이 개체(대상)가 될 수도 있다.
- 군집분석은 마케팅, 심리학, 사회학, 통계, 패턴 인식, 기계학습(Machine learning), 데이터 마이닝 등의 분야에서 분류기법으로 널리 사용되고 있다. 예컨대, 의학 분야에서는 환자의 군집 분류, 심리학 분야에서는 성격유형 군집 분류, 마케팅 분야에서는 소비행위 특성을 반영한 시장세분화를 위한 군집 분류 등에서 사용할 수 있다.

그림 22-1 ▮ 계층적 군집분석 창에서 [케이스 레이블 기준변수]의 설정

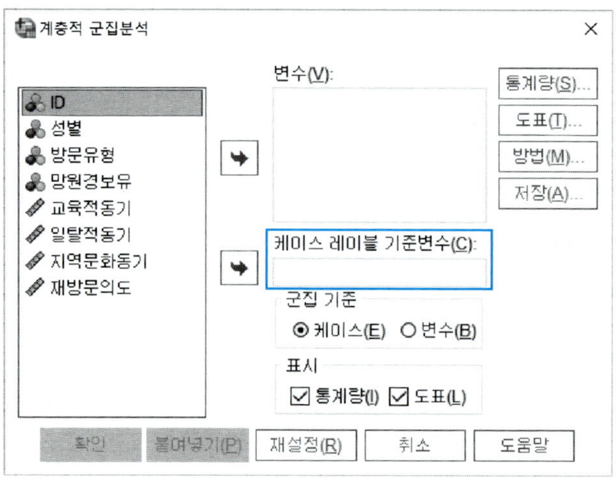

1.2 군집분석의 절차

군집분석의 절차는 [그림 22-2]와 같다.

군집분석의 절차는 ① 기준변수의 선정, ② 기준변수의 측정단위 동일성 파악, ③ 기준변수들의 표준화, ④ 거리값(거리행렬)의 계산, ⑤ 군집화, ⑥ 추출된 군집의 해석, ⑦ 추가분석과 프로파일링(Profiling)의 실시의 순서로 이루어진다. 좀 더 세부적으로 군집분석의 절차를 알아보기로 하자.

그림 22-2 ▎ 군집분석의 절차

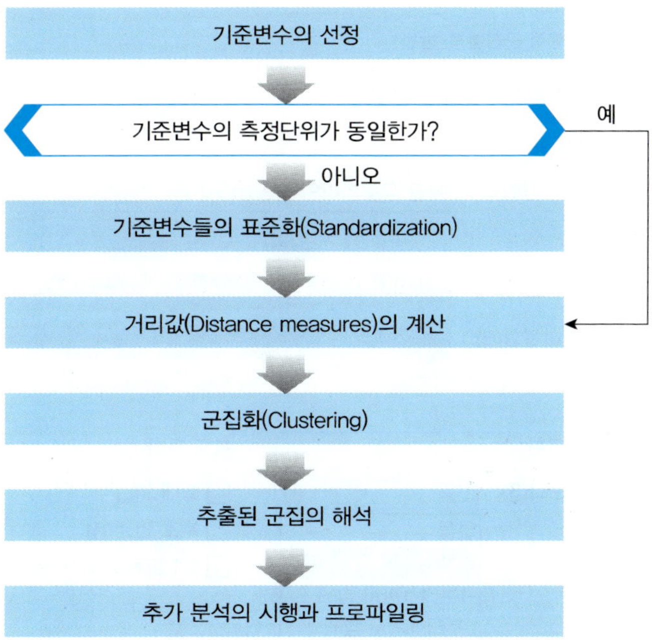

첫째, 군집분석에 가장 중요한 문제는 기준변수를 선정하는 것이다. 이는 개별 케이스(개체)를 어떤 특성들을 기준으로 비교할 것인가와 관련되며, 기준변수를 어떻게 선정했는가에 따라서 군집의 결과가 달라지고 추출된 군집의 의미도 달라질 수 있다. 예컨대, 사람들의 소득과 지출변수를 기준으로 군집화한다면 3개의 군집(고소득-고지출, 고소득-저지출, 저소득-저지출)이 추출된다.

둘째, 기준변수의 측정단위가 동일한지를 검토해야 한다. 만약 기준변수의 측정단위가 동일하면 바로 거리값 계산으로 넘어가며, 동일하지 않다면 기준변수들을 표준화시킨 후에 거리값 계산으로 넘어가야 한다. [그림 22-3]에 제시된 것처럼 SPSS [계층적 군집분석] 창의 [방법]에서 [값 변환]의 다운리스트를 눌러보면 다양한 표준화 방법을 선택할 수 있다. 선택가능한 표준화 방법에는 Z점수, -1부터 1까지 범위, 0부터 1까지 범위, 최대값 1, 평균 1, 표준편차 1 등이 있으며, 이 중에서 Z점수가 많이 사용된다. 그러나 이 장의 실습 데이터는 5점 리커트척도로 모두 연속형 변수이고 척도가 동일하므로 변수의 표준화는 하지 않아도 된다.

그림 22-3 | 기준변수들(군집화 변수)의 표준화 여부 선택

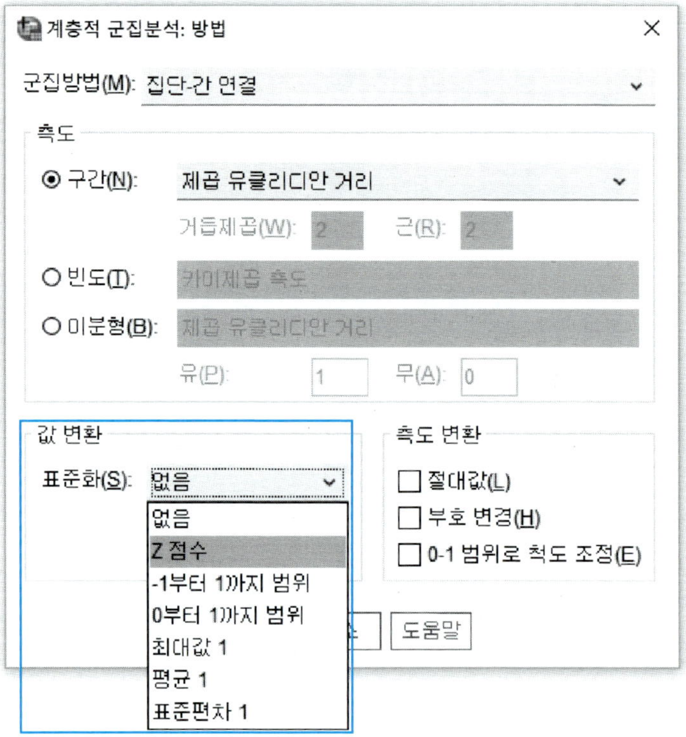

셋째, 개별 케이스들 간의 거리값(Distance measure 혹은 거리행렬 Distance matrix)을 계산한다. 군집으로 묶이려면 개별 케이스들 간에 유사한 특성을 가지고 있어야 하며, 이는 유사성 거리를 어떻게 측정할 것인가와 관련된다. 여러 기준변수를 사용해 개별 케이스들 간의 거리를 계산하기 위해서 사용되는 방법들에는 ① 유클리디안 거리(Euclidean distance), ② 제곱 유클리디안 거리(Squared Euclidean distance), ③ 코사인(Cosine), ④ 피어슨 상관(Pearson correlation), ⑤ 체비셰프 거리(Chebychev), ⑥ 블록 거리(Block), ⑦ 민코프스키 거리(Minkowski), ⑧ 사용자 지정 등이 있다. 이 중에서 가장 많이 사용되는 것은 유클리안 거리로, 이는 변수값 차이를 제곱하여 합산한 거리로 다차원 공간에서 직선 최단거리를 의미한다.

넷째, 군집화 방법(Cluster method)을 결정하고 군집분석을 실시한다. 군집화 방법은 어떻게 개별 케이스들을 동질적인 군집으로 분류할 것인가를 말한다. 이에는 ① 군집 간 평균 연결법(Between-groups linkage), ② 군집 내 평균 연결법(Within-groups linkage), ③ 최단 연결법(Nearest neighbor), ④ 최장 연결법(Furthest neighbor), ⑤ 중심 연결법(Centroid clustering), ⑥ 중위수 연결법(Median clustering), ⑦ 와드 연결법(Ward's method) 등이 있다. 군집화 방법으로는 평균 연결법과 와드 연결법이 널리 사용된다. 평균 연결법에서는 거리값으로 유클리디안 거리를 많이 사용하며, 와드 연결법을 사용하면 제곱 유클리디안 거리를 많이 사용한다.

다섯째, 추출된 군집들의 이름을 명명하고 해석한다.

마지막으로, 필요시 추가분석을 시행하고 군집별로 특성을 요약하고 시각화하는 프로파일링(Profiling)을 수행한다. 교차분석이나 분산분석 등에 의해 군집분석에 사용된 인구통계학적 변수들이나 기준변수들이 추출된 군집별로 차이가 있는지를 검증하고 군집별 특성을 요약하는 프로파일링에 이용한다.

1.3 군집분석의 종류

군집분석의 종류는 다양하게 분류될 수 있으나 이 책에서는 [그림 22-4]와 [표 22-1]과 같이 ① 계층적 군집분석(Hierarchical cluster analysis), ② 비계층적 군집분석(Non-hierarchical cluster analysis): K-평균 군집분석(K-means cluster analysis), ③ 2단계 군집분석(Two-step cluster analysis)으로 분류하기로 한다.

계층적 군집분석은 데이터 크기가 작은 경우에 사용되며, 비계층적 군집분석의 대표적인 방법인 K-평균 군집분석은 데이터 크기가 대규모인 경우에 주로 사용된다. 2단계 군집분석은 계층적 분석방법과 비계층적 분석방법의 혼합 방법(Hybrid method)으로 데이터 크기가 대규모인 경우에 사용된다. 한편 군집 수가 사전에 결정되었는지의 여부에 따라 군집 수가 사전에 결정되어 있지 않으면 계층적 군집분석 방법을 적용하며 군집 수가 사전에 정해져 있으면 비계층적 군집분석을 사용하면 된다.

그림 22-4 ▌군집분석의 종류

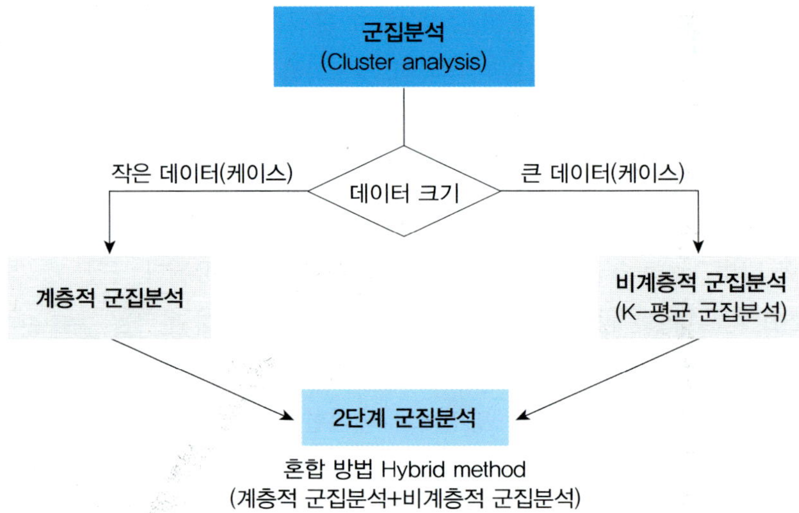

표 22-1 ▌군집분석에서 각 종류의 적용상황과 특징

종류	개념	적용상황과 특징	
계층적 군집분석	처음 각 케이스가 독립 군집으로 출발하여 거리가 가장 가까운 어느 두 케이스가 군집을 이루기 시작해 가까운 군집들끼리 계속적으로 군집을 만들어 가는 방법	• 군집의 수가 미리 정해져 있지 않음 • 군집의 형성에 위계(계층)가 존재: 분석 결과는 계층 형태의 덴드로그램(Dendrogram)으로 표시 • 계층적 군집방법 사용 • 군집의 개수를 모를 때 개수를 결정하기 위해 사용하는 탐색적인 방법 • 군집화 속도가 느리며 케이스들이 적은 경우에 사용 • 소규모 데이터 처리에 적합하며 시장세분화 목적으로는 사용되지 않음 • 주로 연속형 변수에서 사용. 이외에도 이분형 변수, 개수형(빈도형) 변수 사용가능(이들 변수들을 혼합해 사용하지는 않음)	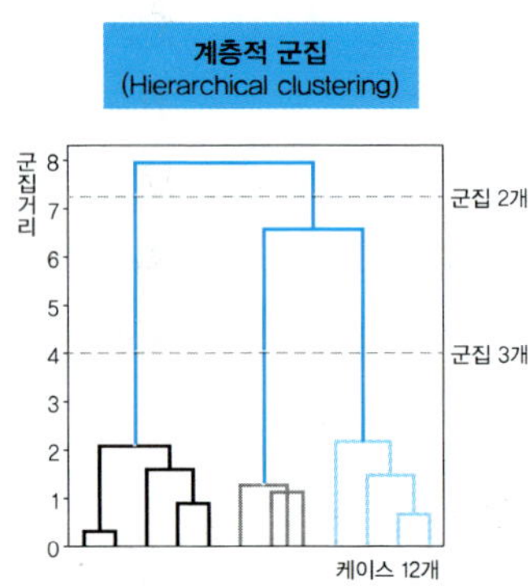

<table>
<tr>
<td>비계층적
군집분석
(K-평균
군집분석)</td>
<td>사전에 만들고자 하는 군집의 수가 결정되어 있는 상태에서 설정된 군집의 중심에 가장 가까운 케이스를 하나씩 포함해 가는 방법으로 군집을 만드는 방법</td>
<td>• 군집의 수가 미리 정해져 있음
• 군집화 속도가 빠르며 케이스들이 많은 경우에 사용
• 분할적 군집방법 사용(예 3개 군집): 군집 간의 동질성과 이질성을 기준으로 정해진 군집으로 군집화
• 먼저 계층적 군집분석을 통해 군집 수를 결정한 다음 비계층적 군집분석을 수행하는 경우가 많음
• 거리값으로 유클리디안 거리만 사용
• 연속형 변수만 사용
• 가장 많이 사용되는 방법은 K-평균 군집분석</td>
<td>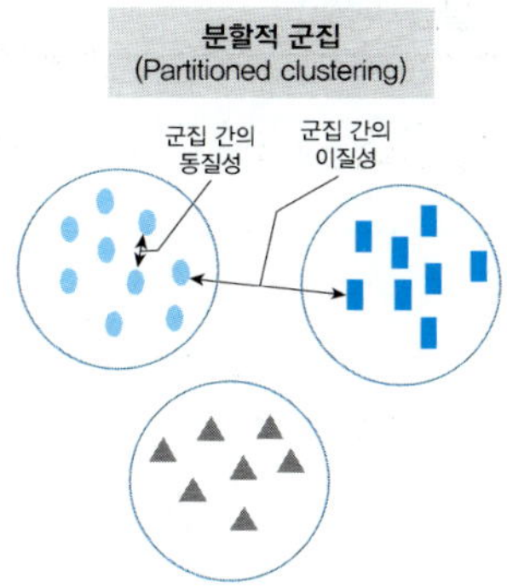
</td>
</tr>
<tr>
<td>2단계
군집분석</td>
<td>1단계로 군집 수와 초기 군집중심점을 결정하고, 2단계로 각 군집에 속하는 케이스들을 결정하는 방법</td>
<td colspan="2">• 연속형 변수와 범주형 변수가 혼합되어 있는 경우에 사용
• 1단계 계층적 군집분석(Ward 최소분산방법)과 2단계 비계층적 군집분석(K-평균 군집분석)의 혼합 방법(Hybrid method)
• 군집 수는 통계적 기준으로 자동으로 결정됨
• 대규모 데이터 처리가 가능
• 거리값으로 유클리디안 거리와 로그-우도 거리를 선택하여 사용함(범주형 변수와 연속형 변수가 혼합된 경우에는 로그-우도 거리만 사용가능)
• 다양한 통계적 자료와 시각적 제시가 우수함</td>
</tr>
</table>

2 계층적 군집분석의 SPSS 통계 실습

[통계 실습 22-1] 계층적 군집분석

다음의 천체관광 관련 군집분석 데이터를 가지고 SPSS를 사용하여 계층적 군집분석(Hierarchical cluster analysis)을 실습하시오. 파일에 포함되어 있는 변수로는 일반적 인구통계학적 변수로 성별, 방문 유형, 망원경 보유 여부가 있으며 천체관광 동기에는 교육적 체험 동기, 일탈적 체험 동기 및 지역문화 체험 동기가 있다. 이외에도 재방문의도가 있다.

■ 실습 데이터

ID	성별	방문 유형	망원경 보유	교육적 동기	일탈적 동기	지역문화 동기	재방문 의도
1	1	4	1	5	4	1	5
2	2	3	1	4	5	2	5
…	…	…	…	…	…	…	…
40	2	2	2	4	4	3	4

총 사례 수는 40개임

- 성별 → 범주형 변수(남자 1, 여자 2)
- 방문 유형 → 범주형 변수(단독 1, 가족 2, 지인 3, 단체 4)
- 망원경 보유 → 범주형 변수(보유 1, 미보유 2)
- 교육적 동기 → 연속형 변수(매우 아니다 1, 보통 3, 매우 그렇다 5)
- 일탈적 동기 → 연속형 변수(매우 아니다 1, 보통 3, 매우 그렇다 5)
- 지역문화 동기 → 연속형 변수(매우 아니다 1, 보통 3, 매우 그렇다 5)
- 재방문의도 → 연속형 변수(매우 아니다 1, 보통 3, 매우 그렇다 5)

실습 데이터	제22장 군집분석 데이터
분석방법 메뉴 선택	분석-분류분석-계층적 군집

1) 실습 과정

❶ [파일-열기-데이터]를 선택한 후 실습 데이터 파일이 있는 위치로 찾아가서 [제22장 군집분석 데이터]를 연다.

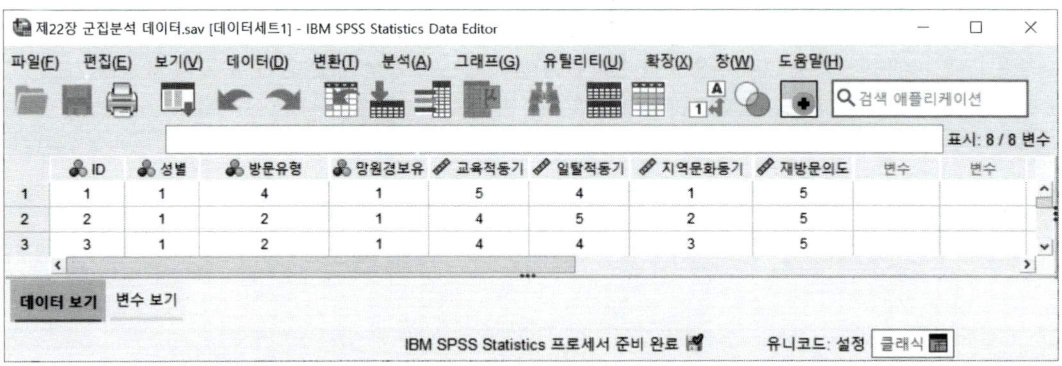

❷ [분석-분류분석-계층적 군집]을 클릭해 [계층적 군집분석] 창이 나타나면 군집화할 기준변수들인 [교육적 동기], [일탈적 동기], [지역문화동기]를 선택한 후 오른쪽 [변수]로 이동시킨다. [군집 기준]은 [케이스] 그대로 둔다.

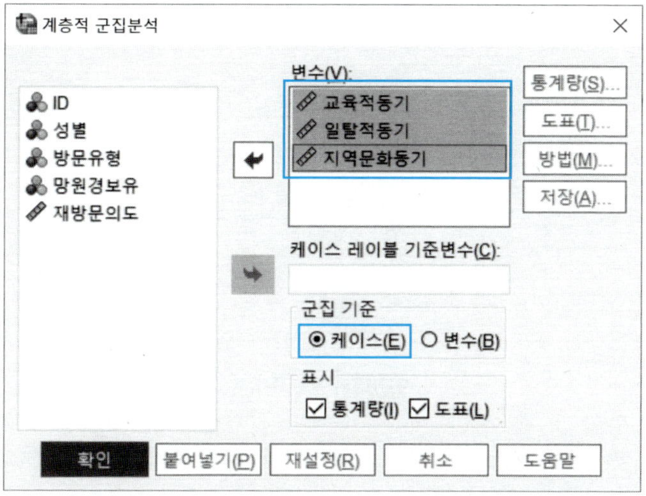

❸ [통계량]을 클릭한 후 [군집화 일정표]를 체크한다. [소속군집]은 [지정하지 않음] 그대로 두어도 된다. 하지만 만약 소속군집을 지정하고 싶다면 [단일 해법]을 클릭해 [군집 수]를 입력하거나 [해법범위]를 클릭해 [최소 군집 수]와 [최대 군집 수]를 입력하면 된다. 이 실습에서는 최소를 [2]로, 최대를 [4]로 입력하기로 하자. [저장] 옵션에서도 동일하게 [2]와 [4]를 입력한다. 그러면 2개 군집부터 4개 군집까지 군집 결과를 볼 수 있다. [계속] 버튼을 클릭한다.

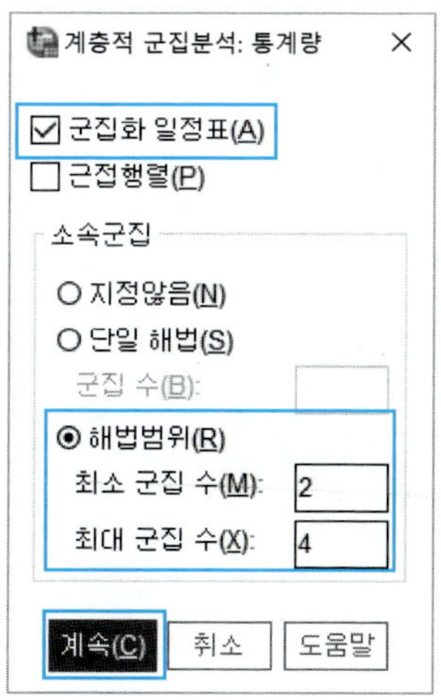

❹ [도표]를 클릭한 후 상단에 있는 [덴드로그램]을 선택하고, [방향]은 [수직]을 선택한 후 [계속] 버튼을 클릭한다.

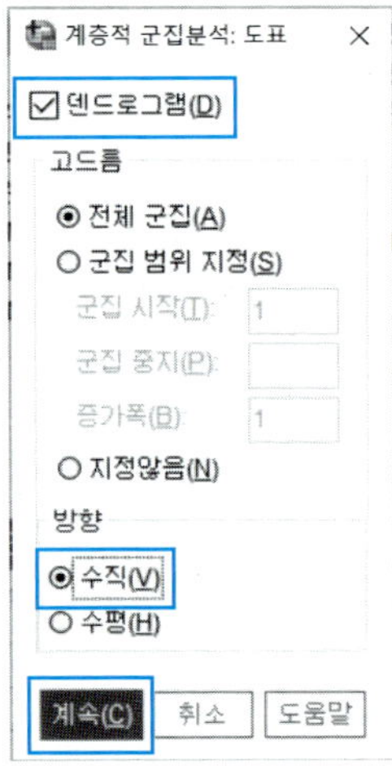

❺ [방법]을 클릭한 후 [군집방법]에는 [Ward의 방법]을 선택한다. [측도: 구간]에는 [제곱 유클리디안 거리]를 그대로 두고 [계속] 버튼을 클릭한다.

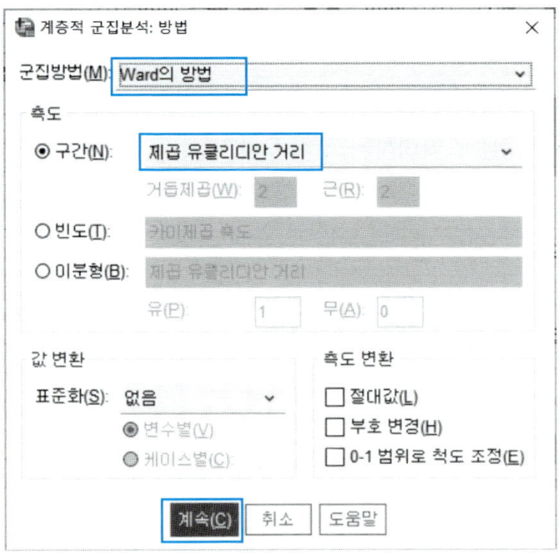

❻ [저장]을 클릭해 들어간 후 [소속군집]은 [해법범위]에서 [2]와 [4]를 입력한 후 최종적으로 [계속] 버튼을 클릭해 실행한다. 마지막으로 [계속] 버튼을 클릭한다. 마지막으로 [확인] 버튼을 클릭한다.

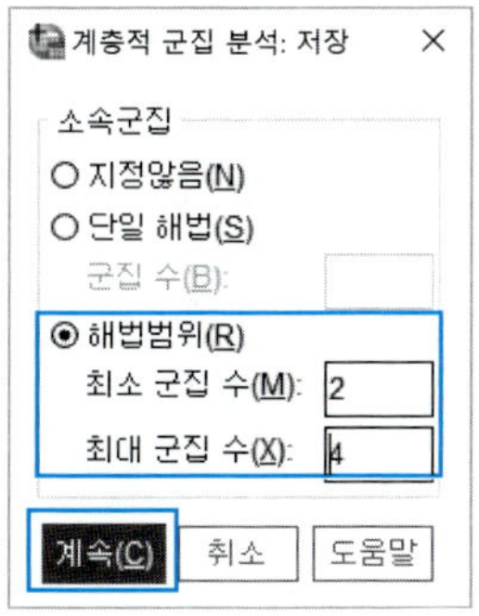

2) 주요 분석 결과

계층적 군집분석에 대한 주요 출력 결과를 제시하면 다음과 같다.

케이스 처리 요약

표본 수는 40개이며, 제곱 유클리디안 거리와 Ward 연결법을 적용하였다.

케이스 처리 요약[a,b]

케이스					
유효		결측		전체	
N	퍼센트	N	퍼센트	N	퍼센트
40	100.0	0	.0	40	100.0

a. 제곱 유클리디안 거리 사용됨

b. Ward 연결법

군집화 일정표

군집화 일정표에서 계수값이 급격히 증가한 단계는 37단계(34.278)에서 38단계(58.556)이다. 따라서 바로 직전 단계는 37단계이며 여기서 군집화를 중단한다. 그러므로 최종적인 군집 수는 37, 38, 39단계가 포함되므로 3개로 결정할 수 있다.

군집화 일정표

단계	결합 군집		계수	처음 나타나는 군집의 단계		다음 단계
	군집 1	군집 2		군집 1	군집 2	
1	33	36	.000	0	0	2
35	9	20	22.708	28	22	36
36	1	9	28.158	33	35	38
37	3	10	34.278	30	32	38
38	1	3	58.556	36	37	39
39	1	6	98.373	38	34	0

소속군집

해법범위를 [2]에서 [4]로 했기 때문에 [소속군집]은 2군집, 3군집, 4군집으로 군집화한 것을 보여준다. 표가 길어서 일부만 잘라서 보여주기로 한다.

소속군집

케이스	4 군집	3 군집	2 군집
1	1	1	1
2	1	1	1
3	2	2	1

덴드로그램

덴드로그램은 군집 수가 3개로 결정되었을 때를 보여준다.

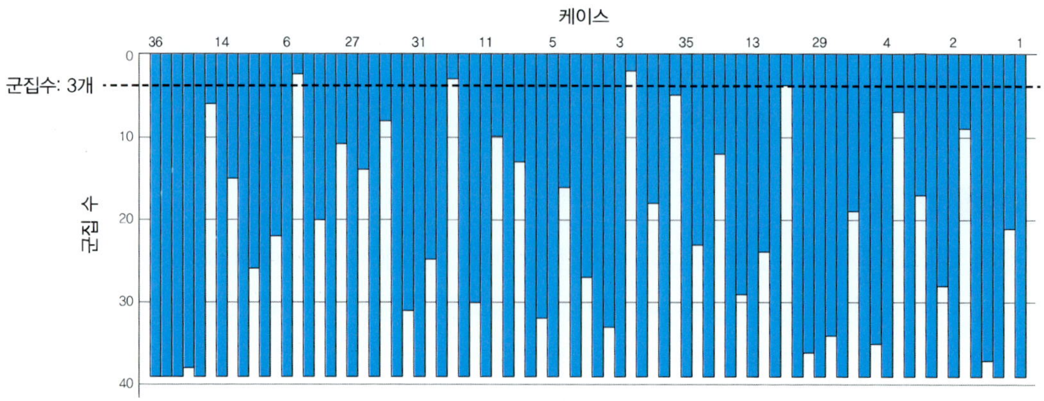

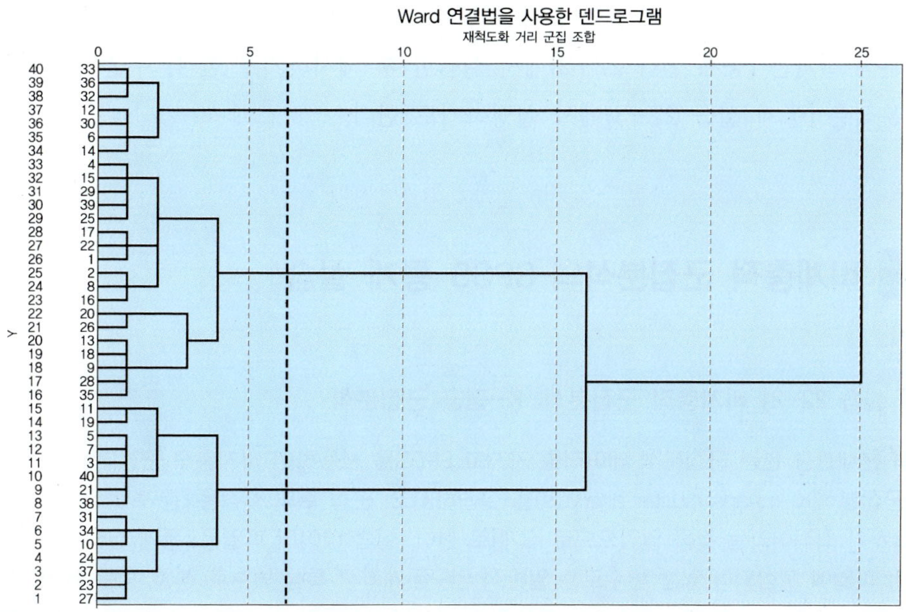

소속군집 저장

군집화가 완료되면 데이터 파일에 [소속군집]의 저장 결과를 얻을 수 있다.

4군집 CLU4, 3군집 CLU3, 2군집 CLU2로 저장되어 있음을 확인할 수 있다.

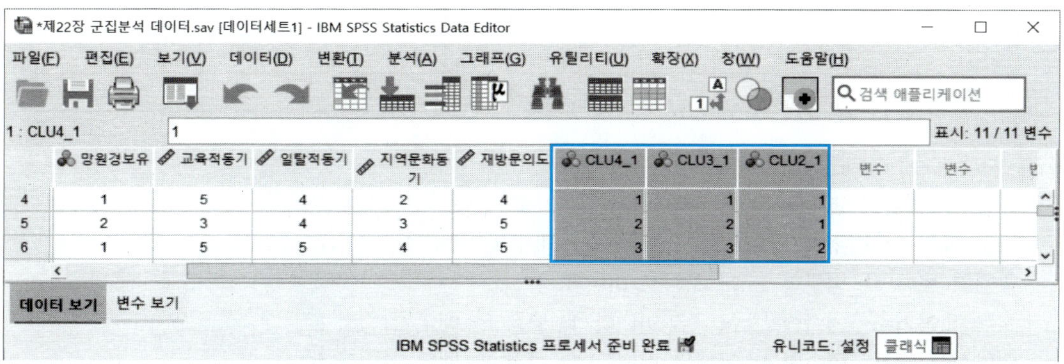

3) 계층적 군집분석 결과의 제시와 해석

천체관광 동기인 교육적 체험 동기, 일탈적 체험 동기 및 지역문화 체험 동기를 기준변수로 하여 계층적 군집분석을 수행한 결과 3개의 군집이 추출되었다. 보통 계층적 군집분석은 탐색적 성격으로 많이 사용되므로 군집명이나 각 군집의 특성에 대해서 비계층적 군집분석인 K-평균 군집분석 결과는 [통계 실습 22-2]에서 실습한 후 제시하기로 한다. 추출된 군집을 이용한 추가분석은 [통계 실습 22-3]에서 설명하기로 한다.

3 비계층적 군집분석의 SPSS 통계 실습

[통계 실습 22-2] 비계층적 군집분석: K-평균 군집분석

다음의 천체관광 관련 군집분석 데이터를 가지고 SPSS를 사용하여 비계층적 군집분석 방법인 K-평균 군집분석(K-means cluster analysis)을 실습하시오. 군집 수의 설정은 [통계 실습 22-1]을 통해서 3개가 최적이라는 것을 알았으므로 [3개]로 한다. 실습 데이터 파일은 [통계 실습 22-1]과 동일하다. 파일에 포함되어 있는 변수로는 일반적 인구통계학적 특성 변수로 성별, 방문 유형, 망원경 보유 여부가 있으며 천체관광 동기에는 교육적 동기, 일탈적 동기 및 지역문화 동기가 있다. 이외에도 재방문의도가 있다.

■ 실습 데이터

ID	성별	방문 유형	망원경 보유	교육적 동기	일탈적 동기	지역문화 동기	재방문의도
1	1	4	1	5	4	1	5
2	2	3	1	4	5	2	5
…	…	…	…	…	…	…	…
40	2	2	2	4	4	3	4

총 사례 수는 40개임

- 성별 → 범주형 변수(남자 1, 여자 2)
- 방문 유형 → 범주형 변수(단독 1, 가족 2, 지인 3, 단체 4)
- 망원경 보유 → 범주형 변수(보유 1, 미보유 2)
- 교육적 동기 → 연속형 변수(매우 아니다 1, 보통 3, 매우 그렇다 5)
- 일탈적 동기 → 연속형 변수(매우 아니다 1, 보통 3, 매우 그렇다 5)
- 지역문화 동기 → 연속형 변수(매우 아니다 1, 보통 3, 매우 그렇다 5)
- 재방문의도 → 연속형 변수(매우 아니다 1, 보통 3, 매우 그렇다 5)

실습 데이터	제22장 군집분석 데이터
분석방법 메뉴 선택	분석–분류분석–K-평균 군집

1) 실습 과정

❶ [파일–열기–데이터]를 선택한 후 실습 데이터 파일이 있는 위치로 찾아가서 [제22장 군집분석 데이터]를 연다.

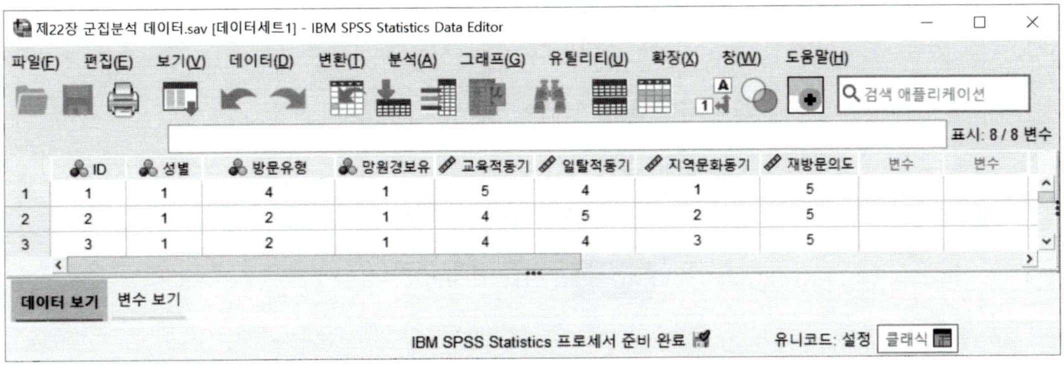

❷ [분석–분류분석–K–평균 군집]을 클릭해 [K–평균 군집분석] 창이 나타나면 군집화할 기준변수들인 [교육적 동기], [일탈적 동기], [지역문화동기]를 선택한 후 오른쪽 [변수]로 이동시킨다. [군집 수]는 [3]으로 입력한다.

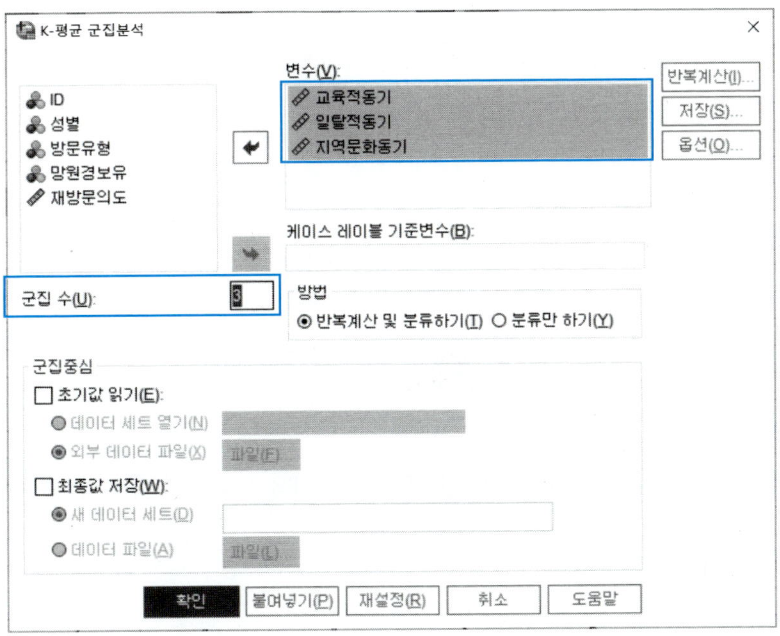

❸ [반복계산]을 클릭한 후 들어간다. 디폴트를 그대로 사용하므로 [계속] 버튼을 클릭한다.

❹ [저장]을 클릭한 후 들어가면 [K-평균 군집분석: 새 변수 저장] 창이 나타난다. [소속군집]을 체크하고 [계속] 버튼을 클릭한다. 그러면 분석 실행 후에 [데이터 파일]에 [새로운 변수]가 군집 변수로 생성되며 [소속군집]이 출력된다.

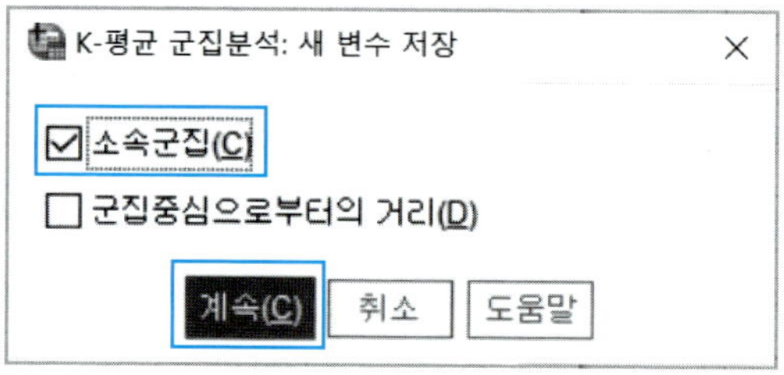

❺ [옵션]을 클릭한 후 들어가면 [K-평균 군집분석: 옵션] 창이 나타나며 [분산분석표]를 체크하고 [계속] 버튼을 클릭한다. 마지막으로 창의 좌 하단에 있는 [확인] 버튼을 클릭해 분석을 실행한다.

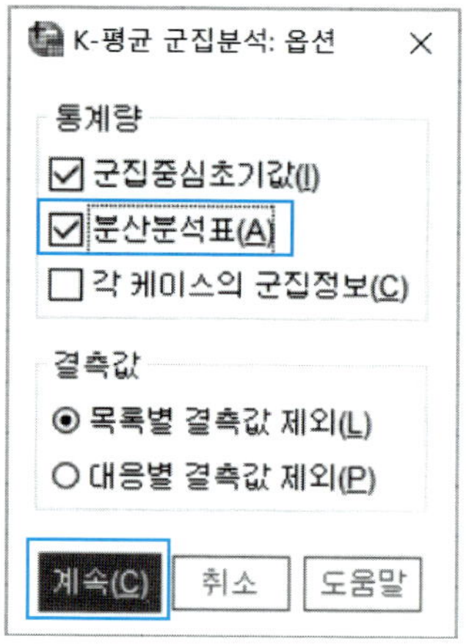

❻ 추출된 [최종 군집중심] 값을 사용해 [군집 프로파일]을 Excel을 사용해 작성한다.

2) 주요 분석 결과

비계층적 군집분석에 대한 주요 출력 결과를 제시하면 다음과 같다.

군집중심 초기값

최초의 K-중심점이며 참고만 한다.

군집중심초기값

	군집		
	1	2	3
교육적동기	5	5	2
일탈적동기	5	5	3
지역문화동기	1	5	2

반복계산 과정

초기 군집중심이 결정되면 각 케이스들은 군심중심과의 거리를 기준으로 계속해서 군집화를 수행한다. 군집화 과정은 최대반복계산횟수에 도달할 때까지 계속된다. 디폴트는 10회까지로 설정되어 있으나, 이 실습에서는 3회 반복으로 종료되었다.

반복계산과정[a]

	군집중심의 변화량		
반복	1	2	3
1	1.039	1.019	1.419
2	.078	.171	.175
3	.000	.000	.000

a. 군집 중심값의 변화가 없거나 작아 수렴이 일어났습니다. 모든 중심에 대한 최대 절대 좌표 변경은 .000입니다. 현재 반복계산은 3입니다. 초기 중심 간의 최소 거리는 3.544입니다.

최종 군집중심

설정된 3개의 각 군집의 최종적인 군집중심점을 보여준다.

최종 군집중심

	군집		
	1	2	3
교육적동기	4	5	3
일탈적동기	4	5	3
지역문화동기	2	4	3

분산분석표: ANOVA

분산분석 결과가 유의하게 나타나 적절하게 군집화가 이루어졌음을 알 수 있다. F값을 보면 지역문화 동기가 가장 커서 군집화에서 중요한 역할을 한 변수이며, 다음으로 교육적 동기, 마지막으로 일탈적 동기로 나타났음을 알 수 있다.

ANOVA

	군집		오차			
	평균제곱	자유도	평균제곱	자유도	F	유의확률
교육적동기	6.034	2	.254	37	23.729	<.001
일탈적동기	4.028	2	.396	37	10.159	<.001
지역문화동기	21.827	2	.284	37	76.781	<.001

다른 군집의 여러 케이스 간 차이를 최대화하기 위해 군집을 선택했으므로 F 검정은 기술통계를 목적으로만 사용되어야 합니다. 이 경우 관측유의수준은 수정되지 않으므로 군집평균이 동일하다는 가설을 검정하는 것으로 해석될 수 없습니다.

각 군집의 사례 수

군집1은 19개, 군집2는 8개, 군집3은 13개 케이스가 포함되었음을 알 수 있다.

각 군집의 케이스 수

군집	1	19.000
	2	8.000
	3	13.000
유효		40.000
결측		.000

소속군집 저장

군집화가 완료되면 데이터 파일에서 [소속군집]의 저장 결과를 얻을 수 있다.

3개 군집이 QCL로 저장되어 있음을 확인할 수 있다.

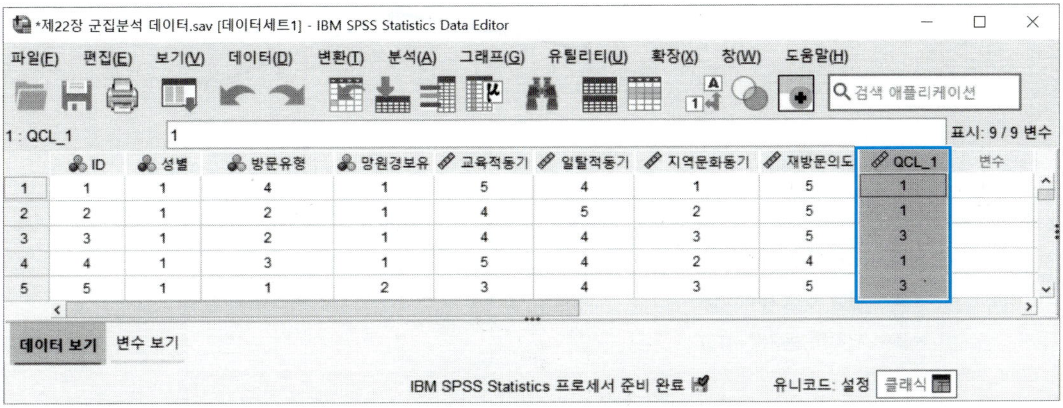

3) 비계층적 군집분석(K-평균 군집분석) 결과의 제시와 해석

천체관광 동기인 교육적 체험 동기, 일탈적 체험 동기 및 지역문화 체험 동기를 가지고 비계층적 군집분석인 K-평균 군집분석을 실시한 결과는 다음과 같다. 3개의 군집으로 분석한 결과 군집1은 교육적 동기와 일탈적 동기가 높음 수준으로 나타나 중간 교육과 일탈 중시 군집으로 명명하기로 한다. 군집2는 교육적 동기와 일탈적 동기가 매우 높음 수준으로 나타나 높은 교육과 일탈 중시 군집으로 명명하기로 한다. 군집3은 교육적 동기, 일탈적 동기 및 지역문화 체험동기가 모두 보통수준으로 나타나 보통 관심 군집으로 명명하기로 한다.

▎표 22-2 ▎K-평균 군집분석 결과

기준변수	군집		
	1 (N=19)	2 (N=8)	3 (N=13)
교육적 동기	4	5	3
일탈적 동기	4	5	3
지역문화 동기	2	4	3
군집 특성	지역문화 동기가 낮고 중간 교육과 일탈 중시 군집	높은 교육과 일탈 중시 군집	보통 관심 군집

그림 22-5 ▌ K-평균 군집분석을 이용한 천체체험 동기의 군집 프로파일

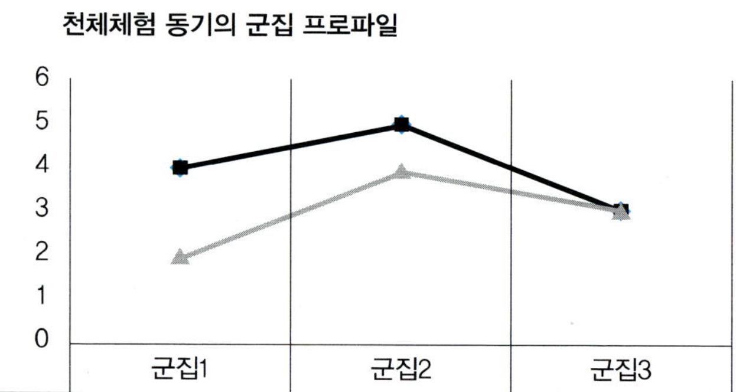

	군집1	군집2	군집3
교육적 동기(N=19)	4	5	3
일탈적 동기(N=8)	4	5	3
지역적 동기(N=13)	2	4	3

[통계 실습 22-3] 비계층적 군집분석: K-평균 군집분석을 이용한 추가분석

[통계 실습 22-2]의 분석을 통해 저장되어 있는 [소속군집] 분류 결과를 이용해 추가분석을 수행하고 프로파일링을 하시오. ① 군집변수를 이용한 기준변수(군집화변수)의 일원분산분석(군집변수를 요인, 기준변수들을 종속변수), ② 군집변수를 이용한 재방문의도의 평균차이분석(군집변수를 요인, 재방문의도를 종속변수), ③ 군집과 인구통계학적 변수 간의 교차분석(군집변수를 열, 인구통계학적 변수들을 행)

실습 데이터	제22장 군집분석 데이터
분석방법 메뉴 선택	분석-평균 및 비율 비교-일원배치 분산분석 분석-기술통계량-교차분석

1) 실습 과정

❶ [파일-열기-데이터]를 선택한 후 실습 데이터 파일이 있는 위치로 찾아가서 [제22장 군집분석 데이터]를 연다. 이미 [통계 실습 22-2]를 수행했다면 데이터 파일이 이미 열려져 있으므로 그대로 사용한다. 사용할 군집변수는 QCL_1이다. 데이터 파일의 화면 좌 하단에 있는 [변수 보기]에서 군집변수인 [QCL_1]을 [군집유형]으로 변수명을 변경한다. [변수 보기]에서 [레이블]의 내용을 삭제한다.

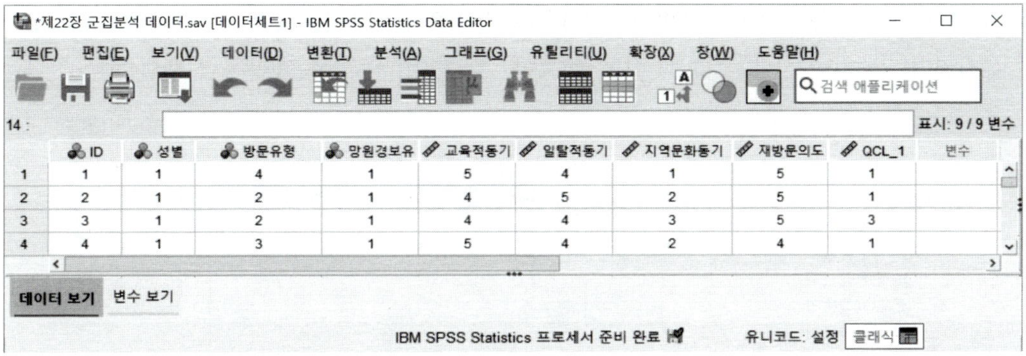

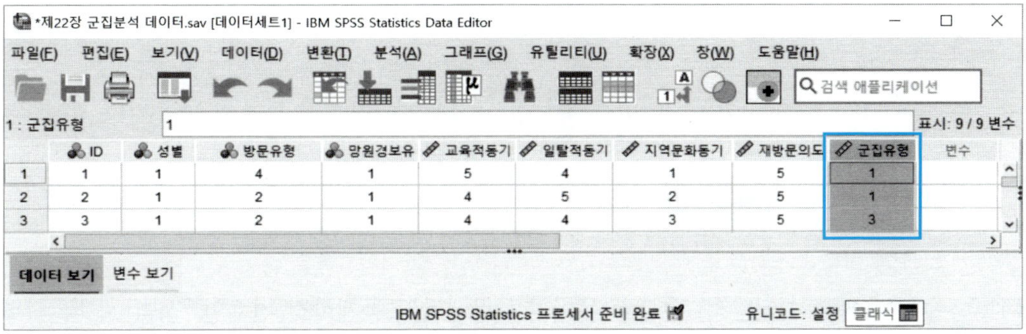

❷ [분석-평균 및 비율 비교-일원배치 분산분석]으로 들어가 [일원배치 분산분석] 창에서 [군집유형]을 [요인]으로, 기준변수인 [교육적 동기], [일탈적 동기] 및 [지역문화 동기]를 [종속변수]로 이동시킨다. [옵션]에서 [기술통계]를 클릭한 후 [일원배치 분산분석] 창의 좌 하단에 있는 [확인] 버튼을 클릭해 실행한다.

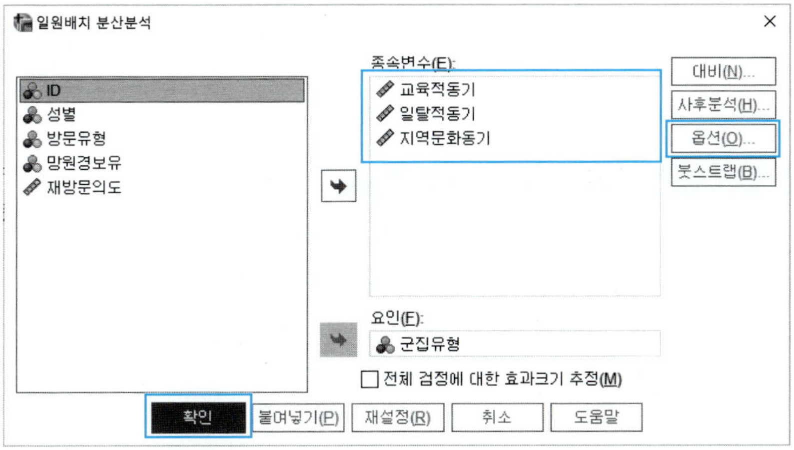

❸ [분석-평균 및 비율 비교-일원배치 분산분석] 창으로 들어가 [종속변수]에 [재방문의도]를 이동시킨다. [사후분석]에서 [Tukey]를 체크한 후 [확인] 버튼을 클릭해 실행한다.

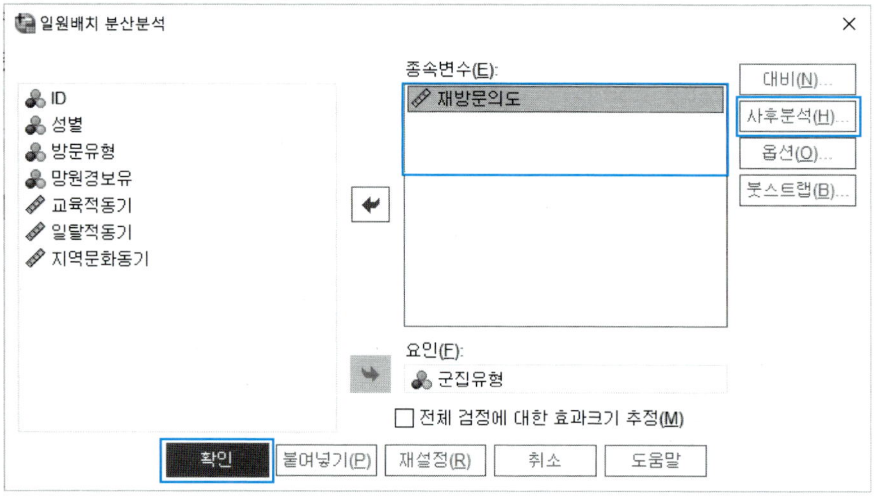

❹ [분석-기술통계량-교차분석] 창으로 들어가 [행]에 인구통계학적 변수인 [성별], [방문유형], [망원경 보유]를, 그리고 [열]에 [군집유형]을 이동시킨다. [교차분석: 통계량] 창에서 [카이제곱]을 체크하고 [계속] 버튼을 클릭한다. [교차분석: 셀 표시]에서 [관측빈도], [열]을 체크한 후 [계속] 버튼을 클릭한다. 마지막으로 [확인] 버튼을 클릭해 실행한다.

2) 주요 분석 결과

K-평균 군집분석에 의해 분류된 소속군집 유형을 가지고 추가분석을 수행한 출력 결과는 다음과 같다.

군집변수를 이용한 기준변수의 일원분산분석 결과

군집유형에 따라 천체체험 동기는 모두 통계적으로 집단 간에 유의한 차이를 보인다.

기술통계

		N	평균	표준편차	표준오차	평균의 95% 신뢰구간		최소값	최대값
						하한	상한		
교육적동기	1	19	4.41	.573	.131	4.13	4.68	4	5
	2	8	4.78	.364	.129	4.48	5.09	4	5
	3	13	3.38	.463	.129	3.10	3.66	2	4
	전체	40	4.15	.742	.117	3.91	4.39	2	5
일탈적동기	1	19	3.97	.650	.149	3.66	4.29	3	5
	2	8	4.50	.535	.189	4.05	4.95	4	5
	3	13	3.27	.649	.180	2.88	3.66	2	5
	전체	40	3.85	.763	.121	3.61	4.09	2	5
지역문화동기	1	19	1.59	.508	.117	1.35	1.84	1	3
	2	8	4.34	.640	.226	3.81	4.88	3	5
	3	13	2.75	.500	.139	2.45	3.05	2	3
	전체	40	2.52	1.179	.186	2.14	2.90	1	5

ANOVA

		제곱합	자유도	평균제곱	F	유의확률
교육적동기	집단-간	12.067	2	6.034	23.729	<.001
	집단-내	9.408	37	.254		
	전체	21.475	39			
일탈적동기	집단-간	8.055	2	4.028	10.159	<.001
	집단-내	14.670	37	.396		
	전체	22.725	39			
지역문화동기	집단-간	43.655	2	21.827	76.781	<.001
	집단-내	10.519	37	.284		
	전체	54.173	39			

군집변수를 이용한 재방문의도의 일원분산분석 결과

군집유형에 따라 재방문의도는 통계적으로 집단 간에 유의한 차이를 보인다. 군집1과 3, 군집2와 3은 평균 차이가 유의적으로 나타났다.

기술통계

재방문의도

	N	평균	표준편차	표준오차	평균의 95% 신뢰구간		최소값	최대값
					하한	상한		
1	19	4.58	.529	.121	4.32	4.83	3	5
2	8	4.70	.454	.160	4.32	5.08	4	5
3	13	4.00	.800	.222	3.52	4.48	3	5
전체	40	4.42	.671	.106	4.20	4.63	3	5

ANOVA

재방문의도

	제곱합	자유도	평균제곱	F	유의확률
집단-간	3.399	2	1.700	4.444	.019
집단-내	14.152	37	.382		
전체	17.551	39			

다중비교

종속변수: 재방문의도
Tukey HSD

(I) 군집유형	(J) 군집유형	평균차이(I-J)	표준오차	유의확률	95% 신뢰구간	
					하한	상한
1	2	-.121	.261	.888	-.76	.52
	3	.579*	.223	.035	.04	1.12
2	1	.121	.261	.888	-.52	.76
	3	.700*	.278	.042	.02	1.38
3	1	-.579*	.223	.035	-1.12	-.04
	2	-.700*	.278	.042	-1.38	-.02

*. 평균차이는 0.05 수준에서 유의합니다.

동질적 부분집합

재방문의도

Tukey HSD[a,b]

군집유형	N	유의수준 = 0.05에 대한 부분집합	
		1	2
3	13	4.00	
1	19	4.58	4.58
2	8		4.70
CTT 유의확률		.072	.883

군집변수와 인구통계학적 변수 간의 교차분석 결과

교차분석을 수행한 결과 군집유형과 인구통계학적 변수들 간의 카이제곱 통계량에 대한 통계적 유의성은 없는 것으로 나타나 연관성이 없음을 알 수 있다. 따라서 이에 대한 분석 결과와 상세한 프로파일링 분석은 생략하기로 한다. 만약 통계적 유의성이 있었다면 인구통계학적 변수에 따라 군집의 특성 프로파일을 만들어 볼 수도 있었을 것이다.

3) K-평균 군집분석 결과를 이용한 추가분석 결과의 제시와 해석

천체관광 동기인 교육적 동기, 일탈적 동기 및 지역문화 동기에 대한 분산분석 결과를 요약하면 [표 22-3]과 같다. 군집1은 케이스 수는 19명이며 교육적 동기와 일탈적 동기가 높고 지역문화 동기가 낮음 수준으로 나타나 중간 관심 군집이다. 군집2는 케이스 수는 8명이며 교육적 동기와 일탈적 동기가 매우 높음 수준으로 나타나 높은 관심 군집이다. 군집3은 케이스 수는 13명이며 교육적 동기, 일탈적 동기 및 지역문화 동기가 모두 보통수준으로 나타나 보통 관심 군집이다.

표 22-3 군집별 천체방문 동기의 프로파일링 결과: 군집별 케이스 수와 평균

기준변수	군집		
	1 (N=19)	2 (N=8)	3 (N=13)
교육적 동기	4.41	4.78	3.38
일탈적 동기	3.97	4.50	3.27
지역문화 동기	1.59	4.34	2.75
군집 특성	중간 관심 군집	높은 관심 군집	보통 관심 군집

그림 22-6 K-평균 군집분석을 이용한 천체체험 동기의 추가분석 군집 프로파일

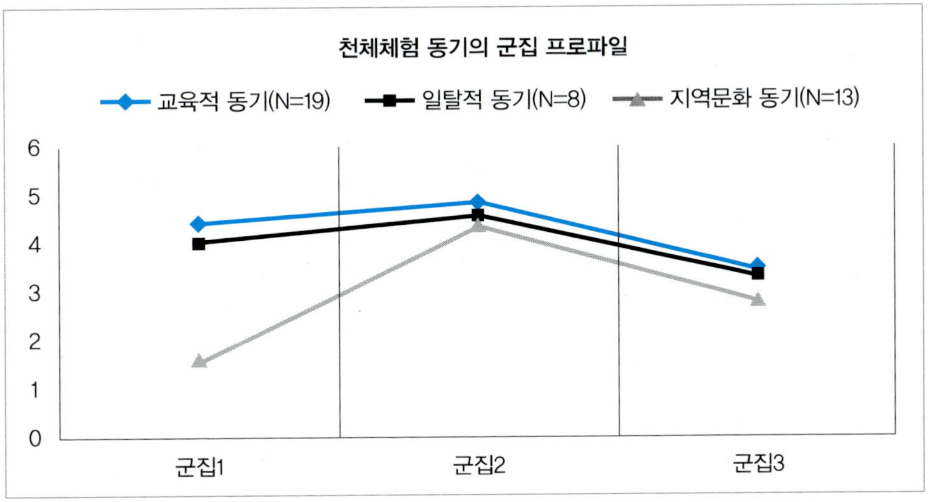

4 2단계 군집분석의 SPSS 통계 실습

[통계 실습 22-4] 2단계 군집분석

다음의 천체관광 관련 군집분석 데이터를 가지고 SPSS를 사용하여 2단계 군집분석(Two-step cluster analysis)을 실습하시오. 실습 데이터 파일은 [통계 실습 22-1]과 동일하다. 파일에 포함되어 있는 변수로는 일반적 인구통계학적 특성 변수로 성별, 방문 유형, 망원경 보유 여부가 있으며 천체관광 동기에는 교육적 동기, 일탈적 동기 및 지역문화 동기가 있다.

■ 실습 데이터

ID	성별	방문 유형	망원경 보유	교육적 동기	일탈적 동기	지역문화 동기	재방문 의도
1	1	4	1	5	4	1	5
2	2	3	1	4	5	2	5
…	…	…	…	…	…	…	…
40	2	2	2	4	4	3	4

총 사례 수는 40개임

- 성별 → 범주형 변수(남자 1, 여자 2)
- 방문 유형 → 범주형 변수(단독 1, 가족 2, 지인 3, 단체 4)
- 망원경 보유 → 범주형 변수(보유 1, 미보유 2)
- 교육적 동기 → 연속형 변수(매우 아니다 1, 보통 3, 매우 그렇다 5)
- 일탈적 동기 → 연속형 변수(매우 아니다 1, 보통 3, 매우 그렇다 5)
- 지역문화 동기 → 연속형 변수(매우 아니다 1, 보통 3, 매우 그렇다 5)
- 재방문의도 → 연속형 변수(매우 아니다 1, 보통 3, 매우 그렇다 5)

실습 데이터	제22장 군집분석 데이터
분석방법 메뉴 선택	분석-분류분석-이단계 군집

1) 실습 과정

❶ [파일–열기–데이터]를 선택한 후 실습 데이터 파일이 있는 위치로 찾아가서 [제22장 군집분석 데이터]를 연다.

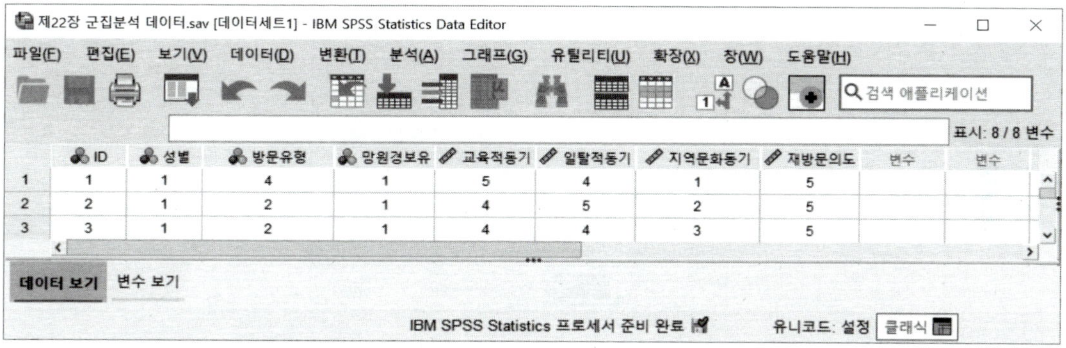

❷ [분석–분류분석–이단계 군집]을 클릭해 [이단계 군집] 창이 나타나면 [범주형 변수]에 [성별], [방문유형], [망원경 보유]를 이동시키고, [연속형 변수]에는 천체체험 동기변수들인 [교육적 동기], [일탈적 동기], [지역문화동기]를 선택한 후 오른쪽 [변수]로 이동시킨다. 나머지는 그대로 둔다. 최적의 군집 수는 프로그램이 자동 결정하며, 최대 군집 수는 15개이다. 연속형 변수는 자동으로 군집분석 수행 전에 표준화된다.

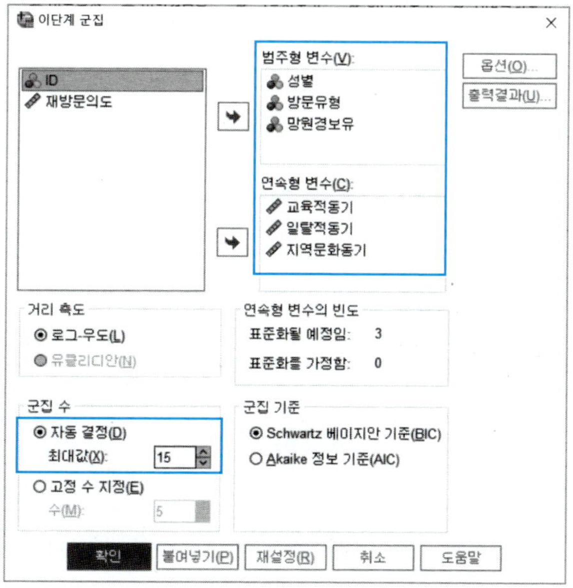

❸ [옵션]을 클릭하면 연속형 변수를 자동으로 표준화시키는 내용들이 선택되어 있음을 알 수 있다. 그대로 두고 [계속] 버튼을 클릭한다.

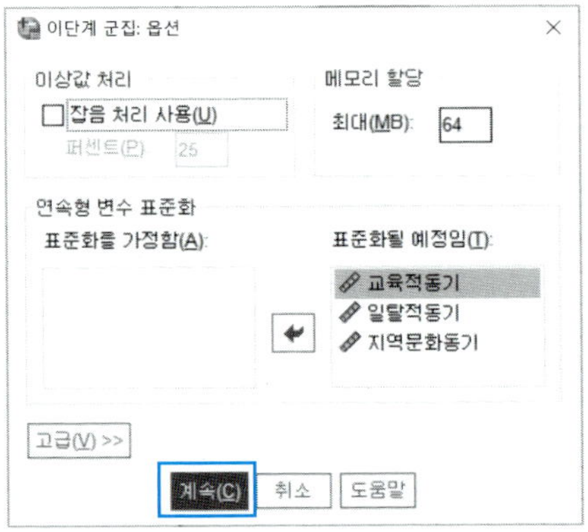

❹ [출력 결과]를 클릭해 들어간 후 [출력 결과]에서 [피벗표] [모형 뷰어의 차트 및 표]를 체크하고 [작업 데이터 파일]의 [소속군집 변수 작성]을 체크한 후 [계속] 버튼을 클릭한다. 마지막으로 [확인] 버튼을 클릭해 분석을 실행한다.

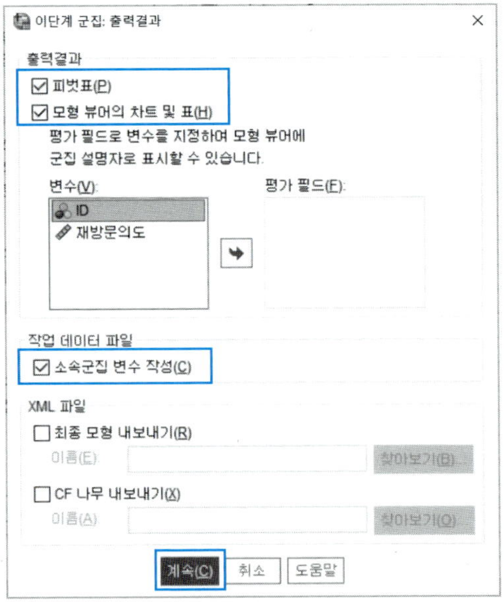

❺ [최종 군집중심] 값을 사용해 [군집 프로파일]을 Excel을 사용해 작성한다.

2) 주요 분석 결과

2단계 군집분석에 대한 주요 출력 결과를 제시하면 다음과 같다.

군집 분포

군집1은 11명, 군집2는 13명, 군집3은 16명이다.

군집 분포

		N	결합된 %	전체 중 %
군집	1	11	27.5%	27.5%
	2	13	32.5%	32.5%
	3	16	40.0%	40.0%
	결합됨	40	100.0%	100.0%
전체		40		100.0%

군집 프로파일

군집 프로파일을 보여준다.

중심값

		교육적동기		일탈적동기		지역문화동기	
		평균	표준화 편차	평균	표준화 편차	평균	표준화 편차
군집	1	3.91	.551	4.11	.529	2.23	.945
	2	3.90	.904	3.58	.926	3.23	1.179
	3	4.52	.581	3.89	.724	2.14	1.118
	결합됨	4.15	.742	3.85	.763	2.52	1.179

빈도

군집 프로파일의 빈도를 보여준다.

성별

		1		2	
		빈도	퍼센트	빈도	퍼센트
군집	1	9	45.0%	2	10.0%
	2	11	55.0%	2	10.0%
	3	0	0.0%	16	80.0%
	결합됨	20	100.0%	20	100.0%

방문유형

	빈도				퍼센트			
	군집				군집			
	1	2	3	결합됨	1	2	3	결합됨
1	1	4	2	7	14.3%	57.1%	28.6%	100.0%
2	7	2	10	19	36.8%	10.5%	52.6%	100.0%
3	2	6	0	8	25.0%	75.0%	0.0%	100.0%
4	1	1	4	6	16.7%	16.7%	66.7%	100.0%

망원경보유

		1		2	
		빈도	퍼센트	빈도	퍼센트
군집	1	11	100.0%	0	0.0%
	2	0	0.0%	13	44.8%
	3	0	0.0%	16	55.2%
	결합됨	11	100.0%	29	100.0%

모형 요약과 군집 품질

모형 요약과 군집 품질에서는 추출된 군집은 3개이며, 군집 품질은 보통수준임을 보여준다.

모형 요약

알고리즘	이단계
입력	6
군집	3

군집 품질

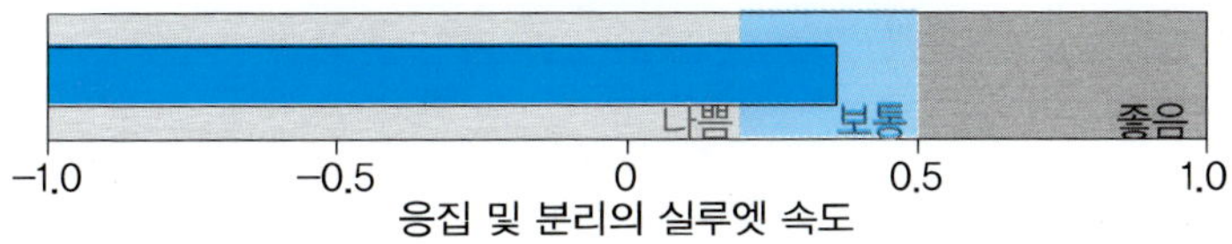

소속군집 저장

군집화가 완료되면 데이터 파일에서 [소속군집]의 저장 결과를 얻을 수 있다.

3개 군집의 [TSC]로 저장되어 있음을 확인할 수 있다.

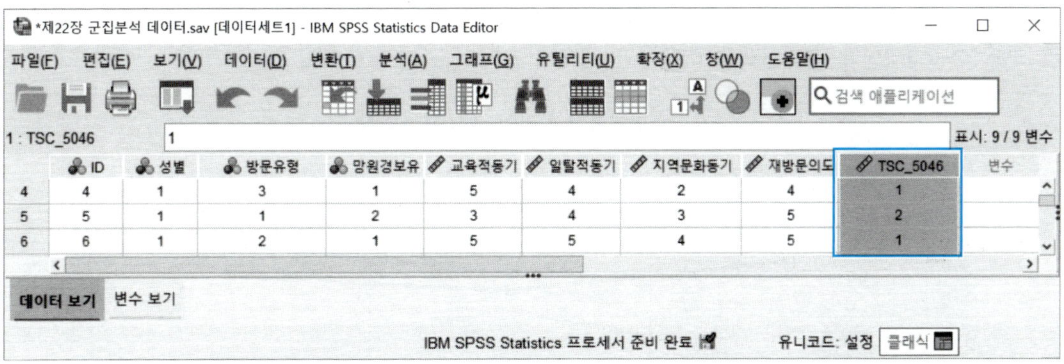

3) 2단계 군집분석 결과의 제시와 해석

2단계 군집분석 결과를 제시하면 다음과 같다. 범주형 변수에는 성별, 방문유형 및 망원경 보유가 투입되었고 연속형 변수에는 천체방문 동기인 교육적 동기, 일탈적 동기 및 지역문화 동기가 투입되었다. 1단계에서는 위계적 군집분석인 Ward 방법을 이용하여 최적의 군집 수와 초기 군집중심점을 결정하고, 2단계에서는 비계층적 군집방법인 K-평균 군집분석을 이용하여 각 군집에 속하는 케이스들을 결정하였다.

분류된 집단의 군집 특성을 파악하고 군집 명을 명명하기 위해 각 군집의 패턴을 분석하였다. 군집1은 11명, 군집2는 13명, 군집3은 16명이 케이스가 포함되었다.

표 22-4 ▌2단계 군집분석의 최종 군집 결과

기준변수	군집		
	1 교육과 일탈적 동기 중요시 군집 (N=11)	2 보통 관심 군집 (N=13)	3 교육적 동기 중요시 군집 (N=16)
교육적 동기	3.91	3.90	4.52
일탈적 동기	4.11	3.58	3.89
지역문화 동기	2.23	3.23	2.14
군집 특성	• 교육과 일탈적 동기 중요시 • 남성이 많음 • 망원경 보유 • 가족 동반이 많음	• 보통 동기 • 남성이 많음 • 망원경 미보유 • 지인, 단독이 많음	• 교육적 동기 중요시 • 여성이 많음 • 망원경 미보유 • 가족과 단체 동반, 지인 동반 없음

그림 22-7 ▌2단계 군집분석을 이용한 천체체험 동기의 군집 프로파일

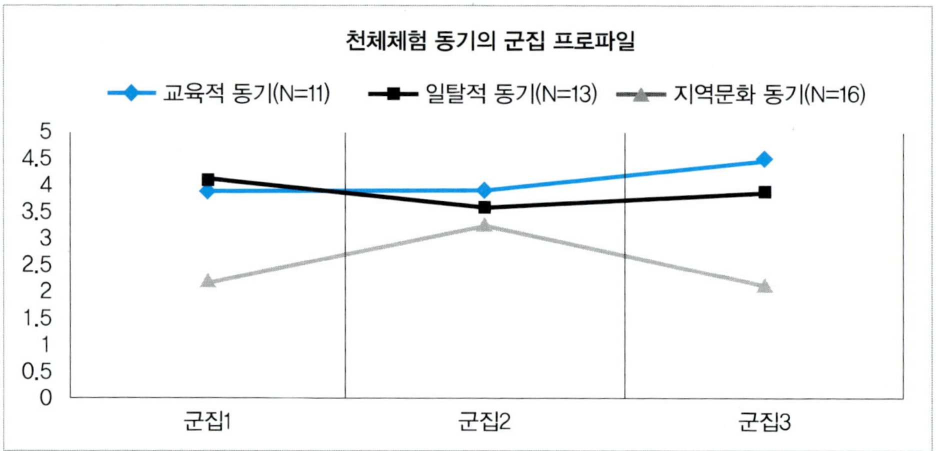

군집1은 교육과 일탈적 동기를 중시하고 지역문화 동기는 약한 군집이며 남성이 많고 망원경을 보유하고 있으며 가족 동반으로 체험하는 집단이다.

군집2는 모든 동기가 보통인 군집으로 남성이 많고 망원경을 보유하고 있지 않으며 지인과 단독으로 천체관광을 체험하는 집단이다.

군집3은 교육적 동기를 체험의 목적으로 하는 군집으로 여성이 많으며 망원경을 보유하고 있지 않으며 가족과 단체를 중심으로 체험하는 집단이다. 이 군집에서는 지인과 함께 체험하는 경우는 없다는 특징을 가지고 있다.

부록

1. SPSS 29 프로그램의 구매방법

SPSS 29 프로그램은 학생용이나 교수용의 경우 저렴한 비용으로 구매할 수 있다(SPSS 29 GRADPACK). 프로그램은 BASE, STANDARD, PREMIUM의 세 가지 종류가 있으며, 보통 2대의 컴퓨터에 설치할 수 있다. 사용기간은 구매자가 임의로 정할 수 있으며(6개월, 1년, 2년, 3년 등) 여기에서는 6개월간 사용하는 것을 기준으로 설명한다. 정보 제공 인터넷사이트 주소는 https://www.ibm.com/products/spss-statistics/gradpack이다.

(1) 구매사이트 주소

구매사이트	주소	단가($)	2023.5.기준 원화(원)	사용기간
OnTheHub by Kivuto	https://onthehub.com/shop	BASE 45.95 STANDARD 61.95	BASE 60,812 STANDARD 81,986	6개월
Student Discounts.com Academic Software Experts	https://studentdiscounts.com/	BASE 34.95 STANDARD 49.00	BASE 46,254 STANDARD 64,848	
hearne.software	https://www.hearne.software/Home	BASE 34.95 STANDARD 49.00	상동	

(2) 구매방법

유튜브에서 [SPSS 학생용 구매]라고 입력하고 검색하면 여러 유튜버가 제공하는 구매방법을 탐색할 수 있다.

SPSS 29 설치 시 유의사항

SPSS 29 버전 설치 시 이미 28 버전 이하의 프로그램이 이미 29 버전을 설치할 컴퓨터에 설치되어 있다면 29 버전이 중복 설치되거나 제대로 설치되지 않는 문제가 발생될 수 있다. 이러한 문제를 피하려면 29 버전을 설치하기 전에 이전 버전이 설치되어 있는 경우에는 PC나 노트북 등을 완전히 포맷팅해야 제대로 설치된다. 따라서 하드 드라이브의 포맷팅을 해야 하는 경우에는 기존 자료를 잘 다운로드해 보관한 다음에 포맷팅해야 한다.

2. 이 책의 실습용 데이터 파일 제공사이트

(1) 도서출판 청람의 사이트(http://www.crbooks.co.kr)의 [일반자료실]에서 제공한다.

(2) 다운로드받은 후 반드시 데스크탑이나 노트북의 [바탕화면]에 압축을 푼 후에 실습하기 바란다. 제공된 파일명이 길어서 데이터 파일이 USB 등에 위치하고 있는 경우에는 실습 파일이 열리지 않을 수도 있음에 유의하기 바란다.

찾아보기

| 저자약력 |

신건권(辛建權)

신건권 교수는 충남 금산에서 출생하였다. 서강대학교 대학원에서 회계정보시스템으로 박사학위(지도교수 이남주)를 받은 이후 서강대, 부산대, 대전대, 한남대, 순천향대, 나사렛대 등의 강사로 활동하였다. 현재는 호서대학교 기술경영전문대학원에서 논문 작성 중심의 통계학을 강의하고 있으며 데이터 사이언티스트로 활동하고 있다.

한국전산회계학회장, 호서대 사회과학대학장과 사회과학연구소장, 글로벌비전센터소장, 학술지 편집위원장(대한회계학회, 한국경영컨설팅학회, 한국전산회계학회) 등을 역임하였다. 주요 관심 분야는 논문통계학, 회계정보시스템, 문화콘텐츠, 경영학 등이다.

저술가로서 왕성한 활동을 펼쳐 왔으며 현재까지 학술논문 80여 편을 학술지에 게재하였으며 통계학, 회계학, 경영학 등의 전문서적 50여 권을 발간하였다. 통계학 저서인 『석박사학위와 학술논문 작성 중심의 SmartPLS 3.0 구조방정식모델링』은 2018년 세종도서 학술부문 우수도서로 선정되었다.

[주요 도서]

석박사학위와 학술논문 작성 중심의 SPSS 29 논문통계분석(2023, 도서출판 청람)
석박사학위와 학술논문 작성 중심의 Amos 29 구조방정식모델링(2023, 도서출판 청람)
석박사학위와 학술논문 작성 중심의 SmartPLS 4.0 구조방정식모델링(2023, 도서출판 청람)
SPSS 29와 PROCESS macro 4.0을 이용한 회귀분석 따라하기(2023, 도서출판 청람)

석박사학위와 학술논문 작성 중심의

SPSS 29 논문통계분석

2023년 8월 25일 1판 1쇄 인쇄
2023년 8월 30일 1판 1쇄 발행

저 자 | 신건권
발 행 인 | 이수영
발 행 처 | 도서출판 청람
서울시 마포구 독막로 288(대흥동, 세양상가 109호)
전 화 | 02) 3272－2601~2
팩 스 | 02) 3272－2603
홈페이지 | http://www.crbooks.co.kr
이 메 일 | crbooks@daum.net
등 록 | 2000년 8월 26일 제6－0509호

ISBN 978-89-5972-975-3 93310 [정가 38,000원]